V&R Academic

Transnationale Geschichte

Herausgegeben von
Michael Geyer und Matthias Middell

Band 10: Mária Hidvégi
Anschluss an den Weltmarkt

Mária Hidvégi

Anschluss an den Weltmarkt

Ungarns elektrotechnische Leitunternehmen 1867–1949

Vandenhoeck & Ruprecht

Gedruckt mit Unterstützung des Geisteswissenschaftlichen Zentrums Geschichte und Kultur Ostmitteleuropas e. V. an der Universität Leipzig.

Das dieser Publikation zugrunde liegende Vorhaben wurde mit Mitteln des Bundesministeriums für Bildung und Forschung unter dem Förderschwerpunkt »Geisteswissenschaftliche Zentren« (Förderkennzeichen 01UG1410) gefördert. Die Verantwortung für den Inhalt dieser Veröffentlichung liegt bei der Autorin.

Mit 4 Karten, 3 Diagrammen und 20 Tabellen

Bibliografische Information der Deutschen Nationalbibliothek

Die Deutsche Nationalbibliothek verzeichnet diese Publikation in der Deutschen Nationalbibliografie; detaillierte bibliografische Daten sind im Internet über http://dnb.d-nb.de abrufbar.

ISSN 2198-7165
ISBN 978-3-525-30176-0

Weitere Ausgaben und Online-Angebote sind erhältlich unter: www.v-r.de

Umschlagabbildung: Géza Faragó: Karcsú nö macskával lámpafényben (1912). PKG.1914e/349. © Országos Széchényi Könivtár

© 2016, Vandenhoeck & Ruprecht GmbH & Co. KG, Theaterstraße 13, D-37073 Göttingen /
Vandenhoeck & Ruprecht LLC, Bristol, CT, U.S.A.
www.v-r.de
Alle Rechte vorbehalten. Das Werk und seine Teile sind urheberrechtlich geschützt. Jede Verwertung in anderen als den gesetzlich zugelassenen Fällen bedarf der vorherigen schriftlichen Einwilligung des Verlages.
Printed in Germany.

Redaktion: Andreas R. Hofmann, Leipzig
Satz: textformart, Göttingen | www.text-form-art.de
Druck und Bindung: ⊕ Hubert & Co GmbH & Co. KG, Robert-Bosch-Breite 6, D-37079 Göttingen

Gedruckt auf alterungsbeständigem Papier.

Inhalt

Vorwort 11

Einleitung 13

1. Elektrizität und Globalisierung: Eine Fallstudie
   aus der Perspektive mittelgroßer Akteure 17
   1.1 Die Hauptakteure: Tungsram und Ganz & Co. 17
   1.2 Forschungsstand 19
       1.2.1 Multinationale Unternehmen 19
       1.2.2 Transnationale Perspektive 23
       1.2.3 Wirtschaftsnationalismus 27
       1.2.4 Die Semiperipherie und kleine Staaten in
             der Weltwirtschaft 28
       1.2.5 Internationale Kartelle und elektrotechnische Industrie . . 32
   1.3 Methoden 34
   1.4 Quellengrundlage 37
       1.4.1 Archivgut von Konkurrenzunternehmen 37
       1.4.2 Archivgut der kontoführenden Banken 39
       1.4.3 Presse 39
       1.4.4 Parlamentsdebatten, Ministerialakten 41
   1.5 Struktur der Studie 42

2. Die erste Globalisierungswelle und die Entstehung
   der ungarischen elektrotechnischen Industrie (1867–1918) 43
   2.1 Ungarn als Standort für die elektrotechnische Industrie 43
       2.1.1 Österreich und Ungarn: Ungleiche Partner
             einer Zollunion 43
       2.1.2 Staatliche Industrieförderung und *mission civilisatrice
             hongroise* 46
   2.2 Der Aufstieg von Ganz & Co. 49
       2.2.1 Schlüsselfaktoren für Wachstum in der
             elektrotechnischen Industrie 51
       2.2.2 Der Schutz des Wechselstromsystems 53

2.2.3 Ganz & Co. als Vorreiter der Bahnelektrifizierung:
  Ungenutzte Wachstumspotentiale 61
 2.2.4 Die Finanzierung der Elektrifizierung 66
  2.2.4.1 Banken als Förderer der Industrialisierung? 66
  2.2.4.2 Finanzierung der Elektrifizierung 68
  2.2.4.3 Elektrifizierungsprojekte im Ausland 69
  2.2.4.4 Finanzielle Aspekte von Forschung und
   Entwicklung bei Ganz & Co. 76
2.3 Kartelle in der Weltwirtschaft und der Aufstieg von
 Tungsram 78
 2.3.1 Die Frage der Kartellregulierung 78
 2.3.2 Aufstieg und Fall des ersten internationalen
  Glühlampenkartells 82
 2.3.3 Lehren aus der Kartellmitgliedschaft 85
 2.3.4 Kartelle und technologische Entwicklung 88
 2.3.5 Ganz & Co. und die Kartellierung mit der deutschen
  Konkurrenz 91
2.4 Debatten um die Förderung der Industrialisierung 95
 2.4.1 Handlungsbedarf um die Jahrhundertwende 95
 2.4.2 Industrialisierung und Nationalisierung 96
 2.4.3 Schwerpunkte und Mängel der ungarischen
  elektrotechnischen Industrie 98
 2.4.4 Grundzüge einer koordinierten Exportförderung 102
2.5 Ungarn in der Donaumonarchie: Chancen und Hindernisse
 vor der Industrialisierung 104
 2.5.1 Die österreichische Reichshälfte als Vermittler
  von Kapital und Know-how 104
 2.5.2 Elektrifizierung und ungleiches Wirtschaftswachstum
  in der Doppelmonarchie 109
 2.5.3 Wachstumschancen am Vorabend des Ersten Weltkriegs 112
2.6 Der Erste Weltkrieg: Das Ende einer vertrauten Welt 113
 2.6.1 Momentaufnahme der ungarischen Wirtschaft 113
 2.6.2 Resourcenmobilisierung: Maximaler Einsatz –
  geringe Effizienz 114
 2.6.3 Umstellung auf Kriegsproduktion bei Tungsram
  und Ganz 117
 2.6.4 Neupositionierung der ungarischen Industrie:
  Mitteleuropa und die Nachkriegsordnung 121

2.6.5 Die Elektrifizierungsfrage 125
2.6.6 Revolutionen 127

3. Zwischenkriegszeit 129
  3.1 Die ungarische Wirtschaft in neuen Grenzen 129
  3.2 Strukturwandel in der Weltwirtschaft 132
  3.3 Zugang zu Kapital 135
     3.3.1 Veränderte Bedingungen für Kapitalbeschaffung 135
     3.3.2 Effizienter Einsatz knapper Ressourcen: Systematische Elektrifizierung? 138
        3.3.2.1 Elektrifizierung in Ostmitteleuropa 138
        3.3.2.2 Elektrifizierung in Ungarn 139
        3.3.2.3 Bahnelektrifizierung 147
     3.3.3 Ganz & Co.: Überlebenskampf auf stagnierendem Heimatmarkt 150
        3.3.3.1 Die Verschuldung von Ganz & Co. 150
        3.3.3.2 Die Beteiligung von IGEC und AEG an Ganz & Co. 153
     3.3.4 Tungsram in der Weltwirtschaftskrise: Überleben dank transnationaler Integration 159
        3.3.4.1 Debatten über die Wirtschaftskrise 165
        3.3.4.2 Ungarn als Brücke zwischen Ost und West 167
        3.3.4.3 Pläne für regionale Kooperation 168
  3.4 Zugang zur transnationalen Wissenszirkulation 170
     3.4.1 Umstellung auf Friedensproduktion 170
        3.4.1.1 Ganz & Co.: Kein Masterplan 170
        3.4.1.2 Tungsrams Aspirationen 172
     3.4.2 Strategische Bedeutung der betriebseigenen Forschung .. 173
     3.4.3 Kooperation von Wissenschaft und Industrie 175
     3.4.4 Lizenzvereinbarungen 179
        3.4.4.1 Lizenzvereinbarungen von Tungsram 180
        3.4.4.2 Einstieg von Tungsram in die Radioröhrenindustrie 184
     3.4.5 Internationale Kartelle 187
        3.4.5.1 Das Glühlampenkartell 188
           Wissenstransfer, Produktion und Vertrieb 190
           Die Kryptonlampe 193
        3.4.5.2 Das Radioröhrenkartell 195

3.4.6 Erneuerung der Lizenzverträge mit IGEC und Osram ... 197
3.4.7 Entwicklung der Fernsehtechnologie 200
3.5 Zugang zu den Absatzmärkten 202
    3.5.1 Rückkehr auf den Weltmarkt 203
        3.5.1.1 Exportunternehmen und Handelsprotektionismus 203
        3.5.1.2 Heimatmarkt und Zugang zu Exportmärkten ... 204
        3.5.2.3 Umstrukturierung der ausländischen Verkaufsorganisationen 206
    3.5.2 Direktinvestitionen 207
    3.5.3 Lizenzverträge 210
        3.5.3.1 Ganz' angeschlagene Wettbewerbsfähigkeit 210
        3.5.3.2 Tungsram und der interkontinentale Telefonstreit 211
    3.5.4 Internationale Kartelle 214
        3.5.4.1 Hoffnungsträger für die europäische Wirtschaft? 214
            Die Kartelldebatte in Ungarn 215
            Nationale Kartelle und Strukturreform 219
            Ganz & Co. in internationalen Kartellen 220
        3.5.4.2 Das Glühlampenkartell 222
            Das Regelwerk 222
            Außenseiterbekämpfung: Fallbeispiel Österreich .. 224
            Der Poolvertrag 228
            Das System der Außenseiterbekämpfung 234
            Marktzugang und Kartellmitgliedschaft: Länderbeispiele 237
        3.5.4.3 Das Radioröhrenkartell 243
            Änderungen des Marktzugangs 243
            Interessenverteidigung innerhalb des Kartells ... 246
    3.5.5 Die elektrotechnische Industrie im ungarischen Außenhandel 248
    3.5.6 Britisch-ungarische Kooperation bei der Vermarktung der Ganz-Jendrassik-Dieseltriebwagen 249
        3.5.6.1 Die Dieseltechnologie 249
        3.5.6.2 Britische Kooperation 253
        3.5.6.3 Motorisierung der argentinischen Bahnen 255
        3.5.6.4 Experimentierfeld für die Vermarktung komplexer Produkte 257

4. Der Zweite Weltkrieg und die Übergangszeit 259
4.1 1938–1939: Ungarn und Deutschlands »Drang nach Osten« . . . 259
    4.1.1 Internationale Kartelle als Schutz für den Heimatmarkt? 259
    4.1.2 Folgen der ungarischen Diskriminierungsgesetze 262
    4.1.3 Kriegsvorbereitungen 264
4.2 Ungarns prekäre Neutralität 1939–1941 267
    4.2.1 Eine ephemere Chance für den ungarischen Export 267
    4.2.2 Internationale Kartelle: Business as usual? 269
    4.2.3 Hürden auf dem Weg zur Markterweiterung 272
4.3 Wasch mir den Pelz, aber mach mich nicht nass:
    Unterstützung für die deutsche Kriegsführung und Kontakte
    mit dem Westen 1941–1944 278
    4.3.1 Kriegsproduktion in deutschen Diensten 278
    4.3.2 Ganz & Co.: Wieder in ungarischem Besitz und
          schuldenfrei 282
    4.3.3 Ungarische Industrie und deutsche Kriegswirtschaft . . . 283
    4.3.4 Auf der Suche nach neuem technischem Know-how 284
    4.3.5 Friedensvorbereitungen 285
        4.3.5.1 Nachkriegspläne von Tungsram und Ganz 285
        4.3.5.2 Pläne für die Integration der ungarischen
               Wirtschaft in die Nachkriegsordnung 289
4.4 Deutsche Invasion und Pläne zur Verlagerung der
    ungarischen Industrie nach Deutschland 1944–1945 291
4.5 Zusammenbruch und Pläne für die Reintegration in
    die Weltwirtschaft 293
    4.5.1 Zweiter Neuanfang im 20. Jahrhundert 293
    4.5.2 Pläne für den Neuanfang 296
4.6 Wiederaufbau transnationaler Netzwerke 299
    4.6.1 Ganz & Co.: Nationale Kontrolle 299
    4.6.2 Tungsram: Exportmärkte und Kalter Krieg 303
    4.6.3 Übernahme deutscher Exportmärkte? 307
    4.6.4 Transatlantische Kooperation und Kalter Krieg 310
    4.6.5 Tungsrams verschleierte Verstaatlichung 312
    4.6.6 Internationale Kartelle: Mit alten Instrumenten in
          die neue Zeit? 316
        4.6.6.1 Veränderte Kräfteverhältnisse unter den
               europäischen Weltmarktführern 317
        4.6.6.2 Hindernisse im Außenhandel 319

4.7 Ungarn als Techniklieferant für industrielle Nachzügler 320
    4.7.1 Eine neue Wachstumsperspektive? 320
    4.7.2 Ostmitteleuropa 324
    4.7.3 Argentinien 327

5. Fazit 332
    5.1 Chancen und Hindernisse auf dem Weg zum
        multinationalen Unternehmen 332
    5.2 Infrastrukturbildung: Potential für Wirtschaftswachstum ... 335
    5.3 Mittelgroße Mitgliedsunternehmen internationaler Kartelle .. 336
    5.4 Gleichzeitigkeit des Ungleichzeitigen: Konzepte für Ungarns
        weltwirtschaftliche Integration 338

Tabellen 345

Abkürzungsverzeichnis 372

Abbildungsverzeichnis 375

Quellen- und Literaturverzeichnis 376

Personenverzeichnis 406

Personenregister 412

Vorwort

Diese Arbeit ist im Rahmen des Promotionsstudiengangs »Transnationalisierung und Globalisierung vom 18. Jahrhundert bis zur Gegenwart« der Research Academy Leipzig an der Universität Leipzig und als Teil des Forschungsprojekts »Ostmitteleuropa Transnational: Positionierungsstrategien in Globalisierungsprozessen vom späten 19. Jahrhundert bis zur Gegenwart« am Geisteswissenschaftlichen Zentrum Geschichte und Kultur Ostmitteleuropas (GWZO) in Leipzig entstanden. Für die kontinuierliche Hilfe und Unterstützung der Projektgruppe und der beiden Institute möchte ich mich herzlich bedanken.

Meinem Themenleiter, Prof. Dr. Matthias Middell, und meinem Doktorvater, Prof. Dr. Hannes Siegrist, möchte ich meinen herzlichen Dank für ihre vielfältige Unterstützung und anregenden Kommentare aussprechen. Mein besonderer Dank gilt Frau PD Dr. Ágnes Pogány (Corvinus Universität Budapest), die mir vor allem im Bereich der Unternehmensgeschichte und der ungarischen Wirtschaftsgeschichte Orientierungshilfen gab. Die Zusammenarbeit mit Prof. Dr. Nikolaus Wolf (Humboldt-Universität zu Berlin) über die Elektrifizierung in Ostmitteleuropa in der Zwischenkriegszeit befruchtete den infrastrukturgeschichtlichen Aspekt meiner Arbeit. Dem gründlichen Lektorat von Andreas R. Hofmann verdankt das Buch seine leserfreundliche Gestalt. Den zahlreichen anderen Kollegen, mit denen ich mich in anregenden Diskussionen über mein Thema austauschen und mein Wissen bereichern konnte, danke ich ebenso herzlich.

Konstanz, im August 2016

Einleitung

»Wir in Ungarn gehören zu den führenden Ländern im Bereich der Elektroindustrie und haben ihren Siegeszug mit vielen wichtigen Erfindungen unserer ausgezeichneten Fachleute vorangetrieben. Tun wir unser Bestes, um auch aufgrund unserer Erfahrungen aus den jüngsten Fachausstellungen unsere Position im ungeheuren internationalen Wettbewerb der Elektrizität zu wahren und sogar zu verbessern.«[1]

In dieser Äußerung von Mür Gelléri, des damals führenden ungarischen Ausstellungsexperten, anlässlich der Turiner Weltausstellung von 1911 spiegelt sich der Stolz über die von ungarischen Elektrotechnikern entwickelten Innovationen wider, eine Haltung, die bis heute nachwirkt. Das Zitat thematisiert drei Gesichtspunkte, die über die ungarische Elektroindustrie hinausreichen und manches mit den heutigen Globalisierungsdebatten gemeinsam haben.

Erstens spricht es die Wahrnehmung des nationalen Wettbewerbs in der Globalisierung an. Diese wird hier verstanden als Aufbau und Verdichtung vielfältiger Verflechtungen und Abhängigkeiten der einzelnen Weltregionen; dazu zählen auch die zeitweilige Erosion dieser Netzwerke und der Widerstand gegen die Integration.[2] Seit dem letzten Drittel des 19. Jahrhunderts intensivierten sich die wirtschaftliche Interaktion und Interdependenz der globalen Arbeitskräfte-, Kapital- und Güterströme, der Handelsnetze sowie der Kommunikations- und Verkehrsinfrastrukturen.[3] In den Regionen der Welt, in denen sich regionale, nationale, internationale und globale Netzwerke überlagerten und verdichteten, war die Wahrnehmung der Raum-Zeit-Kompression und eines miteinander vernetzten Planeten besonders ausgeprägt.

Ungarn gehörte zur aufstrebenden Peripherie des Westens, d. h. des transatlantischen Kerns der Weltwirtschaft und war damit Teil eines besonders verdichteten Interaktionsraums. Aus dieser Position wurde die wachsende Politisierung grenzüberschreitender Wirtschaftsbeziehungen besonders klar.

---

1 Zitiert in: *Vámos u. Oszetzky*, S. 63–66.
2 *Osterhammel u. Petersson*, S. 24.
3 Zur Periodisierungsfrage u. a. *Hopkins*.

Die damals herrschende Idee, dass die Zukunft allein den Großmächten gehöre, die staatliche Selbstbehauptung Machtpolitik im Weltmaßstab erfordere und die Wirtschaft primär als Instrument nationaler Größe zu verstehen sei, machte die Außenwirtschaftsbeziehungen zum Gegenstand der Politik.[4] Die ganze Welt wurde zum Interaktionsraum konkurrierender Territorialstaaten. Welt- und internationale Fachausstellungen wie jene in Turin 1911, über die Gelléri berichtete, waren auch beliebte Bildungs- und Unterhaltungsforen, Handelsmessen und Instrument der Selbstdarstellung der Staaten.

Der Nationalstaat wurde zur vorherrschenden Organisationsform, von der lokale Lösungen auf globale Herausforderungen erwartet wurden. Diese Lösungen zeigten sich zum einen in der Erleichterung der weltwirtschaftlichen Integration, beispielsweise mit Hilfe neuer Verkehrs- und Kommunikationsinfrastrukturen sowie internationaler Regeln, die den grenzüberschreitenden Informations-, Personen- und Güterfluss ermöglichten, zum andern im Schutz von Territorium und Bevölkerung des Staates, beispielsweise durch Zölle zur Abschirmung lokaler Produzenten gegen den internationalen Wettbewerb.

Zweitens erwähnt Gelléri den »Siegeszug« der elektrotechnischen Industrie und den »ungeheuren internationalen Wettbewerb der Elektrizität«. Neben der chemischen Industrie wurde diese zum Leitsektor der zweiten industriellen Revolution. Elektrizität stellte etwa seit den 1880er Jahren eine neue Quelle für Beleuchtung und Kraftgenerierung dar. Sie gehört zu den *general purpose technologies*, die das Potenzial haben, Wirtschaftsstrukturen grundlegend zu verändern: Die elektrische Energie revolutionierte Produktionsmethoden, Alltag in Stadt und Land, relative geographische Ausdehnung sowie Verlässlichkeit und Komfort der Verkehrs- und Kommunikationsinfrastruktur. Sie ließ neue Industrien wie Elektrochemie, Telekommunikation, Radio- und Unterhaltungsindustrie entstehen. Die einfach verteilbare, saubere und sichere Energie wurde zum Symbol für Modernität schlechthin. Elektrizität beflügelte vom ausgehenden 19. Jahrhundert an die Phantasie: Ihre Anwendung in Medizin, Haushalt und Kommunikations- und Transportwesen ließ einen raschen Fortschritt der Lebenserwartung und -qualität, der weltweiten Vernetzung und zum Teil auch der ökologischen Verhältnisse erwarten.[5]

---

4 Petersson, Kaiserreich, S. 65.
5 Steen; Felber; Zieasak. Zur Forschungsrichtung *large technical networks* über die symbiotische Entwicklung der großräumigen Netzwerkinfrastruktur und der jeweiligen Gesellschaft Hughes; Vleuten, Infrastructures, König, Technikgeschichte, S. 90–93.

Die neue Technologie eröffnete Wachstumschancen für Unternehmen aus spät industrialisierenden Staaten wie Schweden, Finnland oder Ungarn, weil sie in diesem Sektor noch nicht mit der etablierten Konkurrenz der Industrialisierungsvorreiter konfrontiert waren. Sie hatten in der Regel vor Einrichtung eines einheimischen Finanz- und Dienstleistungssektors Kapitalknappheit und Hürden auf ausländischen Märkten zu überwinden, aber die technologische Entwicklung öffnete immer auch neue Marktnischen.

Dass der in Gelléris Äußerung lautwerdende Stolz auf die technologischen Innovationen und nicht auf die diese einführenden Unternehmen fokussiert war, ist symptomatisch für die Globalisierungsdebatten von damals wie heute: Die technologische Innovation ist generell positiv konnotiert, die Marktmacht der Branchenführer dagegen, wie etwa der ungarischen Unternehmen Tungsram und Ganz & Co., auf die sich diese Studie konzentriert, ist eher Gegenstand negativer Pressemeldungen.

Drittens verleiht Gelléri dem Stolz Ausdruck, dass das immer noch überwiegend landwirtschaftlich geprägte Ungarn gerade in dieser Hochtechnologiebranche den führenden Industrienationen ebenbürtig war. Die gängigen Darstellungen zur Wirtschaftsgeschichte der Habsburgermonarchie oder des Donauraums sehen die ungarische Entwicklung als klassisches Beispiel nachholender Industrialisierung; sie messen wirtschaftliche Entwicklung daran, in welchem Grade der Rückstand zum westeuropäischen Zentrum aufgeholt wurde.[6] Iván T. Berends und György Ránkis Referenzwerk verortet die ostmitteleuropäische Industrialisierung an der Peripherie des Wallersteinschen Weltsystems, innerhalb derer Ungarn ansatzweise auf eine semiperiphere Position vorgestoßen sei.[7] Noch markanter sieht David Howard Aldcroft die ungarische Wirtschaft der Zwischenkriegszeit als Teil von »Europas Dritter Welt«.[8]

Gelléris Aufruf zur Verteidigung der vermeintlichen Pionierrolle Ungarns im internationalen Wettbewerb der Elektrizität markiert einen Anspruch auf autonome Mitgestaltung der Formen weltwirtschaftlicher Integration: Die ungarische Wirtschaft sei den Kräften der Globalisierung nicht hilflos ausgeliefert, insofern sie auf die globale Herausforderung eine lokale Antwort finde, unter anderem strukturelle Nachteile auszugleichen verstehe.

---

6 *Good.*
7 *Berend u. Ránki,* European periphery.
8 *Aldcroft.*

Die elektrotechnische Industrie war einer der wenigen Sektoren, die während der gesamten Untersuchungsperiode, nämlich vom Beginn des Zusammenwachsens der Weltwirtschaft und der Industrialisierung in Ungarn bis zur Gleichschaltung des Landes im sowjetischen Wirtschaftsraum, flexible Antworten auf die Herausforderung der Globalisierung zu geben verstand, wenn auch Rückschläge selbst in diesem Sektor nicht ausblieben. Anhand der beiden Leitunternehmen, Tungsram und Ganz & Co., wird analysiert, wie dieser Sektor Anschluss an die technologische Entwicklung und an die globale privatwirtschaftliche Regulierung der Elektroindustrie suchte und inwieweit er die institutionellen Rahmenbedingungen mit koordinierter Lobbyarbeit mitgestaltete. Diese Fallstudie untersucht die Globalisierung aus einer in zweierlei Hinsicht selten bezogenen Forschungsperspektive, aus der von ostmitteleuropäischen Großunternehmen sowie von mittelgroßen Mitgliedern der Wissensgenerierungs- und Verteilungsnetzwerke der Weltmarktführer.

1. Elektrizität und Globalisierung: Eine Fallstudie aus der Perspektive mittelgroßer Akteure

1.1 Die Hauptakteure: Tungsram und Ganz & Co.

Die Studie vollzieht nach, wie die beiden Unternehmen aus einem sich spät industrialisierenden und kapitalarmen Staat, das nach 1918 zwei Drittel seines Territoriums verlor und nur über dürftige Wasser- und Wärmekraftreserven verfügte, eine Position in der A-Liga der elektrotechnischen Industrie anstrebten, die sie als kleinere Spieler tatsächlich über zwei Weltkriege hinweg mehr oder weniger erfolgreich behaupteten.

Gegen Ende des 19. Jahrhunderts identifizierte die Zeitung »Frankfurter Actionär« *Ganz és Társa Villamossági, Gép-, Vaggon- és Hajógyár* (Ganz & Co. Elektrizitäts-, Maschinen-, Waggon- und Schiffbau AG)[1] als das Unternehmen der Habsburgermonarchie mit der größten Chance, in der Elektroindustrie weltweite Bedeutung zu erreichen.[2] In der Tat trieben die Ingenieure von Ganz & Co. die Technologie mit wichtigen Innovationen voran, etwa mit hocheffizienten Walzenmühlen, Verbesserungen an Verbrennungsmotoren und Eisenbahnrädern, mit der Vervollkommnung des Wechselstromsystems, mit zwei Systemen zur Bahnelektrifizierung sowie mit zuverlässigen Dieseltriebwagen. Weit über die Landesgrenzen hinaus beteiligte sich Ganz & Co. unmittelbar oder indirekt am Ausbau der Infrastrukturen von Verkehr und Energieversorgung.

---

1 Im Fließtext wie in den Quellenangaben wurde die Bezeichnung der hier behandelten Unternehmen vereinfacht und vereinheitlicht. So wird die Vereinigte Glühlampen- und Elektrizitäts-A.G., Újpest (bei Budapest) durchgehend Tungsram genannt, obwohl sie abwechselnd Izzó (ungarische Abkürzung)/Vereinigte/Újpest (deutsche Kurznamen)/Tungsram/Aschner (nach dem Generaldirektor der Zwischenkriegszeit) bezeichnet wurde. Die Osram GmbH, Berlin und OK (Patentgesellschaft) wird durchgehend Osram genannt, obwohl in den Patentverträgen OK oder Asko die Partner waren, für Tungsram spielte aber diese Unterscheidung keine wesentliche Rolle. General Electric behandelte die europäischen Angelegenheiten mithilfe der International General Electric Co. Deshalb wird immer IGEC erwähnt, die Bezeichnung General Electric/GE taucht dort auf, wo die Unterscheidung für Tungsram eine Bedeutung hatte. Die Rechtsform der Unternehmen wird mit der heutigen Rechtschreibung wiedergegeben.
2 MNL Z40_22_462 Die Elektrizität in Österreich, in: *Frankfurter Actionär* o. A., übernommen von *Ludwig Schönberger's Börsen- und Handelsbericht* [1898] Vgl. *Honigmann*.

Der andere hier untersuchte Produzent ist die *Egyesült Izzólámpa-és Villamossági Rt.* (Vereinigte Glühlampen und Elektrizitäts-AG), Újpest, die nach ihrer bekannten Lampenmarke kurz Tungsram genannt wurde. Tungsram rühmte sich in den 1930er Jahren, ein Weltkonzern zu sein, und war in der Tat der größte Glühlampen- und Radioröhrenhersteller im Ostmitteleuropa der Zwischenkriegszeit und ein mittelgroßes Unternehmen der internationalen Branchenkartelle vor und nach dem Ersten Weltkrieg.

Ganz & Co. sowie Tungsram wurden nach dem Zweiten Weltkrieg wie alle ungarischen Großunternehmen verstaatlicht. Nach 1989 konnten die reprivatisierten Gesellschaften nie wieder ihre frühere Bedeutung erlangen. Diese Studie nimmt ihren Werdegang bis zu ihrer Verstaatlichung unter die Lupe. Der Untersuchungszeitraum von über achtzig Jahren ermöglicht, branchen- und unternehmensspezifische Internationalisierungsstrategien sowie ihren unterschiedlichen Erfolg bei der Anpassung an veränderliche Marktbedingungen nachzuzeichnen.

Tabelle A: Ganz & Co. und Tungsram an der Budapester Börse 1912 und 1937

Unternehmen	Jahr	Mitarbeiter	Bilanzwert/ Rang	Kurswert/Rang
Ganz & Co. Danubius Maschinen-, Waggon- und Schifffabrik AG	1912	4.874#	99.242.554 Kronen/2.	36.612.000 Kronen/4.
Ganz'sche Elektrizitäts-AG	1912	2.109*	37.787.176 Kronen/7.	
Tungsram	1912	2.107*	17.471.961 Kronen/20.	9.020.000 Kronen/25.
Ganz & Co. Elektrizitäts-, Maschinen-, Waggon- und Schiffbau AG	1937	ca. 10.000	98.783.991 Pengő/3.	10.427.200 Pengő/17.
Tungsram	1937	8.346**	70.878.938 Pengő/5.	44.520.000 Pengő/4.

* 1910
\# ohne die Mitarbeiter der ausländischen Vertretungen
** und weitere 937 Mitarbeiter beim Kraftwerk und Kryptongasfabrik in Ajka
Krone: österreichisch-ungarische Währung von 1892, Pengő: ungarische Währung 1924–1946

Quelle: Kövér, Ötven óriás, S. 341–348; MOL Z600_3 A Tungsram-Koncern alkalmazottainak létszáma 1937. április 30-án. [Anzahl der Mitarbeiter des Tungsram Konzerns Stand 30.04.1937] Újpest, 7.05.1937

Tungsram nahm also am Vorabend des Zweiten Weltkriegs den gleichen Platz in der Rangordnung der an der Budapester Börse notierten Unternehmen ein wie die Ganz-Mutterfabrik kurz vor dem Ersten Weltkrieg. Die rasch wachsende elektrische wurde 1906 in eine eigenständige AG ausgesondert, 1929 in die Muttergesellschaft reintegriert. Zeitgenossen schätzten die Profitabilität und die Wachstumschancen von Tungsram vor dem Zweiten Weltkrieg genauso hoch wie zuvor die von Ganz & Co. ein, beurteilten jedoch 1937 die Wachstumsperspektiven des verschuldeten Unternehmens Ganz sehr negativ. Eines der Hauptanliegen dieser Studie ist es, die Gründe für diesen Positionstausch zu identifizieren und dabei Erkenntnisse darüber zu gewinnen, wie sich die Wachstumschancen von Produktions- und Konsumgüterindustrien sowie der traditionellen (u. a. Maschinenbau) und neuen Industrien (wie Elektro und Chemie) nach der territorialen Neuordnung des Donauraums verschoben.

1.2 Forschungsstand

1.2.1 Multinationale Unternehmen

Die Unternehmensgeschichte ist seit vielen Jahren vom *big business* fasziniert. Dieser Perspektive sind theoretische Ansätze über die Entstehung multinationaler Unternehmen (MNEs) und über ihre Mitwirkung an der Globalisierung der Wirtschaft zu verdanken.[3] Seit dem letzten Drittel des 19. Jahrhunderts sind die MNEs zentrale Akteure der Weltwirtschaft: Durch die Erschließung von Rohstoffen und Absatzmärkten bauten sie globale Produktions- und Vermarktungsketten auf und integrierten immer weitere Regionen in die »atlantische Wirtschaft.«[4] Alfred D. Chandler und Vertreter des neuen Institutionalismus wie Oliver Williamson formulierten Theorien zur Entwicklung von technologieintensiven, stark diversifizierten Unternehmen, die es über die effiziente Organisation von Produktion und Vermarktung hinaus verstanden, klassische *agency*-Probleme zu überwinden und Transaktionskosten zu reduzieren, womit Agieren im Weltmaßstab überhaupt erst möglich wurde.[5]

---

[3] *Cassis; Jones u. Schröter*, Rise of multinationals; *Kocka u. Siegrist; Hymer; Dunning u. Pitelis*, S. 3; *Wilkins*, Emergence.

[4] *Jones*, Multinationals, S. 18–24; *Abelshauser*, Paradigmenwechsel.

[5] *Chandler*, The visible hand, S. 6–12; *Chandler*, Scale and scope, S. 14–46; *Williamson*, Markets and hierarchies, S. 13.

Chandler arbeitete ein »kontinentaleuropäisches Modell« heraus, dem zufolge multinationale Unternehmen vom europäischen Festland generell mehr auf Qualität setzten als amerikanische oder japanische Massenhersteller oder britische Produzenten billiger Konsumwaren. Die Kontinentaleuropäer waren zudem eher bereit, mit anderen Unternehmen und anderen Industriezweigen zu kooperieren. Leitunternehmen der Elektroindustrie gehörten zu den ersten Großunternehmen, welche die dreifache Investition in Massenproduktion, Massenmarketing und Management vornahmen, die Chandler zufolge die Grundlage für Unternehmenswachstum und den Aufbau globaler Produktions- und Verkaufsketten bildete.[6] Diese Unternehmen betrieben strategisches Management und, als Katalysator für technologischen Fortschritt, wissenschaftlich angeleitete Produktentwicklung. Wegen der wachsenden Intensität an Kapital und Know-how waren grenzüberschreitende Verflechtungen von Anfang an ein Strukturmerkmal der Elektroindustrie.[7]

John Dunning führt zwei Forschungsrichtungen zusammen, indem er den stufenweisen Aufbau transnationaler Unternehmensnetzwerke sowie Form und Grad der Internationalisierung von Märkten mit den unternehmenseigenen Vorteilen gegenüber der Konkurrenz sowie mit den Charakteristika des regionalen Marktes erklärt. Dieses Konzept sieht in der grenzüberschreitenden Koordination technologischer und marktspezifischer Vorteile den Schlüssel zur nachhaltigen Etablierung einer Firma als multinationales Unternehmen.[8]

Gemessen an der Zahl der Beschäftigten waren beide Hauptakteure dieser Studie Großunternehmen. Als solche werden in dieser Arbeit hierarchische, mehrere Einheiten umfassende Unternehmen (*multi-unit enterprises*) mit einer ständigen Belegschaft von mindestens 5000 Arbeitnehmern verstanden.[9] Tungsram und Ganz verfügten jeweils über mehrere Produktionsstätten im Ausland, exportierten ihre Produkte weltweit und vergaben Lizenzen an ihre Exportmärkte. Nicht zuletzt waren sie durch Lizenz- und Kartellverträge eng mit den Leitunternehmen ihrer Branche verbunden. Beide Unternehmen erfüllten also die notwendigen Kriterien, um sie zu

---

6 *Chandler*, Strategy and structure.
7 *Hausman, Hertner u. Wilkins.*
8 *Dunning*, Trade, location.
9 Anpassung der Definition von *Big Business* an die Maßstäbe kleiner Staaten in der historischen Forschung: *Schröter*, Small European nations, S. 179–180.

unterschiedlichen Zeiten formal als multinationale Unternehmen klassifizieren zu können. Inwieweit sie die Erfahrungen auf den Auslandsmärkten in die strategische Entscheidungsfindung integrierten, wie effizient sie Koordinations- und Kontrollfunktionen grenzüberschreitend organisierten, dies sind Leitfragen der Analyse, in deren Mittelpunkt die Frage steht, inwieweit Tungsram und Ganz tatsächlich zu global agierenden Unternehmen wurden. Die ausländische Beteiligung am Stammkapital der beiden Unternehmen war unterschiedlich hoch; Tungsram war unter mehreren Besitzern aufgeteilt, Ganz dagegen stärker konzentriert; ihre Suche nach ausländischen Partnern war jeweils anders motiviert; daher besaßen die Geschäftsleitungen in Ungarn verschieden hohe Grade an Entscheidungsfreiheit. Generell befand sich aber die operative Führung in Händen der ungarischen Geschäftsleitungen, und auch die strategische Entscheidungsfindung fand überwiegend in Budapest statt.

Die beiden Firmen gehörten nicht zu den Weltmarktführern ihrer Industrie. Dies waren die amerikanischen General Electric und Westinghouse, die deutschen Siemens und AEG, die niederländische Firma Philips und die schweizerische Brown Boveri Cie. Die Selbstbeschreibung von Ganz und Tungsram als »Weltkonzern« oder »Weltfirma« brachte ihren Anspruch zum Ausdruck, den Leitunternehmen technologisch ebenbürtige Produkte auf den Markt zu bringen, einen bestimmten, wenn auch bescheidenen Teil des Weltmarkts für sich zu behaupten, in die Wissensgenerierungs- und Verteilungsnetzwerke der Leitunternehmen eingebunden zu sein und die Spielregeln ihrer Industrie mitzugestalten. Diese Position bezeichne ich als kleine Spieler der A-Liga. Meine Leitfragen sind: Inwiefern haben Ganz und Tungsram ihren eigenen Anspruch eingelöst? Mit welchen Strategien wollten sie die Grenzen ihres kleinen und langsam wachsenden Binnenmarkts überwinden? Inwieweit und mit welchen Methoden konnten sie die Marktbedingungen in- und außerhalb der Landesgrenzen ihren Interessen anpassen?

Analytisch bietet sich unter diesen Gesichtspunkten ein Vergleich mit den skandinavischen Unternehmen Ericsson, ASEA und Nokia an, weil diese ebenfalls die Folgen später Industrialisierung und begrenzter Binnenmärkte bewältigen mussten. Die Direktionen von Tungsram und Ganz verglichen sich allerdings mit ihren wichtigsten ausländischen Konkurrenten und Partnern bei Kartell- und Lizenzverträgen, d.h. mit den US-amerikanischen, deutschen und niederländischen Leitunternehmen ihrer Branche. Darum beziehe ich mich in meiner Analyse auf beide Referenzpunkte.

Unter »Strategien« werden in dieser Studie Hauptentscheidungen über die Geschäftsführung eines Unternehmens verstanden. Beschlüsse zu Produkt- und Vertriebspolitik, Technologie, Unternehmensorganisation, Aufbau von strategischen Partnerschaften usw. bestimmen, wie das Unternehmen intern funktioniert, sich gegenüber anderen Marktteilnehmern und den Staaten verhält und wie es auf Chancen und Herausforderungen politischer und ökonomischer Rahmenbedingungen reagiert.[10]

Nur allmählich wird in der Wirtschafts- und Unternehmensgeschichte mittelgroßen Unternehmen als tragenden Akteuren von Industrialisierung und Globalisierung größere Beachtung geschenkt.[11] Zwar bestimmten die größten multinationalen Unternehmen die Entwicklung ihrer jeweiligen Branche,[12] doch spielten die vielen weniger bekannten, mittelgroßen Unternehmen eine systemstabilisierende Rolle. Wie zu zeigen sein wird, trugen sie auch zur Ausarbeitung der Spielregeln in ihren Branchen bei, auch wenn sie bestehende Kraftverhältnisse nicht grundsätzlich in Frage stellen konnten. Diese Machtkonstellation gab vor, dass sie sich anderer Strategien bedienen mussten als die Leitunternehmen. Meine Untersuchung will dazu beitragen, diese Strategien auszuloten und sie in die Globalisierungsforschung zu integrieren.

Die unternehmensgeschichtliche Mikroperspektive auf die Globalisierung ist an sich nicht neu. So wurden bereits anhand der Geschichte einzelner Unternehmen und spezifischer Waren die Globalisierung von Vertriebsstrukturen, die Homogenisierung von Konsumgewohnheiten sowie das Zusammenspiel lokaler Faktoren und globaler Entwicklungen bei der Erarbeitung von Unternehmensstrategien analysiert.[13] Meine Studie setzt jedoch neue Schwerpunkte, indem sie zum einen Unternehmensstrategien als Teil der Auseinandersetzung einer nationalen Wirtschaftselite mit der Globalisierung analysiert, zum andern die Perspektive kleiner und mittelgroßer Wirtschaftsakteure auf transnationale Netzwerke wie insbesondere Kartelle als globale marktregulative Institutionen in den Mittelpunkt stellt.

---

10 *Sluyterman*, S. 2–4.
11 *Sabel u. Zeitlin*; *Scranton*.
12 *Chandler u. Mazlish*.
13 Zur Forschungsrichtung »history of commodities« *Epple u. Baierl*; *Epple*.

1.2.2 Transnationale Perspektive

Die Fallstudie knüpft an aktuelle Debatten und Forschungsrichtungen an, die sich von einer vorwiegend nationalstaatlichen Perspektive distanzieren. Aus der Fülle der Konzepte und Begriffe wie etwa Inter- und Transkulturalität, Translokalität, Kulturtransfer und *entangled histories* wurde die »transnationale Perspektive« gewählt, weil diese für die Analyse von Unternehmen aus Ostmitteleuropa besonders fruchtbar erscheint. Denn sie hebt das Ineinandergreifen von Nationalisierung und Transnationalisierung hervor und integriert unterschiedliche Optionen für die Organisation von Räumen und Grenzen in die Analyse.[14]

Ostmitteleuropa war zu keinem Zeitpunkt ein einheitlicher Herrschaftsraum oder gar zum Staat zusammengefasst. Innerhalb dieser historischen Region gab es jedoch strukturelle Ähnlichkeiten und Gemeinsamkeiten wie die bis weit ins 19. Jahrhundert überdauernde gutsherrschaftliche Ordnung der Landwirtschaft oder die geographische Lage im Einflussbereich dreier Imperien bzw. zwischen Deutschland und der Sowjetunion. Die transnationale Perspektive, die den Staat trotz Globalisierung weiterhin als wichtige Kontrollinstanz betrachtet, richtet den Blick auf die die Staaten unterlaufenden und über sie hinausgreifenden privatwirtschaftlichen Netzwerke.[15] Ostmitteleuropa war den hegemonialen Ansprüchen von Großmächten ausgesetzt und von territorial, kulturell und ökonomisch konkurrierenden Nationen umkämpft, die nach staatlicher Unabhängigkeit strebten, in der sie zugleich ihre Nationalstaatlichkeit in Abkehr vom multinationalen Charakter der Großmächte durchzusetzen hofften. In dieser Region war der Einfluss solcher Netzwerke auf die Wirtschaft besonders stark. Daher kann der hier gewählte transnationale Ansatz dabei helfen, symbolische und materielle In- und Exklusion von Territorien in (National-)Staaten und grenzübergreifende Wirtschaftskooperationen zu analysieren und die Regelungsmechanismen zu verstehen, welche die Bedingungen internationaler Verflechtungen gestalteten.[16]

Ostmitteleuropa eignet sich als geographische Einheit auch deshalb besonders zur Analyse von Globalisierungsprozessen[17], weil seine Prägung

---

14 *Marung u. Middell*; *Middell u. Lluis Roura y Aulinas*; *Marung*; diverse Einträge in *Iriye u. Saunier*; *Geyer u. Bright*; *Keller u. Pauly*.
15 *Unfried, Mittag u. van den Linden*; *Middell*, Spatial turn.
16 *Bayly*; *Engel u. Middell*, Bruchzonen, S. 16–25; *Petersson*, Anarchie und Weltrecht; *Vleuten*.
17 *Marung u. Naumann*; *Hadler u. Middell*.

durch vielfältige lokale und transnationale Interessengegensätze und Machtasymmetrien infolge des eingeschränkten Spielraums der Akteure besonders deutlich hervortritt. Diese Begrenzung des Spielraums ergab sich sowohl aus dem unterschiedlichen Umfang politischer Autonomie der Gebiete und Nationalitäten der Region, als auch aus der Notwendigkeit, die stark landwirtschaftlich geprägten Länder in eine Weltwirtschaft zu integrieren, deren Spielregeln längst von den führenden Industriestaaten festgelegt worden waren.

Ungarn stieg mit dem Ausgleich von 1867 zum politisch gleichberechtigten Partner der österreichischen Reichshälfte der Habsburgermonarchie auf, wozu auch wirtschaftspolitische Autonomie innerhalb der gesamthabsburgischen Zoll- und Währungsunion zählte. Gleichwohl förderte die ungarische Regierung besonders seit Anfang der 1880er Jahre die Industrialisierung mit einem breiten Spektrum an direkten und indirekten Maßnahmen, womit Ungarn zu einem Beispiel für das *standard model* der nachholenden Industrialisierung wurde.[18] Diese Maßnahmen können auch als Antwort der europäischen Agrarexporteure auf die Chance des beschleunigten Warenverkehrs und des Rohstoffhungers des industrialisierenden Zentrums der Weltwirtschaft sowie als lokale Reaktion auf die Globalisierung interpretiert werden, die sich im letzten Drittel des 19. Jahrhunderts für sie in erster Linie in Form der Agrarkonkurrenz aus Übersee manifestierte.[19] Lehnen wir uns an Alexander Gerschenkrons Argumentation an, so ist für diese Studie zentral, dass relative Rückständigkeit dazu motivieren kann, systematisch nach Möglichkeiten der Industrialisierungsförderung zu suchen.[20]

Mit der Auflösung der Habsburgermonarchie und des Königreichs Ungarn nach dem Ersten Weltkrieg erlitt Ungarn einen Statusverlust, indem es von einem wichtigen Teil einer europäischen Großmacht zu einer relativ kleinen Volkswirtschaft mit etwa acht Millionen Einwohnern abstieg. Der Wunsch nach Grenzrevision sowie andauernde Schwierigkeiten mit der Anpassung der Wirtschaftsstruktur an das neue Territorium veranlassten Budapest, sich wirtschaftlich und politisch zunehmend auf Deutschland, den anderen Verlierer der Versailler Friedensordnung, zu orientieren. Nach dem Zweiten Weltkrieg wurde Ungarn wie die anderen Länder Ost-

---

18 *Allen*, S. 41–46; *Paulinyi*, Industriepolitik; *Varga*, Ipartámogatás a századforduló után; *ders.*, Ipartámogatás a dualizmus korában.
19 *Findlay u. O'Rourke*, S. 414–425, 427.
20 *Gerschenkron*.

mitteleuropas in wenigen Jahren in den sowjetischen Block integriert. Das schuf völlig neue Bedingungen auch für Ungarns Vernetzung in der Weltwirtschaft, die jedoch nicht mehr im Untersuchungszeitraum meiner Studie liegen.

Die Geschichte der Globalisierung wird von Wirtschaftshistorikern gewöhnlich mit der weltweiten Vernetzung der Güter-, Arbeits- und Kapitalmärkte gleichgesetzt. Dieses Forschungsfeld analysiert, wie diese Märkte aufeinander wirkten, aber es erfasst auch die von Staaten mitgestalteten institutionellen Rahmenbedingungen für grenzüberschreitende Transaktionen sowie das konvergierende und divergierende Wirtschaftswachstum einzelner Regionen, um Chancen und Gefahren weltwirtschaftlicher Integration auszuloten.[21] Zur Periodisierung dieser Ver- und Entflechtung wurden die Globalisierungswellen vorgeschlagen. Die erste globale Wirtschaft wurde im Ersten Weltkrieg zerrüttet, einigen Auffassungen nach kam sie jedoch erst in der Weltwirtschaftskrise 1929–1933 ganz zum Erliegen. Auf die Divergenz der Volkswirtschaften der Zwischenkriegszeit folgte nach 1945 bzw. seit den 1950er Jahren eine geteilte Integration der Weltwirtschaft; seit den 1980ern verdichteten sich die Interaktionsräume zur heute bekannten global vernetzten Wirtschaft.[22]

Die Analyse der Globalisierung aus der Sicht zweier mittelgroßer Unternehmen soll hier mit theoretischen Ansätzen von Jürgen Osterhammel und Niels J. Petersson operationalisiert werden.[23] Die Rahmenbedingungen für eine global vernetzte Wirtschaft in der zweiten Hälfte des 19. Jahrhunderts sind demnach durch die gleichzeitige Formierung nationaler, transnationaler und internationaler Regelungskompetenzen und -institutionen entstanden.[24] Diese Regelungen ergänzten sich und griffen ineinander. So füllten transnationale privatwirtschaftliche Verträge die Lücken nationaler bzw. internationaler, von den Staaten ausgehandelter und garantierter Regeln. Um das Risiko grenzüberschreitender Transaktionen zu verringern, sie besser zu kontrollieren und ihre Profitabilität zu steigern, errichteten privatwirtschaftliche Akteure transnationale Institutionen, welche die Spielregeln

---

21 *Bordo, Taylor u. Williamson.*
22 *Osterhammel u. Petersson*, S. 24–27; *Jones*, Multinationals, S. 18–21.
23 *Williamson*, Globalization, S. 277–306; *Fischer*, Expansion; *Osterhammel u. Petersson*, S. 11.
24 *Osterhammel u. Petersson*, S. 7–24.

festlegten.²⁵ Die Rolle der Staaten bei der Schaffung der infrastrukturellen und institutionellen Grundlagen der Weltwirtschaft darf nicht ausgeblendet werden; darüber hinaus waren viele innerhalb einzelner Staaten verlaufende Prozesse von weltwirtschaftlicher Bedeutung. Staaten hinkten aber oft bei der eigenständigen oder mit anderen Staaten koordinierten Regulierung des Transfers von Informationen, Gütern, Kapital und Menschen den »Industriekapitänen«²⁶ hinterher, wie es nicht zuletzt an den wiederholten Anläufen zur internationalen Regulierung von Kartellen deutlich wird.

Tungsram und Ganz mussten lernen, auf verschiedenen Ebenen mit unterschiedlichen Maßstäben und Gruppen von Akteuren umzugehen, um sich nicht nur in vorgefundene, den Markt koordinierende Unternehmensnetzwerke zu integrieren, sondern die von diesen betriebene Marktregulierung mitzugestalten, die von staatlichen Behörden erlassenen technischen Vorschriften zu beeinflussen und in ihren Strategien wirtschaftspolitische Zielsetzungen mitzubedenken. Diese Tätigkeit wird hier mit dem von Jacques Revel entlehnten Begriff der *jeux d'échelles*²⁷ umschrieben, weil dieser das Anliegen der Studie unterstützt, die Beziehungen zu den Akteurgruppen auf lokaler, nationaler und globaler Ebene zu analysieren, welche die Hauptakteure zur Durchsetzung ihrer Interessen zu pflegen hatten.

Durch das Prisma von Großunternehmen von volkswirtschaftlicher Bedeutung werden nationale Aushandlungs- und Anpassungsprozesse als Reaktion auf die Globalisierung beleuchtet.²⁸ Die Reaktion auf die wachsende Vernetzung der Welt wird auf der nationalen Ebene von Großunternehmen mitgestaltet, wie umgekehrt wirtschaftspolitische Entscheidungen ihre Strategien beeinflussen.²⁹ Letztere entstehen gerade im Spannungsfeld politischer, wirtschaftlicher und sozialer Gegebenheiten, in- und ausländischer Konkurrenz, technologischen Wandels und wirtschaftskultureller Bedingungen. Sie beeinflussen nationale Wirtschaftspolitik und sind von dieser abhängig.³⁰ Insbesondere multinationale Unternehmen und ihre Tochtergesellschaften bilden eine Schnittstelle zwischen dem Globalen und Lokalen, weil sie die Wirtschafts- und Sozialpolitik ihrer Märkte mitgestalten, also lokale Entscheidungen transnationalisieren. Gerade in kleinen Län-

---

25 *Petersson*, Anarchie und Weltrecht.
26 *Kelemen*, S. 8–11.
27 *Revel*.
28 *Petersson*, Kaiserreich, S. 55–61.
29 Ebd.
30 *Welskopp*.

dern können sie eine solche Bedeutung erlangen, als Vermittler umfassenden ökonomischen Wissens, als Exponenten der Interessen multinationaler Konzerne und internationaler Kartelle, als Berater der staatlichen Industrieförderung sowie durch Konditionierung des Konsumverhaltens.[31]

1.2.3 Wirtschaftsnationalismus

Wirtschaftsnationalismus wird in diesem Rahmen als Prozess verstanden, eine für die als national aufgefasste Staatseinheit günstige Antwort auf die Globalisierung zu finden, dabei die Nation und deren Ziele immer wieder neu zu definieren und die nationale Gemeinschaft in einer zusammenwachsenden Welt neu zu positionieren. Transnationale Einflüsse wirken an der diskursiven Gestaltung der Nation als imaginierter Gemeinschaft[32] mit, so dass sich die Auffassung der jeweiligen Nation in ihren politischen, wirtschaftlichen und kulturellen Dimensionen in einem globalen Kontext formt, im Zusammenspiel von Fremd- und Selbstbildern in Abwehr, Nachahmung und Konkurrenz.[33] Der Wirtschaftsnationalismus gehört zu dieser diskursiven Globalisierung[34] und den Bestrebungen von Staaten, den Arbeits-, Güter-, Kapital- und Informationsverkehr im Interesse der nationalen Gemeinschaft zu steuern.

Globalisierung lässt Wirtschaftsnationalismus nicht verschwinden. Nur die Methoden, derer sich Nationalisten zur Förderung von Macht und Wohlstand der eigenen Nation bedienen, ändern sich. Sie machen dabei sowohl von liberaler als auch von protektionistischer Wirtschaftspolitik Gebrauch. Integration in größere Wirtschaftseinheiten oder Autarkie können nämlich Autonomie, Einheit oder Identität von Minderheiten- und Staatsnationen in unterschiedlicher Weise fördern.[35] Modellhaft lässt sich dies als Balanceakt zwischen dem Nationalen und dem Transnationalen fassen: Wirtschaftliche und politische Regime müssen sich politisch und kulturell gegenüber der Gesellschaft innerhalb ihres jeweiligen Territoriums legitimieren, sich aber auch regional und global integrieren.[36]

---

31 *Kühschelm, Eder u. Siegrist; Schramm.*
32 *Anderson; Gellner,* Nationalismus und Moderne; *Gellner,* Nationalismus in Osteuropa.
33 *Conrad; Tyrell.*
34 Vgl. *Sassen.*
35 *Shulman.*
36 *Pickel,* Explaining economic nationalism, S. 118–120; *Abdelal; Eichler,* S. 69.

Diese politökonomische Forschungsrichtung zum Wirtschaftsnationalismus[37] liegt dem Ansatz dieser Arbeit zugrunde: Wirtschaftsnationalismus war keine »Wirtschaftskultur« oder Aufholstrategie, die in der Rückständigkeit und Multiethnizität Ostmitteleuropas wurzelte;[38] er war kein ostmitteleuropäisches Spezifikum. Doch greift die Studie die von Helga Schultz vorgeschlagene Systematisierung auf, die zwischen den Manifestationen des Wirtschaftsnationalismus nach außen, etwa in Gestalt von Zöllen und Importkontingenten, und nach innen unterscheidet, wie in der Diskriminierung von Minderheiten.[39] Dabei fasst die Untersuchung die bisher unterbelichtete Rolle ins Auge, die Großunternehmen bei der Gestaltung des Wirtschaftsnationalismus in Ostmitteleuropa spielten.

1.2.4 Die Semiperipherie und kleine Staaten in der Weltwirtschaft

Ostmitteleuropa ist nach seiner weitesten Definition die zwischen Ostsee und Adria gelegene, in der Geschichte dem deutschen, russischen und osmanischen Expansionismus ausgesetzte Region. Diese Studie folgt jedoch der engeren Definition, die nur Polen, die böhmischen Länder und die Slowakei, Österreich und Ungarn unter diesem Sammelbegriff zusammenfasst, während sie Rumänien, die Gebiete Jugoslawiens, Bulgarien und Griechenland Südosteuropa zuordnet und die baltischen Länder separat gruppiert. Diese geographische Einteilung entspricht den Marktaufteilungen zwischen Tungsram und Ganz & Co. und den elektrotechnischen Leitunternehmen.

Mit der Ausnahme der böhmischen Länder, also der heutigen Tschechischen Republik, gilt Ostmitteleuropa wirtschaftsgeschichtlich als Peripherie des europäischen Kontinents. Durch die Kategorie der Semiperipherie wurde das Weltsystemkonzept zu einem Analyserahmen, der nun auch dynamische Entwicklungen erfassen kann.[40] Denn die Semiperipherie wird funktionell als Vermittlerin zwischen Zentrum und Peripherie gefasst sowie als Einheit, die institutionelle Merkmale sowohl des Zentrums als auch der Peripherie besitzt.[41] Deswegen habe die Semiperipherie das größte

---

37 *Helleiner u. Pickel.*
38 *Schultz,* Wirtschaftsnationalismus; *Berend; Kofman, Stemplovszky u. Szlajfer.*
39 *Schultz,* Double edged sword.
40 *Wallerstein; Frank;* Buchbesprechung von Nikolaus Wolf zu *Aldcroft,* auf eh.net (June 2007).
41 *Chase-Dunn u. Hall.*

Potential, neue institutionelle Strukturen auszubilden, die Veränderungen in der Struktur des Weltsystems und den Formen der Kapitalakkumulation auslösen.

Wenn auch mit einer anderen Begrifflichkeit, beschreibt bereits Alexander Gerschenkron eine solche dynamische Zwischeneinheit in der Weltwirtschaft, die aus ihrer relativen Rückständigkeit Vorteile ziehen kann: Reiche Rohstoffvorkommen und institutionelle Rahmenbedingungen vorausgesetzt, könne die Semiperipherie mit dem industrialisierten Zentrum durch den Import modernster Produktionstechnologie gleichziehen. Je nach Grad der Rückständigkeit seien organisatorische Innovationen im Banksektor oder staatliche Unterstützung notwendig gewesen, um Triebkräfte für die Industrialisierung in Gang zu setzen.[42] Moses Abramovitz identifizierte institutionelle Voraussetzungen wie auch das Bildungsniveau als Schlüsselfaktor für den Erfolg im Aufholwettlauf.[43]

Das Konzept der Semiperipherie ist für meine Analyse deshalb unverzichtbar, weil die wichtigsten Akteure der ungarischen Wirtschaftspolitik sich während des gesamten Untersuchungszeitraums im Rahmen einer europäischen und globalen Wirtschaft wahrnahmen, in der sich Ungarn aus der Rolle der Kapital und Fertigwaren importierenden, zum Teil fremdbestimmten Agrarperipherie befreien, Zentrum und Peripherie verbinden und zwischen ihnen vermitteln konnte. Die Ausgangsbedingungen dafür waren, dass Ungarn Kultur und Rechtsinstitutionen besaß, die denen der westlichen Industrieländer nahestanden, und über eine geographische Lage zwischen dem Westen und dem als rückständig gesehenen Balkan und Nahen Osten verfügte. Auf der *mental map* der ungarischen Wirtschaftselite besaß das Land gute Aussichten darauf, zur Semiperipherie der europäischen und globalen Wirtschaft aufzusteigen.[44]

Der entscheidende Punkt war dabei die Bestrebung der (semi-)peripheren Akteure, ihre Integration in die Weltwirtschaft autonom zu gestalten. An dieser Stelle kommt die produktive Forschung zu kleinen Staaten in der Globalisierung zum Tragen.[45] Denn nach dem Ersten Weltkrieg hatten sich die Standortfaktoren für technologieintensive Industrien für das verkleinerte und verarmte Ungarn drastisch verändert. Dieses Forschungsfeld lie-

---

42 *Gerschenkron.*
43 *Abramovitz*; *Mokyr u. Voth*, S. 21–28.
44 Zur Kategorisierung der Semiperipherie *Chase-Dunn u. Hall*, S. 78–98.
45 *Katzenstein.*

fert aber auch für die Zeit des habsburgischen Dualismus Anhaltspunkte, weil das noch landwirtschaftlich geprägte Land bei Bruttosozialprodukt, Kaufkraft und Konsumverhalten kleinen Staaten vergleichbare Charakteristika besaß.

Bereits die erste größeren Publikationen über die weltwirtschaftliche Integration kleiner Staaten verwiesen darauf, dass deren meist recht homogene Wirtschaftsstruktur kaum den dynamischen Wettbewerb hervorbringt, der Unternehmen motiviert, Sortiment und Produktionstechnik ständig zu erneuern.[46] Innovationen sind dort schwieriger, risikoträchtiger und kostspieliger, weil Amortisation von Investitionen und Skalenersparnisse nur über den Export erreicht werden können. Der Binnenmarkt ist nicht groß genug, um Innovationen durch direkte Kontakte mit einer ausreichend großen Zahl von Verbrauchern zu beschleunigen, also durch Problem- und Bedürfnisaufdeckung die Entwicklung technologisch komplexer Produkte voranzubringen.[47] Kleine und ärmere Staaten können in der Regel keine Trendsetter sein, da mit der fortschreitenden Entwicklung die kritische Masse der für technologische Durchbrüche notwendigen Investitionen immer größer wird und bessere Konditionen für Forschung und Entwicklung die technischen Experten zur Auswanderung in die großen Industrieländer veranlassen. Spezialisierung auf die Verbreitung erprobter Technologien, auf klar abgegrenzte Forschungsfelder, Nischenproduktion und die Einwerbung von Investitionen multinationaler Unternehmen sind diejenigen Strategien, auf die kleinere Länder ausweichen können.[48]

Die besonderen Schwierigkeiten kleinerer und ärmerer Staaten rühren zum Teil aus den Konsumgewohnheiten der Bevölkerung: Die Mehrheit kann sich nur Billigprodukte leisten, während eine kleine soziale Elite meist importierte Luxusgüter als Statussymbole kauft, was das Wirtschaftswachstum beeinträchtigt. Die Marktstruktur ist jedoch das eigentliche Problem: Die geringe Anzahl von Großunternehmen und die enge Verflechtung politischer und ökonomischer Eliten erhöht nämlich die Wahrscheinlichkeit, dass Unternehmer im Schutz prohibitiver Importzölle keine sonderlichen Anstrengungen für den Export oder zur Einführung neuer Produktionstechnologien machen.[49]

---

46 *Robinson.*
47 *Walsh*, S. 40–41.
48 *Walsh*, S. 53–61; *de Jong u. Smits*, S. 108.
49 *Pinto.*

Für unseren Zusammenhang bleibt die von Simon Kuznets bereits 1960 formulierte Frage entscheidend: Wie können kleine Länder trotz begrenzter Ressourcen und größerer Abhängigkeit von ausländischen Absatz- und Beschaffungsmärkten und nicht zuletzt von der weltwirtschaftlichen Konjunktur von der Globalisierung profitieren?[50] Um zu analysieren, wie die Akteure in Ungarn diese Frage beantworteten, wird das Theorieangebot nationaler Innovationssysteme hinzugezogen, ergänzt um Modelle des nationalen Diamanten vom strategischen Management.

Nationale Innovationsysteme beschreiben, wie die soziopolitischen Rahmenbedingungen, darunter Gesetze, kulturelle Traditionen und Werte, Schulsystem, Marktstruktur, technologische und wissenschaftliche Institutionen sowie Wirtschaftspolitik die Innovationsbereitschaft der Privatwirtschaft und die Adaption und Verbreitung von Innovationen beeinflussen.[51] Bildungsinvestitionen können beispielsweise die Fähigkeit der Bevölkerung erhöhen, von neuen Technologien zu profitieren, indem anspruchsvolle Konsumenten Unternehmen veranlassen, neue Produkte zu entwickeln und vielfältige Anwendungen auszuloten. Diese Grundlagen für Wissensgenerierung und -transfer sind mitentscheidend für die Wettbewerbsfähigkeit von Industrien[52] und folglich auch für die Aufholfähigkeit von Volkswirtschaften. Mit Blick auf die technologieintensive elektrotechnische Industrie ist daher die Frage, inwieweit das ungarische Innovationssystem für deren Entwicklung und Wettbewerbsfähigkeit förderlich war und inwiefern sie selbst es als Vermittler von Technologietransfer, durch die Mitgestaltung der staatlichen Innovationsförderung oder durch Vorbilder für Forschungsförderung, Produktionsorganisation und Managementtechniken weiterentwickelte.

Michael C. Porters bekanntes *Diamantenmodell* nennt weitere Faktoren, welche die Wettbewerbsfähigkeit nationaler Industrien fördern oder einschränken können: 1. inländische Ressourcen wie materielles und Humankapital sowie bezahlbare, verlässliche und dichte Kommunikations- und Verkehrsinfrastrukturen; 2. Nachfrage auf dem Binnenmarkt; 3. verwandte und unterstützende Branchen; 4. Marktstruktur und Wirtschaftskultur. Diese Faktoren wirken in vielfältiger Weise aufeinander ein und werden von den Unternehmen mitgestaltet.[53]

---

50 *Kuznets*, S. 31.
51 *Freeman*, Introduction; *Edquist*, Systems of innovation.
52 *Rosenberg*, Perspectives; *Rosenberg*, Inside the black box; *Abramovitz*.
53 *Porter*, S. 53–200; *Erker, Murmann*; *Hogenbirk, Hagedoorn u. Kranenburg*, S. 26.

Der *Wachstumspfad multinationaler Unternehmen aus kleineren* Ländern zeigt einen deutlichen Unterschied zu dem anhand von amerikanischen Großunternehmen entwickelten Modell Chandlers: Sie sind in einem frühen Stadium ihrer Entwicklung auf die Ressourcen anderer Länder angewiesen und investieren daher gleich nach Aufnahme der Massenproduktion in ausländische Produktionsstandorte.[54] Da sie aber Produktentwicklung und Vermarktung früh an unterschiedliche Marktbedürfnisse anpassen müssen, können sie Wettbewerbsvorteile gegenüber den multinationalen Unternehmen aus Staaten mit einem großen Binnenmarkt erzielen.[55]

Moon, Rugman und Verbeke fassen diese Befunde im *double diamond-Modell* zusammen. Sie erklären die Fähigkeit von Unternehmen aus kleineren Ländern, Ressourcen anderer Märkte wie diejenigen des Heimatmarkts nutzbar zu machen, zum strategischen Wettbewerbsvorteil.[56] Meine Studie untersucht die Schwierigkeiten des Lernprozesses, mit denen die Dopplung des nationalen Diamanten verbunden ist.

1.2.5 Internationale Kartelle und elektrotechnische Industrie

Kartelle sind marktregulierende Absprachen und Vereinbarungen unabhängig bleibender Unternehmen. Sie sind heute sowohl in der Europäischen Union als auch in den Vereinigten Staaten illegal. Diese wettbewerbsbeschränkenden privatwirtschaftlichen Zusammenschlüsse bildeten aber lange Zeit einen integralen Bestandteil der europäischen und transatlantischen Wirtschaftsordnung. Ihre Blütezeit fiel in die Zwischenkriegszeit, insbesondere die 1930er Jahre, veranschaulicht durch: die große Gesamtzahl von nicht weniger als 400 Kartellen, den von diesen kontrollierten Anteil am Welthandel von schätzungsweise 30 bis 50 Prozent und die Unterstützung, die Regierungen diesen Organisationen als Krisenmanagern und *business diplomacy*-Agenten gewährten.[57]

Tungsram und Ganz & Co. nahmen an mehreren Kartellen teil. Ihre abwechselnde Einschätzung als kleine, mittelgroße oder große Unternehmen geht auf diese Mitgliedschaften zurück. Denn auf dem Binnenmarkt errangen beide Unternehmen in ihren Hauptsparten ein Monopol oder wenigs-

---

54 Schröter, Aufstieg der Kleinen; Jones u. Schröter, Continental European multinationals.
55 Duquesne de la Vinelle, de Jong u. Smits.
56 Rugman, van Den Broec u. Verbeke, The generalized double diamond.
57 Wurm, Politik und Wirtschaft.

tens ein Oligopol, daher waren sie führende Mitglieder der nur für Ungarn geltenden Kartelle. Auf dem Weltmarkt waren sie dagegen kleinere Akteure, doch gelang es ihnen in einigen Sparten, eine mittlere Position in den internationalen Kartellen zu erreichen und von dieser aus Marktbedingungen außerhalb ihres Heimatmarktes zu beeinflussen. Insbesondere Tungsrams Mitgliedschaft in den Glühlampen- und Radioröhrenkartellen macht es daher möglich, diese in der umfangreichen Literatur zu den Kartellen[58] bisher wenig beachtete mittlere Position auszuloten.

Die elektrotechnische Industrie war eine der weltweit bestorganisierten Branchen, die sich auf gegenseitige Beteiligungen, Patentverträge, Technologieaustausch und nicht zuletzt auf nationale und internationale Kartelle stützte.[59] Darum fanden nicht nur Leitunternehmen wie Siemens[60] oder Philips[61], sondern auch diese komplexe Vernetzung reges Interesse in der Unternehmensgeschichte. Darstellungen aus der Binnenperspektive[62] sowie die während und nach dem Zweiten Weltkrieg durchgeführten Analysen der Rolle von Kartellen bei der Etablierung der deutschen Wirtschaftshegemonie in Kontinentaleuropa und ihrer Bedeutung für die Wirtschaftsordnung der Zwischenkriegszeit[63] erörtern ihre Vor- und Nachteile aus zeitgenössischer Sicht. Neuere Studien nehmen die Glühlampen- und Radioröhrenkartelle aus technikgeschichtlicher Perspektive[64] sowie die Etablierung der Marktführerschaft der amerikanischen Leitunternehmen in den Blick.[65] Wie die deutschen Leitunternehmen ihre nach dem Ersten Weltkrieg zurückgewonnene Wettbewerbsfähigkeit mithilfe von Marktaufteilungsverträgen mit der amerikanischen Konkurrenz absicherten und wie sie Kartelle anstelle von Direktinvestitionen zur Eroberung von Marktanteilen nutzten, liefert einen Analyserahmen für Tungsrams analoge Strategien.[66]

Aufgrund der transnationalen Verflechtung der Industrie untersucht diese Studie die Beteiligung der beiden Unternehmen an Kartellen als ver-

---

58 Die wohl kürzeste Zusammenfassung des Forschungsstandes: *Fear*.
59 S. bspw. *British Electrical Allied Manufacturers' Association*, Electrical industry.
60 *Feldenkirchen*, Siemens.
61 Insbesondere *Heerding*.
62 *Meinhardt*, Kartellfragen; *Meinhardt*, Glühlampenindustrie.
63 *Stocking u. Watkins* S. 304–362; *Report of the Federal Trade Commission on international electrical equipment cartels*; *Survey of international cartels and internal cartels*.
64 *Luxbacher*, Massenproduktion.
65 *Reich*, General Electric; *Reich*, American industrial research; *Glimstedt*; *Lanthier*, IGEC.
66 *Schröter*, Typical factor.

mutlich adäquate Reaktion auf die damaligen Marktbedingungen. Kleinere oder auf den Binnenmarkt orientierte Unternehmen und solche aus kleineren Staaten bildeten gewöhnlich mit Unterstützung, in einigen Fällen sogar auf Veranlassung der Regierung nationale Kartelle, um sich gegen die ausländische Konkurrenz behaupten zu können.[67] Diese Zusammenschlüsse verbesserten jedoch nicht automatisch ihre Wettbewerbsfähigkeit.[68] Darüber hinaus waren kleinere Mitglieder internationaler Kartelle permanent in einer existenzbedrohenden Lage. Daher ist eine weitere Leitfrage, welche Vorteile Tungsram und Ganz aus nationalen und internationalen Kartellen ziehen und welche Nachteile sie nicht vermeiden konnten.

1.3 Methoden

Die Komplexität der *jeux d'échelles* der untersuchten Unternehmen erfordert, von der methodologischen Offenheit der transnationalen Forschungsperspektive für die Analyse der Globalisierung Gebrauch zu machen und mehrere Herangehensweisen miteinander zu kombinieren.

Im Mittelpunkt stehen die beiden Firmen, deren Entwicklung mit den klassischen unternehmensgeschichtlichen Methoden, also mit Daten zu Eigentums- und Produktionsstruktur, Beschäftigung, Bilanzen u. ä. nachgezeichnet wird; dieser Teil der Darstellung beschränkt sich allerdings auf die Kernaspekte. Theorien über die Entwicklung multinationaler Unternehmen bilden den Analyserahmen für die Strategien der beiden Unternehmen auf dem Weltmarkt; dahinter steht die Absicht, einige Aspekte zur Analyse der Entstehung von multinationalen Unternehmen aus kleinen *und* armen Ländern zu identifizieren.

Die transnationalen Netzwerke der Unternehmen stehen im Mittelpunkt der Arbeit. Netzwerke werden als Antwort auf Koordinationsprobleme verstanden, was die Bildung von Netzen unterschiedlicher Typs erklärt.[69] Zu diesen gehören vertragliche Kontakte zu Zulieferern und Vertriebsgesellschaften, hierarchische Verbindungen in Gestalt von Lizenz-, Kartell- und Beteiligungsverträgen, gleichberechtigte Partnerschaften und Lobbyorganisationen sowie Mischformen wie um bestimmte Banken angeordnete Un-

---

67 *Michelsen u. Kuisma*; *Schröter*, Praktische Vernunft; *Schröter*, Small European nations.
68 *Cerretano*.
69 *Casson*, Networks; *ders.*, Networks in economic history.

ternehmensgruppen oder industrielle Cluster. Der soziale Kontext, in dem Unternehmen agieren, beeinflusst ihre Bereitschaft und Möglichkeit, langfristige und geregelte Bindungen einzugehen; er bestimmt, welche Art von Netzwerken sie bevorzugen, aber auch, wie hoch das Risiko solcher Bindungen für die Teilnehmer ausfällt, beispielsweise wenn sich rechtliche Rahmenbedingungen ändern.[70] Die Untersuchung geht von der Annahme aus, dass die Wettbewerbsfähigkeit der Unternehmen langfristig vom geschickten Umgang mit den unterschiedlichen Koordinations- und Kontrollmechanismen grenzüberschreitender Produktions- und Vermarktungsnetzwerke einerseits und territorial gebundener staatlicher Regulierungen andererseits abhängt.

In Anpassung an den historischen Sachverhalt liegt der Schwerpunkt auf der Teilnahme von Tungsram und Ganz an Kartellen, also an Netzwerken, die bestimmte Funktionen für ihre Mitglieder übernahmen und eine Schlüsselposition in der globalen *governance*-Struktur der Industrie innehatten.[71] Ihre Mitwirkung an den Kartellen wird im Vergleich miteinander sowie mit den Lizenz- und Beteiligungsverträgen, den Bankverbindungen und den Lobbyorganisationen analysiert. Aus der Perspektive mittelgroßer Akteure werden also das Ineinandergreifen und die wechselseitige Beeinflussung und Begrenzung dieses transnationalen Gewebes in ihrer Gesamtheit betrachtet.[72]

Gemeinsames Merkmal aller Netzwerke ist, den Unternehmen Ressourcen zu vermitteln: Netzwerke eröffnen Zugang zu Informationen, Technologien, Kapital, also zu Absatz- und Beschaffungsmärkten im weiten Sinne, womit sie ermöglichen, von anderen Mitgliedern zu lernen, wirtschaftliche Produktionsgrößen zu erreichen, Risiken zu streuen und Stufen der Wertschöpfungskette oder organisatorische Funktionen auszulagern.[73] Welche und wieviele Ressourcen unter welchen Bedingungen das Unternehmen über seine Netzwerke erreichen kann, hängt von deren Zusammensetzung und dem Status des Unternehmens ab. Die Position eines Unternehmens auf dem Weltmarkt ist folglich dadurch zu ermitteln, dass sein womöglich marginaler Status in dem einen Netzwerk und seine Schlüsselrolle in dem anderen gegeneinander abgewogen werden. Diese Gesamtposition bestimmt wiederum mit, inwieweit dem Unternehmen Zugriff auf die Ressourcen anderer Netzwerkmitglieder eingeräumt wird. Eine effiziente Nutzung und Erweite-

---

70 *Wilkins*, Multinationals; vgl. *Jones,* The end of nationality?
71 *Glimstedt.*
72 Vgl. *Kümmel.*
73 *Gulati, Nohria u. Zaheer,* S. 204.

rung dieser Ressourcen setzt ferner die Fähigkeit des Unternehmens voraus, Kooperation in dem einen Netz und Wettbewerb in dem anderen – eventuell mit denselben Partnern – zu bewältigen, also sich der unterschiedlichen Spielregeln der einzelnen Netzwerke zu bedienen, um die eigenen Zwecke zu verfolgen. Der Wettbewerbsvorteil des Unternehmens entsteht aus der Spezifik der gemischten Netzwerke. Der zeit- und kostenintensive Aufbau dieser vertrags- und vertrauensbasierten Kontakte macht es schwer, diesen Vorteil nachzuahmen, bringt aber auch eine gewisse Inflexibilität mit sich.

Nachholend industrialisierende Staaten hatten am ehesten bei wirtschaftlich-technologischen Paradigmenwechseln die Chance, zu den Vorreitern aufzuschließen. Ein solcher Aufholprozess brauchte allerdings institutionelle Voraussetzungen, d.h. es mussten politische Institutionen vorhanden sein, welche die Herausforderung begreifen und eine den lokalen Bedingungen angepasste Antwort entwickeln und durchsetzen konnten.[74] Im Ungarn der dualistischen Ära ergab sich mit dem Eisenbahnbau die Chance, von der Verbreitung der Dampfmaschine und der wachsenden Nachfrage Westeuropas nach Rohstoffen und Lebensmitteln zu profitieren. In der Zwischenkriegszeit besaßen Elektrifizierung und Motorisierung das Potential, die Produktivität in Landwirtschaft und Industrie zu erhöhen und regionale Entwicklungsgefälle abzumildern.

Die sozialen und politischen Rahmenbedingungen für die Errichtung der großräumigen Netzwerkinfrastruktur, insbesondere auf ihren Kernmärkten, beeinflussten maßgeblich die Wachstumschancen von Tungsram und Ganz; diese suchten wiederum die Netzwerkinfrastruktur direkt und indirekt, also auch durch die Werteformierung der Gesellschaft, auszubauen. Darum liefern ihre Strategien, die in ständigem Wechselspiel mit ihrem Umfeld und den verschiedenen Interessengruppen formuliert wurden, Aufschluss darüber, wie die ungarische Wirtschaftselite auf die politischen und wirtschaftlichen Veränderungen reagierte.[75]

Drei wichtige Gesetze bzw. Gesetzreihen werden vorgestellt und drei führende Zeitungen im Querschnitt analysiert, um zu veranschaulichen, wie Gefahren und Chancen der weltwirtschaftlichen Integration wahrgenommen, wie die Wissensbasis für die nachholende Modernisierung geschaffen und wie Schwierigkeiten bei derem Einsatz auf wirtschaftspolitischer und privatwirtschaftlicher Ebene bewältigt wurden.

---

74 *Perez*, S. 92–94.
75 *Welskopp*; *Kleinschmidt*.

1.4 Quellengrundlage

1.4.1 Archivgut von Konkurrenzunternehmen

Unternehmen sind komplexe Organisationen, die keineswegs mit Vorstand oder Direktion gleichzusetzen sind. Die hier ins Auge gefasste strategische Entscheidungsfindung lenkt aber die Empirie naturgemäß auf die Dokumente der leitenden Organe und Angestellten, darunter etwa Korrespondenzen der geschäftsführenden Direktion und Protokolle der Direktions- und Vorstandssitzungen, welche um die Dokumentenbestände des Sekretariats, der Buchhaltung, der Exportabteilung und des Forschungslabors ergänzt werden. Aus heuristischen Gründen werden die Unternehmen als kollektive Akteure behandelt. Falls unterschiedliche Auffassungen zwischen den Entscheidungsträgern eines Unternehmens auftraten oder aus anderen Gründen notwendig wurde, auf einzelne Personen einzugehen, werden diese namentlich genannt.

Obwohl die im Ungarischen Nationalarchiv aufbewahrten Unterlagen[76] für ungarische Verhältnisse, also trotz massiver Verluste infolge von zwei Weltkriegen und diversen Revolutionen, einen jeweils relativ umfangreichen Bestand ergeben, weist die Dokumentation große Lücken auf. So sind die Archivalien der ersten 50 Jahre von Ganz & Co. fast zur Gänze einer Inventur zum Opfer gefallen; für eine wirtschaftshistorische Analyse zusammengestelltes Material über die nächsten 50 Jahre wurde im Zweiten Weltkrieg vernichtet.[77] Die Überlieferung dieses Unternehmens ist daher für den gesamten Zeitraum sehr unausgewogen, und besonders zur Beurteilung einiger strategischer Fragen gibt es insgesamt eher Anhaltspunkte als gesicherte Auskünfte. Die Korrespondenz des stellvertretenden technischen Generaldirektors Ferenc (Franz) Klein mit Generaldirektor Pál (Paul) Prager über den Aufbau des lateinamerikanischen Markts für die Ganz-Jendrassik-Dieseltriebwagen am Vorabend des Zweiten Weltkriegs ist

---

76 An persönliche Nachlasse zu kommen, ist wegen der verstrichenen Zeit und der von den Weltkriegen beeinträchtigten persönlichen Schicksale schwierig. So hat der Neffe des ersten technischen Leiters von Tungsram, József Kőrösy nach dem Ersten Weltkrieg das Land verlassen, ohne die persönlichen Aufzeichnungen des Onkels mitzubringen. József Kőrösy hat sich später selbst als Chemiker an Forschungsprojekten des Tungsrams-Laboratoriums beteiligt. Brief von Giana Kurti, Ehefrau von Prof. Kőrösy an die Autorin, Oxford, 25.11.2007.

77 *Berlász*, Ganz-gyár.

aus historiographischer Sicht der wertvollste, bisher nicht von der Forschung berücksichtigte Bestand. Die Überlieferung fällt im Falle von Tungsram besser aus, weil für die Zwischenkriegszeit ein großer Teil der Korrespondenz der Generaldirektion, zum Teil auch des privaten Briefwechsels von Leopold Aschner, Generaldirektor 1921–1944[78] erhalten blieb. Neben den jährlichen Geschäftsberichten sowie dem Schriftverkehr der technischen und der Kartellabteilung bildet dieses Material die wichtigste Grundlage meiner Analyse. Eine bisher kaum beachtete, umfangreiche Quellengruppe ist die Korrespondenz der Exportdirektion, insbesondere die Reiseberichte, die umfassende Informationen über Marktentwicklung, die praktische Umsetzung internationaler Kartellverträge und die Veränderungen des Konsumverhaltens liefern.

Im Unterschied zur bisherigen Literatur über Tungsram und Ganz & Co.[79] nutzt diese Untersuchung intensiv die Bestände der deutschen Konkurrenzunternehmen. Die Archive von Siemens, AEG, Telefunken und Osram im Siemens Archiv München bzw. im Deutschen Technikmuseum Berlin liefern Informationen über die Konkurrenzpartnerschaft der deutschen und ungarischen Unternehmen. Diese zeigte sich einerseits in Absprachen über Marktverteilung, Lizenzvergabe, Austausch von Produktionserfahrungen und Beteiligungen, andererseits in der Konkurrenz in nicht regulierten Marktsegmenten und um vertraglich nicht geregelte Marktanteile. Der Schriftverkehr der Osram-Direktion mit den Hauptkonkurrenten Philips und General Electric bzw. deren Tochtergesellschaft für Auslandsgeschäfte, die International General Electric Company (IGEC) gibt Aufschluss über die Interessenkonflikte, die etwa bei der Einbindung der ungarischen Firmen in internationale Kartellverträge oder der Beschränkung ihrer Produktpalette und Absatzgebiete bestanden.[80]

---

78 In den Fußnoten einheitlich L. Aschner. Korrespondenz aus Újpest, nur abweichende Orte genannt.

79 *Jeney u. Gáspár; Koroknai,* Tungsram *Rt.; Szekeres u. Tóth.*

80 Der inner- und zwischenbetriebliche Schriftverkehr verlief zum bedeutenden Teil auf Deutsch. Wo die Originalsprache eine andere war, stammt die Übersetzung der Zitate von mir. Im Fließtext wird jeweils die heutige Rechtschreibung verwendet. Quellenangaben wurden vereinfacht und vereinheitlicht, Titel wie »Aktennotiz« oder »Bericht« um ihren Sinn ergänzt jeweils nur auf Deutsch beschrieben. Eckige Klammern weisen auf die von mir übersetzten Dokumententitel und auf Datenergänzungen hin. Firmen- und Ortsnamen wurden mit der Rechtschreibung der Quellen wiedergegeben, wie Pester ungarische Commerz(ial)bank (abwechselnd mit C oder K).

1.4.2 Archivgut der kontoführenden Banken

Die Korrespondenz der beiden Unternehmen mit der Direktion der kontoführenden ungarischen Banken, die zugleich ihre Hauptanteilseigner waren, im Falle von Ganz & Co. die *Magyar Általános Hitelbank* (Ungarische Allgemeine Kreditbank, kurz Kreditbank oder MÁH), im Falle von Tungsram die *Pesti Magyar Kereskedelmi Bank* (Pester Ungarische Kommerzialbank, von den Zeitgenossen an der damals deutschsprachigen Budapester Börse »Kommerz« genannt, im folgenden PMKB) wird ergänzt durch Dokumente ihrer Industrieabteilungen. Wertvolle Informationen enthalten auch die Expertisen der beiden Banken über die Lage der ungarischen Industrie nach dem Zweiten Weltkrieg. Die Korrespondenz zwischen der *Hungária Villamossági rt.* (Hungaria Elektrizitäts-AG, im folgenden Hungaria) und deren Gründern, der PMKB, der Salgótarjáner Kohlebergewerke AG (*Salgótarjáni Kőszénbánya rt.*) und der Bank für elektrische Unternehmungen Zürich (Elektrobank), bietet Informationen über die Marktbedingungen in und den Kapitaltransfer nach Ungarn in den 1930er Jahren.

1.4.3 Presse

Die Kommentare der drei führenden zeitgenössischen Fachzeitschriften zeigen, wie Chancen und Gefahren der Globalisierung in der meinungsbildenden Öffentlichkeit wahrgenommen und Reaktionen auf diese diskutiert wurden. Leitartikel und redaktionelle Beiträge wurden besonders nach Schlagwörtern wie Wettbewerb, Entwicklung, Industrieförderung, Modernisierung, Mission, Außenhandel oder Kartell durchgesehen.

Die seit 1877 erscheinende volkswirtschaftliche Zeitschrift der Ungarischen Akademie der Wissenschaften (*Magyar Tudományos Akadémia*, MTA) vermittelte wissenschaftliche Erkenntnisse aus dem In- und Ausland und berichtete über die Entwicklung von Wirtschaft und Handel. Im Jahr 1900 wurde die seit 1894 bestehende Ungarische Volkswirtschaftliche Gesellschaft (*Magyar Közgazdasági Társaság*, MKT) mit der Publikation beauftragt, die nach eigener Aussage fast alle Wirtschaftsexperten Ungarns an sich zu ziehen vermochte, darunter bekannte Ökonomen, wirtschaftspolitische Funktionäre, Bankdirektoren, Juristen und Vertreter der Industrie- und Handelskammern.[81]

---

[81] Hegedüs u. Mandelló.

Obwohl der Name der Zeitschrift mehrmals wechselte,[82] blieb sie ihrer Thematik treu. Wissenschaftliche Studien und Buchbesprechungen machten den Hauptbestandteil aus. Berichte über die Aktivitäten der MKT sowie Statistiken und Zusammenfassungen von Diskussionen in ausländischen Fachzeitschriften verdeutlichen den Anspruch, die Zeitschrift als zentrale Plattform für volkswirtschaftliche Fragen zu etablieren. Für den Zeitraum 1895–1914 wurde die Zeitschrift vollständig ausgewertet, da sich in dieser Zeit die Grenzen des vor allem auf Agrarexport fußenden Wirtschaftswachstums abzeichneten, während bereits die durch die Industrialisierung in Ungarn aufkommenden Interessenkonflikte zwischen den beiden Reichshälften ausgetragen wurden.[83] Aus dem vorangegangenen Zeitraum wurden nur die Leitartikel herangezogen. Für die Zwischenkriegszeit wurden jeweils die vollständigen Jahrgänge der Stichjahre 4/5 bzw. 9/0 untersucht.

Als Sprachrohr des Landesverbandes der ungarischen Fabrikindustriellen (*Magyar Gyáriparosok Országos Szövetsége*, MGYOSZ, 1944 *Gyáriparosok Országos Központja*, GYOK, im folgenden durchgehend Industriellenbund) fungierte die seit 1903 erscheinende Zeitschrift *Közlemények* (Mitteilungen), ab 1911 unter dem Titel *Magyar Gyáripar* (Ungarische Fabrikindustrie, MGY). Die Mitglieder waren in elf Fachvereinen organisiert, wie dem Landesverband ungarischer Eisen- und Maschinenbauwerke (*Magyar Vasművek és Gépgyárak Országos Egyesülete*, MVGOE), dessen Vorsitz des Öfteren leitende Mitarbeiter von Tungsram und Ganz bekleideten. Der Industriellenbund dehnte seinen Wirkungskreis durch die Gründung regionaler Zweigvereine aus. Außerdem fungierte er als Arbeitgeberverband und nahm als solcher an der *International Labour Organisation* (Genf) teil.[84] Unter der Leitung von Präsident Franz Chorin erwarb die Organisation mit Debatten und Studien zu aktuellen wirtschaftspolitischen Fragen Ansehen. Nach dem Ersten Weltkrieg wurden Gesetzentwürfe regelmäßig dem Industriellenbund vorgelegt; Probleme und Interessenkonflikte konnten auf diese Weise verringert werden. Die Führung des Bundes rekrutierte sich aus der »multipositionalen Elite« von etwa 350 Personen, die als Ökonomen, Wirtschafts-

---

82 1877–1892: *Nemzetgazdasági Szemle* (Volkswirtschaftliche Rundschau), 1893–1894: *Közgazdasági és Közigazgatási Szemle* (Volkswirtschaftliche und Verwaltungsrundschau), von 1895 an *Közgazdasági Szemle* (Volkswirtschaftliche Rundschau).
83 *A MKT igazgató-választmányának 1899. évi jelentése*, S. 251.
84 Deák.

politiker, Direktoren oder Präsidenten von Banken, Industrie- und Handelsunternehmen die ungarische Wirtschaft steuerten.[85]
Redaktionelle Beiträge und Berichte über die Sitzungen der Leitungsorgane des Industriellenbundes beleuchten dessen Position in Debatten über Hindernisse und Chancen für Exportgeschäfte, die Folgen weltwirtschaftlicher Veränderungen und die Lobbyarbeit der Mitgliedsunternehmen. Diese wurden zu Studien über Werte, Interessen und Ziele der Großindustriellen[86] in Beziehung gesetzt. Ausgewertet wurden die Stichjahre 4/5 bzw. 9/0.
Zur Kontrolle wurden die Jahrgänge 1924/25 sowie 1929/30 von *Pesti Tőzsde* (Pester Börse) durchgesehen. Da die Themen dieser Wochenzeitung in dezidierterer Position auch von *Magyar Gyáripa*r oder in Hintergrundanalysen der Rundschau behandelt und nicht grundlegend anders betrachtet werden, kann meine Auswahl zeitgenössischer Periodika als hinreichend repräsentativ gelten.

1.4.4 Parlamentsdebatten, Ministerialakten

Die 1929–1931 geführten Debatten im Ober- und Unterhaus über die Elektrifizierung, die Gesetze zur Industrieförderung sowie die Kartellregulierung führen über den Rahmen meines Themas hinaus. Sie behandeln die weltwirtschaftliche Integration Ungarns, besonders die Frage, mit welchen Mitteln sich das Land in einer zunehmend protektionistischen und multizentrischen Weltwirtschaft behaupten könne.
Wegen der starken Dekomplettierung der Ministerialakten wurden diese nur punktuell ausgewertet. Die Korrespondenzen der Außenwirtschaftspolitischen Abteilung des Handelsministeriums in den 1930ern mit den lateinamerikanischen Staaten und die der Industrieministerien nach dem Zweiten Weltkrieg stellen die wichtigsten Dokumentengruppen dar. Wertvolle Erkenntnisse über den Eingriff der Ungarischen Kommunistischen Partei in privatwirtschaftliche Bestrebungen für die Rückkehr auf den Weltmarkt nach dem Zweiten Weltkrieg liefern die im Politischen und Gewerkschaftsarchiv (*Politikatörténeti és Szakszervezeti Levéltár*) befindlichen Akten der ungarischen Wirtschaftsdelegation in Argentinien.

---

85 Lengyel, *A multipozícionális gazdasági elit.*
86 *Kovács.*

1.5 Struktur der Studie

Die Studie ist nach den historischen Perioden in drei Großkapitel aufgeteilt. Die Unternehmensstrategien werden darin jeweils in Anlehnung an die wichtigsten Herausforderungen und Aufgaben der Zeit dargestellt. Das Fazit fasst die zentralen Ergebnisse der Untersuchung zusammen.

2. Die erste Globalisierungswelle und die Entstehung der ungarischen elektrotechnischen Industrie (1867-1918)

2.1 Ungarn als Standort für die elektrotechnische Industrie

2.1.1 Österreich und Ungarn: Ungleiche Partner einer Zollunion

Die Wissens- und Kapitalintensität des elektrotechnischen Sektors erschwerte industriellen Nachzüglern den Einstieg in die Branche. Dennoch waren die Rahmenbedingungen für die Entstehung der elektrotechnischen Industrie in Ungarn nicht ungünstig.

Der Ausgleich von 1867 zwischen der Habsburgerdynastie und Ungarn ermöglichte dem Königreich, seine Wirtschaftspolitik innerhalb der gesamtstaatlichen Zoll- und Währungsunion weitgehend autonom zu gestalten. Diese Politik ging in Grundzügen auf das wirtschaftspolitische Programm der Reformära von 1825–1848 zurück. Das von den damaligen Meinungsführern Graf István Széchenyi und Lajos Kossuth propagierte Reformkonzept sah die Erhöhung der Produktivität der Landwirtschaft durch deren Kommerzialisierung und Kapitalisierung vor.[1] Ein modernes Finanz- und Versicherungssystem, die Aufhebung der Steuerfreiheit des Adels, Gewerbefreiheit und die Beseitigung der Zollgrenze zu Österreich sollten die Voraussetzungen für Industrialisierung und wirtschaftliche und politische Emanzipation Ungarns schaffen. Eine wirtschaftsnationalistisch gesinnte Öffentlichkeit sollte Schutzzölle so weit wie möglich ersetzen; die Modernisierung der Verkehrsinfrastruktur sollte die binnen- und weltwirtschaftliche Integration fördern.[2]

Nach der Niederlage der ungarischen Revolution von 1849 behielt Wien die von der Kossuth-Regierung dekretierte Bauernbefreiung bei und hob 1850 die Zollgrenze zwischen Österreich und Ungarn auf. Der Ausgleich von 1867 schuf die Voraussetzungen für Modernisierungsprojekte, die über konjunkturbedingte Investitionen hinausgingen.[3] Die beiden Reichshälften

---

1 *Kövér*, Iparosodás, S. 33.
2 *Bekker*, Kossuth; *Bekker*, Reformkor, S. 142–144.
3 *Keleti*, S. 5; kurze Zusammenfassung zum Ausgleich: *Matis*, S. 26–28.

bildeten nun eine Zollunion, hatten eine gemeinsame Währung und trugen gemeinsam die Kosten der Armee und des diplomatischen Dienstes. Alle zehn Jahre waren Zollsätze und Kostenverteilung neu auszuhandeln, wobei diese an die wachsende wirtschaftliche Leistungsfähigkeit Ungarns angepasst werden konnten. Diese Verhandlungen boten regelmäßig Anlass, sich mit Ungarns weltwirtschaftlicher Integration und deren Folgen für beide Reichshälften auseinanderzusetzen.

Das ungarische Eisenbahnnetz erreichte bis 1913 eine Länge von über 22.000 km, womit Ungarn in Europa bei Gleislänge pro Kopf an sechster Stelle lag. Die Qualität der Gleise und besonders die transportierte Warenmenge blieben jedoch hinter den industriell fortgeschritteneren Ländern weit zurück.[4] Das Kapital für die Infrastrukturprojekte kam zunächst überwiegend aus der österreichischen Reichshälfte oder wurde über Österreich vermittelt.[5] Dessen Anteil erreichte 1893 seinen Höhepunkt; danach wurde Deutschland zum größten Kapitalgeber für Ungarn. Der französische und der britische Kapitalmarkt spielten eine ungleich geringere Rolle; die Finanzverflechtungen waren mit London in den 1860er und 1870er Jahren intensiv, mit Frankreich um die Jahrhundertwende.[6] Die Durchschnittsverzinsung ungarischer Staatsanleihen ging von etwa 10% im Jahr 1867 auf 4% im Jahr 1904 zurück. Das war in erster Linie auf die Zoll- und Währungsunion der Monarchie und auf die Durchsetzung des Goldstandards (Währungsreform 1892, volle Konvertibilität 1896) zurückzuführen.[7] Auch waren die Kapitalmärkte erst von der Zahlungsfähigkeit und -bereitschaft Ungarns zu überzeugen.[8]

Die Lösung des politischen Konflikts zwischen den Reichshälften und die europäische Hochkonjunktur nährten die Erwartung, den ökonomischen Abstand zu Österreich aufholen zu können. Die Gründerkrise nach 1873 erschütterte jedoch die Hoffnung auf eine schnelle Industrialisierung des Landes und führte zu vermehrten staatlichen Interventionen. Da die Regierung durch die Zollunion gebunden war und Schutzzölle nicht nach Belieben zu wirtschaftsprotektionistischen Zwecken einsetzen konnte, griff sie zu weniger konventionellen Methoden. Diese standen nicht im Widerspruch zu den

---

4 *Berend u. Ránki*, European periphery, S. 96; *Katus*, Transport revolution, S. 196–199; *Katus*, Hungary, S. 224–225.
5 *Komlos*, Habsburgermonarchie, S. 99–132.
6 *Tomka*, Német tőke, S. 1061.
7 *Kövér*, Osztrák-Magyar Bank, S. 276–289.
8 *ders.*, Brit tőkepiac; *ders.*, Credit of Austria-Hungary.

damals vorherrschenden wirtschaftsliberalen Prinzipien, sondern hatten die Förderung des Privatunternehmertums im Sinn.[9]

In der Gründerkrise traten die handelspolitischen Interessengegensätze zwischen den ungarischen und österreichischen Wirtschaftseliten wie auch innerhalb derselben in den Vordergrund. Die österreichischen Industriellen forderten hohe Schutzzölle und die Aufkündigung von Handelsverträgen, was den Interessen der ungarischen Agrarier widersprach. In der zweiten Hälfte der 1870er Jahre überfluteten nämlich amerikanische und russische Agrarprodukte die europäischen Märkte.[10] Diese Konkurrenz verdeutlichte, dass die wirtschaftliche Entwicklung Ungarns nicht allein auf der exportabhängigen Landwirtschaft beruhen konnte. Die Diversifizierung der Produktion und der staatlichen Einnahmequellen wie auch die Industrialisierung wie die Mechanisierung der Landwirtschaft zum Erhalt ihrer Wettbewerbsfähigkeit mussten beschleunigt werden.

Das erste ungarische Industrieförderungsgesetz von 1881 war eine Antwort auf die protektionistische Wende in der deutschen und österreichisch-ungarischen Handelspolitik, weil mit zunehmenden Hindernissen für den Außenhandel die Bedeutung des Binnenmarkts wuchs.[11] Dieses Gesetz trat am 1. Januar 1882 in Kraft und war überhaupt eines der ersten seiner Art in Europa. Die Länder des südlichen Donauraumes folgten mit analogen Gesetzen (Rumänien 1887, Bulgarien 1894 und Serbien 1898).[12] Ungarn war allerdings in einer besseren Lage als die meisten Nachbarländer, weil es die Vorteile von wirtschaftspolitischer Autonomie sowie Zoll- und Währungsunion verbinden konnte.[13]

Um den unterschiedlichen Bedürfnissen von Industrie und Landwirtschaft gerecht zu werden, suchte Ungarn in Westeuropa und den Vereinten Staaten nach Vorbildern für staatliche Industrieförderung.[14] Zu diesem Zweck in die USA geschickte Stipendiaten machten nach ihrer Rückkehr Vorschläge für eine stärker praxisorientierte Ausbildung an Schulen und

---

9 *Katus,* Hungary, S. 193–194.
10 *O'Rourke.*
11 *Paulinyi,* Industriepolitik.
12 *David,* S. 97.
13 *Weisz (Földes).*
14 *Bánó*; *Bernát,* Észak-Amerika; *Kovács*; *Kelemen*; *Kenessey, Barcza,* Közgazdasági irodalmunk.

Universitäten und für die bessere Organisation des Gütertransports.[15] Beauftragte der Regierung und der Wirtschaftsorganisationen berichteten von Fach- und Weltausstellungen.[16] Für die Wirtschaftsgesetzgebung und die Förderung von Export und Kleingewerbe orientierte man sich an Deutschland und Österreich.[17]

2.1.2 Staatliche Industrieförderung und *mission civilisatrice hongroise*

Ein anschauliches Beispiel für diese wirtschaftspolitischen Anstrengungen war die Einrichtung eines Handelsmuseums nach Brüsseler Vorbild.[18] Anfang der 1880er Jahre, als es in Westeuropa Symptome einer Überproduktion gab, wurden in vielen europäischen Staaten Handelsmuseen zur Förderung der Außenwirtschaftskontakte ins Leben gerufen oder bereits bestehende Institutionen dieser Art weiterentwickelt. In Ungarn sollte das Handelsmuseum in erster Linie als Exportinstitut für den Osten dienen, indem es ausländische Märkte mit einer Dauerausstellung der wichtigsten Importprodukte erschloss und aktuelle Informationen über Marktverhältnisse sowie öffentliche Ausschreibungen bereitstellte.

Ein seit der Reformära vorgegebenes Ziel war, den wirtschaftlichen und sozialen Rückstand Ungarns wettzumachen, um dem Land einen Platz im Kreis der »Kulturstaaten« zu sichern, wobei realistische Selbstwahrnehmung und Wunschdenken stets eng beieinanderlagen.[19] Die Außenwirtschaftspolitik folgte dem auf die Reformära zurückgehenden Konzept, Ungarn als Brücke zwischen Ost und West zu etablieren. Ungarn sollte Produktionsstandort für den »Orient« werden, indem es dessen Rohstoffe verarbeitete und als Fertigprodukte nach Westeuropa oder in den Osten zurück exportierte. Als Lieferant hochwertiger Industriegüter nach Südosteuropa und in den Nahen Osten wollte Ungarn seinen Status als Kulturstaat festigen. Bei all dem flossen offenkundig auch Vorstellungen einer *mission civilisatrice ein*.[20] So sei es beispielsweise die ungarische »Mission im Orient«, der

---

15 *Vári; Mudrony.*
16 *Gelléri,* Kiállításokról.
17 Bspw. *Neumann.*
18 *Gelléri,* Brüsszeli kereskedelmi muzeum.
19 Bspw. *Keleti,* S. 5 Vgl. *Osterhammel,* Approaches, S. 27.
20 *Said; Barth u. Osterhammel.*

Nachbarnation Serbien Industrialisierungshilfe zu leisten.²¹ Dabei die eigene wirtschaftliche Vormachtstellung auszubauen, war ein durchaus erwünschter Nebeneffekt. Zur Verdeutlichung dieses gedanklichen Zusammenhangs übersetze ich das ungarische Wort *kelet*, das »Osten« wie auch »Orient« bedeutet, in folgendem Zitat als Orient:

»In Wien wurde ein reiches Museum für den Orienthandel errichtet. Ihre [die österreichische] Industrie ist stärker, größer, ihre Aufmerksamkeit ist auf die weiten Ozeane gerichtet.²² Sie wollen einen großen Welthandel schaffen. In diesem Museum sind darum die Industrieprodukte von Afrika, Asien und Australien zu sehen. *Unser Orient, der für uns von Bedeutung sein kann, ist ein anderer. Unsere Industrie ist noch nicht so leistungsfähig.* Wir können uns nur wünschen, uns so hoch zu strecken wie unsere Arme reichen, zu den Regionen, die wir bei relativ niedrigen Transportkosten erreichen können, also zu den Nachbarländern der Balkanhalbinsel.«²³

Da die heimische Industrie neue Märkte brauchte, aber nur wenige Unternehmen eine dauehafte Präsenz auf Exportmärkten auszubauen vermochten, entwickelte sich das Handelsmuseum zu einem regulären staatlichen Außenhandelsbüro. Es war auf den wichtigsten Exportmärkten auf dem Balkan und im Nahen Osten präsent, gab Broschüren zu den dortigen Marktverhältnissen heraus und koordinierte die Teilnahme ungarischer Unternehmen an Fach- und Weltausstellungen.²⁴

Der Balkan befand sich seit den 1860er Jahren im Fokus der habsburgischen Außenpolitik, die eine Entschädigung für die verlorenen Gebiete in Italien, die Niederlage gegen Preußen und den Ausschluss aus der deutschen Zollunion suchte. 1878 entwarfen der österreichisch-ungarische Außenminister und das gemeinsame Finanzministerium ein komplexes Programm, das Anfänge einer konsistenten Wirtschaftspolitik enthielt.²⁵ An zentralen Fragen der Balkanpolitik schieden sich jedoch zwischen Wien und Budapest die Interessen. Ungarn war daran gelegen, Investitionen nicht

---

21 *Sasvári.*
22 *Kammerhofer.*
23 *Strausz*, S. 265, Hervorhebungen M. H.
24 *A kereskedelemügyi miniszternek 1896. évi működéséről a törvényhozás elé terjesztett jelentése.*
25 *Palotás*, S. 7–8.

in die von Österreich in Südosteuropa okkupierten Regionen abfließen zu lassen und keine zollfreie Einfuhr ihrer Agrargüter nach Österreich zu erlauben. Außerdem befürchtete István Tisza, der einflussreichste ungarische Politiker der Zeit, von einer engen Bindung der Region an die Monarchie (Zollunion anstatt Handelsverträge) die Verschiebung der prekären ethnonationalen Balance in Ungarn und der Gesamtmonarchie zugunsten der slawischen Völker.

Das von den Regierungen in Wien und Budapest gleichermaßen verfolgte Ziel war die wirtschaftliche Vormachtstellung auf dem Balkan, der quasi eine Kolonie nach britischem und französischem Muster werden sollte. »Den Großteil der österreichisch-ungarischen Balkanpolitik machten in der Zeit zwischen 1878 und 1895 Versuche aus, diese Wunschvorstellungen zu realisieren.«[26] Diese Absichten blieben bis zum Ersten Weltkrieg auf der Tagesordnung. Österreich-Ungarn hatte jedoch dem russischen und deutschen Vordringen in der Region weder wirtschafts- noch machtpolitisch etwas entgegenzusetzen. Das ungarische Wirtschaftspotential reichte nach manchen Einschätzungen nicht einmal aus, um im gesamten Orient als Industrielieferant und Modernisierungsagent aufzutreten: Bereits Mitte der 1880er Jahre sei Ungarn im Wettlauf um die freien Märkte so verspätet gewesen, dass »nur noch der Balkan übrig« bleibe.[27]

Insgesamt boten also Zollunion und Wirtschaftsautonomie für die ungarische Elektroindustrie Wachstumschancen[28]: Gemeinsame Währung und binationale Notenbank sorgten auf dem Kapitalmarkt für Vertrauen.[29] Die Angleichung des Wirtschaftsrechts an Österreich, staatliche Industrieförderung, Investitionen in Bildung, Verkehrs- und Kommunikationsinfrastruktur schufen die Grundlagen für eine rasche Industrialisierung.[30] Das machte Ungarn zu einem attraktiven Einwanderungsland, wodurch fehlende Fachkräfte in der frühen Zeit und in den fortgeschrittensten Industrien ergänzt wurden. Eher unkonventionelle Methoden der Industrieförderung erforderten regelmäßige Bestandsaufnahmen von Mängeln und Hindernissen.[31]

---

26 *Palotás*, S. 7–8.
27 *Strausz*, S. 233.
28 Relativierung des Standpunktes: *Honigmann*, S. 27.
29 *Kövér*, Credit of Austria-Hungary; *Komlos*, Habsburgermonarchie, S. 131–132.
30 *Good*, S. 141–142.
31 Vgl. mit der japanischen Industrialisierung als »nationales Projekt« in: *Osterhammel*, Verwandlung, S. 947–950.

2.2 Der Aufstieg von Ganz & Co.

Der nach 1867 voranschreitende Ausbau der Infrastruktur und vor allem der Eisenbahnbau ermöglichten die Integration der Arbeits- und Warenmärkte innerhalb von Ungarn und die Einbeziehung immer weiterer Anbaugebiete in den Agrarexport. Gemäß Ungarns traditioneller Rolle als Agrarexporteur wurde die Lebensmittelindustrie, vor allem das Mühlenwesen, zum Leitsektor der Industrialisierung. Der Maschinenbau folgte dichtauf, weil Landwirtschaft und Infrastrukturprojekte eine wachsende Nachfrage nach Maschinen erzeugten.[32] Das Ineinandergreifen und die wechselseitige Verstärkung der Entwicklung dieser Sektoren werden an Ganz & Co. besonders anschaulich.

Die von Abraham Ganz, Gussmeister aus dem schweizerischen Unter-Embrach, 1844 gegründete Eisengießerei erlangte dank der patentierten Innovation für die Verwendung des Walzengusses für Eisenbahnräder, der deren Lebensdauer erheblich verlängerte, eine über den lokalen Markt hinausgehende Stellung: Für die Eisenbahnräder baute Ganz einen mittel- und osteuropäischen Absatzmarkt auf. Die erste Blütezeit des Unternehmens fiel mit der serienmäßigen Herstellung von Waggonrädern, nach 1859 von mit Fremdpatent produzierten Gleiskreuzungen zusammen.

Nach dem Tod des Gründers übertrug seine Familie die Unternehmensleitung an die Mitte der 1850er Jahre angestellten drei deutschen Ingenieure. In der Gründerzeit wurde Ganz & Co. in eine Aktiengesellschaft umgewandelt. Ganz' Erben verkauften das Unternehmen an eine Gruppe von Kaufleuten und Industriellen aus der ungarischen Hauptstadt, während die Unternehmensleitung unverändert in den Händen der Ingenieure blieb. Der europaweit voranschreitende Bahnbau ermöglichte Ganz & Co. zu expandieren. Beteiligungen an Eisenerzmienen und Hütten in Ungarn, die Errichtung einer Produktionsstätte im oberschlesischen Ratibor für die deutschen, polnischen und nordrussischen Märkte (1869) und eine in Loebersdorf für Österreich (1887) waren Meilensteine der Geschichte des Unternehmens, das damals hohe Dividenden abwarf.[33] Die Direktinvestition in Österreich war deshalb notwendig, weil ungarische Unternehmen dort schrittweise in der Praxis von Staatsaufträgen ausgeschlossen wurden, was

---

32 *Komlos*, Habsburg Monarchy, S. 127; *Schulze*, Engineering and economic growth.
33 MNL Z50_74 Protokoll, Direktionssitzung MÁH, 19.01.1907; *Berlász*, Ganz-gyár, S. 380–382.

auch eine Reaktion auf ein umgekehrtes Vorgehen der ungarischen Behörden war.[34]

Der leitende Ingenieur Andreas Mechwart stellte Ganz & Co. während der Gründerkrise auf eine neue Basis, nachdem er Mühleneinrichtungen und Elektrizität als vielversprechende neue Marktsegmente ausgemacht und auch Erzeugnisse für das Militär in die Produktpalette aufgenommen hatte.[35] Die spektakuläre Entwicklung der ungarischen Mühlenindustrie in den 1870er und 1880er Jahren war einer Innovation Mechwarts zu verdanken, der Weiterentwicklung der sogenannten Wegmann-Walzenmühlen. Damit verfügte Ganz & Co. über ein Produkt, dessen weltweite Vermarktung hohe Profite brachte. Mitte der 1880er verdrängte die amerikanische Mühlenindustrie, die Mechwarts Technologie übernommen und verbessert hatte, das ungarische Mehl bereits weitgehend aus Westeuropa. Parallel dazu wuchs die Bedeutung des Binnenmarktes für die Mühlenvermarktung.[36]

Unter dem Eindruck der Pariser Weltausstellung von 1878 lud Mechwart den jungen Apotheker und Maschinenbauingenieur Károly Zipernowsky in die Ganz-Fabrik ein, um seine Experimente mit Elektrizität weiterzuführen. Aus der kleinen Versuchswerkstatt entwickelte sich in den 1880er Jahren der größte einheimische elektrotechnische Produzent, womit sich Ganz eine neue Wachstumssparte sicherte. Die Voraussetzung dafür waren eine finanziell solide Muttergesellschaft mit ausgedehnter Exportorganisation. Zudem konnte die wichtigste Erfindung des namhaften Ingenieurtrios von Ganz & Co., Miksa Déri, Ottó Titusz Bláthy und Zipernovsky, das auf Transformatoren gestützte Wechselstromsystem, während der langen Konjunktur seit den ausgehenden 1880er Jahren bis zur Jahrhundertwende profitabel genutzt werden.

Ganz & Co. besaß um die Jahrhundertwende sechs Betriebe: eine Maschinenbaufabrik als Stammwerk, eine Waggon- und eine elektrotechnische Fabrik in Budapest, die beiden Betriebe in Leobersdorf und Ratibor für die Bedienung der Nachbarmärkte und einen Hochofenkomplex in Petrova-

---

34 1,5 aus den 3,5 Millionen Kronen Stammkapital befanden sich im Besitz dreier Banken, der Kreditbank, der Credit-Anstalt und der Union Bank (je 500.000 Kronen), sämtliche Aktien waren bei der Kreditbank syndiziert. MNL Z50_74 Protokoll, Direktionssitzung der Kreditbank, 19.01.1907.
35 *Berlász*, Ganz-gyár, S. 385.
36 *Sándor*, S. 470.

gora (heute Kroatien). Das Unternehmen profitierte also vom Agrarexport und Infrastrukturausbau; es war durch technologische Innovationen und Technologietransfer an der Industrialisierung Ungarns unmittelbar selbst beteiligt.

2.2.1 Schlüsselfaktoren für Wachstum in der elektrotechnischen Industrie

Ein Artikel aus dem *Frankfurter Actionär* vom Ende des 19. Jahrhunderts hielt fest, dass in Österreich-Ungarn Filialen ausländischer Unternehmen nicht besonders zahlreich seien, »aber dafür ist das Gewicht dieser einzigen Firma Siemens & Halske so gross, das in ihr allein sich das ausländische Übergewicht symbolisiert.«[37] Wie der Berichterstatter feststellte, brachten es Siemens & Halske (seit 1902 Siemens-Schuckert-Werke) und die Deutsche Edison-Gesellschaft, seit 1887 Allgemeinen Elektrizitäts-Gesellschaft (AEG) in erster Linie mithilfe ihrer Finanzorganisation zur »Weltgeltung«, mit dem sogenannten »Unternehmergeschäft«.[38]

In der Tat entfielen 1913 bereits 35 %, nach einer anderen Schätzung 31 % der elektrotechnischen Produktion der Welt auf Deutschland, 29 bzw. 35 % auf die amerikanische (allen voran General Electric Corp. und Westinghouse Corp., beide New York) und 16 bzw. 11 % auf die britische Elektroindustrie. Die deutsche elektrotechnische Industrie war auch der unangefochtene Exportmeister: 46 % des Welthandels mit elektrotechnischen Gütern kam aus deutscher Produktion, in erster Linie von Siemens und der AEG. Dieser Tatbestand war sowohl auf die Qualität deutscher Produkte als auch auf den im Vergleich zu den Vereinigten Staaten und Großbritannien kleineren Binnenmarkt zurückzuführen.[39]

Unternehmergeschäft bedeutete Marktschaffung durch die Produzenten selbst. Um das Misstrauen von Kommunalverwaltungen und Industrieunternehmen gegen die neue Beleuchtungs und Antriebsform, ästhetische Bedenken und finanzielle Engpässe der Kommunen zu überwinden, errichteten elektrotechnische Produzenten Kraftwerke nicht nur auf eigene

---

37 MNL Z40_22_462 PMKB Die Elektricität in Österreich, in: *Frankfurter Actionär* o. A., übernommen von *Ludwig Schönberger's Börsen- und Handelsbericht* [1898].
38 *Feldenkirchen*, Siemens, S. 84–86; *Hertner*, Financial strategies; *Hertner*, Export or direct investment.
39 *Schröter*, Typical factor, S. 160–161.

Kosten, sondern übernahmen wegen des fehlenden Fachpersonals bei den Städten zunächst auch die Aufgaben von Stromversorgungsbetrieben. Sie schufen ihre eigenen Großkonsumenten, indem sie z. B. elektrische Straßen- und Lokalbahnen mitfinanzierten. Diese waren per Statut verpflichtet, Maschinen und Anlagen von ihren Gründern zu beziehen. Mithilfe von Banken gründeten die elektrotechnischen Produzenten Holdinggesellschaften, so AEG 1895 die Bank für elektrische Unternehmungen in Zürich (Elektrobank) und Siemens im nächsten Jahr die Gesellschaft für elektrische Industrie in Basel (Gesfürel) und die Elektrische Licht- und Kraftanlagen in Berlin.[40] Diese Holdings übernahmen die Aktien der Beleuchtungs- und Bahngesellschaften und behielten sie solange, bis sie Dividenden abwarfen und gewinnbringend verkauft werden konnten. Diese finanzielle Organisation verlieh den deutschen Leitunternehmen die »eigene Energie«, die sie »zur Weltgeltung« brachte, gepaart mit flexibler Anpassung an den Absatzmarkt und direkter Betreuung der Kunden.[41] Diese Dynamik ließe sich bei einigen österreichischen Unternehmen »vermuthen«, »von Ganz natürlich abgesehen, der schon heute eine grosse Macht darstellt«, so der Berichterstatter des *Frankfurter Actionärs*; ohne die weitere Verstärkung dieser Dynamik würden sie allerdings niemals einen mehr als lokalen Wirkungskreis entfalten können.

Unzweifelhaft schloss diese Eigendynamik noch einen dritten, im erwähnten Artikel nicht besprochenen Schlüsselfaktor mit ein, nämlich für die Etablierung von Marktmacht Patente zu nutzen. Das Patent stellt als Rechtsinstitut die Erwartungssicherheit her, welche die Industrie benötigt, um Investitionen zu tätigen, und formt die Bedingungen für Wissenstransfer und Marktaufteilung. Diese zentrale Bedeutung des Patents unterstreicht ein weiteres Mal die Rolle des Staates bei der Regulierung der Weltwirtschaft, wobei die nationale Gesetzgebung und Rechtsprechung von den Ressourcen der Judikative und von Koalitionen zwischen in- und ausländischen Produzenten abhängig war.[42]

Trotz Bemühungen um Vereinheitlichung wie etwa die Pariser Konvention über gewerbliches Eigentum von 1883[43] blieben zwischen den Staaten, in denen gesetzlicher Patentschutz gewährleistet war, große Unterschiede

---

40 *Hausman, Hertner u. Wilkins*, S. 97.
41 Vgl. *Hertner*, Financial strategies, S. 145–150.
42 *Löhr*.
43 *Khan*.

der einschlägigen Normen bestehen. Einen Grund dafür bildeten Interessenkonflikte zwischen industriellen Vorreitern und Nachzüglern und divergierende Erwägungen zur Rolle des Patentschutzes auch bei letzteren: Sollten Nachzügler durch Patentschutz ausländische Unternehmen und Ingenieure zur Niederlassung im Land motivieren, oder sollten sie durch Verzicht darauf inländischen Unternehmen die freie Benutzung neuer Techniken ermöglichen?[44] Die Kosten der Neuheitsprüfung fielen für industrielle Nachzügler ebenso schwer ins Gewicht.[45]

Bereits im Vorfeld der Weltausstellung in Wien 1873 offenbarte sich, dass das österreichische-ungarische Patentrecht und mehr noch die Verwaltungspraxis der Doppelmonarchie keinen sicheren Schutz vor Nachahmung gewährten. Diese Situation änderte sich trotz verschiedener Novellierungen grundsätzlich erst 1909, als Österreich und Ungarn der Pariser Verbandsübereinkunft zum Schutz des gewerblichen Eigentums von 1883 beitraten.[46]

Im Einklang mit dem *Frankfurter Actionär* sah die AEG den Ausbau ihres Marktes in Südosteuropa nur durch Ganz & Co. gefährdet.[47] Kein Wunder, dass Ganz' Geschäftsleitung überzeugt war, das eigene Unternehmen gehöre zu den führenden Gesellschaften seiner Branche. Doch legte ein ganzes Bündel von Schwierigkeiten dem Unternehmen Hindernisse in den Weg.

2.2.2 Der Schutz des Wechelstromsystems

Das auf der Pariser Weltausstellung von 1881 präsentierte Edison'sche Gleichstromsystem versprach, das Effizienzproblem bei der Generierung und Verteilung elektrischer Energie zu lösen. Die davon ausgelöste Euphorie erhielt einen Dämpfer, als sich herausstellte, dass Edisons Verfahren nur bei sehr geringer Entfernung zwischen Stromerzeuger und -verbraucher praktikabel war. Das von den Ganz-Ingenieuren weiterentwickelte Wechselstromsystem nach Gaulard & Gibbs bot eine bessere Lösung. Die Technikgeschichte würdigt dieses nach seinen Erfindern Déri, Bláthy und Zipernowsky auch D-B-Z-System genannte Verfahren als Meilenstein, weil der Strom damit

---

44 *Sell; Khan; Seckelmann*, S. 10–17.
45 Zur ungarischen Debatte über die Regelung des Patentrechts *Fekete; Hegedüs*, S. 197; *Frecskay*, S. 293–295; *Baumgarten*, S. 106–107.
46 *Szarka*.
47 *50 Jahre AEG*, S. 94.

über größere Entfernungen übertragen werden konnte; so wurde es möglich, Versorgungsgebiete auszudehnen und Ballungszentren von der umweltschädlichen Stromerzeugung zu entlasten.[48] Bis Anfang der 1890er Jahre wurde das Wechselstromsystem in jeder Hinsicht zum ebenbürtigen Konkurrenten des Gleichstroms.[49] Der Patentstreit zwischen den deutschen Leitunternehmen AEG sowie Siemens & Halske, die für Gleichstrom und Drehstrom eintraten, und Ganz & Co. als Verfechtern des Wechselstroms stand im Zentrum des »Kampfs der Systeme« oder der »Transformatorenschlacht«,[50] bei der Ganz lernen musste, wie sich technologische Innovation in Marktanteile und Profite umsetzen ließ und Patentrechte international verteidigt werden konnten.

Das Ganz'sche System wurde auf der Budapester Landesausstellung von 1885 sowie auf internationalen Ausstellungen in Antwerpen und London präsentiert und so einer größeren Öffentlichkeit bekanntgemacht.[51] Bereits 1886 nahm Ganz & Co. in Rom ein Elektrizitätswerk in Betrieb. Bis 1889 trug Ganz mit fast 70 Kraftwerken für Kommunen und Industrieunternehmen sowie mit Beleuchtungsinstallationen in Frankfurt am Main, Wien und St. Petersburg zur Elektrifizierung außerhalb Ungarns bei. Bis zur Jahrhundertwende errichtete Ganz im Ausland ca. 200 Kraftwerke.[52] Der geographische Schwerpunkt lag neben der österreichischen Reichshälfte der Monarchie in Italien, die Bedeutung von Frankreich und Australien verringerte sich, Lateinamerika und Russland blieben weiterhin wichtige Absatzgebiete.

Das Ganz'sche Wechselstromsystem geriet von zwei Seiten in Bedrängnis. Zum einen wurde seine Leistungsfähigkeit und Feuersicherheit in Frage ge-

---

48 *König u. Wolfhard*, S. 329–332.
49 *50 Jahre AEG*, S. 102; SCA 5460–1 Volkswirtschaftlicher Verein für Innsbruck und Umgebung (Hg.), Druckschrift über Innsbruck's Beleuchtungsverhältnisse. Innsbruck, Wagner'sche Universitäts-Druckerei, 1889, S. 15.
50 Ähnlich standen in den USA die Edison-Gesellschaft (Gleichstrom), also die spätere GE und die Thomson-Houston und Westinghouse Gesellschaften (Wechselstrom) gegenüber.
51 MNL Z426_6_34 MacKenie & Broughan an Ganz & Co. London, 11.08.1885; MNL Z426_6_36 Comp. Anonymade Iluminacion Electrica an Ganz & Co. San Nicolas (Argentinien), 27.02.1888.
52 MNL Z419_11_83 Die Vertheilung der Electricität nach dem System Zipernowsky, Déri, Bláthy. Ganz & Co. Eisengiesserei u. Maschinen-Fabriks-AG. Budapest/Leobersdorf/Ratibor, 1889.

stellt, zum anderen kamen Zweifel an der Neuheit der Erfindung von Ganz' Ingenieurtrio auf. Zwischen den Verfechtern des Drehstroms und des Wechselstroms kam es 1888 in London zur direkten Auseinandersetzung, als die Leistungsfähigkeit des Wechselstromsystems publikumswirksam präsentiert wurde. Die Betriebssicherheit des Systems musste wiederholt Ende der 1890er Jahre demonstriert werden. Dennoch war die Geschäftsleitung von Ganz & Co. offenbar schwer davon zu überzeugen, wie wichtig es war, potentielle Großkunden durch den Nachweis von Funktionsfähigkeit und Sicherheit des eigenen Systems zu umwerben.[53]

Das Jahr 1889 brachte einen empfindlichen Rückschlag für Ganz & Co., als das deutsche Patentgericht, gestützt auf ein Gutachten von Werner von Siemens, das Ganz'sche Patent aus formalen Gründen für nichtig erklärte und damit zugleich das britische Patent hinfällig wurde. Im Vorfeld dieser Entscheidung schlug Generaldirektor Mechwart ein Angebot Emil Rathenaus von der AEG aus, als Gegenleistung für die gemeinsame Nutzung des Patents für das Ganz'sche System inklusive Marktaufteilung das Gericht dazu zu bringen, die Gültigkeit des Patents anzuerkennen. Da die AEG die stärkere Marktposition für sich verlangte und nach Mechwarts Einschätzung die Vereinbarung voraussichtlich nicht respektiert hätte, kam keine Absprache zustande.[54]

Endgültig wurde die Überlegenheit des Wechselstroms bei der Leitung elektrischer Energie auf der Internationalen Elektrotechnischen Ausstellung von 1891 in Frankfurt am Main demonstriert, jedoch anhand der von der AEG und der Schweizer Oerlikon installierten, 175 Kilometer langen Trasse vom Wasserkraftwerk Lauffen a. N. nach Frankfurt a. M. mit Drehstrom, also hochgespanntem dreiphasigen Wechselstrom. Die Weltausstellung in Chicago erbrachte 1893 ein ähnliches Ergebnis. Dieser Erfolg für den Drehstrom machte die Wechselstrompatente nicht wertlos, wie die Entschlossenheit zeigt, mit der Siemens & Halske und Ganz & Co. um die Rechte kämpften. Auf mehreren hundert Seiten Klageschriften bestritt Siemens die Neuheit der D-B-Z-Patente, während Ganz deren Geltung auch auf Drehstromsysteme ausdehnen wollte. Die Neuheit des D-B-Z-Systems wurde immer wieder in Frage gestellt, weil sie keine originelle Erfindung, sondern nur eine Kombination von vorher bekannten und einigen neuen Elementen darstelle: Zum einen wurde der bereits 1831 von Michael Faraday erfundene

---

53 MNL Z419_11_83 Öst. Ganz GmbH an Ganz & Co. Wien, 5.07.1888, 10.11.1888.
54 Fischer, S. 6; Szekeres u. Tóth, S. 55.

Transformator von Ganz' Ingenieurtrio neu konstruiert und für die Weiterleitung und Verteilung von Strom verwendet. Zum andern wurden abweichend vom Gaulard-Gibb'schen Wechselstromverteilungssystem die Transformatoren parallel geschaltet, was dem technischen Standard Mitte der 1880er Jahre widersprach.[55]

Ganz' Patente hemmten die Expansion von Siemens & Halske auf den ostmittel- und südosteuropäischen Markt.[56] Ähnlich wie drei Jahre zuvor die AEG, trat daher Siemens 1892 an Ganz & Co. heran, um eine exklusive Lizenz für die Mitbenutzung der Wechselstrompatente in Österreich zu bekommen. Als Gegenleistung signalisierte Siemens die Bereitschaft, den schwebenden Patentprozess aufzugeben. Überzeugt vom Wert des in Ungarn und Österreich für fünfzehn Jahre erteilten Wechselstrompatents, entschied sich Generaldirektor Mechwart dagegen.[57] In Budapest verlor Ganz & Co. 1893 gegen Siemens einen Prozess; dabei ging es im Zusammenhang mit dem U-Bahnbau um das Patent auf elektrische Straßenbahnen mit unterirdischer Stromzuführung.[58] Im darauffolgenden Jahr erhob Ganz Klage gegen Siemens in Ungarn und in Italien wegen Verletzung der Wechselstrompatente und gewann beide Verfahren in erster Instanz.[59]

Ganz suchte die eigene Verhandlungsposition durch Koalitionen abzusichern, wobei einige mittelgroße deutsche Elektrounternehmen als Verbündete gewonnen werden konnten, z. B. Ganz' Lizenznehmer Helios. Siemens bediente sich jedoch derselben Taktik mit mehr Erfolg, schloss eine Koalition gegen Ganz mit Lahmeyer & Co. in Österreich und unterstützte stillschweigend die Schweizer Oerlikon.[60] Zudem verlor Ganz den Patentprozess im nordungarischen Salgótarján, den die Firma gegen Siemens wegen

---

55 *Szekeres u. Tóth*, S. 54.
56 SCA 5446 S&H, Berlin, Charlottenburger Werk an S&H, Wien. Charlottenburg, 25.10.1893.
57 SCA 5446 Dr. jur. Gallia an S&H, Abteilung II., Wien. Budapest, 16.08.1892.
58 SCA Lb 780 Patentprozess Ganz & Co. gegen Siemens über Privilegium dd. 22.10.1888 Z. 9168 U. Z. 24743 auf elektr. Strassenbahn mit unterirdischer Stromzuführung und Korrespondenz S&H/Ganz & Co./Georg-Mariens-Hütten-Werke; SAM 5405 1890/93 Patentstreit mit Ganz Dr. jur. Gallia an S&H Wien. Wien, 1.09.1891.
59 SCA Grosetto 44/Li 888 Prozess gegen Ganz & Co. »Zentrale Grosetto« Übersetzungen ital. Schriftstücke; SAM 5506 S&H Centralstelle an H. Hochenegg, Wiener Werk. Berlin, 9.05.1898
60 SCA 5506 S&H Centralstelle, interne Aufzeichnung. Charlottenburg, 9.05.1898, S&H Centralstelle an H. Hochenegg Wiener Werk, Abt. II. Berlin, 12.05.1898, S&H, Centralstelle an Lahmeyer & Co. Charlottenburg, 19.04.1898; SCA 5248–2 S&H Centralstelle an S&H Wien. Berlin, 4.01.1897.

Verletzung des 1889 in Deutschland für nichtig erklärten Patents führte.[61] Daher sah sich das Unternehmen trotz der genannten kleineren Erfolge zu einer Vereinbarung mit Siemens gezwungen.[62] Für Siemens wiederum war eine Einigung mit Ganz & Co. weniger kostspielig, als die Patentprozesse in Österreich und Italien weiterzuführen, insbesondere nachdem die ungarische Gesellschaft die ersten juristischen Rückschläge erlitten hatte: Für relativ geringfügige Zugeständnisse an die Ungarn konnte Siemens seine Kräfte auf andere Fronten konzentrieren.[63]

Im Lizenzvertrag mit Ganz & Co. und den drei Erfinder-Ingenieuren erhielten Siemens & Halske Berlin und Wien 1899 auf die Wechselstrom-, Stromverteilungs- und Transformatorenpatente das Recht, diese in Österreich-Ungarn und Italien ohne Einschränkung zu nutzen.[64] Damit erkannte Siemens die Gültigkeit der Ganz-Patente indirekt an, nicht aber deren Gültigkeit für Drehstrom, und verpflichtete sich auch nicht, gemeinsam mit Ganz & Co. die Wechselstrompatente gegen Dritte zu verteidigen. Die beiden Konkurrenten zogen die schwebenden Patentprozesse ohne Ansprüche auf Schadensersatz zurück. Für den bis Ende 1898 erfolgten Bau von Anlagen von einphasigem Wechselstrom mit parallelgeschalteten Transformatoren zahlte Siemens eine einmalige Abfindung von 40.000 Gulden. Das Unternehmen verpflichtete sich außerdem, in Österreich-Ungarn und Italien eine Nutzungsgebühr für die Errichtung solcher Anlagen zu zahlen, Transformatoren von Ganz & Co. zu beziehen oder 15 % des Kaufpreises an die ungarische Firma abzuführen. Die beiden Unternehmen sagten einander »gemeinschaftliches Einvernehmen« und wechselseitige Bestellungen der jeweils nicht selbst erzeugten Produkte zu.

Die dank dieser Vereinbarung gewonnene Atempause half der elektrotechnischen Abteilung von Ganz & Co., die Krise nach der Jahrhundertwende durchzustehen. In der elektrotechnischen Industrie in Deutschland führte diese zu vermehrter Kapitalkonzentration. Einige mittelgroße Her-

---

61 SCA 5506 S&H Centralstelle, Charlottenburger Werk, an die Elektrizitäts-AG vorm. Lahmeyer & Co. Charlottenburg, 19.04.1898.
62 SCA 5343 S&H [S&H Centralstelle] an Dr. Berthold Kármán, Budapest. [Berlin], 7.12.1897.
63 SCA 5446 Centralstelle S&H an S&H Wien. Berlin, 25.10.1893; SAM Lp. 834 Nordmann, S&H an Herrn Assessor, Nordseebad Borkum, 13.07.1894; SAM 5315-2 Protokoll einer bei S&H, Wien, abgehaltenen Sitzung 27.12.1895 [zum Prozess Grosetto].
64 SCA 5313-2 Auszug aus Protokoll d. 43. Directoriumssitzung, S&H [Berlin], 2.03.1899 und S&H Centralstelle an Ing. Rubini, Mailand. Berlin, 28.03.1899.

steller wie Lahmeyer oder Helios gingen in AEG und Siemens auf,[65] die in Europa eine immer dominantere Position gewannen. Das schlug sich auch in der im Jahr 1903 zwischen AEG und der General Electric New York, den 1892 zusammengefassten amerikanischen Edison-Gesellschaften und der Thomson-Houston-Gesellschaft getroffenen Vereinbarung zur Aufteilung des Weltmarkts und dem Austausch von Produktionsverfahren nieder.

Ganz & Co. sah seine Kernmärkte durch das Vordringen der deutschen Leitunternehmen in Italien und im Donauraum gefährdet. Die Kosten für Verwaltung und Durchsetzung der Patentrechte lasteten schwer. Die Elektrokrise schlug sich auch bei Ganz & Co. in Bestellungsrückgängen nieder, darüber hinaus musste nach der Umformung der Firma in eine Aktiengesellschaft und dem Einstieg der Kreditbank ein beträchtlicher Teil der Gewinne als Dividenden ausgeschüttet werden.[66] Die sich verschlechternde Verhandlungsposition von Ganz war nicht zuletzt darin zu erkennen, dass nach September 1900 Siemens nur noch bereit war, die Vereinbarung für Österreich-Ungarn fortgelten zu lassen, während die italienischen Wechselstrompatente abgelaufen waren.[67]

Das zeigte andererseits das Ende des Systemstreits an. Die Debatten wurden allmählich versachlicht und kamen zu dem Ergebnis, dass lokale Bedingungen wie Kosten für Primärenergieträger, Verkehrssituation, Grundstückspreise und Verbrauchsstruktur bei der Entscheidung für das eine oder andere System zu berücksichtigen waren. Die technologische Entwicklung konnte die jeweiligen Vor- und Nachteile der Systeme ausgleichen, und nach der Jahrhundertwende verbreiteten sich zunehmend Mischsysteme.[68]

Der Einsatz von Patenten zur Etablierung von Marktmacht erforderte vorausschauende Planung der Anmeldungen in den einzelnen Ländern, taktisch-politisches Geschick, Öffentlichkeitswirksamkeit bei ihrer juristischen Verteidigung und penible Überwachung der Lizenzverträge. Die Ganz-Ingenieure waren sich jedoch der Unterschiede der Patentgesetzgebung zwischen Österreich-Ungarn und Italien möglicherweise nicht bewusst; so machten sie ihre Erfindung auf der Budapester Nationalausstellung und im April 1885 im Wiener Elektrotechnischen Verein bekannt, also nachdem das Patent angemeldet, aber noch bevor es in Österreich-Ungarn tatsächlich erteilt

---

65 *Feldenkirchen*, Business groups, S. 140–142.
66 SCA 5248–1 Dir. Hochenegg, S&H Wien an S&H, Berlin. Wien, 30.12.1895 [Bericht über Gespräch zwischen Gen.Dir. Mechwart und Dr. Felbinger, S&H, Wien].
67 SCA 5315–2 S&H, Charlottenburger Werk an Centralstelle. Charlottenburg, 27.09.1900.
68 *König u. Wolfhard*, S. 336.

war. Das ermöglichte Siemens, die Nichtigkeitsklage gegen die aufgrund der österreichischen und ungarischen Patente erteilten italienischen Patente zu führen.[69]

Entscheidungen über die Anerkennung von Patenten spielten nicht nur in den Fällen eine Rolle, in denen ein Land ein andernorts nichtig erklärtes Patent auch bei sich ablehnte, wie es Frankreich tat. Der Nachahmungseffekt wog genauso schwer: Das Urteil eines Patentamtes, insbesondere wenn es von einem angesehenen Patentamt wie dem deutschen oder einem Schiedsgericht fachlich vorbildlich formuliert wurde, präjudizierte die Entscheidungen in anderen Ländern. Zumal die Wissenschaft von der Elektrizität in den Kinderschuhen steckte, war dies nachvollziehbar und verdeutlicht die Zusammenhänge zwischen den in Österreich, Ungarn und Italien von Siemens und Ganz geführten Prozessen.

Bei wichtigen Patenten wurden politische Beziehungen, Werbemittel und auch schon einmal Bestechung zur Durchsetzung der eigenen Interessen eingesetzt. Kontakte zu anerkannten Juristen, Politikern und potentiellen Verbündeten waren essentiell. Deshalb war die seit 1894/95 besonders enge Verflechtung mit der Ungarischen Allgemeinen Kreditbank für Ganz & Co. von Nutzen, weil erstere über gute Geschäftsbeziehungen zu den Rotschild-Banken verfügte.[70] Wie der Rechtsvertreter von Siemens feststellte, sammelte Ganz im Laufe seiner Patentprozesse große taktische Erfahrung.[71] Auf Rückendeckung im Stammland, also notfalls auf Rechtsbeugung im Interesse des nationalen Produzenten konnte Ganz & Co. aber trotz gegenteiliger Behauptungen der Siemens-Anwälte nur wenig zählen. Anlässlich des in Salgótarján geführten Patentprozesses konzidierte der österreichische Rechtsanwalt, dass »auch dort [d.h. in Ungarn] in der Regel auf Recht entschieden« werde: Die Experten seien auf ihren internationalen Ruf sehr bedacht gewesen; denn das Patentamt in Budapest sei sich bewusst, dass sein Urteil »einer europäischen Kritik« unterzogen werde.[72] Die Industrieförderung seitens der ungarischen Regierung hatte also offensichtlich Grenzen, um die staatlichen Interessen nicht für einen verwickelten Einzelfall aufs Spiel zu setzen.

---

69 SCA Grosetto 44/Li 888 S&H Centralstelle, an die Herren Sachverständigen Prof. Arno Colombo und Ferrini. Antwort der Firma S&H Berlin auf die Erwiderung von den Herren Zipernowsky, Déri und Bláthy [Berlin, Ende 1896].
70 Kövér, Banking system; Pogány, Business partner.
71 SCA 3267 Siemens Italia an S&H Centralabteilung, Berlin. 10.01.1899.
72 SCA 5460-1 Dr. Adolf Gallia an S&H, Berlin. Wien, 4.02.1893.

Ganz & Co. verkaufte die Rechte an seinen Wechselstrompatenten weltweit und behielt sich nur einen Teil von Kontinentaleuropa für eigene Aufträge vor. Die Lizenzvergabe bedeutete jedoch nicht unbedingt Markterschließung durch Dritte. So weigerten sich die französischen Lizenznehmer Société Continentale Edison Paris (Vertrag vom 2.9.1886)[73] und Schneider & Creuzot bereits zwei Jahre nach Vertragsschluss, weiter Gebühren an Ganz & Co. zu zahlen, weil Budapest diese nicht konsequent einforderte und Patentverstöße nicht überall vor Gericht brachte.[74] Ähnlich verhielt es sich in Australien.[75] Der Verkauf der Option für die Benutzung der Wechselstrompatente und von Bláthys Stromzählerpatent in den Vereinigten Staaten an die Edison-Gesellschaft brachte wiederum nichts ein, weil die Lizenznehmer nur daran interessiert waren, die Verwertung dieser Patente in den USA zu unterbinden.[76] Mängel der unternehmensinternen Kontrolle der Lizenzverträge und Informationsbeschaffung führten in diesen Fällen zum Marktverlust.

Zusammenfassend lässt sich dennoch festhalten, dass Ganz & Co. bei internationalen Ausschreibungen und in patentrechtlichen Fragen selbstbewusst, hartnäckig und nicht ganz chancenlos mit AEG und Siemens konkurrierte. Dem ungarischen Unternehmen gelang es jedoch nicht, seine Patente in der dreifachen Weise zu nutzen, wie sie von den wirklichen *global players* zur Etablierung ihrer Marktmacht eingesetzt wurden. Erstens konnten Unternehmen patentiertes Wissen zur Verbesserung ihrer Erzeugnisse nutzen. Zweitens konnten sie Forschung und Entwicklung für die Konkurrenz wesentlich teurer und ineffizienter machen, indem sie diese zu Umwegen zwangen. Drittens konnten Patente bei Verhandlungen über Lizenz- und Kartellverträge zu Tauschobjekten werden.[77] Ganz & Co. war Westinghouse und General Electric unterlegen, die sich dieser Strategien zum Schutz ihres Heimatmarkts meisterhaft bedienten. Bereits die Patentprozesse gegen Siemens und die Schwierigkeiten mit den europäischen Lizenznehmern offenbarten, dass Ganz den notwendigen Lernprozess nicht ganz durchlaufen

---

73 MNL Z429_10_62 Cie Cont. Edison, Paris, an Ganz & Co. Paris, 21.11.1888, Werbebroschüre der Cie. Cont. Edison, Paris [1888].
74 MNL Z429_10_62 Cie Continentale Edison, Paris, an Ganz & Co. Paris, 22.12.1888.
75 MNL Z429_10_46 S. Bredeuberg, an Ganz & Co. Elektrotechnische Abteilung. Elsterwick, 27.11.1894.
76 MNL Z425_17_ 62 Ing. Otto T. Bláthy, Ganz & Co, an William Stanley, Stanley Instrument Co., Great Barrington. Budapest, 1.07.1905.
77 *Reich*, Research, patents, S. 231–234.

und Organisation, Forschung und Informationsnetzwerk nicht ausreichend entwickelt hatte, um die eigenen Patente ebenso effektiv einzusetzen. Ganz' finanzielle Ressourcen, politische Beziehungen und Personal reichten gerade eben aus, um die Patentrechte in Österreich-Ungarn und zeitweilig in Italien zu verwalten und zu verteidigen.[78]

2.2.3 Ganz & Co. als Vorreiter der Bahnelektrifizierung: Ungenutzte Wachstumspotentiale

Ganz & Co. stieg 1892 in die Elektrifizierung von Lokal- und Straßenbahnen ein. Zwei Jahre darauf gründete Ganz mit der Ungarischen Industrie- und Handelsbank (*Magyar Ipar és Kereskedelmi Bank*), dem Wiener Bankverein und dem Berliner Bankhaus Jakob Landau die Elektrischen Bahnen Budapest-Újpest-Rákospalota AG (*Budapest-Újpest-Rákospalotai Villamosvasúti rt.*) zum Bau der elektrischen Vorortbahnen von Budapest. Deren Elektrifizierung, die durch die Ausdehnung der Budapester Agglomeration notwendig wurde, beschäftigte das Unternehmen bis zum Vorabend des Ersten Weltkriegs.[79] Ab 1895 wurden Elektrifizierungsprojekte von Ganz & Co. in Ungarn durch den Trust ausgeführt, an dem sich die Kreditbank, Gesfürel und Ganz beteiligten.

Entgegen den Unterstellungen der ausländischen Konkurrenz erhielt Ganz & Co. von den einheimischen Behörden keine wettbewerbsverzerrende Unterstützung: So kam Siemens sowohl beim Straßenbahnbau als auch bei der Errichtung der ersten U-Bahn auf dem europäischen Kontinent zum Zug.[80] Darüber hinaus lehnte die Budapester Stadtverwaltung das Ganz-Zipernowsky'sche Eingleissystem wegen der angeblichen Gefahren einer unerprobten Technologie ab und setzte stattdessen auf Siemens' bereits etablierte Technik, wobei Bestechungsgerüchte umgingen.[81]

Die Elektrifizierung der Überlandbahnen war technisch sehr anspruchsvoll und setzte die bei der Elektrifizierung der Straßen und Vorortbahnen gesammelten Erfahrungen voraus. Der Gleichstrombetrieb hatte anfangs

---

78 Ganz & Co. forderte Ende der 1890er zumindest in der Monarchie ihre WS-Transformatoren-Patentrechte konsequenter ein. S. bspw. SAM 4149 Schuckert & Co. an Dir. Kremenezky, Wien. Nürnberg 18.08.1897.
79 *Tóvárosi Fischer.*
80 *Legát*, S. 15.
81 *Antal*, S. 60–61.

wesentliche Vorteile gegenüber dem Wechsel- oder Drehstrom, weil er in Akkumulatoren gespeichert werden konnte und die Gleichstrommotoren den Anforderungen an Zuverlässigkeit, Beschleunigung und Geschwindigkeitskontrolle besser genügten. Erst nach der Entwicklung entsprechender Motoren setzten sich auf langen Strecken die Vorteile des Wechsel- oder Drehstrombetriebs durch.[82]

Das ausgedehnte Straßenbahnnetz in den Vereinigten Staaten begünstigte die Pionierrolle der nordamerikanischen Industrie bei der Elektrifizierung der Fernbahnen.[83] Unter der Leitung des Ingenieurs Frank J. Sprague entwickelte die Edison-Gruppe das LVDC-System, das auf niedrigfrequentem Gleichstrom basierte und zuerst bei der Straßenbahn von Chicago in die Praxis umgesetzt wurde. In Europa experimentierten Oerlikon, Brown Boveri, AEG und Siemens mit Drehstrommotoren.[84] Die 1901 auf der Militärbahn Zosse-Marienfeld durchgeführten Experimente von AEG und Siemens erwiesen, dass elektrische Lokomotiven bei hoher Zugkraft Geschwindigkeiten bis etwa 210 km/h erreichen konnten und damit jeder Dampflokomotive überlegen waren.[85]

Allerdings stellten in den 1890er Jahren selbst Ingenieure wie Sprague in Frage, ob elektrische Fernbahnen wesentliche Vorteile gegenüber dem bewährten Dampfbetrieb besaßen; sie empfahlen darum den elektrischen Betrieb hauptsächlich für S-Bahnen und wasserarme Regionen.[86] Zudem erforderte die Bahnelektrifizierung vor Aufbau allgemeiner Stromversorgungssysteme auch noch gesonderte Bahnkraft und Umspannwerke, was sie besonders kostspielig machte. Besonders in den USA, Deutschland, Frankreich und der Schweiz gab es Debatten über Konstruktions und Sicherheitsfragen sowie die Rentabilität der elektrischen Fernstrecken.

Ganz & Co. stellte in den 1890er Jahren eine Reihe von Straßen- und Lokalbahnen auf elektrischen Betrieb um. Mit der Einstellung des Maschinenbauingenieurs Kálmán Kandó im Jahre 1894 wurden die Konstruktion dreiphasiger Wechselstrommotoren und die Probleme der Elektrifizierung der Fernbahnen in Angriff genommen. Kandó wurde 1897 auf eine längere Studienreise in die Vereinigten Staaten geschickt. Dort gelangte er zu der Überzeugung, dass Gleichstrom für Fernbahnen ungeeignet sei. Kandó

---

82 *Duffy*, S. 30–31, 35, 51.
83 *Duffy*, S. 18.
84 *Pforr*, S. 310.
85 *Pohl*, S. 183.
86 *Duffy*, S. 23.

stellte deshalb die Weichen für deren Elektrifizierung mit Wechselstrom und dreiphasigen Drehstrommotoren ohne Gleichrichter.[87]

Weil Italien wenig Kohle, aber viel Wasserkraft besaß, ging das Land bei der Bahnelektrifizierung in Europa voran. Die Italiener verbanden damit die Hoffnung, weniger Kohle importieren zu müssen und ihre Handelsbilanz zu verbessern; aber auch aus strategischen Gründen strebte Italien größere Energieautonomie an. Ende der 1890er Jahre bestellten die Italiener gleich drei Systeme unterschiedlicher Hersteller zur Erprobung. Rete Mediterranea ließ 1897 eine 73 km lange Strecke von Thomson-Houston elektrifizieren. Dieses für Straßenbahnen gebräuchliche Niederspannungs-Gleichstromsystem funktionierte zuverlässig, die Erstellungs- und Betriebskosten erwiesen sich aber als zu hoch und die Zugkraft der Lokomotiven als zu gering.

Die Rete Adriatica orderte 1898 bei Ganz & Co. Kandós Wechselstromsystem für die Valtellina-Bahn, eine 106 km lange Strecke von Lecco-Colico Richtung Chiavenna und Sondrio. 1902 wurde der reguläre Betrieb aufgenommen, womit die Leistungsfähigkeit des Ganz-Kandó-Systems auch im Gebirge unter Beweis gestellt war. Die zuverlässige Motorkonstruktion und der sparsame Betrieb des Systems, das beim Bremsen Energie wieder einspeiste, bewährten sich bestens. 1905 entschieden sich deshalb die aus der Fusion von Rete Mediterranea, Rete Adriatica und Rete Sicula entstandenen Italienischen Staatsbahnen für dieses System.

Allerdings bedeutete das Valtellina-Projekt wegen unvorhergesehener technischer Probleme für Ganz & Co. einen Verlust von zwei Millionen Kronen. Das veranlasste die von den Banken gestellten Direktionsmitglieder, Investitionen in die Verbesserung des Kandó-Systems, z. B. zur Steigerung der Lokomotivleistung, zu stoppen, obwohl diese notwendig gewesen wären, um Kinderkrankheiten der Technik zu beseitigen.[88]

Noch weitere Umstände nahmen Einfluss auf diese unternehmensstrategisch fatale Entscheidung. 1902 scheiterte Ganz' Angebot zur Elektrifizierung der *Circle Line* der Londoner U-Bahn, weil die Leistungsfähigkeit des Kandó-Systems zu diesem Zeitpunkt noch nicht erwiesen war und der amerikanische Bankier Charles Tyson Yerkes, der die District-Gesellschaft kontrollierte, Spragues Gleichstrom-Niederfrequenz-Modell bevorzugte.[89] Des weiteren schlug 1906 die Einführung des Kandó-Systems in den USA fehl,

---

87 *Bowers, B. u. a.*
88 *Szekeres u. Tóth*, S. 97.
89 *Duffy*, S. 32–33; *Szekeres u. Tóth*, S. 108.

die mit Unterstützung einer gegen General Electric ausgerichteten Finanzgruppe geschehen sollte.[90] Auch in Kanada scheiterte das Kandó-System, das an der London-Port Stanley-Linie über den Lizenznehmer Bruce Peebles eingesetzt werden sollte: Dort wurde das an der Valtellina-Bahn verwendete System so stark verändert, dass seine technischen Probleme die Bahngesellschaft veranlassten, das Geschäft zu kündigen und Entschädigung von Bruce Peebles und Ganz zu verlangen.[91] Zugleich gingen während der mehrjährigen Rezession zu Jahrhundertbeginn die öffentlichen Aufträge in Ungarn zurück.

Obwohl die elektrotechnischen Leitunternehmen Forschungslabors einrichteten, waren diese nicht allein für Neuentwicklungen verantwortlich. Innovationen eher adaptiver Art wurden weiterhin in der betrieblichen Praxis entwickelt.[92] In der Elektrotechnik war es im ausgehenden 19. Jahrhundert meist noch vorteilhafter, die Forschungsergebnisse von Universitäten oder unabhängigen Forschern zu übernehmen. Mit der Fortentwicklung der Industrie gewann aber die systematische innerbetriebliche Forschung wachsende Bedeutung für die Anwendung einer vergrößerten Wissensbasis bei immer umfassenderer Verwendung der elektrischen Energie. Dass das erste Bahnelektrifizierungssystem von Ganz & Co. erst bei seiner Installierung in Italien zur Reife gebracht wurde, war daher keine Besonderheit. Die mangelnde betriebseigene Forschung stand aber zunehmend der Entwicklung neuer Produkte und Fertigungstechnologien im Wege.

Das von der AEG und Brown Boveri entwickelte System mit einphasigem Wechselstrom und Niederfrequenz funktionierte seit 1909 einwandfrei.[93] Technische Vorteile des Kandó-Systems wie die doppelte Zugkraft und die Energierückspeisung beim Bremsen galten immer noch als nicht nutzbar oder sogar gefährlich, obwohl die Praxis das längst widerlegt hatte.[94] Einige Eisenbahnfachleute fanden außerdem inakzeptabel, dass die Kandó-Lokomotiven nur abgestufte Geschwindigkeiten fahren konnten, z. B. die Güterlokomotiven der ersten Generation alternativ 31 oder 62 km/h.[95] Kandó

---

90 MNL Z427_1_10 Vertrag 2 Ganz & Co./American Electric Securities Co., 27.09.1902 inklusive Korrespondenz, Rechtsgutachten zur Gültigkeit und Umfang des Vertrags; MNL Z427_1_10 Wallach & Cook, Councellors at law, New York an G. Leve. New York, 21.03.1904.
91 *Szekeres u. Tóth*, S. 109.
92 *Fox u. Guagnini*, S. 149–150; *Lanthier*, Elektrizitätsindustrie in Frankreich, S. 185–191.
93 *Pforr*, S. 311.
94 *Windisch; Heyden; Kandó.*
95 *Bowers u. a.* 2009.

argumentierte dagegen mit der Kurvensicherheit und dem pünktlichen Bahnbetrieb. Bei der Bahnelektrifizierungskonferenz anlässlich des elektrotechnischen Kongresses in Turin 1910 prallten die beiden Lager aufeinander. Die Deutschen wollten das Einphasensystem in ganz Europa, andere plädierten dafür, das System jeweils nach den Streckeneigenschaften zu wählen, so auch Kandó und die italienischen Fachleute.[96]

Die Verbindung der Ungarischen Allgemeinen Kreditbank mit deutschen Partnerbanken und der AEG, die Gesfürel und deren Beteiligung am Trust übernahm, beeinflusste die Entscheidung der Ganz-Direktion zur Weiterführung des Innovationsprozesses mit dem Kandó-System. In dieser Situation ließ sich Kandó von Westinghouse überreden, die Leitung deren neue Fabrik in Vado Ligure in Norditalien zu übernehmen. Als technischer Direktor der Società Italiana Westinghouse arbeitete Kandó 1905–1915, bis zu Italiens Kriegseintritt an der Seite der Ententemächte an der Elektrifizierung weiterer italienischer Bahnlinien. Sein System ging als *Sistema Italiana* in die Technikgeschichte ein; damit wurden bis zur Weltwirtschaftskrise die italienischen Fernbahnen ausgestattet.

Nach dem Wechsel Kandós und seiner Mitarbeitern zu Westinghouse gab Ganz & Co. das italienische Bahngeschäft nicht völlig auf. Finanzengpässe der italienischen Westinghouse und die Fortsetzung der Bahnelektrifizierung boten Ganz immer noch Chancen für ein profitables Geschäft in Italien. So wurden 1906 und 1907 gemeinsam mit der Rothschild-Gruppe sogar zwei Vorschläge für die Übernahme der italienischen Westinghouse-Gesellschaft ausgearbeitet.[97] Allerdings fehlte den ungarischen Elektrifizierungsangeboten die Entwicklungsarbeit der Kandó-Gruppe.[98] Die trotzdem eingeworbenen kleineren Aufträge waren darüber hinaus zu den von Westinghouse vorgegebenen Preisen und mit deren Konstruktionsmerkmalen auszuführen. Die technologische Initiative lag also nicht mehr in Budapest.[99]

---

96 Gyáros.
97 MNL Z440_1_10 J. A. [unlesbar] an Herrn Szirmai. Parte, 27.07.1906; MNL Z440_1_10 Bericht über die am 28. Mai [1907] vorgenommene Besichtigung der Fabrik der Societa Italiana Westinghouse in Vado. Ing. Bláthy, Dir. Kögler und eine unlesbare Unterschrift.
98 MNL Z438_1_1 Ganz Elektro, Protokoll, Executiv Komitee-Sitzung, Budapest, 13.11.1906.
99 MNL Z437_1_1 Ganz Elektro, Protokoll, Executiv Komitee-Sitzung, Budapest, 23.11.1906; MNL Z438_1_1 Ganz Elektro, Protokoll, Executiv Komitee-Sitzung, Budapest, 24.10.1906 und 21.10.1907.

Die 1906 geschlossene »Interessengemeinschaft« von Ganz & Co. mit der AEG im Bereich der Elektrizitätswirtschaft umfasste Marktaufteilung und gemeinsame Bewerbung bei öffentlichen Ausschreibungen. 1906 gab Felix Deutsch von der AEG vertrauliche Informationen über Elektrifizierungsaufträge der italienischen Bahngesellschaften an Ganz weiter, weil vereinbarungsgemäß ein Teil des Auftrags an die AEG abzutreten sei.[100] Aufgrund der »Interessengemeinschaft« wurde Ganz zeitweilig bei der Bahnelektrifizierung in Österreich-Ungarn aktiver. Angebote von Ganz & Co. an die Staatsbahnen zur Elektrifizierung der Hauptstrecken Budapest-Wien, Budapest-Fiume und Piski-Petrozsény im ungarischen Bergbaurevier scheiterten jedoch an der Auffassung, dass elektrische Bahnen militärisch verwundbarer seien.[101] Analoge öffentliche Aufträge in der österreichischen Reichshälfte waren dagegen den ungarischen Herstellern am Vorabend des Ersten Weltkriegs wegen wirtschaftsnationalistischer Blockaden kaum zugänglich. Das wurde darum zum Problem, weil es die Bereitschaft von Unternehmen dämpfte, in kostenintensive Produktinnovationen zu investieren, besonders im Falle von teuren Systemtechnologien, deren Verbreitung öffentlicher Investitionen bedurfte. Zum andern verringerte dies die Möglichkeiten des ungarischen Fachpersonals, Betriebserfahrungen mit den neuesten Technologien zu sammeln. Es handelte sich um eines der Wachstumshindernisse in Ländern »auf der langsamen Spur der technologischen Entwicklung«.[102]

2.2.4 Die Finanzierung der Elektrifizierung

2.2.4.1 Banken als Förderer der Industrialisierung?

In der Gründerzeit wurden in Ungarn nach französischem und deutschem Vorbild Universalbanken meist als Tochtergesellschaften westeuropäischer Banken gegründet. Dieser Bankentyp kombinierte traditionelle Finanzgeschäfte mit der Finanzierung von Industrie und Infrastrukturprojekten. Offenbar diente die daraus resultierende wechselseitige Entsendung von Di-

---

100 MNL Z440_1_10 Komm.rat Felix Deutsch, AEG, an Präsident Sigmund Kornfeld, MÁH. Berlin, 25.10.1906.
101 MNL Z438_1_1 Ganz Elektro, Sitzungsprotokoll, Exe.-Kom., Budapest, 15.06.1906, 27.09.1909, 17.05.1910.
102 *Fox u. Guagnini*, S. 176.

rektoriumsmitgliedern von Banken und Industrieunternehmen nicht nur der Kontrolle durch die Banken, sondern auch dem Informationsaustausch, der gesellschaftlichen Elitebildung und der Vermittlung von Managementtechniken.[103] Für die Unternehmen bestand der Vorteil einer langfristigen Bindung an eine Bank auch darin, dass sie eine zuverlässige Finanzierung erhielten, wobei ihre Such-, Informations-, Aushandlungs- und Durchsetzungskosten reduziert wurden.[104] Die Statuten der zur Rothschild-Gruppe gehörenden Österreichischen Credit-Anstalt und der von dieser mitbegründeten Ungarischen Allgemeinen Kreditbank wurden von den Finanzministerien der beiden Reichshälften als Modell für weitere Banken des Crédit-Mobilier-Typs (Universalbanken) benutzt.[105] Im expandierenden ungarischen Finanzsektor galt die Industrieförderung als patriotische Aufgabe. Nach der Gründerkrise besannen sich die Banken allerdings auf ihr Kerngeschäft. Erst seit Mitte der 1880er Jahre stiegen sie erneut in die Industriefinanzierung ein, waren aber viel stärker auf ihre Liquidität bedacht.[106] Bis zur Jahrhundertwende bildeten sich um die größten ungarischen Banken jeweils Gruppen von Industrie- und Handelsunternehmen aus, die sich über diese Banken finanzierten. Solche geschäftlichen Verbindungen variierten von prolongierten Krediten bis hin zur Beteiligung der Bank am Stammkapital des Unternehmens. Die Kreditbank, die 1913 63 Industrieunternehmen mit insgesamt 233 Millionen Kronen Stammkapital oder 16 % der börsennotierten Unternehmen kontrollierte, wurde zur zentralen Institution der ungarischen Wirtschaft, weil sie über das Rothschild-Netzwerk ausländisches Kapital vermitteln konnte.

Die ungarischen Großbanken gewährten wie ihre österreichischen Pendants in der Regel größeren, bereits etablierten Unternehmen Anleihen oder organisierten ihre Börseneinführung, nur selten begleiteten sie Unternehmen über die gesamte Zeit ihres Bestehens.[107] Wenn sie also die Industrialisierung nicht mit der finanziellen Unterstützung von Neugründungen beschleunigten, leisteten sie doch für bereits bestehende Unternehmen wichtige Dienste.

---

103 Pogány, Bankárok és üzletfelek; Tomka, Interlocking directorates; vgl. Fohlin.
104 Lindgren.
105 Kövér, Banking system, S. 45.
106 Kövér, Bank és ipar, S. 310–311.
107 Tilly, German banking; Pogány, Bankárok és üzletfelek, S. 58; Lindgren.

2.2.4.2 Finanzierung der Elektrifizierung

Ganz & Co. gründete zeitgleich mit den deutschen und schweizerischen Konkurrenten Holdings, um im Sinne des Unternehmergeschäfts Elektrifizierungsprojekte vorzufinanzieren. Zwei Jahre nach der Errichtung der ersten Kraftwerke in Österreich (Scheibb 1886 und Salzburg 1887, letzteres durch Siemens & Halske)[108] wurde bereits die Internationale Elektrizitäts-AG (IEAG) von Ganz, der Union Bank, Wien, und der Ungarische Hypothekenbank (*Magyar Jelzáloghitelbank*) in Wien zwecks Planung, Finanzierung, Bau und Betrieb von Kraftwerken und elektrischen Anlagen gegründet.[109] Das Startkapital von nicht weniger als sechs Millionen Gulden zeigt die großen Hoffnungen, welche die Gründungsgesellschaften auf die Etablierung des Ganz'schen Wechselstromsystems in Cisleithanien setzten: Die IEAG und die 1891 gegründete Allgemeine Österreichische Elektrizitäts-Gesellschaft (AÖE) übertrafen das drittgrößte Unternehmen, die Wiener Elektrizitätsgesellschaft (gegründet 1889), die über zwei Millionen Kronen Aktienkapital verfügte, finanziell bei weitem (AÖE und die Wiener Elektrizitätsgesellschaft waren Gründungen von Siemens und der Anglo-Österreichischen Bank). Bis zur Jahrhundertwende konnten AÖE und IEAG ihren Vorsprung gegenüber den restlichen Holdinggesellschaften, zu denen sich bereits tschechische und böhmisch-mährische Unternehmen (Kolben, Prag und die Mährisch-Ostrauische EG) gehörten, sogar erweitern. Die IEAG erwirtschaftete in diesen Jahren hohe Gewinne; der ausgewiesene Reingewinn lag im Jahresdurchschnitt bei weit über einer Million Kronen und war etwas höher als bei der AÖE, so dass Dividenden in Höhe von 7–8 % ausgeschüttet werden konnten.[110]

---

108 *Sandgruber*, The electrical century, S. 48.
109 Wiener Stadt- und Landesarchiv, Handelsgericht, B 83/1: Index: Ges.-Register 1890 »Internationale Electricitäts-Gesellschaft«: registriert beim Handelsgericht unter der Zahl Ges. 35, 84.
110 Bureau des Industrierates im k.k. Handelsministerium, Statistische Materialien über die Besteuerung und Entwicklung der Industrie-Aktiengesellschaften in Österreich. K.k. Hof- und Staatsdruckerei, Wien, 1904, S. 317–322.

2.2.4.3 Elektrifizierungsprojekte im Ausland

Die Finanzierungsgeschäfte von Ganz & Co. hingen von eigenen Reserven und der allgemeinen Konjunktur, insbesondere von der Entwicklung der Kapitalzufuhr nach Ungarn ab. Bis zum Einstieg der Kreditbank 1895 hatte die Reservebildung Priorität. Deren Bedeutung für Ganz trat in den Folgejahren zurück, denn selbst in schlechten Jahren wurden etwa 60 % des Reingewinns als Dividenden ausgeschüttet.[111] Der Einstieg der Kreditbank als Großaktionär schuf für Ganz & Co. völlig neue Bedingungen bei Finanzierungsgeschäften: Die Bank wirkte seit 1873 als Staatsbank und als wirtschaftspolitischer Berater der ungarischen Regierung,[112] insbesondere bei der Abwicklung internationaler Kreditgeschäfte.

Dank ihrer Beziehungen zum Rothschild-Netzwerk wurde die Kreditbank in internationale Konsortialgeschäfte einbezogen, was ihre Kontakte mit ausländischen Banken und internationale Finanzgeschäfte förderte. Die Zusammenarbeit mit der Kreditbank verschaffte Ganz Vorteile bei der Kundenakquise und größere Planungssicherheit bei der Rohstoffbeschaffung.[113] 1895 gründeten die Kreditbank und Ganz die AG für elektrische und Verkehrsunternehmungen (kurz »Trust«) unter Beteiligung der Gesfürel. Der Trust finanzierte den Bau von Kraftwerken und elektrische Straßen- und Lokalbahnen in Ungarn, was dem Schwerpunkt der dortigen deutschen Direktinvestitionen entsprach.[114]

Die größten elektrotechnischen Lieferanten auf dem italienischen Markt waren Siemens & Halske, die AEG, Ganz & Co. und die Compagnie Continentale Edison Paris.[115] Die am 23. Juli 1898 gegründete Società generale per lo Sviluppo delle Imprese elettriche in Italia (kurz Sviluppo) war eine Holding zur Finanzierung und Kontrolle von Elektrifizierungsprojekten. Die treibenden Kräfte hinter Sviluppo waren die Banca Commerciale Mailand, die im Oktober 1894 von deutschen, österreichischen und schweizerischen Banken gegründete größte italienische Handelsbank, sowie die Ungarische Allgemeine Kreditbank. Von den für die Kreditbank vorgesehenen Aktien wurde ein Teil an S. M. v. Rothschild Wien abgetreten. Entspre-

---

111 MNL Z421_2 MÁH Bilanzen und Rechnungsabschlüsse der Ganz & Co.
112 Interne Einschätzung der Bedeutung dieses Status: MNL Z50_74 MÁH Sitzungsprotokoll, Exe.-Kom., Budapest, 21.10.1905.
113 MNL Z438_1_1 Ganz Elektro, Sitzungsprotokoll, Exe.-Kom., Budapest, 19.07.1907.
114 *Kormos*, S. 65–70, 797–798; *Tomka*, Német tőke, S. 1065.
115 *Hertner*, German electrotechnical industry.

chend sah die Verteilung des Aktienkapitals der Sviluppo folgendermaßen aus: Banca Commerciale 30 %, Kreditbank 25 % (davon 10 % Kreditbank, 10 % Ganz & Co, 5 % Trust, 10 % S. M. v. Rothschild Wien, 25 % Gesfürel, 10 % Österreichische Credit-Anstalt für Handel und Gewerbe).[116] Außer dem Aktienkapital von zwei Millionen Lire stellten die Gründer der Sviluppo einen Kredit über fünf Millionen Lire bei fünfjähriger Laufzeit und sechsprozentiger Verzinsung zur Verfügung; dieser Kredit war proportional zum Stammkapital auf die Gründungsgesellschaften verteilt.[117] Die Statuten der Sviluppo nannten Ganz keineswegs als einzigen, aber als bevorzugten Lieferanten. Ganz trat drei bereits gründlich vorbereitete Projekte an die neue Gesellschaft ab, u. a. die Elektrifizierung der »Vollbahnen«, also der Hauptlinien. Ganz ging dennoch davon aus, bei diesen Projekten die Maschinen zu liefern; wenn sie nicht bei Ganz bestellt wurden, sollte die Firma finanziell entschädigt werden.[118]

Die Gründer waren vor allem deshalb optimistisch, weil viele wasserkraftgestützte Elektrifizierungsprojekte geplant waren, für die sich das D-B-Z-System gut eignete.[119] Enge Kontakte zu anderen elektrotechnischen Produzenten in Österreich und Deutschland wie Siemens (über die Deutsche Bank als Großaktionärin der Banca Commerciale) oder die Union (über Gesfürel) sorgten dafür, dass Sviluppo bei Planung und Finanzierung fachgerecht unterstützt wurde,[120] bedeuteten für Ganz jedoch harte interne Konkurrenz.

1910 schieden die österreichisch-ungarischen Partner aus der italienischen Gesellschaft aus, deren Aktien zu 90 % ihres Kurswerts von der mit der AEG in Verbindung stehenden Züricher Bank für elektrische Unternehmungen (Elektrobank) und der Gesfürel übernommen wurden.[121] Die Gründe für diesen Schritt können aus den Quellen nicht geklärt werden. Die Banca Commerciale, die nach dem Ausscheiden der Gesfürel 1912/13 über die Hälfte des Aktienkapitals der Sviluppo verfügte, machte mit dieser

---

116 MNL Z58_107_546 Aktiensysndikat Società per lo Sviluppo delle Imprese Elettriche in Italia [Wien, 10.01.1898].
117 MNL Z58_107_546 Aufzeichnung, Sekretariat für industrielle Beteiligungen, MÁH, bzgl. Sviluppo [1910].
118 MNL Z58_107_546 Protokoll, Conferenz des Ital. Elektrizitäts-Trusts. Wien, 10.10.1898.
119 MNL Z429_10_50 Korrespondenz: Kraftwerkbau, Innsbruck 1889; *Antal*, S. 66.
120 MNL Z58_107_546 Aktennotiz: Besprechung v. Dir. Joel (Banca Commerciala), Moru Blum (Gesfürel), A. Gélyi (Ganz & Co) u. S. Kornfeld (MÁH). [Wien], 23–24.04.1898.
121 MNL Z58_107_546 Öst. Creditanstalt an MÁH. Wien, 22.03.1910 u. Ganz & Co. an MÁH. Budapest, 30.03.1910.

nämlich ein gutes Geschäft, indem sie mithilfe ihrer Schachtelbeteiligungen bei geringem Kapitaleinsatz Mitspracherechte in vielen Elektrounternehmen erlangte, das laufende Kredit- und Zahlungsgeschäft dieser Firmen übernahm und sich einen Anteil an Emissionsgeschäften sicherte.[122] Auch betrieb die Sviluppo eine Beteiligungspolitik, die auf eine möglichst breite Risikostreuung achtete.[123] Die Kreditbank wurde gerade zur Zeit des Rückzugs aus der Sviluppo Partner in der von der Österreichischen Creditanstalt geleiteten Bankengruppe, die 40 % der Aktien der 1910 gegründeten Triester Società anonima per l'utilizzazione delle forze idrauliche della Dalmazia (»Sufid«) syndizierte. Das Stammkapital dieser Holding und der Investitionskredit wurden von einer Bankengruppe ähnlicher Zusammensetzung wie bei der Sviluppo gestellt, wobei die Kreditbank 20 % hielt.[124] Das Motiv hinter dem Rückzug der österreichisch-ungarischen Partner aus der Sviluppo scheint deshalb nicht Kapitalmangel gewesen zu sein, sondern eher eine Marktaufteilung.

Für die ungarischen Großbanken wie die PMKB, Großaktionärin bei Tungsram, war die Elektrifizierung ein lukratives Geschäft, bildete aber nicht den Schwerpunkt ihrer industriellen Beteiligungen. Die PMKB beteiligte sich an Elektrifizierungsprojekten als klassische Investitionsbank und nahm dabei sporadisch auch die südlichen Nachbarländer in den Blick. Dazu kooperierte sie mit deutschen Finanzpartnern wie der Bank für elektrische Unternehmungen und mit Elektrounternehmen wie der AEG.

Eine Studie der PMKB zu ihren Geschäftsaussichten in Bulgarien und Rumänien sah 1897 gerade in der selbst im Vergleich zu Ungarn nachhinkenden Industrialisierung dieser Länder eine Chance.[125] Mit Blick auf die dort noch überwiegende Petroleumbeleuchtung rechnete sie mit einer baldigen Elektrifizierung, deren Tempo und Gewinnchancen nicht wie in Ungarn durch von Stadtverwaltungen an Gasversorger erteilte langfristige Konzessionen

---

122 Hertner, Banken und Kapitalbildung, S. 527–528.
123 MNL Z58_107_546 Protokoll Direktionssitzung Sviluppo. MÁH, Budapest, 2.02.1905, Bericht über die Sitzung der Gründer am 19.11.1904 in Budapest.
124 Die Kreditbank erhielt 1933 202 003 Lire aus den an Sufid gewährten Investitionskrediten zurück, nachdem die Creditanstalt nach 12 Jahren Prozessführung gegen Sufid mit dem sg. neuitalienischen Abrechnungsamt, eigentlich dem italienischen Fiskus, eine Vereinbarung zustande gebracht hatte. MNL Z58_107_549 »Konsortialverrechnung Sufid« Creditanstalt an Kreditbank, Budapest. Wien, 8.03.1933 und handschriftliche Aufzeichnungen der Kreditbank.
125 MNL Z 40_26_477 Bericht, Studienreise in Bulgarien und Rumänien bzgl. Errichtung elektrischer Unternehmungen. PMKB, Budapest, 7.04.1897.

beeinträchtigt würden. Wohlhabende urbane Schichten, die starke Flächenausdehnung südosteuropäischer Städte sowie niedrige Kosten für Bauland, Material und Arbeitskräfte versprachen günstige Marktbedingungen.

Jedoch wurde nur etwa ein Zehntel der von Elektrounternehmen bis 1906 verfolgten Projekte umgesetzt, weil ihre Risikobereitschaft zu gering war und die Stadtverwaltungen wegen der Finanzierung und Leistungsfähigkeit der Einrichtungen Bedenken hatten. Die Risikobereitschaft der PMKB selbst war ebenfalls begrenzt, sie wünschte wie in Italien auch in den Balkanländern mit ausländischen Partnerbanken zu kooperieren. Hier erwarb die PMKB als Leiterin einer Bankengruppe 1904 von der Helios Electrizitäts AG Köln-Ehrenfeld die Societa italiana die industria elettriche Spezia sowie die eine Helios gegen Spezia zustehende Forderung (Beteiligungen: PMKB 50 %, Banque Internationale de Bruxelles 35 % und Banca Commerciale 15 %).[126] In den Balkanländern blieb aber der Schwerpunkt der PMKB bei der Gründung von Bankhäusern.

Im Juni 1912 sandte die Wiener VEAG an die Commerzialbank einen Plan zur Gründung einer Studiengesellschaft für das Elektrifizierungsgeschäft in Ungarn und den Balkanstaaten.[127] Die VEAG, Mutter- und seit 1903 Schwestergesellschaft von Tungsram, nahm als Financier von Elektrifizierungsprojekten einen langsamen Aufstieg, wirtschaftete aber lukrativ und konnte hohe Dividenden auszahlen. Nach der Jahrhundertwende erhielt sie Verstärkung durch die Beteiligung einer der führenden Gesellschaften in der Wechselstromtechnologie, der schweizerischen Brown-Boveri Cie. Die VEAG wünschte bei der Elektrifizierung auf dem Balkan gleich regionale Stromversorgungssysteme aufzubauen. Projekte dieser Größenordnung erforderten die Zusammenarbeit bewährter Elektrohersteller und »erstklassiger Financiers«: Neben der PKMB und der Escompte sollten sich die VEAG samt ihrer Budapester Starkstromfabrik, der Vereinigten Elektrizitäts- und Maschinen-AG (*Egyesült Villamossági és Gépgyár*), und vor allem die Brown-Boveri Cie. und die letzterer nahestehende Holdinggesellschaft beteiligen.[128] Die PMKB erklärte sich nur bei entsprechendem Interesse der Escompte

---

126 MNL Z40_26_468 und 477 Protokoll: Vereinbarung des Bankensyndikats, dem die Vereinbarung der PMKB mit der Helios Elektrizitäts-AG zugrunde liegt o. A. [1904].
127 MNL Z40_26_463 Ernst Egger, VEAG an PMKB. Wien, 3.06.1912, Béla Stark, Vereinigten Elektrizitäts- und Maschinen-AG:»Punktuationen«. Budapest, 26.11.1911.
128 MNL Z40_26_464 Stark Béla, VEAG, an Lánczy Leó, PMKB. Budapest, 3.06.1912 Exposé über die Möglichkeit der intensiveren Verfolgung der VEAG Elektrizitäts-Interessen in Ungarn.

bereit, größere Elektrifizierungsprojekte mitzufinanzieren; ansonsten erschien die Angelegenheit der Bankdirektion »weder dringend noch notwendig«.[129] Diese zögerliche Haltung war auf die Rüstungskonjunktur und anderweitige, lukrativere Transaktionen der PMKB in den Balkanstaaten zurückzuführen.

Daneben mochte die Entscheidung der PMKB darauf zurückgehen, dass in Ungarn selbst noch gute Geschäfte zu machen waren. Denn in Budapest musste die Stromversorgung ausgebaut werden, und dies war überhaupt das gewinnträchtigste Geschäft in Ungarn, weil etwa 60 % des Stromverbrauchs des Landes in der Hauptstadt anfielen.[130] Die PMKB war darüber bestens unterrichtet, da sie selbst gemeinsam mit Siemens an der Budapester Allgemeinen Elektrizitäts-AG beteiligt war; die andere große Kraftanlage der Hauptstadt wurde von der Ungarischen Elektrizitäts-AG, einer gemeinsamen Gründung der Ganz Elektro mit der Union Bank Wien und der Ungarischen Wechsel- und Discontogesellschaft betrieben. Leó Lánczy, Präsident der PMKB, legte einen Finanzierungsplan vor, der die Kündigung der Gas- und Elektrifizierungskonzessionen und den Bau eines Großkraftwerks vorsah.[131] Die Einbeziehung der AEG sollte die Erfolgschancen des Projekts erhöhen, ohne dass diese genauer eingeschätzt wurden. Doch ließ die Stadtverwaltung die bestehenden Konzessionsverträge auslaufen, errichtete 1914 mit deutschen Krediten ein großes Kraftwerk, übernahm die Elektrizitätswerke der beiden Pioniergesellschaften und verwaltete die Stromversorgung selbst.[132]

An der Finanzierung der Elektrifizierung auf dem Balkan beteiligte sich auch die Kreditbank nur zurückhaltend. Eine wichtige Gründung waren allerdings die Finanzierungs- und Betriebsgesellschaften für das von Ganz Elektro 1911 errichtete erste Kraftwerk des europäischen Teils von Konstantinopel.[133] An diesen Gesellschaften beteiligte sich Ganz Elektro nur mit 8,5 %. Der Rest der Aktien wurde auf die Kreditbank, den Trust und

---

129 MNL Z40_26_463 Egyesült villamossági és tanulmányi rt. Dir. Hegedüs(?), PMKB, Budapest, 15.12.1913.
130 *Ránki*, Electric energy, S. 154.
131 MNL Z40_26_478 Leó Lánczy, Präsident, PMKB, an János Halmos, Bürgermeister, Budapest. Budapest, 24.06.1905 und Elect.-Ges. Felix Singer & Co. an Dir. Franz Vas, PMKB. Berlin, 13.07.1898.
132 *Budapest áramellátása*, S. 2.
133 *Kormos*, S. 65–67; MNL Z438_1_1 Sitzungsprotokoll, Exekutivkomitee, Ganz Elektro. Budapest, 29.11.1910; *Szekeres u. Tóth*, S. 128.

eine belgisch-österreichisch-schweizerische Finanzgruppe verteilt.[134] Diese Gruppe übernahm auch die Aktien der mehrheitlich in schweizerischem Eigentum befindlichen Gasfabrik in Konstantinopel. Ganz Elektro erhielt für die Übergabe der Konzession an die Finanzierungsgesellschaft einen Aufschlag von 10 % auf den Lieferpreis.

Kurze Zeit später wurden die Straßenbahnen von Konstantinopel ausgeschrieben. Den Zuschlag erhielt Ganz Elektro auch deshalb, weil das Unternehmen bereits Erbauer und Betreiber des Elektrizitätswerks war. Doch zog die Stadtverwaltung die Entscheidung zurück und schrieb das Projekt mit modifizierten Vorgaben erneut aus. Nunmehr sollten die Interessen der deutschen Eigentümer der Pferdebahnen berücksichtigt werden, und Konstantinopel beabsichtigte, den Auftrag zwischen Ganz Elektro und Siemens aufzuteilen. Nachdem die zweite Ausschreibung ohne Ergebnis geblieben war, wurde Ganz Elektro aufgefordert, erneut ein Angebot zu machen, allerdings zu für die Stadt sehr viel günstigeren Konditionen. Die Kreditbank war jedoch nicht willens, das Projekt unter diesen veränderten Bedingungen mitzufinanzieren.[135]

Auf dem Balkan waren mithin ungarische Banken in der Regel nur in Zusammenarbeit mit ihren österreichischen Partnern bereit, größere Elektrifizierungsprojekte zu finanzieren. Im Vergleich zu den deutschen Leitunternehmen, die bei der Bearbeitung ihrer Kernmärkte eine Beteiligung von 50 % und mehr anzubieten in der Lage waren, startete also Ganz wesentlich ungünstiger in die Bearbeitung des primären Absatzmarkts.[136]

Zudem funktionierte das Unternehmensgeschäft im Falle von Ganz & Co. offensichtlich nicht so gut wie bei der deutschen Konkurrenz, was besonders an mangelnder Marktbearbeitung lag. So besaß Ganz Elektro zwar nach dem Bau des Konstantinopler Kraftwerks beste Voraussetzungen für das dortige Installationsgeschäft, versäumte es jedoch, systematisch Aufträge zu akquirieren. Die Firma richtete erst im Frühjahr 1911 eine eigene Vertretung am Bosporus ein, als die Konkurrenz längst die lukrativsten Aufträge an sich gezogen hatte.[137] In Albanien versuchte Ganz Elektro, trotz

---

134 MNL Z438_1_1 Sitzungsprotokoll, Exekutivkomitee, Ganz Elektro. Budapest, 29.10.1913.
135 MNL Z438_1_1 Sitzungsprotokoll, Exekutivkomitee, Ganz Elektro. Budapest, 11.04.1911.
136 SCA 5460–1 Elektrische Beleuchtung. Gemischte Nachrichten, Innsbruck, 21.03.[1889].
137 MNL Z438_1_1 Sitzungsprotokoll, Exekutivkomitee, Ganz Elektro. Budapest, 24.03.1911.

der dortigen »verworrenen Verhältnisse« die Wasserkonzessionen zu erhalten.[138] Allerdings blieb ein solches strategisches Vorhaben die Ausnahme. Rumänien z. B. galt zwar als der »natürlichste Absatzmarkt«, doch »wegen der unseligen politischen Verhältnisse« waren spätestens seit 1908 die Geschäftschancen der Gesellschaft schwer beeinträchtigt.[139] Eine rumänische Ganz-Gesellschaft wurde erst 1913 gegründet,[140] wahrscheinlich deshalb zu diesem Zeitpunkt, weil einige rumänische Städte beabsichtigten, die Gemeindesteuer für von Ausländern betriebene Kraftwerke zu erhöhen.[141] Ganz Elektro folgte also dem Beispiel der deutschen Leitunternehmen, sich an die Absatzmärkte etwa durch die Einrichtung lokaler Produktionsstätten und technischer Büros flexibel anzupassen, gerade auf den für das Unternehmen strategisch wichtigen Märkten nur zögernd und unsystematisch.

Ausländisches, vor allem französisches und deutsches Kapital war stark an der russländischen Industrialisierung beteiligt. Siemens & Halske betätigte sich besonders früh auf diesem umsatzstarken Markt.[142] Nach diesem Vorbild richtete Ganz & Co. eine russische Filiale in St. Petersburg ein und baute Kraftwerke u. a. in Odessa. Ganz konnte dagegen nach der Jahrhundertwende immer weniger der Preiskonkurrenz der schneller rationalisierenden deutschen Leitunternehmen standhalten, die gemeinsam und mit Unterstützung der deutschen Großbanken den russischen Markt bearbeiteten. So reichte Ganz 1907 zur Ausschreibung der Straßenbahn für die Stadt Vladivostok und für die Elektrifizierung der transkaukasischen Eisenbahn Angebote ein, verlor aber in beiden Fällen gegen günstigere Offerten.[143] Ganz Elektro gab ohnehin mit Blick auf die deutsche Konkurrenz Großprojekten auf dem Binnenmarkt Priorität vor den als riskant geltenden Geschäften in Russland.

---

138 MNL Z438_1_1 Sitzungsprotokoll, Exekutivkomitee, Ganz Elektro. Budapest, 20.10.1913.
139 MNL Z438_1_1 Sitzungsprotokoll, Exekutivkomitee, Ganz Elektro. Budapest, 5.04.1913.
140 MNL Z438_1_1 Sitzungsprotokoll, Exekutivkomitee, Ganz Elektro. Budapest, 15.12.1909, 21.12.1911, 20.10.1913.
141 MNL Z438_1_1 Sitzungsprotokoll, Exekutivkomitee, Ganz Elektro. Budapest, 5.04. u. 20.10.1913 Ähnlich gründete Ganz trotz Kraftwerkbau seit den 1880ern auf dem Kontinent erst 1913 als Antwort auf »die vielen Anfragen aus Süd-Amerika« eine eigene Vertretung in Buenos Aires.
142 *Feldenkirchen*, Siemens, S. 31–33.
143 MNL Z438_1_1 Sitzungsprotokoll, Exekutivkomitee, Ganz Elektro. Budapest, 3.07. u. 19.09.1907.

2.2.4.4 Finanzielle Aspekte von Forschung und Entwicklung bei Ganz & Co.

Die Bankbeteiligung eröffnete einen größeren finanziellen Spielraum für die Unternehmen, so auch bei Forschung und Entwicklung (F&E). Die bisher einzige Studie zur Geschichte der elektrotechnischen Abteilung von Ganz & Co. vertritt jedoch den Standpunkt, dass die Ungarische Allgemeine Kreditbank das Unternehmen als Goldesel betrachtet und zum Vasallen degradiert habe.[144] Diese Sichtweise ist deutlich von einem marxistischen Verständnis des unproduktiven Finanzkapitals sowie von Erinnerungen von vormaligen Ganz-Mitarbeitern geprägt. Danach habe der Eintritt der Kreditbank in die Direktion das Ende der Blütezeit von Ganz und den Anfang einer Entwicklung markiert, an deren Ausgang das Unternehmen keine Weltmarktchancen mehr besessen habe.[145] Dagegen ließe sich jedoch fragen, ob nicht bereits vor dem Eintritt der Kreditbank weitere, firmeninterne Faktoren dazu beitrugen, dass Ganz bei Entwicklung und Innovation seit den 1890er Jahren immer weiter hinter der Konkurrenz zurückblieb.

Diese Frage stellt sich z. B. hinsichtlich der Versäumnisse der noch von Andreas Mechwart geleiteten Unternehmensführung bei der Eintreibung der Lizenzgebühren. Anfang 1909 ging Bláthys französisches Patent an Turbogeneratoren, eines der international konkurrenzfähigsten Erzeugnisse von Ganz, aus der gleichen Nachlässigkeit verloren.[146] Selbst Ganz' ungewöhnlich breite Produktpalette – von Bogenlampen und Schalttafeln über Eisenbahnsignalanlagen bis zum Kraftwerkbau (Ganz Elektro) bzw. von einfachen Gußwaren über Dampfmühlen und Kränen bis zu Schienen- und Straßenfahrzeugen, Schiffen und vollständigen Fabrikeinrichtungen (Muttergesellschaft Ganz & Co., nach 1911 Ganz & Co. Danubius) – war insofern problematisch, als Universalhersteller in Preis und Qualität generell schwer mit den spezialisierteren Produzenten konkurrieren können. Zwar bestanden auch bei General Electric oder Westinghouse nebeneinander Einzel- und Massenfertigung unterschiedlicher Produkttypen, je nach

---

144 *Szekeres u. Tóth*, S. 72–100; *Fischer*, S. 21–33; Ähnlich stellte Jenő Berlász das Entscheidungsmonopol der MÁH in der Geschäftsleitung von Ganz fest, zeichnete aber die Entwicklung der 1890er Jahre positiv und schrieb die Notwendigkeit von neuen Managementmethoden und Personalwechsel z. T. der Erhöhung der Unternehmensgröße zu. *Berlász*, Ganz-gyár, S. 419–421.
145 *Szekeres u. Tóth*, S. 128.
146 MNL Z438_1_1 Protokoll der Direktionssitzung, Ganz Elektro, Budapest, 14.01.1909.

Anforderung der Märkte.[147] Das besondere Problem bei Ganz & Co. bestand jedoch in dem sehr geringen Grad der Normierung und Typisierung sowie der mangelnden Rationalisierung der Produktion. Bei Ganz Elektro wurde erst 1912 die Serienfertigung von Stromzählern und kleinen Elektromotoren aufgenommen, also nach dem Abschluss der Expansionsphase des Wechselstromsystems. Die Elektromotorenproduktion unterlag bereits der Normkontrolle, so dass der leichte Austausch von Ersatzteilen möglich war.[148] Die Direktion der Muttergesellschaft rechtfertigte die breite Produktpalette mit dem zu kleinen Heimatmarkt und der konjunkturbedingten Hindernisse vor Erweiterung des Exports, die den Betrieben keine ausreichende Beschäftigung ermögliche.[149] Ganz & Co. rühmte sich am Vorabend des Ersten Weltkriegs, den Bedarf früh zu erkennen: als erstes bestimmte Produkte herzustellen, verschaffe dem Unternehmen für eine Zeit Vorteile auch außerhalb der Landesgrenzen und wiege die Kosten der Innovation auf; Ganz' Eisenbahnräder, Walzenstühle und elektrische Maschinen seien dafür die Belege.[150]

Das Personal für Forschung und Vertrieb reichte aber nicht aus, um die Wettbewerbsfähigkeit bei solch einer breiten Produktionspalette aufrechtzuerhalten und insbesondere eine Vorreiterrolle bei der Entwicklung der Stromverteilung zu sichern. Zipernowsky und Déri mussten schon bald nach der erfolgreichen Vorstellung des Wechselstromsystems 1885 ihre Entwicklungstätigkeit aufgeben, weil sie vollständig von Planung und Installation von Elektrizitätswerken in Anspruch genommen waren.[151] Allein Bláthy konnte weiter an der Produktentwicklung bei Ganz & Co. arbeiten. Nicht zuletzt wegen Bláthys Gesundheitsproblemen war Ganz jedoch außerstande, Leistungsfähigkeit und Betriebssicherheit der Wechselstrommaschinen weiterzuentwickeln, um mit Westinghouse, der AEG oder Oerlikon mitzuhalten.[152] Der 1893 an die Technische Universität Budapest gewechselte Zipernowsky bemängelte die Vernachlässigung von Konsumartikeln für den Verbrauchermarkt zugunsten der Entwicklung von Großanlagen

---

147 Scranton, S. 220–240.
148 MNL Z438_1_1 Sitzungsprotokoll, Exekutivkomitee, Ganz Elektro. Budapest, 4.05.1912. u. Protokoll der Direktionssitzung, Budapest, 05.12.1912; Szekeres u. Tóth, S. 121.
149 MNL Z421_2 Bericht über das Geschäftsjahr 1910. Ganz & Co., Budapest, März 1911.
150 MNL Z421_2 Bericht über das Geschäftsjahr 1910. Ganz & Co., Budapest, März 1911.
151 Berlász, Ganz-gyár, S. 412.
152 Szekeres u. Tóth, S. 94–95, 120–126; MNL Z425_17_62 Ing. Bláthy an A.M. Tanner, Esq. Paris. Budapest, 27.[05?].1899.

und Maschinen; ferner führte die Aufschiebung der Entwicklung von Drehstrommaschinen und -anlagen dazu, dass Ganz Elektro in der technologischen Entwicklung zurückblieb.[153]

Die Geschäftsführung versäumte also nicht erst seit Eintritt der Kreditbank, die firmeneigene F&E personell hinreichend auszustatten. Die Folgen wurden daran ersichtlich, dass Zipernowsky des Öfteren persönlich die Produktion überwachen musste, weil diese nicht ausreichend rationalisiert war. Das eigentliche Problem war, dass technologische Spitzenleistungen wie die Nutzung der Niagarafälle und des Nils zur Stromgewinnung[154] oder das Ganz-Kandó-Bahnelektrifizierungssystem einmalige Großleistungen blieben. Seit den 1890er Jahren wurden weder ausreichende Vorbereitungen für Serienfertigung getroffen, noch stellte sich das Management auf die immer größeren und anspruchsvolleren Elektrifizierungsprojekte ein.

2.3 Kartelle in der Weltwirtschaft und der Aufstieg von Tungsram

2.3.1 Die Frage der Kartellregulierung

Die um die Jahrhundertwende geführten Kartelldebatten entzündeten sich an den größer werdenden Unterschieden der Organisations- und Kontrollfähigkeit von Privatwirtschaft und Staat, und an der dem alten Kontinent in der US-amerikanischen Industrie erwachsenden Konkurrenz. Staatliche Kontrolle der Kartelle wurde als mögliche Antwort auf diese Herausforderungen ins Spiel gebracht. In diesem Kontext fiel die Entscheidung der beiden Unternehmen, sich an nationalen und internationalen Kartellen zu beteiligen.

Insbesondere Industriezweige mit homogenen Produkten und einer überschaubaren Anzahl von Herstellern erkannten früh die Vorteile der Kartellbildung. Der seit den späten 1870er Jahren zunehmende Protektionismus, die Infrastrukturentwicklung und die Durchsetzung des Managerunternehmens[155] machten es für Kartelle leichter, ihre Regeln durchzusetzen.[156]

---

153 Szekeres u. Tóth, S. 94.
154 MNL Z425_99 Bláthy O.[ttó] T[itusz], Ganz & Co., The Aswan Water Power Scheme. Budapest, 1914.
155 Wengenroth, Kartellbewegung, S. 20; Wengenroth, Krisen Stahlindustrie, S. 70–91.
156 Pohl, Einleitung.

In Deutschland förderten vor 1914 zahlreiche Faktoren die Kartellbildung. Dazu gehörten institutionelle Rahmenbedingungen wie die »wettbewerbspolitische Abstinenz des Staates« und eine kartellfreundliche Rechtsprechung, protektionistische Schutzzölle und enge Verbindungen von Industrie und Großbanken.[157] Ähnliche Strukturfaktoren und die protektionistische Wende des Deutschen Reichs führten auch in Österreich zu umfangreicheren staatlichen Interventionen in die Privatwirtschaft und dazu, dass Kartelle wie in Deuschland bereits vor der Jahrhundertwende die Wirtschaft dominierten.[158] Zum Teil waren diese Vorgänge auf das nachhaltig erschütterte Vertrauen in die liberale Wirtschaftsordnung zurückzuführen, die in staatlichen Eingriffen in die Privatwirtschaft und eine Entwicklung in Richtung kooperativer Kapitalismus mündete. Die Höhepunkte der österreichischen Kartellbildung lagen in den Jahren 1898–1900, 1904–1907 und in den letzten Jahren vor Kriegsausbruch.

Die Gegensätze zwischen kartellierten und nichtorganisierten Wirtschaftszweigen provozierten vor der Jahrhundertwende erste Debatten über die Macht der Kartelle. Doch nur in den USA lief diese Diskussion 1890 auf ein Kartellverbot hinaus,[159] das nicht nur eine funktionierende Marktwirtschaft erhalten, sondern gar auch politische Freiheitsrechte schützen sollte.[160] Dagegen gingen außerhalb der USA die Meinungen über Ausmaß und Form der Staatsaufsicht über die Kartelle so weit auseinander, dass man sich nicht auf ein einfaches Verbot einigen konnte.

Die Debatten deutscher und österreichischer Ökonomen und Juristen drehten sich um soziale Verantwortung, volkswirtschaftliche Bedeutung und staatliche Kontrolle der Kartelle. Im Fokus stand, ob überhaupt und in welchem Umfang der Staat kontrollierend eingreifen solle. Die Experten neigten der Auffassung zu, Kontrolle für notwendig zu halten, damit Kartelle überhaupt positive Wirkungen entfalten konnten. Doch die geeignetste Form von Kontrolle war schwer zu ermitteln. Zollsenkungen sollten bereits ausreichen, um Kartelle zu einer vernünftigen Preispolitik zu zwingen.[161] Die staatlich angeleitete »Konzertierung« der vor- und nachgelagerten Branchen und der Verbraucher würde diese ausreichend schützen. Ein wegen

---

157 *Wengenroth*, Kartellbewegung, S. 23.
158 *Resch*, Industriekartelle.
159 *Schröter*, Cartelization and decartelization, S. 134–135.
160 *Loy*, S. 319; *Windolf*, S. 3–4; *Blaich*, Kartell- und Monopolpolitik.
161 *Kleinwächter*, S. 182; *Blaich*, Robert Liefmann, S. 140.

Missständen in einzelnen Industriezweigen erlassenes Kartellgesetz laufe Gefahr, als volkswirtschaftlich wichtig erachtete Kartelle zu verhindern.

In Österreich konnte das Strafgesetzbuch von 1852 auf Kartelle angewandt werden, doch unter dem Einfluss der Diskussion in Deutschland fiel die Rechtsprechung Ende des 19. Jahrhunderts auch hier immer kartellfreundlicher aus. Die mehrfach aufgenommenen Verhandlungen für eine gesetzliche Regelung der Kartelle inklusive Registrierungspflicht und Preisüberwachung blieben trotz der Massenproteste gegen steigende Verbraucherpreise 1910/11 ergebnislos. Ein österreichisches Kartellgesetz kam schließlich erst 1951 zustande.[162]

Die ungarischen Großbanken unterstützten ebenfalls die Kartellbildung, um Wirtschaftlichkeit und Zahlungsfähigkeit der bei ihnen verschuldeten Unternehmen zu stabilisieren.[163] Wachsende Exporte von kartellierten Branchen wie der Zucker-[164] und der Eisenindustrie,[165] denen Absprachen mit österreichischen und internationalen Kartellen den Schutz ihres Binnenmarkts und feste Weltmarktanteile sicherten, veranlassten auch das Handelsministerium dazu, Kartelle zu akzeptieren oder ihre Neubildung zu unterstützen. Dies ging so weit, dass Jenő Szabó, Chef der Eisenbahnabteilung im Handelsministerium und zugleich Direktionsmitglied bei Tungsram und Ganz, die Verhandlungen zur Errichtung des Schienenkartells leitete.

Diese Art von Regierungsintervention zur Förderung der Konzentration der Industrie im Interesse der Wettbewerbsfähigkeit und »nationalen Ausrichtung« gerade in strategischen Branchen war am Vorabend des Ersten Weltkriegs nicht nur in Ungarn geläufig. So erfolgte 1903 die Gründung der Telefunken GmbH durch die Rundfunkabteilungen bei Siemens & Halske und AEG auf Initiative der deutschen Regierung. Der französische Radiomonopolist, die Compagnie générale de la télégraphie sans fil und sein US-Pendant Marconi entstanden ebenfalls unter aktiver Beteiligung der jeweiligen Regierung, um die internationale Radiokommunikation zu garantieren.[166]

Die Juristen Nándor Baumgarten und Artur Meszlény, die 1904 von Handelsminister Hieronimy mit dem Gesetzentwurf für die Regelung von Wirt-

---

162 *Resch,* Industriekartelle, S. 99.
163 *Matis,* S. 370–371; *Gerber.*
164 *Scott,* S. 347; *Pogány,* Sugar industry.
165 *Pogány,* Kartellek és menedzserek; *Szőnyi,* S. 40.
166 *Griset,* S. 33–36, 38–42.

schaftszusammenschlüssen beauftragt wurden,¹⁶⁷ fassten bereits 1891 die Folgen der Globalisierung in Ungarn zusammen:

»So wie mit der Entstehung der modernen Weltwirtschaft [...] das Wirtschaftsleben immer mehr von seinem nationalen Charakter einbüßte und immer internationaler wurde, verringerten sich die Chancen des Einzelnen in der Produktion. [...] Die Kapitalkonzentration in Form von Kartellen und Trusts ist kein einfaches Geschäftsmanöver der Unternehmer, sondern eine natürliche, mit der Entstehung der Weltwirtschaft zusammenhängende Erscheinung.«¹⁶⁸

Kartelle sollten daher schwächere Wettbewerber wie die ungarische Industrie vor der globalen Konkurrenz schützen.

Diese Stellungnahme war den Autoren offenkundig von der privatwirtschaftlichen Lobby in die Feder diktiert. Für die ungarischen Unternehmer besaß nämlich die Kartellregulierung keinerlei Dringlichkeit. Sie verwiesen darauf, dass die meisten Industrieländer keine Kartellgesetze hätten, bedienten sich also desselben Arguments wie die österreichische Industrie. Vielmehr solle die Kartellbildung oder die Teilnahme ungarischer Firmen an österreichischen oder internationalen Kartellen zu Zwecken der Selbstverteidigung geduldet werden.¹⁶⁹ In diesem Sinne äußerte sich die Zeitschrift *Magyar Gyáripar* im Januar 1911:

»Mithilfe der Kartelle können schwache Unternehmen überleben und wachsen [...]. Außerdem bereiten und fördern sie die Unabhängigkeit Ungarns, da beispielsweise das Kohlekartell zur Erschließung aller Kohleminen in Ungarn beiträgt.«¹⁷⁰

Die Lobbyisten der Großindustrie behaupteten, dass Kartelle durch Abfederung von Konjunktureinbrüchen und Rationalisierung von Produktion und Vertrieb dazu beitrügen, Beschäftigungsschwankungen zu verringern und die Wettbewerbsfähigkeit zu erhöhen.¹⁷¹ Kartelle hülfen dabei, Ungarn

---

167 *Baumgarten u. Meszlény; Árkövy; Mandelló.*
168 *Kartellek és trösztök.*
169 *Baumgarten u. Meszlény; Az iparfejlesztési törvény végrehajtási utasítása és a közszállítások rendezése;* S. 39–40.
170 *Scheiber,* S. 6.
171 *Pogány,* Kartellek és menedzserek.

einen Platz unter den »Kulturvölkern« der Welt zu verschaffen. Dagegen polemisierte 1912 der Sozialdemokrat Jenő Varga: Kartelle würden vielmehr ihre Monopole missbrauchen, durch hohe Preise und Lieferungsverweigerung Konkurrenten in die Knie zwingen, Preissteigerungen und Armut verursachen.[172] Doch der Regelungseifer der Regierung wurde wirkungsvoll von der Großindustrie gezügelt, deren Lobby Konsumenten und Arbeiter keine vergleichbare Organisation entgegenzusetzen hatten. Ein ungarisches Kartellgesetz wurde schließlich erst während der Weltwirtschaftskrise 1931 erlassen.

Gyula Egger, kaufmännischer Direktor und Direktionsmitglied von Tungsram, engagierte sich im Kartellausschuss des Industriellenbunds. Er trat gegen die staatliche Regelung der Kartelle ein, weil er davon Nachteile für Handlungsfreiheit und Gewinne der Unternehmen erwartete.[173] Eggers Motive werden im Licht der Teilnahme von Tungsram am ersten internationalen Glühlampenkartell noch deutlicher.

2.3.2 Aufstieg und Fall des ersten internationalen Glühlampenkartells

Weil die Elektrifizierung der österreichisch-ungarischen Monarchie nur schleppend vorankam, wurde der Großteil von Tungsrams Glühlampen im Ausland vermarktet: Im Geschäftsjahr 1889/90 wurde kaum 18 % der Produktion exportiert, 1893/94 bereits über 77 %; gleichzeitig konnten die Produktionskosten auf ein Drittel gedrückt werden.[174] Der Marktpreis für Glühlampen wurde in den letzten Jahren vor der Jahrhundertwende von der AEG diktiert,[175] die durch stetige Erhöhung ihrer Kapazitäten den Verkaufspreis immer weiter drücken konnte. Im Gegensatz dazu erzielte Tungsram mit Glühlampfen 1889/90 einen durchschnittlichen Preis von 105 Kreuzer, 1893/94 dagegen nur noch 38 Kreuzer, womit zeitweise die Produktionskosten nicht gedeckt waren. Darüber hinaus vermochten Universalunternehmen wie AEG und Siemens, Hauptabnehmern die exklusive Abnahme ihrer Glühlampen aufzuzwingen, darunter Kraftwerken, die sie selbst gebaut hatten und verwalteten. Das verschaffte ihnen einen klaren Vorteil gegenüber Spezialproduzenten wie Philips oder Tungsram. Außerdem waren die Kun-

---

172 *Varga* (Vorwort zur ersten Ausgabe i.J. 1912).
173 *A kartell-bizottság ülése*, S. 71.
174 *Jeney u. Gáspár*, S. 7, *Koroknai*, Tungsram Rt., S. 13.
175 MNL Z40_22_462 Bericht über die Budapester Fabrik und Vorschläge für die rationelle Gestaltung unserer Betriebe, [Újpest, 1898].

den umso eher bereit, von den Universalunternehmen Licht und Kraftanlagen zu ordern, desto preiswerter diese ihre Glühlampen anboten.[176]

Konkurrenten beim Glühlampenexport waren neben den drei Berliner Gesellschaften AEG, Siemens und Pintsch noch die Wiener Glühlampenfabrik Watt AG, die beiden niederländischen Unternehmen Constantia in Venloo und Philips in Eindhoven, Stearn in Zürich und die Compagnie Générale des Lampes in Paris. Die US-amerikanischen Massenproduzenten General Electric und Westinghouse waren zur Jahrhundertwende noch damit befasst, sich die Kontrolle über ihren Heimatmarkt zu sichern, wobei sie diesen Markt gegen die gefährlichsten europäischen Konkurrenten mithilfe von Marktaufteilungsverträgen abschirmten.[177]

Bei Tungsram wurde richtig erkannt, dass das Unternehmen die weltweit rasant fortschreitende Elektrifizierung nur für sich nutzen konnte, wenn es mit Blick auf die Preiskonkurrenz der Leitunternehmen Serien- oder Massenfertigung einführte, die Produktqualität kontinuierlich steigerte und zu diesem Zweck in die Ausbildung der Arbeiter investierte. Tungsram war bereit und dank der guten Umsätze der Telegrafen- und Telefonabteilung auch finanziell in der Lage, solche Investitionen zu tätigen:

»Hinsichtlich der Anerkennung, die unser Product findet, möge darauf hingewiesen werden, dass wir bedeutende Quantitäten unserer Glühlampen nach Deutschland und Russland exportieren, wo wir mit den Producten der Allgemeinen Elektricitäts-Gesellschaft und der Firma Siemens erfolgreich concurrieren und dass z. B. die an [sic!] allen anderen Gebieten mit uns concurrierende Firma Ganz u. Co. ihren Glühlampen Bedarf [sic!] von jetzt ab vertraglich bei uns deckt.«[178]

Die letztgenannte Vereinbarung war auf dem Weg zu einer marktbeherrschenden Stellung in Österreich-Ungarn besonders wichtig. Die Produktionserweiterung machte sich nur bezahlt, wenn hohe Preise im Export erzielt wurden. Die AEG war aber erst bereit, ein Kartell zu bilden und die Preise zu erhöhen, als die Kohlenfadenlampen technisch zu veralten begannen und ihre Ersetzung durch Metallfadenlampen absehbar wurde.[179]

---

176 *Luxbacher*, Massenproduktion, S. 337.
177 *Reich*, Lighting the path, S. 313–314.
178 MNL Z40_22_462 Bericht über die Budapester Fabrik und Vorschläge für die rationelle Gestaltung unserer Betriebe, [Újpest, 1898].
179 *Luxbacher*, Massenproduktion, S. 339–340.

Nach einigen erfolglosen Initiativen brachte schließlich der in Wien ansässige deutsche Financier Philip Westphal, ein Geschäftspartner von Béla Bernát Egger und Tungsram, die maßgeblichen europäischen Hersteller an den Verhandlungstisch.[180] So kam es 1903 zur Bildung der Verkaufsstelle Vereinigter Glühlampenfabriken GmbH (VVG) mit Sitz in Berlin, die alle größeren Produzenten von Kohlefadenlampen in Kontinentaleuropa vereinigte und ihre Marktaufteilung regelte: Die deutschen Hersteller erhielten das Deutsche Reich, Dänemark, Schweden und Norwegen, die Niederländer Großbritannien und Belgien, die österreichisch-ungarischen Teilnehmer bekamen den Nahen Osten, die Schweizer nur ihren Heimatmarkt; den Franzosen wurde für den Fall ihres Beitritts der spanische Markt vorbehalten.[181] Diese Absprachen waren bis 1914 befristet oder bis zur Unterschreitung eines Gesamtverkaufs von 23 Millionen Lampen im Jahr oder eines Verkaufspreises von 23 Pfennig als Selbstkostengrenzwert.[182]

AEG und Siemens & Halske verfügten mit je 22,633 % über die größten Verkaufskontingente; Tungsram und Philips bildeten den Block der zweitgrößten Mitglieder mit 11,316 bzw. 11,307 %; ihnen folgten zwei Wiener Hersteller, die Watt AG und die Glühlampenfabrik von Johann Kremenezky (7,134 sowie 6,010, bald heruntergesetzt auf 5,9 %), sowie die Gebrüder Pintsch Berlin mit 6,579 %. Der Gesamtverkaufsquantum von fünf kleineren Herstellern aus den Niederlanden, der Schweiz und dem Deutschen Reich machte 10,048 % aus, so dass für sich später anschließende Produzenten ein Gesamtquantum in Höhe von 2,340 % reserviert war.[183] Dem eigenen Verkaufskontingent entsprechend, wurde Tungsram Mitglied des siebenköpfigen Delegationsrates der VVG. Diesem unterstand die »Genehmigung des gesamten Geschäftsganges«, die »Festsetzung der jeweiligen Verkaufspreise und der Bestimmungen über Abrechnungswesen und Geldverkehr« sowie die »Genehmigung von Licenzverträgen, Erwerb, Veräußerung und Aufgabe von Patenten und ähnlichen Rechten«.[184]

Abgesehen von dem größten französischen Hersteller, der Compagnie Générale d'Electricité Paris, die der Organisation nur von 1903 bis 1906 angehörte,[185] gelang es der VVG, alle wichtigen Produzenten im kontinental-

---

180 *Luxbacher*, Massenproduktion, S. 342–350.
181 *Luxbacher*, Massenproduktion, S. 337.
182 *Rojkó*, S. 39–40.
183 MNL Z609_1_2 Sitzungsprotokolle Delegationsrat, VVG. Berlin, 7.11.1903.
184 MNL Z609_1_1 Gesellschaftsvertrag der VVG. Berlin, 10.09.1903.
185 MNL Z609_1_2 Sitzungsprotokolle Delegationsrat, VVG. Berlin, 7.11.1903.

europäischen Wirtschaftsraum zu vereinen, hohe Preise durchzusetzen und die Verkaufsbedingungen zu diktieren.[186] Um Außenseiter niederzuhalten, bediente man sich eines breiten Methodenspektrums wie Preiskonkurrenz, Nötigung zum Kartellbeitritt und Vorenthaltung von Patenten.[187]

Aufgrund dennoch wachsender Außenseiterkonkurrenz sah sich das Kartell gezwungen, die Verkaufspreise schrittweise zu reduzieren; der Umsatzrückgang war der Markteinführung der Metallfadenlampe zuzuschreiben, die in Sachen Qualität und Transportfähigkeit die Kohlefadenlampe allmählich überholte. Mit scharfem Wettbewerb russischer und japanischer Konkurrenz in Übersee konfrontiert, räumte die VVG Großhändlern Sonderrabatte ein und begann, den Markt stärker zu bearbeiten, beispielsweise indem sie eine ständige Vertretung mit Lager in Großbritannien einrichtete.[188] Dennoch schrieb das Kartell, das 1904/1905 noch etwa 1.25 Millionen Mark Reingewinn erwirtschaftete, nach konstantem Rückgang 1911/12 bereits über 210.000 Mark Verlust, wobei der Umsatz im gleichen Zeitraum nur von 26.238.797 auf 22.344.928 Stück zurückging, weil den Mitgliedern unveränderte Verkaufspreise verrechnet wurden.[189] 1914 wurde die VVG aufgelöst.

2.3.3 Lehren aus der Kartellmitgliedschaft

Die Beteiligung an der VVG sicherte Tungsram gute Umsätze und Profite, solange die Kohlefadenlampe den Markt beherrschte, und verschaffte dem Unternehmen wichtige strategische Erfahrungen mit der internen Kartellpolitik. Die Politik der VVG bediente zweifelsohne in erster Linie die Interessen der führenden Mitglieder. Da die Kartellzentrale das Vorrecht besaß, Lieferaufträge von Großkonsumenten und Wiederverkäufern unter den Mitgliedern aufzuteilen, konnte sie dafür sorgen, dass die strategisch wichtigsten Abnehmergruppen exklusiv von bestimmten Kartellmitgliedern kauften. Das Recht der Zentrale auf Einsicht in die Geschäftsbücher der Mitgliedsunternehmen sicherte den Führungsmitgliedern die Kontrolle.

---

186 So traten 1907 vier kleineren deutschen Fabriken der VVG ein, ebenfalls Société Edison Clerici, Mailand und nordeuropäische Hersteller. MNL Z609_1_2 Sitzungsprotokolle, Delegationsrat, VVG. Berlin, 6.11. u. 13.02.1912.
187 MNL Z609_1_2 Sitzungsprotokolle, Technische Kommission [VVG], 12–13.10.1903.
188 MNL Z609_1_2 Sitzungsprotokolle Delegationsrat, VVG. Berlin, 3.06.1909 u. 30.08.1910.
189 MNL Z609_1_2 Protokoll, Gesellschafterversammlung der VVG. Berlin, 12.05.1912.

Tungsram setzte allerdings während der Gründungsverhandlungen durch, dass der Delegationsrat auch die Dokumente der VVG einsehen durfte.[190] Unterdessen wurden Koalitionen mit Philips gegen die beiden führenden deutschen Kartellmitglieder immer schwieriger, weil das niederländische Unternehmen bei den Metallfadenlampen einen technologischen Vorsprung besaß und daher das Interesse am Kohlefadenkartell verlor; so war Tungsram für Philips offenbar ein weniger wichtiger Partner.[191]

Da die Kartellzentrale die Vermarktung übernahm, konnten die Mitgliedsunternehmen im Ausland Personal abbauen. Die Tungsram-Direktion folgte jedoch dieser Linie nicht generell, um sich nicht auf einen reinen Fabrikationsbetrieb begrenzen zu lassen,[192] doch reduzierte auch Tungsram in bestimmten Ländern wie etwa in Italien Stellen. Dort nahm die Firma bis 1912 keine Glühlampenproduktion auf und überließ den Verkauf der Kartellzentrale. Tungsram setzte im Vergleich zu der ebensowenig in Italien produzierenden Firma Philips sehr viel weniger ab: 1911 verkaufte Philips 500.000 Lampen in Italien; Tungsram dagegen erhielt von Berlin nur ein Verkaufskontingent von 150.000 Stück zugeteilt. Der Leiter der Mailänder Tungsram-Filiale führte das darauf zurück, dass Philips im Gegensatz zu Tungsram nach dem Abschluss des Kartellvertrags das Verkaufspersonal vor Ort nicht verringert, sondern umgekehrt die Marktbearbeitung intensiviert hatte; die mit einer aufwendigen Werbekampagne und »großzügigen Opfern« eingeführte Philips-Metallfadenlampe habe auch den Verkauf der Philips-Kohlefadenlampen gefördert.[193] Tungsram musste darum Philips' Beispiel folgen, sich durch Kundenpflege und Werbung auf dem Markt zu etablieren, auch um gegen die zunehmend kartellfeindliche Stimmung anzugehen.

Auf der Höhe seiner Marktmacht setzte nämlich das Kartell Preiserhöhungen durch, die eine solche Stimmung provozierten. Die Kartellzugehörigkeit entwickelte sich zum Nachteil, weil die VVG vielen Wiederverkäu-

---

190 MNL Z40_22_462 PMKB Sitzungsprotokoll, Conferenz der VEAG, Újpest. Wien, 1.07.1903; MNL Z601_1_1 Gesellschaftsvertrag der VVG, Berlin, 10.09.1903.
191 MNL Z40_23_462 Sitzungsprotokoll, Exekutivkomitee, Tungsram. Budapest, 29.02.1904 und Újpest, 16.10.1909; MNL Z609_1_3 Aufzeichnung Tungsram, Újpest zum Brief von Justizrat R. Cannedt an VVG, Berlin, 4.10.1911.
192 MNL Z40_23_462 Sitzungsprotokoll, Exekutivkomitee, Tungsram. Budapest, 29.02.1904.
193 MNL Z609_1_2 Vertretungsleiter Max Deimel an Dir. [L. Aschner]. Mailand, 24.02.1912.

fern schadete, die daher nur widerwillig und gezwungenermaßen Waren des Kartells kauften. Nicht auf Dauer gegen die Interessen der Großhändler zu verstoßen, war eine Erkenntnis, auf die in der Zwischenkriegszeit das Glühlampenkartell Phoebus zurückgreifen sollte.

Die Auflösung der VVG bzw. deren Neugründung ohne Philips kam wegen der dramatisch sinkenden Verkaufszahlen und der zunehmenden Verstöße der Niederländer gegen die Kartellregeln im Jahr 1912 auf die Tagesordnung.[194] Das eigentliche Problem war, dass die VVG immer niedrigere Verkaufspreise berechnen musste, um mit der Konkurrenz mitzuhalten, da die Zahl der Außenseiter wuchs, ihre Lampen besser wurden und einige Regierungen wie die russische die inländischen Hersteller durch Einfuhrzolle schützten. Ein Kartell, das die Preise nicht auf hohem Niveau halten konnte und zugleich seine Mitglieder an der Marktbearbeitung hinderte, verlor seine Existenzberechtigung. Da jedoch Tungsram befürchtete, dass die AEG im Falle der Auflösung des Kartells den Markt für Kohlefadenlampen ruinieren würde, trat das Újpester Unternehmen für eine Einigung mit Philips ein.[195] Letztendlich konnte das Ausscheiden der Niederländer vermieden werden.

Wenn man den Erfolg von Kartellen an Marktkontrolle und Durchsetzung von Preisen über normalem Wettbewerbsniveau misst,[196] war die VVG äußerst erfolgreich. Ihre straffe Organisation und die in den Statuten festgelegte Neuaushandlung von Quoten schon bei geringfügigen Marktverschiebungen sorgten für den langen Bestand des Kartells, ebenso die Spezifika des kartellierten Produkts, dessen Normierung und Standardisierung im Interesse der größeren Mitglieder lag. Die Unterschiede in der Haltung von Philips und Tungsram zur Aufrechterhaltung des Zusammenschlusses zeigen, welchen Einfluss die Vermarktung verwandter, aber konkurrierender Produkte durch die Teilnehmer hatte: Da Philips die technisch ausgereifteren Metallfaden- und gasgefüllten Lampen produzierte und dafür einen möglichst großen Marktanteil erobern wollte, verlor das Kohlefadenkartell für diese Firma an Bedeutung. Tungsram dagegen konnte während der langwierigen Entwicklung einer markt und serienreifen Wolframlampe keine neuerliche Konkurrenz um das Auslaufmodell Kohlefadenlampe ge-

---

194 MNL Z609_1_5 Tungsram« GmbH, Wien, an L. Aschner. Wien, 23.02.1912.
195 MNL Z609_1_2 L. Aschner an Max Deimel, Tungsram, Mailand. Újpest, 20.02.1912, Antwort 24.02.1912.
196 *Levenstein u. Suslow.*

brauchen. Die Haltbarkeit der Kartellvereinbarung hing also davon ab, über welche anderweitigen Beziehungen und relativen Wettbewerbspositionen die maßgebenden Mitgliedsunternehmen verfügten.

2.3.4 Kartelle und technologische Entwicklung

Die Teilnahme an der VVG machte Entscheidungen über Entwicklungsinvestitionen einfacher. Mitglieder mussten ihre Patente für Kohlefadenlampen während der Dauer des Vertrages allen anderen Mitgliedern zur Verfügung stellen. Da die VVG Patente zur Verbesserung dieser Lampen auf gemeinsame Rechnung kaufte und sie den Mitgliedern überließ, war es möglich, die Produktqualität bei relativ geringen Kosten auf hohem Niveau zu halten.[197] Diese Regel bevorzugte die Leitmitglieder, weil sie ihnen Zugriff auf die Patente und Erfahrungen der kleineren Mitglieder sicherte, die für diese existenziell waren. Dagegen mussten Patente und Erfindungen, die nur eine vorteilhaftere Herstellungsweise ermöglichten, ohne die Qualität der Glühlampen zu verändern, nicht der VVG zur Verfügung gestellt werden. Auch diese Regelung bevorzugte die Leitmitglieder, weil diese dadurch bei der Massenfertigung Kostenvorteile genossen, von der kleinere Unternehmen ausgeschlossen blieben. Der Unterschied zwischen dem von der Zentrale gezahlten Fixpreis und den Herstellungskosten war ein starkes Motiv zur Rationalisierung.

Während die Kartellzentrale die Mitgliedsunternehmen noch dazu anhielt, die Kohlefadentechnik weiterzuentwickeln, wandten sich die Marktführer bereits der Metallfadenlampe zu. Denn der Kohlefaden erwies sich auf lange Sicht als technische Sackgasse: Sein Wirkungsgrad war mit 3,5–4 Watt niedrig; daher waren die Betriebskosten viermal höher als beim Gasglühlicht.[198] Die Glühstiftlampe wiederum, deren Patent Ganz & Co. sowie Tungsram gemeinsam von dem Göttinger Chemiker und Physiker Walter Nernst erworben hatten, war nur in Sonderbereichen wie der Straßenbeleuchtung anwendbar. Darum konzentrierte sich Tungsram nun auf die Entwicklung der Wolframlampe.

Die VEAG vermittelte Tungsram Kontakt zu Alexander Just und Franjo Hanaman, Assistenten am Chemischen Institut der Universität Wien, die

---

197 *Luxbacher*, Massenproduktion, S. 342.
198 MNL Z609_1_2 Protokoll der Sitzung der Kommission der V. V. G., Berlin, 14.11.1906.

1905 eine der Konkurrenz überlegene Verwendung von Wolframfäden in Glühlampen patentieren ließen. Wolfram erwies sich wegen seiner hohen Schmelztemperatur und seines weißen Lichts als bestgeeignetes Metall für Glühbirnen. Die Just-Hanamansche Innovation bestand in einem Substitutionsverfahren: Der Kohlefaden wurde in Wolframhexachlorid-Dampf und Wasserstoff elektrisch geglüht, während die Kohle durch Wolfram ersetzt wurde. Tungsram sicherte sich das Patent, stellte Just und Hanaman ein, finanzierte ihre weitere Entwicklungsarbeit und gründete mit ihnen eine Gesellschaft für die Verwertung des Patentes in Ländern, in denen Tungsram keine eigene Produktion plante. Diese Internationale Wolframlampen-Gesellschaft verkaufte das Patent in dreizehn Ländern, u. a. 1907 für 75.000 US-Dollar an General Electric zum exklusiven Gebrauch in den USA.[199]

Trotz hoher Investitionen gelang es Tungsram selbst erst 1907, das Verfahren soweit zu vervollkommnen, dass eine Lampe von konstanter Qualität in Serienfertigung gehen konnte.[200] Der Stromverbrauch der Wolframlampen lag mit einem Watt pro Hefnerkerze nur bei einem Viertel der Kohlefadenlampe, aber die Produktionstechnologie war zu kompliziert und der Wolframfaden anfangs zu empfindlich. Unterdessen brachten Philips, die Deutsche Gasglühlicht AG (DAG, »Osram« Glühlampen) und General Electric große Mengen von Metallfadenlampen gleichbleibender Qualität auf den Markt.[201] Tungsram verbesserte die Qualität der Lampen zunächst mit dem sogenannten Paste-Verfahren der Osmiumlampe der DAG (Auer-Gesellschaft) und steigerte seine Produktionskapazität.

Erhöhte Produktion und umfangreiches Marketing machten die Metallfadenlampen der Újpester Gesellschaft von Argentinien bis Japan unter dem Namen Tungsram bekannt.[202] Doch konnte Tungsram seinen Ruf als Qualitätshersteller nur mit Mühe wahren, beispielsweise durch Lieferung von Erzeugnissen der Glühlampenfabrik Augsburg, der die Internationale Wolframlampen-AG das Just-Hanamansche Patent lizenziert hatte; dieser Vertrag mündete in eine Vereinbarung über die wechselseitige Nutzung der Wolframlampenpatente und Marktaufteilung.[203]

---

199 *Jeney u. Gáspár*, S. 23; *Heerding*, S. 147.
200 MNL Z40_23_462 Sitzungsprotokoll, Exekutivkomitee, Tungsram. 9.04.u. 17.06.1908.
201 *Heerding*, S. 300–301.
202 Seit 1909 eingetragener Markenname.
203 MNL Z40_23_462 Sitzungsprotokoll, Exekutivkomitee, Tungsram, Újpest, 17.06.1908; MNL Z40_22_462 Sitzungsprotokoll, Exekutivkomitee, Tungsram, Wien, 27.10.1909.

Erst Ende 1912 konnte das Unternehmen von der AEG die Rechte am Coolidge-Patent auf gezogene Wolframfäden kaufen, um damit wieder an die technologische Entwicklung anzuschließen.[204] Die AEG wollte dabei offenkundig die Expansion des Konkurrenten durch finanzielle Auflagen beschränken: Auf bis zu sechs Millionen Stück Jahresabsatz musste Tungsram 3 % Lizenzgebühr entrichten, auf eine höhere Menge dagegen 15 %. Von 1913 an wurden Glühlampen mit spiralisierten Wolframfäden und mit Argon-Stickstoff-Gasfüllung nach Irving Langmuir (General Electric) produziert.

Daraus zog Tungsram die Lehre, nach amerikanischem und deutschem Vorbild ein Forschungslabor mit ausreichender Personalausstattung einzurichten. Denn in der Konkurrenz mit den Leitunternehmen reichte es nicht länger aus, fallweise Fachleute einzustellen, um akute Produktionsprobleme zu lösen. Wegen des Kriegsausbruchs verzögerte sich die Umsetzung jedoch bis 1920. Dennoch startete Tungsram schon 1913 Versuche mit gasgefüllten Birnen als nächster Lampengeneration.

Unter dem Strich war die Mitgliedschaft in der VVG für Tungsram profitabel. Die Quotierungen des Kartellstatuts motivierten Investitionen in Kapazitätserweiterung und Verbesserung von Herstellungsverfahren. Da der Markt für Glühlampen wuchs, hätte Tungsram die Stückzahlen wahrscheinlich auch als Außenseiter erhöht, die Preiskonkurrenz hätte allerdings die Gewinne deutlich niedriger ausfallen lassen.

Der Rückgang der Verkaufszahlen in Italien, wo die Zentrale Tungsram nur etwa 6 % des Kartellumsatzes zuteilte und Tungsram zunächst am Marketing sparte,[205] machte der Geschäftsleitung klar, dass direkte Kundenpflege und eigene Produktentwicklung dringend geboten waren. Ansonsten lief das Unternehmen Gefahr, auf lange Sicht seine Eigenständigkeit innerhalb des Kartells einzubüßen. In der Tat wurden einige kleinere Mitgliedsunternehmen von den größeren aufgekauft. Durch die Entwicklung der Metallfadenlampe und ein selbständiges Verkaufsnetz blieb Tungsram das erspart. Der Vermarktungsschwerpunkt lag in Österreich und Deutschland, weitere Vertretungen wurden in England, Frankreich, Russland und Italien aufgebaut.

Weil die internationale Kartellierung der Wolframlampen absehbar war, erweiterte Tungsram deren Herstellung, um ein großes Verkaufskontingent

---

204 Jeszenszky, S. 7–9.
205 MNL Z609_1_2 L. Aschner an Max Deimel, Tungsram, Mailand. Újpest, 20.02.1912, Antwort 24.02.1912.

auszuhandeln.[206] Damit zeichnete sich bereits ab, dass für Tungsrams Unternehmensstrategie in der Zwischenkriegszeit die Teilnahme an den internationalen Branchenkartellen grundlegend werden sollte.

2.3.5 Ganz & Co. und die Kartellierung mit der deutschen Konkurrenz

Während des Systemstreits meinte Generaldirektor Mechwart noch, Emil Rathenaus Angebot für die Patentierung und gemeinsame Verwertung des Wechselstromsystems ausschlagen zu können. Daher verliefen 1895 die Verhandlungen zwischen der AEG und Ganz ohne Ergebnis.[207] Zehn Jahre später hatten sich die Kräfteverhältnisse völlig verschoben.

Die AEG stärkte 1903 ihre Marktposition durch ein Abkommen mit General Electric New York und 1904 durch Fusion mit der Union Elektrizitätsgesellschaft AG, die über die Patente von General Electric beim Eisenbahnbau in Deutschland sowie in Nord- und Osteuropa verfügte.[208] Das Abkommen zwischen der AEG und den Amerikanern sah den Austausch von Patenten und Herstellungsmethoden sowie die Aufteilung von Arbeits- und Absatzgebieten vor.

Die politischen Spannungen zwischen Wien und Budapest um die Jahrhundertwende waren einer der Gründe für die anhaltende ungarische Rezession. Schrumpfende öffentliche Investitionen veranlassten die ungarische Industrie, sich stärker auf den Export zu orientieren.[209] Darüber hinaus liefen die Ganz-Wechselstrompatente in absehbarer Zeit aus. Die Verständigung zwischen der AEG und General Electric von 1903 half ersterer, in der Donaumonarchie Fuß zu fassen: Durch die Fusion der AEG mit der Wiener Fabrik der Union Elektrizitäts AG erwuchs Ganz ein mächtiger Konkurrent auf dem Heimatmarkt.

Ganz suchte im Bündnis mit der AEG Abhilfe zu schaffen. Mit dieser »Interessengemeinschaft« suchte Ganz nicht so sehr nach einer Verbesserung der eigenen Kapitalbasis als vielmehr nach einer strategischen Partnerschaft, wie das Abkommen vom 5. April 1906 zeigt: Ganz stellte der elektro-

---

206 MNL Z40_23_462 L. Aschner an Dir. Franz Vas, PMKB. Újpest, 4.11.1910.
207 *50 Jahre AEG*, S. 131, 158.
208 *Pohl*, S. 165-7; *Luxbacher*, Massenproduktion, S. 339-340.
209 MNL Z421_2 Bilanzen und Rechnungsabschlüsse der Ganz & Co., insb. 1899, 1900, 1901.

technischen Abteilung, der neuen, mit acht Millionen Kronen Stammkapital gegründeten Ganz'schen Elektrizitäts-AG (im folgenden Ganz Elektro), 1,2 Mio. Kronen zur Verfügung und gewährte einen fünfjährigen Kredit in Höhe von 500.000 Kronen. Beteiligt an Ganz Elektro waren Ganz & Co., AEG-Union und die Kreditbank im Verhältnis 45:45:10 %. Ganz verpflichtete sich außerdem, auf Wunsch der neuen Gesellschaft einen weiteren Kredit von 1,2 Mio. Kronen bereitzustellen. Im Gegenzug sagte die AEG-Union zu, Ganz Elektro an den eigenen Patentrechten und verfahrenstechnischen Entwicklungen teilnehmen zu lassen.[210]

Ganz betrachtete das Abkommen als Vorstufe einer noch umfassenderen Zusammenarbeit mit den deutschen Unternehmen.[211] Im Zentrum stand dabei, die AEG Berlin aus Österreich, Ungarn und dem von der Donaumonarchie besetzten Bosnien-Herzegowina fernzuhalten. Andererseits wünschte Ganz Elektro eine Partnerschaft mit der AEG Union bei Unternehmergeschäften: An jedem Projekt sollten beide Gesellschaften sowie die AEG Berlin zu je einem Drittel partizipieren. Für die AEG Berlin bestand der Zweck der Vereinbarung darin, die Geschäftstätigkeit von Ganz & Co. außerhalb der Monarchie und der Okkupationsgebiete zu kontrollieren und in Ungarn eine günstigere Auftragslage sowie Zugriff auf die Ganz-Patente zu erhalten.

Die an die Interessengemeinschaft geknüpften Erwartungen erfüllten sich aus Sicht des ungarischen Partners nicht: Ganz Elektro musste hinnehmen, dass ihre Geschäftstätigkeit empfindlich beschnitten wurde. Der Firma blieben für den Export nur die Balkanstaaten, Schweden, Norwegen, die Schweiz und die außereuropäischen Länder mit Ausnahme Kanadas und der USA, im Einklang mit der Marktaufteilung zwischen AEG und General Electric. AEG Berlin behielt sich dagegen das Recht vor, selbst in diese Länder zu liefern. Um dort zu produzieren, mussten die AEG Union und Ganz Elektro das Einverständnis der AEG Berlin einholen. Dagegen verpflichtete sich AEG Berlin nur, in den Balkanstaaten keine elektrotechnische Produktion ohne Zustimmung von AEG Union und Ganz Elektro zu betreiben. Eine Sonderregelung für Italien erlaubte Ganz & Co. lediglich die Lieferung

---

210 MNL Z437_1_1 Exekutivkomitee, Ganz Elektro, Protokoll, konstituierende Sitzung Budapest, 30.05.1906; MNL Z437_1_1 Protokoll, Direktionssitzung, Ganz Elektro. Budapest, 4.10.1906, DTMB AEG I.2.060 A 02083 Abkommen Ganz & Co. – AEG Union, 5.04.1906.
211 Ähnliche Bemühungen bereits aus 1890: MNL Z429_10_47 vorläufige Vereinbarung zwischen S&H und der Internationalen Elektrizitäts-Gesellschaft Ganz & Co.[1.10.1890].

von auf Ganz-Patente gestützten Konstruktionen. Damit gestaltete sich die Partnerschaft von vornherein sehr einseitig. Ganz & Co. brachte alle Patente und technisches Know-how in die Gesellschaft ein, genauer gesagt in die gleichzeitig mit nur 500.000 Kronen Stammkapital gegründete separate *Szabadalmi rt.* (Patent-AG), und verpflichtete sich, auf Wunsch einen der besten Ingenieure zur technischen Unterstützung nach Wien oder Berlin zu entsenden. Dafür trat die AEG Union Ganz Elektro nur eine Million Kronen aus ihrem Stammkapital ab und nahm zwei Mitglieder von Ganz Elektro in ihren Direktionsrat auf.

Die Ergebnisse bei der Marktaufteilung waren ansehnlich. Im Sommer 1906 sicherte sich Ganz & Co. in einer Vereinbarung mit den großen Budapester Installationsfirmen einen Anteil von nur 24 %. Da sich die Firmen umgekehrt verpflichteten, ihren Materialbedarf bei Ganz zu decken, war die Vereinbarung für das Unternehmen dennoch vorteilhaft.[212] Im November 1906 wurde die ungarische Tochtergesellschaft der mit der AEG fusionierten Union Elektrizitäts-AG (*Unio Magyar villamossági Rt.*) aufgelöst. Zugleich stand ein Abkommen mit den Siemens-Schuckert-Werken, Lahmeyer & Co. und der AEG vor der Ratifizierung.[213] Außerdem teilten Ganz, AEG-Union und die Aktiengesellschaft für elektrischen Bedarf auf der einen sowie die Österreichischen und die Ungarischen Siemens-Schuckert-Werke auf der anderen Seite im selben Monat den Markt der Doppelmonarchie untereinander auf.[214] Hoffnungen auf die Aufteilung der südosteuropäischen Märkte mit den deutschen Leitunternehmen Siemens und AEG erfüllten sich jedoch nicht, da die AEG Union die Verhandlungsergebnisse nicht akzeptierte,[215] während die im Ganz-AEG-Vertrag festgelegte Gebietsaufteilung die Geschäftstätigkeit von Ganz Elektro in Russland behinderte.[216]

Ganz & Co. bzw. Ganz Elektro profitierten von der kurzlebigen Partnerschaft mit der AEG im Bereich Produkt- und Unternehmensorganisation, insbesondere durch die Erkenntnis, welche Bedeutung Normierung und Serienfertigung sowie intensive Kundenbetreuung in der Bahnelektrifizierungssparte besaßen. Die der Direktion von Felix Deutsch empfohlene

---

212 MNL Z 438_1_1 Sitzungsprotokoll, Exekutivkomitee, Ganz Elektro, Budapest, 28.06.1906.
213 MNL Z 438_1_1 Sitzungsprotokoll, Exekutivkomitee, Ganz Elektro. Budapest, 13.11.1906.
214 MNL Z 437_1_1 Protokoll, Direktionssitzung, Ganz Elektro, Budapest, 23.11.1906.
215 MNL Z 437_1_1 Protokoll, Direktionssitzung, Ganz Elektro, Budapest, 3.12.1906.
216 MNL Z 439_1_11 AEG, Berlin, an Ganz Elektro. Berlin, 28.01. u. 13.02.1907.

Organisationsform der AEG, d.h. Trennung und Dezentralisierung von Produktion und Vermarktung, galten ebenfalls als Vorbild, weil sich die technischen Büros der AEG für die Vermarktung komplexer Technologien besser eigneten als einfache Verkaufsvertretungen.[217] Diese Vorschläge wurden bei der Organisation der Provinzbüros der Ganz Elektro sowie bei der Umstrukturierung der österreichischen, italienischen und australischen Vertretung umgesetzt, indem man jeweils eine Hauptvertretung mit einem dichten Netz von Ingenieurbüros einrichtete.[218] Die technologische Entwicklung bei Ganz Elektro profitierte jedoch nicht von dieser Partnerschaft, weil die AEG ihre aktuellen Konstruktionsdaten vereinbarungswidrig zurückhielt.[219] Darüber hinaus lief Ganz Elektro mit der Unterstützung der AEG Berlin bei der Ausarbeitung von Kraftwerk- und Netzwerkbauplänen trotz Kostenvorteilen Gefahr, sich zu einer Hilfswerkstatt des Berliner Unternehmens degradieren zu lassen.

Schließlich entschied die Politik über die Auflösung der Geschäftspartnerschaft. Die ungarische Regierung legte der Direktion der Kreditbank den Rückkauf der Aktien von der AEG Union nahe.[220] Im selben Jahr wurde die Tochtergesellschaft der AEG Union Wien in Budapest neu gegründet, da »in Budapest ein ganz gutes laufendes Geschäft« gemacht werden konnte.[221] Damit war Ganz' Marktschutz nicht mehr existent, und nur den ungarischen Markt regelnde Kartelle im Bereich Eisenbahnbeleuchtungs- und Sicherungsanlagen sowie Lieferungskonditionen zu Elektroinstallationen blieben in Kraft.

Die Bemühung von Ganz & Co, mithilfe einer Kombination von strategischer Partnerschaft mit der AEG und von Kartellen Marktanteile abzusichern, entsprach der Tendenz der elektrotechnischen Industrie, sich mehr und mehr in Trusts und Kartellen transnational zu organisieren und zu konzentrieren. Tungsram bediente sich einer ähnlichen Strategie, nachdem

---

217 MNL Z437_1_1, Sitzungsprotokoll, Exekutivkomitee, Ganz Elektro. Budapest, 5.10.1906.
218 MNL Z438_1_1 Sitzungsprotokoll, Exekutivkomitee, Ganz Elektro. Budapest, 13.11.1906; MNL Z425_100_313 Werbebroschüre »Ganz Villamossági rt.« 1912; MNL Z437_1_1, Sitzungsprotokoll, Exekutivkomitee, Ganz Elektro. Budapest, 23.11.1906.
219 MNL Z438_1_1, Sitzungsprotokoll, Exekutivkomitee, Ganz Elektro. Budapest, 13.11.1906.
220 MNL Z50_11_3 Protokoll, Direktionssitzung, MÁH. Budapest, 16.08.1907; *Szekeres u. Tóth*, S. 115–116.
221 DTMB AEG I.2.060 A 02083 Sitzungsprotokolle, Direktionsrat, AEG Union, Wien, 23.11.1907, 1.04.1908.

das Unternehmen die für solche Kombinationen vorauszusetzende Größe erreicht hatte; die Mitgliedschaft im ersten internationalen Glühlampenkartell und die Vereinbarung mit der Western Electric Comp. New York waren erste Erfolge auf diesem Weg. Wie am Beispiel der elektrotechnischen Industrie deutlich wird, förderten gemeinsame Kreditgewährung, Aktiensyndikate, Kartelle und die durch sie ermöglichte industrieweite Kooperation die wirtschaftliche Integration der Monarchie. Gleichzeitig gewährten sie Schutz für inländische (»nationale«) Produktionseinheiten.

2.4 Debatten um die Förderung der Industrialisierung

2.4.1 Handlungsbedarf um die Jahrhundertwende

Als der Schock der Gründerkrise in Österreich Mitte der 1890er Jahre abebbte und die Anleger erneut nach Investitionsmöglichkeiten im Lande suchten, wurde ein großer Teil der österreichischen Anleihen aus Ungarn abgezogen.[222] Deshalb gingen in Ungarn öffentliche Investitionen spürbar zurück. Die Großbanken mussten die Finanzierungslücke schließen und der einheimische Kapitalmarkt einen größeren Anteil der Staatsschulden abdecken. Die ungarische Gesetzgebung war nach der Jahrhundertwende durch die umstrittene Beziehung zur anderen Reichshälfte nahezu blockiert. Wirtschaft und Finanzen gerieten dadurch ins Hintertreffen, und die Rezession nach der Jahrhundertwende hielt an. Bis 1905 konnten keine nennenswerten staatlichen Aufträge vergeben werden. Private Kapitaleigner waren genauso wenig investitionsbereit.[223] Das österreichisch-ungarische Wirtschaftsbündnis wurde zwar nach Absprachen der Regierungschefs von 1899 und 1903 fortgesetzt, besaß aber keine parlamentarische Legitimation. Erst im Oktober 1907 gelang es, für die nächsten zehn Jahre einen wirtschaftlichen Ausgleich zu finden.

Es gab Handlungsbedarf in der Industriepolitik, weil sich die Außenhandelsbilanz verschlechterte und das Industrieförderungsgesetz Ende 1898 auslief.[224] Das neue Fördergesetz folgte dem Ruf nach Autarkie und weckte falsche Hoffnungen auf die Umwandlung von handwerklicher in indus-

---

222 *Komlos*, Habsburgermonarchie, S. 117–119.
223 *Varga*, Ipartámogatás a századfordulo után, S. 679.
224 S. bspw. *Közgazdaságunk 1899-ben.*

trielle Produktion.²²⁵ Kaum war das Gesetz erlassen, setzte die Industrielobby daher seine Revision auf die Tagesordnung. Eine der wichtigsten Lobbyorganisationen war seit 1902 der Landesverband der Ungarischen Fabrikindustriellen (kurz Industriellenbund): 1913 waren 19% aller börsennotierten Unternehmen Mitglied, die 52% des Stammkapitals aller börsennotierten Unternehmen repräsentierten.²²⁶ Der Industriellenbund agitierte auch für die Vertretung der Großindustrie im Parlament. Führungskräfte von Unternehmen, die öffentliche Institutionen belieferten, waren nämlich durch das sogenannte Unvereinbarkeitsgesetz vom Abgeordnetenhaus ausgeschlossen.

2.4.2 Industrialisierung und Nationalisierung

1890–1913 wuchs die ungarische Wirtschaft jährlich um durchschnittlich 2,3%, eine der anhaltendsten Wachstumsphasen in Ungarn, die sich auch im internationalen Vergleich sehen lassen konnte (Tab. 1). Die starke regionale und branchenmäßige Konzentration der Industrie, der stockende landwirtschaftliche Strukturwandel, die großen regionalen Entwicklungsunterschiede und hohe ländliche Arbeitslosigkeit führten aber zum Anstieg der Auswanderung. Das war ein deutliches Symptom für die Schwierigkeiten des Strukturwandels. Finanzminister Sándor Wekerle betonte, dass wirtschaftliche Entwicklung ausreichende Kaufkraft der Bevölkerung voraussetze. Deshalb seien Kleingewerbe und Großindustrie parallel zu fördern, wobei die gesellschaftliche Unterstützung nicht durch nationale Appelle, sondern durch Bedienung materieller Interessen gewonnen werden müsse. Der Außenhandel könne durch Vermittlung von Modernisierungsimpulsen helfen. Die industrielle Entwicklung sei vom Unternehmergeist der Bevölkerung abhängig, der vom Staat und von einer für wirtschaftliche Themen sensibilisierten Öffentlichkeit unterstützt werden solle.²²⁷ Damit umriss er die wichtigsten Themen der zeitgenössischen Debatten.

Die staatliche Industrieförderung, die hauptsächlich in öffentlichen Ausschreibungen, Steuer- und Frachttarifbegünstigungen, Direktsubventionen

---

225 *Varga*, Ipartámogatás a századforduló után, S. 696.
226 *Deák*, S. 57–58.
227 *Wekerle*; Ähnlich plädierte der spätere Handelsminister für die ausgewogene Entwicklung aller Sektoren. *Láng*; weiterführend *Pollard*.

in Form von Geld und Produktionsmaschinen und Finanzierung von Fachausbildung bestand, war um die Jahrhundertwende wegen wachsender nationalistischer Spannungen innerhalb Ungarns und zwischen den beiden Reichshälften in Frage gestellt.[228] Das Projekt der Nationalstaatsbildung bei Wahrung der territorialen Einheit des Königreichs Ungarn geriet seit der Jahrhundertwende unter Druck, weil die ethnischen Minderheiten ihre eigenen Nationalismen immer stärker auszubilden begannen. Die regional und sektorell ungleiche Industrialisierung wirkte zusätzlich polarisierend, und auch die Integration der Güter- und Kapitalmärkte innerhalb der Gesamtmonarchie verschärften die sozialen Schieflagen, indem sie die mangelnde Wettbewerbsfähigkeit ungarischer Industriewaren offenbarte.[229] Während im Zeitraum 1900–1913 über ein Drittel des Exports von Cisleithanien nach Ungarn ging,[230] schien die Industrialisierung in Ungarn zudem den primären Absatzmarkt der österreichisch-böhmischen Industrie zu gefährden und die wirtschaftliche Komplementarität der beiden Reichshälften in Frage zu stellen.

Dennoch stand die Industrieförderung weiter im Fokus des ungarischen Wirtschaftsnationalismus. Ihr Ziel war, eine Österreich gegenüber konkurrenzfähige Industrie zu entwickeln, die aber im Geist der ersten beiden Fördergesetze die wirtschaftliche Einheit der Donaumonarchie nicht gefährdete. Auf keinen Fall sollte sie österreichisches oder böhmisches Kapital verdrängen. Sie richtete sich auch nicht absichtlich gegen ethnische Minderheiten, doch kam es während der parlamentarischen Gesetzesdebatte von 1907 genau darüber zu scharfen Auseinandersetzungen.[231]

Während mit Wien über die Erneuerung des Wirtschaftsausgleichs und der Außenhandelsverträge verhandelt wurde, kam die Forderung auf, der patriotische Ungar habe sein Konsumverhalten entsprechend auszurichten. Diese Art von Wirtschaftsnationalismus fand aber keinen besonderen Rückhalt in der Bevölkerung.[232] Solche Kampagnen und der von allen Seiten mit nationalistischer Rhetorik geführte Wettbewerb auf dem Kreditmarkt[233] verschafften jedoch einzelnen Fällen von Diskriminierung bei Subventions-

---

228 Beurteilung des Ausmaß staatlicher Interventionismus *Ereky*; *Heltai*.
229 *Pogány*, Wirtschaftsnationalismus, S. 13–15.
230 *Rudolph*, Banking and industrialization, S. 21.
231 *Pogány*, Wirtschaftsnationalismus, S. 40–42; *Varga*, Ipartámogatás a századfordulo után, S. 687–688; *Kaposi*, S. 114–115; vgl. *Holec*, S. 129–139.
232 *Pogány*, Wirtschaftsnationalismus, S. 44–52; *[Sugár]*.
233 *Pogány*, Wirtschaftsnationalismus, S. 15–38.

vergaben überproportionale publizistische Aufmerksamkeit. So wurde die Industrieförderung zu einem zentralen Streitpunkt der interethnischen Konflikte. Die Verschärfung der letzteren hatte allerdings in der Schulpolitik in Gestalt der Zwangsmagyarisierung, der hohen Auswanderungsquote der zumeist von ethnischen Minderheiten bewohnten und wirtschaftlich unterentwickelten Randgebiete sowie dem allzu hochgespielten Zuwachs des Bevölkerungsanteils der Magyaren ihren Ursprung. Letzterer war größtenteils auf die Assimilation der überwiegend mehrsprachigen und urbanisierten jüdischen Bevölkerung sowie darauf zurückzuführen, dass die Industrialisierung soziale Aufstiegsmöglichkeiten besonders für akkulturierte Einwanderer und Binnenmigranten schuf.[234]

In Reaktion auf die politischen Spannungen zwischen Wien und Budapest hob József Szterényi, langjähriger Staatssekretär im Handelsministerium, immer wieder das Interesse der Gesamtmonarchie an der Industrialisierung Ungarns hervor: Nur der Aufstieg der ungarischen Reichshälfte zum ebenbürtigen Partner Österreichs werde die Monarchie befähigen, ihre Großmachtposition zu wahren und »ihre Mission zwischen Ost und West« zu erfüllen.[235] Österreichische Fabrikanten wurden in der Tat zu Gründungen in Ungarn ermutigt und mit umfassenden Informationen versorgt.[236]

2.4.3 Schwerpunkte und Mängel der ungarischen elektrotechnischen Industrie

Die im Rahmen der Vorbereitung des dritten Industrieförderdgesetzes durchgeführte Datenerhebung des Handelsministeriums führt Errungenschaften und Hemmnisse bei der Entwicklung der elektrotechnischen Industrie auf. 1898 gab es acht elektrotechnische Unternehmen mit über 20 Beschäftigten, sieben davon mit Sitz in Budapest. Darunter waren außer Ganz und Tungsram die größten Filialen deutscher und österreichischer Unternehmen wie Siemens & Halske sowie Helios.

---

234 *Katus*, Hungary, S. 153–174.
235 *Szterényi*, Iparfejlesztés und *Szterényi*, Industrieförderung.
236 *Szterényi*, Volkswirtschaftliche Mitteilungen; *Emlékirat a Magyarország és Ausztria közötti kiegyezésről*, S. 24; ferner *A Magyar Gyáriparosok Országos Szövetségének 1903. december 13-án tartott első évi közgyűlése*, S. 27–28.

Mit fast 90% der Gesamtproduktion lag der Schwerpunkt im Starkstrombereich. Kleine Massenprodukte wie Schaltanlagen oder Elektromotoren wurden nicht oder nicht in ausreichender Menge hergestellt.[237] Die Schwachstromsparte arbeitete größtenteils als Lieferant öffentlicher Infrastrukturprojekte und lief Gefahr, von diesen abhängig zu werden. Die unterschiedliche Exportorientiertheit der beiden Branchen zeigt sich daran, dass 77% der Produkte der Starkstrombranche exportiert wurden, darunter über 98% der Transformatoren sowie 80% der Dynamomaschinen und Glühlampen. Regler und Schaltanlagen waren ebenfalls wichtige Exportartikel. Im Gegensatz dazu ging nur ein knappes Fünftel der Produktion der Schwachstromindustrie in den Export (Tab. 2).

Die geographische Verteilung des Exports, der vor allem Lieferungen von Tungsram und Ganz & Co. umfasste, konkretisiert diese Momentaufnahme. Der größte Exportmarkt war die österreichische Reichshälfte, wohin fast die Hälfte der Lieferungen ging. Der Export nach Italien, der ein Viertel des Gesamtexports ausmachte, bestand größtenteils aus Starkstromprodukten. Das restliche Viertel des Exports verteilte sich wie folgt: Nach Deutschland (5,2%) und Schweden wurden überwiegend, nach England (2,5% des Gesamtexports) ausschließlich Glühlampen geliefert. In Rumänien und Russland fanden außer Glühlampen auch Maschinen für Kraftanlagen Absatz. In die südlichen Balkanländer wurden daneben Schwachstromartikel und elektrische Klingeln geliefert. In Lateinamerika fanden alle wichtigen Starkstromexportartikel einen Markt, in Australien aber nur Dynamos und Elektromotoren.[238] Starkstromartikel und Glühlampen fanden also Absatz auch in Übersee, während der Export von Schwachstromprodukten im Wesentlichen auf die Balkanländer beschränkt blieb.

Der hohe Exportanteil galt als Beweis der Wettbewerbsfähigkeit der Branche. Die Kehrseite dieser Entwicklung, nämlich das geringe Wachstum des Binnenmarktes, fand in der Studie des Handelsministeriums weniger Beachtung. Hauptvorteile für den Import von Elektrotechnik waren günstigere Preise, homogene Qualität und oft den Zwischenhändlern eingeräumte Warenkredite. Hauptsächlich wurden Gleichstrommaschinen aus Österreich und Deutschland importiert, was allerdings auch das Binnen-

---

237 *Fischer*, S. 32–36.
238 *Szterényi*, Villamossági ipar 1898, S. 30–32.

monopol von Ganz bei Wechselstrommaschinen anzeigt.[239] Etwa die Hälfte des Glühlampenbedarfs wurde aus dem Import gedeckt, meist aus Deutschland und Österreich, was bei dem umfangreichen Glühlampenexport besonders auffällig war. Die Aufteilung der Produktionsdaten für Telegraphen- und Telefonapparate zeigen, dass trotz der Vorschriften für öffentliche Aufträge etwa die Hälfte des Bedarfs aus dem Import gedeckt und nur die Endfertigung in Ungarn ausgeführt wurde.

Aus diesen Daten folgerte József Szterényi, der Herausgeber der Studienreihe, dass die Zukunft der Großindustrie in der Massen oder Serienherstellung von Nischenprodukten liege. Nach Analyse der Daten des Maschinenbaus kam er auf den entscheidenden Punkt:

> »[...] die Hauptursachen dafür, dass wir im allgemeinen nicht einmal im Orient wettbewerbsfähig sind, sind dieselben, die in unserer eigenen Heimat unsere Wettbewerbsfähigkeit einschränken. Bei uns sind die Rohstoffpreise und die Löhne hoch, noch dazu transportieren die Industrieländer dank der billigeren Seeschiffahrt ihre Produkte billiger nach Osten, als wir es aus der Nachbarschaft tun können.«[240]

Die elektrotechnische Industrie wuchs in Ungarn durch staatliche Förderung und dank Wissens- und Kapitaltransfer aus der österreichischen Reichshälfte. Auch bei Ganz & Co. und Tungsram sorgten öffentliche Investitionen, Steuerbegünstigungen und Gebührenbefreiung für Wachstum. Staatliche und kommunale Begünstigungen erleichterten Tungsram 1898 den Standortwechsel vom Stadtzentrum in den für die Produktion günstigeren Budapester Vorort Újpest sowie die Erweiterung von Angebotspalette und Produktionskapazität.[241]

Nach der Jahrhundertwende verschärften sich zwischen Österreich und Ungarn Auseinandersetzungen um Armee- und Marinelieferungen; denn zuvor war die transleithanische Industrie gar nicht imstande gewesen, ihre Quote an den Militärlieferungen zu erfüllen. Infolge des 1902 eingeführten Kompensationsprinzips, d. h. der Begleichung des ausstehenden Anteils in anderen Produkten, konnte die ungarische Industrie ihre Quote in der Höhe

---

239 *Szterényi*, Villamossági ipar 1898, S. 35.
240 *Szterényi* u. *Sasvári*, S. 126–128.
241 MNL Z601_1_12 L. Aschner an das Finanzamt, Budapest. Újpest, 4.08.1913.

von 34,4 % nach und nach erfüllen.[242] Diese Chance ließ sich Ganz & Co. nicht entgehen. Auf die Initiative der Kreditbank übernahm die Firma 1911 die Danubius Schiff- und Maschinenfabrik AG und damit deren Werften in Budapest und Fiume (Rijeka). Die quotengerechten Bestellungen der k.u.k. Marine lösten bei Ganz & Co. Danubius Waggon-, Maschinen- und Schiffbau AG[243] größere Investitionen aus; 1913 waren bereits 50 % des Fixkapitals der Gesellschaft in dieser Sparte festgelegt, die Anzahl der Beschäftigten wuchs auf insgesamt etwa 10.000.

Die Erhebungen des Handelsministeriums identifizierten die Voraussetzungen für die Weiterentwicklung der ungarischen Industrie. Darunter waren Investitionen in die allgemeine und Fachausbildung, um die Produktqualität zu verbessern und die Produktionskosten zu senken. Folgerichtig schuf die Regierung mit dem Ausbau der Allgemein-, Hochschul- und Fachausbildung Modernisierungsgrundlagen;[244] darunter fiel die Verbesserung der technischen Schulung durch Umwandlung des Budapester Polytechnikums in eine Technische Universität (1872) und die Gründung des Technologischen Industriemuseums, das 1885–1907 mit der Budapester Industrieschule (*Középipartanoda*, später *Budapesti Magyar Királyi Felső Ipariskola*) kooperierte. Die von der Privatwirtschaft mitgetragene Fachausbildung und Zuwendungen an Bildungsinstitutionen wie die von Ganz gewährten Reisestipendien für herausragende Studenten der Technischen Universität hatten Anteil daran, dass die technischen und medizinischen Fächer zumindest bei der Wissensorganisation zum europäischen Spitzenniveau aufschlossen.[245] Allerdings blieb das Interesse der Industriellen an der Verschiebung des Schwerpunkts staatlicher Industrieförderung in Richtung indirekter Förderung etwa durch Unterstützung für industrielle Forschung genauso wenig ausgeprägt wie ihre Bereitschaft, kooperative Forschungsinstitutionen nach dem Vorbild der berühmten Berliner Physikalisch-Technischen Reichsanstalt finanziell mitzutragen.[246]

---

242 *Varga*, Ipartámogatás a dualizmus korában, S. 683.
243 Während dieser Transaktion gelangte ein kleines Aktienpaket der Ganz & Co. in den Besitz der Ungarischen Wechsel- und Escompte-Bank. *Schulze*, Engineering and economic growth, S. 110.
244 Vgl. *Abramovitz*, S. 388–390; *Myllintaus*, S. 316–317.
245 *Kemény*, S. 73–75.
246 *Gerster; ders.*, Gépkísérleti intézet Németalföldön; *Bokor*.

2.4.4 Grundzüge einer koordinierten Exportförderung

»Es erübrigt sich, die Bedeutung der internationalen Handelsexpansion und von Raumgewinn weiter zu erörtern; wir sind im internationalen Wettlauf um Absatzmärkte zurückgeblieben, und das Versäumte muss schleunigst gutgemacht werden.«[247]

Diese wahrscheinlich von dem Parlamentsabgeordneten und Experten für Bahnelektrifizierung Pál Kovács stammende Äußerung in *Közgazdasági Szemle* zeigt die Kluft zwischen hochfliegenden Plänen und Realität: Die meisten ungarischen Industrieprodukte waren der österreichischen Konkurrenz nicht gewachsen, ganz zu schweigen von der internationalen; der Agrarexport orientierte sich infolge der verstärkten überseeischen Konkurrenz und der deutschen Schutzzollpolitik zunehmend auf die Doppelmonarchie selbst.[248] Für die ungarische Regierung hatte deshalb die Sicherung des Binnenmarkts der Doppelmonarchie für die ungarische Landwirtschaft durch hohe Importzölle Priorität, auch wenn weiterhin nahmhafte Ökonomen für den Freihandel als langfristig besten Schutz vor Krisen und Stagnation in der Weltwirtschaft eintraten.[249] Um die Interessen von Landwirtschaft und Industrie in Ungarn sowie der beiden Reichshälften in Einklang zu bringen, musste es eine gezielte Exportförderung geben.[250]

Damit Ungarn gemäß seiner »Mission« im »Orient« Produktionsstandort sein und Agrarprodukte aus Südosteuropa weiterverarbeiten konnte,[251] wurde für die zollfreie Einfuhr von Rohstoffen, Tarifvergünstigungen im Eisenbahnverkehr und an der Donau, die Entwicklung der Hafeninfrastruktur und verbesserte Verbindungen zwischen Fiume und Budapest gesorgt.[252] 1891 vereinbarten Wien und Budapest, die Subventionierung der Seelinien untereinander aufzuteilen; die Österreichische Lloyd war für den Betrieb der östlichen Linien, die ungarische Adria Seeschiffahrt AG für die Linien Richtung Westen zuständig, wobei beide Linien die Häfen Fiume und Triest zu bedienen hatten.

---

247 *K.[Kovács] P.[Pál]*, S. 372.
248 *Bernát*; ders., Keletindiai búza; *Hajdu*.
249 *Matlekovits*.
250 Ebd..
251 *Weiss*.
252 *Matlekovits*; *Kolosváry*.

Die Grundzüge einer koordinierten Exportförderung als Ergänzung zu den Industriefördermaßnahmen lassen sich in dem Vorschlag erkennen, den das Handelsministerium 1904 dem Industriellenbund zur Beratung vorlegte. Neben Tarifvergünstigungen und Infrastrukturprojekten war die Reform des staatlichen Handelsnachrichtendienstes vorgesehen. Seeschifffahrtlinien sollten die ins Auge gefassten Märkte bedienen: Ostasien, Mittel- und Südamerika, Nord- und Südafrika.[253] Die Modernisierung des Unterrichts im Handelswesen wurde im Großen und Ganzen vor Ausbruch des Ersten Weltkriegs umgesetzt, u.a. durch die Neugründung einer Exportakademie in Fiume. Die Investitionen in die Modernisierung des dortigen Hafens blieben dagegen unzureichend; beispielsweise verfügte der einzige ungarische Seehafen in Fiume noch 1912 über ganze drei Ladekräne, im Vergleich zu 66 in Triest und 280 in Hamburg.[254]

Grundsätzlich galt es, privatwirtschaftliches Engagement anzuregen. Die Gründergeneration ungarischer Unternehmer sah sich selbst als Träger des sozialen Fortschritts, als Arbeitgeber der Massen, als Wohltäter des Vaterlandes, die einer soliden Wirtschaftsethik folgten und auch ihre karitativen Pflichten erfüllten; sie wünschten einerseits eine Integration in die adelige Gesellschaft und sahen sich andererseits als selbstbewusste Bürger.[255] Aus den Ministerien kam jedoch die Kritik, dass im Inland wie auf den Exportmärkten ungarische Unternehmer alles vom Staat erwarteten und die mühsame Marktbearbeitung scheuten[256] – wobei diese Beurteilungen im Lichte ähnlicher Vorwürfe an die Adresse der österreichischen Unternehmerschaft gelesen werden sollten.[257] Das Handelsministerium nahm den Industriellenbund immer stärker in die Pflicht, etwa bei der Mitorganisation der Nationalausstellungen in Bukarest (1904) und Turin (1911).[258]

Trotz öffentlicher Unterstützung für den Industrieexport in die Balkanländer konnten ungarische Hersteller auch dort keine hegemoniale Stellung gewinnen. Der Anteil der Balkanstaaten am Außenhandel der Monar-

---

253 *Mintakiállítás Rio de Janeiroban*; *Argentina I–II.*; *Jankó*; *Penninger.*
254 *Koháyi.*
255 *Lengyel*, Vállalkozók, S. 43.
256 *Székely*; *Ereky*; *Kolosváry*; *Hegyeshalmy.*
257 *Matis*, S. 64–82.
258 Bspw. *China gazdasági fejlődése és az osztrák ipar*; *Székely*; *Magyarország a bukaresti kiállításon*; ähnlich: *Sasvári.*

chie machte 1880 ca. 10% aus, im anschließenden Jahrzehnt sank er noch weiter; proportional noch stärker fielen die ungarischen Lieferungen. Der ungarische Passivsaldo betrug 1883-1887 etwa ein Drittel des gesamten Außenhandelsdefizits.[259] Mit dem jungtürkischen Putsch verbesserten sich die Aussichten auf engere Wirtschaftsbeziehungen mit dem Osmanischen Reich,[260] doch wurde auch diese Chance bis 1914 offenbar nicht genutzt.

Diese ernüchternde Realität wurde am Fall von Bosnien-Herzegowina besonders deutlich:[261] Zwar wurde für diese Region ein Wirtschaftsprogramm ausgearbeitet und auch recht konsequent umgesetzt. Doch verfügten weder die Gesamtmonarchie noch Ungarn über die finanziellen Ressourcen, die für den Aufbau der dortigen Infrastrukturen nötig waren.[262] 1903-1907 stammten 36,5% der Einfuhr der Provinz aus Ungarn, 21,5% ihrer Exporte gingen in die umgekehrte Richtung. Umgekehrt gingen 1882-1891 durchschnittlich 0,9% des ungarischen Exports nach Bosnien-Herzegowina, stiegen aber bis 1913 auf lediglich 3,1%.[263]

2.5 Ungarn in der Donaumonarchie: Chancen und Hindernisse vor der Industrialisierung

2.5.1 Die österreichische Reichshälfte als Vermittler von Kapital und Know-how

Großbanken spielten eine entscheidende Rolle bei der Integration der Monarchie in die auf London konzentrierten internationalen Kapitalmärkte. Durch ihre Kooperation bildeten sich stabile internationale Finanzgruppen aus. Diese Konsortien von Privat- und Aktienbanken in den Zentren und ihren Tochter- und Partnerbanken in den abhängigen Regionen dienten der Risikoverteilung bei Staatsanleihen und einzelnen großen Investitionsprojekten.[264] Österreichische und ungarische Banken, deren Schwerpunkt in der Doppelmonarchie selbst lag, kooperierten bei Investitionen in den Balkanländern seit der Jahrhundertwende zunehmend mit deutschen Ban-

---

259 *Palotás*, S. 178-179.
260 *Sassi.*
261 *Németh*; *Szegh*, Gazdasági feladataink.
262 *A magyar-bosnyák gazdasági viszony*, S. 102; *Szegh*, Gazdasági viszonyunk.
263 *Szőnyi*, S. 40-41.
264 *Kövér*, Banking system, S. 326.

ken,²⁶⁵ so auch im Elektrogeschäft. Österreichische und ungarische Partnerbanken führten gemeinsam Kapitalerhöhungen bei Industrieunternehmen durch, stellten größere Kredite bereit und bestimmten die Richtlinien für Kreditvergabe ebenfalls gemeinsam, womit sie zur wirtschaftlichen Integration der Monarchie beitrugen.²⁶⁶

Die beiden ungarischen elektrotechnischen Unternehmensgruppen um Ganz und Tungsram entstanden um die Kreditbank und die PMKB, genauer gesagt um die jeweiligen binationalen Bankengruppen. Abgesehen von Ausnahmen wie der gemeinsamen Lizenznahme von Ganz und Tungsram für die Nerst-Lampen²⁶⁷ in Österreich-Ungarn, eine Forschungskooperation, die kommerziell fehlschlug, kooperierten die zwei Gruppen nicht miteinander – anders als es AEG und Siemens mithilfe von Patentgemeinschaften (Glühlampen mit der Auer-Gesellschaft), gemeinsamen ausländischen Produktionsstätten und der Zusammenlegung ihrer Verkaufs- und Fertigungsabteilungen im Bereich Funktechnologie (Telefunken 1903) taten.²⁶⁸ Die ungarischen Konkurrenten konnte deshalb keine ebensolchen Einsparungen bei F&E und Synergieeffekte in verwandten Bereichen erzielen; vielmehr belegt das folgende Beispiel das genaue Gegenteil.

In Ungarn war neben Tungsram der einzig große Glühlampenhersteller die Ungarische Wolframlampenfabrik Kremenezky AG, eine Tochter der Wiener Kremenezky-Gesellschaft. Leopold Aschner, Handelsdirektor von Tungsram, schlug der PMKB 1911 eine Transaktion mit der Kreditbank vor, die eine gefährliche Konkurrenz auf dem Binnenmarkt verhindern sollte. Ganz Elektro betrieb 25 Elektrizitätswerke, baute Kraftwerke in Ungarn, deren Aktien im Trust untergebracht waren, sowie Kraftwerke im Ausland, hatte jedoch die Herstellung von Kohlefadenlampen 1906 eingestellt.²⁶⁹ Aschner prognostizierte, dass die Nachfrage die Kreditbank und Ganz Elektro zum Bau einer Fabrik für moderne Glühlampen veranlassen werde. Das war naheliegend, denn im Herbst 1906 war Westinghouse Metallfaden Glühlampen AG Wien mit dem Vorschlag an Ganz & Co. herangetreten, die exklusiven Verkaufsrechte ihrer Osmin-Lampen für die ungarische

---

265 *Tomka*, Német tőke, S. 1059–1060.
266 MNL Z50_74 Sitzungsprotokoll, Exekutivkomitee, MÁH. Budapest, 19.01.1907; *Kövér*, Osztrák credit.
267 *Jeney u. Gáspár*, S. 16–17.
268 *Hertner*, Financial strategies, S. 152–153.
269 *Szekeres u. Tóth*, S. 84.

Reichshälfte zu übernehmen. Da dieses Angebot mit der kurzlebigen »Interessengemeinschaft« von Ganz & Co. und AEG zusammenfiel, wurde es bei Ganz nicht weiter in Betracht gezogen.[270] Aschner schlug vor, dass Ganz Elektro »ihre Absicht, in Öst[erreich] selbst zu fabrizieren fallen lassend, sich an den ÖBB-Werken entsprechend beteilige, wogegen die Vereinigte Elektrizitäts- und Maschinenfabrik-AG. in Budapest als Filialfabrik der ÖBB Gesellschaft aufgelassen, wofür letztere wieder bei der [Ganz Elektro] eine entsprechende Beteiligung erhalten würde.«[271] Dieser Vorschlag wurde nicht umgesetzt; Ganz Elektro nahm die Herstellung von Glühlampen mit Metallfaden bzw. mit Gasfüllung unabhängig davon nicht auf. Aschners Vorschlag veranschaulicht gleichwohl die Verflechtung der Elektroindustrie mit den Banken und wie Unternehmen aus der einen Reichshälfte aus der anderen herausgehalten werden konnten.

Für Ganz und Tungsram lieferten in der österreichischen Reichshälfte westliche Konkurrenz, höhere Nachfrage, Technische Hochschule, Großbanken und große Handelshäuser Vorbilder für modernes Management; dort konnten sie auch intensive Marktbearbeitung lernen, technisches Know-how gewinnen und Kontakte zu Fachleuten knüpfen. Wegen der geographischen Nähe und enger persönlicher Kontakte waren die Vertriebskosten und die Geschäftsrisiken deutlich niedriger als in anderen wichtigen Absatzgebieten wie Italien oder Russland.[272] Ganz & Co. spendete bezeichnenderweise eine doppelt so hohe Summe an den Österreichischen Elektrotechnischen Verein als an dessen ungarisches Pendant.[273] Die Entwicklung von Tungsram hing in den Anfangsjahren eng mit dem Wissens- und Technologietransfer aus Wien zusammen.

Da im Schwachstromgeschäft außer bei öffentlichen Aufträgen »mit der Weltkonkurrenz gerechnet werden« musste, wobei nur europäische Konkurrenten gemeint waren und Tungsrams Erzeugnisse angeblich qualitativ nicht mithalten konnten, wollte Leopold Aschner die Schwachstromabteilung auf den durch die Staatsaufträge geschützten Bereich beschränken

---

270 MNL Z438_1_1 Sitzungsprotokoll, Exekutivkomitee, Ganz Elektro. Budapest, 15.10.1906
271 MNL Z40_26_481 L. Aschner, Memorandum über eine anzustrebende Transaktion mit dem Elektrizitäts-Conzern der Ungarischen Allgemeinen Creditbank. Újpest, 28.10.1911.
272 MNL Z40_22_462 Ernst Egger, Memorandum über die Frage des Commerz-Schwachstrom-Geschäftes in Újpest. Wien, 19.02.1909.
273 MNL Z438_1_1 Ganz Elektro, Protokolle, Direktionssitzung, 21.04.1907, 11.03.1909.

(C. B.-Telefonzentralen mit Lizenz von Western Electric).[274] Tungsrams technischer Direktor József Pintér sah hingegen eine große Wachstumschance für diese Sparte und verneinte Qualitätsmängel sowie unzureichende Produktpalette. Er war der Auffassung, »das verhältnissmässig kleine Quantum, welches wir aus diesem Umsatz für uns anzustreben haben, ist im Verhältnisse zu diesem deutschen Exporte ein so kleines, dass es wohl keine grosse Schwierigkeit haben kann, diesen von uns gewünschten Anteil herauszuholen.«[275] Die Leitunternehmen würden nämlich Tungsram als kleineren Konkurrenten einen bescheidenen Marktanteil überlassen. Wahrscheinlich auch aufgrund persönlicher Gegensätze schob Pintér den unbefriedigenden Exportumsatz der Schwachstromsparte auch auf die mangelhafte technische Schulung des Verkaufspersonals. Er forderte, das Schwachstromgeschäft im Interesse der technischen Entwicklung auch im Fall sinkender Staatsaufträge beizubehalten.

Pintér stimmte also mit der Studie des Handelsministeriums darin überein, dass eine einseitige Orientierung auf öffentliche Aufträge riskant war. Das letzte Wort behielt Ernst Egger, Generaldirektor der Wiener Muttergesellschaft. Auch dieser war für die Beibehaltung des Schwachstromgeschäftes, allerdings empfahl er, einige weniger gelungene und in Serienfertigung nicht rentabel hergestellte Konstruktionen auszusondern und bevorzugt Fachkräfte mit Erfahrung in anderen Betrieben, möglichst bei den Branchenführern, einzustellen. Diese Empfehlungen gaben Tungsram die Richtung für die nächsten Jahrzehnte vor:

»Viel wichtiger, als alles aus sich heraus zu construiren, ist über all das informirt zu sein, was die anderen machen, und sich die Erfahrungen der Branche auf der ganzen Welt zunutze zu machen. Unter Beobachtung dieser Gesichtspunkte wird man auch als kleineres Unternehmen in der Lage sein, modern und rationell zu construiren und zu producieren.«[276]

---

274 Auflistung: L. M. Ericsson, Stockholm, Telefonfabrik AG, vormals J. Berliner, Hannover, C. Lorenz AG Berlin oder E. Zwietusch & Co., Charlottenburg bei Berlin. MNL Z40_22_462 L. Aschner, Memorandum über das Kommerz-Schwachstrom-Geschäft. Újpest, 5.09.1908.
275 MNL Z40_22_462 Josef Pintér, Memorandum über die Schwachstromabteilung. Újpest, 12.11.1908.
276 MNL Z40_22_462 Ernst Egger, Memorandum über die Frage des Commerc-Schwachstrom-Geschäftes in Újpest. Wien, Nov. 1908.

Einer solchen Strategie bediente sich auch der französische Maschinenbauer Schneider & Co. Creuzot;[277] in ähnlicher Absicht betrieb die AEG vor dem ersten Weltkrieg eine Politik des Patentankaufs.[278]

Tungsram stützte sich beim Aufbau des eigenen Informationsnetzes auf die Kontakte der VEAG und ihres Direktionsmitglieds Richard Engländer mit der Technischen Hochschule in Wien und den Banken. Das kleine Konstrukteur-Ingenieurteam und die breite Produktpalette der Gesellschaft verlangten eine solche Strategie. Bei der Mitarbeiterrekrutierung wurden Fachkräfte mit Auslandserfahrung möglichst bei der deutschen oder amerikanischen Konkurrenz bevorzugt. So arbeitete Charles Eisler bei AEG, Westinghouse und in einer Reihe renommierter Maschinenbauunternehmen, bevor er 1912 nach Ungarn zurückkehrte. Tungsram suchte damals gerade einen Werkzeugmacher mit US-Erfahrung, um die Produktion der Telefonsparte zu rationalisieren und zu normieren. Innerhalb von zwei Jahren konstruierte Eisler bei Tungsram dann aber Maschinen für die Mechanisierung und Automatisierung der Glühlampenherstellung.[279]

Noch schwieriger war es, die gewonnenen Informationen für industrielle Fertigungsverfahren zu nutzen. So konnte Tungsram das Just-Hanaman'sche Wolframlampenpatent nicht als *first mover* in Massenfertigung umsetzen. Der Vorteil gegenüber der Konkurrenz ging verloren, wenn auch der Patentbesitz die Tungsrams Verhandlungsposition beim Kauf verwandter Patente und bei Lizenzverträgen verbesserte.[280]

Für Tungsrams Zukunft war entscheidend, dass die Gesellschaft sich aufgrund der Vereinbarung mit der VEAG nach der Jahrhundertwende auf die rasch wachsende Schwachstromsparte konzentrierte, während die VEAG die Starkstromsparte übernahm. 1908 verringerte Tungsram infolge der Auseinandersetzungen über das »Commerz-Schwachstrom-Geschäft« die Zahl der Eigenentwicklungen; unrentable Produkte wurden ausgesondert und im Handel beschafft. Diese Profilbereinigung trug erste Früchte, als Tungsram 1912 den Lizenzvertrag mit der Western Electric Co. New York über Tele-

---

277 *Galvez-Behar.*
278 *Erker,* S. 237.
279 Nach 1914 er in die USA zurück, modernisierte die Glühlampenherstellung bei Westinghouse mit ähnlichen Maschinen und gründete schließlich sein eigenes Unternehmen. *Luxbacher,* Massenproduktion, S. 395–400.
280 MNL Z40_23_462 Sitzungsprotokolle, Exekutivkomitee, Tungsram. 18.12.1900, 8.05.1905.

fonanlagen samt Lizenz für Eisenbahnsignal- und -sicherungsanlagen beim Londoner Haus der Westinghouse Co. New York erneuerte und im Gegenzug für die Beteiligung der Western Electric am Stammkapital von Tungsram mit 12 % einen Nachlass bei der Lizenzgebühr aushandelte. In der Glühlampenindustrie zeichnete sich bereits 1911 mit der Patentinteressengemeinschaft von General Electric, AEG, Siemens & Halske und der Deutschen Gasglühlicht oder Auer-Gesellschaft (DGA) sowie der später hinzukommenden Bergman-Gruppe eine auf Patent- und Erfahrungsaustausch basierende Marktaufteilung zwischen den deutschen und amerikanischen Unternehmen ab.[281] Die Orientierung auf die USA, also direkte Vereinbarungen von Tungsram mit den US-amerikanischen Leitunternehmen als Sicherheit gegen die deutsche Konkurrenz sollten zur Grundlage für Tungsrams Geschäftspolitik in der Zwischenkriegszeit werden.

2.5.2 Elektrifizierung und ungleiches Wirtschaftswachstum in der Doppelmonarchie

Das Potential von Großanlagen für die wirtschaftliche Entwicklung ganzer Regionen wurde zudem vor dem Ersten Weltkrieg noch nicht in vollem Umfang erkannt, nicht zuletzt wegen der hohen Energieverluste bei der Stromverteilung. Darum bildeten systematische, von der Regierung kontrollierte und mitfinanzierte Elektrifizierungsprojekte die Ausnahme; diese wurden nur in kohlearmen Ländern durchgeführt, die dafür aber über reiche Wasserreservoirs verfügten. Da die elektrische Kraftübertragung anfangs wenig effizient und sehr teuer war und die Stromversorgung eine ausreichende Zahl von zahlungsfähigen Abnehmern voraussetzte, konzentrierte sich die Elektrifizierung auf die großen Ballungs- und Industriezentren.[282] In der Hasburgermonarchie schlugen Böhmen und Mähren die Richtung ein, Kraftwerke zu regionalen Systemen zusammenzuschließen, und entwickelten Pläne für eine staatlich regulierte Stromversorgung.[283] Die Elektrifizierung in Kernösterreich konzentrierte sich auf Wien und einige Industriezentren; nur Oberösterreich und die Steiermark beschritten den

---

281 *Luxbacher,* Massenproduktion, S. 350–352.
282 *Hausman, Hertner u. Wilkins,* S. 75–124.
283 *Hallon,* S. 59.

Weg zu einer flächendeckenden Stromversorgung, die auf kooperierenden Kraftwerken in Munizipal- und Privatbesitz basierte.[284]

Bereits zwei Jahre nachdem in New York 1882 das erste öffentliche Elektrizitätswerk in Betrieb genommen worden war, stellte ein britisches Unternehmen das erste öffentliche Elektrizitätswerk in der ungarischen Reichshälfte in Temesvár (dt. Temeswar, rum. Timișoara, Siebenbürgen) in Dienst.[285] Dennoch hielt der niedrige Grad der Industrialisierung und Urbanisierung die Elektrifizierung in Transleithanien auf. Die geringe Kaufkraft der Landbevölkerung und der saisonal stark schwankende Energiebedarf der Landwirtschaft boten Investoren keine ausreichenden Gewinnaussichten. Größere Städte wie Budapest oder Szeged waren durch langfristige Konzessionen an Gasgesellschaften gebunden; erst nach deren Ablauf konnte die öffentliche Beleuchtung auf Strom umgestellt werden. Privat wurde elektrische Energie fast nur zur Beleuchtung eingesetzt, ansonsten aber an kostspieligen Lampen und Strom gespart.[286]

Während in den Industrieländern sowie in den Industrieregionen Cisleithaniens praktisch bereits alle Städte über eine mindestens rudimentäre Stromversorgung verfügten und der Aufbau regionaler Stromversorgungssysteme begann,[287] blieb die Elektrifizierung in Ungarn vor 1914 allein auf die Hauptstadt, das Umland der Kohlenbergwerke sowie auf einige in der Nähe von Wasserkraftreserven gelegene Provinzstädte in Siebenbürgen und Oberungarn (Slowakei) konzentriert. Das überkomplizierte und daher langsame und teure Konzessionsverfahren, das lokale, Komitats- und Regierungsebene miteinschloss, waren Mitursachen für den langsamen Aufbau der Stromversorgung.[288] Trotz Behördenbeteiligung wurden unwirtschaftliche Projekte bewilligt und Kommunen nicht gegen erdrückende Vertragskonditionen geschützt. Auch hatten die Kommunen keine Veranlassung, regionale Zusammenschlüsse zu bilden, wie sich an der entstehenden Elektrizitätsinfrastruktur ablesen lässt.

Unter der Leitung von Ganz & Co., der österreichischen Siemens-Tochtergesellschaft, der VEAG Wien und Tungsram schritt der Ausbau der elektrischen Straßenbahnen und Beleuchtung voran. Doch sorgten die genannten Faktoren dafür, dass der ungarländische Binnenmarkt klein blieb: 1898

---

284 *Sandgruber*, The electrical century, S. 48.
285 *Németh u. Lázár*, S. 7–8.
286 *Szterényi*, Villamossági ipar 1898, S. 90.
287 U. a. *Hausman, Hertner u. Wilkins*, S. 120–124.
288 *Jakobovits*.

wurden insgesamt 36,5 kWh erzeugt,[289] und noch 1913 erreichte der Gesamtverbrauch nur 100 Mio. kWh[290] (vgl. in Böhmen 160 Mio. kWh).[291] Die Hälfte der Kraftwerke erzeugte Wechselstrom, was den hohen Marktanteil der Ganz & Co. anzeigt.[292] Um den Binnenmarkt anzukurbeln, bot Ganz zusammen mit dem Trust seit 1903 den Städten zehnjährige Ratenzahlungen und fünfzigprozentige Gewinnbeteiligungen an. So erhielt die Firma bis 1914 Aufträge für 29 Kraftwerke.[293]

Die Allianz zwischen Ganz und der Augsburger Gasgesellschaft beschleunigte den Kraftwerkbau, begrenzte aber gleichzeitig das Wachstum des Stromverbrauchs und die Verbreitung des elektrischen Betriebs in Landwirtschaft und Gewerbe. Dass Ganz durch diese Absprache die Strompreise hoch hielt,[294] half der Wettbewerbsposition der Firma insbesondere in Österreich nicht, wo sie zunehmend mit wirtschaftsnationalistischen Ressentiments konfrontiert wurde. Denn ein ungarisches Unternehmen, das monopolistisch überhöhte Strompreise verlangte, war nicht gerade willkommen. Eine ähnliche Missstimmung entwickelte sich übrigens auch in Ungarn selbst; dort wurde den Kraftwerkbetreibern die Entwicklung der deutschen Strompreise vor Augen gehalten.[295] Mit Blick auf die rasche Entwicklung der böhmisch-mährischen und der einheimischen Konkurrenz musste sich Ganz & Co. schrittweise aus dem Elektrifizierungsgeschäft in Österreich zurückziehen: 1911 übernahm die mit der Beteiligung der Brown Boveri Cie. in eine Trustgesellschaft umgewandelte VEAG die Kraftwerke und Straßenbahnen in Budweis, Teplitz, Bialitz, Triest, Brünn und das Überlandkraftwerk Polswerke der Internationalen Elektrizitäts-AG, 1913 auch das von Ganz & Co. gebaute und betriebene Kraftwerk in Mährisch-Ostrau.[296]

---

289 *Szterényi*, Villamossági ipar 1898, S. 80–81.
290 *Kerényi*, S. 13–15.
291 *Brousek*, S. 127.
292 *Szterényi*, Villamossági ipar 1898, S. 56.
293 *Stark*, S. 89–90.
294 MNL Z429_10_50 Vereinbarung Gesellschaft für Gasindustrie, Augsburg/Ganz & Co., Budapest. Augsburg, 24.02.1888.; SAM 5460-2 S&H an Dir. Wilhelm Geyer, Gesellschaft für Gasindustrie, Augsburg. Berlin, 10.06.1890.
295 *Zipernovszky*, Átmeneti gazdaság, S. 8–9.
296 *Honigmann*, S. 27; MNL Z40_26_477 VEAG Wien/Budapest, Mai 1911 Flugblatt: Emission v. 5 Millionen Kronen Teilschuldverschreibungen, Verzinsung 4,5 %; *Kladiwa*, S. 39–40.

2.5.3 Wachstumschancen am Vorabend des Ersten Weltkriegs

Ganz & Co. hielt mit den Leitunternehmen bei vielen Projekten in Sachen Planung, Ausführung und Preisbildung nicht mit. Mit der Größenordnung der Elektrifizierungsprojekte wuchsen Kapitalbedarf und Anforderungen an technologisches und managerielles Know-how. *Venture capital* war offenbar geeigneter, für die Stromversorgung ganzer Regionen die jeweils technisch bestmögliche Lösung zu finden und zu finanzieren, indem man vorhandene und neue Kraftwerke und Verteilungsnetzwerke integrierte.[297] Zu solchen Projekten reichte die Kapitalkraft der elektrotechnischen Produzenten Ungarns und der sie kreditierenden Banken immer weniger aus. Die Banken waren in der Regel nur bereit und fähig, gemeinsam mit ihren österreichischen Partnern auf den risikoträchtigen ost- und südosteuropäischen Märkten zu investieren. Die ländlichen Gebiete der Doppelmonarchie und die Balkanländer boten aber schlicht keinen interessanten Markt für Investoren. Zudem gerieten sie hier und auch in Italien und in Russland in einen Wettlauf mit der deutschen Konkurrenz.

Tungsram dagegen schuf durch Verschlankung des Produktionsprofils, Konzentration auf die Schwachstromsparte, Anfänge einer betriebseigenen Forschung und Teilnahme am internationalen Glühlampenkartell die Grundlagen dafür, zu einem Unternehmen zu werden, das sich in die Wissensgenerierungs- und Verteilungsnetzwerke der *global player* integrieren konnte.

Die Außenhandelsstatistik spiegelte das Wachstum der elektrotechnischen Industrie wider. Während der gesamten dualistischen Ära blieb Österreich der wichtigste Handelspartner: Dorthin richteten sich über 70 % der ungarischen Exporte, und bei steigendem Gesamtvolumen des Außenhandels verringerte sich der Anteil von Cisleithanien am ungarischen Import von etwa 86 % Mitte der 1880er Jahre auf 75 % im Jahre 1910. Im ungarischen Export dominierten landwirtschaftliche Produkte, im Import Maschinen und Fertigprodukte; Metallwaren und Maschinen, vor allem elektrotechnische Erzeugnisse, sowie chemische und pharmazeutische Produkte stellten aber bereits ca. 14 % des Gesamtexports ins Zollausland.[298]

Die wichtigsten Exportmärkte für Tungsram-Lampen waren 1904 Cisleithanien, Italien und Russland, daneben wurden sie auch regelmäßig nach

---

297 Hertner u. Nelles, insb. S. 212; Hausman, Hertner u. Wilkins, S. 65, 121, 194.
298 Scott, S. 347.

Spanien, Japan, Kanada, Südamerika, Frankreich und Großbritannien geliefert.[299] Der Rückgang des Exportanteils von Ganz Elektro nach der Jahrhundertwende wurde durch die sinkende Konkurrenzfähigkeit der Kraftanlagen der Firma verursacht. Dennoch wurden immer noch mehr als 25 % ihrer Erzeugnisse im Zollausland abgesetzt.[300] Wegen der Konjunktur vor dem Krieg verdoppelte sich zudem von 1906 bis 1912 der elektrotechnische Import, wobei Präzisionsmaschinen, Werkzeuge und Massenprodukte immer noch überwiegend aus Deutschland, Großbritannien und den USA beschafft wurden.[301] Das offenbarte die unveränderte Produktionsstruktur der elektrotechnischen Industrie, deren wesentliche Mängel seit der Bestandsaufnahme 1898 nicht behoben wurden (Tab. 3).

2.6 Der Erste Weltkrieg: Das Ende einer vertrauten Welt

2.6.1 Momentaufnahme der ungarischen Wirtschaft

Der Erste Weltkrieg wurde bekanntlich nicht allein an der Front entschieden. Da Deutschland den Krieg nicht in den ersten sechs Wochen gewinnen konnte, traten ökonomische Faktoren in den Vordergrund. Trotz der rapide organisierten deutschen Kriegswirtschaft war schließlich das größere ökonomische und demographische Potential der Ententemächte und der Vereinigten Staaten kriegsentscheidend.[302]

Österreich-Ungarn war auf einen langwierigen Krieg weder militärisch noch finanziell vorbereitet. Das Land konnte das Entwicklungsgefälle zu Westeuropa nicht ausgleichen, sein Nationalvermögen und Bruttosozialprodukt waren deutlich niedriger im Vergleich mit den Pro-Kopf-Werten des Westens. Die Monarchie blieb zusätzlich im Rüstungswettbewerb zurück, da sie im Verhältnis zu den anderen Großmächten einen viel geringeren Anteil des Nationaleinkommens für das Militär ausgab: 1900–1913 waren es jährlich 2,6 %, in Deutschland, Großbritannien und Frankreich dagegen etwa 4 %.[303] Bereits die Balkankriege hatten den Staatshaushalt beider Reichs-

---

299 MNL Z600_1 Protokoll, Direktionssitzung, Tungsram, Wien, 16.06.1902 und Budapest, 29.02.1916; *Antal*, S. 80.
300 *Szekeres u. Tóth*, S. 116–128.
301 *Szőnyi*, S. 41.
302 *Balderston*, S. 226–229.
303 *Schulze*, Austria-Hungary World War I, S. 78.

hälften aus dem Gleichgewicht gebracht: Das Defizit in Österreich erreichte 1913 11 %, in Ungarn sogar fast ein Viertel der Einnahmen.[304] Nach Kriegsausbruch reichten die Haushaltsreserven der beiden Staaten nicht einmal zur Deckung der Ausgaben für die Teilmobilisierung in den ersten acht Tagen. Zwar wurden nach und nach neue Steuern eingeführt und bestehende Steuersätze erhöht, der Krieg wurde im Wesentlichen aus Krediten und mittels der Geldpresse finanziert. Als Stütze für die österreichisch-ungarische Währung reichten die Valutaanleihen längst nicht aus.[305]

Bei Kriegsausbruch war Ungarn ein im Ausland verschuldetes Agrarland mit wenig Industrie und geringer Eisen- und Kohleproduktion, in dem weder ausreichende Reserven an Nahrungsmitteln, Rohmaterial und Edelmetallen noch Kapazitäten für den industrialisierten Krieg vorhanden waren.[306] Das schmälerte jedoch nicht, was dennoch bis dahin bei der nachholenden Modernisierung erreicht worden war. Ungarn gelang es zwar nicht, das Entwicklungsgefälle zu Österreich, geschweige denn zu Westeuropa auszugleichen, doch hatte es sich fortlaufend abgeflacht. Ungarn konnte 1867–1913 das Bruttosozialprodukt pro Kopf von 66 auf 77 % des österreichischen und seine reproduktiven Kapitalanlagen auf das Vierfache erhöhen; seine Produktivität erreichte nach neueren Berechnungen 80–90 % derjenigen in Österreich.[307] Ohne diese Entwicklung hätte Ungarn die Anforderungen des Kriegs nicht so lange durchstehen können.

2.6.2 Resourcenmobilisierung: Maximaler Einsatz – geringe Effizienz

Den Regierungen in Budapest und Wien gelang es sehr viel schlechter als den westlichen Ententemächten, die Ressourcen der Monarchie in den Dienst der Kriegsanstrengungen zu stellen. 1914/15 wurden bereits etwa 30 % des Nationaleinkommens für den Krieg mobilisiert, dieser Anteil schrumpfte dann jedoch graduell: Infolge der rückgängigen Wirtschaftsleistung, des sich verschärfenden Arbeitskräfte-, Energieträger- und Rohstoffmangels und der dadurch beeinträchtigten Leistungen im Transport und Kommunikationswesen wurden im Jahre 1917–1918 nur noch 17 % des

---

304 *Pogány*, Kriegskosten, S. 14.
305 *Pogány*, Szentháromság *tér*.
306 *Teleszky*, S. 324. *Botos*, S. 131.
307 *Katus*, Hungary, S. 276–287; *Schulze*, Patterns of growth; *dass.*, Catch-up failure.

Bruttoinlandprodukts für militärische Zwecke mobilisiert. Dazu trug auch bei, dass die Monarchie kaum ausländische Anleihen zur Kriegsfinanzierung aufnehmen konnte.[308] Im Vergleich dazu verwendete Deutschland bereits 1915 44 % des Bruttoinlandprodukts für militärische Zwecke, erreichte 1917 einen Höhepunkt von 57 % und verwandte im letzten Kriegsjahr immer noch die Hälfte. Dieser Wert entsprach dem französischen Durchschnitt; Großbritannien mobilisierte etwa ein Drittel des Bruttoinlandprodukts. Die wirtschaftliche Asymmetrie zwischen Entente und Mittelmächten wird besonders augenfällig, wenn in Betracht gezogen wird, dass die Wirtschaftsleistung von den Vereinigten Staaten und Großbritannien 1918 den Stand von 1913 bereits um je etwa 14 % überschritt.[309]

Der Kriegseinsatz der Industrie litt besonders unter organisatorischen Mängeln. Die Generalstabspläne sahen lediglich einen lokalen Krieg mit einer kurzen Mobilisierung der Ressourcen vor, nicht aber die gleichzeitige Deckung von zivilem und militärischem Bedarf und die Umstellung der Verkehrs- und Kommunikationsinfrastruktur über einen längeren Zeitraum hinweg. Erst 1915 wurden nach deutschem Vorbild private Aktiengesellschaften für die zentrale Organisation von Materialverteilung und Abfallsammlung eingerichtet, an denen sich auch die Ganz-Gesellschaften und Tungsram beteiligten.[310] Staatliche Interventionen in die Privatwirtschaft erfassten immer weitere Bereiche, da schrumpfende Material- und Geldreserven erforderten, die Produktion zu rationalisieren, und Preisbindungen für immer mehr Güter eingeführt werden mussten, um den sozialen Frieden zu wahren. So wurden in den unter militärische Kontrolle gestellten Firmen wie Ganz Elektro Rohstoffe beschlagnahmt und Maschinen demontiert und an andere Rüstungsfirmen abgegeben.[311]

Der Spielraum für wirtschaftspolitische und militärische Entscheidungen war dadurch abgesteckt, dass die Ausgaben für die Kriegsführung bei schrumpfender Wirtschaftsleistung zu tätigen waren. 1918 erreichte der Produktionswert in Cisleithanien 59 % und in Transleithanien 65 % des Jahres 1913.[312] Im letzten Kriegsjahr fiel die Produktion für den Zivilbedarf in Ungarn um 60–70 % hinter den Stand von 1913 zurück.

---

308 *Schulze*, Austria-Hungary World War I, S. 84, 107.
309 *Broadberry u. Harrison*, S. 12, 17.
310 MNL Z438_1_1 Sitzungsprotokoll, Exekutivkomitee, Ganz Elektro, 10.03.1915.
311 MNL Z438_1_1 Sitzungsprotokoll, Exekutivkomitee, Ganz Elektro, 27.01. u. 17.12.1915.
312 *Schulze*, Austria-Hungary World War I, S. 83.

Selbst diese Ergebnisse konnte die Doppelmonarchie nur unter gewaltigen Anstrengungen erreichen. Nach neuesten Schätzungen entsprachen die Kriegsausgaben etwa 85 % des Bruttoinlandsprodukts von 1913.[313] Die Kriegsproduktion erforderte eine völlige Neustrukturierung der Industrie, durch die während des Krieges beispielsweise kaum ein Zehntel der Produktion der ungarischen Eisen- und Metallindustrie für die zivile Produktion übrigblieb.[314] Der Ausfall von Rohstoffen und Arbeitskraft beeinträchtigte die wirtschaftliche Leistungsfähigkeit der Heimatfront. Daraus entstand eine Mangelwirtschaft, in der spektakuläre Kriegsgewinne und irreales Kapital angehäuft wurden, während der Großteil der Bevölkerung verarmte.[315]

Die enormen wirtschaftlichen Anforderungen des Krieges stellten die politische Konstruktion der Doppelmonarchie auf eine harte Probe. Die ungarische Reichshälfte, der hauptsächlich die Lebensmittelversorgung der Armee und auch der cisleithanischen Zivilbevölkerung oblag, kämpfte mit der unzureichenden Mechanisierung der Landwirtschaft. Die zunehmend schwierige Versorgungslage in den Großstädten Cisleithaniens führte bereits 1915 zu Massenprotesten.

Die ungarischen Industriellen kritisierten Wien für die Bevorzugung der österreichischen Rüstungsindustrie; ihre Vorwürfe richteten sich besonders gegen das Wiener Kriegsministerium: Es habe mit den österreichischen Industriellen die Bedingungen vorab ausgehandelt und bevorzuge sie bei der Ressourcenallokation. Deshalb könnten die höheren ungarischen Produktionskosten nicht durch Lagerbildung und vorausschauende Produktionsumstellung ausgeglichen werden; so erhalte Ungarn erneut weniger Militäraufträge, als es der ungarischen Quote an den Kriegsausgaben entspreche.[316] Die Anstrengungen der beiden Regierungen, die Versorgung der eigenen Bevölkerung zu sichern, trugen ebenfalls zum wirtschaftlichen und sozialen Auseinanderdriften der beiden Reichshälften bei.[317] Wachsende politische Agitation verschärfte die Spannungen zwischen den Nationalitäten und Regionen, brachte den Umbau des politischen Systems aufs Tapet oder schrieb sich gar die Loslösung von der Monarchie auf die Fahnen.

---

313 *Pogány*, Kriegskosten; *Schulze*, Austria-Hungary World War I, S. 106.
314 *Péteri*, S. 1–2.
315 *Péteri*, S. 7.
316 *Szterényi u. Ladányi*, S. 181.
317 *Teleszky*, S. 332.

2.6.3 Umstellung auf Kriegsproduktion bei Tungsram und Ganz

Als die ungarische Industrie seit 1915 zunehmend in die Rüstungsproduktion einbezogen wurde, erhielten auch Tungsram und Ganz größere militärische Aufträge. Besonders der ungarische Anteil an der Munitionsproduktion war beträchtlich. Die Anzahl der Arbeiter stieg 1914–1918 im Maschinenbau um 14.390 oder 36 %, in der elektrotechnischen Industrie um 1669 oder 26 %.[318] Große Investitionen flossen in die Herstellung von chemischen Waffen und die Aufschließung neuer Bergwerke.

Wie schwierig die Umstellung auf Kriegsproduktion verlief, wird daran ersichtlich, dass der Produktionswert der Ganz-Fabrik nach einem tiefen Einschnitt 1914 erst im Geschäftsjahr 1916/17 wieder den Stand von 1912 erreichte.[319] Die Produktion war weiter profitabel, da die Lohnkosten wegen der Einstellung von Frauen und des Zwangsarbeitseinsatzes russischer Kriegsgefangener lange niedrig gehalten werden konnten. Bei Ganz Elektro gingen Aufträge für die Beleuchtung von Spitälern und Labors ein, aber auch ein Großauftrag wie die Verbindung der beiden Kraftwerke der Österreichischen Staatseisenbahnen im Banat.[320] Solche Projekte entschädigten die Firma für wachsende Rohstoffpreise. Ganz' Schiffswerft in Fiume wurde erweitert, um bei Aufträgen für Torpedos und Schiffe nachzukommen. Ganz Elektro lieferte elektrische Anlagen, Motoren und Spezialinstrumente für Kriegsschiffe. Ganz & Co. gründete mit der Kreditbank die Ganz-Fiat Flugzeugmotor AG; Ganz Elektro lieferte elektrische Instrumente für Flugzeuge. Die Beteiligung von Ganz-Direktoren an der Leitung der mehrheitlich von den Großbanken organisierten ungarischen Rohstoffzentren[321] sowie gute Kontakte zu einer der größten Kohlebergbaugesellschaften über die Ungarische Allgemeine Kreditbank sicherten der Ganz-Fabrik die Versorgung mit Rohstoffen und Kohle. Seit Ende 1917 führten allerdings wachsender Kohlemangel und Maschinenverschleiß auch hier zu vorübergehenden Betriebsschließungen. 1918 kam es schließlich zu Arbeitsniederlegungen für Lohnerhöhungen und aus politischen Gründen.[322]

---

318 *Szterényi u. Ladányi*, S. 241–242.
319 *Szekeres u. Tóth*, S. 131.
320 Aktengruppe MNL Z439_2_19 Ganz & Co.
321 *Botos*, S. 80–81.
322 *Szekeres u. Tóth*, S. 130.

1915 wurden die Ganz-Fabriken unter militärische Aufsicht gestellt. Das Materiallager wurde beschlagnahmt, aus dem Entnahmen nur noch für die Rüstungsproduktion geschehen durften.[323] Zudem musste Ganz & Co. mehrfach Produktionsmaschinen an andere Rüstungsunternehmen abgeben.[324]

Der Gewinn aus den Rüstungsgeschäften wurde durch notwendige Investitionen in die Produktion und steigende Materialpreise beeinträchtigt; der Rest wurde offenbar auch nicht besonders vorausschauend investiert. Neben den üblichen Tantiemen wurden 1915–1917 an Dividenden 7–8 % ausgeschüttet. Diese Beträge waren weder im Vergleich zu den Vorkriegsdividenden noch im Verhältnis zur kriegsbedingten Inflation besonders hoch. Das Stammkapital wurde 1917/18 in zwei Schritten von zwölf auf 22 Millionen Kronen erhöht. Allerdings sollte dadurch eher das Betriebskapital an die Inflation angepasst als neue Grundlagen für Investitionen geschaffen werden; letztere blieben völlig aus. Wie Ende 1918 klar wurde, hatte Ganz & Co. den obligatorischen Kauf von Kriegsanleihen aus dem Pensionsfond der Angestellten bezahlt. Auch hätte der Maschinenpark wegen des hohen Verschleißes zu dieser Zeit bereits komplett erneuert werden müssen.

Im ersten Kriegsjahr ging die Nachfrage nach Glühlampen bei den Mittelmächten zeitweilig zurück. Die sich auf über 1,5 Millionen Kronen belaufenden Außenstände von Tungsram in den Ländern der Entente konnten nicht mehr eingetrieben werden. Der Export brach ein, denn die Vermarktung über neutrale Länder stieß durch die Blockade der Entente auf immer größere Hindernisse, obwohl Tungsram über die Baseler Glühlampenfabrik für kurze Zeit einen Schlupfweg fand.[325] Auch daher wurden selbst 1915 immer noch 58 % der Tungsram-Glühlampen außerhalb der Monarchie verkauft. Allerdings entfielen davon 25 % auf Italien und 11 % auf Rumänien, nur die übrigen ca. 20 % wurden nach Spanien sowie in oder über neutrale Länder geliefert. Tungsram begann 1915 mit der Produktion der gasgefüllten Halb-Watt-Lampen. Die Kapazitäten zu deren Herstellung wurden nicht zuletzt mit Blick auf die erwartete Konkurrenz auf dem Weltmarkt bis zum Ende des Krieges voll ausgeschöpft und nach Kriegsende auf 15.000 Stück pro Tag erweitert.[326] Zur Entlastung des technischen Direk-

---

323 MNL Z438_1_1 Protokoll, Direktionssitzung, Ganz & Co., Budapest, 27.01.1915.
324 MNL Z438_1_1 Protokoll, Direktionssitzung, Ganz & Co., Budapest, 17.12.1915.
325 *Jeney u. Gáspár*, S. 31; *Heerding*, S. 325.
326 *Jeney u. Gáspár*, S. 31–32.

tors Pintér, der sich hauptsächlich der Rüstungsproduktion der Mechanischen Abteilung widmen musste, wurde Handelsdirektor Leopold Aschner 1917 mit der Leitung der Glühlampenabteilung betraut. Er reorganisierte Rohstoffbeschaffung und Lagerhaltung und erhöhte so Leistungsfähigkeit und Profitabilität. Dem kam entgegen, dass die Endpreise durch den wachsenden militärischen und zivilen Bedarf an Glühlampen stiegen. Auch bei Tungsram wurden Löhne und Gehälter praktisch eingefroren und kaum in die Verbesserung der Arbeitsbedingungen investiert. Als 1917 und 1918 die Löhne dennoch wieder stiegen, konnten die Mehrkosten an die Konsumenten weitergereicht werden.

Im Dezember 1915 wurde ein Kartell der deutschen und österreichisch-ungarischen Glühlampenfabrikanten mit Sitz in Wien ins Leben gerufen. Mitglieder waren aus der Doppelmonarchie Kremenezky Wien, Watt AG Wien, Westinghouse (Vertex) Wien, Tungsram und die Gustav Ganz & Co. Wien inklusive der von Ganz kontrollierten Produktion der Meteor AG Wien, aus Deutschland nahmen die größten Produzenten wie Siemens & Halske, AEG, DGA, Bergmann und Pintsch teil. Ein gemeinsames Verkaufsbüro wurde in Wien unter dem Markennamen Metax eingerichtet. Im August 1916 gründeten die Ungarische Kremenezky, die Watt AG und die Westinghouse Fabrik AG (Vertex) die Metax Ungarische Glühlampen AG (*Metax Magyar Izzólámpa rt.*), eine gemeinsame Vertriebsstelle für den ungarischen Markt.[327]

Die während des Kriegs allgemeine nationale Abschottung betraf auch die Glühlampenindustrie, und konsequenterweise spaltete sich auch dieses Kartell bereits 1917 in eine deutsche und eine österreichisch-ungarische Organisation auf. Im Mai 1917 stimmte Johann Kremenezky der Verwandlung der Budapester Fabrik seiner Gesellschaft in eine Aktiengesellschaft zu (*Magyar Wolframlámpagyár Kremenezky János rt.* – Ungarische Wolframlampenfabrik Johann Kremenezky AG, kurz Ungarische Kremenezky oder Wolfram). Tungsram übernahm die Hälfte ihrer Aktien und erhielt eine Option auf den Kauf der restlichen. Ferner einigten sich beide Firmen darauf, dass die Ungarische Kremenezky ihre Glühlampenproduktion auf 1 Million Stück begrenzt; im Vergleich dazu lag allein Tungsrams Produktionszuwachs 1914–1915 bei etwa 2,5 Millionen Stück. Kremenezky verfügte allerdings weiter über den Vorteil, wichtige Großkunden wie die Ungari-

---

327 Luxbacher, Massenproduktion, S. 356–357.

schen Staatseisenbahnen, die Hauptstädtischen Elektrizitätswerke und das Marinearsenal zu beliefern.[328] Dieses Abkommen stellte also eine Marktaufteilung zwischen ungleichen Partnern im Rahmen des österreichisch-ungarischen Glühlampenkartells dar.[329] Die nach Kriegsende zunehmende Verflechtung der nationalen Kartelle von Dänemark, Deutschland, Österreich-Ungarn und der Schweiz bildeten die Grundlage für die 1921 gegründete Internationalen Glühlampen-Preisvereinigung e. V. mit Sitz in Berlin[330] und dann für das Phoebus-Kartell, dass 1924–1940 den institutionellen Rahmen für die weltweite Organisation der Glühlampenindustrie bildete.

Durch den Aufbau reichsdeutsch-österreichisch-ungarischer Lampenkartelle seit 1915 ließen sich die Gewinneinbrüche infolge der Rohstoffverteuerung auffangen. Leider ist die Quellenüberlieferung viel zu spärlich, um die wirklich interessanten Fragen zu beantworten, beispielsweise inwieweit sich die wirtschaftliche und politische Asymmetrie innerhalb der Mittelmächte auf den Zugang der Mitgliedsfirmen zu Beschaffungs- und Absatzmärkten niederschlug. Die Organisation diente aber zweifelsohne der Sicherung der Profitabilität durch Aufrechterhaltung hoher Verkaufspreise und Marktaufteilung.

Die mechanische Abteilung von Tungsram produzierte zu 75 % für militärische Zwecke, darunter Handgranaten, Zünder u. v. m. Die Produktion von Eisenbahnsicherungssystemen und die Installation von Telefonsystemen gingen aufgrund von Materialengpässen deutlich zurück. Auf Anordnung des Kriegsministeriums begann Tungsram 1917 mit der Herstellung von Elektroröhren und Telefonverstärkern.[331]

Eine effiziente Vernetzung von Grundlagen- und angewandter Forschung sicherte der deutschen Industrie auch im Krieg ihre Leistungsfähigkeit und Führungsposition mindestens im Verhältnis zur Doppelmonarchie. Die Ententemächte hatten bereits vor dem Krieg das deutsche Modell nachgeahmt, indem sie jeweils nationale Einrichtungen für die angewandte Forschung schufen. Auch während des Krieges organisierten sie systematisch den Kontakt zwischen Wissenschaft und Armee.[332] In Ungarn dagegen gab es solche Kooperationsformen kaum, abgesehen von Einzelbeispielen wie der

---

328 *Crämer*, S. 19.
329 *Jeney u. Gáspár*, S. 33.
330 *Luxbacher*, Massenproduktion, S. 357.
331 *Jeney u. Gáspár*, S. 31–32.
332 *Rasmussen*; *Erker*, S. 233.

erwähnten Röhrenproduktion bei Tungsram. Bezeichnenderweise erging dieser Auftrag so spät, weil sich die ungarische Armeeführung auf die Versorgung durch die deutsche Telefunken verlassen hatte.

Tungsram bilanzierte trotz allem für den Zeitraum 1914–1918 einen offiziellen Gesamtgewinn von 6,1 Millionen Kronen. Doch fiel der Gewinn in Wirklichkeit wohl deutlich höher aus, weil während des Kriegs vier Millionen Kronen Dividenden ausgeschüttet und das Aktienkapital von 6,5 auf zehn Millionen Kronen erhöht wurde, während die Direktion eine Zusatzgratifikation aus geheimen Reserven erhielt. Darüber hinaus wurde in die Erweiterung und Modernisierung der Produktionskapazitäten in Újpest investiert, sowohl bei der direkten Rüstungsproduktion als auch in der Glühlampenabteilung. Der Kauf der Josef-Inwald-Glashütte in Utekač (heute Slowakei) 1915, die Übernahme der Neményi-Papierfabrik in Budapest zwei Jahre später und der Rückkauf der Hydroxigen-Gesellschaft von der deutschen Gasgesellschaft Linde in Höllriegelskreuth (Füllgasproduktion) waren wichtige Schritte zur Rückwärtsintegration, d. h. zur Gewinnung von Rohstoffen und Herstellung von Hilfsprodukten. Tungsram etablierte sich schließlich in der österreichischen Reichshälfte durch den Kauf eines langjährigen Konkurrenten, der Watt AG Wien, im Jahre 1917. Zeitgleich mit der Marktabsprache mit Kremenezky sicherte sich Tungsram eine Option für deren Fabrik in Budapest.[333] Tungsram bewegte sich also entschlossen auf ein Monopol in der Glühlampenherstellung der Doppelmonarchie zu.

2.6.4 Neupositionierung der ungarischen Industrie: Mitteleuropa und die Nachkriegsordnung

Während Rohstoffbasis sowie Devisen- und Goldreserven der Monarchie schrumpften, wurden Pläne zur wirtschaftlichen Nutzung der eroberten polnischen und serbischen Gebiete und zur Erweiterung der Wirtschaftsbeziehungen zu Bulgarien und der Türkei geschmiedet.[334] Die Kreditbank und die PMKB gründeten eine »Internationale Ein- und Ausfuhr-AG«, um Geschäftschancen in den besetzten Gebieten und den neutralen Ländern

---

333 *Jeney u. Gáspár*, S. 31–34.
334 Meldungen in *MGY* i. J. 1916 über die Wirtschaftslage in den Balkanländern und in Polen; *Lengyel, G.*

zu nutzen. Sie traten 1916 dem Konsortium der deutschen Banken bei, welche die Kapazitäten der unterworfenen Länder für die Kriegsziele der Mittelmächte ausbeuten wollten.[335] Rasch zeichneten sich Interessenkonflikte zwischen den Mittelmächten und zwischen den beiden Reichshälften über die Eingliederung dieser Gebiete ab. Das Bündnis wurde nur deshalb davon nicht belastet, weil Territorialfragen auf die Nachkriegszeit verschoben wurden.

Eine ähnliche Mischung aus Vertagung von Problemen und mangelnder Voraussicht begegnet uns bei Ganz & Co.: Noch im März 1917 hielt der Verwaltungsrat fest, dass keine Sicherheitsreserven für offene Forderungen in den gegnerischen Staaten gebildet worden waren, nur in der Hoffnung darauf, sie nach einem siegreichen Kriegsausgang problemlos einfordern zu können. Diese Forderungen in Höhe von über 5,6 Mio. Kronen allein bei Ganz Elektro (davon über 2,5 Mio. in Italien) schönten bis Kriegsende die Bilanzen.[336] Die Wirtschaftspresse hingegen interessierte sich bis 1916 kaum dafür, welche Richtung die ungarische Wirtschaft nach dem Krieg einschlagen sollte.[337]

Zwei strategische Fragenkomplexe standen im Mittelpunkt der Debatte. Mit der Anfang 1917 vereinbarten Verlängerung der Verträge um zwanzig Jahre wurde die Frage des wirtschaftlichen Ausgleichs mit Österreich weniger gelöst als verschoben.[338] Die ungarische politische Elite musste sich außerdem zu einem engeren Wirtschaftsbündnis mit Deutschland positionieren, wie es nach den ersten militärischen Erfolgen von deutscher Seite auf die Agenda gesetzt wurde. Nach der Jahrhundertwende schien die Umsetzung des bis auf Friedrich List zurückführbaren und während des Kriegs besonders von Friedrich Naumann popularisierten Mitteleuropakonzepts näher zu rücken. Verkürzt gesagt, meinte dies die föderative Verbindung des Deutschen Reiches und der Habsburgermonarchie unter Einschließung weiterer Donau- und Balkanländer unter deutscher Führung.[339]

In einer Studie von 1891 fand Alexander von Matlekovits eine Zollunion zwischen Deutschland sowie Österreich-Ungarn wünschenswert, aber nur

---

335 *Tallós*, S. 160–161.
336 MNL Z438_1_1 Protokolle, Verwaltungsratsitzung, Ganz Elektro. Budapest, 18.10.1914, 17.07.1915, 31.03.1917.
337 *Hegedüs*, Magyarság jövője; als Fazit: *Hegedüs*, Ausztria és Magyarország.
338 Detailliert über die Interessen der beiden Parteien und der Streitpunkte in: *Gratz u. Schüller*, S. 14–43.
339 *Naumann*.

wenn Souveränität und Gleichberechtigung jedes Mitgliedes gewährleistet waren.[340] Die Deutschen versuchten, ihre Mitteleuropapläne den Ungarn mit dem Argument näherzubringen, ein starker Bündnispartner sei unentbehrlich, um die magyarische Führungsposition gegenüber den anderen, besonders den slawischen Nationalitäten in ihren Landesgrenzen halten zu können. Die ungarischen Meinungen dazu waren gespalten.[341] In Deutschland selbst gab es Bedenken gegenüber einem Wirtschaftsbündnis mit Österreich-Ungarn, weil der vereinfachte Zugang zu diesem Markt der Monarchie Retorsionen von Handelspartnern mit größerer Bedeutung nicht aufwiegen würde.[342] Letztendlich entschied der Kriegsausgang über das Schicksal der Bündnispläne.

Ungarische Industrielle hatten starke Zweifel an der Möglichkeit einer gleichberechtigten Partnerschaft mit Deutschland, zumal sie ihren Binnenmarkt bereits von der übermächtigen Konkurrenz der österreichischen Industrie bedroht sahen.[343] Die meisten fürchteten zudem, dass eine Zollunion das Kräfteverhältnis innerhalb Ungarns zugunsten der Agrarier verschieben würde, weil diese von einem größeren zollfreien Absatzgebiet am meisten profitieren würde. Mit Blick auf die im Krieg bereits offenbarte geringe Produktivität der ungarischen Landwirtschaft zweifelten allerdings führende Ökonomen wie Frigyes Fellner an deren Fähigkeit, diese Chance überhaupt zu nutzen.[344]

Tatsächlich sprachen sich auf zwei großen Versammlungen des Industriellenbundes Anfang 1916 nur wenige Branchen mit guten Standortbedingungen in Transleithanien wie die Mühlen-, Hanf-, Flachs- und Lederindustrie für eine Zollunion mit Deutschland aus. Julius Egger, Direktionsmitglied der Tungsram, vertrat die Meinung, dass die Zollunion mit Deutschland der ungarischen Elektroindustrie den »orientalischen« Absatzmarkt öffnen würde. Die erwartete Angleichung der Produktionskosten in den beiden Ländern würde die Wettbewerbsfähigkeit der ungarischen Industrie verbessern, zudem würde die Partnerschaft die ungarische Waren- und Kapitalausfuhr in die Balkanländer fördern.[345]

---

340 *Matlekovits*, S. 822–953.
341 *Galántai*, S. 187, 195–198; *Dániel*, S. 57–58.
342 *Gratz u. Schüller*, S. 9–13, 44–113.
343 *Irinyi*, S. 46.
344 *Hertner*, S. 293–294.
345 *Egger*.

Mit diesen Erwartungen stand Egger bei Tungsram jedoch ziemlich allein. Beispielsweise war Ferenc Vas, Direktor der PMKB und als deren Repräsentant langjähriges Direktionsmitglied bei Tungsram, ein entschiedener Verfechter des autonomen Zollgebiets.[346] Der kommende Mann bei Tungsram, Handelsdirektor Leopold Aschner, war überzeugt, dass die Senkung der ungarischen Produktionspreise von Investitionen in F&E sowie Arbeiterbildung abhänge, dadurch aber Ungarn als Anbieter von Qualitätsprodukten seine Wettbewerbsnachteile überwinden könne.[347] Er stellte 1918 für die Budapester Industrie- und Handelskammer eine Liste von Maßnahmen für die Wiedergewinnung der Wettbewerbsfähigkeit der Glühlampenindustrie zusammen, die den Zugriff auf die einschlägigen deutschen und amerikanischen Patente für entscheidend hielt. Aschner warnte vor der Selbsttäuschung, dass ungarische Patente ausreichen würden, um sich Vorteile gegenüber der deutschen Industrie zu sichern.[348]

Gustav Gratz, geschäftsführender Direktor des Industriellenbundes, der 1917 die Verhandlungen über die Zollunion mit Deutschland als Sektionschef namens des ungarischen Handelsministeriums führte, äußerte bereits 1915, dass die Wettbewerbsfähigkeit der ungarischen Industrie eher durch die Erweiterung des Absatzmarktes in Richtung der zu Russland gehörenden polnischen Gebiete gewährleistet werden könnte, weil dadurch Spezialisierung und Skalenersparnisse möglich wären.[349] Er resümierte die Beratungen im Industriellenbund, dass gerade die Branchen, die einem engeren Wirtschaftsbündnis mit Deutschland skeptisch gegenüberstanden, für die ungarische Wirtschaft von größerer Bedeutung seien als die übrigen.[350] Die ungarische Industrie trat aus politischen Gründen dennoch für eine stärkere mitteleuropäische Kooperation ein, die Geschwindigkeit dieses Prozesses wünschte er aber im Vergleich zu Deutschland deutlich reduziert.[351]

Die Mitteleuropa-Debatten waren der Kontext, in dem während des Weltkriegs über die Zukunft der ungarischen Industrie nachgedacht wurde. Dabei wurden erstmals Pläne zur Vertiefung der Wirtschaftsbeziehungen zu Ländern jenseits der Nachbarn im Süden entwickelt. Die Wirtschafts-

---

346 *A kiegyezés előkészítése.*
347 *Aschner.*
348 MNL Z195_545 Dir. Lipót Aschner, Tungsram, an die Budapester Industrie- und Handelskammer. Újpest, 15.05.1918.
349 *Gratz*, Gazdasági viszonyunk.
350 *Irinyi*, S. 43.
351 *Szterényi*, Ungarn und Deutschland, S. 88–89, 154.

elite machte die habsburgische Zollunion zur Grundsatzfrage und stellte sie in weitere, internationale Zusammenhänge. Zugleich wurden aber auch der Einfluss von Bildungsniveau und angewandter Forschung auf Industrialisierungsfortschritt und Wettbewerbsfähigkeit stärker diskutiert.

2.6.5 Die Elektrifizierungsfrage

Die Bedeutung einer sicheren Energieversorgung für Wirtschaft, Militär und Gesellschaft trat im Krieg besonders zutage. Die begrenzten Kapazitäten der Bahnen behinderten die Kohleversorgung, was zu sozialen Spannungen und Produktionsausfällen beitrug. Wegen Zwistigkeiten zwischen Budapest und Wien wurden zudem gelegentlich die Kohlelieferungen aus Mährisch-Schlesien unterbrochen.

Um die Kohlereserven besser einzusetzen, wurde daher in Budapest 1915 eine Regierungskommission unter Leitung von Kálmán Kandó eingesetzt, der wegen Italiens Kriegseintritt an der Seite der Entente von der italienischen Westinghouse nach Ungarn zurückkehren musste. Zur effizienteren Kohleverfeuerung und zur Lösung von Transportproblemen arbeitete Kandó einen Plan für ein nationales Stromversorgungssystem aus, der sich auf die minderwertige ungarische Kohle stützte, also Selbstversorgung sicherzustellen suchte. Dabei sollten die Staatsbahnen als Großkonsumenten in das System eingeschlossen sein. Um die Bahnelektrifizierung konstruktionstechnisch zu betreuen, wurde Kandó 1917 vom Militärdienst freigestellt, so dass er als technischer Generaldirektor zu Ganz & Co. zurückkehren konnte, um seine Pläne mit finanzieller Unterstützung des Staates auszuarbeiten.[352]

Die Pläne zur Elektrifizierung waren wahrhaft grandios.[353] Dahinter stand nicht zuletzt die Suche nach neuen Investitionsmöglichkeiten, denn es gab zeitweise einen Überschuss an mobilem Kapital, das aus den Rüstungslieferungen stammte, während solche Kriegsgewinne nicht ins Ausland transferiert werden durften und konnten.[354] Auch bei der Diskussion um Mitteleuropa wurde neben zahlreichen anderen Infrastrukturprojekten die Elektrifizierung als Voraussetzung wirtschaftlicher Zusammenarbeit

---

352 *Fojtán*, S. 150–163.
353 *Szterényi u. Ladányi*, S. 246.
354 *Péteri*, S. 3.

thematisiert.[355] Gestützt auf den 1913 fertiggestellten Wasserkraftkataster, schlugen Finanzminister Wekerle und Baron Szterényi 1916 die Nutzung der Wasserkraft der Donau beim Eisernen Tor vor.[356] Die ungarische Finanzlage gestattete jedoch keine Investitionen in solchen Größenordnungen.

Im Februar 1916 fand im Ingenieur- und Architektenverein eine Debatte über die Wasserkraftnutzung statt, die den Realitäten näherkam als das politische Wunschdenken. Ungarn nutzte zu der Zeit gerade einmal 2 % seiner 1,7 Millionen PS Wasserkraftreserven zur Kraftgenerierung, im Vergleich zu 9 % von vier Millionen PS in Österreich und je 25 % in Deutschland und in der Schweiz. Das kontinentale Klima und die saisonal stark schwankende Wasserzufuhr ließen einige Ingenieure anzweifeln, dass außer an den Hauptströmen Wasserkraft überhaupt wirtschaftlich genutzt werden könne. Die Mehrheit dämpfte die Hoffnungen und plädierte für eine kluge Bewirtschaftung der Wasserkraft. Insbesondere sollten Städte Wasserkraftwerke errichten, da diese nicht nur finanziellen Gewinn abwerfen, sondern sie als Industriestandort aufwerten würden.[357] Die Ingenieure sahen in der Wasserkraft ein Potential, Ungarns Lebensmittelindustrie noch größere Standortvorteile zu verschaffen, indem man moderne Irrigationssysteme einrichtete und die Landwirtschaft weiter mechanisierte.[358]

Vorschläge wie diejenigen Ferenc Zipernowszkys, des ersten Sekretärs des Verbands Ungarischer Elektrizitätswerke (*Magyar Villamosművek Országos Szövetsége*), offenbarten einen ähnlichen Realitätssinn, aber einen größeren Planungshorizont. Er sah die Unwirtschaftlichkeit von Zwergkraftwerken nicht als kriegsbedingten Zustand, sondern als Dauerproblem, das nur durch Schließung der meisten Betriebe und Zusammenschluss der übrigen Kraftwerke in einem nationalen Stromversorgungssystem dauerhaft gelöst werden könne.[359] Eine dem Gemeinschaftsinteresse Vorrang gebende Gesetzgebung zur Landnutzung und die Verbesserung der Verkehrsinfrastruktur, insbesondere in den Landregionen, identifizierte er als Voraussetzungen für Ausbau und Wartung des Stromnetzes. Mit Blick auf die geringe Kaufkraft der Landbevölkerung forderte Zipernowszky eine vom Staat finanzierte, systematische Elektrifizierung nach einheitlichen technologi-

---

355 Vgl. *Barcza*, Középeurópai vámunió.
356 *Szterényi u. Ladányi*, S. 247; *Martinovich*, S. 321.
357 *Homola*.
358 *Egyetemes szakülés*.
359 *Zipernovszky*, Vidéki elektromos műveink, S. 50–58.

schen Standards, deren technische Grundprinzipien praktisch dem Kandó-Plan entsprechen sollten.[360]
Während des Weltkriegs zeichneten sich in Ungarn grundsätzliche Veränderungen in der Diskussion energiepolitischer Fragen ab. Vor allem stieg die Energieversorgung von einer reinen Wirtschaftfrage zu einer der nationalen Existenz auf. Daher geriet auch die Verantwortung des Staates für die Finanzierung, Koordinierung und Kontrolle eines nationalen Stromversorgungssystems in die Diskussion, darunter die staatliche Beteiligung an der Elektrifizierung der ländlichen Regionen im gesamtwirtschaftlichen Interesse.

2.6.6 Revolutionen

Ein Sieg der Mittelmächte hätte dem Deutschen Reich möglicherweise zu wirtschaftlicher Hegemonie über seine Verbündeten verholfen. Dennoch war die Niederlage für Ungarn aus zeitgenössischer Sicht keine bessere Alternative: Der Krieg endete mit der Auflösung der Doppelmonarchie; die überwiegend von nationalen Minderheiten bewohnten Regionen sagten sich von Ungarn los. Nach diesem Zusammenbruch formte sich am 23.–24. Oktober 1918 in der sogenannten »Asterrevolution« ein Ungarischer Nationalrat unter dem Vorsitz von Gyula Graf Károlyi. Der Nationalrat sollte die ungarische Unabhängigkeit erklären, die verfassungsrechtlichen Grundlagen des neuen Staats festlegen und eine Landreform sowie allgemeine Wahlen durchführen.[361]
Die von Vertretern der Sozialdemokraten und der Bürgerlich Radikalen Partei geformte Regierung unter Károlyi und anschließend die Räterepublik (21. März–1. August 1918) versuchten die durch den Stopp der Armeelieferungen und die mangelnde Kaufkraft der Bevölkerung eintretende Absatzkrise und die Massenarbeitslosigkeit nach der Demobilisierung in den Griff zu bekommen. Gleichzeitig hatten sie die im Waffenstillstandsabkommen festgelegten Grenzen gegen bewaffnete Interventionen Rumäniens und der Tschechoslowakei zu verteidigen.

---

360 *Zipernovszky*, Átmeneti gazdaság, S. 5–6.
361 *Ormos*, Hungary 1914–1945, S. 20–23; ähnlich *Szemle*; *Chorin*, A magyar békeszerződésről.

Da Béla Kun, Chef der Räterepublik, nach erfolgreichen Feldzügen in den Norden die territorialen Forderungen des Entente doch akzeptierte – nicht zuletzt in der Hoffnung auf den Rückzug der rumänischen Armee –, brach die ohnehin brüchige innenpolitische Unterstützung der Kommunisten zusammen. Aus den sich formierenden gegenrevolutionären Gruppierungen etablierte sich schließlich mit der Zustimmung der Großmächte ein konservatives Regime unter dem ehemaligen k.u.k. Admiral István Horthy, der nach dem Sturz der Linksregierung bis 1944 als »Regent« Staatsoberhaupt des Königreichs Ungarn bleiben sollte.

Die Räterepublik nahm nicht nur die sozialpolitische Korrektur des kapitalistischen Systems, sondern auch einen totalen planwirtschaftlichen Umbau nach sowjetischem Muster ins Visier, inklusive zentraler Lenkung aller Produktionseinheiten von nennenswerter Größe. Nationalisierte Unternehmen wie Tungsram und Ganz & Co. wurden unter kommissarische Leitung gestellt. Auch wegen der Priorität der Neuaufrüstung im Dienste der Feldzüge verblieb jedoch wenig Zeit für wirtschafts- und sozialpolitische Umwälzungen und die Umstrukturierung der nationalisierten Betriebe. Nach der Etablierung des Horthy-Regimes wurde das kapitalistische System retabliert. Deshalb blieben die langfristigen Auswirkungen der Räterepublik auf Produktionsstruktur, Unternehmenskultur und Strategiebildung von Tungsram und Ganz minimal.

3. Zwischenkriegszeit

3.1 Die ungarische Wirtschaft in neuen Grenzen

Der Erste Weltkrieg forderte in den Ländern der Habsburgermonarchie einen horrenden Preis an Menschenleben: Über eine Million Soldaten der gemeinsamen Armee starben an der Front oder in Kriegsgefangenschaft; über 1,8 Millionen wurden verwundet, 1,5–1,7 Millionen gerieten in Kriegsgefangenschaft. Der materielle Verlust wird nach den neuesten Berechnungen auf 6,5 % des Nationalvermögens nach dem Stand von 1913 geschätzt, etwas über die Hälfte des entsprechenden reichsdeutschen Verlusts.[1] Ungarn verlor durch den Vertrag von Trianon vom 20. Juni 1920 zwei Drittel seines Territoriums. Die Bevölkerung des verkleinerten Staatsgebiets sank von 20 Millionen des Ungarischen Königreichs innerhalb der Habsburgermonarchie auf 8,6 Millionen. 3,5 Millionen Magyaren blieben außerhalb der neuen Staatsgrenzen.

Das verkleinerte Ungarn war stärker industrialisiert und urbanisiert als das historische Königreich:[2] Im historischen Ungarn war 64,5 % der Bevölkerung in der Landwirtschaft beschäftigt, in Bergbau und Industrie 17,1 %, in Handel und Verkehr 6,5 %, die übrigen 11,9 % bildeten diverse Berufsgruppen wie z. B. häusliche Bedienstete. In Trianon-Ungarn waren die analogen Daten 55,8 %, 21,4 %, 8,7 % und 14,1 %. Die stark in Budapest konzentrierte Industrie verlor jedoch einen Großteil ihrer Basis an Rohstoffen und Energieressourcen wie Holz, Eisenerz, Salz und Erdgas und ihres primären Absatzmarktes (Karte 1).[3]

Die Unausgewogenheit der verbliebenen Industrie lässt sich am Beispiel der Mühlenindustrie zeigen: Die Budapester Mühlen, die vor dem Krieg nach Minneapolis über die weltweit zweitgrößte Kapazität verfügten, konnten ihre Kapazität 1921/22 nur noch zu 27 bzw. 17 % nutzen.[4] Der territoriale Verlust galt als Verstümmelung und schwerer Standortnachteil im internationalen Wettbewerb.[5]

---

1 *Schulze,* Austria-Hungary World War I, S. 106.
2 *Berend u. Ránki.*
3 *Chorin,* Békekötés.
4 *Draskóczi u. Honvári,* S. 343–344.
5 Vgl. *Kövér,* Iparosodás, S. 18; Lóránt Hegedüs, Vizepräs. GYOSZ, Privatexperte der ungarischen Delegation an den Friedensverhandlungen. A magyar békeszerződés, S. 12.

Karte 1: Ungarns Kohlereviers, Bahnlinien, Industriedistrikte und Kraftzentren

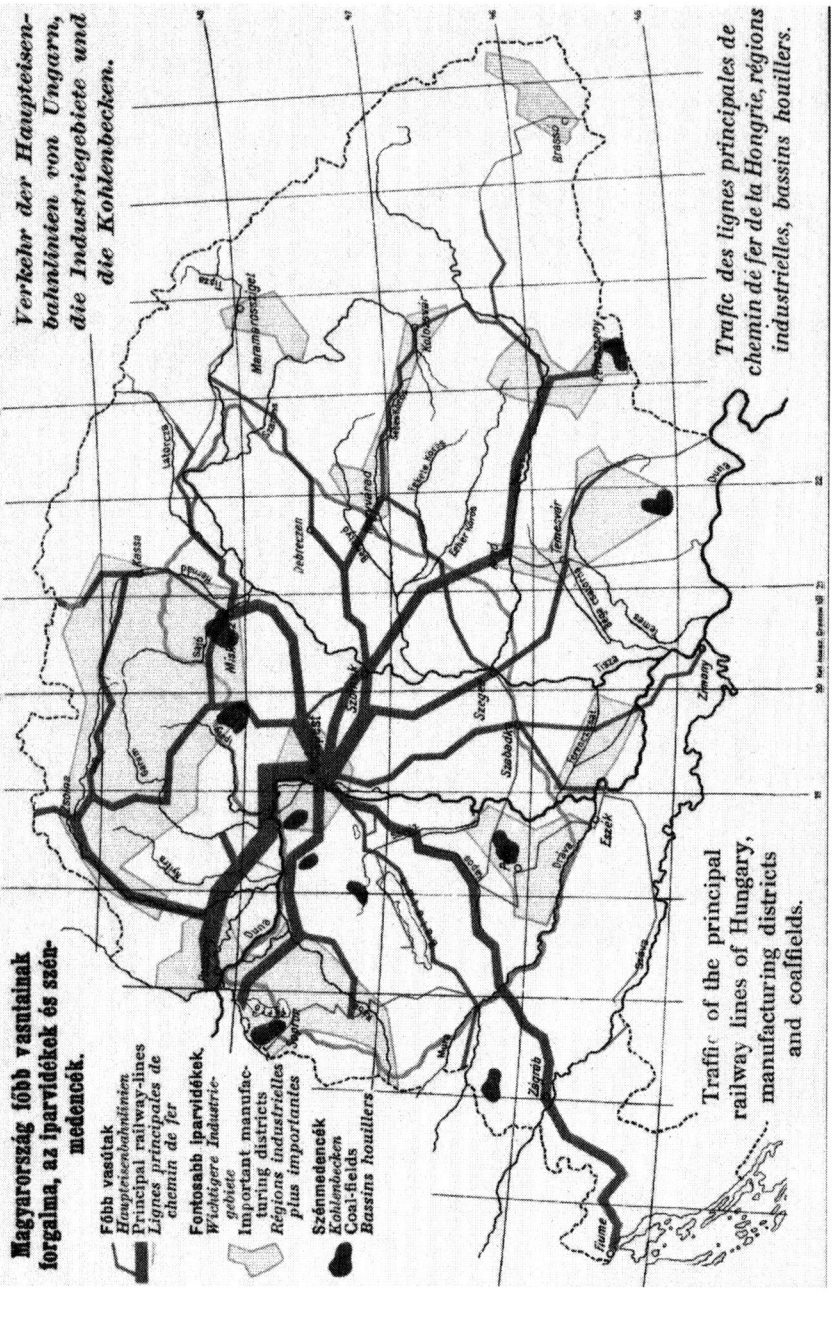

Quelle: ST 66/T 5 949 Fodor, Ferenc, (közremük. Teleki, Pál, Cholnoky, Jenő), Magyarország gazdaságföldrajzi térképe. [Ungarns wirt-

Innerhalb der neuen Grenzen Ungarns hatten zwar keine militärischen Auseinandersetzungen stattgefunden, doch die Umstellung auf Friedenswirtschaft war trotzdem durch Erschöpfung der materiellen Reserven wie Kohle, Rohstoffe und Nahrungsmittel, infolge der wirtschaftlichen Desorganisation in der letzten Kriegsphase und der Revolutionen von 1918 und 1919 sowie durch die Ungarn auferlegten Reparationszahlungen eine enorme Aufgabe. Die militärischen Konflikte mit den Nachbarstaaten und die Okkupation von Teilen des Landes führten zu hohen Verlusten bei den verbliebenen Produktionsmitteln. Die lange nach dem Krieg durch die Entente aufrechterhaltene Blockade erschwerte die wirtschaftliche Rekonstruktion in der nun offenen, von den weltwirtschaftlichen Verbindungen abhängig gewordenen Volkswirtschaft. Ungarn konnte für die wirtschaftliche Rekonstruktion praktisch nicht mit ausländischer Hilfe rechnen.[6]

Der Friedensvertrag und die Grenzrevision wurden zum zentralen Thema der ungarischen Politik der Zwischenkriegszeit. Alle Parteien teilten die Auffassung, dass die Entscheidungen der Siegermächte inakzeptabel seien; Unterschiede zwischen den politischen Gruppierungen bestanden nur darin, in welchem Umfang und mit welchen Mitteln die Gebietsverluste rückgängig zu machen seien.[7] Eine selbstkritische Auseinandersetzung mit den Ursachen für die Auflösung des historischen Ungarn blieb aus. Der öffentliche Diskurs wurde überwiegend von Regierungsbehörden sowie rechten und rechtsextremen Organisationen bestimmt, welche die Diskussion über Trianon am Leben hielten und emotionalisierten.[8] Die Regierung instrumentalisierte Trianon, indem sie etwa die Revolutionsregimes der Nachkriegszeit für die Gebietsverluste verantwortlich machte. Gusztáv Gratz, Historiker und 1912–1917 geschäftsführender Direktor des Industriellenbundes, sah die Bedeutung des Friedensvertrags darin, dass er für Ungarn einen Schock bedeutet habe, durch den seine politische Elite zu mangelnder Kompromissbereitschaft und einem emotionsgeleiteten Politikstil getrieben worden sei.[9]

Da in der Räterepublik von 1919 Juden Führungspositionen bekleidet hatten, waren sie für die konservative Regierung willkommene Sündenböcke.

---

6 *Nötel*, S. 173.
7 *Frank*, Nation, S. 164; Bspw. Interpellation von Baron József von Szterényi, Sitzung Nr. 94, Oberhaus, 14.02.1931, in: FN Bd. VI. 1931, S. 63–65 94 1931 febr 14.
8 *Zeidler*; Die Nation wurde erneut »zum größten Opfer aufbringenden Kämpfer der westlichen Zivilisation« stilisiert. *Békeelőterjesztéseink*.
9 *Gratz u. Paál*, S. 7–17; Vgl. *maladie imaginaire* der Deutsch-Österreicher in: *Matis*, S. 293–296.

Sie wurden zum Objekt wirtschaftsnationalistischer Parolen, zumal Juden aufgrund ihrer Rolle bei der Industrialisierung herausragende Stellungen in der Wirtschaft innehatten. Durch einen von 1920 bis 1928 geltenden Numerus Clausus wurde der Prozentsatz jüdischer Studenten auf den Anteil der Juden an der ungarischen Bevölkerung, nämlich sechs Prozent, begrenzt. Von hier reichte die Reihe antisemitische Maßnahmen bis zur Verdrängung von Juden aus der Privatwirtschaft und den freien Berufen am Vorabend des Zweiten Weltkriegs. Dadurch sollte die besonders in der nichtjüdischen Mittelschicht grassierende Arbeitslosigkeit eingedämmt werden, die wegen des Abbaus der Staatsverwaltung und des Zustroms von Beamten aus den abgetrennten Gebieten vorher unbekannte Ausmaße erreichte.[10]

In der Historiographie gilt das Horthy-Regime nicht als faschistisch, sondern als formale parlamentarische Demokratie mit faschistischen Zügen. Die wichtigsten Merkmale dieses autoritären Systems waren zweifellos Konservatismus, Übergewicht der Exekutive und informelle Führung durch Reichsverweser Horthy.[11]

Hinter den durch Trianon hervorgerufenen Veränderungen verbargen sich zwei längerfristige Entwicklungen. Zum einen hatte sich die Auflösung der Monarchie bereits vor dem Krieg abgezeichnet, während die binnenwirtschaftlichen Beziehungen begannen, die Situation nach Trianon vorwegzunehmen.[12] Zum andern machte nicht Trianon allein den wirtschaftlichen Strukturwandel erforderlich: Auf die technologische Konkurrenz und das starke binnenregionale Entwicklungsgefälle mussten Antworten gefunden werden, selbst wenn eine verringerte Rohstoff und Absatzbasis diese Aufgaben nicht hätte akut werden lassen. Doch solche nüchternen Einsichten wurden durch den Trianonschock in den Hintergrund gedrängt.

3.2 Strukturwandel in der Weltwirtschaft

Bereits vor dem Ersten Weltkrieg hatte eine Verschiebung der weltwirtschaftlichen Kräfteverhältnisse eingesetzt, die aber erst nach dem Krieg ganz offenbar wurde. Europa büßte seine führende Stellung in Produktion, Handel und Finanzen ein. Der kriegsbedingte Ausfall europäischer

---

10 *Pogány*, Wirtschaftsnationalismus, 52–66.
11 *Romsics*, Horthy-rendszer.
12 *Heinemeyer, Schulze u. Wolf*, Experiment on border efffects; ferner *Matis*; *Stiefel*, Die österreichischen Banken, S. 27–29.

Lieferungen beschleunigte die Industrialisierung außereuropäischer Regionen oder setzte sie überhaupt erst in Gang. Die Industrialisierung in Übersee machte der europäischen Industrie Konkurrenz und gefährdete die Absatzmärkte von Branchen und Unternehmen, die nicht durch Kostenreduzierung, Veränderung der Produktionspalette oder Glokalisierung der Herausforderung begegnen konnten. Die im Krieg zum Erliegen gekommene innereuropäische Arbeitsteilung gab außereuropäischen Produzenten die Möglichkeit, ihren Weltmarktanteil an Agrarprodukten zu erhöhen. In der Zwischenkriegszeit litt vor allem der europäische Getreideanbau unter der überseeischen Konkurrenz, die dank der Mechanisierung der Produktion und starker Verringerung der Transportkosten den europäischen Produzenten überlegen war. Das nach 1918 steigende Angebot und die rückläufige Nachfrage in Europa trugen in den nächsten Jahrzehnten zu Überproduktion und Preisverfall bei landwirtschaftlichen Erzeugnissen bei.[13]

Sieger wie Besiegte hatten sich während des Krieges bei den Vereinigten Staaten verschuldet; doch noch weigerte sich New York, die Rolle Londons als Weltfinanzzentrum zu übernehmen. Die unerhörten europäischen Staatsschulden hätten langfristig durch Exporte in die Vereinigten Staaten abgebaut werden können, deren Markt aber weitgehend abgeschottet war. Die Siegerstaaten versuchten, ihre Schulden aus Reparationszahlungen und durch Exportsteigerungen bei gleichzeitigen Importbeschränkungen zu senken; der zunehmende Protektionismus setzte jedoch dem innereuropäischen Handel enge Grenzen. Der Völkerbund, die von Montagu Norman, dem Präsidenten der Bank of England, initiierte Kooperation der Notenbanken, Pläne für regionale Wirtschaftskooperationen und Kartelle waren Versuche, neue Koordinationsformen zu finden und Europas Stellung in der Weltwirtschaft zurückzugewinnen.[14]

Die industrietechnische Kriegführung erzwang Innovationen. Verbesserte Technologien und ihre zivile Anwendung veränderten in knowhowintensiven Branchen wie der Elektroindustrie die Wettbewerbsbedingungen: Neue Produkte förderten Diversifizierung und steigerten das Innovationstempo. Im Starkstromgeschäft traten die wichtigsten Veränderungen bei den Größenordnungen der Projekte ein:[15] Die technologische Entwicklung

---
13 *Svennilson*, S. 82–98.
14 *Péteri*.
15 *Erker*, S. 236–240.

ermöglichte die Errichtung regionaler und nationaler Stromnetzwerke, was den Kapitalbedarf der Investitionen erheblich ansteigen ließ. Die strategische Bedeutung der Energieversorgung löste während und nach dem Krieg eine erste Welle von Nationalisierungen der Stromversorgung aus.[16] In der schwachstromgestützten Telekommunikationsbranche wurde der Rundfunk das augenfälligste Beispiel für den Einsatz bekannter Verfahren in neuen Bereichen oder in neuer Form. Dieser bedurfte sozialer und kultureller Veränderungen, um das Radio über Anwendungen in Militär, Post, Schiffsverkehr und Amateurfunk in Gestalt von Radiotelegramm und drahtloser Telegraphie hinaus als neue Form von Informationsvermittlung und Unterhaltungsmedium zu etablieren.[17]

Die amerikanischen Konzerne General Electric, Westinghouse, RCA, und IGEC gewannen zusehends an Boden. Die deutsche Elektroindustrie, die vor dem Krieg 46,4 % des Weltexports der Branche getätigt hatte, konnte 1925 trotz großer Anstrengungen nur noch 25 % behaupten. Die amerikanischen Unternehmen setzten die technischen Trends, konnten sich auf einen um ein Vielfaches größeren Heimatmarkt stützen und stellten nun ein weiteres Viertel des weltweiten Elektroexports.[18] Die britische Elektroindustrie kämpfte um ihren dritten Platz,[19] indem sie Rationalisierungsverfahren und kooperativen Kapitalismus aus Deutschland übernahm und staatliche Unterstützung für die Elektrifizierung einforderte.[20]

Unternehmen aus neutralen Ländern, wie Philips (Niederlande), Brown, Boveri & Cie. (Schweiz), ASEA und Ericsson (Schweden) wurden Partner der amerikanischen und deutschen Leitunternehmen. Die mit sehr niedrigen Herstellungskosten arbeitende japanische Glühlampenindustrie ließ erkennen, dass auch außerhalb Europas und Nordamerikas Konkurrenz aufkam. Infolge ihrer wachsenden Kapitalintensität spaltete die Industrie sich auf in Hersteller von Massenartikeln wie Glühlampen und Radioröhren und das sogenannte Anlagegeschäft, zu dem Elektrizitätswerke, Telefonnetze und Radiosender gehörten. Die Leitunternehmen etablierten schrittweise eine transnationale *governance*-Struktur, die nationale Industrien integrierte und das internationale Handelsregime und politisch bestimmte

---

16 *Hausman, Hertner u. Wilkins*, S. 125–138.
17 *Griset*, S. 38–43.
18 *Reich,* Lighting the path, S. 312–327.
19 *Survey of international cartels and internal cartels*, S. 39–40.
20 *British Electrical Allied Manufacturers' Association*, Combines and trusts, S. 27.

Kapitalströme ergänzte; maßgeblich vorangetrieben wurde diese Entwicklung durch General Electric.[21]

Tungsram sowie Ganz & Co. mussten sich dieser Kräfteverschiebung anpassen, um Anschluß an die technologische Entwicklung zu finden, neue Finanzierungsquellen erschließen und aus einem geschrumpften Binnenmarkt auszubrechen.

3.3 Zugang zu Kapital

3.3.1 Veränderte Bedingungen für Kapitalbeschaffung

Zusammen mit den multinationalen Monarchien verschwand in Ostmitteleuropa die hergebrachte Arbeitsteilung zwischen den Regionen. Die neuen, offenen und wenig ausbalancierten Volkswirtschaften der Nachfolgestaaten der Habsburgermonarchie hatten unterschiedliche Rechts-, Währungs- und Wirtschaftssysteme zu verschmelzen und regional verschiedene Infrastrukturen zu harmonisieren. Die Umsetzung dieser Herausforderungen war durch die Reparationsleistungen erschwert. Die neuen Volkswirtschaften wurden in ihrer Entwicklung auch dadurch gehemmt, dass sich das Wachstum des Welthandels im Vergleich zur Vorkriegszeit verringerte,[22] die internationalen Kapitalströme in neuen Bahnen flossen und intraregionale Spannungen Autarkiebestrebungen förderten.[23]

Theoretisch konnten Tungsram und Ganz mit einer guten Auftragslage rechnen, weil die neuen Staaten in die Modernisierung ihrer Infrastrukturen investieren und sie an die neuen Wirtschaftseinheiten anpassen mussten. Wenn überhaupt, war das Kapital dazu jedoch nur zu viel schlechteren Bedingungen als vor dem Krieg zu beschaffen. Denn Wien und Berlin, die zwei größten Kapitalgeber und vermittler der Vorkriegszeit, waren selbst auf Kapitalimport angewiesen, um die Wirtschaft wieder in Gang zu bringen und die Reparationsschulden zu begleichen. Zudem fand die ostmitteleuropäische Agrarproduktion keinen ausreichenden Absatzmarkt in Westeuropa. Erst als 1924 der Dawes-Plan die Voraussetzungen für die wirtschaftliche Genesung des Kontinents schuf, begannen sich US-Investoren

---

21 *Glimstedt*, S. 127; *Reich*, Lighting the path, S. 312–327.
22 Zu sich selbst stärkender Tendenz und ihren Auswirkungen s. *Capie*.
23 *Ritschl u. Straumann*, S. 176–179; *Bátonyi*, S. 224; *Ránki György*, Reorganization of the Danube valley.

mehr für Europa und auch Ostmitteleuropa zu interessieren. Die unzureichende Kooperation der leitenden Notenbanken machte die Lage kleinerer Schuldnerländer noch schwieriger.[24] Neue Kapitalquellen zu erschließen, war für Ungarn auch darum schwierig, weil Höhe und Dauer der Reparationsleistungen bis 1929 ungeklärt blieben. Der Friedensvertrag ließ den ungarischen Staat mit seinem gesamten Vermögen für die Reparationen bürgen, daher konnte Budapest Investoren keine Garantien bieten.[25] Abgesehen von einer kurzen Auseinandersetzung der Großmächte um die politische und wirtschaftliche Hegemonie im Donauraum Anfang der 1920er Jahre, als die Briten vorübergehend Österreich oder Ungarn als Basis in Erwägung zogen, war Ungarn für die Großmächte von keinem strategischen Interesse.[26]

Auch die Bedingungen innerer Kapitalakkumulation verschlechterten sich wegen der Kriegsverluste und der Zahlungsverpflichtungen; bis 1929 zahlte Ungarn zwar bar nur 40 Millionen Pengő (die ungarische Währung 1924–1946) an Reparationen, aber nicht weniger als 16,9 Milliarden Pengő wurden in Form von Sachleistungen oder zusätzlich zur Deckung von Vorkriegsschulden erbracht. Die interne Kapitalakkumulation fiel daher mit 5–6% in den 1920er Jahren auf die Hälfte des Niveaus von vor 1914.[27] Die Geldentwertung unterstützte zwar Wiederaufbau und Export, die Wirtschaft trat jedoch bereits Ende 1923 in die zerstörerische Phase der galoppierenden Inflation.[28]

Die Hyperinflation in Ungarn sowie die ebenfalls gravierende Geldentwertung und der schleppende Wiederaufbau anderer ost(mittel)europäischer Volkswirtschaften waren eine Gefahr für die wirtschaftliche Gesundung ganz Europas. Unter der Ägide des Völkerbunds erhielten deshalb 1923 Österreich, 1924 Ungarn, in den Folgejahren Bulgarien, Polen, die Freie Stadt Danzig, Rumänien, Estland und Griechenland internationale Stabilisierungskredite. Die ohne ausländische Garantien aufgenommenen ungarischen Anleihen von insgesamt 250 Millionen Goldkronen hatten hohe Risikoauflagen.[29] Im Rahmen der Währungsstabilisierung wurden die Vorkriegsschulden auf einen Wert von 1,1 Milliarden Kronen sowie die Höhe

---

24 *Pogány*, Kormányzati gazdaságpolitika, S. 52–53.
25 *Pogány*.
26 *Ránki György*, Reorganization of the Danube valley.
27 *Aldcroft*, S. 53.
28 *Ormos, Államkölcsön*, insb. S. 11–16, 139; *Boross*; *Berend u. Ránki*, Magyarország 1919–1929, S. 70–79.
29 *Nötel*, S. 195.

der Reparationen erstmals provisorisch festgelegt (10 Millionen Goldkronen jährlich von 1924 bis 1943; die Zahlungen nach 1943 blieben offen).[30] Der Pengő als neue ungarische Währung wurde an das britische Pfund gebunden, und die Nationalbank betrieb eine strenge Deflationspolitik, um den Kurs stabil zu halten. Diese Maßnahmen schufen eine Vertrauensbasis, um aus der politischen Isolation auszubrechen und ausländische Kapitalquellen zu erschließen.

Die Währungsstabilisierung löste kurzzeitig eine Krise aus und schuf mit der Bindung des Pengő an das überbewertete Pfund überaus schwierige Ausgangsbedingungen für die nächsten Jahrzehnte: Der überhöhte Kurs war nur durch eine deflationäre Politik zu halten, die Zinsen erhöhte und Kredite verteuerte.[31] Die Entwertung der Geldanlagen wurde durch die Stabilisierung offensichtlich: Die Geschäftsbanken verloren 77–80 % ihres Kapitals.[32] Die anschließende konjunkturelle Erholung stand auf tönernen Füßen, weil sie stark von der europäischen Wirtschaftsentwicklung abhängig war und Investitionen hauptsächlich mit Krediten finanziert wurden. Im Vergleich zur Vorkriegszeit musste Ungarn für diese Anleihen um 2–4 % höhere Zinsen zahlen und weitere drückende Konditionen auf sich nehmen. Außerdem waren die transatlantischen Geldgeber sehr vorsichtig: Nur 7 % des in den ausgehenden zwanziger Jahren nach Ungarn fließenden Kapitals gingen in Direktinvestitionen und nur 11 % als Kredite an die Industrie. Der überwiegende Teil bestand aus Staatsanleihen, die zunehmend nur noch der Rückzahlung der Schulden dienten.[33] Diese Kredite lösten wegen der höheren Risikoauflagen, der kurzen Laufzeit der an die Privatwirtschaft gewährten Kredite und der insgesamt verschlechterten Wachstumsbedingungen von Ungarns Wirtschaft kaum noch Wachstumsimpulse aus, und sie belasteten die interne Kapitalakkumulation. Damit zeigt der ungarische Fall, dass der internationale Kapitaltransfer in den 1920er Jahren kaum mehr wie vor 1914 als *development finance* funktionierte.[34]

---

30 *Hantos*, Kooperation.
31 *James*, S. XII.
32 *Pogány*, Válságok és választások sowie verschiedene Schätzungen in *Stiefel*, Die österreichischen Banken, S. 26.
33 *Péteri*, S. 31–32.
34 *Fishlow*, S. 418.

3.3.2 Effizienter Einsatz knapper Ressourcen: Systematische Elektrifizierung?

3.3.2.1 Elektrifizierung in Ostmitteleuropa

In den Nachfolgestaaten der Imperien erkannte man das ökonomische Potential der Elektrifizierung und die Notwendigkeit, die teilweise von starken Entwicklungsunterschieden geprägten Regionen zu integrieren; die neuen Staaten erließen daher Gesetze zu einer staatlich mitgetragenen systematischen Elektrifizierung.[35] In Österreich etwa galt die »weiße Kohle« als essentiell, damit das verkleinerte und von den schlesischen Kohlevorkommen abgeschnittene Land existenzfähig blieb.[36]

Die Energieproduktion in Ostmitteleuropa stieg in der Zwischenkriegszeit merklich an, doch blieb insgesamt das Entwicklungstempo immer noch stark hinter den industriellen Vorreitern zurück. So machte die Stromproduktion in Ungarn 1938 1,4 Milliarden kWh aus, im Vergleich zu 3 in Österreich, je 4 in der Tschechoslowakei und Polen und über 30 Milliarden kWh in Deutschland und in Großbritannien. Die Schere bei den Pro-Kopf-Verbrauchswerten ging also immer noch stark auseinander (Diagramm 1).[37]

Die Entwicklungshemmnisse in Ostmitteleuropa waren beträchtlich. Zum einen verlangten die Regionen energiepolitische Autarkie. Deswegen lösten sie Verbindungen zu den ehemaligen Machtzentren auf, wie es sich an der Abkopplung tschechoslowakischer und polnischer Regionen von deutschen Großkraftwerken oder der erzwungenen Veräußerung des Ganz-Kraftwerks in Cluj (ungarisch Kolozsvár, Rumänien) offenbarte.[38] Auch die neuen Nationalstaaten stellten sich Konzeptionen einer regionalen Stromversorgung entgegen.[39] Denn wegen der Gebietsstreitigkeiten kamen grenzüberschreitende Lösungen und Investitionen in die Infrastruktur nicht in Frage.[40] Die erschwerte Kapitalbeschaffung tat ein übriges: Die Größenordnung der für die Elektrifizierung der jungen Staaten notwendigen Investitionen stimmten Gläubiger vorsichtig, zumal Gewinnaussichten schlecht waren und man in den Kapitalzentren London und New York die politischen

---

35 *Krecke*; *Siegel*.
36 *Rothschild*; *Kraus*, S. 24.
37 *Kerényi*, S. 72.
38 MNL Z438_1_1 Protokoll, Direktionssitzung, Ganz Elektro, 19.10.1920.
39 *Kittler*, S. 142–246.
40 Bspw. *Verebély*, Hungary's power resources.

Diagramm 1: Stromproduktion in Ostmitteleuropa im internationalen Vergleich 1919–1938 (kWh/Kopf)

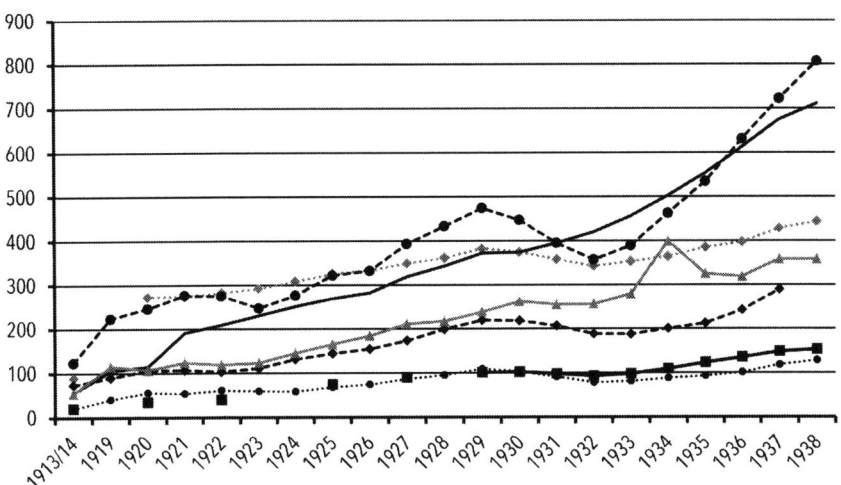

Quelle: *Hidvégi und Vonyó*, S. 59
Linien von oben nach unten: Deutschland, Großbritannien, Österreich, Italien, Tschechoslowakei, Ungarn, Polen

Spannungen in der Region nicht richtig einzuschätzen wusste. Besonders die Tschechoslowakei und Polen waren zudem ausgesprochen skeptisch gegenüber deutschen Investitionen in einem strategischen Sektor.[41]

Elektrotechnische Produzenten hatten insbesondere in Polen und Ungarn wegen der Armut des flachen Landes mit geringer Kaufkraft zu kämpfen. Deswegen waren sie auf eine vorausschauende Wirtschaftspolitik angewiesen, die die knappen finanziellen Ressourcen so effizient wie möglich einsetzte und durch technische Standardisierung Serienfertigung erleichterte. Standardisierung und planvolle Elektrifizierung waren Voraussetzungen zur Erweiterung des Binnenmarkts.

3.3.2.2 Elektrifizierung in Ungarn

Ungarn argumentierte in Trianon mit einer preiswerten und zuverlässigen Energieversorgung, um eine günstigere Gebietsregelung auszuhandeln; denn die energiewirtschaftliche Einheit des Königreichs sei Voraussetzung

---

41 *Hallon.*

für seine wirtschaftliche Entwicklung und damit auch den Wiederaufbau des Kontinents.[42] Dieses Argument drang jedoch nicht durch. Ungarn verlor seine bedeutendsten Wasserreservoirs, sämtliche damals bekannten Öl- und Gasfelder und fast 90 % seiner Wälder.[43] Zwar verblieben mehr als zwei Drittel der Kohlevorräte innerhalb der neuen Grenzen, sie waren jedoch von minderer Qualität. Die inländischen Energiereserven reichten nach Schätzungen für einhundert Jahre, vorausgesetzt, die Kohle würde zur Kraftgenerierung eingesetzt und nicht zum Heizen.[44] Diese Schätzungen galten allerdings nur unter der Voraussetzung eines linearen Anstiegs des Energiebedarfs.

Ferenc Zipernovszky, Kálmán Kandó und László Verebély, später Leiter der Elektrifizierungsabteilung der Staatsbahnen, entwickelten Konzepte für eine landesweite Stromversorgung.[45] Diesen Plänen war gemeinsam, dass einige große Torf- und Braunkohlekraftwerke eine koordinierte Stromversorgung sicherstellen sollten; kleine Wasserkraftwerke sollten für Bedarfsdeckung bei saisonal steigender Nachfrage sorgen.[46] Dadurch sollte sich der Kohlenimport auf hochwertige Sorten wie Koks beschränken und Ungarn bei der Stromversorgung auf lange Sicht autark werden. Regionale Konzessionen sollten Privatkapital aus dem In- und Ausland anlocken, zentrale Planung und Kontrolle der Stromversorgung die Kooperation der Kraftwerke und faire Abnehmerpreise gewährleisten.[47] Der Ausbau des Stromnetzes sollte zur Industrialisierung der ländlichen Regionen, Abschwächung von regionalen Entwicklungsunterschieden, Verbesserung der Lebensqualität und Erhöhung der Wettbewerbsfähigkeit von Industrie und Landwirtschaft beitragen.[48]

Die Elektrifizierung verlief bis weit in die 1920er Jahre trotz dieser Pläne ohne zentrale Steuerung und Kontrolle. Gesamtstaatliche Interessen in der

---

42 *Hajdú*, S. 949–950.
43 *Magyar Iparügyi Minisztérium Iparpolitikai Osztálya*, S. 4.
44 Debatte, Entwurf zum Elektrifizierungsgesetz, Sitzung Nr. 94 im Oberhaus, am 14.02.1931. FN Bd. VI. 1931, S. 69–83, insb. Rede v. Jenő Vida, S. 73–74; *Verebély, Elektrisierung*, S. 1.
45 *Zipernovszky, Vidéki elektromos műveink*, S. 13; *Verebély*, Hungary's power resources; *Verebély, Energiagazdaságunk*.
46 *Benedek*.
47 *Zipernovszky, Átmeneti gazdaság*, S. 12, *Verebély*, Hungary's power resources, S. 940; *Szilas*, Elektrizität 1927, S. 113.
48 No. 493 Törvényjavaslat a villamos energia fejlesztéséről, vezetéséről, szolgáltatásáról. A képviselőház által elfogadott szöveg. Indokolás [Gesetzentwurf Nr. 493 über Generierung und Leitung von wie Versorgung mit Strom. Die vom Abgeordnetenhaus akzeptierte Fassung. Erklärung], in: FI Bd. XIV. 1931, S. 89–113.

Energiewirtschaft kamen nicht zum Zuge. Hohe Effizienzverluste entstanden bereits bei der Finanzierung der Stromnetze, die so zusammengestückt waren, dass sie mit hohen Effizienzverlusten und Verbraucherpreisen arbeiteten, während ausgedehnte Gebiete unversorgt blieben.[49] Anfang 1926 waren fast die Hälfte der 211 Zentralen, die nennenswerte Strommengen lieferten, immer noch Zwergkraftwerke mit einer Leistung von unter 50 kVA, ein weiteres knappes Viertel mit einer Leistung von maximal 250 kVA.[50] Die Provinzstädte nahmen 1926/27 durch Vermittlung, aber ohne Garantie der ungarischen Regierung eine Anleihe in Höhe von 10 plus 6 Millionen Dollar in den USA auf.[51] Nur ein Bruchteil davon, nämlich etwa 8 % der ersten zehn Millionen[52] wurde in die Errichtung von Kraftwerken für einzelne Städte gesteckt, ohne einheitliche Standards oder kommunale Kooperation durchzusetzen. Damit war die Chance verschenkt, Kraftwerkskomponenten kostengünstiger produzieren zu können, und auf gesamtstaatlicher Ebene entstanden schwere Nachteile für Engergiewirtschaft, Strompreisbildung, Industrialisierung und Investitionen (Karte 2. und 3).

Dennoch wohnte 1929 bereits die Hälfte der Bevölkerung in mit Elektrizität versorgten Ortschaften, wenn auch bei weitem nicht alle Haushalte über Anschlüsse verfügten – nur 28 % der Bevölkerung verwendete elektrische Energie zur Beleuchtung.[53] Diese Bevölkerung war zudem stark um die Ballungszentren und die Kohlenreviere konzentriert, während der Großteil der etwa dreieinhalbtausend kleinen Kommunen weiterhin unversorgt blieb. Die Konzentration der Industrie und mehr als eines Zehntels der Bevölkerung in Budapest führten dazu, dass etwa die Hälfte der Elektrizität in der Hauptstadt generiert und verbraucht wurde: Die Budapester Elektrizitätswerke waren der größte Stromlieferant des Landes.[54] Die Elektrifizierung der 1920er Jahre ließ also die regionalen Unterschiede eher wachsen als geringer werden.[55]

---

49 Verebély, Csonkamagyarország villamosítása, S. 10–14; Haidegger, Energiewirtschaft Ungarns, S. 58.
50 Farkasfalvy, S. 335.
51 MNL Z51_221 Agreement. Government, Kingdom of Hungary »acting on behalf of certain Hungarian Cities«/Speyer & Co., New York. Hung. Cons[olidated] Municipal Loan, 11.07.1925
52 Éber, S. 203.
53 Szilas, Elektrizität 1929, S. 115.
54 Herrmann Miksa kereskedelmi miniszter a villamosításról, a villamosítási törvényről és az Ausztriával való villamosenergia kicseréléséről.
55 Hidvégi u. Vonyó.

Karte 2: Die Entwicklung der Stromversorgung in Ungarn 1920–1929: Mit Strom versorgte Ortschaften

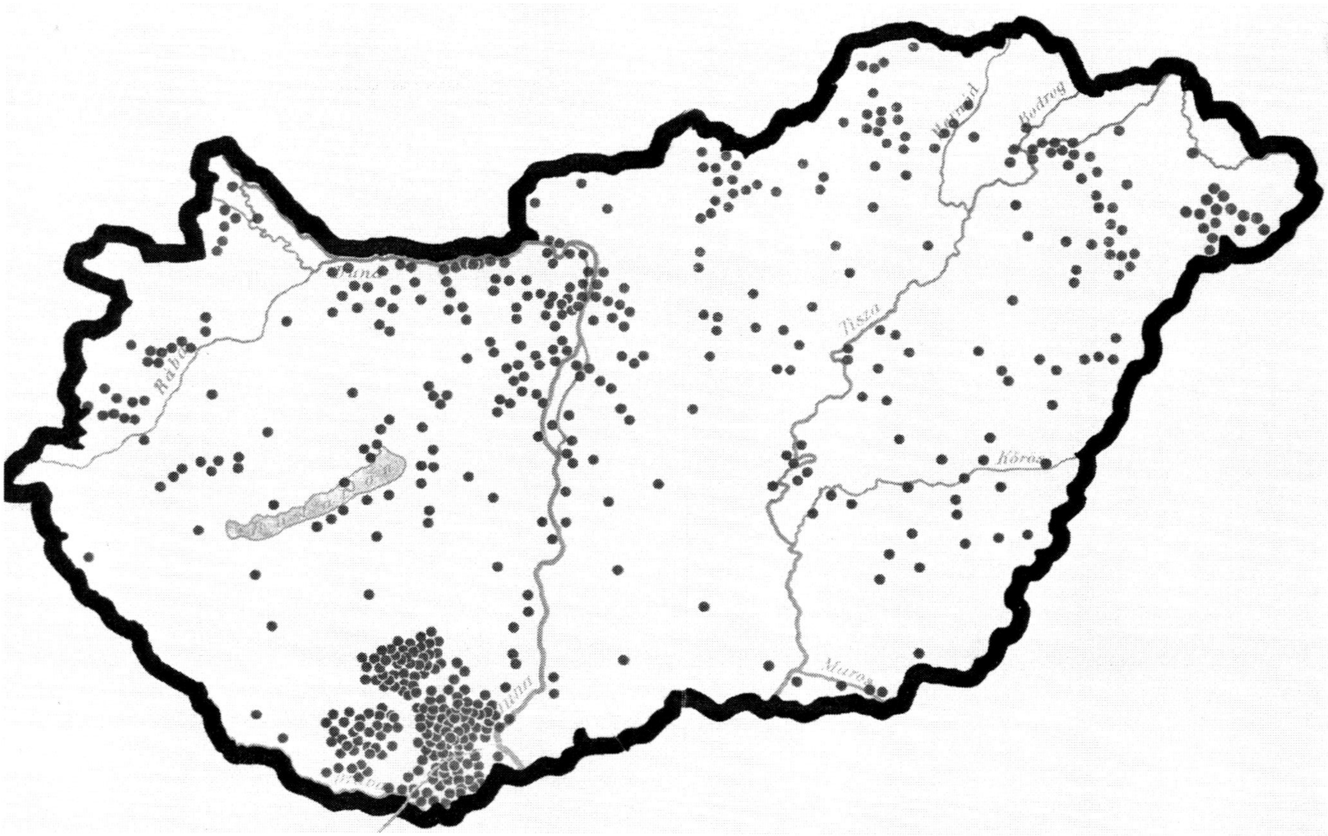

Quelle: OSZK Térképtár ST 66/TM 24 035 Halász, Albert, Érdi Krausz, György: A magyar villamosítás fejlödése 1920-tól 1929-ig [Die Ent-

Zugang zu Kapital 143

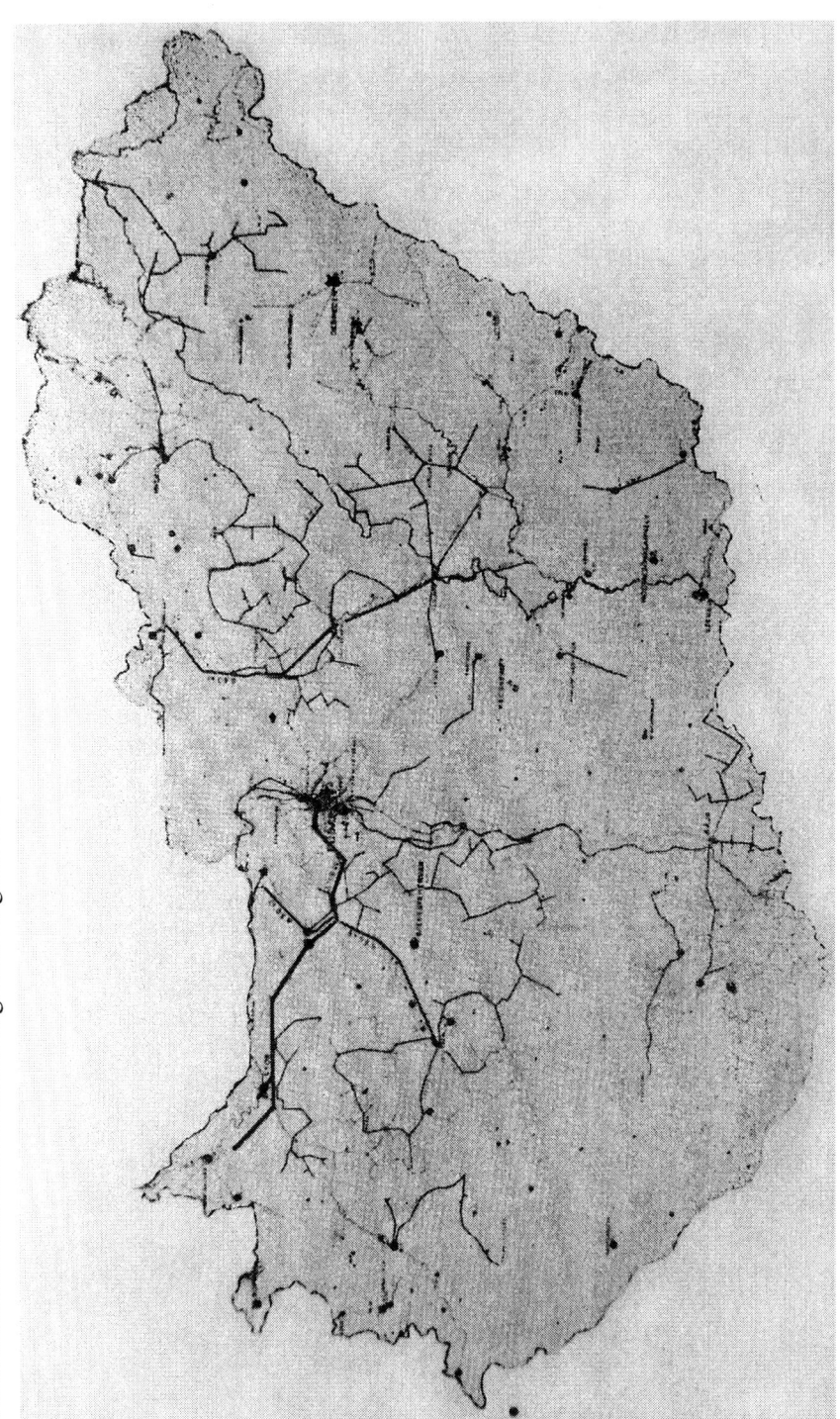

Quelle: Haidegger, Magyar energiagazdálkodás, S. 28

Während der Weltwirtschaftskrise kam der seit 1919 in der Schublade liegende, in den 1920er Jahren von Kálmán Kandó umgearbeitete Gesetzentwurf zur Elektrifizierung erneut auf die Tagesordnung.[56] Denn wachsende soziale Spannungen ließen es die dringender denn je erscheinen, das Gefälle im Lebensstandard zwischen Land und Stadt auch durch flächendeckende Elektrifizierung zu verringern. Der Entwurf formulierte drei Ziele. Erstens sollte Energieautarkie erreicht werden; daher sollte sich der Ausbau der Stromversorgung auf die effiziente Nutzung der in Ungarn verbliebenen minderwertigen Kohlereserven stützten. Zudem sollte Kohleverflüssigung weniger Ölimporte nötig machen, so dass sich das chronische Handesbilnanzdefizit verringerte. Ein weiteres Ziel war, mit Strom als billiger Antriebskraft die Produktivität der Landwirtschaft zu erhöhen und Gewerbe und Hausindustrie auf »Massenproduktion« (d. h. Serienfertigung) umzustellen. Schließlich sollte in Verlängerung dieses Effekts die Arbeitslosigkeit auf dem Lande zurückgehen.[57]

Bei den Gesetzesdebatten prallten einmal mehr die Interessengegensätze aufeinander; sie machten klar, welche Ursachen und Symptome die Stagnation hatte und unter welchen Wettbewerbsnachteilen Ganz und Tungsram litten.

Der Gesetzentwurf sah vor, die Elektrifizierung der strukturschwachen Regionen aus einem eigens dazu eingerichteten Fonds zu finanzieren, der aus Haushaltsmitteln, Strafgeldern beispielsweise bei illegaler Kabelverlegung auf kommunalen Grundstücken und durch Besteuerung des Stromverbrauchs zu füllen war. Gegner sahen am letzten Vorschlag eine Bestrafung des Fortschritts. Denn die Stromsteuer würde praktisch zu einer Umverteilung zwischen den bereits elektrifizierten Städten und den noch unversorgten ländlichen Regionen führen. Budapest hätte den größten Teil dieser Steuer zu bezahlen, aber die Abnehmer der kleinen Kraftwerke in der Provinz, die ihre hohen Betriebskosten durch hohe Strompreise deckten, wären noch stärker betroffen.

Inwieweit sich der Staat an Finanzierung, Regulierung und Kontrolle der Elektrifizierung beteiligen sollte, war ein weiterer Debattenpunkt. Mit Rücksicht auf die klammen Budgets von Staat und Kommunen wollte der Handelsminister das Privatkapital für Investitionen gewinnen, z. B. durch

---

56 *Jakobovits*, S. 473–474.
57 Debatte, Entwurf zum Elektrifizierungsgesetz, Sitzung Nr. 94., 14.02.1931, in: FN VI. 1931, S. 69–73.

regionale Versorgungsmonopole.⁵⁸ Der Entwurf wollte die Kooperation von Kraftwerken, deren Errichtung und Erweiterung fördern und die Preispolitik der Betreibergesellschaften staatlicher Kontrolle unterstellen und den Anteil der öffentlichen Hand an der Versorgungsinfrastruktur stärken; dazu sollten Kraftwerke nach 40 Jahren mit, nach 20 Jahren ohne Entschädigung übernommen werden können. Nicht nur Lobbyisten sahen darin ein Hindernis für langfristige Planung und Investitionen in die Erweiterung von Produktionskapazitäten und Leitungsnetzen.⁵⁹

Nachdem die Bereitschaft der Regierung zu einer monopolistischen Lösung bei der Elektrifizierung klargestellt worden war, führte die PMKB von Leopold Aschner vermittelte Vorverhandlungen mit der New Yorker General Electric. Für eine Vorfinanzierung hätte das von General Electric und IT&T geleitete Konsortium das Monopol für die Stromversorgung erhalten.⁶⁰ Die Verhandlungen wurden jedoch während der Banken- und Haushaltskrise abgebrochen.

Der Staat verfügte schlicht nicht über das Kapital für den Ausbau der Stromversorgung. Nur Privatinvestitionen boten nach Ansicht der Lobbyisten Gewähr für deren Effizienz und Rentabilität.⁶¹ Diese Position ging jedoch vor allem darauf zurück, dass die Stromversorger aufgrund der Verpflichtung der Kommunen zur Abnahme einer Mindeststrommenge keine Absatzkrise zu befürchten hatten.⁶² Die Stromversorgung war also einer der wenigen Geschäftszweige in Ungarn, die auch während der Weltwirtschaftskrise mindestens verlustfrei und in den größeren Städten sogar konstant profitabel blieb.⁶³

Das 1931 erlassene Gesetz (1931:XVI) war ein Kompromiss: Zwar leitete es die Rationalisierung der Elektrifizierung ein, indem einheitliche Regelungen für die Stromkonzessionen und zur Sicherung einer einheitlichen Stromversorgung größerer Gebiete getroffen wurden. Obwohl das Industrieförderungsgesetz auf die Stromversorger ausgedehnt wurde, war die finan-

---

58 Herrmann Miksa kereskedelmi miniszter a villamosításról, a villamosítási törvényről és az Ausztriával való villamosenergia kicseréléséről.
59 Jakobovits; Söpkéz.
60 MNL Z42_20 L. Aschner an Dir. Oliver Jacobi, PMKB. Újpest, 5. u. 10.11.1931.
61 Debatte über den Elektrifizierungsgesetzentwurf, Abgeordnetenhaus, 26.09.1930, Sitzung Nr. 440, Legislaturperiode 1927–1931, KN XXXII, 1930, S. 47–52.
62 MNL Z248_4_85 Direktion, Hungaria Elektrizitäts-AG, A villamosítás problémája [Der Problemkomplex Elektrifizierung]. Budapest, 9.03.1929.
63 Aktengruppe MNL Z248_4 Hungaria Elektrizitäts-AG.

zielle Beteiligung des Staats aber nur über den Elektrifizierungsfonds gewährleistet; das Abgeordnetenhaus lehnte dagegen die vom Oberhaus bereits bewilligte Besteuerung des Stromverbrauchs ab.[64] Auch noch 1935 hielt der Industrieminister eine systematische, mit öffentlichen Geldern finanzierte Stromversorgung mit Blick auf die langsame Wirtschaftsentwicklung für unangebracht.[65]

Die Folgen dieser Entwicklung, d. h. der ungesteuerten Elektrifizierung in den 1920ern bekam Ungarn in der zweiten Hälfte der 1930er Jahre zu spüren: Auf dem Lande konnte die Elektrifizierung nur aus Steuern finanziert werden, weil sich keine Privatinvestoren für die Stromversorgung der strukturschwachen Regionen fanden.[66] Für die Elektrifizierung von überwiegend landwirtschaftlichen Regionen, die auch beispielsweise in den USA große staatliche Investitionen erforderte,[67] und für den nachträglichen Zusamenschluss technisch unterschiedlicher Kleinnetzwerke reichte der dafür eingerichtete Fonds nicht aus; öffentliche Investitionen in die Stromversorgung setzten faktisch erst mit dem Rüstungsprogramm (*Győri program* oder Fünfjahresplan) von 1938 ein.[68]

Die Regierung versuchte, trotz des Moratoriums für den ausländischen Schuldendienst durch jährlich erneuerte Regelungen für die Zinsbegleichung zu demonstrieren, dass Ungarn seinen Zahlungsverpflichtungen nachzukommen, bereit sei. Mit Blick auf die Schwierigkeiten des Profittransfers und das finanziell enttäuschende Ergebnis für die Elektrobank Zürich als Hauptaktionärin der Hungaria Elektrizitäts-AG bei der Elektrifizierung der überwiegend landwirtschaftlich benutzten Großen Tiefebene, wo der Haushaltsbedarf den minimalen öffentlichen Stromkonsum nicht auffangen konnte, zeigten ausländische Investoren auch nach der Rezession nur am weiteren Ausbau der Stromversorgung der Hauptstadt Interesse.[69] Die Elektrifizierung, die in der Zwischenkriegszeit in den Industrieländern

---

64 MNL Z248_4_91 Pro Memoria az elektromos adókérdésről [Pro Memoria über die Frage der Stromsteuer] Hungaria, Budapest, 13.03.1936.
65 Nr. 89 A m.kir. iparügyi miniszter jelentése az országos villamosítás tájékoztató terve tárgyában. [Bericht des k.ung. Industrieministers zum Plan über die systematische Elektrifizierung] FI 1935–1940 Bd. II. S. 480–481.
66 *Verebély*, Csonkamagyarország villamosítása, S. 10–14.
67 *Lewis u. Severnini*.
68 *Haidegger u. Nagy*.
69 MNL Z248_88 Salgó, Direktion, Aktennotiz: Verhandlungen mit dem Ministerium für Landwehr. Budapest, 8.04.1930; MNL Z248_4_91 Elektrobank an Franz Chorin, Präsident, Salgó und Hungaria. Zürich, 14.01.1935.

die Produktivität steigen ließ,[70] konnte unter diesen Umständen in Ungarn kein Wachstumsmotor sein.

3.3.2.3 Bahnelektrifizierung

Internationale Kapitalströme waren in der Zwischenkriegszeit stark von der Politik abhängig, weil Regierungen ausländische Anleihen als eine Frage von politischer Souveränität und Macht betrachteten.[71] Die Stromversorgung war eine strategische Basisinfrastruktur, daher waren alle ostmitteleuropäischen Staaten zu ihrem Ausbau daran interessiert, Kapital aus dem politisch wohlgesonnenen Ausland ins Land zu holen, was in größerem Umfang gelang, nachdem ihre Währungen stabilisiert waren.[72] Die politischen Abhängigkeiten solcher Investitionen lassen sich an der ungarischen Bahnelektrifizierung exemplifizieren.

Die Elektrifizierung der Bahnen mit dem neuen Phasenkonvertersystem von Kálmán Kandó versprach, die Wirtschaftlichkeit der Stromversorgung wesentlich zu erhöhen. Die Bahnen waren nämlich anstatt der bis dahin üblichen Versorgung aus besonderen Kraftwerken wie in Italien oder der Schweiz direkt an das nationale Stromnetz anzuschließen. Dieses von Kandó bereits 1917 geltend gemachte Verfahren wurde auf der ersten Weltkraftkonferenz in London zum Leitprinzip der Bahnelektrifizierung erhoben.[73] Der konstant hohe Bedarf der Bahn konnte saisonale und tageszeitliche Schwankungen beim Stromverbrauch ausgleichen helfen. Der elektrische Betrieb galt jedoch Anfang der 1920er Jahre nur im Gebirge als kosteneffizienter als der Dampfbetrieb.[74] Da das verkleinerte Ungarn über keine großen Bergregionen mehr verfügte, fiel dieses Argument weg; doch blieben Ersparnisse beim Kohleimport immer noch ein hinreichendes Motiv. Das dafür vorgesehene Kraftwerk in Bánhida sollte auch Budapest und die umliegende Region besser mit Strom versorgen, womit das Projekt das lukrativste im Ungarn der Zwischenkriegszeit überhaupt wurde. So befanden sich bereits 1923/24

---

70 *Field*.
71 *Feis*, S. xxvi.
72 *Landau*; *Jajeśniak-Quast*; *Müller*, Ausgebeutet oder alimentiert?; Österreichisches Jahrbuch 1927, S. 137; *Oesterreichisches Wasserkraft- und Elektrizitäts-Wirtschaftsamt*, S. 23; *Hausman, Hertner u. Wilkins*, S. 138.
73 *Fojtán*, S. 249–251.
74 *Haidegger*, MÁV, S. 32; *Hughes*.

Verhandlungen mit den britischen *Power and Traction Ltd.* und *Metropolitan Vickers Ltd.* (Metrovick) in einem fortgeschrittenen Stadium, als sie abgebrochen wurden, vermutlich weil sich die neue britische Regierung stärker auf die Wirtschaft der Kolonien des Empire orientieren wollte.[75] Welche Bedeutung das kombinierte Elektrifizierungsprojekt für die ungarische Hauptstadt und die Bahnlinie Budapest-Hegyeshalom besaß, zeigte 1926 der persönliche Einsatz von Premierminister István Bethlen (1921–1931) für das britische Investitionsangebot, wie dieser überhaupt auf die Beziehungen zu Großbritannien setzte, um Ungarns politische Verhältnisse zu konsolidieren.[76] Seit 1927 orientierte sich Bethlen jedoch verstärkt auf Deutschland und Italien, zumal alle drei Länder ein gemeinsames Interesse an der Revision der Pariser Vorortverträge hatten. Infolgedessen wuchs in Großbritannien die Skepsis gegenüber dem ungarischen Regierungschef und einer besonderen Beziehung zu Ungarn. 1928 war auch das erste Jahr nach der Stabilisationskrise, als die neuen Auslandsanleihen den jährlichen Schuldendienst nicht mehr deckten. Daher sah Budapest britische Direktinvestitionen mit besonderem Wohlwollen, während das Projekt auch den Bestrebungen der britischen elektrotechnischen Industrie entgegenkam, ihre Vorkriegsposition als drittgrößter Exporteur wiederzuerlangen.[77]

Ganz & Co. legte ein Angebot für das Bahnelektrifizierungsprojekt gemeinsam mit der Kreditbank und dem Londoner Rotschild-Haus vor. Das amerikanisch-belgische Gegenangebot wurde von der PMKB eingereicht und hätte die zu ihrem Interessenkreis gehörenden Firmen Tungsram und VEAG begünstigt; die Entscheidung wäre dann nicht unbedingt zugunsten des Ganz-Kandó-Systems gefallen.[78] Wegen der Größenordnung der Investition wurde die Bahnelektrifizierung mehrfach aufgeschoben. Ihre Notwendigkeit und Wirtschaftlichkeit ebenso wie die technische Leistungsfähigkeit von Ganz wurden von der Konkurrenz auch öffentlich angezweifelt.[79]

Letztendlich wurde das Projekt unter dem Handelsminister, dem Maschinenbauingenieur Miksa Herrmann, der sich seit Anfang der 1920er für den Ausbau des Straßenverkehrs und die Elektrifizierung der Bahnen einsetzte, mithilfe eines Exportkredits von Großbritannien verwirklicht.[80] Dank einer

---

75 MNL Z425_65_72 Korrespondenz von Kálmán Kandó; *Fojtán*, S. 249–250.
76 *Frank*, Anglophiles; *Romsics*, István Bethlen, S. 167–169, 198, 217–219.
77 *Bátonyi*, S. 149–152.
78 *Bátonyi*, S. 141.
79 *Fojtán*, S. 251–252.
80 *Herrmann*.

Bürgschaft des britischen Finanzministeriums waren die Konditionen relativ günstig: Die erste Rate in Höhe von einer Million Pfund wurde zu 97 % des Nennwerts bei 4,5 % Zinsen emittiert. Während der Emission der zweiten Rate waren bereits die Auswirkungen der steigenden Verschuldung Ungarns zu spüren; 2,3 Millionen Pfund wurden zu 93 % des Nennwerts bei 6,5 % Zinsen ausgegeben.[81] Für 40 % der Kreditbeträge mussten britische Güter importiert werden, was die erhofften Synergieeffekte im ungarischen Maschinenbau notwendigerweise minderte. Dennoch handelte es sich um eine der größten Staatsinvestitionen in das Verkehrswesen der Zwischenkriegszeit, besonders wichtig für den Maschinenbau, der am Vorabend der Weltwirtschaftskrise immer noch nur etwa 70 % seiner Kapazitäten auslasten konnte. Neben Ganz beteiligte sich eine Reihe ungarischer Zulieferer daran. Das Kraftwerk in Bánhida war im Besitz einer öffentlichen Elektrizitätsgesellschaft, der Ungarischen Transdanubischen AG; es war das modernste in Ungarn, versorgte die 1929–1934 elektrifizierte Linie Budapest-Hegyeshalom und deckte einen Großteil des Strombedarfs von Nordwestungarn und von Budapest. Auch dank dieses preiswert erzeugten Stroms wurde die Stromlieferung zum lukrativsten Geschäft der Hauptstadt.[82]

Die Strecke, die Ungarn an eine der europäischen Hauptverkehrsadern anschloss, stellte die technologische Leistungsfähigkeit des Ganz-Kandó-Systems unter Beweis: Auf der Probefahrt erreichte die Kandó-Lokomotive in nur 2,5 Stunden Wien. (Sie war damit eine halbe Stunde schneller als die Railjets im planmäßigen Zugverkehr 2014.) Dieser Erfolg kam aber für das zweite Ganz-Kandó-System zu spät, um noch international konkurrieren zu können. In den 1920er Jahren wurden Bahnen in den Ländern bereits elektrifiziert, in denen Kapital vorhanden war oder beschafft werden konnte, so in Deutschland, Österreich, der Schweiz, Schweden und Norwegen (Einphasen-Niederfrequenz), in England, Frankreich, den Niederlanden, Spanien und in Mittel- und Süditalien (Gleichstrom) sowie in den USA, wo sich von den späten 1930ern die diesel-elektrische Traktion verbreitete.[83]

---

81 *Ránki*, Hungarian General Credit Bank, S. 362–363.
82 Reingewinn der Budapester Elektrizitätswerke 1938 über 10 Millionen Pengő, im Vergleich zu dem der Gas- und der Wasserwerke (1,5 bzw. knappe 1,3 Mio. Pengő). *Illyefalvi*, S. 192.
83 SCA Lh813 Tea Bahnen 1910–1949. Erfahrungen amerikanischer Elektro-Ingenieure auf einer Reise durch Europa, Auszug aus *Electrical Engineering* Bd. 67 (Sept. 1948), S. 841. Berlin-Siemensstadt, 25.11.1948; *Wirtschaftsgruppe Elektroindustrie*, S. 137.

Bei den industriellen Nachzüglern, die die Systementscheidung Anfang der 1930er Jahre immer noch nicht getroffen hatten, kam die Elektrifizierung aus Kapitalmangel auch in diesem Jahrzehnt nicht zustande. Pläne von Ganz & Co. wie die Elektrifizierung von 2000 km spanischer Bahnstrecken mit der Société des Ateliers de Sécheron Genf und dem österreichischen ELIN-Konzern konnten vor allem wegen der Weltwirtschaftskrise nicht realisiert werden.[84] Rumänien, wo Ganz & Co. aus politischen Gründen mit Metrovick und *Metropolitan Cammel Carriages Ltd.* (Metrocam) gemeinsam ein Angebot einzureichen plante, erhielt nicht den erhofften französischen Kredit dafür.[85] Die *sistema italiana* blieb auf Italien beschränkt, das zweite Kandó-System auf Ungarn.

Die Bahnelektrifizierung offenbart die Schwierigkeiten der Realisierung von großangelegten Infrastrukturprojekten infolge der veränderten Geographie und Kapitalausstattung von Ungarn sowie dessen bedingte Attraktivität für ausländische Investoren. Zugleich war der Spielraum der Regierung zwar begrenzt, aber nicht ausgeschöpft, solche Investitionen im Dienste der Innovation zu tätigen.

3.3.3 Ganz & Co.: Überlebenskampf auf stagnierendem Heimatmarkt

3.3.3.1 Die Verschuldung von Ganz & Co.

»[Ganz & Co.] has been fighting a stiff battle against financial interests which have narrowed down the home demand, especially in Budapest, and forced Hungary to import a high percentage of requirements, against political factors which have cut down the area it once supplied and, through the imposition of high tariffs, kept it out of the lost territory, and against technical difficulties, inseparable from the fact that the only experience available to the firm in many products has had to be found in export markets. It has been carrying out persistent propaganda in connection with the introduction of main-line electrification into Hungary, since it has specialized to some extent in electric traction and has supplied electric locomotives to the French railways, but financial considerations have ruled out such a possibility in the meantime.«[86]

---

84 MNL Z440_1_12 Verhandlungsprotokoll Ganz./Sécheron/ELIN. Budapest. 24–26.10.1929.
85 MNL Z420_1_1 Protokoll, Vorstandssitzung, Ganz & Co., Budapest, 18.09.1935.
86 *British Electrical Allied Manufacturers' Association*, Combines and trusts, S. 49.

Diese Momentaufnahme der *British Electrical and Allied Manufacturers' Association* von 1927 beschrieb die Schwierigkeiten insbesondere der Elektrosparte von Ganz & Co. sehr genau. Wegen der angeschlagenen Liquidität der Banken und mangels ausreichenden Spielraums im Staatshaushalt konnten Großprojekte in Ungarn nur mithilfe ausländischen Kapitals verwirklicht werden. Ganz hatte daher nicht die Gelegenheit, ausreichende Erfahrungen im Bereich der Planung und Durchführung von überregionalen Elektrifizierungsprojekten auf dem Heimatmarkt zu sammeln und den inzwischen immer deutlicher werdenden manageriellen Kompetenzrückstand wettzumachen.[87]

Ganz war deshalb im Wettbewerb gegenüber AEG und Siemens oder Brown Boveri stark benachteiligt, die mithilfe multinationaler Holdingunternehmen wie der Sofina Brüssel, der Elektrobank Zürich oder der Brown Boveri nahestehenden Züricher Firma Motor Columbus Projekte durchführten.[88] Diese Holdings übten Kontrolle über Zugang zu Technologie und Kapital aus. Ohne die Rückendeckung ungarischer Banken und mangels hinreichender Erfahrungen mit Großprojekten kam Ganz Elektro auf diesem oligopolistisch kontrollierten Markt nur als Zulieferant von Maschinen und Anlagen in Frage, in der Regel auf den alten Absatzmärkten.

Der Maschinenbau litt besonders stark unter den neuen Grenzen. Zwar blieben 82,1 % der Produktionskapazitäten im verkleinerten Ungarn,[89] aber der Absatzmarkt schrumpfte stark. Der Großteil der Rohstoffressourcen befand sich in den abgetrennten Gebieten in den neuen Staaten, die selbst die Industrialisierung förderten und Importe aus dem vormaligen Zentrum ablehnten.[90] Der einheimische Bedarf verringerte sich langfristig auch wegen der Strukturkrise der Landwirtschaft und des verkleinerten Bahnnetzes, zudem fehlte es an Kapital für die Modernisierung der Verkehrsinfrastruktur.

Während der Stabilisationskrise machten sich die strukturellen, von der Reparations- und Inflationskonjunktur zunächst etwas verdeckten Probleme

---

87 Vgl. Entwicklung der österreichischen elektrotechnischen Industrie in den 1920ern *Wessels*, S. 191–203.
88 Die 1895 gegründete Motor AG für angewandte Elektrizität fusionierte 1923 mit der Columbus AG für elektr. Unternehmungen. *Lagendijk*, S. 53 1929 wurde IGEC bedeutender Anteilseigner in diesem Holding.
89 *Boross*, S. 107.
90 *Stiefel*, Die große Krise, S. 320.

der Maschinenbauindustrie umso heftiger bemerkbar. Die Ganz-Fabrik hatte 1916 einen Maximalausstoß von 3771 Waggons erreicht, produzierte um 1922 hingegen nur noch 1123, schließlich 1933 nicht mehr als drei Stück.[91] Die Direktion gestand 1927 ein, dass die anfängliche Konjunktur dazu beigetragen hatte, Modernisierung und Anpassung der Produktpalette aufzuschieben.[92] Denn die Nachfrage nach den traditionellen Exportprodukten der ungarischen Maschinenbauer ging stark zurück. 1923 halbierte Ganz die Walzmühlenproduktion, der Waggon- und der Schiffbau kamen bald nahezu völlig zum Stillstand.[93] Erst jetzt folgte eine Phase der Rationalisierung und Rekonstruktion. So kaufte Ganz mithilfe der Kreditbank vier kleinere, zum Bankkonzern gehörende Betriebe auf.[94]

Die Rekonstruktion der Staatsbahnen weckte große Hoffnungen auf eine Revitalisierung der Maschinenindustrie; doch das erforderliche ausländische Kapital konnte nicht beschafft werden. 1929 gab es Pläne, den Zulieferern durch jährliche Vorfinanzierungskredite die Finanzierung zu ermöglichen;[95] die Weltwirtschaftskrise machte aber auch dieses Vorhaben hinfällig.

Die Anpassung der Produktionskapazitäten von Ganz & Co. an die neuen Grenzen wurde durch die Nostrifizierung der Werft in Fiume etwas vereinfacht. Die Ganz-Werft in Budapest blieb aber immer noch zu groß für Ungarn, zumal die ungarische Flotte durch den Friedensvertrag verkleinert wurde.[96] Nach dem Ende der Reparationsaufträge und der Instandsetzung der verbliebenen Handelsflotte trat von 1924 bis 1933 Stagnation im ungarischen Schiffbau ein. Die Donau-Seefahrtschiffe bildeten gleichwohl die technischen Grundlagen für eine langsame Wiederbelebung ab etwa 1934, ohne dass der Schiffbau quantitativ sonderlich zunahm. Veränderungen gab es nur bei den Schiffsgrößen und der Verbreitung von Dieselmotoren.[97] Ohne Exporte konnte also keine der Branchen von Ganz ihre Kapazitäten ausschöpfen.

---

91 *Baránszky-Jób u. Szondy*, S. 69–71; MNL Z421_1_1 Protokoll, Direktionssitzung Ganz & Co., Budapest, 27.05.1927.
92 *Boross*, S. 119.
93 *Berend u. Ránki, Magyarország 1919–1929*, S. 318–320.
94 MNL Z421_1_1 Protokoll, Direktionssitzung, Ganz & Co. Budapest, 26.11.1927.
95 *Az iparvállalatok finanszírozzák az államvasutak rekonstrukcióját.; A minisztertanács elvben már elfogadta a gyáripar ajánlatát az államvasutak reorganizálásának finanszírozására.; Mitől várjuk a helyzet jobbra fordulását?.*
96 *Magyar Iparügyi Minisztérium*, S. 55–59; *Draskóczi u. Honvári*, S. 343.
97 *Gombás*, S. 178.

Die im Krieg entstandenen Überkapazitäten verursachten auf dem Weltmarkt heftige Preiskonkurrenz und behinderten den Export. Budapest war sehr viel weniger als die führenden Industriestaaten in der Lage, Exportförderung zu betreiben.[98] Die angeschlagenen ungarischen und österreichischen Großbanken konnten Ganz & Co. ebenfalls nicht mehr durch umfassende Vorfinanzierung unterstützen.[99] Von den Lieferungen von Ganz Elektro in 15 Länder in Europa, Südafrika, Südamerika, Indien und Ägypten warfen allein die Exporte nach Rumänien und Jugoslawien, das waren etwa ein Drittel von Ganz Elektros Gesamtexporten, etwas Gewinn ab. Die übrigen Aufträge wurden zu Dumpingpreisen ausgeführt, um Beschäftigungstand und Marktpräsenz zu halten. So schrieb Ganz Elektro von 1925 an rote Zahlen.[100] Dividenden wurden 1925–1928 aus den latenten Reserven gezahlt, um das Vertrauen der Aktionäre nicht zu verlieren. Diese Reserven schrumpften bis Ende 1928 auf magere zwei Millionen Pengő.[101] Die noch schwierigere Finanzlage der Muttergesellschaft veranlasste die Kreditbank, die Fusion beider Unternehmen einzuleiten (Tab. 4, 5).

3.3.3.2 Die Beteiligung von IGEC und AEG an Ganz & Co.

Ganz & Co. suchte daher Ende der 1920er dringend nach einem Investor. Letztlich fand sich dazu die General Electrics Tochtergesellschaft für Auslandsgeschäfte, die International General Electric Company (IGEC), die schon über Tungsram ein Standbein in der ungarischen Elektroindustrie hatte. Die IGEC führte den Kauf im Sinne der 1929 eingeleiteten Konsolidierung der europäischen Elektroindustrie zusammen mit den deutschen Leitunternehmen durch: Mit der Beteiligung an Ganz & Co. wollte die IGEC die Erweiterung des deutschen Anteils auf dem ungarischen Starkstrommarkt erleichtern und einen Konkurrenten in Ostmittel- und Südosteuropa aus dem Weg räumen.[102] Die IGEC förderte außerdem eine Interessengemeinschaft von AEG und Siemens. Zur Stärkung der deutschen Konkurrenz-

---

98 U. a. *Az államvasutak rekonstrukciója és az export problémái*. Vgl. *Ebi*, S. 268.
99 *Hertner*, Financial strategies, S. 155.
100 MNL Z438_1_1 Protokoll, Exe.-Kom. Sitzung, Ganz Elektro. Budapest, 1.01.1925, 18.06.1927, 4.08.1927.
101 MNL Z437_1_1 Protokoll, Exe.-Kom.-Sitzung, Ganz & Co. Budapest, 13.04.1926 (beigefügt: Bilanz vom 1.01.1925) und 18.06.1927.
102 DTMB Telefunken I.2.060 C 2542/1136 C. H. Minor, IGEC, an Dir. Dr. Bücher, AEG. Luzern, 15.07.1930.

partner erhöhte sie 1929 ihre Beteiligung an der AEG und Osram auf 25 % und gab Siemens einen Kredit von 11,5 Millionen US-Dollar mit einer Laufzeit von 99 Jahren.[103] Die AEG gab ihr Einverständnis an einer Beteiligung von Siemens an Ganz & Co., denn die Geschäftsleitung erklärte sich »quite willing to support all measures which lead to a consolidation of the German electrotechnical industry.«[104] Eine Fusion von AEG und Siemens kam schließlich wegen der Unterschiede der Unternehmensstrukturen und mehr noch des Führungs- und Finanzierungsstils doch nicht zustande, noch sollte es zu einer Beteiligung von Siemens an Ganz kommen. Bei der letzteren Transaktion kam die AEG zum Zuge.

Die Kapitalerhöhung und Beteiligung ausländischer Investoren waren innerhalb der Ganz-Direktion umstritten. Vor allem die Kreditbank als Mehrheitseigner und gleichzeitig größter Gläubiger befürwortete dies. Sie versprach sich davon, Ganz' Finanzlage zu konsolidieren und technologische Rückstände aufzuholen. Zu den Gegnern ausländischer Investorenbeteiligung zählte Generaldirektor Pál Prager; er fürchtete um die Autonomie der Gesellschaft und sprach sich dafür aus, durch strategische Partnerschaften technologisch mit ausländischen Unternehmen gleichzuziehen, mit denen Ganz & Co. sich auf Augenhöhe befand. Doch die Direktion wies Pragers Vorschlag zurück, ohne ihn auf seine Realisierungschancen zu prüfen.[105]

Da sich die Liquidität der Kreditbank selbst alarmierend verschlechterte, suchten IGEC und AEG dafür zu sorgen, dass die für Ganz bereitgestellten Summen nicht an die Kreditbank gingen. Die Kreditbank hatte durch nicht zurückgezahlte Kriegsanleihen, durch Nostrifizierung ihrer Filialen in den abgetrennten Gebieten und durch Entwertung ihrer Reserven infolge der Hyperinflation hohe Verluste zu verkraften. Außerdem häuften Regierung, Behörden und Staatsbetriebe hohe Schulden bei der Bank an.[106]

Um ihre Geldauslagen nicht zu gefährden, prolongierten die Banken Anleihen an Industrie und Handel regelmäßig und stellten neue Kredite u.a. für die Exportfinanzierung bereit. So finanzierte die Kreditbank Maschinenbauer wie die Ganz-Fabriken weiter. Da die Fusion mit der kleineren, aber soliden Tochter Ganz Elektro die Finanzprobleme von Ganz & Co.

---

103 *Schröter,* Typical factor, S. 166.
104 DTMB Telefunken I.2.060 C 2542/1136 Dir. [Hermann] Bücher, AEG, an Clark H. Minor, IGEC, Paris. [Berlin], 19.07.1930; *Feldenkirchen,* Siemens, S. 166.
105 *Szekeres u. Tóth,* S. 164–167, 175–177.
106 *Pogány,* Bankválság, S. 117–118, 123.

nicht aus der Welt schaffen konnte, wuchsen die Schulden der Gesellschaft bis Oktober 1931 alleine bei der Kreditbank auf 23,7 Millionen Pengő. Diese Summe machte etwa 15 % von allen von der Kreditbank an Industrieunternehmen gewährleisteten Krediten aus.[107] Die Kreditbank kam für diese Transaktionen des Öfteren mithilfe kurzfristiger ausländischer Anleihen auf, infolgedessen die Auslandskredite der Bank bis Juli 1931 auf 40 % ihrer Gesamtverschuldung stiegen.[108] Die Liquiditätsprobleme des ungarischen Staates selbst waren ein fundamentales Problem: Industrieunternehmen konnten in der Regel nur an öffentliche Aufträge gelangen, wenn sie diese vorfinanzierten. So hatten die Ganz-Fabriken 1931 bereits sechs Millionen Pengő Forderungen gegenüber dem Staatshaushalt und Staatsbetrieben,[109] aber die Forderungen der Kreditbank selbst erreichten zum gleichen Zeitpunkt 17 % der laufenden Einnahmen des Staatshaushaltes. So verschärften die Staatsschulden die Bankenkrise[110] und verschlimmerten die finanzielle Instabilität der Industrieunternehmen. Die Verschuldung der Kreditbank, die 1931 einen Anteil von 42,8 % an der Gesamtschuld der ungarischen Banken hatte, war wegen ihrer finanzpolitischen Schlüsselposition besonders alarmierend. Die konkurrierende ungarische Großbank, die PMKB, Anteilseigner von Tungsram, reduzierte ihre industriellen Beteiligungen nach 1918 und betrieb eine sehr konservative Kreditpolitik, was sich in einer weitaus geringeren Verschuldung bezahlt machte.[111]

Die IGEC kaufte im August 1930 86.250 neu emittierte Aktien von Ganz & Co. und damit 25 % vom Stammkapital.[112] Diese Übernahme erfolgte zur Hälfte namens der IGEC, aber auf Rechnung und in Treuhandschaft der AEG. Diese Aktien waren nach drei Jahren der AEG zu übergeben. Auf die andere Hälfte räumte die IGEC der AEG eine Kaufoption zum Einstandspreis zuzüglich 8 % Jahreszinsen ein, die bis zum Ende des fünften Jahres ab Verkaufsdatum realisiert werden konnte. Die Buchprüfer der IGEC

---

107 dies., Bankárok és üzletfelek, S. 55–56.
108 MNL Z61_11_74 Hiteleink megoszlása piacok szerint [Geographische Verteilung unserer Anleihen] 26.02.1934 und Obligónk per 30.09.1936 [Der Stand unserer Obligationen am 30.09.1936].
109 MNL Z421_1_1 Direktionssitzungen von Ganz & Co., insb. am 27.05.1921 u. 17.11.1922.
110 *James*, End of globalization, S. 53, 57–58.
111 *Pogány*, Industrial clientele; *Pogány*, Bankválság, S. 130.
112 DTMB AEG 1.2.060 A 00323 Aktennotiz [über Beteiligung der AEG und IGEC an] Ganz & Co. Budapest. Berlin, 31.05.1938.

hatten einen guten Eindruck von Ganz' Finanzlage gewonnen, die allerdings mit Buchhaltungstricks wie Vor- und Nachdatierungen von Aufträgen geschönt worden war.[113] Alle Beteiligten hofften, Ganz & Co. würde sich mit dem Verkaufbetrag von 9.487.500 Pengő langfristig finanziell konsolidieren.[114] Aus dieser Einschätzung heraus nahm die AEG ihre Kaufoption gleich im September 1930 wahr. Zahlung und Aktienübergabe sollten zwar erst fünf Jahre später erfolgen, davon waren aber die Aktionärsrechte der AEG nicht berührt. Praktisch gewährte also die IGEC der AEG einen Kredit.

Der Kauf wurde deswegen namens der IGEC abgewickelt, weil die ungarische Öffentlichkeit wegen des zunehmenden deutschen Übergewichts in der ungarischen Industrie beunruhigt war.[115] Doch eigentlich sollte die AEG Einfluss auf Ganz & Co. gewinnen. Über dieses Arrangement bestand nicht bei allen Beteiligten von Anfang an Klarheit: Ganz & Co. wurde formell über den Kauf durch IGEC und die Zusammenarbeit der westlichen Partner informiert; dem Unternehmen standen Patente und Know-how beider Partner in einem festgelegten Rahmen zu.[116] Allerdings wurde Ganz nicht mitgeteilt, dass die IGEC ihren Anteil komplett an die AEG übergeben würde; entsprechende Anweisungen ergingen an die Darmstädter und Nationalbank (Danat-Bank), welche die Transaktion abwickelten.[117] Die drei Vertreter von General Electric in der Ganz-Direktion traten erst im März 1939 zurück.[118]

Die Ganz-Direktion sollte die federführende Rolle der AEG in der eigenen Firma stillschweigend hinnehmen. Ganz versuchte dennoch, sich auf IGEC zu orientieren, und bat diese um ein Darlehen an die Ungarischen Staatsbahnen, damit diese einen größeren Auftrag an ungarische Maschinenbauer einschließlich Ganz selbst vergeben konnten. Der AEG-Direktor spottete dazu:

---

113 DTMB Telefunken I.2.060 C 2542/1136 Clark H. Minor, Präsident, IGEC, an Dir. Bücher, Osram, Berlin. Luzern, 13.08.1930; Szekeres und Tóth (1962), S. 175–176.
114 *Lanthier*, IGEC, S. 173.
115 DTMB Telefunken I.2.060 C 2542/1136 Übersetzung: Protokoll, außerordentliche Generalversammlung, Ganz & Co. Budapest, 22.08.1930, S. 3–4.
116 DTMB Telefunken I.2.060 C 2542/1136 11.07.1930 Clark H. Minor an Dir. Hermann Bücher, AEG, Berlin und Clark H. Minor an Dir. [Gy.] Klein, MÁH. Berlin 11.07.1930.
117 DTMB Telefunken I.2.060 C 2542/1136 Clark H. Minor, IGEC, Paris an Jakob Goldschmidt, Präsident, Danatbank. Berlin, 11.07.1930.
118 Diese Entscheidung wurde auf Wunsch von Ganz bis zur Generalversammlung nicht veröffentlicht. MNL Z426_6_37 [Generaldirektor Pál Prager] Ganz & Co. an Clark H. Minor, President, IGEC, New York. Budapest, 13.12.1939 inkl. ihren Telegrammwechsel.

»As you know the Ganz people were rather reluctant to discuss the situation with the AEG. Apparently they believe it is easier for them to get money if they ask the Americans alone and have not the AEG people investigating their propositions too. I am under the impression since the conclusion of our first deal with Ganz & Co. that the Ganz people really live under this – rather primitive – assumption.«[119]

Die ungarischen Manager mussten mangels Kenntnis der Spielregeln offenbar erst lernen, dass die Deutschen das eigentliche Sagen in Südosteuropa hatten.

Die Beteiligung von AEG und IGEC wirkte sich auf die einzelnen Sparten von Ganz & Co. unterschiedlich aus. Ganz durfte die elektrotechnischen Patente der beiden Unternehmen gegen Bezahlung bei gleichbleibender Produktpalette in einem ausgehandelten Wirkungskreis nutzen. Die mit diesen Patenten gefertigten Erzeugnisse durften in Österreich und der Tschechoslowakei nicht mehr vermarktet werden, nur für die übrigen galt keine Vertriebsbeschränkung. Die Investoren waren bereit, die mechanische Sparte durch Auftragsbeschaffung zu unterstützen. Ihr Know-how bot während der zehnjährigen Vertragslaufzeit gewisse Chancen für Rationalisierung, Sanierung und Konsolidierung.

Ganz & Co. litt unter dem nahezu vollständigen Ausbleiben öffentlicher Aufträge. Die Kreditbank konnte die Kredite schwer verlängern, da der Zusammenbruch der österreichischen Credit-Anstalt das Vertrauen gegenüber der Kreditbank, ihrer Partnerinstitution erschütterte, so dass Gläubiger auch von der Kreditbank ihr Geld abzogen.[120] Das Ausmaß der Verschuldung von Ganz & Co. wurde AEG und IGEC erst 1931 klar. Allein die kurzfristigen Anleihen stiegen auf 40 Millionen Pengő.[121] Der ursprünglich 1926 für ein Jahr von einem amerikanischen Bankenkonsortium unter Goldmann, Sachs & Co. vergebene Kredit wurde jährlich verlängert und konnte bis Kriegsausbruch nicht zurückgezahlt werden.[122] Infolge der Zinseszinsen stieg die Summe so weit an, dass Ganz & Co. 1937 das Kraftwerk

---

119 DTMB Telefunken I.2.060 C 2542/1136 Dir. Hermann Bücher, AEG, an E. A. Baldwin, Vice-President, IGEC, Paris. Berlin, 15.07.1931.
120 DTMB Telefunken I.2.060 C 2542/1136 Aktennotiz 11.08.1931 Berlin. [Verhandlungen über] Ganz & Co. 5–6.08.1931 mit Vertretern von IGEC, Ganz & Co. und AEG«.
121 DTMB Telefunken I.2.060 C 2542/1136 Dir. H. Bücher, AEG, an E. Arthur Baldwin, Vice President, IGEC, Paris. [Berlin], 15.07.1931 Vgl. *Wessels*, S. 364–365.
122 MNL Z432_7_40 Aktengruppe Goldmann, Sachs & Co.-Kredit.

in Feldbach und die Österreichische Ganz GmbH an die Amerikaner verkaufen und einen Teil der Exporterträge regelmäßig direkt an sie abtreten musste.[123]

Ganz versuchte während der Verhandlungen mit IGEC und AEG, mit finanzieller Unterstützung der Amerikaner die wenig ausgelastete und mit hohen Fixkosten arbeitende Waggonfabrik abzustoßen oder ihren Absatzmarkt zu erweitern. Die angedachte Fusion der Ganz-Waggonfabrik mit der Waggon- und Maschinenfabrik der Ungarischen Staatsbahnen (MÁVAG) stellte wegen der hohen Verschuldung der letzteren keinen gangbaren Weg dar. Für die alternative Lösung, die Waggonfabrik an den Staat zu verkaufen, bot IGEC günstige Konditionen an,[124] und die AEG, die dieses Geschäft zur Hälfte vorfinanzieren sollte, knüpfte daran große Hoffnungen.[125] Trotzdem verliefen die Verhandlungen im Sand, als bekannt wurde, wie desolat die Staatsfinanzen waren.

Mithilfe rigoroser Einsparungen gelang es Ganz, 1930–1933 die Betriebskosten von 5,2 auf 2,8 Millionen Pengő und die Fixkosten von 16,2 auf 8,7 Millionen Pengő zu senken.[126] Die Arbeiter reagierten mit Streiks.[127]

An diesen Zahlen werden vor allem die Konsequenzen der Stagnation auf dem Heimatmarkt für Ganz' elektrotechnische Sparte offenbar, die auch nach der Weltwirtschaftskrise nicht richtig vom Fleck kam; nur die Elektrifizierung der Budapest-Hegyeshalom-Linie sorgte für eine Umsatzspitze im Jahre 1934. Diese Sparte war auch weniger imstande, die sinkenden Inlandsaufträge durch Exporte auszugleichen.[128] Die Ganz durch das IGEC-AEG-Lizenzabkommen auferlegten Absatzverbote spielten dabei eine wichtige Rolle. Die mechanische Sparte, also die Eisengießerei, der Maschinenbau und die Waggonfabrik, bot von 1936 an im Auslandsgeschäft ein besseres Bild (Tab. 6). Die jährlichen Verluste von durchschnittlich über sechs Millionen Pengő während der Weltwirtschaftskrise konnten bis 1936

---

123 MNL Z426_8_60 Korrespondenz, Ganz & Co./europäische Vertreter des Bankensyndikats 1938–1940; MNL Z420_1_1 Protokoll, Vorstandssitzung Ganz & Co., 4.02. u. 4.03.1935.
124 DTMB Telefunken I.2.060 C 2542/1136 Dir. [Hermann] Bücher, AEG an Pál Prager, Ganz & Co. Berlin, 21.07.1931, E. A. Baldwin, Vice-Pres., IGEC, an Dir. Bücher, AEG. Paris, 15.06.1931.
125 DTMB Telefunken I.2.060 C 2542/1136 Dir. Bücher, AEG an Dir. Baldwin, IGEC, in Kopie an Pál Prager, Ganz & Co., Budapest. [Berlin], 15.07.1931.
126 MNL Z432_7_40 Ganz & Co. an Goldmann, Sachs & Co., New York, 20.09.1935.
127 *Szekeres u. Tóth*, S. 184–197.
128 Vgl. *Wessels*, S. 333–344.

auf 1,5 Millionen Pengő gesenkt werden. Die Reserven des Unternehmens schrumpften in dieser Zeit praktisch auf Null, von etwa 8,4 Millionen 1933 auf ganze 539 (!) Pengő im Jahre 1936.[129]

Die anhaltenden finanziellen Probleme von Ganz & Co. sind im Kontext der Gesamtentwicklung des ungarischen Maschinenbaus zu sehen, der erst 1938 wieder den Produktionsstand von 1929 erreichte.[130] Die Ganz-Werke waren in den Jahren dazwischen so wenig ausgelastet, dass die Firma 1937 sogar in britischen Fachzeitschriften Anzeigen schaltete.[131]

Das von IGEC und AEG eingebrachte Kapital ermöglichte Ganz zwar eine kurze Verschnaufpause, löste aber die Probleme nicht: Die wegen der zu breiten Produktpalette zersplitterten Ressourcen, die Stagnation auf dem Binnenmarkt und der zunehmende Protektionismus machten dem Unternehmen zu schaffen. Auf dem primären Absatzmarkt drängte die deutsche Konkurrenz mit staatlicher Unterstützung voran, während weder der ungarische Staat noch die am Rande der Liquidität balancierende Kreditbank Hilfe leisten konnten.[132] Erst am Vorabend des Zweiten Weltkriegs und nach Zusammenlegung des Aktienkapitals konnte Ganz eine ausgeglichene Bilanz herstellen, nicht zuletzt durch den Exporterfolg der Ganz-Jendrassik-Dieseltriebwagen. Bis Mai 1941 konnte Ganz & Co. schließlich die Schulden an das amerikanische Konsortium zurückzahlen.[133]

3.3.4 Tungsram in der Weltwirtschaftskrise: Überleben dank transnationaler Integration

Unterdessen entwickelte sich Tungsram trotz derselben Wachstumshemmnisse zu einem der solidesten Unternehmen des Landes (Tab. 7). Das war hauptsächlich darauf zurückzuführen, dass die Modernisierung der Kommunikationsinfrastruktur in Ungarn und in den Nachbarländern Mitte der

---

129 Der Schuldendienst von Ganz & Co. im Rahmen der jährlichen Stillhaltevereinbarungen: Aktengruppe MNL Z53_163 MÁH Industrieabteilung.
130 *Dombrády*, S. 19.
131 MNL 425_23_77 Ferenc Klein, Ganz & Co., an Gen.-Dir. Herzog Károly Odescalchi, z.Z. in London. Budapest, 8.03.1937.
132 *Pogány*, Bankválság, S. 129–130.
133 Beträge von insgesamt weniger als 200.000 USD standen noch aus, deren Gläubiger vom Syndikat ausgetreten waren. MNL Z61_15 Devisenabteilung MÁH an MNB. Budapest, 17.05., 23.06.1941.

1920er Jahre Tungsram lukrative Investitionen sicherte, weil das während des Kriegs und bei Beginn der Inflation aufgebaute Finanzpolster und die verlängerten Lizenzverträge mit der IGEC und der in IT&T aufgenommenen Western Electric Company es möglich machten, diese Chancen zu ergreifen. Die Mitgründung des internationalen Glühlampenkartells Phoebus sicherte die Profitabilität der Glühlampensparte. Der Kurswert des Unternehmens wurde 1925 auf 6.822.000 USD geschätzt; seine günstige Wachstumsperspektive[134] ermöglichte der Geschäftsleitung, 1925 mithilfe der IGEC von der Morgan-Gruppe eine Investitionsanleihe zu wesentlich günstigeren Bedingungen zu erhalten, als die Tungsram-Inhaber PMKB und die Niederösterreichische Escompte Gesellschaft für ostmitteleuropäische Unternehmen zu vermitteln imstande waren.[135]

Unter solchen Bedingungen verwandelte sich Tungsram von einer bankkontrollierten Gesellschaft bis 1930 in einen Partner der beiden Banken, die Tungsrams lukrative Geschäfte untereinander sorgfältig aufteilten.[136] Die PMKB verpflichtete sich, keinen Konkurrenten von Tungsram finanziell zu unterstützten. Die Escompte ging eine entsprechende Verpflichtung nur für Österreich und Ungarn ein, aber mit Blick auf die angeschlagene Liquidität der Escompte war das ohnehin nur von symbolischer Bedeutung. Tungsram erhöhte in den 1920ern umgekehrt den Aktienanteil an der PMKB, und Tungsrams Generaldirektor Leopold Aschner wurde in die PMKB-Direktion gewählt. Aschner schlug noch im selben Jahr der PMKB vor, Kontakte für die Großanleihe zur Modernisierung der Bahnen auf dem amerikanischen Kapitalmarkt zu vermitteln, ein Vorschlag, der jedoch auf brüske Ablehnung bei der Bank stieß.[137] Diese Episode kennzeichnete aber allenfalls das personen- und unternehmensgebundene Vertrauen von Großinvestoren gegenüber der Industrie.

---

134 MNL Z600_1 LVI. Direktionssitzung 19.09.1925; MNL Z601_19_155 L. Aschner an F.J. Lieman & Co., New York, 16.07.1925, L. Aschner an Philipp Weiss, Präsident, PMKB, 13.02.1925; Aktengruppe MOL Z40_23_462 Dokumente v. J. 1925.
135 MNL Z601_19_155 L. Aschner an Philipp Weiss, Präsident, PMKB, 13.02.1925; FH/S, Tungsram, an M. F. Jay, c/o Morgan, Harjes & Co., Paris. Újpest, 9.03.1925; Dr. Maxime v. Krassny, Präsident, NÖEG, an L. Aschner. Wien, 7.03.1925.
136 MNL Z601_19_154 PMKB/NÖEG bankári megállapodás [Vereinbarung der Bankiers] 1921–1935, [Dr. M. v.] Krassny [Präsident, NÖEG] an Philipp Weiss, Präsident, PMKB. Wien, 26.07.1926.
137 MNL Z42_20 Philipp Weiss, Präsident, PMKB an L. Aschner. Budapest, 27.01.1930; MNL Z601_19_155 Telegramm [Dir.] Székely [Telefonfabrik AG] an L. Aschner. New York, 4.11.1929.

Die Integration in die Wissensnetzwerke der Weltmarktführer durch Lizenzverträge und die Beteiligung dieser Gesellschaften an Tungsram brachten während der Weltwirtschaftskrise die Gefahr der feindlichen Übernahme mit sich. Während eine langanhaltend schlechte Umsatzentwicklung in Europa bereits absehbar war, beabsichtigten Philips und Osram, Tungsram auf dem Balkan zurückzudrängen, um sich einen teilweisen Gewinnausgleich zu verschaffen.[138] Die finanzielle Situation der PMKB und der Escompte machte es diesen in den 1920er Jahren unmöglich, ihre Beteiligung an Tungsrams Stammkapital regelmäßig zu erhöhen, und während der Weltwirtschaftskrise konnten sie für die Geschäftsleitung in Újpest kein Kapital für Aktienrückkauf oder -emission bereitstellen. 1930 wurde die Escompte nur infolge der Einverleibung der der VEAG Wien zugehörenden TU-Aktien erneut Großaktionärin von Tungsram; durch die Fusion mit der finanziell weitaus solideren elektrotechnischen Fabrik und Finanzierungsgesellschaft hoffte die Escompte, ihre Liquidität wiederherzustellen.[139] Die Veräußerung dieser selbst während der Weltwirtschaftskrise stattliche Dividenden abwerfenden Aktien hing mit Blick auf die angeschlagene Liquidität der Escompte wie ein Damoklesschwert über Tungsram.[140]

Daher konnte die Újpester Geschäftsleitung die feindliche Übernahme durch Philips und Osram nur in einem langwierigen komplizierten Manöver abwehren. Der seit Ende der 1920er Jahre erhöhte Anteil von Osram und Philips ließ Tungsram keine andere Wahl, als die Interessenkonflikte zwischen diesen beiden Großaktionären taktisch auszuspielen (Diagramm 2). 1931 kaufte Tungsram mithilfe eines Kredits der IGEC den an den Rand des Konkurses geratenen alten Konkurrenten, die Kremenezky AG Wien. Dafür stellte die IGEC der hundertprozentigen Tungsram-Tochter Watt AG Wien 2,7 Millionen USD zur Verfügung und stimmte bei der anfallenden Aktienerhöhung von Tungsram im Einvernehmen mit den beiden Banken und IT&T dafür, dass die Watt AG die neuen Tungsram-Aktien übernehmen durfte. 1933 syndizierten Kremenezky, also de facto die Tungsram-Geschäftsleitung, IGEC und Osram ihre Aktien für zehn Jahre. Újpest

---

138 MNL Z42_20 L. Aschner an Philipp Weiss, Präsident, PMKB, Budapest, 26.07.1933.
139 *Leonhardt*, S. 378–379.
140 MNL Z601_3_30 Dr. Maxime v. Krassny, an Regierungsrat Dr. Oppenheim, NÖEG, Wien. Mauer, 10.08.1933, L. Aschner an Béla Neumann [Tungsram London], 1.05.1934, Külföldi sajtójelentés [Internationale Presseschau] Újpest, 9.12.1933; MNL Z42_20 L. Aschner an Philipp Weiss, Präsident, PMKB, 26.07.1933.

Diagramm 2: Besitzstruktur der Vereinigten Glühlampen- und Elektrizitäts-AG (Tungsram) 1931

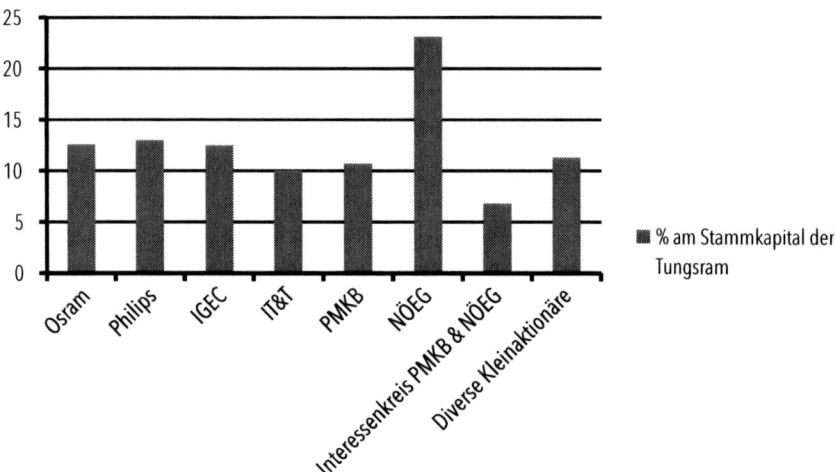

Quelle: MNL Z601_3_30 Generaldirektion, Tungsram, Aktien deponiert für die Generalversammlung der Vereinigte am 2.04.1931 bei der PMKB. Újpest, 20.04.1933

ermöglichte die Vereinbarung, Kapitalerhöhungen und damit eine Verringerung des eigenen Anteils zu blockieren.[141] Der Syndikatsvertrag schränkte Tungsrams Entscheidungsspielräume zwar stark ein, ermöglichte der Geschäftsleitung aber weiterhin eine ziemlich autonome Geschäftspolitik. Im letzten Schritt kaufte Tungsram 1934 erneut mit einer Anleihe der IGEC diejenigen Tungsram-Aktien von der Escompte, die sich vormals im Besitz der VEAG befunden hatten; die Kreditgewährung erfolgte durch die Minora SA Paris, eine weitere Tochtergesellschaft von Tungsram (Diagramm 3).[142] Philips, Osram und die IGEC wollten sich durch Aktiensyndizierung in unterschiedlichen Koalitionen miteinander sowie mit den beiden Banken ein entscheidendes Wort bei der strategischen Entscheidungsfindung in Újpest sichern. Dagegen setzte sich die dortige Geschäftsleitung mit unterschiedlichen Lösungen zur Wehr, indem sie direkt oder indirekt wechselnde

---

141 MOL Z601_3_31 Dr. N[eményi], Generaldirektion, Tungsram, Pro Memoria. Újpest, 10.05.1933, Gedächtnisprotokoll. [Újpest], 20.07.1933, L. Aschner an Heinrich Schlüpmann, Osram, 4.11.1933.
142 MNL Z42_20 L. Aschner, Tungsram, an Clark H. Minor, IGEC, Paris. Újpest, 22.05.1934.

Diagramm 3: Besitzstruktur der Vereinigten Elektrizitäts- und Glühlampenfabrik AG (Tungsram) 1933

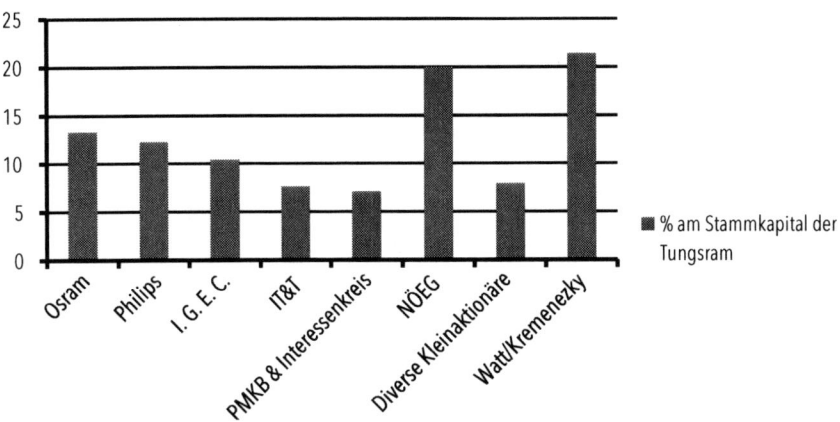

Quelle: MNL Z601_3_30 L. Aschner an Geheimrat Schlüpmann, Osram, Berlin. Újpest, 4.11.1933

Koalitionen einging und sich auch die juristische Unterstützung der ungarischen Regierung für eine Aktienemission mit mehrfachem Stimmrecht sicherte, die nur mit der Zustimmung einiger weniger Großaktionäre hätte durchgeführt werden sollen. Vorbilder für letztere Taktik fand Újpest sowohl in ähnlichen Abwehrmanövern ungarischer Großunternehmen wie der Rimamurány-Salgótarjáner Eisenwerke wie auch in den Pluralrechtsaktien von Philips, die der Gründerfamilie trotz der seit den 1920ern wachsenden Fremdbeteiligung am Stammkapital die strategische Entscheidungskompetenz sicherten.

Der Fall Tungsram weist jedoch weit über sich selbst hinaus. Zum einen war die IGEC zur Kreditgewährung bereit, weil das Glühlampenkartell Tungsram finanzielle Sicherheit gewährleistete. Strategisch war für die IGEC vermutlich die Stärkung des drittgrößten Glühlampenherstellers in Europa wichtig, wobei sie die Konsolidierung der europäischen Elektroindustrie nicht aus den Augen verlor. Warum die IGEC während der Gründungsverhandlungen des Glühlampenkartells 1924 sich den Bemühungen von Tungsram, die Kremenezky-Gesellschaft zu kaufen, erfolgreich widersetzt hatte,[143] 1931 aber bereit war, Tungsram genau dabei zu unterstützen, muss ebenfalls

---

143 MNL Z42_20 L. Aschner, Besprechung mit Alexander Kremenezky, Wien, 16.01.1931.

mit dem Glühlampenkartell zusammenhängen. Zur Zeit der Kartellgründung galt noch das Prinzip, zwecks erleichterten Marktzuganges die jeweiligen nationalen Leitunternehmen in die Vereinbarung einzuschließen und die Kartellgründung zu verheimlichen. Der Kauf einer hochangesehenen Gesellschaft wie Kremenezky hätte dem Glühlampenkartell in Österreich keine gute Presse verschafft. 1931 war aber die Existenz des Kartells längst bekannt, und mit dem ELIN-Konzern gab es einen nationalen Produzenten, der an die Stelle von Kremenezky treten konnte und das Geschäft der Kartellmitglieder gefährdete.

Zum andern offenbart Tungsrams Fall, welche umfassenden Auswirkungen die schleppende Gesundung der österreichischen und ungarischen Bankensysteme hatte und wie sich erst während der Weltwirtschaftskrise deren enge Verflechtung löste. Die österreichischen Kreditinstitute, die nach dem Krieg und der Währungsstabilisierung noch mehr als ihre ungarischen Pendants ins Wanken geraten waren, erhielten ihre Beteiligungen an Finanzhäusern und Industrieunternehmen im Donauraum in den 1920ern weitgehend aufrecht, weil sie Wien als zentralen Finanzplatz zu erhalten wünschten.[144] Dieses Vorhaben stieß bei den ungarischen Großbanken auf ein ähnliches, wenn auch viel bescheideneres Interesse; es erhielt zusätzlichen Auftrieb durch das gemeinsame Interesse, in den transatlantischen Finanzzentren Kapital für ihre Industriekonzerne einzuwerben.

Schließlich unterstreicht der Fall Tungsram einmal mehr den zunehmend personen- und unternehmensgebundenen Charakter von Kapitaltransfer nach Ostmitteleuropa, der unter diesen Voraussetzungen auch während der Weltwirtschaftskrise fortdauerte.[145] Darüber hinaus offenbart die Entscheidung der Geschäftsleitung von Tungsram gegen die Pluralrechtsaktien zugunsten des Aktiensyndikats mit der IGEC und Osram, dass es für einen Massenproduzenten aus einem kleineren und ärmeren Staat strategisch sinnvoller war, sich des weiteren Interesses der IGEC und Osrams zu versichern, als auf staatliche Unterstützung zu setzen.

---

144 *Stiefel*, Credit-Anstalt, *James*, S. XI–XII; *Pogány*, Bankválság.
145 Vgl. *Wolf* 2010.

3.3.4.1 Debatten über die Wirtschaftskrise

Bereits vor dem Börsenkrach in New York gab es eine Debatte über die wirtschaftliche Zukunft Ungarns, in der die seit 1926 im engeren Kreis von Entscheidungsträgern und Ökonomen geführte Auseinandersetzung über die Staatsschulden kulminierte.[146] Ungarn wurde zum höchstverschuldeten Land in Ostmitteleuropa, so dass etwa 40 % der 1924–1929 ins Land fließenden Kredite nur noch für den Schuldendienst eingesetzt wurden.[147] Die Verwendung des in diesem Zeitraum nach Ungarn gelangenden Kapitals stand im Mittelpunkt der Auseinandersetzungen. Es bestanden unter den Zeitgenossen und auch in der Wirtschaftsgeschichte Zweifel, dass damit die Wettbewerbsfähigkeit der Industrie oder die Modernisierung der Landwirtschaft gefördert wurde; denn Ungarn investierte nicht nur sein Bruttosozialprodukt, sondern auch einen Teil des nationalen Produktivkapitals in Konsumgüter.[148]

Die Generalversammlung der PMKB vom Februar 1929 lastete die Probleme der ungarischen Wirtschaft einer inkonsistenten Wirtschaftspolitik an.[149] Die aus diesem Befund abgeleiteten Forderungen waren allerdings insofern inkonsistent, als sie gleichzeitig Abbau von Handelsschranken, Steuersenkungen und Wiederaufnahme der Industrieförderung verlangten.[150] Auch Politiker wie Staatssekretär József Szterényi gestanden Versäumnisse bei der strukturellen Anpassung an die neuen Grenzen und den technischen Fortschritt ein.[151] Die verbreitete Haltung, die Misere allein auf Trianon zu schieben, machte damit zumindest einer differenzierteren Positionsbestimmung Platz.[152] Dieses Bekenntnis stand am Anfang eines verstärkten und

---

146 *Ferber.*
147 *Spigler,* S. 147; *Aldcroft,* S. 54–55.
148 *Éber,* S. 221; *Berend u. Ránki,* Hungary, S. 186–187; *Rothschild,* S. 168–169; *Ormos,* Hungary 1914–1945, S. 160–161.
149 *A Kereskedelmi Bank közgyűlésén a részvényesek a súlyos közterhek ellen panaszkodtak;* *Budapester Industrie- und Handelskammer,* S. 14, 37; *Gratz,* Wirtschaftsprogramm, S. 16–18, 20–22.
150 Zahlreiche Artikel in *MGY* und *PT, A Felsőház közgazdasági és közlekedésügyi, valamint pénzügyi bizottságának együttes jelentése az »iparfejlesztésről« szóló 517. számú törvényjavaslat tárgyában* [Gemeinsamer Bericht Gemeinsamer Bericht des Komitees für Volkswirtschaft und Verkehr sowie des Komitees für Finanzen des Oberhauses zum Gesetzentwurf Nr. 540 über die Industrieförderung], in: FI Bd. XIV. 1931, 563–567, S. 565.
151 *Optimizmus – pesszimizmus,* S. 1.
152 *Szövetségünk új elnöksége – rendkívüli közgyűlés,* 1–2.

zunehmend auch ideologisch untermauerten Staatsinterventionismus in den 1930er Jahren.

Auf die Währungsstabilisierung wurde nur ein kleiner Teil der Völkerbundanleihe verwendet, die Stabilisierung des Staatshaushalts zum Großteil aus Steuern finanziert. Der Rest der Anleihe wurde zu etwa einem Drittel in die Verkehrs-, Sozial- und Bildungsinfrastruktur gesteckt, was sich erst viel später bezahlt machen würde.[153] Die Kosten der Ergänzung der Verwaltung um die Bedürfnisse eines eigenständigen Staates wie neue Zollstellen, Grenzwachen oder eigene Botschaften belasteten den durch Vorkriegsschulden und nach der Kriegsniederlage entstandenen Zahlungsverpflichtungen überspannten Staatshaushalt. Die Notwendigkeit der Anbindung an das internationale Geld und Handelssystem und Inflationsängste führten dazu, dass die Regierung bis in die 1930er Jahre Geldabwertung als Mittel der Wachstumsgenerierung vermied.[154] Daher war der finanzielle Spielraum der Regierung für umfassende Projekte insgesamt äußerst begrenzt.

Der Schuldendienst und ein ausgeglichenes Budget erforderten außerdem eine höhere Besteuerung. Die Steuerlast pro Kopf wuchs von umgerechnet 65 Pengő 1913 auf 107 Pengő 1928. Die Staatsquote betrug 1930 29,6%; im Vergleich dazu 23,3% in Österreich und 13,2% in Deutschland.[155] Das alles trug zu Krise und sozialen Spannungen bei. So litt die auf geringem Produktivitätsniveau verharrende Landwirtschaft besonders unter fallenden Weltmarktpreisen, mangelnden Exportmöglichkeiten und der sich öffnenden Schere zwischen Industrie- und Agarpreisen. Das Industriewachstum konnte sich unter diesen Umständen nicht auf den Binnenkonsum stützen. Die duale Struktur der Industrie blieb ebenfalls ausgeprägt, d.h. es überlebten dank Zollschutz und billiger Arbeit viele für den Binnenmarkt produzierende, ineffiziente Kleinbetriebe, während in den wenigen Großbetrieben die Mechanisierung ins Stocken geriet.[156]

Die Währungsstabilisierung ermöglichte also die Konsolidierung des Staatshaushalts, gab aber keine Antwort auf die Strukturprobleme der ungarischen Wirtschaft. Die Auflösung des Waren-, Arbeits- und Kapitalmarktes der Monarchie, wachsender Protektionismus, die immer stärkere Politisierung außenwirtschaftlicher Beziehungen und die verschlechterten

---

153 *Berend u. Ránki*, Magyarország 1919–1929, S. 154–155.
154 *Pogány*, Kormányzati gazdaságpolitika, S. 54–55; *Wolf*, S. 5–6.
155 *Pogány*, Kormányzati gazdaságpolitika, S. 53.
156 *Berend u. Ránki*, Magyarország 1933–1944, S. 188–189; *Aldcroft*, S. 120–126.

Bedingungen für den Kapitalimport bedeuteten besonders schwierige Voraussetzungen für die weltwirtschaftliche Integration des verkleinerten Landes und seine Anpassung an eine völlig veränderte Weltwirtschaft. Die Regierung blieb unter diesen Voraussetzungen auf akute Probleme der Grenzrevision, der Umstellung auf Friedenswirtschaft und des inneren Friedens fixiert und versäumte es, ein auf die langfristigen Herausforderungen reagierendes wirtschaftspolitisches Konzept zu entwickeln, das mit Blick auf den sozialen und regionalen Interessenausgleich ausgehandelt worden wäre.

3.3.4.2 Ungarn als Brücke zwischen Ost und West

Bei der Neuregelung der Reparationen wurde 1929 das Recht der Reparationskommission aufgehoben, Vermögen und Einnahmen des ungarischen Staates zu pfänden. Dadurch konnten Staatsanleihen zu besseren Konditionen aufgenommen werden, was die Regierung bei Verhandlungen mit einer von den Londoner Rotschilds geleiteten Bankengruppe über eine Großanleihe im Wert von 325 Millionen Pengő nutzte, die vor allem für die Modernisierung der Staatsbahnen vorgesehen war.[157]

In Reaktion auf die Erweiterung von Ungarns außenwirtschaftspolitischem Spielraum präsentierte Emil Stein, Generaldirektor der PMKB und Direktionsmitglied von Tungsram, 1929 sein Konzept »Ungarn zwischen Ost und West« auf diversen Foren der ungarischen Wirtschaftselite. Dieses Konzept, größtenteils eine Neuauflage der während des Weltkriegs auch von Lóránt Hegedüs aufgegriffenen Ideen Széchenyis aus der Reformära,[158] brachte verstreute Ideen programmatisch zusammen.[159] Ungarn sollte eine Brückenfunktion zwischen Westeuropa und Amerika sowie Südosteuropa und dem Nahen Osten ausüben – vergleichbar mit ähnlichen Aspirationen der Tschechoslowakei und Österreichs.[160] Ungarn sollte Zentrum der Kapitalkonzentration auf dem Balkan sein. Steins Vorstellungen zielten darauf, die erhöhte Exportabhängigkeit Ungarns zu berücksichtigen und das Binnenwachstum durch Direktinvestitionen westlicher Unternehmen und eine engere Verflechtung mit Südosteuropa anzukurbeln.[161] Mit den potentiel-

---

157 *Pogány*, Jacobsson-jelentés.
158 *Hegedüs*, Magyarság jövője.
159 *Szilágyi* und *Szövetségünk közgyűlése.*, S. 9.
160 *Stiefel*, Die österreichischen Banken.
161 *A nyugati nehézipar az Angol-Magyar Bankon keresztül megy a Balkánra.*

len Anlegern im Sinn, wurde Steins Broschüre gleich ins Englische übersetzt.[162] In diesem Sinne warb Wirtschaftsminister János Bud im August 1929 um schweizerische Investitionen in die Lebensmittelindustrie.[163] Unterstützt wurde Stein auch durch Vorschläge an die Regierung zur Förderung der Rolle von Budapest als Knotenpunkt im Transithandel[164] oder die im Cobden-Verein geäußerte Forderung nach Verbesserung des Gläubigerschutzes, der Ungarn positiv vom Balkan unterscheiden würde.[165]

Nach Stein exemplifizierte gerade die elektrotechnische Industrie die profitable Zusammenarbeit westlicher und ungarischer Industrie- und Kapitalgruppen. Doch auch auf diesem Gebiet konnte Ungarn seine Brückenfunktion nur in Ansätzen erfüllen; Beispiele dafür waren die Ungarische Standard AG und Tungsram, die für ISEC und IGEC Hersteller für die nördlichen Balkanländer waren. Investoren waren insgesamt wegen der Finanzlage Ungarns eher zurückhaltend. Die Anzeichen für eine Wirtschafts- und Zollunion im Donauraum standen ohnehin ungünstig.[166]

3.3.4.3 Pläne für regionale Kooperation

Die endliche Regelung der Reparationen schuf gute Voraussetzungen, die europäischen Wirtschaften zu sanieren. Dazu wurde eine kontinentale Zusammenarbeit vorgeschlagen, zu der auch die 1918/19 wieder aufgegriffene Idee einer mitteleuropäischen Zollunion gehörte. Der Kontinent war aber dafür nicht reif: Der von Budapest dem Völkerbund vorgelegte Vorschlag zur präferenziellen Behandlung ostmitteleuropäischer Agrarexporte nach Westeuropa scheiterte letztendlich genauso wie der Briand- und der Tardieu-Plan zur Elektrifizierung Mittel und Gesamteuropas.[167]

---

162 *Stein*, Economic position of Hungary.
163 *Külföldi propaganda Magyarország iparosodásának előmozdítására.*
164 *A főváros javaslatot tett a kormánynak a tranzitókereskedelem érdekében;* dagegen bspw. *Schiller, Tranzitókereskedelem.*
165 *Drucker; Vgl. Todorova.*
166 Lóránt Hegedüs, Gusztáv Gratz und Miksa Fenyő an der Generalversammlung MGYOSZ, *Szövetségünk közgyűlése, Magyarország gazdasági szerepe a Kelet és Nyugat között.*
167 *Ormos u. Majoros,* S. 341–343; *Nötel,* S. 216–225; *Ránki,* Hitel vagy piac, S. 375; *Bumiller; Kittler; Hofbauer; Haidegger,* Energiewirtschaft Mitteleuropa, S. 49–52; *Deutsche nationale Komitee der Weltkraftkonferenz,* S. XII; *Lagendijk,* S. 86–96; *Gall,* S. 100–103, 111–117.

Solche Pläne scheiterten an den gegenseitigen Blockaden der westeuropäischen Großmächte und den deutschen Mitteleuropaideen, die eine Autonomie der Region ablehnten.[168] Zudem hatten intraregionale Interessenkonflikte,[169] ethnische Spannungen und nicht komplementäre Wirtschaftsstrukturen einen ausgesprochen negativen Einfluss. So wurden nur eine bescheidene wirtschaftliche Kooperation der Kleinen Entente und ein österreichisch-ungarisch-italienisches Abkommen im Rahmen der Verträge von Rom realisiert.[170] Steins Brückenkonzept zerschellte bald an den problematischen Beziehungen zu den Nachbarländern und an den sich wegen der Weltwirtschaftskrise zerschlagenden Hoffnungen, Investitionskapital zu besseren Bedingungen zu gewinnen.[171] Auch wurde das Vertrauen der Gläubiger dadurch untergraben, dass die Regierung die Investitionsanleihe der Rothschild-Gruppe dazu verwendete, Haushaltslücken zu stopfen.[172]

Ungarn führte am 17. Juli 1931 eine restriktive Devisenbewirtschaftung ein. Der ausländische Schuldendienst wurde eingestellt. Aufgrund der Inflationserfahrung hütete sich die Notenbank, den Pengő abzuwerten.[173] Daher vertiefte die überbewertete Währung auch in Ungarn die Rezession bis zur langen Stagnation der 1930er Jahre.[174] Handelspolitische Auseinandersetzungen mit wichtigen Absatzmärkten erschwerten zusätzlich den Export. Die Devisenbewirtschaftung erhöhte die Transaktionskosten und verringerte die Flexibilität der Exporteure, auf Absatzchancen schnell zu reagieren.[175] Ähnliche Maßnahmen anderer Länder engten den Spielraum der Exporteure weiter ein, indem jene Direktimporte in Höhe der ungarischen Exporte, also Kompensationsgeschäfte forderten.[176] Erst mit der europäischen Rüstungskonjunktur setzte 1937 ein stärkeres Wirtschaftswachstum in Ungarn ein (Tab. 8).

---

168 *Hantos*, Geld; *Hantos*, Handelspolitik; *Hantos*, Zollverein, *Hantos*, Neuordnung; *Müller*.
169 *Bethlen*.
170 *Pasvolsky*; *Ormos u. Majoros*, S. 331–341.
171 *Wolf*.
172 *Pogány*, Jacobsson-jelentés.
173 *Aldcroft*, S. 60–62.
174 *Spigler*, S. 129–131.
175 *Pogány*, Kormányzati gazdaságpolitika, S. 55–57; *Ebi*, S. 86–90.
176 MNL Z12_105_712 The Hungarian delegation to the League of Nations Monetary and economic conference, London, 14.06.1933.

3.4 Zugang zur transnationalen Wissenszirkulation

Der Begriff der »Wissenszirkulation« wird hier bewusst anstelle des geläufigeren »Wissenstransfers« verwendet. Er verweist zum einen auf die Anpassung übernommener Technologien an lokale Produktions- und Absatzbedingungen. Er betont aber auch, dass die Unternehmen meiner Fallstudie nicht nur auf der Empfängerseite standen, sondern auf der Grundlage ihrer eigenen technischen Entwicklungen anstrebten, in die globalen Wissensnetzwerke der Weltmarktführer eingebunden zu werden. Ihre Beteiligung an diesen Netzwerken war zwar höchst asymmetrisch, doch konnten sie unter bestimmten Umständen zur Optimierung der eigenen Forschung sowie zur Durchsetzung von Innovationen auf dem Weltmarkt beitragen.

3.4.1 Umstellung auf Friedensproduktion

3.4.1.1 Ganz & Co.: Kein Masterplan

Im Falle der Muttergesellschaft Ganz & Co. wie generell des ungarischen Maschinenbaus löste die Schrumpfung des Binnenmarkts eine überdimensionierte Diversifizierung aus,[177] in dem Versuch, der sinkenden Nachfrage mit neuen Produkten beizukommen. Eine gegenläufige Konzentration setzte erst ab Mitte der 1920er Jahre ein, von einer branchenweit koordinierten Spezialisierung war aber dieser Prozess weit entfernt.[178] Die meist kurzlebigen nationalen Kartelle beschränkten sich in der Regel auf Preisbildung oder Lieferbedingungen, so z.B. das am 1. Juni 1921 geschlossene, 1932 beim Handelsministerium registrierte Abkommen der größten Starkstromunternehmen.[179] Ganz & Co. traf mit den Láng- und Röck-Werken eine Preisvereinbarung bei öffentlichen Aufträgen.[180] Die Strukturmängel des Maschinenbaus wurden nicht behoben, die sich beispielsweise darin zeigten, dass es gleichzeitig eine Überproduktion von Eisenbahnwaggons und landwirtschaftlichen Maschinen und einen Mangel an Präzisionsmaschinen und

---

177 Boross; Berend u. Ránki, Magyarország 1919–1929, S. 318–344.
178 *Az oroszok pontosan fizetnek a magyar gépekért*; Berend u. Ránki, Magyarország 1919–1929, S. 325.
179 MNL Z425_3_23 Ganz & Co, AEG-Union, Magyar Brown Boveri Vill. Rt., USSW an M. Kir. Központi Díj- és Illetékkiszabási Hivatal. Budapest, 20.01.1937.
180 MNL Z420_1_1 Protokoll, Vorstandssitzung, Ganz & Co., 13.11.1931, 4.02.1935.

Werkzeugen gab. Produktion in Staatsbesitz blieb verbreitet und schränkte den Binnenmarkt für die Privatunternehmen weiter ein.[181] Ohne Normierung und Typisierung konnten auf dem Binnenmarkt keine rentablen Fertigungsgrößen erreicht werden. Die auf den Vorkriegsmarkt zugeschnittenen Kapazitäten waren überdimensioniert; denn hohe Produktionskosten und unzureichender technischer Service machten die meisten Unternehmen auf dem Weltmarkt nicht konkurrenzfähig. Ganz liefert hierfür ein gutes Beispiel.

Ganz & Co. und Ganz Elektro blieben im elektrischen wie im mechanischen Maschinenbau tätig und boten eine sehr breite Produktpalette an, darunter Haushaltsgeräte, Stromzähler, elektrische und mechanische Großanlagen wie Mühleneinrichtungen, elektrische und Verbrennungsmotoren, Generatoren und Transformatoren für Dreh- und Wechselstrom, ganze Kraftwerke, Schiffe, Kräne und Schienenfahrzeuge.[182] Diese Palette wurde zusätzlich u. a. um Maschinen für die dank Zollschutz expandierende Textilindustrie erweitert, um den Umsatzrückgang zu kompensieren. So hielten sich Ersparnisse etwa bei der Lagerhaltung in Grenzen.[183]

Bei Ganz & Co. gab es kein konsequentes Geschäftskonzept zur Anpassung der Produktionsstruktur an die veränderten Marktbedingungen. Darauf zielende Schritte schlugen zudem oft fehl, wie es bereits die Schwierigkeiten bei der Vermarktung des zweiten Kandó-Systems verdeutlichten. Die Ganz-Werft in Újpest versuchte sich erst während der Weltwirtschaftskrise an Innovationen, als bereits die Betriebsschließung drohte: Der Bau von Öltankern rettete die Werft über die Weltwirtschaftskrise. Die durch die Krise motivierte Suche nach preiswerteren Transportwegen veranlasste die Entwicklung der mit Jendrassik-Motoren betriebenen Donau-Seeschiffe. Diese beiden Schiffstypen lieferten nicht nur ein Zeugnis von Ganz' ungebrochenem Innovationspotential, sondern auch von einer verspäteten Reaktion auf längst absehbare Absatzengpässe. Dass dafür strategische Fehlentscheidungen des Managements mindestens genauso verantwortlich waren wie das geschrumpfte F&E-Budget und die begrenzten Wachstumschancen in Ungarn und den Nachbarländern, wird auch daran erkennbar, dass 1927–1934 eine

---

181 *A Magyar Gyáriparosok Országos Szövetsége Választmányának XXV. évi jelentése az 1927. évi rendes közgyűléshez*, S. 255.
182 MNL Z439_4_38 Preisliste nur für unsere Büros und Vertretungen [Ganz & Co. 1929].
183 MNL 438_1_1 Protokolle, Direktionssitzungen, Ganz Elektro, Budapest, 29.01.1907, 24.06. u. 27.09.1909, 12.05.1911.

die Rentabilität der Schiffbausparte von Ganz & Co. erheblich einschränkende Kartellvereinbarung mit der Ersten Donau-Dampfschifffahrtgesellschaft in Geltung war.[184]

3.4.1.2 Tungsrams Aspirationen

Im Gegensatz dazu verfolgte Leopold Aschner eine gradlinige Spezialisierungsstrategie. Mit der Unterstützung der von den beiden Banken an Tungsram delegierten Direktoren, seit Anfang der 1930er derer der IGEC, konnte er seine strategischen Entscheidungen gegenüber dem konservativeren Führungsstil der Repräsentanten der Gründerfamilie durchsetzen.[185] So wurde die juristische Autonomie der angeschlossenen Unternehmen aufrechterhalten, ebenso ihre Produkte, falls diese die Hauptproduktlinien sinnvoll ergänzten, wie die von der Kremenezky AG Wien und ihrer Tochter, der Ungarischen Wolframlampenfabrik AG Budapest, gelieferten Radioapparate und das von der Remix GmbH Budapest produzierte Radiozubehör, oder wenn sie sich gut vermarkteten und keine zusätzlichen Investitionen erforderten wie die Wärmflaschen der Kremenezky Gesellschaften Wien und Budapest. Aschner setzte außerdem durch, mehr Angestellte einzustellen, weil er erkannte, dass mehr Produkt- und Produktionsentwicklung, besserer Kundenservice und Marketing sowie transnationale Kooperation und Überzeugungsarbeit in Branchenvertretungen und Politik erforderlich waren. Er führte eine Neuorganisation durch, die besonders durch Personalverjüngung und Austausch von Know-how zwischen Újpest und Wien sowie innerhalb von Újpest gekennzeichnet war.

Tungsram war fortan in zwei Hauptsparten tätig. Die Herstellung von Konsumgütern wurde in einer Abteilung für Massenprodukte (Glühlampen und Radioröhren) zusammengefasst. Die Telefon- und Telegraphensparte stellte die Herstellung von Nebenprodukten ganz ein oder gab sie an kleinere Subunternehmen ab. Tungsram selbst lieferte weiter Telefon- und Telegraphensysteme auf der Grundlage der Western Electric-Lizenz.

Der große Modernisierungsbedarf der neuen Staaten und Tungsrams Ruf als Telefonhersteller boten dieser Sparte gute Wachstumsperspektiven. Darum war die neue Besitzerin von Western Electric, die International

---

184 Szekeres.
185 MNL Z42_123 Ing. Ernst Egger, VEAG, an L. Aschner. Wien, 23.10.1933.

Standard Electric Corporation (ISEC) bereit, für eine Beteiligung an Tungsram die Lizenzgebühr zu senken und die Lizenzrechte auf Rumänien, Jugoslawien und Bulgarien auszudehnen. Aschners Versuch, das Monopol bei Eisenbahnsignalen in Ungarn auszubauen und auch die Nachbarmärkte zu erobern, scheiterte zuerst an der Weigerung des Wiener Bankvereins, seine Beteiligung an der Telefonfabrik AG, vormals J. Berliner, dem zweitgrößten Lieferanten, zu verkaufen. 1925 konnte Tungsram dann doch noch die Mehrheit der Telefonfabrik-Aktien kaufen. Tungsram gab die Signalanlagenproduktion an deren Fabrik ab, um in Újpest Platz für die mechanische Abteilung zu schaffen, die mit staatlichen Aufträgen für die Modernisierung des Telefonsystems in Ungarn und in den Nachbarländern gut beschäftigt war.[186]

Die Telefonfabrik geriet mit der Aussonderung der mechanischen Abteilung an die Ungarische Standard AG 1928 in deren Interessenkreis. Tungsram blieb fortan als Hersteller vakuumtechnischer Massenprodukte tätig. Das Unternehmen integrierte aber immer mehr Schritte der Produktions- und Verteilungskette durch Mehrheitsbeteiligung an oder Übernahme von Glas-, Papier- und Gasproduzenten und Errichtung einer modernen Glasfabrik in Újpest und eines Großkraftwerks in Ajka sowie durch den weiteren Ausbau des Filialen- und Vertretungsnetzes im Ausland. Außerdem richtete Tungsram eine betriebseigene Forschungsstelle ein und integrierte sie in Produktion, Qualitätskontrolle und strategische Entscheidungsfindung. Damit entwickelte sich Tungsram zum integrierten Großunternehmen im Chandlerschen Sinne, mit dem Potential, zu einer Lernplattform technologischen und unternehmensorganisatorischen Wissens für die ungarische Wirtschaft zu werden.[187]

3.4.2 Strategische Bedeutung der betriebseigenen Forschung

Die Forschungsleiter bei General Motors und General Electric beschrieben die betriebseigene Forschung als Lebensversicherung eines Großunternehmens.[188] Damit meinten sie offensichtlich nicht nur, dass neue Produkte neues Wachstumspotential bedeuteten und dass Produktionsverfahren

---
186 MNL Z600_1 Protokoll, LVI. Direktionssitzung, Tungsram. Újpest, 19.09.1925.
187 *Chandler u. Hikino*, S. 24–26.
188 *Reich*, S. 209.

Kosten reduzierten oder die Qualität verbesserten. Vielmehr war die durch das Patentrecht eröffnete Möglichkeit, Märkte zu steuern, mindestens ebenso wichtig. Wie bei Ganz' Bestrebungen zur Durchsetzung des Wechselstromsystems gezeigt, konnte mit Patenten die Konkurrenz von der Entwicklung ihrer Produkte oder von bestimmten Absatzmärkten ferngehalten werden. Patente dienten daher als Tauschobjekt bei Vereinbarungen mit anderen Unternehmen.[189]

Der Weltkrieg und die anschließenden politischen Turbulenzen verzögerten die Einrichtung eines Forschungslabors bei Tungsram bis 1921. 1925 arbeiteten dort zehn Ingenieure. Der Fokus lag auf der Glühlampenherstellung. Das Labor wurde 1925/26 um chemische, physikalische und metallurgische Abteilungen erweitert;[190] weitere starke Erweiterungen folgten 1928/29[191] und 1937–1939, und es wurde ein modernes, an den deutschen Heinrich-Hertz- und Kaiser-Wilhelm-Instituten orientiertes Gebäude errichtet.[192] Dazu gehörte Ende der 1930er Jahre bereits ein TV-Forschungslabor. Die Forschungsstelle besaß auch eine Glühlampenprüfstelle und eine Versuchsfabrik. Die Mitarbeiterzahl stieg bis 1930 auf nahezu 100, davon 30 Ingenieure. Am Vorabend des Krieges waren es bereits knapp 60 Ingenieure, von denen sich mindestens acht mit Grundlagenforschung beschäftigten.[193] Im Vergleich zu den Forschungseinrichtungen der internationalen Unternehmen wie den über 1000 Mitarbeitern des General Electric-Labors waren dies immer noch sehr bescheidene Zahlen. Für Betrieb und Entwicklung des Labors wurden Mitte der 1930er Jahre jährlich nur um die 15.000 Pengő aufgewendet, aber für einige Großinvestitionen wie die Entwicklung der Kryptonlampe wurden zusätzliche Mittel bereitgestellt.[194]

1933, als Tungsrams Schwestergesellschaft VEAG Wien bereits durch die österreichische Bankenkrise angegriffen war, forderte deren Direktions-

---

189 *ders.*, S. 208–228.
190 MNL Z601_19_155 Prof. Pfeifer an Dr. Hollós, PMKB. Budapest, 8.09.1925.
191 MNL Z601_19_155 Tungsram, Geschäftsbericht 1928/29, XXXIII. Ordentliche Generalversammlung, 27.06.1929.
192 MNL Z603_49_100 Akten zum Budget des Laboratoriums, Tungsram, 1937–39.
193 MNL Z601_21_167 Dr. [B. Neményi], Megjegyzések a Törvényjavaslat a honvédelemről c. tervezet »Találmányok, szabadalmak« c. fejezetéhez. [Anmerkungen zum Gesetzentwurf über die Heimwehr, Paragraph »Erfindungen, Patente«] Újpest, 20.12.1938; *Füstöss*, Elméleti emberek, S. 319.
194 MNL Z600_3 Prof. Pfeifer an L. Aschner. Újpest, 1.06.1935. A Kutatólaboratórium fenntartási és fejlesztési költségei [Betriebs- und Investitionskosten des Laboratoriums].

repräsentant, die Forschungsausgaben zu senken.[195] Aschner rechtfertigte diese jedoch damit, dass die Forschung »das sicherste Fundament« des Unternehmens sei, dessen Wert sich ohne das Labor um mindestens zwei Drittel verringere.[196] Er argumentierte, dass Tungsram durch selbständige Entwicklungen mittelfristig die Lizenzgebühren reduzieren und eine den Leitunternehmen technologisch ebenbürtige Position erlangen könne.[197] Nachdem die Bankenkrise zum Konkurs der VEAG geführt hatte, stellte die Direktion die von Aschner veranschlagten Ausgaben für Forschung und Entwicklung nicht mehr in Frage.

3.4.3 Kooperation von Wissenschaft und Industrie

Nach der Auflösung Österreich-Ungarns strebten auch die Wissenschaften in den neuen Ländern nach Autonomie. Viele Wissenschaftler kehrten aus den akademischen Zentren der ehemaligen Doppelmonarchie in ihre Heimat zurück, wo sie sich bessere Karrierechancen erhofften. Die einst lebendigen Kontakte zwischen Budapest und Wien wurden schwächer, wie sie sich beispielsweise in der Doppelmitgliedschaft vieler ungarischer Ingenieure in den nationalen elektrotechnischen Vereinen beider Reichshälften gezeigt hatten, die auch von Großunternehmen wie Ganz & Co. subventioniert worden waren.

Vor dem Weltkrieg besaß in Ungarn eine akademische Stelle höheres Prestige als eine Beschäftigung in der Industrie. Daran änderte sich in der Zwischenkriegszeit wenig. Dennoch verfügte die Industrie über einen größeren Pool an geeigneten Wissenschaftlern, weil es weniger Hochschulen innerhalb der neuen Landesgrenzen gab und viele Flüchtlinge aus der Mittelschicht ins Land kamen. Viele Wissenschaftler und Künstler, die während der kommunistischen Revolution in öffentlichen Institutionen tätig gewesen waren, fürchteten zudem die politische Reaktion.

Diese Faktoren brachten viele Akademiker dazu, in den Jahren 1919–1920 auszuwandern.[198] Andere, die wegen einer Involvierung in die Räterepublik

---

195 MNL Z42_123 Ernst Egger, VEAG, an L. Aschner. Wien, 23.10.1933 Kopie an Philipp Weiss, Präsident, PMKB.
196 MNL Z42_20 L. Aschner, an Ing. Ernst Egger, Vizepräsident, NÖEG. Újpest, 13.10.1933
197 *Blanken*, S. 284–294.
198 *Frank*, Cohorting.

aus dem öffentlichen Dienst ausgeschlossen wurden oder keine akademische Karriere einschlagen konnten, fanden Beschäftigung in der Industrie. Ohne die Berufsverbote hätten viele eine Karriere in der Wirtschaft als Alternative zu einer akademischen Laufbahn gar nicht erst erwogen.

So konnte Aschner Ende 1920 den renommierten Chemiker Ignác Pfeifer (1868-1941) als Leiter des Forschungslabors gewinnen.[199] Pfeifer wurde zwar nicht aus dem öffentlichen Dienst entlassen, bat aber um seine Pensionierung, weil er seine berufliche Autorität wegen der Fortführung seiner Universitätsarbeit unter der Räterepublik angegriffen sah.[200] Bezeichnenderweise unterzeichnete er noch 1925 seine dienstliche Korrespondenz als »Professor a.D. der Hochschule Budapest«.[201] Seine Erfahrung in der Leitung von Forschungsprojekten und glückliche Hand bei der Auswahl von Mitarbeitern machten die kleine Tungsram-Forschungsstelle zu einer effizienten Einrichtung.[202]

Um die bescheidenen Forschungsmittel von Tungsram und Ganz effizient einzusetzen, sollten die Kosten von Experimenten möglichst niedrig gehalten werden.[203] Die leitenden Konstruktionsingenieure beider Firmen waren renommierte Fachleute: Sie bekleideten Leitungsfunktionen in Fachvereinen, präsentierten ihre Erfindungen auf internationalen Konferenzen und in Fachzeitschriften[204] und erhielten Anfragen zum Marktwert von Erfindungen. Beispielsweise beriet Kálmán Kandó in den 1920er Jahren Westinghouse Electric in Fragen der Bahnelektrifizierung.[205] Das Problem war also weniger, gute Wissenschaftler und Konstrukteure zu finden, als sie in Ungarn zu halten, wo Mittelengpässe der Forschung Grenzen setzten.

---

199 MNL Z603_37 90 Prof. Ignatz Pfeifer an Tungsram. Hamburg, 29.11.1920.
200 *Füstöss,* Elméleti emberek, S. 317; Pál Selényi wechselte aus ähnlichen Gründen zu Tungsram *Kenyeres.*
201 MNL Z601_19_155 Prof. Pfeifer an Dir. Hollós, PMKB. Újpest, 8.09.1925.
202 *Füstöss,* Modern fizika; *Tar.*
203 MNL Z425_33_124 [Prof. Pfeifer] Die Bedeutung der Forschungsarbeit in der Industrie. Vortragstext o.A.; MNL Z425_33_122 Ing. Andor Hornung, Ganz & Co.: Bemerkungen zur Entwicklung der ungarischen Industrie. Budapest, 3.01.1947; Vgl. MNL Z603_9_30 IGEC London an Philips Central Price Office, Kopie an L. Aschner. London, 25.10.1937 berichtet über Tests mit über 300.000 Glühlampen für einen neuen Lampentyp.
204 MNL Z425_17_63 Technisches Museum für Industrie und Gewerbe an Ing. Ottó Titusz Bláthy, techn. Konsulent, Ganz & Co. Wien, 11. u. 28.11.1935.
205 *Szekeres u. Tóth,* S. 167.

Die Finanzen der beiden Ganz-Gesellschaften reichten nicht aus, um gleichzeitig mehrere größere Entwicklungsvorhaben zu verfolgen. Das verzögerte Entwicklung und auch Produkteinführung. So wurde eine Reihe von längst marktreifen Jendrassik-Motoren in Indien erst gleichzeitig mit den Konkurrenzerzeugnissen auf den Markt gebracht. Der Preisvorteil der Ganz-Motoren konnte eine solche Verzögerung nicht wettmachen, da das Prestige der Motoren von General Electric und General Motors bei der Kaufentscheidung den Ausschlag gab.[206]

Eine gewisse Freiheit bei der Forschungsarbeit und eine Gewinnbeteiligung sollten die Ingenieure für solche Nachteile entschädigen.[207] Den leitenden Konstrukteuren Bláthy, Kandó und Jendrassik wurden Beteiligungen und ein Verfügungsrecht an ihren Patenten eingeräumt.[208] Um Jendrassik zu halten, gestand ihm Ganz zu, mit weiteren Mitarbeitern eine Firma für Innovationen und Patentverwertung zu gründen (*Találmánykifejlesztő kft*, Erfindungsentwicklungs-GmbH).[209]

Auch Aschner kannte den Wert begabter Konstrukteure. Dennoch wurde die Vergütung Pfeifers als Laborleiter erst 1934, nach fünfjähriger Wartezeit, auf das Niveau der Handelsdirektoren angehoben.[210] Im Rahmen eines Programms zur Remigration ungarischer Naturwissenschaftler übernahm 1930 Zoltán Bay, der zuvor an der Physikalischen Reichsanstalt in Berlin gearbeitet hatte, eine Professur für theoretische Physik an der Universität von Szeged. Deren spartanische Ausstattung behinderte jedoch seine Forschun-

---

206 MNLZ425_19_68 Ing. László Belányi an Ing. Jendrassik, Ganz & Co. Bombay, 1.11.1929.
207 MNL 438_1_1 Sitzungsprotokoll, Exekutivkomitee, Ganz & Co., Budapest 19.10.1920.
208 MNL 425_16_62 Korrespondenz von Bláthy mit Ganz & Co. und dem Finanzamt über seine von Ganz & Co. bezogenen Lizenzgebühren sowie über gemeinsame Lizenzierung. MNL Z438_1_1 Ganz Elektro, Protokoll, Direktionssitzung, Budapest, 11.03.1912 inkl. Vereinbarung mit Kandó über Lizenzvergabe. MNL Z425_20_69 Die Vereinbarung zwischen Jendrassik und Ganz & Co. vom 12.10.1942 verlängerte diejenige vom 5.10.1935 und v. J. 1924, die Jendrassik 3,6 % Provision für die Benutzung seiner Patente einräumten. MNL Z425_19_68 Ganz zahlte diese Summe an die *Találmánykifejlesztő és Értékesítő kft.* laut Aufstellung vom 27.04.1938.
209 So bat Jendrassik 1926 seine Motorkonstruktionen für Diesellokomotiven deutschen, französischen, britischen und US-amerikanischen Unternehmen wie Krupp, Schneiders, Vickers und Worthington, New York an. MNL Z425_19_68 Korrespondenz von György Jendrassik.
210 MNL Z600_3 Interne Aufzeichnung der Geschäftsleitung mit der Gehaltsliste der leitenden Angestellten, 30.04.1927; MNL Z600_3 L. Aschner an Dr. Maximilian v. Krassny, Präsident, NÖEG. 7.09.1934; József Pintér war langjähriges Mitglied der Direktion von Tungsram. MNL Z601_1_12 Einladungen zur Direktionssitzung, 27.06.1921.

gen, so dass er 1936, nachdem Pfeifer in den Ruhestand gegangen war, bereit war, dessen Stelle zu übernehmen.[211] Um Bay für Tungsram zu gewinnen, war Aschner damit einverstanden, dass er nebenher weiter wissenschaftlich arbeitete: Bay durfte im Firmenlabor seine eigenen Forschungen weiterführen und als Lehrkraft an der Technischen Universität Budapest tätig sein. Anders als bei Ganz blieben Erfindungen der Tungsram-Ingenieure allerdings Eigentum des Unternehmens und wurden finanziell nicht gesondert honoriert.[212]

Dieses Eigentumsprinzip und der wachsende Antisemitismus sorgten dafür, dass zwei der prominentesten, nach der NS-Machtergreifung aus Deutschland zurückgekehrten Wissenschaftler dem Land wieder den Rücken kehrten. Dennis Gabor (Dénes Gábor), der Erfinder des Hologramms, arbeitete bei Tungsram 1933/34 einige Monate lang an seiner Plasmalampe und nahm dann eine Stelle bei British Thompson-Houston (BTH) an. Doch blieb er mit dem Forschungsteam von Tungsram in Kontakt und intensivierte die technische Zusammenarbeit der beiden Unternehmen. Michael Polányi verlor 1920 wegen seiner Lehrtätigkeit während der Räterepublik seine Stelle an der Technischen Universität. 1920–1933 arbeitete er am Kaiser-Wilhelm-Institut für Physikalische Chemie in Berlin. 1929 verhandelte er mit Tungsram über die Leitung der Forschungsstelle. 1933 arbeitete Polányi nur einige Monate bei Tungsram, bevor er wegen wachsender antisemitischer Anfeindungen Ungarn endgültig verließ.[213] Als Professor an der Universität von Manchester blieb er jedoch mit Tungsram bis 1939 in Kontakt, beteiligte sich an der Entwicklung der Kryptonlampe und der Quecksilberdampflampe und wurde auch bei der Planung des neuen Forschungslabors hinzugezogen.[214] So spielten diese Wissenschaftler für Tungsram eine wichtige Rolle im transnationalen Informationsaustausch.

Forschungskooperationen von Industrieunternehmen blieben in Ungarn die Ausnahme. Die sonst in Europa eifrig kopierte Physikalisch-Technische Reichsanstalt als kooperatives Forschungsinstitut der deutschen Wirtschaft wurde nicht übernommen.[215] Tungsram und Ganz & Co. hätten solche Ge-

---

211 *Füstöss*, Modern fizika.
212 SCA 8414 Verwaltungsrat-Sitzung, Tungsram, Budapest, 27.11.1935.
213 MNL Z603_37_90 Direktion, Tungsram, an Prof. Ignác Pfeifer. Újpest, 29.06.1929.
214 *Palló*, Polányi; MNL Z603_44_97 Laboratorium, Tungsram, an die Buchhaltung, 2.09.1931 »Überweisung des Honorars an Prof. Polanyi«.
215 *Erker*, S. 231–234.

meinschaften bilden können, wie sie es im Falle der Nerst-Lampen nach der Jahrhundertwende getan hatten. In den 1920er Jahren gab es zwischen ihren Produktpaletten jedoch weniger Schnittmengen. Tungsram hielt überdies mit der aktuellen Entwicklung der Elektrotechnik besser Schritt als Ganz. Das entzog der Fortsetzung einer erneuten Zusammenarbeit die Grundlage.[216]

Eine solche Kooperation lag zwischen Tungsram und der 1928 aus der Gesellschaft ausgegliederten Ungarischen Standard AG nahe. Dank des Informationsaustausches mit den westeuropäischen Standard-Tochtergesellschaften, vor allem den Bell-Labors in Amsterdam, wurde die Standard der wichtigste ungarische Hersteller von Telefon-, Telegraphen- und Rundfunksendegeräten. Das firmeneigene Labor blieb aber sehr eng an die Produktion gekoppelt. Persönliche Spannungen zwischen den Direktionen der beiden Gesellschaften und das Ausbleiben einer Einigung über die Marktaufteilung ließen die Hoffnungen auf eine Zusammenarbeit rasch verfliegen.

Ganz Elektro kooperierte nicht mit anderen Starkstromunternehmen in Ungarn. Diese waren Tochterunternehmen ausländischer Konzerne und erhielten ihr Know-how von den Konzernzentralen. Die eigenen Ressourcen ließen sich also nur schwer durch Kooperation auf dem Binnenmarkt erweitern, weil Marktstruktur, Entwicklung der einzelnen Unternehmen und hin und wieder auch persönliche Animositäten dem entgegenstanden.

3.4.4 Lizenzvereinbarungen

Lizenzvereinbarungen dienen dazu, die Innovationsphase zu verkürzen, bringen aber den Nachteil mit sich, das eingekaufte Wissen nur mit territorialen und zeitlichen Auflagen anwenden zu können. Die Lizenzverträge von Ganz & Co. und Tungsram zeigen, unter welchen Bedingungen solche Verträge mit den Weltmarktführern geschlossen wurden und mit welchen Schwierigkeiten der Wissenstransfer verknüpft war. Sie offenbaren insbesondere die Gefahren asymmetrischer Beziehungen zwischen ungleichen Partnern.

---

216 MNL Z601_18_143 Ganz és Tsa, Budapest, Megállapodástervezet feszültségszabályozó gyártására és forgalombahozatalára [Vereinbarungsentwurf für die Produktion und Vermarktung von Spannungsregulatoren]. Vgl. *Feldenkirchen*, Competition and Cooperation.

Ganz & Co. erwarb in den 1920ern nur selektiv für einzelne Produkte Lizenzen, z. B. für die elektrischen Teile der Ljungström-Turbinen.[217] Der enge finanzielle Spielraum für Investitionen in F&E ließ die Wettbewerbsfähigkeit der Ganz-Gesellschaften sinken.

3.4.4.1 Lizenzvereinbarungen von Tungsram

Die Geschäftsleitung von Tungsram sah in der Weiterführung der vor 1914 abgeschlossenen Lizenzverträge eine Möglichkeit, den im Krieg eingetretenen technologischen Rückstand aufzuholen. Die Lizenzgeber sollten durch Beteiligung am Stammkapital ein Eigeninteresse an Tungsram entwickeln und deshalb die Lizenzgebühren senken. 1921 wurde der von der Jahrhundertwende stammende Vertrag mit dem Rechtsnachfolger der Western Electric, der ISEC, erneuert. Dieser umfasste die Nutzung der Standardpatente für Telefone und Telegraphen sowie Rundfunkempfänger in Ungarn, Rumänien, Jugoslawien und Bulgarien sowie die Telefonpatente von Siemens & Halske. Aufgrund der zwölfprozentigen Beteiligung der ISEC am Aktienkapital von Tungsram wurde vereinbart, die Lizenzgebühr auf ein Prozent des Jahresumsatzes zu senken.[218]

Der Lizenzvertrag mit den deutschen Glühlampenherstellern von 1913 wurde 1924 durch ein Abkommen mit Osram, den zusammengeschlossenen deutschen Lampenherstellern Siemens, AEG und Auer erneuert, das die Beteiligung der ISEC an Osram sowie das gerade gegründete internationale Glühlampenkartell berücksichtigte.[219] Das Abkommen umfasste das wechselseitige Benutzungsrecht der Patente und Gebrauchsmuster sowie den Erfahrungsaustausch bei der Produktion, schrieb aber auch eine dreiprozentige Lizenzgebühr fest, die Újpest zu zahlen hatte.

---

217 MNL Z425_72_184 Ganz & Co, an Svenska Turbinenfabriks AG Ljungström, Finspong, Schweden, 12.03.1931, ergänzt um Öst. ASEA GmbH an Ganz & Co. Wien, 20.01.1933 und Svenska Turbinenfabriks-AB Ljungström an Ganz & Co.. Finspong, Januar 1933; Die Kooperation mit Halvor Breda GmbH, Berlin, für Wasserreinigungsanlagen 1933–1934 wurde bald beendet wegen des unausreichenden Patentschutz der Halvor Breda-Produkte.
218 MNL Z601_18_140 Die Patentlage der Telefonfabrik AG mit Rücksicht auf Tungsram und Western Electric Co. Újpest, [Mitte 1926].
219 MNL Z601_296_1065 Fortsetzung des Vertragsverhältnisses Asko – Újpest, wie es durch den Vertrag vom 28.01./4.02.1913 bestand, für Deutschland und hinsichtlich deutscher Schutzrechte [Januar 1924].

Die am 8. Oktober 1921 geschlossene Lizenzvereinbarung mit International General Electric New York sollte Tungsrams wichtigster Vertrag werden, weil sie schrittweise auf Bereiche jenseits der Glühlampen ausgedehnt wurde.[220] Sie leitete einen strikt geregelten Austausch von Produktionsverfahren ein und verschaffte Tungsram die territorialen Benutzungsrechte in dem Rahmen, den die von General Electric mit Philips, Osram und den britischen Herstellern abgeschlossenen Patentverträge absteckten. Die Glühlampenherstellung wurde nach Studienreisen der leitenden Techniker zu der Società Edison Clerici Mailand, GEC London und General Electric New York mit nachgebauten Maschinen modernisiert. Mit der Aufstellung von etwa 170 neuen Maschinen konnte die Arbeiterzahl um ein Drittel reduziert werden.[221] Analog zu General Electric publizierte Tungsram seit 1924 »Technische Notizen«, welche die Kommunikation innerhalb des Konzerns und den Informationsaustausch mit den Leitunternehmen beschleunigten.[222] Dass die Ingenieure der *global players* Tungsram in ihr Reiseprogramm aufnahmen, brachte dem Újpester Unternehmen nicht zuletzt Prestigegewinn, wobei die Besuche selbstverständlich auch dazu genutzt wurden, um die Entwicklungen des kleineren Partners zu kontrollieren.[223]

Die Vereinbarung mit IGEC wurde allmählich auf Management und Vermarktung erweitert. Aschner und der Präsident der General Electric berichteten einander über Weltwirtschaft und Binnenmärkte, Umsatzentwicklung

---

220 SCA 10295 Osram an Dipl.-Ing. Flir, S&H 22.03.1937 Abkommen IGE/Újpest/Osram
221 MNL Z600_1_1 Protokollentwurf, Dir.Sitzung Nr. 57 (Jan. 1923) u. Nr. 58. Tungsram, Újpest, 3.03.1923, Konferenz der leitenden Mitarbeiter bei L. Aschner, Újpest, 1–2.02.1923.
222 MNL Z603_49_117 Dir. Dr. F. B[aumann] an Tungsram. Wien, 7.05.1923; MNL Z601_9_30 IGEC Lamp Department Manufacturing Division an Dr. F[rigyes] Baumann, Tungsram. Nela Park, Cleveland, Ohio, 29.07.1926; Die Bibliothek des Laboratoriums bezog abgesehen von Dutzenden wissenschaftlicher Zeitschriften auch Exemplare von denjenigen der größten elektrotechnischen Unternehmen wie *Brown Boveri Mitteilungen, General Electric Review, Bell System Technical Journal, Electrical Communication; Philips Monatshefte, Philips Technische Rundschau, R.C.A. Application Notes, R.C.A. Review, Telefunken Röhre, Telefunken Zeitung, Wissenschaftliche Veröffentlichung des Siemens Konzerns und Standard Közlemények* [Mitteilungen der Ungarischen Standard AG]. MNL Z603_49_101 Tungsram, Kutató könyvtár, Folyóiratkörözés Konferencia [Laboratoriumsbibliothek, Interne Konferenz: Presseschau] 17.03.1938]; MNL Z603_49_103 Dr. Si/Schné [Dr. Szigeti?] an L. Aschner. Újpest, 25.08.1932.
223 MNL Z603_9_30 Mr. Gill, GE, an Ing. J. Lévai, Tungsram, Újpest. Nela Park, Cleveland, Ohio, 25.10.1938, W.C. Duncan, GEC, an Ing. Lévai. London, 29.03.1939; MNL Z 601_296_1058 Ing. Lendvai an L. Aschner. New York, 7.03.1936.

und betriebliche Sozialmaßnahmen.[224] Tungsram informierte sich über die Maßnahmen der General Electric zur Verbesserung der Lage der Arbeiter und über die Konkurrenz. In der Leitung von General Electric und Tungsram gab es in der gesamten Zwischenkriegszeit wenig Personalwechsel, was Vertrauen und Kollegialität förderte. Über Vermittlung der General Electric konnte Tungsram mit dem führenden amerikanischen Radioröhrenhersteller, der Radio Corporation of America (RCA), 1932 und 1934 einen Lizenzvertrag abschließen. 1926 ermöglichte General Electric den ungarischen Ingenieuren einen Besuch im GEC-Labor und 1936 die Kontaktaufnahme mit Westinghouse.[225] Die letztere Verbindung kam besonders Bays Nuklearforschung zugute.[226]

Es ist nach den Gründen zu fragen, aus denen General Electric bereit war, über die Lizenzvereinbarung hinaus Tungsram zu unterstützen. Offenbar ließ sich General Electric von der im Tungsram-Labor geleisteten Forschung überzeugen. So fanden die IGEC-Ingenieure ihren Besuch bei Tungsram im Herbst 1933 instruktiver als bei Philips oder Osram.[227] Osram selbst holte ein Gutachten des Tungsram-Labors über ein Patent für Fluoreszenzlampen der I. G. Farben ein.[228] Ähnliche Vorgänge wiederholten sich mit allen westlichen Partnerunternehmen. Tungsram war also ein kleiner, aber technologisch avancierter Glühlampenhersteller, dessen Know-how auch für General Electric und RCA von Interesse war.[229] Ebenso wichtig war möglicherweise das Interesse der IGEC, in Europa neben den potentiell gefährlichen Konkurrenten Philips und Osram ein drittes, stärker unter ihrer Kontrolle stehendes Unternehmen zu stützen.

Zwei Faktoren relativierten den Wert der Verbindung zu IGEC. Erstens barg bereits die Beurteilung des Marktwertes neuer Erfindungen Risiken. Dabei zu einer richtigen Einschätzung zu gelangen, war nicht einfach, zumal Produkte in der Elektrobranche schnell veralteten. Z. B. wurde zur Bewertung des als Nebenprodukt seiner Arbeit an der TV-Technik von Pál Selényi ent-

---

224 MNL Z42_20 President Gerard Swope, GE, an L. Aschner. New York, 15.12.1932.
    MNL Z603_49_115 Ing. Lendvai an Laboratorium, Tungsram, Brief Nr. 272. New York, 9.11.1932.
225 MNL Z603_49_117 Westinghouse an Dr. L. Fischmann, Tungsram. London, 3.11.1936.
226 MNLZ603_42_96 Ing. Sándor Strommayer an Prof. Zoltán Bay, Budapest, 24.05.1940.
227 MNL Z601_9_30 Dir. Dr. B[aumann], Tungsram, an Ing. Lendvai, New York, 9.10.1933.
228 MNL Z609_108_83 Dir. Leo Fischman, Tungsram, an Osram, Berlin, 27.02.1940.
229 Bspw. MNL Z603_49_115 Dr. Czu[kor], Laboratorium, Tungsram, an Ing. Lendvai, c/o [Dir.] Duncan [IGEC]. Újpest, 18.06.1932 »Deutsche Radioliteratur«.

wickelten Xerox-Verfahrens der Fernsehspezialist der IGEC, Vladymir Kosma Zworykin hinzugezogen.[230] Dieser tat Xerox mit der Bemerkung »sehr gut für Mittelschulexperimente!« ab; daher investierte Tungsram nicht weiter in das Verfahren, weil die Firma sein kommerzielles Potential verkannte.[231]

Zweitens brachten die asymmetrischen Beziehungen zwischen zwei ungleichen Partnern immer die Gefahr mit sich, dass der schwächere Partner sein Know-how ohne angemessenen Gegenwert hergeben musste. Welchen Wert die Herstellung von Wolframdraht aus Großkristallwolfram besaß, wird daran sichtbar, dass Tungsram für das Patent moderne Maschinen von General Electric erhielt. Tungsram verlangte darüber hinaus eine Lizenzgebühr von den zahlreichen amerikanischen Glühlampenherstellern, die Lizenznehmer der General Electric waren. Bei der Anmeldung des Patents in den USA folgte General Electric diesem Ansinnen jedoch nicht, so dass Tungsram auf dem fast die Hälfte des Weltmarkts umfassenden US-Markt leer ausging. Vielleicht zog Tungsram die Konsequenzen aus solchen Erfahrungen, als die Firma im Jahr 1930 der IGEC mehrfach Informationen vorenthielt.[232] Inwieweit Auskünfte überhaupt verweigert werden konnten, lässt sich den Quellen nicht mit letzter Gewissheit entnehmen. Lizenzverträge bringen stets das Risiko mit sich, die Hierarchie zwischen ungleichen Partnern festzuschreiben und das schwächere Unternehmen zum ewigen Nachzügler zu machen.[233] Anders als zahlreiche kleinere Radiounternehmen – und die elektrotechnische Abteilung von Ganz & Co. nach der IGEC-AEG-Vereinbarung – intensivierte Tungsram die eigene Entwicklung, um die Kosten der Lizenznahme niedrig zu halten und sicherzustellen, bei der Festlegung der Spielregeln auch in Zukunft ein Wort mitreden zu können.

Die Unterschiede von Produktionsumfang und Hauptabsatzmärkten der beiden Unternehmen schränkte die Brauchbarkeit der von IGEC an Tungsram übermittelten Informationen ein. Lizenzverträge garantierten keineswegs reibungslosen Wissenstransfer, sondern setzten lediglich juristische Rahmenbedingungen dafür. Mit der wachsenden Komplexität der Produkte und Herstellungsverfahren steigt die Bedeutung des *tacit knowledge*, d. h.

---

230 MNL Z603_37_91 Dir. L. Fischmann, Tungsram, an L. Aschner, 9.07.1935 »Berliner Funkausstellung«.
231 *Füstöss*, Modern fizika.
232 MNL Z603_9_30 IGEC, an Dr. Baumann, Tungsram. Nela Park, Cleveland, Ohio, 27.01.1930; MNL Z603_69_115 Prof. Pfeifer an Ing. Lendvai, New York. Újpest, 12.02.1933 »Besuch v. Ing. Langmuir in Újpest«.
233 *Reich*, S. 231.

von in Patentbeschreibungen und generell in Schriftform schwer fassbaren Produktionserfahrungen.[234] Daher garantierten auch Labor- oder Fabrikbesuche bei IGEC oder Osram nicht, dass die lizenzierte Produktionstechnologie tadellos funktionierte.

Ähnlich mussten Informationsbeschaffung und -verarbeitung auch bei Ganz & Co. formalisiert werden, um aus dem Lizenzvertrag mit IGEC und AEG von 1930 Nutzen zu ziehen. Das von General Electric und AEG turnusmäßig zugesandte Material wurde bei Ganz noch Mitte der 1930er so ineffizient ausgewertet, dass die Firma mehrere neue Patente nicht in Anspruch nahm.[235] Daher waren Ganz' Vorteile aus der Beteiligung der beiden Vertragspartner noch geringer, als der ohnehin begrenzte Vertragsrahmen ermöglicht hätte.

3.4.4.2 Einstieg von Tungsram in die Radioröhrenindustrie

Das anfangs als neuer Typ von Telegraph geltende Radio bot den USA, Frankreich und Deutschland die Chance, das informationstechnische Monopol Großbritanniens anzugreifen.[236] Während des Ersten Weltkriegs bildete die sogenannte drahtlose Telegraphie eine Alternative zu den stets gefährdeten Kabelverbindungen. Nach dem Krieg wurde auch die Bedeutung des Rundfunks als politisches Propagandamittel erkannt. Deswegen erklärten die europäischen Länder die grenzüberschreitende Informationsvermittlung zum Staatsmonopol, im Gegensatz zu den Vereinigten Staaten, wo der Kongress General Electric und AT&T erlaubte, ein internationales Rundfunkmonopol zu bilden.[237] Die vier leitenden Unternehmen RCA, Telefunken, die britische Marconi und die französische CTSF konkurrierten um Regierungskonzessionen für Rundfunkstationen, die international sendeten, wodurch sie sich erhofften, auch Betriebsrechte für kürzere Reichweiten zu erhalten. Diese Auseinandersetzungen führten schließlich zu internationalen Kartellvereinbarungen.[238]

---

234 *Vahabi.*
235 MNL Z 427_10_73 Ing. Ratkovszky, Ganz & Co.: AEG és GECo szabadalmi bejelentések körözése. [Handhabung der Patentanmeldungen von AEG und GE] Budapest, 28.04.1936.
236 *Hugill*, S. 94–97; *Headrick*, S. 117–137.
237 *Griset*, S. 37–40.
238 *Schröter*, S. 331–347.

Die rundfunktechnischen Leitunternehmen sicherten ihre Stellung durch die Staatskonzessionen und eigene Rundfunksender. Philips stieg als Röhren- und zunehmend auch als Apparateproduzent zu einem gefährlichen Konkurrenten der Leitunternehmen auf. Das Unternehmen festigte seine Vorreiterrolle in Europa 1931 durch eine umfassende Vereinbarung mit Telefunken über Radioröhren und -apparate. Einen ähnlichen Weg einzuschlagen, also auf der Grundlage der vakuumtechnischen Massenfertigung von Glühlampen die Produktion von Radioröhren und schließlich ganzen Radiogeräten aufzunehmen, war für Tungsram deswegen schwieriger, weil die Firma im Krieg ihre Entwicklungsarbeit nicht wie der Konkurrent in den neutralen Niederlanden auf kommerzielle Radiotechnologie hatte abstellen können. Überdies wurde das ungarische Rundfunkgesetz erst 1924 erlassen, die dazugehörige Verordnung im November 1925. Daher blieb das kommerzielle Radiogeschäft bis Ende 1925 auf Amateurgeräte beschränkt.[239]

Tungsram wurde zum Röhrenhersteller dank einer Western Electric-Lizenz auf Radioröhren von 1922,[240] der Erfahrung mit vakuumtechnischer Produktion und Gewinnen aus den Telefonaufträgen. Die Markteinführung profitierte vom Vertretungsnetz für die Glühlampen, nach 1931 auch dem der Wiener Kremenezky-Gesellschaft. Tungsram bekämpfte seit Beginn der 1920er Jahre in mehreren Ländern und mit überwiegend gutem Resultat Patente von Telefunken.[241] Diese Erfolge nutzte Tungsram, um den zunächst noch den ungarischen Markt beherrschenden Konkurrenten zurückzudrängen und günstige Bedingungen in den Nachbarländern zu gewinnen.[242] Dabei setzte Tungsram auch die Lizenzrechte der Kremenezky-Gesellschaft ein.[243] Die Unterstützung seitens der ungarischen Regierung half in ent-

---

239 Rádió közgazdasági szempontból, Milliárdos veszteségek a rádiórendelet késedelmezése miatt.
240 MNL Z601_18_140 Telefunken an Tungsram, Újpest. Berlin, 29.04.1924 und 21.02.1924.
241 DTMB Telefunken I.2.060 C 3364/3143 Philips/Telefunken – Tschechoslowakischer Radioerzeugerverband (Knotek-Gruppe) Verbandsvertrag vom 26.05./13.09.1934, Prag, Firma Kresl & Co. (im Namen von Telefunken/Philips) und Verband.
242 DTMB Telefunken I.2.060 C 3408/3110 Vereinbarung über Meissner-Patent: Briefwechsel Telefunken/Tungsram 24/30.12.1924; 7155 Kresl & Co. Radiotechn. KG an Telefunken, Berlin. Prag, 1.12.1926; MNL Z601_18_140 Telefunken, Berlin, an Tungsram, 17.12.1924.
243 MNL Z601_296_1059 Ing. Dallos Tungsram, [Patentanmeldungen. Antwort an Herrn Generaldirektor auf die Frage auf der beigefügten Aktennotiz.] Újpest, 10.03.1036; ähnlich MNL Z42_20 L. Aschner an Philipp Weiss, Präsident, PMKB, 18.01.1932.

scheidenden Augenblicken, die Verhältnisse zugunsten von Tungsram zu wenden, etwa durch einen Großauftrag 1925.[244]

1928 erzwang die ISEC die Aussonderung der Telefon- und Telegraphensparte sowie der Radioapparate von Tungsram in die Ungarische Standard Elektrizität-AG.[245] Die ISEC erhoffte dabei hohe Profite aus der Einrichtung nationaler Telefonnetze in Ungarn und den Nachbarländern sowie aus der wachsenden Popularität des Rundfunks; tatsächlich stieg die Anzahl der Radios in Ungarn allein 1928/29 von knapp 170.000 auf knapp unter 270.000 Geräte.[246] Tungsrams Einstieg in die Sendetechnik wurde wegen dieser gewichtigen Veränderung in der Unternehmensorganisation bis zum Abschluss des Lizenzvertrags mit RCA 1932 und 1934 aufgeschoben, da das Know-how der ISEC der Ungarischen Standard zufiel. Tungsram durfte jedoch weiterhin die Röhrenpatente der ISEC für die Empfängertechnik nutzen.[247] Die Entwicklung der Radioröhrenabteilung wurde auch dadurch gesichert, dass die IGEC Ungarn nicht ganz der ISEC überlassen und zulassen wollte, einer ihrer Tochtergesellschaften zu schaden.[248] Deswegen ermöglichte die IGEC Tungsram die eingeschränkte Benutzung ihrer Radioröhrenpatente.[249] Die Produktion wurde nach einer Studienreise der Tungsram-Geschäftsleitung zur IGEC 1929/30 komplett umgestellt und erweitert.[250] Damit konnte Tungsram zum drittgrößten Röhrenhersteller in Kontinentaleuropa aufsteigen.

Die Auseinandersetzungen mit der Ungarischen Standard AG um die Aufteilung des Markts beeinträchtigten den Kontakt zur ISEC und schwächte Tungsrams Verhandlungsposition bei der bevorstehenden Vereinbarung zwischen Telefunken und ISEC. Nachdem sich Telefunken jedoch mit Philips verbündet[251] und der durch IGEC vermittelte Lizenzvertrag mit RCA

---

244 MNL Z601_18_140 [Tungsram an IGEC], Memoranda – Radio situation Újpest [1925]
245 MNL Z42_20 L. Aschner an einen Direktor der PMKB, 18.09.1931.
246 *Magyar statisztikai évkönyv 1929.* S. 171.
247 MNL Z601_296_1059 Dr. N[eményi], Dallos szab[adalmi] bejelentések. Válasz vezérig. úrnak a mellékelt aktennotizra vezetett kérdésére. [Patentanmeldungen des Ing. Dallos. Antwort auf die Frage des Herrn Generaldirektors vermerkt auf der beigefügten Aktennotiz]. Újpest, 10.03.1936.
248 MNL Z42_20 L. Aschner an Philipp Weiss, Präsident, PMKB, 18.01.1932.
249 MNL Z 600_2_1 Protokoll, Direktionssitzung Nr. 71., Tungsram, Újpest, 27.11.1929; MNL Z603_49_115 Dr. Si [Szigeti?], Laboratorium, Tungsram, an Ing. Lendvai, New York, 12.12.1932.
250 MNL Z600_2 Protokoll, Direktionssitzung Nr. 71., Tungsram, Újpest, 27.11.1929.
251 SCA 10298 Mantelvertrag Osram/Philips 17.03.1931; MNL Z602_16_1051 Unzulässige Ausnützung einer Machtstellung *Prager Börsen-Kurier* 26.01.1933.

Tungsrams Position aufgewertet hatte,[252] war es für Telefunken günstiger, eine Vereinbarung mit Tungsram zu treffen. Damit wurde nicht nur ein Verbündeter gegen kleinere europäische Konkurrenten gewonnen. Mit Blick auf den geschwächten eigenen Weltmarktanteil wollte nämlich Telefunken eine Vereinbarung mit Standard und Marconi aufschieben, bis sich die Lage wieder gebessert hatte. Dabei kam es dem Unternehmen entgegen, keine Mittel für die Bekämpfung von Tungsram mehr aufwenden zu müssen und sich auf die Auseinandersetzung mit den großen Konkurrenten konzentrieren zu können.[253] Das Radioröhrenkartell von Telefunken, Philips und Tungsram sicherte auch Philips Ruhe an der Röhrenfront.

3.4.5 Internationale Kartelle

Das Glühlampenkartell liefert einen Modellfall dafür, wie nachteilig sich Kartellbildung auf die technologische Entwicklung auswirken kann; denn die Mitgliedsunternehmen sprachen sich ab, keinen Qualitätswettbewerb zu führen, sondern die Lebensdauer der Lampen absichtlich zu verkürzen.[254] Außenseiterkonkurrenz zwang das Kartell gelegentlich, Endverbrauchern Preisnachlässe zu gewähren. Allgemein sei Kartellbildung dem technischen Fortschritt nicht dienlich gewesen, so das Urteil der US-amerikanischen Experten nach dem Zweiten Weltkrieg.[255] Lobbyisten der Kartelle wiederum betonten gern, welche Rolle diese für Innovationen spielten, vorausgesetzt, Regierungen intervenierten zum Schutz einheimischer Produzenten.[256]

Offenbar ermöglichen Spezialisierung und Typisierung Ersparnisse bei den Entwicklungskosten. Höhere Gewinne vergrößern umgekehrt den fi-

---

252 Philips und Telefunken verfügten über Lizenzverträge mit der RCA mit viel umfassenderen Rechten. MNL Z600_2_1 Protokoll, Direktionssitzung Nr. 71, Tungsram, 27.11.1929; MNL Z603_49_115 Laboratorium, Tungsram, an Ing. Lendvai [New York], 19.05.1932.
253 DTMB Telefunken I.2.060 C 2540/1138 Protokoll, Delegiertensitzung. Berlin, 27.07., 18.08., 25.08. und 28.09.1934; DTMB Telefunken I.2.060 7660/23023 Rechtsanwalt Martin Luther, Frühere Gutachten und Urteile zum Röhren- und Gerätevertrag. Urteil I. des Schiedsgerichts in Sachen 1) N. V. Philips Gloeilampenfabrieken und 2) N. V. Philips Radio (…) als Kläger gegen Telefunken. Hamburg, 14.04.1930.
254 Die Lebensdauer-Frage aus technikgeschichtlicher Sicht: *Luxbacher,* Die 1000-Stunden-Frage.
255 *Stocking u. Watkins,* Cartels in action, S. 359–361.
256 *Barjot,* Introduction, S. 50–51; *Meinhardt,* S. 107–109.

nanziellen Spielraum für Forschung und Entwicklung.[257] Wettbewerb kann entweder Innovation stimulieren oder Kartellmitglieder daran hindern, innovativ zu sein. Kartelle können Märkte stabilisieren und ihren Mitgliedern Gewinne sichern. Der damit eröffnete Planungshorizont kann Innovationen veranlassen. Ob aber kartellierte Unternehmen dies nutzen oder sich mit den sicheren Erträgen zufriedengeben, hängt von den strategischen Entscheidungen der Unternehmensleitungen ab. Kartelle ändern die strategischen Anreize für alle Marktteilnehmer, verursachen aber in der Summe keinen technologischen Stillstand.[258] Das Beispiel Tungsram macht positive wie auch negative Auswirkungen von Kartellen auf die Innovationstätigkeit der Mitgliedsunternehmen deutlich.

3.4.5.1 Das Glühlampenkartell

Die Zusammensetzung der internationalen Glühlampenkartelle und ihre Marktaufteilung spiegelten die Kräfteverschiebung innerhalb der Elektroindustrie wider. Im Gegensatz zu der nur europäische Produzenten zusammenfassenden und aus Berlin koordinierten Verkaufsstelle Vereinigter Glühlampenfabriken wurde das Ende 1924 gegründete Kartell, das nach seiner Genfer Zentralstelle, Phoebus S.A. Compagnie industrielle pour le développement de l'éclairage kurz »Phoebus« genannt wurde, indirekt von General Electric geführt. General Electric wandte sich der Regulierung des Weltmarkts zu, nachdem das Unternehmen seine Führung auf dem nordamerikanischen Markt durchgesetzt hatte. Phoebus sollte als Grundlage dieser Konzentrationsbewegung und Herzstück einer Organisation zur weltweiten Marktkontrolle dienen. Um einen allzu eindeutigen Verstoß gegen die US-amerikanischen Antitrustgesetze zu verschleiern, wurden nur die außereuropäischen GE-Töchter Mitglied der Vereinbarung. Der internationale Arm von General Electric, die IGEC Paris, war aber mit den Kartellmitgliedern durch Kapitalbeteiligungen und Patentverträge eng verzahnt (so hielt sie 29% an Osram, 17% an Philips, 46, 14 bzw. 10% an Associated Electrical Industries Großbritannien, Compagnie des Lampes und Tokyo Electric).[259]

---

257 *Gianetti*, S. 185.
258 *Fear*, S. 283–285.
259 *Stocking u. Watkins*, Cartels in action, S. 334.

Die Marktaufteilung innerhalb von Phoebus zeigt, dass Philips zum ebenbürtigen Konkurrenten der deutschen Glühlampenindustrie aufgestiegen war, da beide Gruppen um die 28 % erhielten, während die ostmitteleuropäischen Produzenten zurückfielen, denn Kremenezky Wien und Tungsram erhielten zusammen nur ca. 12 %. Mit der Tokyo Electric Co. zeichnete sich ab, dass auch außerhalb Europas und Nordamerikas ernstzunehmende Konkurrenten heranwuchsen, wenn sie auch noch auf dem Heimat- wie auf dem Weltmarkt mit Billigproduzenten kämpften. Die Phoebus-Mitglieder konnten noch in den 1930er Jahren 60 % der Lampenverkäufe in der Welt kontrollieren, ohne die General Electric vorbehaltenen USA und Kanada und ohne die UdSSR.[260]

Im wichtigsten entscheidungsfindenden Organ des Glühlampenkartells, dem fünfzehnköpfigen Verwaltungsrat, hatten Osram und Philips je drei, die Overseas-Gruppe, d.h. die Tochtergesellschaften der IGEC in Übersee, zwei Stimmen. Alle anderen Herstellergruppen, die französische Compagnie des Lampes, die österreichische Kremenezky AG, die italienische Società Edison Clerici, die Tokyo Electric Co. sowie Tungsram jeweils mit ihren Tochtergesellschaften, ferner die spanischen, schwedischen, schweizerischen und kleineren deutschen Produzenten gemeinsam verfügten über je eine Stimme.[261] Diese Verteilung verdeutlicht die im Kartell bestehende Hierarchie, in der Tungsram bei zwar begrenztem Spielraum immerhin den französischen und italienischen Partnern gleichgestellt war.

Als Mitglied der europäischen Vorgängerorganisationen wurde Tungsram von Philips und Osram in die Gründungsverhandlungen von Phoebus einbezogen, außerdem sollte Tungsram die Konkurrenz in Kontinentaleuropa, vor allem in Ostmittel- und Südosteuropa in Schach halten.[262] Als Bedingung konnte Tungsram die Verlängerung des Lizenzvertrags mit Osram und die Eliminierung des gefährlichsten ungarischen Konkurrenten, der von Alexander Just gegründeten Glühlampenfabrik, durchsetzen.[263]

---

260 *Reich*, General Electric, S. 224.
261 MNL Z609_296_1069 General Patent and Business Development Agreement Art. 10 (B), Geneva 1924.
262 MNL Z609_2_12 Vertragsentwurf [Osram/Philips/Tungsram]. Berlin, 11.03.1924 u. Augenblicklicher Stand der Verhandlungen. Zürich, 4.09.1924.
263 Die Lizenzverträge wurden formal mit Osa bzw. Asko abgeschlossen, der Patentverwertungsgesellschaft von Siemens, AEG und der Koppelgruppe. MNL 601_2_12 Dir. Levy, Osram, an L. Aschner, Tungsram. Berlin, 14.10.[1924].

Wissenstransfer, Produktion und Vertrieb

Die Macht und Lebensdauer des Glühlampenkartells beruhte nicht zuletzt darauf, dass es Regeln für den hierarchischen Zugang zu Know-how und Beschaffung von Rohstoffen und Produktionsmitteln aufstellte, durch die es Einfluss auf die weltweiten Produktions- und Vertriebsverhältnisse gewann.

Die Ziele des Kartells waren, gegen Überproduktion und sinkende Verbraucherpreise einzuschreiten, zu einer leistungsfähigen Lampe gleicher Qualität zu gelangen, deren Verbrauch zu erhöhen, die Vermarktungskosten zu verringern und langfristig den Markt zu beherrschen.[264] Deshalb ging der Kartellvertrag weit über Marktaufteilung und Preisvereinbarungen hinaus: Im Kern ging es um Patent- und Erfahrungsaustausch. Dieser sollte für die Zeit nach dem Patentablauf den Mitgliedern einen nicht aufholbaren technischen Vorsprung und eine marktbeherrschende Stellung sichern.[265] Zudem wurde alles darangesetzt, neue Glühlampenindustrien in Ländern zu verhindern, in denen es noch keine gab.

Die kartellierten Unternehmen hatten gegen Leistung einer Lizenzgebühr Zugang zu allen Patenten der Partnerfirmen.[266] Darüber hinaus schrieb der Vertrag fest: »Lack of agreement regarding conditions shall not operate to prevent the use of inventions or experience.«[267] Bei Patentprozessen durften die Mitglieder auf sämtliche Patente des Kartells zurückgreifen; die Patentabteilungen von Osram, Philips, British Thompson-Houston, Overseas, Tungsram, *Compagnie des Lampes* Paris und der Società Edison Clerici Mailand waren 1926 für Kooperation in Patentfragen zuständig.[268] Für nichtkartellierte Konkurrenten entstanden daraus bis Anfang der 1930er Jahre fast unüberwindliche Marktbarrieren.

Das Kartell war darauf bedacht, seine inneren Kräfteverhältnisse weitestgehend zu wahren.[269] Die Unternehmen verpflichteten sich, die Patente

---

264 *Survey of international cartels and internal cartels*, S. 53; MNL Z604_1_12 Dokumente zur Kartellgründung.
265 *Reich*, Lightning the path; *Reich*, General Electric; *Stocking u. Watkins* S. 326–327.
266 Luxbacher, Massenproduktion, S. 375–376.
267 MNL Z609_296_1069 General Patent and Business Development Agreement, Section 4 Exchange of inventions and experience (Including all amendments: Section (B) VII–GM-3.).
268 LAB Osram A Rep. 231 Nr. 99 Auszug, Niederschrift, 5. Sitzung, Phoebus Exe.-Kom., Berlin, 23.–26.03.1926.
269 MNL Z601_133_625 General Patent and Business Development Agreement Art. 4. Exchanges of inventions and experience/including all amendments: Section /B/ VII–GM-3/.

der anderen Mitglieder nicht anzugreifen und ihren aus früheren Verträgen stammenden Zahlungsverpflichtungen nachzukommen. Gleichzeitig wurden solche Lizenzen bis zum Ablauf des Kartellvertrags verlängert.

Anfang 1926 wurde jedoch auf Wunsch von IGEC, Osram, Philips und Tungsram die Vergabe von Lizenzen genauer geregelt, um den Wissenstransfer an die kleineren Mitgliedsunternehmen in Schranken zu halten.[270] Die Kooperation der Patentabteilungen der größeren Mitglieder entwickelte sich 1935 zu einer Patentgemeinschaft, dem sogenannten »Patentpool«:[271] Die britischen Unternehmen General Electric Company, BTH und Siemens Electric Lamps & Supplies Ltd., IGEC New York und London, sowie Osram, Philips und Tungsram schlossen sich zur präferenziellen Benutzung und Verteidigung ihrer Patente zusammen.[272]

Die Lieferung von Rohmaterialien, Bauteilen und Produktionsmaschinen wurde nicht nur gegenüber Außenseitern, sondern auch gegenüber den später aufgenommenen oder vertraglich an das Kartell gebundenen Firmen stark eingeschränkt, um sie an technischer Fortentwicklung und Rationalisierung zu hindern.[273] Der Erfolg dieser Maßnahmen hing maßgeblich von der Bindung der größten Zulieferer durch Exklusivverträge ab.[274] GE-Lizenznehmer mussten dafür sorgen, dass von ihnen gekündigte Techniker ein Jahr lang nicht bei anderen Lampenproduzenten eingestellt wurden.[275] Produktionsstätten standen den Partnerunternehmen zur Besichtigung offen, doch hing die Bereitschaft zur Offenlegung betriebsinterner Informationen vom Verhältnis zwischen den Mitgliedsunternehmen ab. So war die Kooperation der ebenbürtigen Leitunternehmen Philips und Osram sehr umfassend. 1937 vereinbarten auch Tungsram und BTH eine engere technologische Zusammenarbeit.[276] So bildete sich eine globale Hierarchie der Lampenhersteller aus, an deren Spitze die Leitunternehmen unter den Kartellmit-

---

270 LAB Osram A Rep. 231 Nr. 99 Auszug, Protokoll, 4. Sitzung, Phoebus Exe.-Kom., London, 17–18.12.1925.
271 MNL Z601_296_1065 Annex H. Patent Agreement Geneva, 16.10.1935.
272 LAB Osram A Rep. 231 Nr. 99 Auszug, Niederschrift, 5. Sitzung, Exe.-Kom., Berlin, 23–26.03.1926.
273 MNL Z601_296_1070 General Manager, Phoebus S. A.. Genf, Rundbrief, 12.06.1937.
274 Ein Beispiel für solche Ausschließlichkeitsverträge: SAM 03290 Vertrag mit den Vereinigten Drahtfabriken, Nijmegen (VDF) von 15.07.1931, bestimmt bei 32-EC-3.
275 MNL Z600_1_1 Protokoll, LV. Direktionssitzung, Tungsram. Üjpest, 9.03.1922.
276 MNL Z 601_296_1065 L. Aschner an W.C. Lusk, BTH, London, 28.09.1937 »Letter Agreement about exchange of technical information BTH«.

gliedern standen, darunter die übrigen kartellierten Unternehmen, dann die vertraglich angeschlossenen Firmen und ganz unten die Außenseiter. Der Patent- und Erfahrungsaustausch in den technischen Ausschüssen des Kartells sowie die Lampentests bei Phoebus dienten der Qualitätskontrolle, der Rationalisierung und der Spezifikation neuer Lampen. Von einer einheitlichen Qualität der Produktion innerhalb des Kartells konnte jedoch selbst Anfang der 1930er noch keine Rede sein.[277] Der hierarchische Zugang zu Know-how, Rohstoffen, Bauteilen und Produktionsmaschinen ließ die Qualitätsunterschiede weiter bestehen: Die Produkte der Leitunternehmen wie Philips blieben überlegen, während kleinere Unternehmen den Rückstand nicht aufholen konnten.[278] Selbst innerhalb des Tungsram-Konzerns konnten die Lücken im Wissensaustausch nicht geschlossen werden, so dass die Produkte der kleinen ausländischen Fertigungsstätten von schlechterer Qualität als die in Újpest oder in Wien hergestellten Lampen waren.[279]

Mit Blick auf die Vielzahl von Lampentypen, Betriebsspannungen und behördlichen Vorschriften war die im Glühlampenkartell angestrebte Standardisierung eine Grundvoraussetzung für die Senkung der Produktionskosten. Sie erlaubte auch Unternehmen mit kleinem Heimatmarkt wie Tungsram, eine verbilligte Serienfertigung einzuführen.[280] Die Mitgliedsunternehmen unterstützten einander, bei ihren nationalen Behörden die vereinbarten Lampenspezifikationen durchzusetzen, so beispielsweise Tungsram Kremenezky in Österreich. Auf diese Weise entstand eines der ersten weltweit standardisierten Massenprodukte.[281]

---

277 MNL Z601_26_187 [Laboratorium], Tungsram an L. Aschner, Újpest, 20.11.1931, »Bestrebungen zur Vervollkommnung der Lampenqualität«.
278 MNL Z603_44_97 Sh/708a Laboratorium, Tungsram an Ing. Tivadar Millner, 23.11.1939.
279 MNL Z603_9_30 H. H. Needham, IGEC, London, an L. Aschner. London, 28.02.1938 Vertr. Bericht von Needham über seine Impressionen über die Kryptongasanlage in Ajka und über die Glühlampen- und Radioröhrenfabrik in Újpest; MNL Z603_49_98 Protokolle der wöchentlichen Sitzungen im Laboratorium 1924–1938. Dr. Kö/G/510 18.08.1931; MNL Z603_49_103 Obering. Fr/P, Kremenezky AG, an Prof. Pfeifer, Tungsram. Wien, 19.06.1933.
280 MNL Z601_9_30 Ing. Lévai an L. Aschner, Összefoglaló jelentés Mr. Needham látogatása ügyében. [Zusammenfassender Bericht: Besuch v. Mr. Needham] Tungsram, [Nov. 1937].
281 *Luxbacher*, Massenproduktion, S. 450.

Die Kryptonlampe

Die mit dem Edelgas Krypton gefüllte Glühlampe war eine der kommerziell meistversprechenden Erfindungen des Tungsram-Labors. Die Kryptonlampe wurde 1929–1932 unter der Leitung von Imre Bródy in Zusammenarbeit mit Michael Polányi entwickelt, dem damals stellvertretenden Institutsleiter im Physikalisch-Chemischen Institut des Kaiser Wilhelm-Instituts in Berlin.[282] Diese Lampen gaben bei der Verwendung der gleichen Energiemenge ein stärkeres Licht, sparten also Strom: Eine 220 V-Kryptonlampe lieferte 1933 bei 32 Watt genauso viel Licht wie die 40 Watt-Argonlampe.[283] Da die Kryptonlampe weniger Gas brauchte, konnten kleinere Glühbirnen mit der gleichen Lichtabgabe hergestellt werden. Ihr Licht war klar weiß und nicht gelblich verfärbt wie bei vielen preiswerteren Lampen; so eigneten sie sich hervorragend zu Dekorationszwecken.

Besonders wertvoll war das von Bródy und Polányi 1932 entwickelte Verfahren, Kryptongas wirtschaftlich aus der Atmosphäre zu gewinnen, was es sehr viel preiswerter machte. Der Vertrieb der Kryptonlampen versprach eine Verbesserung der Wettbewerbsposition von Tungsram, weil mit der neuen Lampe die Kartellregeln umgangen werden konnten: Tungsram brauchte nicht die Lebensdauer zu bewerben, was vom Kartell untersagt war, sondern konnte die Lichtausbeute in den Mittelpunkt stellen. Bis zu Marktreife waren aber noch wichtige Schritte zu tun, von der Senkung der Kosten der Kryptongasfüllung über die Spezifizierung der geeigneten Lampentypen bis zur Verringerung der benötigten Gasmenge.

Um von der Neuentwicklung im vollen Umfang profitieren zu können, versuchte Tungsram zunächst, den Entwicklungserfolg vor den Kartellmitgliedern zu verheimlichen und die Kryptonlampe abseits vom Glühlampenkartell auf den Markt zu bringen. Tungsram gelang es aber nicht, rasch ein Konsortium mit der britischen ICI zum Bau einer Kryptongasanlage zu bilden, vor allem weil das Verfahren für die Kryptongewinnung patentrechtlich nicht ausreichend geschützt war, denn das an Bródy und Polányi erteilte

---

282 *Palló,* Polányi; *Frank,* Polányi, S. 126–128.
283 MNL Z601_132_622 Minutes of Exe.Comm. Sitzung Nr. 39, Paris, 16–17.12.1932 XXXIX-EC-20 »Krypton lamps«; MNL Z42_20 »Mitteilungen über Kryptonlampe der [Tungsram] für die am 26.01.1933 in Berlin stattfindende Sitzung des Phoebus-Krypton-Komitee-s«.

Patent deckte diese nicht ab.[284] Zudem hatten sich bestimmte europäische Gasgesellschaften 1932 offenbar auf nicht ganz legalen Wegen Informationen über die Kryptongewinnung verschafft, so dass sie das Verfahren in Frankreich und Deutschland noch vor Tungsram zum Patent anmelden konnten.[285]

Nach dem Scheitern der Konsortiumspläne leitete Tungsram im Dezember 1932 die Vermarktung der Kryptonlampen gemeinsam mit den leitenden Kartellmitgliedern ein. Tungsram musste sich so zwar mit einem geringeren Gewinn abfinden, dennoch sprachen für diese Lösung gute Gründe. Wegen Tungsrams patentrechtlicher Lage und des für die Gasanlage nötigen Know-how mussten die großen Gasgesellschaften gewonnen werden, nämlich die I.G. Farben, die Gesellschaft für Lindes Eismaschinen in Höllriegelskreuth bei München und Air Liquide Paris. Diese bildeten eine »Interessengemeinschaft« für Edelgase, die sogenannte Gasgruppe.[286] Sie lehnten eine Anlage nur für Tungsrams Bedarf ab und verlangten eine Anlage, deren Kapazität für das gesamte Glühlampenkartell reichte. Die Vermarktung der Kryptonlampen durch das Kartell versprach außerdem Einsparungen bei der Durchsetzung von Lizenzgebühren und Verteidigung von Marktanteilen. Außerdem konnten die Mitglieder gemeinsam die Technik optimieren und so die Markteinführung beschleunigen.[287] Vom gesamten Kartell gleichzeitig eingeführte Lampentypen hätten unmittelbar einen technischen Standard etabliert.

Doch sollte die Kryptonlampe zum Musterbeispiel dafür werden, wie die Leitunternehmen kleinere Kartellmitglieder daran hinderten, ihre Entwicklungen kommerziell zu nutzen.[288] General Electric meldete bald Desinteresse wegen der Marktbedingungen in Übersee, wo die Kryptonlampe

---

284 MNL Z 601_604 Michael Polányi an Imre Bródy 24.12.1933; *Palló*, Polányi; Bródy Nr. MSZ 103551, 16.11.1931, Bródy-Millner USA Pat. No. 2060657, gemeldet am 12.11.1930, erteilt im Jahre 1936; 1934 Bródy Imre kriptonnal töltött izzólámpája, http://www.mszh.hu/anim/a1_bovebb4.html?printable=1, 10.10.2010, 22:45.
285 SCA 8414 Verwaltungsratssitzung, Tungsram, Budapest, 27.11.1935.
286 MNL Z 601_133_626 Kryptonherstellung; Krypton-Komitee des Glühlampenkartells.
287 MNL Z601_132_626 Phoebus S.A., Genf, 24.04.1933 an Mitglieder der Exe.-Kom.: L. Aschner Chairman, W.C. Lusk, W. Meinhardt, A.F. Philips, M. Saurel, Sir H. Hirst, W. Pabst von Chain Ref. 39-EC-20, 40-EC-7 Aussprache geplant für Uniform Quality Committee meeting, Paris, 25–28.04.1933 und Aufzeichnung [L. Aschner], Wien, 13.02.1933.
288 MNL Z601_3_3 L. Aschner an Rudolf Eisenstuck, Vorstandsvorsitzender, Öst. Industriekredit AG, Wien, 14.10.1935.

keinen Wettbewerbsgewinn versprach. Philips und Osram verschleppten wiederum die Verhandlungen über die Markteinführung solange, bis sie ihre eigenen gasgefüllten Glühlampen so effizient wie die Kryptonlampe gemacht hatten.[289] Wegen der heiklen patentrechtlichen Lage konnte Tungsram seine Interessen im Kartell nicht durchsetzen und musste empfindliche Beschränkungen bei der Markteinführung in Kauf nehmen.[290] Die Kryptonlampe scheiterte als Allzwecklampe vor dem Zweiten Weltkrieg zudem am zu hohen Preis für das Edelgas.[291]

3.4.5.2 Das Radioröhrenkartell

Das Radioröhrenkartell teilte den Weltmarkt unter Philips und Telefunken auf der einen und Tungsram auf der anderen Seite im Verhältnis 88 zu 12 auf, gemessen am Gesamtumsatz der drei Unternehmen.[292] Es ist zu klären, welche Gründe Tungsram veranlassten, eine derartig asymmetrische Beziehung einzugehen, und mit welchen Mitteln die Firma deren Nachteile abzuwenden suchte.

Generaldirektor Aschner wollte durch das Abkommen die Märkte organisieren, bessere Preise erzielen, eine profitable, d. h. relativ kurze Lebensdauer für Röhren finden und Standardisierung erreichen.[293] Das Röhrenkartell zielte ganz wie das für Glühlampen auf Verringerung der Kosten für Produktion, Werbung und Vertrieb, auf Umsatzerhöhung und höheren Gewinn. Als Außenseiter hätte Tungsram die Kosten eines Unterbietungswettbewerbs gegen Philips und Telefunken tragen müssen. Die Kartellierung

---

289 MNL Z601_132_622 Exhibit 1. 54-EC Minutes 4.03.1936, Item 5. Resumé of lecture presented by Prof. Dr. G. Holst before the 54th Executive Commitee Meeting.
290 MNL Z601_133_625 Dr. N[eményi], Generaldirektion, Tungsram, Kryptonlampen: unsere Berechtigung, unabhängig von den übrigen Partnern bzgl. Erzeugung und Inverkehrbringung dieser neuen Typen vorzugehen, 27.04.1933; LAB Osram A Rep. 231 Nr.128 General Board Meeting Philips an Osram. Eindhoven, 28.05.1937; Ebd: Bemerkungen zu 24-GB-13 »Objection to Min. 7 (b) to Minutes of L.M. for Belgium und Luxemburg (L.M. 1831) 4–5.11.1936« und Bemerkungen zu 24-GB-14 »Standardization«.
291 MNL Z601_132_620 Notiz. Entwicklung des Kryptonlampengeschäftes. Újpest, 1.07.1939.
292 MNL Z609_161_103 Philips/Telefunken/Tungsram, Ardenner Vertrag. Eindhoven/ Berlin/Újpest, 4.08.1934.
293 SCA 8414 ZAV 3 L. Aschner an Dr. Ing. H[einrich] v. Buol, S & H, Berlin, 8.03.1934.

bedeutete, dass die größeren Konkurrenten Tungsram als technologisch ebenbürtig anerkannten.

Der Zugang zu den Patenten von Philips und Telefunken ermöglichte eine effizientere Nutzung der eigenen Forschungskapazitäten. Da sich Tungsram als Röhren- und nicht als Apparatehersteller profiliert hatte, musste die Forschungsabteilung viel Mühe darauf verwenden, äquivalente Röhrentypen zu entwickeln. Denn Philips und Telefunken hatten zahlreiche Apparatekonstrukteure und Wiederverkäufer mit Baulizenz- und Lieferungsverträgen an sich gebunden, und ihre Apparate funktionierten nur mit technisch identischen Röhren. Tungsram sparte durch die Lizenzen bei der Nachahmung der Philips- und Telefunken-Röhren kostbare Zeit, denn es musste nur noch die Produktionsverfahren an den eigenen Maschinenpark angepasst werden. So erhielten neue Entwicklungsprojekte wie die Fernsehtechnik einen gewissen Freiraum.

Die Sitzungsprotokolle des Forschungslabors und die Reiseberichte an die Exportabteilung zeigen jedoch, dass die Zusammenarbeit der drei Kartellunternehmen von gleichrangiger Partnerschaft weit entfernt war. Verzögerte Informationen über die für die nächste Saison geplanten Radioröhren, Werbung nur für Philips- und Telefunken-Röhren sowie die Einführung neuer Röhrentypen ohne konstruktive Änderung waren an der Tagesordnung. Tungsrams Ziel, durch das Röhrenkartell Mitsprache bei der technischen Entwicklung zu gewinnen, ließ sich nur mühsam umsetzen.

Richtungsentscheidungen bei der Konstruktion gehorchten wenig überraschend ebenso kommerziellen wie technischen Motiven, etwa bei der Wahl zwischen Glas- und Metallröhren. Die US-Hersteller initiierten Mitte der 1930er Jahre die Umstellung auf letztere. Telefunken hatte bis 1936 noch keine klare Entscheidung in Europa getroffen, sondern machte die Massenproduktion von Metallröhren von Philips' Entscheidung abhängig.[294] Obwohl Telefunken Tungsram einige Informationen zukommen ließ, erblickte die deutsche Firma offensichtlich größere Vorteile in der weiteren Zusammenarbeit mit Philips. Dagegen war RCA 1935/36 bereit, Tungsram bei der Herstellung von Metallröhren zu unterstützen, um die amerikanischen Röhrentypen in Europa schneller Fuß fassen zu lassen.[295] Tungsram konnte sich nunmehr vor weiteren Überraschungen durch Philips schützen, indem

---

294 MNL Z604_1 EL/31. Dr. Pr./RE, Audioabt., Tungsram, Jelentés Dr. Zickermann (Telefunken) látogatásáról [Bericht über den Besuch des Dr. Zickermann (Telefunken)] Újpest, 4.02.1936.

295 MNL Z604_1_1 Dir. H[egedüs] an Dir. Rosenfeld, Tungsram. Újpest, 13.09.1935.

die Firma damit drohte, umgehend Metallröhren nach US-Spezifikation zu produzieren.[296]

Den einzigen langfristig wirksamen Schutz gegen technologische Unterordnung bot die Verbesserung der eigenen Forschung durch gute Beziehungen zu den amerikanischen Leitunternehmen. Nur so konnte Tungsram die Drohung mit der Umstellung auf die Produktion amerikanischer Röhren glaubhaft machen, die Philips' und Telefunkens europäisches Monopol bei der Röhrentechnik in Frage stellten.

3.4.6 Erneuerung der Lizenzverträge mit IGEC und Osram

Die Neuaushandlung der Lizenzverträge von Tungsram mit General Electric und Osram in den 1930ern zeigt den Spielraum, den kleinere Unternehmen durch die technologische Entwicklung und die Interessengegensätze der *global players* besaßen.

Das 1924 erneuerte Lizenzverhältnis zwischen Osram und Tungsram war ausgesprochen asymmetrisch: Tungsram hatte für die Osram-Patente für Ungarn und für eine nicht exklusive Verkaufslizenz 3 % Gebühren zu entrichten, während Osram die Tungsram-Patente kostenfrei erhielt. Tungsram konnte eine Mitnutzung der später von Osram erworbenen Patente für 95 % der originalen Gebühr erwerben, während der deutsche Partner im umgekehrten Fall ganze 5 % zu zahlen hatte. Das IGEC-Osram-Abkommen legte ferner fest, dass Tungsram nur in Ungarn, Jugoslawien, Rumänien, Bulgarien sowie in Ländern, in denen Osram über bestimmte Schlüsselpatente verfügte, Glühlampen herstellen durfte.

Nachdem das Glühlampenkartell Tungsram Verkaufskontingente in Deutschland und Großbritannien zugeteilt hatte, entfiel das Verbot, mit Osram-Lizenzen hergestellte Tungsram-Lampen in diese Länder zu liefern. Osram schützte seinen Heimatmarkt aber über die Vertragslaufzeit hinaus, indem sich Tungsram verpflichten musste, auch bei vorzeitiger Kündigung die Phoebus-Regeln in Deutschland bzw. generell die von Osram festgelegten Verkaufsbedingungen einzuhalten. Die Laufzeit des Osram-Tungsram-Lizenzvertrags war identisch mit der ursprünglichen Laufzeit des Glühlampenkartells.

---

296 DTMB Telefunken I.2.060 C 6223/11040 Röhrenprogramm 1938/39: Protokoll, Besprechung Philips-Telefunken-Tungsram. Berlin, 11.03.1937.

Der enge Zusammenhang zwischen den Lizenzverträgen Tungsram-IGEC und Tungsram-Osram ergab sich aus der Weltmarktaufteilung zwischen IGEC und Osram, der Ungarn und Österreich Osram vorbehielt.[297] Die Lizenzgebühr, die Tungsram für den Lampenverkauf in Deutschland an die IGEC hätte zahlen müssen, war seit 1924 an Osram zu entrichten, woraus Osram die Lizenzansprüche der IGEC zu decken hatte.[298]

Die positive Entwicklung des Forschungslabors in Újpest und das Auslaufen der Grundsatzpatente für Glühlampen Ende 1934[299] schufen für Tungsram günstige Voraussetzungen für die Neuaushandlung des Wissensaustauschs. Weil der Vertrag zwischen Osram und Tungsram die Benutzung der vor 1934 angemeldeten Patente auch nach Vertragsablauf erlaubte und Tungsram mindestens bis 1937 der Informationsaustausch mit General Electric zur Verfügung stand, konnte Tungsram den Vertrag mit Osram auslaufen lassen, ohne Tagesgeschäft oder Konkurrenzfähigkeit zu gefährden. Vor diesem Hintergrund wollte Tungsram bei der Neuaushandlung des Lizenzvertrags die an Osram zu entrichtende Lizenzgebühr mindestens deutlich senken und sie nicht nach dem Lampenumsatz jährlich, sondern kapitalisiert bis zum Ablauf des Glühlampenvertrags, also bis zum 1. Juli 1955 begleichen.[300]

Osram wollte den Lizenzvertrag mit Tungsram besonders aus Prestigegründen weiterführen, um die eigene technologische Führung zu unterstreichen.[301] Nach Einschätzung von Osram war der Tungsram-Direktion das Interesse der IGEC an der Erneuerung des Lizenzvertrags mit Újpest bewusst:[302] Ohne vertragliche Bindung konnte Tungsram Lampen, Bauteile und Maschinen an Außenseiter auf den Kernmärkten der General Electric liefern; selbst eine kurzzeitige Marktstörung war für General Electric inakzeptabel. Tungsrams Ausschluss aus Nordamerika war aufgrund des Phoebus-Vertrags nicht hinreichend gesichert, da das Kartell vor amerikanischen Gerichten wegen der US-Antitrustgesetze nicht zu verteidigen war.

---

297 SAM 10329 [Dr. jur.] Wasser, S&H, Aktenvermerk. Berlin, 18.10.1937.
298 MNL Z600_1_1 Protokoll, Direktionssitzung Nr. 65, Tungsram. Budapest, 26.06.1925.
299 SAM 10322 Niederschrift, Besprechung der Osram-Gesellschafter. Berlin, 4.11.1937.
300 SAM 10322 »In der Besprechung der Partner von Osram« [Berlin], 12.11.1937.
301 SAM 10322 Dir. Schlüpmann, Osram, an Dir. v. Buol, S&H und Dir. Gerdes (AEG?). Berlin, 16.09.1937; Niederschrift, Besprechung der Osram-Gesellschafter. Berlin, 4.11.1937.
302 SAM 10322 Osram an Clark H. Minor, Präsident, IGEC New York. Berlin, 10.11.1937.

Außerdem wollte die IGEC über den Phoebus-Rahmen hinaus weiterhin Zugriff auf Produkt- und produktionstechnische Entwicklungen des Tungsram-Labors erhalten, dessen innovatives Potential offenbar auch Osram schätzte.[303]

Die heikle Position von Osram und IGEC zum Tungsram-Lizenzvertrag rührte aus ihrer Vereinbarung vom 1. Juli 1929: die IGEC hatte sich verpflichtet, ihren Lizenzvertrag mit Tungsram zu beenden, falls der Osram-Tungsram-Vertrag vorzeitig beendet würde. Beiden Parteien war es klar, dass Tungsram aus Kostengründen weiterhin auf Informationstransfer aus Europa angewiesen war, den aber nur Osram liefern konnte, weil Philips eine enge Zusammenarbeit mit Tungsram ablehnte bzw. überzogene Gegenleistungen forderte.[304] Die im September 1937 unterschriebene dreiseitige Vereinbarung wurde wegen dieser engen Verflechtung der Parteien zwischen der IGEC und Osram ausgehandelt.[305] Dieser Vertrag beendete die Lizenzstreitigkeiten zwischen Osram und Tungsram, erkannte den Ablauf des IGEC-Tungsram-Lizenzvertrags Ende 1937 an und stellte Tungsram alle Osram-Lampenpatente unentgeltlich zur Verfügung. Damit war der Weg für die umfassende Regelung der Lizenzen im darauffolgenden Jahr frei.

Osram garantierte auch weiterhin, Tungsram den Zugang zu den GE-Patenten zu verweigern, falls Tungsram es ablehnte, den Lizenzvertrag mit Osram zu verlängern: Die IGEC verpflichtete sich, ihren Lizenzvertrag mit Tungsram zum 1. Juli 1955 zu kündigen, d.h. zum Auslaufen des Phoebus-Kartells, wenn der Osram-Tungsram-Vertrag vom 12. August 1938, der zum 30. Juni 1955 ablief, am 30. Juni 1952 noch nicht verlängert sein sollte.[306] Dafür erhielt Osram 1,5 Millionen RM.[307] Dieser Betrag sollte auch den Ausfall von Lizenzeinnahmen ausgleichen, was die deutschen Lizenznehmer von Osram und die GEC London einfordern konnten, wenn Tungsram einen Gebührennachlass erhielt.[308] Die IGEC stellte Osram in Aussicht, einen kosten-

---

303 SAM 10322 Osram-interne Aufzeichnung, Berlin, 6.11.1937.
304 SAM 10322 Niederschrift, Besprechung der Osram-Gesellschafter. Berlin, 4.11.1937.
305 SAM 10298 Vertragskarte Nr. 369 Lizenzregelung OK/Újpest/IGEC vom 9.09.1937 und Vertragskarte Nr. 480 Lizenzvertrag IGEC/OK/Osa/Asko/Újpest, 12.08.1938.
306 SAM 10322 [Dir. Waaser?], Osram an AEG, S&H und Berliner Handelsgesellschaft. Berlin, 22.04.1938.
307 LAB Osram A Rep. 231 Nr. 328 Lizenzvertrag Osram/Tungsram 1936–38. Újpest, 16.08.1938.
308 Diesen Firmen stand direkt oder mittelbar »moralisch« ein »Meistbegünstigungsrecht« zu. SAM 10322 Lizenz- und Erfahrungsaustausch-Vertrag OK/Újpest. Osram, Berlin, 6.11.1937.

freien Informationsaustausch mit der Westinghouse Electric Co. New York für die Laufzeit der IGEC-Tungsram-Vereinbarung zu vermitteln.³⁰⁹

Die Zusammenhänge zwischen Lizenzverträgen und Glühlampenkartell gehen nicht zuletzt aus dem identisch umschriebenen Vertragsgegenstand und dem Einsatz des Phoebus-Schiedsgerichts in Schlichtungsfällen hervor. Die wechselseitige Patentnutzung von Osram und Tungsram galt nur für das exklusive Gebiet von Osram. Tungsram sicherte sich die Schutzrechte von Osram für Glühlampen, konnte aber die Geltung des Vertrags nicht auf weitere Bereiche aus dem Produktionsgebiet von AEG und Siemens ausdehnen.³¹⁰ Auch der gleichzeitig verlängerte IGEC-Tungsram-Lizenzvertrag erweiterte den Vertragsgegenstand nicht.³¹¹

3.4.7 Entwicklung der Fernsehtechnologie

Die Übertragung von Bildern war die kommende technologische Herausforderung für die Schwachstromindustrie. Die Erwartungen des Publikums an die neue Technik waren bereits Anfang der 1930er Jahre in Großbritannien und den USA so hoch, dass vorübergehend sogar der Absatz von Radios einbrach; dahingehende Befürchtungen wurden auch bereits bei den deutschen Radioherstellern und Tungsram laut.³¹² Die Produzenten von Radioröhren besaßen in der Vakuum- und Beleuchtungstechnik eine Grundlage für die Entwicklung des neuen Mediums, dessen Kernstück die Fernsehröhre war. Viele kleinere und neugegründete Unternehmen entschieden sich für andere Entwicklungspfade. Auch Tungsram experimentierte bereits seit 1932 sowohl mit einer eigenen Empfängertechnologie als auch mit der Beteiligung an einer kleinen britischen Gesellschaft, die an einer vielversprechenden Technologie arbeitete.³¹³ Die Weltwirtschaftskrise behinderte die

---

309 SAM 10322 IGE/Osram/Újpest-Agreement, 5.03.1937; MNL Z601_42_196 IGEC an L. Aschner, Tungsram. New York, 7.03.1939.
310 SAM 10322 Dir. Springer und Flir, S&H an Osram. Berlin, 3.11.1937.
311 SAM 10322 Niederschrift, Besprechung der Osram-Gesellschafter. Berlin, 4.11.1937.
312 MNL Z602_16_1052 Aufstieg und Fall der amerikanischen Funkindustrie, *Berliner Börsenzeitung*, 3.03.1933; König, Volkswagen, S. 105.
313 MNL Z601_17_133 Dr. Selényi, Ing. Lendvai, Laboratorium an L. Aschner (intern). Újpest, 12.02.1935 [Gutachten über das Fernsehsystem der Scophony Ltd.]; O.T. Falk & Comp. Ltd. an Tungsram. [London], 18.02.1935. Falls Tungsram ein Aktienpaket von Scophony Ltd. hat kaufen können, musste es bei British Tungsram hinterlegt worden sein, weil sie im Aktiendepot von Tungsram (bei PMKB) nicht auftauchte.

Vermarktung der damals noch sehr teuren Geräte in den USA und in Westeuropa. Zudem konnten Bilder von schlechter Qualität nur wenige Stunden am Tag empfangen werden.[314]

Aschner entschied sich daher, mit der eigenen Entwicklung solange zu warten, bis sich ein technischer Standard durchgesetzt haben würde. Es war absehbar, dass Tungsram bei einer Kartellierung des Fernsehmarktes Ungarn und die Balkanländer zugeteilt würden. In Anbetracht der geringen Kaufkraft dieser Region hatte die Direktion keine großen Hoffnungen auch nur auf die Amortisation der Entwicklungskosten. Aschners Skepsis war umso berechtigter, als die kommerziellen Chancen der Fernsehtechnologie selbst bei Telefunken ziemlich gering eingeschätzt wurden, obwohl Deutschland einen Markt mit ungleich größerer Kaufkraft darstellte.[315] Das starke Engagement von Telefunken und anderer deutscher Unternehmen auf diesem Gebiet ging nicht zuletzt darauf zurück, dass NS-Behörden und Militär sehr an der neuen Technologie interessiert waren und ihre Entwicklung finanziell unterstützten.[316] Tungsram ging davon aus, nach Etablierung eines TV-Standards wegen der Erfahrungen des Forschungslabors mit Photozellen, Glühlampen, Radioröhren, Lichtmessung und Bildübertragung schnell aufholen zu können. Unterdessen konnten die deutschen Unternehmen trotz großer finanzieller Anstrengungen bis 1936 schwerwiegende technische Probleme noch nicht lösen.[317]

Tungsram setzte mithin auf eine Nachfolgerstrategie, sammelte also Basiswissen, wollte aber die eigene Produktentwicklung erst aufnehmen, nachdem die Richtung bereits feststand. So vermied das Unternehmen zwar Fehlinvestitionen, würde jedoch bei Lizenz- und Kartellvereinbarungen mangels eigener Patente eine schwache Startposition haben.[318] Erst die Aufnahme regelmäßiger Fernsehübertragungen in England veranlasste Tungsram 1936, doch ein TV-Labor einzurichten. Dazu schloss die Firma zunächst mit RCA einen Lizenzvertrag ab, der sich allerdings auf Empfängerröhren beschränkte. Rasches Handeln war zu diesem Zeitpunkt entscheidend, weil

---

314 DTMB Telefunken I.2.060 C 2540/1138 Ergebnis der Funkausstellung in Bezug auf Fernsehen: Protokoll, Delegiertensitzung, Telefunken. Berlin, 28.09.1934.
315 SAM 8414 Direktion Telefunken an Direktoren v. Buol, Lüschen und Frenzel, S&H. Berlin, 24.04.1935.
316 DTMB Telefunken I.2.060 C 2540/1138 Protokoll, Delegiertensitzung, Telefunken. Berlin, 27.07., 28.09.1934; *König*, Volkswagen, S. 100–114.
317 *Steiner*, S. 179–187.
318 Zu den Vorteilen dieser Strategie in kleinen Ländern: *Lemola u. Lovio*, S. 146–148.

immer mehr Staaten aus Prestigegründen oder für Propagandazwecke dem Beispiel der Briten und Amerikaner folgten und TV-Sender bauten; Versuchssendungen wurden bereits in Prag, Rom und Warschau ausgestrahlt.[319] Philips präsentierte auf der Budapester Frühjahrmesse 1938 ein eigenes Fernsehgerät;[320] damit war bereits ein starker Konkurrent auf dem ungarischen Markt präsent. Tungsrams Verhandlungen zur Erweiterung des RCA-Lizenzvertrags auf die gesamte TV-Technik und Planungen für die Serienfertigung von Fernsehröhren nach amerikanischem Muster wurden wegen des Kriegsausbruchs abgebrochen.[321] Fernsehübertragungen sollte es in Ungarn erst ab 1957 geben.

3.5 Zugang zu den Absatzmärkten

Nachdem im Ersten Weltkrieg Patente und Vermögenswerte deutscher Unternehmen in den Ländern der Entente beschlagnahmt worden waren und sie anschließend unter Kapitalmangel litten, setzten sie anstatt Direktinvestitionen bevorzugt auf Lizenz-, Kartell- und andere langfristige Verträge mit lokalen Unternehmen, um sich einen zwar indirekten, aber weniger kostenintensiven und riskanten Zugang zu Absatzmärkten zu sichern.[322] Da Unternehmen in Deutschland und Ungarn ähnlichen Bedingungen für den Neustart unterlagen, werden die Marktbearbeitungsmethoden von Ganz & Co. und Tungsram unter diesem Aspekt vorgestellt.

---

319 MNL Z604_44_97 Dr. Czukor, Prof. Bay, Bericht an L. Aschner. 18.01.1938.
320 MNL Z604_44_97 Dr. Czukor an Prof. Bay. Újpest, 1.02.1938.
321 MNL Z604_44_97 Pro Memoria Mr. Cardner tervezett látogatása ügyében [Pro Memoria zum geplanten Besuch von Mr. Cardner] Újpest, 24.02.1938; MNL Z601_17_133 Dr. Czukor, Laboratorium. Újpest, 27.09.1937 Aktajegyzet. Részlet Dr. Zworykinnel folytatott megbeszélésből [Aktennotiz. Auszug aus der Besprechung mit Dr. Zworykin]; MNL Z601_17_132 [Dr. Czukor, Laboratorium] Amerikai utazással kapcsolatos televíziós kérdések [Fragen zur Fernsehtechnologie anlässlich der Reise in die USA] 22.08.1939; *Steiner*.
322 *Schröter*, S. 420–422.

3.5.1 Rückkehr auf den Weltmarkt

3.5.1.1 Exportunternehmen und Handelsprotektionismus

Die Zeit nach dem Ersten Weltkrieg war charakterisiert durch die Politisierung des internationalen Handels, fehlendes Vertrauen zwischen den Wirtschaftsakteuren und Restriktionen gegen grenzüberschreitende Waren, Personen- und Kapitalströme. Kaum waren diese in den ausgehenden 1920er Jahren etwas gelockert worden, ließ die Weltwirtschaftskrise den Protektionismus wieder erstarken.

Der Rückkehr auf den Weltmarkt standen durch die während und nach dem Krieg bestehenden Handelsbeschränkungen, Devisenregeln, bürokratischen Vorschriften und verkehrstechnischen Schwierigkeiten bis weit in die 1920er Jahre Hindernisse entgegen.[323] Diese Hürden entfielen zum Teil mit der Einführung des ungarischen Zolltarifs am 1. Januar 1925. Doch grundsätzlich änderte sich damit an der Bürokratisierung des Außenhandels wenig. Die Klärung der kriegsbedingten Zahlungs- und Lieferungsausfälle dauerte in einigen Fällen über ein Jahrzehnt. Ungarische Unternehmen hatten bei dem langwierigen Prozedere oft nur deswegen keinen Erfolg vor den Schiedsgerichten, weil ihr Land auf der Verliererseite des Weltkrieges stand und diplomatische Hilfestellung versagte.[324]

Die Politisierung der Außenwirtschaft hatte im Extremfall den Verlust ganzer Absatzmärkte zur Folge. Mit Einverständnis der Regierung untersuchten die Kreditbank und Ganz & Co. 1921–1922 die Wiederaufnahme der Handelsbeziehungen zur Sowjetunion via Polen und Baltikum, der Industriellenbund via Berlin und Baltikum. Die Sowjetunion war als Rohstoff-, vor allem Öllieferant und als Absatzmarkt für Industriewaren wie elektrotechnische Produkte, Landwirtschaftsmaschinen, chemische und Textilerzeugnisse interessant.[325] Aus innenpolitischen und ideologischen Gründen ratifizierte jedoch die Regierung den 1924 geschlossenen Handelsvertrag mit der Sowjetunion nicht. Zwar blieb der inoffizielle Kontakt zur

---

323 Vgl. *Hantos*, Eisenbahnpolitik; MNL Z195_545 L. Aschner, Tungsram, an die Budapester Industrie- und Handelskammer. Újpest, 15.05.1918.
324 MNL Z601_21_162 Bericht an L. Aschner: Forderung der Blackman Export Co. Ltd., 17.03.1926; Direktion, Tungsram, an MVGOE, Újpest, 29.10.1928 und Direktion, Tungsram an Magyar Királyi Felülvizsgáló és Kiegyenlítő Hivatal (*Office Royal Hongrois de Vérification et de Compensation, British-Hungarian Clearing Office*), Újpest, 23.03.1926.
325 *Buzás*, 594–595; *A Magyar Gyáriparosok Országos Szövetsége Választmányának XXV. évi jelentése az 1927. évi rendes közgyűléshez*, S. 491–492.

UdSSR aufrechterhalten, der 1934 mit der Aufnahme der diplomatischen Beziehungen formalisiert wurde.[326] Der Abschluss eines Handelsvertrages mit der Sowjetunion verzögerte sich dennoch bis 1939.[327]

3.5.1.2 Heimatmarkt und Zugang zu Exportmärkten

Das niedrige Wachstum des Binnenmarkts grenzte das Unternehmenswachstum stark ein und machte den Zugang zu den Exportmärkten zum Schlüssel ihres Überlebens. Das lässt sich anhand des Grads der Motorisierung und der Verbreitung des Rundfunks illustrieren (Tab. 9). Die Wirtschaftslobby sah öffentliche Aufträge nicht zuletzt aus Prestigegründen als *conditio sine qua non* für den Export. Der Verein der Eisen- und Maschinenbauwerke (MVGOE) mahnte im Frühjahr 1930 in der Presse:

»Nicht erst die Erweiterung, sondern bereits die Aufrechterhaltung des Exports hängt vor allem davon ab, wie sich der ungarische Binnenmarkt entwickelt. Nur diejenigen Unternehmen können exportieren, die auf dem ungarischen Binnenmarkt genügend beschäftigt sind, und so kommen wir zur eminenten Bedeutung öffentlicher Aufträge.«[328]

In diesem Sinne verlangte Ganz & Co. 1936, bei öffentlichen Aufträgen das Prinzip inländischer Vergabe rigoros anzuwenden: Werde dies nicht eingehalten, sieche das traditionsreiche Unternehmen dahin, weil die Preise auf dem Exportmarkt in der Regel nicht einmal die Selbstkosten decken würden.[329]

Solche Argumente mochten tatsächlich manchmal die elektrotechnischen Unternehmen vor Konkurrenz auf dem Binnenmarkt bewahren. 1930 bewarb sich Aschner namens der Ungarischen Standard Gesellschaft um den Bau des größten ungarischen Radiosenders.[330] Er verwies dabei auf eine

---

326 *Gazdasági összeköttetésünk Oroszországgal.* 1925–1939 wurden nur Erdöl und Asbest in nennenswerter Größenordnung nach Ungarn geliefert. Ungarische Exporte blieben sporadisch, wie 1925/26 auch elektrotechnische Waren. *Buzás*, S. 632; *Homburg*.
327 *Seres*, S. 43–45, 67; *A nehézipar életkérdése az orosz szerződés!*; *Több százezer dollár értékű villamossági cikket szállítunk Oroszországnak.*
328 *A Magyar Vasművek és Gépgyárak Országos Egyesülete a magyar gépipar helyzetéről.*
329 *Belföldi közületek megrendelései nélkül elsenyved a százéves Ganz.*
330 MNL Z601_17_131 Rádióadók rendelésének megosztása a hazai iparra végzetes következményekkel járnak. [Die Aufteilung von Bauaufträgen für Radiosendestationen

Werbung von S&H in Südosteuropa, die mit der Behauptung die ungarische Industrie diffamiert habe, diese werde nicht einmal von der eigenen Regierung für vertrauenswürdig gehalten. Viele öffentliche Aufträge seien an die ausländische Konkurrenz gegangen, obwohl ungarische Unternehmen über nicht ausgeschöpfte Kapazitäten verfügten. Tungsram prognostizierte bei einer Fortsetzung dieser Vergabepolitik den Rückzug des ausländischen Kapitals aus der ungarischen Rundfunkindustrie: Die amerikanischen Marktführer würden Ungarn nicht mehr als Produktionsstandort für den Balkan betrachten. Eine Folge wäre die Verlegung der Produktion in die Balkanstaaten selbst. Der Bau des Senders in Lakihegy wurde an die Standard vergeben, allerdings half das der Firma wenig, den Umsatzeinbruch während der Weltwirtschaftskrise auszugleichen.

Elektrifizierung war als Symbol und Motor der Modernisierung ein hochideologischer Gegenstand.[331] Beispiele dafür lieferten das nationalsozialistische Deutschland ebenso wie das sozialdemokratische Schweden.[332] Auch die ungarischen elektrotechnischen Unternehmen konnten ihr Marketing auf den kulturellen Führungsanspruch des Landes im Donauraum abstellen, wie ihn 1928 Kultusminister Kuno Klebelsberg in seinem neonationalistischen Konzept formulierte.[333] Dank technologischer Errungenschaften, Sozialeinrichtungen für ihre Belegschaften und der Bekanntheit ihrer Produkte im Ausland wurden die Elektrounternehmen zur Vorzeigebranche Ungarns. Ausländische Journalisten und Wirtschaftsdelegationen wurden vorzugsweise durch die Tungsram-Werke und das Großkraftwerk in Bánhida geführt oder durften eigens an einer Fahrt auf der elektrifizierten Bahnstrecke Hegyeshalom-Budapest teilnehmen.[334]

Die Öffentlichkeitsarbeit der Unternehmen zielte auf nichts Geringeres als die Umformung des nationalen Selbstverständnisses, in das Vorstellun-

---

wird eine verheerende Auswirkung auf die ungarische Radioindustrie haben], Ung. Standard AG an den Handelsminister, Újpest, 6.02.1931 A M. Kir. Posta által beszerzésre kerülő adóállomások« [Die von der Kgl. Ungarischen Post einzuschaffenden Radiosendestationen].
331 Vgl. *Kühschelm, Eder u. Siegrist*, S. 16–17.
332 *Fridlund u. Maier*, S. 3–4.
333 *Hanebrink*. Mit dieser wissenspolitischen Zielsetzung stand Ungarn im Donauraum nicht alleine. So stellte Edvard Beneš, Außenminister der Tschechoslowakei, in einer Rede in London im Dezember 1925 die Bestrebungen kleiner Nationen um kulturelle Überlegenheit als größenspezifische Erscheinung des Wachstumstriebs aller Nationen dar. *Magyary*, S. 616.
334 *Magyar-görög kereskedelempolitikai tárgyalások*, S. 15; MNL Z42_20 L. Aschner an Philipp Weiss, Präsident, PMKB. Újpest, 31.07.1935.

gen von wirtschaftlicher Prosperität und technischem Fortschritt integriert werden sollten. Steigende Exportzahlen und technologische Entwicklung sollten den Führungsanspruch der ungarischen Nation im Donauraum unterstreichen – selbstverständlich im Einklang mit einer industriefreundlichen Wirtschaftspolitik. Die Ganz-Jendrassik-Dieseltriebwagen, zu deren Entwicklung und Markteinführung die strategische Kooperation der Ungarischen Staatseisenbahnen zur Amtszeit des faschistischen Ministerpräsidenten Gyula Gömbös (1932–1936) unerlässlich war, wurden nicht ohne Grund nach den ungarischen Stammesführern Árpád, Tas und Huba aus dem 9. Jahrhundert und symbolträchtigen Orten in nach Trianon abgetrennten Regionen benannt. Dennoch musste die Fachpresse konzedieren, dass das Publikum ausländische Waren bevorzuge. Eine Tungsram-Werbung brachte es auf den Punkt: der geneigte Käufer möge es doch dem Ausland gleichtun, wo die Leute schließlich auch Tungsram-Produkte kauften.

3.5.2.3 Umstrukturierung der ausländischen Verkaufsorganisationen

Die Gründung von Vertriebs- und Holdinggesellschaften in neutralen Ländern war eine Lektion aus dem Krieg und diente der Sicherung von Auslandsinvestitionen. Tungsram hatte ein Auslandszentrum in der Züricher Vertretung, die niedrige Steuersätze und die Sicherheit der neutralen Schweiz bot. Aus diesen Gründen wurden die meisten europäischen Filialen nach und nach diesem Standort untergeordnet. Das Personal wurde in Zürich aufgestockt und in Mailand zurückgefahren, die Filiale in Petrograd geschlossen, neue Filialen 1921 in Rumänien (Bukarest, später zwei weitere in Siebenbürgen), Jugoslawien (Zagreb und Zemun, letztere bald geschlossen) und in der Tschechoslowakei, 1922 in Ägypten und 1925 in Brüssel eröffnet.[335] Die Filiale in Wien wurde von 1927 an nur als leere Hülse behalten, die Vertretung übernahm die Watt AG, die 1931 mit der Kremenezky AG fusionierte.[336] Die 1925 eröffnete Filiale in London unterstand Wien, aber die im November 1929 gegründete Berliner Filiale direkt Újpest, der Marktaufteilung innerhalb des Tungsram-Konzerns entsprechend.[337] In Helsingfors,

---

335 MNL Z600_1_1 Tungsram, Protokoll, L. Direktionssitzung, Budapest, 14.06.1921 und LXIV. Direktionssitzung, Budapest, 5.02.1925.
336 MNL Z600_1_1 Tungsram, Protokoll, LXVIII. Direktionssitzung, Budapest, 2.07.1927.
337 MNL Z600_1_1 Tungsram, Protokoll, LXIV. Direktionssitzung, Budapest, 5.02.1925; Gegründet wurde die Tungsram Berlin jedoch im Namen von Tungsram Zürich und

Kopenhagen und Kristiania (1924 in Oslo umbenannt) wurden ebenfalls Mitte der 1920er kleine Tungsram-Verkaufsstellen eingerichtet (Tab. 10).[338]

Ganz & Co. sowie die Ganz'sche Elektrizitäts-AG nahmen eine ähnliche Umstrukturierung ihres ausländischen Vertriebsnetzes vor. Die neuen Schwerpunkte der in der Regel von beiden Unternehmen gemeinsam geführten Auslandsvertretungen befanden sich in Amsterdam und Wien.[339] Sie griffen dabei auf die Beziehungen der Ungarischen Allgemeinen Kreditbank zurück, wie auch andere Unternehmen im Interessenkreis der Kreditbank mit deren Hilfe ihre in den Nachbarländern befindlichen Vermögenswerte in neue Unternehmen in neutralen Ländern überführten. Die Verbindungen der Kreditbank mit dem Bankhaus Pierson & Co. und dem Mendelssohn Bankhaus in Amsterdam waren für die Gründung der niederländischen Vertriebs- und Holdinggesellschaften der Ganz-Gesellschaften unverzichtbar; die deutschen Bankverbindungen wurden für die Suche nach neuen Vertretungsmöglichkeiten in Brasilien und der Sowjetunion genutzt (Tab. 11).[340]

Die Sicherung des Einflusses der Banken und Industrieunternehmen aus den einstigen imperialen Zentren in den Nachfolgeländern geschah in der Regel durch die Überführung ihres Besitzes in neue »nationale« Gesellschaften. So versuchte auch Ganz Elektro, durch die Verwandlung der italienischen, rumänischen und polnischen Töchter in »nationale« Gesellschaften mit Unterstützung lokaler Kapitalgruppen die Marktpräsenz aufrechtzuerhalten.[341]

3.5.2 Direktinvestitionen

Aus den gleichen Gründen wie ihre deutschen Konkurrenten, nämlich Kapitalmangel und Risiken der Marktpräsenz, beschränkten Tungsram und Ganz ihre Direktinvestitionen im Ausland in den 1920er Jahren auf ein Minimum. Bei Ganz & Co. spielte dabei auch eine Rolle, dass die Auslandspro-

---

der Glasfabrik Tokod. MNL Z601_236_944 Abschrift Das Amtsgericht Berlin-Mitte, Berlin C. 2, den 6.01.1930 Not. Reg. 178/29.
338 MNL Z600_1_1 Tungsram, Protokoll, LXV. Direktionssitzung, Budapest, 26.06.1925
339 Von Wien aus wurde die Marktbearbeitung in der Türkei, Griechenland und Ägypten koordiniert. MNL Z421_1_1 Direktionssitzung Ganz & Co. 4.11.1921.
340 MNL Z421_1_1 Protokoll, Direktionssitzung, Ganz & Co., Budapest, 28.12.1921.
341 MNL Z438_1_1 Protokoll, Direktionssitzung, Ganz Elektro, Budapest, 18.11.1921, 26.07. und 21.10.1922.

duktion die geringe Auslastung der Budapester Fabriken noch weiter reduziert hätte. Ganz veräußerte die Fabriken im Ausland mit Ausnahme von Ratibor (Schlesien) und der Maschinenfabrik in Loebersdorf (Österreich).[342] Das Personal in Loebersdorf wurde von bis zu 700 auf ca. 500 reduziert, das Kapital 1929 auf ein Sechstel herabgesetzt und das Büro in Klagenfurt aufgegeben.[343] Infolge der Grenzziehungen konnte Ganz & Co. im Gebiet der vormaligen Doppelmonarchie die klassische Methode des Unternehmensgeschäfts für Marktschaffung, Einflussnahme auf die Beschaffungspolitik von mitfinanzierten Elektrizitätsgesellschaften, darum weniger verwenden, weil der Anteil an den nun fremden Gesellschaften sich verringerte. So war Ganz & Co. Kleinaktionär der von der Kreditbank und der AEG gegründeten AG für elektrische und Verkehrsunternehmungen (»Trust«), die ihre Beteiligung an slowakischen, kroatischen und rumänischen Elektrizitäts- und Straßenbahngesellschaften durch die EVAG Holding AG Zürich aufrechterhielt, die wiederum jeweils lokale Partner in die Direktion holte.

Tungsram hielt am Prinzip der Produktionskonzentration in Újpest fest. Nur der Betrieb der Glühlampenfabrik Watt AG in Wien wurde fortgesetzt, um Produktionsschwierigkeiten in der Mutterfabrik zu überbrücken oder handelspolitische Hindernisse zu umgehen. Eine weitere Ausnahme bildete die 1921 übernommene Warschauer Glühlampenfabrik Cyrkon, weil man sich davon eine bessere Position gegenüber Osram erhoffte.[344] Erst Ende der 1920er reagierte Tungsram auf den zunehmenden Protektionismus mit einem Kurswechsel. Dem Beispiel der leitenden Kartellmitglieder folgend, gründete Tungsram in den wichtigsten Absatzgebieten kleine Montagewerkstätten, um als lokale Gesellschaft öffentliche Aufträge einwerben und mindestens eingeschränkt weiter exportieren zu können.[345]

Aschner war ein geschickter Organisator, der penible Kostenberechnungen vor jeder Entscheidung forderte. Während der Weltwirtschaftskrise

---

342 *Compass Leonhardt. Finanzielles Jahrbuch.* S. 511; MNL Z426_4_17 Raichl, Jenő, Loebersdorfer Maschinenfabrik AG, an Dir. Károly Odescalchi, Ganz & Co., 2.03.1937.
343 *Mathis*, S. 185.
344 LAB Osram A Rep. 231 Nr. 56 Auszug, Niederschrift: Direktions-Besprechung, 29.12.1921. Eine kleine Reparaturwerkstatt wurde in Rumänien eingerichtet. MNL Z600_1_1 Tungsram Protokoll, Direktionssitzung Nr. 53, [Budapest], 18.09.1921.
345 MNL PMKB Z42_20 L. Aschner an Dir. Ernst Egger, VEAG, Wien. Újpest, 15.03.1932; MNL Z609_107_83 Tungsram Mailand an Tungsram Újpest, 18.03.1932; MNL Z601_138_687 Kimutatások a külföldi fiókokról és képviseletekről [Ausländische Filialen und Vertretungen], 15.07.1935; z. T. abweichende Daten zu den Fabrikgründungen *Koroknai, Tungsram Rt.*, S. 87.

sah er sich gezwungen, die kostenintensive Gründung ausländischer Fertigungsstätten vor der Direktion, vor allem den Repräsentanten der Niederösterreichischen Escompte und der VEAG zu verteidigen: Nur so könne Tungsram »die sinnlose Wirtschaftspolitik der einzelnen Staaten«, d. h. protektionistische Maßnahmen umgehen.[346] Aschner hob hervor, Tungsram würde ohne die Montagewerkstätten ein Drittel des vom Kartell gewährten Kontingents nicht absetzen können. Dies werde in Zukunft nicht nur einzelne Konzerne betreffen, sondern vielleicht zur Überlebensfrage für das ganze Glühlampenkartell werden.[347] In der Tat konnte Tungsram mithilfe der Montagewerkstätten trotz protektionistischer Blockaden das Exportgeschäft weiterführen, wobei sich die Lieferungen von Fertigwaren in Richtung Lampen- und Röhrenbestandteile verschoben. Die zentrale Herstellung von Bestandteilen und Speziallampen in Újpest und in der Kremenezky-Fabrik in Wien sicherte Rentabilität und Qualität der Produktion, doch wurden Einsparungen bei Zoll und Transport zum Teil durch die Minderung von Skalenersparnissen in der zentralen Produktionsstätte wieder aufgehoben.[348]

Die Aufnahme der Produktion erfolgte überwiegend durch die Übernahme und Modernisierung bestehender Betriebe, so im Falle von Stockholm 1931 mit der Einverleibung der Kremenezky-Gesellschaft. Leitprinzip war der vollständige Aktienbesitz.[349] Seit 1923 wurde ein bewährter Ingenieur für die regelmäßige Qualitätskontrolle an den auswärtigen Standorten eingesetzt.[350] Gegen Ende der 1930er Jahre gab es bereits eine eingespielte Routine für die Einrichtung neuer Produktionsstätten. (Tab. 12)

Der Tungsram-Konzern wurde auf diesem Wege am Vorabend des Zweiten Weltkriegs zum *big business*: 1937 erreichte die Anzahl der in Ungarn beschäftigten Mitarbeiter 8346, zusammen mit denen in Ausland mehr als 10.000. 1942 war die Anzahl der Beschäftigten im In- und Ausland bereits

---

346 MNL PMKB Z 42_20 L. Aschner an Baurat Ernst Egger, Vizepräsident, NÖEG. 15.03.1932.
347 Vgl. MNL Z601_27_188 Osram-Fabrikgründungen: Notiz an die Generaldirektion, Tungsram. Újpest, 4.06.1940; GEC, London, Proceedings and Chairman's speech at the 39th annual General Meeting, London, 29.06.1939, S. 3.
348 *Blanken*, S. 359; MNL Z604_5_4 Exportabteilung, Tungsram, Kostenverrechnung von Tungsram London, Vergleich des Verkaufs von Radioröhren hergestellt in London bzw. in Újpest. 1.02.1940; MNL Z601_221_891 Generaldirektion, Tungsram. Újpest, 22.05.1940.
349 Rückblickend MNL Z604_7_9 Alexander Kasser, Memorandum, [Budapest], 19.05.1947.
350 MNL Z600_1 Protokoll, Direktionssitzung Nr. 60, Tungsram, Budapest, 12.12.1923.

auf 13.486 gestiegen. 85,6 % der in Ungarn beschäftigten 10.260 Personen waren Arbeiter, die Vergleichszahl im Ausland war 77,4 % von 3586 Beschäftigten.[351] Der etwas höhere Anteil der Angestellten im Ausland erklärt sich durch die Konzentration der Produktion in der Stammfabrik in Újpest.[352]

3.5.3 Lizenzverträge

3.5.3.1 Ganz' angeschlagene Wettbewerbsfähigkeit

Ganz & Co. war bewusst, dass die eigenen Ressourcen für die Einführung von Innovationen auf dem Weltmarkt kaum ausreichten. Ein Plan des Patentbüros zur Vermarktung der Martinka-Öfen von 1923 zeigt, wie eingeengt der finanzielle Spielraum war und welche Lehren aus früheren Versäumnissen gezogen wurden. Das Martinka-Patent schützte ein Verfahren zur Leistungssteigerung von Rohöl- und Benzinmotoren. Zu seiner Nutzung sollte ein strategischer Partner gefunden werden, der finanzielle Unterstützung leisten und die Vermarktung erleichtern konnte. Darüber hinaus sollte er Know-how einbringen, um verschiedene Motorentypen umrüsten zu können. Ideal war ein europäischer, möglichst britischer Partner. Die Martinka-Patentverwertung sollte möglichst vom Schutz eines neutralen Staates profitieren. Deshalb sollte die Patentgesellschaft ihren juristischen Sitz und das Konstruktionsbüro vorzugsweise in den Niederlanden einrichten. Die nationalen Patentgesellschaften sollten ihr untergeordnet sein und jeweils einflussreiche lokale Partner in die Direktion aufnehmen.[353]

Das Martinka-Verfahren galt zunächst als so vielversprechend, dass bei keinem geringeren als General Electric für die Partnerschaft sondiert wurde.[354] Allerdings stellte sich 1927 heraus, dass das Verfahren wegen seiner Komplexität kaum einen Marktwert besaß.[355] Die verausgabten, für

---

351 MNL Z604_7_9 A Tungsram Konszern alkalmazottainak létszáma [Anzahl der Beschäftigten des Tungsram-Konzerns] am 31.12.1942. Újpest, 26.01.1943.
352 MNL Z600_1 Protokoll, Direktionssitzung Nr. 60, Tungsram, Budapest, 12.12.1923.
353 MNL Z427_1_3 Bericht: Stand der Entwicklung des Martinka-Vefahrens und der Vorbereitungen für die Patentvermarktung, an Direktion, Ganz & Co.. »ungefähr im Sommer 1923«.
354 *A Ganz holland társaságot alapít szabadalmainak kihasználására.*
355 MNL Z427_1_3 o.A. Zwischenbericht an Direktion, Ganz & Co., über den Stand der Entwicklung des Martinka-Verfahrens und dessen Wert aufgrund der Gutachten von Universitätsdozenten Emil Schimanek und Gusztáv Szabó. Budapest, 20.06.1927.

Ganz' F&E-Budget außerordentlich hohen Summen erwiesen sich als Fehlinvestition und galten auch noch zwanzig Jahre später als warnendes Beispiel für überproportionale Konzentration der Forschungsausgaben.[356] Teile des Vermarktungsplans wurden aber bei den Ganz-Jendrassik-Triebwagen erneut aufgegriffen, da die Ausgangsbedingungen für das Unternehmen unverändert geblieben waren.

Verlustträchtige Exporte und wachsender Schuldendienst veranlassten Ganz & Co. seit 1929, generell stärker auf ortsansässige Unternehmen zur Bedienung ausländischer Märkte zurückzugreifen. So wurde die Vertretung der Spannungsregler in Österreich der Elin AG übertragen.[357] Ganz lieferte die Regler von 1937 an sogar ohne eigenes Markenzeichen. Da sich Ganz praktisch aus dem österreichischen Markt zurückgezogen hatte, sollte so nur noch die elektrotechnische Fabrik in Budapest in Betrieb gehalten werden. Die Vermarktung der Jendrassik-Dieselmotoren für stationären Gebrauch wie für Bahn-, Straßen und Schiffsverkehr[358] erfolgte auf einer ganz anderen Basis: Ganz & Co. war imstande, renommierten Produzenten wie Alsthom in Frankreich, SEM in Belgien, Stork in den Niederlanden oder Hispano Suiza in Spanien Vermarktungs- und Produktionslizenzen zu erteilen (Tab. 13).

3.5.3.2 Tungsram und der interkontinentale Telefonstreit

Tungsram machten schwaches Wirtschaftswachstum und Kapitalknappheit zu schaffen, die bei der kostenintensiven Modernisierung der Verkehrs- und Kommunikationsinfrastrukturen besonders schwer wogen. Der Aufbau nationaler Telefonnetze und des Rundfunks waren zudem auch politisch heikel, weil Auftragsvergabe und Betrieb aus damaliger Sicht das staatliche Informationsmonopol und gar die Sicherheit des Staates gefährdeten, wenn Konzessionen an Privatunternehmen vergeben wurden, erst recht

---

356 MNL Z425_33_124 [Ing. für Bahnelektrifizierung] A kutatómunka jelentősége az iparban. Tanulmány [Studie: Die Bedeutung der Forschung für die Industrie] Budapest, 1947, S. 11.
357 MNL Z426_6_40 Korrespondenz zum Vertretungsabkommen Ganz & Co./ELIN AG, Wien: Vertrieb elektrischer Spannungsregler 1929, 1937.
358 MNL Z426_6_35 Ganz & Co. Ltd./Whitt & Chambers Ltd. Agreement for appointment of sole agent for the sale of Marine Diesel engines and gear in the United Kingdom of Great Britain and Northern Ireland and the Irish Free State. [o. O.], 1.08.1938.

wenn diese ihren Sitz im feindlichen Ausland hatten. Bei solchen Großaufträgen standen Tungsram als Lizenznehmer und örtlicher Vertreter von IT&T, Siemens und Ericsson in Konkurrenz zueinander. Die Grenzkonflikte zwischen Ungarn und seinen Nachbarländern trugen dazu bei, dass Tungsram letztlich eine gewinnbringende und technologisch wichtige Sparte aufgab.

Im Falle des rumänischen Großauftrags führten Tungsram und die Ungarische Standard AG, an der Tungsram 1928–1933 noch zu 25 % beteiligt war, jahrelange Verhandlungen über die Konditionen, doch gingen sie am Ende leer aus, weil Bukarest in Reaktion auf eine Zeitungskampagne gegen Tungsram, dem »Wegbereiter des ungarischen Irredentismus«, IT&T Lieferungen aus Ungarn untersagte. Zwar schloss der Vertrag der rumänischen Regierung mit IT&T das kommerzielle Telefongeschäft nicht ein, doch der rumänische Markt wurde zur Gänze von der neuen rumänischen ISEC-Tochter übernommen.[359] ISEC London forderte Budapest auf, gegen ein vages Versprechen von Entschädigung in Form von anderen Aufträgen auf die Lizenz für Rumänien zu verzichten.[360]

Im Falle von Jugoslawien wurde die Situation Ungarns im konzerninternen Kampf um Marktanteile direkt gegen Tungsram eingesetzt. Siemens & Halske bot Belgrad an, eine Telefonzentrale für 7000 Teilnehmer in Belgrad auf Reparationskonto zu liefern. Dieses Projekt besaß nicht allein wegen seiner Größenordnung Bedeutung, sondern auch, weil es den technischen Standard in Jugoslawien vorgab. Dass Belgrad das deutsche Angebot akzeptierte, lieferte der französischen IT&T-Tochter gegenüber ihrer Zentrale das Argument, dass IT&T den jugoslawischen Markt an Tungsram verlieren werde, nur weil dieses Unternehmen ungarisch sei.[361] Schließlich übernahm ISEC London die Führung im Wettbewerb um die jugoslawische Telefonkonzession. Tungsram und die Ungarische Standard gingen trotz intensiver Lobbyarbeit erneut leer aus.

---

359 MNL 601_18_149 Ung. Standard, Obering.. Leitner an L. Aschner. Újpest, 22.11.1930
360 MNL 601_18_149 P. K. Condict, Executive Vice-president, ISEC London, an L. Aschner. London, 11.08.1930 Um kleinere Aufträge musste nun die Ungarische Standard bei London fast betteln, wie Armeelieferungen oder Folgebestellungen zur von Tungsram 1924 errichteten Telefonzentrale in Bukarest. Ing. Leitner, Ung. Standard, an ISEC London. Újpest, 10.09.1930 »Postable telephone exchanges for the Romanian Army«; Ung. Standard an P. K. Condict, Vice-President, ISEC London. Újpest, 2.08.1930. »Extentions of Bucharest«.
361 MNL Z601_18_148 Dir. Halász, Ung. Standard, an L. Aschner. Újpest, 28.07.1930.

Für die Entscheidung der Konzernzentrale gab offenbar den Ausschlag, dass ISEC London Belgrad einen Vorfinanzierungskredit gewährte. Aschner erhielt im März 1929, als das südosteuropäische ISEC-Fernkabelbüro eingerichtet wurde, noch die Zusicherung, dass dessen Leitung durch ISEC London nicht bedeutete, die Märkte unter den ISEC-Töchtern neu aufzuteilen.[362] Bereits im nächsten Jahr wurde Tungsram jedoch die jugoslawische Vertretung der ISEC abgenommen. Zwar wurde eine eigene jugoslawische ISEC-Gesellschaft gegründet, wie die Ungarische Standard vorgeschlagen hatte, dieser jedoch nicht zugeordnet, denn die Leitung übernahm ISEC London direkt. Die Ungarische Standard richtete eine eigene Vertretung für das Telefongeschäft ein.[363] Tungsram beschränkte sich in Jugoslawien neben Glühlampen auf den Verkauf von Radioröhren und Rundfunkgeräten.[364]

Diese konzerninterne Marktaufteilung bedeutete für die Ungarische Standard AG den Ausschluss vom Export. Das Radiogeschäft konnte die ausbleibenden Aufträge der Telefonsparte nur unzureichend kompensieren. Aschner war der Meinung, die Gesellschaft könne trotzdem erneut lukrativ arbeiten, wenn ISEC New York auf die Rückzahlung der Schulden der ungarischen Tochter verzichte.[365] Dieser Vorschlag wurde nicht akzeptiert. Tungsram nahm deshalb die operative Leitung der Gesellschaft nicht zurück. Am 8. Dezember 1933 wurde das Stammkapital der Ungarischen Standard AG auf die Hälfte reduziert. Tungsram machte von dem Recht Gebrauch, die Beteiligung an die IT&T zu verkaufen. Damit zog sich Tungsram gänzlich aus dem Telefongeschäft zurück.

Das Unternehmen konnte als Lizenznehmer der amerikanischen Marktführer gegen eine wirtschaftsnationalistische Politik bestehen, bis die Konzernzentrale im Zuge einer Umstrukturierung der zugehörigen Unternehmen das Geschäft in die eigene Hand nahm. Tungsrams Kenntnisse der

---

362 MNL Z601_18_148 Minutes of Meeting, Cable companies: Pirelli (Milan), Felten & Guillaume (Vienna and Budapest)/ISEC/Toll Cable Office, Budapest. Zürich, 4.03.1929, Aktennotiz III. Ung. Standard AG, Budapest, 7.03.1929.
363 MNL Z601_18_148 H. M. Pease, ISEC, London to B. Halász, General Manager Hungarian Standard Electric Co. London, 7.07.1930; P. B. Halász, General Manager, Hungarian Standard Electric Co., Újpest to P. K. Condit, Executive Vice-President ISEC, London. Újpest, 1.12.1930, 9.12.1930 und Antwort 15.12.1930.
364 Radioröhren und Glühlampen bildeten keinen Bestandteil des modifizierten Tungsram-ISEC-Lizenzvertrags, fielen also nicht unter diese Marktaufteilung.
365 MNL Z42_20 L. Aschner an Philipp Weiss, Präsident, PMKB, Budapest. Újpest, 16.11.1933; L. Aschner an Mr. E. M. Clark, Standard Electric Co. Ltd. Újpest, 14.11.1933; »Confirmation of telegram sent to S. Behn from L. Aschner«, Újpest, 6.10.1933.

regionalen Marktverhältnisse fielen weniger ins Gewicht als der größere finanzielle Spielraum der westlichen Konzernunternehmen und die Tatsache, dass letztere nicht in das belastete Verhältnis zwischen Ungarn und seinen Nachbarn involviert waren.

3.5.4 Internationale Kartelle

3.5.4.1 Hoffnungsträger für die europäische Wirtschaft?

Louis Loucheur, Leiter der französischen Delegation auf der Genfer Weltwirtschaftskonferenz von 1927, schlug vor, die europäische Wirtschaft unter der Ägide des Völkerbunds branchenweise nach dem Vorbild des deutschfranzösisch-belgischen Stahlkartells zu kartellieren. Clemens Lammers, Präsident des Comité des ententes industrielles internationales, präzisierte den Vorschlag, indem er internationale Kartelle als sektorelle Adaptationsinstrumente auf dem Weg zu einer zollpolitischen Einigung in Europa einstufte.[366] Elemér Hantos, ehemaliger Staatssekretär im ungarischen Handelsministerium, sah in internationalen Kartellen ein Instrument der mitteleuropäischen ökonomischen Kooperation und zur Rekonstruktion des Donauraums.[367] Diese Ideen wurden nicht in die wirtschaftspolitische Praxis umgesetzt. Trotzdem sind sie als kooperative Lösungsansätze für die strukturellen Probleme der europäischen Industrie nach dem Weltkrieg von Interesse.

Grenzübergreifende Firmenabsprachen verloren während der durch Protektionismus und Wirtschaftsnationalismus geprägten 1930er Jahre nicht an Bedeutung. Das genaue Gegenteil traf zu: Internationale Kartelle ermöglichten es der Privatwirtschaft, in einer divergierenden Weltwirtschaft mit wachsender staatlicher Kontrolle für Arbeits-, Kapital- und Gütertransfer globale Produktions- und Verkaufsnetze aufrechtzuerhalten, den Zugang zu Beschaffungs- und Absatzmärkten zu regulieren und die Risiken grenzüberschreitender Transaktionen zu minimieren.[368] Sie wurden zunehmend als Agenten der *business diplomacy* genutzt und nicht nur von kleinen Staaten, sondern beispielsweise auch von Großbritannien als Instrumente ge-

---

366 *Bussière*, S. 274–283.
367 *Hantos*, Denkschrift, S. 5, 13, 21–22; *Schiller*, Tranzitókereskedelem.
368 Damit im Einklang: *Fäßler*, Netzwerkbildung; *Jones*, Multinationals, S. 90–92.

sehen, eine Branche zu schützen, ohne außenpolitische Komplikationen heraufzubeschwören.[369]

Bereits auf der Genfer Weltwirtschaftskonferenz waren die in die internationalen Kartelle gesetzten Hoffnungen von Forderungen nach ihrer Kontrolle begleitet. Obwohl Repräsentanten von Unternehmen, Konsumentenorganisationen, Gewerkschaften und Politik sich entschieden für die Kartellierung aussprachen, nahm die Weltwirtschaftskonferenz von einer Grundsatzresolution zugunsten der Kartelle oder ihrer internationalen Kontrolle Abstand. Damit scheiterte ein Versuch des Völkerbundes, mithilfe staatlicher und privater Akteure an der Stabilisierung der Märkte und der Errichtung einer neuen Wirtschaftsordnung mitzuwirken.[370] Auf anderen Foren wie der Internationalen Handelskammer (1927) und der International Law Association (Warschau 1928, New York 1930) wurde die Debatte weitergeführt. Die Forderung nach Kontrolle internationaler Kartelle ergab sich daraus, dass sich während der Weltwirtschaftskrise Gegensätze zwischen organisierten und nichtorganisierten Branchen und Sektoren sowie zwischen Produzenten und Konsumenten verstärkten. Darüber hinaus sahen insbesondere kleinere Staaten ihre wirtschaftliche Souveränität gefährdet.[371]

Die Londoner Sitzung der Interparlamentarischen Union von 1930 veröffentlichte eine Resolution, die nationalen Kartellgesetzen als Richtlinie dienen sollte.[372] Kartelle galten als notwendige Koordinationsinstitutionen der Wirtschaft, wirksame Kontrolle vorausgesetzt. Machtmissbräuchen galt es auf nationaler wie internationaler Ebene juristisch entgegenzutreten, beginnend mit der Registrierungspflicht bei einer am Völkerbund zu errichtenden Kartellkommission mit Amtsbefugnissen. Diese Vorschläge mündeten jedoch nicht in eine wirksame internationale Antitrustgesetzgebung.

Die Kartelldebatte in Ungarn

Die Kartelldebatte beschäftigte die ungarische Öffentlichkeit intensiv, was für die kartellpolitischen Strategien von Tungsram und Ganz & Co. maßgeblich war. Der 1929 von Handelsminister János Bud und Justizminister

---
369 Wurm, Handelsdiplomatie, S. 106–111.
370 *Hantos*, Weltwirtschaftskonferenz, S. 86; *D'Alessandro*.
371 *Kelemen*, S. 10, 34; *Respondek*.
372 Rede v. József Szterényi, Sitzung Nr. 99, 1.06.1931, in: FN Bd. VI. 1931, 196–205, S. 197; Meszlény, S. 118.

Tibor Zsitvay vorgelegte Entwurf eines Gesetzes »über die Freiheit des wirtschaftlichen Wettbewerbes einschränkende Vereinbarungen (Kartelle)«[373] wurde 1930/31 im Abgeordnetenhaus in nicht weniger als 24, im Oberhaus in drei Plenarsitzungen behandelt. Die wichtigsten Themen der im Parlament, in juristischen und Wirtschaftsvereinen geführten Debatte waren identisch mit denen, die international erörtert wurden, ihre Schwerpunkte lagen aber etwas anders.

Führende Wirtschaftspolitiker, Großindustrielle und Bankiers sowie der Hauptkommissar des Völkerbundes sprachen sich seit Mitte der zwanziger Jahre für Kartelle und Fusionen aus, weil sie der Anpassung der Industrie an die neuen Grenzen und den technologischen Wandel dienen würden.[374] Durch Förderung von Rationalisierung und Spezialisierung würden sie die Wettbewerbsfähigkeit erhöhen, Verwerfungen reduzieren, zur sozialen Sicherheit beitragen und ermöglichen, handelspolitische Spielräume zu nutzen. Diese Ansichten entsprachen im Großen und Ganzen denen der international bekanntesten Kartellspezialisten, der Juristen Friedrich Kleinwärter und Robert Liefmann.[375]

Allerdings äußerten Abgeordnete der Opposition, vor allem Sozialdemokraten, Zweifel an solchen Einschätzungen; vielmehr hätten die Kartelle zu Agrarkrise und Kaufkraftsenkung beigetragen. Denn indem sie die Regierung zu Schutzzöllen für die Industrie veranlassten, hätten sie den Lebensunterhalt der Landbevölkerung und die Agrarproduktion verteuert und Importbeschränkungen für ungarische Agrarprodukte provoziert. Internationale Kartelle hätten Einfluss auf alle Bereiche der Innenpolitik gewonnen und seien hauptverantwortlich für Korruption und Arbeiterelend. Die Sozialdemokraten verlangten eine sehr viel stärkere Reglementierung der Kartelle als im Gesetzentwurf vorgesehen.[376]

Die Debatte rankte sich also um den Gegensatz zwischen den Schutzzölle befürwortenden Industriebranchen und der antiprotektionistischen Landwirtschaft. Die Argumente von Industriellen und Agrariern blieben

---

373 Handelsminister János Bud; Justizminister Tibor Zsitvay, 1106. számú Törvényjavaslat a gazdasági versenyt szabályozó megállapodásokról [Nr. 1106 Gesetzentwurf über wettbewerbsregelnde Absprachen], in: KI Bd. XXIII. S. 362–367.
374 Rede v. József Szterényi, Sitzung Nr. 99, 1.06.1931, in: FN Bd. VI., 1931, S. 196–205.
375 *Kleinwächter*, S. 160–163; *Liefmann*, S. 50–56, 113–114.
376 Rede v. Anna Kéthly, Sitzung Nr. 468, 19.01.1931, in: KN Bd. XXXIII. 1931, S. 358–365; Rede v. Miklós Griger, Sitzung Nr. 373, 26.03.1930, KN Bd. XXX. 1930, S. 237–240.

über den Krieg hinweg dieselben.³⁷⁷ Dahinter stand die unterschiedliche Fähigkeit einzelner Branchen und Sektoren, die Herausforderungen durch bessere Organisation zu bewältigen und die Kosten auf die Konsumenten abzuwälzen.

Ein weiterer Kristallisationspunkt der Debatte war die europäische und globale Integration der ungarischen Wirtschaft. Nur große Wirtschaftseinheiten galten als zukunftsträchtig, denn Europa werde sich früher oder später durch kontinentale oder großregionale Zusammenschlüsse der sowjetischen und der überseeischen Herausforderung stellen müssen.³⁷⁸ Für den Fall einer europäischen Zollunion durfte sich die Regierung daran hindern lassen, Industrie und Landwirtschaft mit anderen als handelspolitischen Mitteln zu schützen, ließ die Industrielobby verlauten. Der Cheflobbyist der Textilproduzenten meinte, der organisierte Kapitalismus in Gestalt des Kartells sei neben dem Staat die weitestentwickelte Organisationsform der Wirtschaft. Ungarn könnte nicht freiwillig auf ein Instrument verzichten, das auch gegnerische Länder einsetzten, deren Erstarkung Ungarn an der Erreichung seiner nationalen Ziele hindern würde.³⁷⁹ Kartelle waren also Instrumente eines »kompetitiven Nationalismus«³⁸⁰, denen Ungarn mit derselben Organisationsform begegnen müsse.³⁸¹ Eine zeitgenössische Interpretation spitzte diesen Gedankengang darauf zu, ein »internationales Kartell« der Siegerstaaten führe den Wirtschaftskrieg gegen die Weltkriegsverlierer weiter und verursache ihr Elend.³⁸²

Exportunternehmen wie Tungsram lehnten jede gesetzliche Regelung marktregulierender Absprachen ab. Denn ein Kartellgesetz würde ausländisches Kapital abschrecken; ungarische Produzenten könnten keine regionale Bedeutung gewinnen und in internationalen Kartellen nicht mitwirken. Die ungarische Industrie würde damit den im Kartell vereinbarten Schutz des Heimatmarkts und den zugesicherten Export verlieren. Die beste

---

377 Rede v. Jenő Vida, Sitzung Nr. 100, 2.06.1931, in: FN Bd. VI. 1931, S. 222–228; *Fenyő u. Fellner*.
378 Nr. 540, A Felsőház közgazdasági és közlekedésügyi, valamint pénzügyi bizottságának együttes jelentése az »iparfejlesztésről« szóló 517. számú törvényjavaslat tárgyában [Gemeinsamer Bericht der Kommitee für Volkswirtschaft und Verkehr und der Finanzkomitee des Oberhauses], in: FI Bd. XIV. 1931, 563–567, S. 566; Rede v. Bárdos, Ferenc, Sitzung Nr. 476, 5.03.1931, in: KN Bd. XXXIV. 1931, S. 110–114, S. 114.
379 *Schiller*, Kartelkérdés.
380 *Wurm*, Politik und Wirtschaft, S. 18–29.
381 Auch: *Görgey*.
382 Rede v. Dezső Buday, Sitzung Nr. 476, 5.03.1931, in: KN Bd. XXXIV. 1931, 95–110.

Vorkehrung gegen die Übermacht internationaler Kartelle sei, daran teilzunehmen. Allein so könnten die Vernichtung ganzer Industrien und ein Preisdiktat der Kartelle verhindert werden.[383] Diese von Tungsram an den Industriellenbund gelieferte Stellungnahme stimmte mit der Praxis anderer kleinerer Volkswirtschaften der Zwischenkriegszeit überein: Norwegen und die Schweiz kartellierten bestimmte Industriebranchen, um Zollerhöhungen zu vermeiden und anderen Branchen den Export nicht zu erschweren.[384]

Das ultimative Argument der exportorientierten Unternehmen ergab sich aus der wachsenden Bedeutung von Lieferungen in Länder mit frei konvertibler Währung; denn keine anderen Einnahmen deckten den ausländischen Schuldendienst. Die Tungsram-Direktion stellte in einer Eingabe an das Handelsministerium dieses Argument in den Vordergrund: Die einheimischen Glühlampenhersteller würden den ungarischen Bedarf decken und darüber hinaus 92 % ihrer Produktion exportieren. Diese hohe Exportquote sei nur durch die Mitgliedschaft im internationalen Glühlampenkartell möglich, und nur das Kartell ermögliche günstige Absatzkonditionen mit hohen Erträgen, um die Abnehmerpreise in Ungarn niedrig zu halten.[385] Was gut für Tungsram sei, sei gut für die ungarische Volkswirtschaft; ohnehin habe das Glühlampenkartell auf diese nur minimale Auswirkungen.

Wie schwer solche Argumente bei der Kartellgesetzgebung ins Gewicht fielen, wird daran ersichtlich, dass der Gesamtexport von mehr als einer Milliarde Pengő auf dem Höhepunkt der Weltwirtschaftskrise 1932 auf 334.512 Pengő sank. Der Agrarexport, der immer noch 60 % des Gesamtexports ausmachte, ging zunehmend in Länder, die wie Ungarn Devisenbewirtschaftung betrieben, beispielsweise Deutschland und Italien. Bei der Industrieausfuhr wuchs der Anteil der elektrotechnischen Maschinen und Anlagen 1929–1934 von 2,5 % auf über 8 %.[386] Ihre geographische Verteilung zeigt die eigentliche Bedeutung dieses Zuwachses: Der Anteil der Länder mit konvertibler Währung wie Frankreich, Großbritannien, Belgien oder der baltischen Staaten wuchs auf Kosten der Balkanländer. 1934 waren bereits Großbritannien und Frankreich die größten Zielländer für Elektrotechnik aus Ungarn, erst dann folgten Deutschland und Österreich; sie fand

---

383 MNL Z601_22_167 [Dr. Berthold Neményi], Generaldirektion Tungsram, an MGYOSZ. Újpest, 26.09.1930.
384 *Müller*, S. 23; *Schröter*, Praktische Vernunft; *Schröter*, Small European nations.
385 MNL Z 601_22_167 [L. Aschner], an Kgl. ung. Handelsministerium. Újpest, 13.11.1931.
386 MSÉ 1934, S. 21*.

außerdem Absatz in Übersee, darunter Südamerika und Ägypten. Dieser Zuwachs war größtenteils dem steilen Anstieg der Radioröhrenlieferungen zu verdanken sowie der Tatsache, dass die Glühlampen sich weiterhin weltweit behaupten konnten. 1929 stellten diese zwei Produktgruppen 29,5 % des elektrotechnischen Exports dar, 1934 bereits mehr als 82 % (Tab. 14).

Erst mit Blick auf diese Daten werden zeitgenössische Presseartikel verständlich, die den Exporterfolg von Tungsram anpriesen und in den späten 1930ern Generaldirektor Aschner aufs Schild hoben.[387] Auf einem anderen Blatt steht, dass einige Zeitungen in der Tungsram-Werbung eine verlässliche Einnahmequelle hatten[388] und bestimmte Journalisten offenbar regelmäßig Zuwendungen aus dem Krokodilfonds der Firma erhielten.[389]

Nationale Kartelle und Strukturreform

Ganz & Co. beteiligte sich in den 1930ern an mehr als zehn innerungarischen Kartellen,[390] die Produktionsbestandteile wie Schrauben und Stahlguss sowie einen Großteil der Fertigprodukte des Unternehmens wie Öfen, Motoren, Eisenbahnwagen, Bahnsicherungs- und Signalanlagen, Schiffe und Stromzähler abdeckten. Einige der Kartelle wie das der Vizinalbahnhersteller existierten seit Jahrhundertbeginn. Andere wurden erst zwecks Aufteilung des verkleinerten Binnenmarktes ins Leben gerufen. Mit Blick auf die Vorkriegsentwicklung war es wenig überraschend, dass die Kreditbank die Gründungen forcierte und die MAVAG an den einschlägigen Kartellen teilnahm.

Diese Kartelle teilten lediglich den existierenden Markt immer minutiöser auf, überwachten den Abbau der Produktionskapazitäten und taten wenig, um neue Märkte zu erschließen. In der Regel erstreckten sich diese Zusammenschlüsse nicht auf die Exportmärkte. In den meisten Kartellen war Ganz & Co. eines der stärksten Mitgliedsunternehmen, das sich nicht zwingen ließ, bestimmte Produktionszweige aufzugeben, und allenfalls Auflagen bei Motorgrößen oder Turbinentypen im Einvernehmen mit den größten

---

387 MNL Z602_16_1051 *Vezéri portrék*.
388 MNL Z602_12 »Újsághirdetési költségek előirányzata« [Werbungskostenvoranschlag] für 1.09.1936–31.03.1937, genehmigt von L. Aschner.
389 MNL Z600_2_2 Sekretariat, PMKB, an L. Aschner. Budapest, 18.07.1928; MNL Z599 Tungsram an PMKB. Úpest, 20.06.1920.
390 Aktengruppen MNL Z425_4_10, MNL Z425_2_21, und MNL Z425_3_25.

Konkurrenten Lang und Brown Boveri zuließ. Diese Kartelle halfen Ganz & Co. zwar, die Weltwirtschaftskrise zu überstehen, aber ihre Bedeutung für Rationalisierung, technologische Entwicklung und Marktanpassung war gering, weil sie nur die Kosten des Inlandsmarketing geringfügig senkten.

In den 1920ern waren Kartelle erst in den USA (Sherman Antritrust Act 1890, Clayton Act 1914, Webb Pomerene Act 1918), in Kanada, Neu-Seeland, Australien und Argentinien sowie in Norwegen (1926) durch spezifische Gesetze bzw. eine Verordnung (Deutschland, 1923) geregelt; in den 1930ern beschritt bereits eine Reihe von Staaten diesen Weg. Das ungarische Kartellgesetz reihte sich in die legislativen Maßnahmen zur Wettbewerbsbeschränkung in den 1930er Jahren ein; es bezog bei der Kartellkontrolle eine mittlere Position.[391] Seine Absicht war, die Industrie vor Dumping und organisierter Konkurrenz aus dem Ausland zu schützen und den Export zu fördern.[392] Kartelle wurden gerichtlich erzwingbare Vereinbarungen, wenn ihnen ein schriftlicher Vertrag zugrundelag, der dem Handelsministerium vorgelegt, aber nicht veröffentlicht werden musste. Die Rechtspraxis beschränkte sich überwiegend auf die Feststellung, ob das Gesetz auf eine Vereinbarung anzuwenden und einzelne Verträge gültig seien.[393] In dieser Form schränkte das Gesetz die Teilnahme ungarischer Firmen an internationalen Kartellen nicht ein.[394]

Ganz & Co. in internationalen Kartellen

Wegen der spärlichen Überlieferung zu den internationalen Kartellen von Ganz & Co. liegt der Schwerpunkt dieses Unterkapitels auf dem Glühlampen- und dem Radioröhrenkartell. Hier seien nur zwei Anmerkungen zur Beteiligung des Unternehmens an den internationalen Absprachen vorausgeschickt, die lediglich den Markt aufteilten und Preise festlegten, ohne eine technologische Zusammenarbeit vorzusehen.

Erstens war die Mitgliedschaft von Ganz und der MAVAG an den Motor- und Waggonkartellen nicht nur von Profitinteressen diktiert, sondern auch

---

391 Schröter, Cartelization and decartelization, S. 133–142.
392 Rede v. István Görgey, Sitzung Nr. 466, 12.02.1931, in: KN Bd. XXXIII. 1931, 313–318, S. 315–316.
393 *Bud*, Kartellwesen, S. 166; *Dobrovics*, S. 170–172.
394 MNL Z601_22_167 Direktion, Osram, an Direktion, Tungsram. Berlin, 23.07.1930; Rede von Justizminister Zsitvay, Sitzung Nr. 99, 1.06.1931. FN Bd. VI. 1931, S. 196–7.

der Suche der deutschen Industrie nach Verbündeten gegen die britischen Außenseiter geschuldet.³⁹⁵ Da die ungarischen und deutschen Unternehmen gleichermaßen Südosteuropa und den Nahen Osten als Kernmärkte betrachteten, konnten deutsche Firmen die ungarischen Partner durch Androhung des Ausschlusses von öffentlichen Aufträgen unter Druck setzen.³⁹⁶

Zweitens wurde Ganz & Co. in das wichtigste Kartell der Starkstromindustrie, die von IGEC und der International Westinghouse Electric Corp., vier britischen Unternehmen, AEG, Siemens und Brown Boveri 1930 gegründete International Electrical Association (INCA),³⁹⁷ nicht aufgenommen, was eine Konsequenz aus Ganz' längst eingebüßter Wettbewerbsfähigkeit im Kraftwerkaggregatebau war. Als Zählerhersteller wurde Ganz dagegen Mitglied des einschlägigen kontinentaleuropäischen Kartells.

Das Pariser Abkommen der europäischen Elektrozählerproduzenten wurde 1933 von den größten schweizerischen Herstellern und den nationalen Dachverbänden der deutschen und französischen Produzenten gegründet.³⁹⁸ Es funktionierte als Orientierungsrahmen für nationale Absprachen der jeweils größten Zählerproduzenten und -exporteure. Ziele waren der Schutz des Heimatmarkts und die Aufteilung der Exportmärkte. So gründete Ganz & Co., Kartellmitglied seit dem 24. April 1934, mit den größten Spanienexporteuren bereits am 1. Juni 1932 ein Kartell, das diesen Markt unter AEG, Siemens, der Compagnie des Compteurs in Montrouge, Landis & Gyr in Zug sowie Ganz aufteilte und die Verkaufskonditionen festlegte.³⁹⁹ Die Aufteilung wurde durch ein Quotensystem sowie empfindliche Über- und Unterschreitungszahlungen gesichert.

Nach eigenen Angaben war der Beitritt zum Pariser Abkommen für Ganz & Co. in dreifacher Hinsicht von Vorteil. Erstens wurde der Zugang zu Märkten erleichtert, die ansonsten nur »mit großen Opfern« von Budapest beliefert werden konnten; dazu zählten Belgien und die Niederlande. So bedeutete die Integration von Ganz & Co. in die schwedische Teilorganisation im Jahre 1937, bei der Ericsson und die lokalen AEG und Siemens-Filialen

---

395 *Kende Tódor a német nehéziparnak Romániával létrejött 1,25 milliós áruhitelüzletéről.*
396 Abelshauser, Mitteleuropa, S. 284; *A Balkán után Lengyelországban és Iránban érzi meg legerősebben a magyar gépipar az egyre erősödő német versenyt;* Sachse, Einführung, S. 29–30.
397 *Report of the Federal Trade Commission on international electrical equipment cartels,* S. 3–6, 21, 28, 43.
398 *Survey of international cartels and internal cartels,* S. 55–56.
399 MNL Z425_2_20 Spanyolországi számlálóegyezmény [Zählerabkommen für Spanien] o. O., 1.06.1932.

2% des Binnenmarkts dem ungarischen Partner überließen, eine vierfache Umsatzsteigerung für Ganz.[400] Zweitens konnte Ganz auf einem wichtigen Absatzmarkt wie dem Balkan die Preise erhöhen, und drittens konnte Ganz in Ungarn die Preise diktieren.[401]

3.5.4.2 Das Glühlampenkartell

Das Regelwerk

Tungsram profitierte durch den Kartellvertrag wie alle Mitglieder dadurch, dass die Preiskonkurrenz der Weltmarktführer beendet und die Preise erhöht wurden. Der ursprüngliche Anteil von Tungsram war mit 5,6% des Gesamtumsatzes nicht hoch. Osram und Philips sahen aber in Tungsram einen nützlichen Verbündeten gegen kleinere Kartellmitglieder und gegen Außenseiter in Europa. So konnte Tungsram als Mitglied des Verwaltungsrats und mit Stimme oder Vorsitz in einer wachsenden Anzahl von Spezialkomitees an den Kartellregeln mitwirken.[402]

Außerdem hatte Tungsram für den Fall, dass die gemeinsamen Verkäufe von Tungsram, Osram, Philips und der beiden Philips-Töchter Vertex und Arau um 70% stiegen, ausgehandelt, dass Tungsrams Anteil an der Gesamtquote auf 16% erhöht würde. Entsprechend wurde die Phoebus-Quote von Tungsram 1929 mit dem sogenannten Kodizill auf 8,59% erhöht.[403] Mit dem Kauf von Kremenezky schloss Tungsram 1931 zu den Mitgliedern mit dem zweitgrößten Stimmblock auf. Von nun an lagen Tungsrams Anteile in den Phoebus-Verrechnungen bei 7,22% (Ausgangskontingent Tungsram + Kremenezky) zuzüglich Kodizill und Kontingentzuwach Kremenezky insgesamt 10,13%.[404] Im Jahr darauf wurde Tungsram in die Neuaufteilung der Märkte unter den leitenden Kartellmitgliedern einbezogen.

---

400 MNL Z425_2_20 Ganz & Co. an J. H. Danius, Geschäftsführer, schwedischer Elektrizitätszähler-Veband, Stockholm. Budapest, 10.07.1937.
401 MNL Z425_2_20 Ganz & Co. an Industrieministerium. Budapest, 29.04.1948 [Zusammenfassung über das Zählerabkommen, sg. Pariser Abkommen].
402 LAB Osram A Rep. 231 Nr. 99 Auszug, Niederschrift, 5. Sitzung, Phoebus Exe.-Comm., 23–26.03.1926, Nr. 7. »Policy towards non-members«.
403 MNL Z609_29 Minutes, Meeting of the Phoebus General Board Special Committee. Munich, 10–13.06.1929 Item 15 b) and c) of XI General Board Agenda.
404 MNL Z604_7_9 Kontingentpräliminare des Újpester-Konzerns für die XIII. Fiscal Periode. Újpest, 24.05.1938.

Osram, Philips und Tungsram einigten sich bei den Vorbereitungsverhandlungen in Berlin, die Preispolitik im jeweiligen Stammland den einzelnen Mitgliedern zu überlassen.[405] Diese Stammländer wurden im Vertrag als die »Heimatländer« der drei Gesellschaften festgeschrieben, in denen sie über einen kontrollierenden Marktanteil verfügten. Auf den Versammlungen der Produzenten der Heimatländer bzw. jedes von der Generalversammlung dazu bestimmten Landes berieten sich die interessierten Parteien regelmäßig über Verkaufsbedingungen und Geschäftsstrategien. Auf dieser Ebene waren auch Streitigkeiten unter den Kartellmitgliedern zu schlichten. Da sich das Stimmrecht nach den Marktanteilen richtete, hatten kleinere Firmen hier größere Chancen, ihre Interessen durchsetzen.

Bei den Landesversammlungen des Kartells legten die Mitglieder nach Kundentypen variierende Einheitspreise fest, welche die jeweiligen Zollsätze berücksichtigten. Da »Phoebus-Partner in dem betreffenden Lande selbst erzeugen, haben die betreffenden Partner einen entscheidenden Einfluß bei der Regierung ihres Landes auf die Art und Weise, wie die Kontingentierungs- bzw. Einfuhrbewilligungsmaßnahmen getroffen und gehandhabt werden.«[406] Das reichte von Informationen über die Wirtschaftspolitik über Maßnahmenvorschläge bis zu gemeinsamem Lobbyieren, um Einfuhrkontingente nicht an Außenseiter fallen zu lassen.[407] Mithilfe von Geldbußen von bis zu 40 % der Verkaufspreise bei Überschreitungen und Kompensationen bei Unterschreitungen des Kontingents regelte Phoebus den Marktzugang oft wirkungsvoller als die staatliche Handelspolitik.[408]

Die Mitgliedschaft erforderte von den beteiligten Unternehmen eine umfassende organisatorisch-administrative Anpassung und Vertrauen gegenüber den Partnern und der Kartellzentrale. Phoebus-Kontrolleuren war Einsicht in die Geschäftsbücher und den Partnern der Besuch der Produktionseinrichtungen zu gewähren. Tungsram richtete deswegen eigens eine Kartellabteilung ein.[409]

---

405 MNL Z 609_2_12 Osram an Tungsram. Berlin, 28.03.1924 und Antwort 2.04.1924.
406 MNL Z604_1 Exportdir. Vilmos Rosenfeld, Tungsram, Memorandum. Újpest, 29.12.1933.
407 MNL Z604_51_65 Osram an Tungsram, Újpest. Berlin, 30.09.1933. MNL Z604_5_ 4 Memorandum [Exportdir. W. Rosenfeld], Újpest, 29.12.1933 »Schweden«.
408 Vgl. *Luxbacher*, Massenproduktion, S. 371–375; *Meinhardt*, S. 144.
409 MNL Z609_144_91 Protokoll, 4. Sitzung, Phoebus Accountant's Committee, 1928 u. Ablauf der Berichterstattung über Glühlampenkauf für Phoebus, Dez. 1925, LAB Osram A Rep. 231 Nr. 99 4. Sitzung, Phoebus Exe.-Comm., London, 17–18.12.1925.

Die Durchsetzung der Kartelldisziplin stieß bei den Mitgliedsunternehmen jedoch nicht nur auf administrative Schwierigkeiten.[410] Wie ungenaue Vorschriften ermöglichten, Partnerunternehmen aus dem Markt zu drängen, zeigte sich 1926 in Polen. Der Direktor der Warschauer Tungsram-Fabrik Cyrkon berichtete, dass Philips »unverantwortlichen Leuten« Lampen auf Kredit liefere, womit ein solides Geschäft unmöglich gemacht werde:[411] Philips nahm mit solchen »Gewaltverkäufen« hohe finanzielle Verluste in Kauf, um seinen Marktanteil zu erhöhen, in der Hoffnung, dass die Partner mit Blick auf die herabgesetzten Preise den Anteilzuwachs Philips' im nächsten Geschäftsjahr anerkennen würden. Der Preiskampf wurde also mit Mitteln wie hier Warenkrediten an Wiederverkäufer weitergeführt, die im Kartellvertrag nicht verbindlich reguliert waren. Einmal mehr lässt sich erkennen, dass die Kartellierung die Konkurrenz der Mitglieder nicht völlig ausschaltete, sondern lediglich ihre Form veränderte.[412] Wenig überraschend hatten es die Marktführer leichter, ihre Interessen durchzusetzen. Tungsram selbst wurde wegen hoher Händlerrabatte in Südafrika abgemahnt.[413]

Außenseiterbekämpfung: Fallbeispiel Österreich

Österreich ist aus mehreren Gründen ein gutes Beispiel dafür, wie Tungsram seine Kartellmitgliedschaft zur Verdrängung von Außenseitern nutzte. Österreich war »Heimatmarkt« der beiden Mitgliedsunternehmen Osram und Tungsram, die dem Land deshalb besondere Aufmerksamkeit widmeten. Das Land gehörte zu Tungsrams Kernmärkten, auf denen die Firma in den 1930er Jahren über eine Kartellquote von fast 50 % verfügte.[414]

Im Geschäftsjahr 1935/36 lieferten Osram und die Tungsram-Tochter Kremenezky zwei bzw. 1,9 Millionen von einem Gesamtverbrauch von sechs Millionen Glühlampen in Österreich. Mit der erfolgreichen Einführung der

---

410 LAB Osram A Rep. 231 Nr. 99 Protokollauszug, 4. Sitzung, Phoebus Exe.-Comm., London, 17–18.12.1925.
411 MNL Z602_3_28 S.A. Fabryki Lamp Elektr. »Cyrkon« an Tungsram. Warschau, 9.06.1926.
412 *Fear.*
413 LAB Osram A Rep. 231 Nr. 99 Auszug, Niederschrift, 5. Sitzung, Phoebus Exe.-Comm., 23–26.03.[1926].
414 MNL Z609_161 Kontingentpräliminare des Újpest-Konzerns für die III. Vertragsperiode/a. Juli 1936–30: Juni 1937 Tungsram-Kontingent: 48,8 %.

»Dekalumenlampen« auf den österreichischen Markt und der 1928–1936 vorgenommenen Bindung dreier kleinerer Fabriken (Meteor, GEFA, Gustav Ganz & Co.) an das Kartell[415] konnten Osram und Tungsram Phoebus' Marktanteil auf 79 % steigern, nachdem er zuvor auf 70 % gefallen war.

Diese Marktbereinigung war 1926 eingeleitet worden. Aschner nahm damals Verhandlungen mit der Stella AG für Glühlampenregeneration auf und versuchte ohne Erfolg, die Kartellmitglieder davon zu überzeugen, diesen Hersteller zu kaufen.[416] Als 1928 bekannt wurde, dass die ELIN AG für elektrische Industrie, einer der größten österreichischen Produzenten,[417] in das Glühlampengeschäft einsteigen wollte, wurde für Tungsram die Ausschaltung der Stella noch wichtiger.[418] Phoebus-Geschäftsführer Walter Levy teilte Aschners Bedenken nicht und ignorierte seinen Vorschlag zum Kauf der Stella, musste aber bald seinen Standpunkt revidieren.[419]

Denn ELIN übernahm jetzt selbst die Stella-Fabrik. Diese wurde in Allgemeine Glühlampenfabrik AG umbenannt und konnte aus Sicht des Kartells den österreichischen Markt nun weitaus stärker beeinträchtigen. Aschner schlug als Gegenmaßnahme vor, ELINs Expansion durch Intervention der Großbanken zu stoppen; mithilfe der PMKB als Anteilseigner der siebenbürgischen Petroșani-Kohlebergwerke hatte Tungsram bereits die Gefahr einer Glühlampenfabrik in Rumänien im Besitz dieses Großunternehmens vorläufig abwenden können.[420] Jedoch scheiterten alle Anläufe, ELIN

---

415 MNL Z 608_34_6 Dir. Friedeberg und Waaser, Osram, an General Manager Dr. Walter Levy, Phoebus. Wien, 2.01.1929. »Stella«; MNL Z609_91_66 Joh. Kremenezky AG, Wien, an L. Aschner, Tungsram. Wien, 23.01.1936 »Verhandlungen mit ELIN«; DTMB Telefunken 7660/23023 Martin Luther Rechtsanwalt. Frühere Urteile aus dem Röhren- und Gerätevertrag V. Obligationsrecht 27. Auszug aus dem Urteil des 1. Zivilgerichtshofes vom 5.02.1952 in Sachen Energon SA/Phoebus SA; MNL Z608_34_6 20th General Meeting Paris, 16–17.05.1934 Glühlampenfabrik »GEFA«, Vienna /Johann Graessl/ Ref 46-EC-19/.
416 MNL Z608_34_6 L. Aschner an Walter Levy, General Manager, Phoebus, Genf. 1.06.1928
417 Eckdaten zur Entwicklung der ELIN AG: *Mathis*, S. 91–92.
418 MNL Z608_34_6 L. Aschner an Walter Levy, General Manager, Phoebus, Genf. 21.05.1928.
419 MNL Z608_34_6 Walter Levy, General Manager, Phoebus, an L. Aschner. Genf, 19..09. 1928 u. 8.01.1929.
420 MNL Z608_34_6 L. Aschner an Walter Levy, General Manager, Phoebus, Genf. Újpest, 15.01.1929 Allgemeine Glühlampenfabrik AG /Stella/, Wien; MNL Z248_4_108 Tungsram izzólámpagyár alapítása Romániában: A Petrozsényi Kőszénbánya vezérigazgatójának állásfoglalása 1935 [Gründung einer Tungsram-Glühlampenfabrik in Rumänien. Stellungnahme des Generaldirektors der Petrosener Kohlegruben AG],

als Konkurrenten auszuschalten. Ebensowenig ließ sich das Unternehmen auf eine Vereinbarung mit dem Kartell ein.[421]

Gegen 1934 änderten sich die Bedingungen, denn wegen der andauernden Krise machte sich der Wirtschaftsnationalismus immer stärker bemerkbar.[422] Darüber hinaus zwangen ablaufende Patente das Kartell zu einer schnellen Reaktion. Dennoch zogen sich die Verhandlungen mit der ELIN AG in die Länge, weil keine Einigkeit über die Ziele bestand: Tungsram wollte ein ELIN-Kontingent in Ungarn um jeden Preis verhindern und ließ durchblicken, dass die ungarische Regierung auf ein zusätzliches Exportkontingent an Glühlampen nach Österreich bestehen würde.[423] Tungsram konnte vor Einführung der Kryptonlampen keine zusätzliche Auseinandersetzung um den österreichischen Markt gebrauchen. Osram beschuldigte dagegen Tungsram, die Gespräche mit ELIN zu benutzen, um sich »Sondervorteile« zu verschaffen und die Verhandlungen zum Scheitern zu bringen.[424]

Der ELIN-Konzern war finanziell potent und verfügte über ausgezeichnete politische Verbindungen. Die Weltwirtschaftskrise bedeutete zwar auch für ELIN einen schweren Rückschlag, so dass die Gesellschaft ihre Belegschaft um mehr als ein Drittel abbaute, die finanzielle Gesundung ließ aber nicht lange auf sich warten. Infolge der Bankenkrise wurden die Creditanstalt[425] und die Eisenbahnverkehrsanstalt in Wien mit 43 % Anteilseigner der ELIN AG. Da sich ein Viertel der Aktien im Streubesitz befand, kam dies einer Stimmenmehrheit gleich. Aus Sicht der Konkurrenz wurde ELIN bei öffentlichen Aufträgen wegen enger Verbindungen zu den Großbanken wie der aus Steuermitteln sanierten Creditanstalt bevorzugt.[426] Die imposant

---

Bericht v. Roland Bauer, Tungsram Bukarest, Aktennotiz über eine Besprechung mit Herrn Bujoui, Generaldirektor der Petrosényer Kohlengruben AG. Bukarest, 6.09.1935.
421 MNL Z609_91_66 Korrespondenz L. Aschner mit Baurat Altmann, ELIN Mai-Juni 1932.
422 MNL Z608_34_6 Dir. Liebel, Joh. Kremenezky AG an L. Aschner. Wien, 19.07.1934.
423 MNL Z69_91_66 L. Aschner an Dir. Rothweiler, Osram. 17.04.1936; [Dr. Neményi] Aufzeichnung. Újpest, 25.06.1936, Briefvorlage (?) L. Aschner an Walter Levy, General Manager, Phoebus, Genf; und [Dr. Neményi], »Vereinigte Company states ...« [Újpest, 25.06.1936].
424 MNL Z69_91_66 Dir. Rothweiler, Osram an L.Aschner. Berlin, 3.04.1936.
425 Der Anteil der Credit-Anstalt an ELIN erhöhte sich auch durch die Fusion mit dem Wiener Bankverein, also mit der Einverleibung von dessen ELIN-Aktien. Die Eisenbahnverkehrsanstalt befand sich mehrheitlich im Besitz belgischer Banken. *Mathis*, S. 92.
426 MNL Z609_91_66 [Dir. Liebel], Joh. Kremenezky AG an Generaldirektor Aschner, Tungsram. Wien, 23.01.1936 »Verhandlungen mit ELIN«.

steigenden Exporte der ELIN-Glühlampenfabrik waren ein weiterer Anreiz für die Unterstützung von oben, insbesondere mit Blick auf die nur moderaten Ausfuhrsteigerungen von Osram und Kremenezky.[427]

Die österreichische Regierung favorisierte eine Zusammenfassung der Glühlampenproduzenten in einer nationalen Organisation und griff nun unmittelbar in die Verhandlungen ein. Dem Kartell blieb nach Auffassung von Kremenezky nur die Alternative, zuvor mit ELIN eine Vereinbarung zu treffen oder die Zwangskartellierung abzuwarten.[428]

Phoebus gelangte 1936 schließlich doch noch zu einer Vereinbarung mit ELIN. Diese sah die Stilllegung kleinerer Fabriken vor, die aber mit Rücksicht auf die österreichische Innenpolitik nur nach und nach erfolgen durfte.[429] Ein Kontingent von 16,5 % des von Phoebus und ELIN gemeinsam erreichten Anteils am Binnenmarkt und 30 % des Marktzuwachses fiel an das österreichische Unternehmen, um es von einem aggressiveren Export abzubringen. Bei Überschreitung des Verkaufsquantums musste ELIN hohe Strafen zahlen, umgekehrt gab es bei Unterschreitung keine finanzielle Entschädigung. Die ELIN verpflichtete sich, der Preispolitik des Kartells zu folgen, aber ihre Forderung nach gleichberechtigter Mitgestaltung der Preispolitik des Kartells in Österreich wurde zurückgewiesen,[430] und Lieferungen nach Ungarn waren ganz untersagt.[431] Auf ELINs Wunsch lizenzierte Tungsram das Kryptonlampenpatent und sagte zu, nicht bei der französischen Air Liquide S. A., dem einzigen großen Kryptongasproduzenten, zu ungunsten von ELIN zu intervenieren. Analog verpflichtete sich Osram, ELIN Gaslampenpatente zur Verfügung zu stellen. Phoebus verweigerte sich der Forderung, künftig in Österreich keinen Preiskampf mithilfe der Hydra-Fabriken zu führen, während ELIN zusagen musste, Außenseiter nicht zu unterstützen.

Diese Bedingungen waren für ELIN zwar deutlich ungünstiger als bei einer Vollmitgliedschaft an Phoebus, dennoch gewann das Unternehmen Rückendeckung gegen die einheimische Konkurrenz, finanzielle Vorteile

---

427 MNL Z609_91_66 [Joh. Kremenezky AG, Wien] an Generaldirektion, Tungsram. Wien, 27.02.1936 »Soll mit der ELIN verhandelt werden?«.
428 MNL Z609_91_66 Kremenezky AG an Generaldirektion, Tungsram. Wien, 11.05.1935
429 MNL Z609_91_66 Dir. Liebel, Kremenezky AG, an L. Aschner. Wien, 23.01.1936; MNL Z42_20 L. Aschner an Präsident Weiss, Präsident, PMKB. Újpest, 23.01.1937.
430 MNL Z609_91_66 Dir. Liebel, Kremenezky AG, an L. Aschner. Wien, 26.05.1936
431 MNL Z609_91_66 Aufzeichnung für L. Aschner: Elix-Angelegenheit. Kartellabteilung, Tungsram, Újpest, 26.05.1936.

und einen begrenzten Zugang zu den Phoebus-Patenten. Es ist auch nicht zu unterschätzen, dass die ELIN die Entwicklung nunmehr auf ihre eigentlichen Hauptgeschäftszweige konzentrieren konnte. Der Vorstoß auf den ungarischen Glühlampenmarkt war offenbar nur Teil einer Drohkulisse gegen Tungsram wie Phoebus insgesamt; denn Tungsrams Monopol in Ungarn zu brechen, wäre ELIN im Verhältnis zu den Gewinnerwartungen sehr teuer gekommen. Einmal mit dem Kartell assoziiert, verteidigte die ELIN ihre Position gegen Außenseiter mit den gleichen harten Bandagen wie das Kartell selbst. So kaufte ELIN 1936 gemeinsam mit Osram und Tungsram die Außenseiterfabrik EVEG.[432] Es war nur konsequent, dass Osram 1938 der ELIN AG die Außenseiterbekämpfung in Bulgarien und der Türkei überlassen wollte.[433]

Das Kartell stärkte mithin Tungsrams Position gegen wirtschaftsnationalistische Widerstände: Als Phoebus-Mitglied konnte Tungsram den gefährlichsten Konkurrenten in Österreich zu einer Vereinbarung bringen sowie eine Lösung für sinkende Marktanteile und fallende Preise im Einvernehmen mit der österreichischen Regierung erzielen, die ein auf sich gestelltes ungarisches Unternehmen nicht als ernstzunehmenden Verhandlungspartner behandelt hätte.

Der Poolvertrag

Phoebus büßte mit dem Ablauf der wichtigsten Glühlampenpatente viel von seiner Durchschlagskraft ein: Außenseiter konnten immer besser mit den gewöhnlichen Lampen der Kartellfirmen konkurrieren, zudem verbesserten sie die Lichtausbeute ihrer Gaslampen so, dass diese auch mit den Erzeugnissen des Kartells mithalten konnten.[434] Der Konkurrenz preiswerterer Angebote von Außenseitern waren bei sinkender Kaufkraft umso schwerer zu begegnen.

Regierungen versuchten mithilfe immer stärkerer protektionistischer Maßnahmen ihre Industrien zu schützen und die Arbeitslosigkeit einzudäm-

---

432 MNL Z609_91_66 Pro Memoria Wien, 20.10.1936 sig. General Manager Phoebus S. A., Osram, Wien, Elix, Wien, Tungsram, Újpest.
433 LAB Osram A Rep. 231 Nr. 100 Cooperation mit Contract holders. Osram intern, Berlin 14.06.1938.
434 LAB Osram A Rep. 231 Nr. 49 Niederschrift, Besprechung bei Osram, Berlin, 21.04.1933, mit Vertretern für Pintsch, Radium, Tungsram.

men. Die Glühlampenproduzenten reagierten auf diesen Wirtschaftsnationalismus durch Glokalisierung, wie an Tungsrams Direktinvestitionen zu sehen.[435] Viele Kartelle brachen damals zusammen, weil ihre Mitglieder kurzfristige Gewinne auf schrumpfenden Märkten als Chance sahen, die Krise zu überdauern. Auch bei Phoebus ließen sich die Zeichen der Zeit erkennen. Mitglieder versuchten ihren Absatz auf Märkte mit höheren Preisen umzulenken, auf denen trotz Zöllen und Konventionalstrafen noch Gewinne erzielt werden konnten. Dieser Taktik bedienten sich vorzugsweise Unternehmen, die über ein weitgesponnenes Vertretungsnetz und ein großes Stimmgewicht im Kartell verfügten, die also zeitweiliges Preisdumping aushalten und die Umschichtung der Marktanteile im Kartell durchsetzen konnten.[436]

Osram, Philips und die British Thompson-Houston-Overseas-Gruppe handelten Mitte 1932 neue Richtlinien für die Marktbearbeitung aus. Damit sollten Unterbietungswettkämpfe und das Ausweichen auf Märkte mit höheren Preisen beendet werden. Alle Mitglieder dieses sogenannten Pools sollten wieder aktiver auf Märkten mit niedrigeren Preisen werden, um Außenseiter außen vor zu halten.[437] Daneben sollten Zusammenlegung und Neuverteilung ihrer Anteile im Gemeinschaftsgebiet, also in Ländern ohne nennenswerte eigene Glühlampenproduktion zur Gründungszeit des Kartells, die Vertriebskosten reduzieren.[438] Da Tungsram einen hohen Anteil am europäischen Gemeinschaftsgebiet besaß, wurde die Firma Partner im Poolvertrag. Diesem Privileg zuliebe musste Tungsram den Streit mit Osram um die Regelung des deutschen Marktes beenden und sich weitgehend Osrams Wünschen beugen.[439]

Die vier Partner verfügten gemeinsam über 92,6 % des Kartellkontingents im Gemeinschaftsgebiet, im Verhältnis Osram 41,11, Philips 11,64,

---

435 MNL Z42_20 L. Aschner an Ing. Ernst Egger, VEAG, Wien. 25.03.1932.
436 LAB Osram A Rep. 231 Nr. 67 Osram an Geheimrat Dr. H. Bücher, 5.08.1933; Interne Kontingentierung. Osram, Berlin 8.01.1933.
437 LAB Osram A Rep. 231 Nr. 65 Auszug, Protokoll, D[ienst]-Besprechung, Osram, Berlin, 27–28.07.1932.
438 LAB Osram A Rep 231 Nr. 325, Osram, Berlin, 8.01.1933 Aufzeichnung: Interne Kontingentierung; LAB Osram A Rep. 231 Nr. 67 Poolvertrag; MNL Z609_107_83 Niederschrift, Sitzungen des vom Sales-Committee in Berlin am 17.04.31 ernannten Sub-Committees zur Verminderung der Verkaufsunkosten, München, 12–13.06.1931; 27–28.08.1931; Osram Direktion an Dir. L. Fischmann, Tungsram. Berlin, 29.12.1931.
439 MNL Z601_107_83 Direktoren Jensen und Brocke, Osram Berlin, an Dir. L. Fischmann, Tungsram. Berlin, 19.02.1932.

Tungsram 16,53, Overseas und BTH 11,72.[440] Der Poolvertrag sollte die Position der leitenden Kartellmitglieder gegenüber den kleineren Phoebus-Unternehmen durch Einsparungen bei den Vertriebskosten wie auch gemeinsame Stimmabgabe bei den Landesversammlungen sichern.[441]

Der Verkauf auf Märkten mit höheren Preisen wurde durch eine Konventionalstrafe geahndet.[442] Verkaufte ein Partner nicht auf einem bestimmten Markt, war er trotzdem verpflichtet, seine Quote im Gemeinschaftsgebiet zu erfüllen, im Zweifelsfall durch Verkauf an die Poolpartner (Produktionspflicht).[443] Partner, die ihr Kontingent nicht absetzten, konnten als Zulieferer der übererfüllenden Partner ihre Rückstände ausgleichen (Bezugspflicht). Diese Regeln sollten auch die Kräfteverhältnisse im Pool aufrechterhalten.[444]

Der Pool verschaffte Tungsram bessere Chancen, während der Weltwirtschaftskrise im Geschäft zu bleiben. Denn der Umsatzrückgang wurde zum Teil durch das Poolen der Verkäufe im Gemeinschaftsgebiet aufgefangen. Die Bezugspflicht war auch eine Art Produktionsgarantie. Die gegenseitige Belieferung wurde durch Fortschritte bei der Standardisierung der Produkte der Leitunternehmen ermöglicht, die bei den Poolpartnern regelmäßig getestet wurden.[445] Dank der Reduzierung der Splitterkontingente konnte Tungsram die Verkaufsaktivität etwas konzentrieren und in bestimmten Ländern durch gemeinsame Lagerhaltung, Vertretung durch die Poolpartner, Risikoverringerung und Einsparungen beim Kreditzins durch gemeinsame Kontrolle der Bonität der Kunden die Verkaufskosten reduzieren. Als Beispiel sei die Türkei genannt. Tungsram behielt die Vertretung in Smyrna (Izmir) bei, die im Geschäftsjahr 1930/31 ca. 50.000 Verkaufseinheiten in der Türkei absetzte. Gegen 15% Provision überließ Tungsram den Verkauf der übrigen 80–90.000 Einheiten 1931 der dortigen Osram-Vertretung, die

---

440 LAB Osram A Rep. 231 Nr. 67 Poolquoten für den Pool-Vertrag VIII. F. P. (8. Geschäftsjahr, 1932/33. Berlin, 1.12.1933.
441 LAB Osram A Rep. 231 Nr. 65 Direktoren Schlüpmann und Friedeberg, Osram an Dr. M. Haller, S&H, Berlin. Berlin, 11.08.1932.
442 LAB Osram A Rep. 231 Nr. 67 Pool-Abrechnung, 8. Vertragsjahr. Osram Stat. Abt., Berlin, 14.03.1935; MNL Z609_107_83 Sitzungen d. vom Sales-Committee in Berlin am 17.04.1931 ernannten Sub-Committees zur Verminderung d. Verkaufsunkosten, München, 12–13.06.1931, 27–28.08.1931 mit Osram, Tungsram, Philips.
443 LAB Osram A Rep. 231 Nr. 65 Auszug, Protokoll über D[ienst]-Besprechung, Berlin, 27–28.07.1932.
444 LAB Osram A Rep. 231 Nr. 67 Hauptgeschäftsleitung, Pool-Verträge. Auszug aus Niederschrift über D[ienst]-Besprechung, Berlin. 14.09.1934.
445 MNL Z609_107_83 J[esse] M[arion] Woodward, IGEC an L. Aschner. Paris, 19.03.1932.

im Rest des Landes besser organisiert war. Auf diese Weise wurde Tungsrams volle elfprozentige Quote in der Türkei profitabel abgesetzt.[446]
Tungsram konnte allerdings in mehreren Ländern die Verkaufsquoten nicht erfüllen, was für wachsenden Unmut sorgte. Philips war nicht bereit, Tungsram »mitzuschleppen«.[447] Osram machte Újpest klar, es werde immer schwieriger, Tungsram in die Folgevereinbarung des Pools aufzunehmen.[448] Osram musste aber intern konzedieren, dass Tungsrams Schwierigkeiten überwiegend aus der Marktaufteilung innerhalb des Kartells rührten. Die Tungsram zugeteilten Länder waren gerade die von der Weltwirtschaftskrise am härtesten betroffenen und stagnierenden Märkte der industriellen Nachzügler wie Ungarn selbst. Die Vereinigten Staaten und Kanada verbrauchten in der Zwischenkriegszeit weltweit die Hälfte der Glühlampen, ein klarer Indikator für höhere Kaufkraft und fortgeschrittene Elektrifizierung; Anzahl und Wattstärke nahmen nach Ostmittel- und Südosteuropa hin stetig ab: So verbrauchte der durchschnittliche US-Amerikaner 1931 vier Glühlampen mit durchschnittlich 80 Watt pro Jahr, die Vergleichszahlen waren 1,3 und 47 für Deutschland, 1 und 41 für Österreich, 0,5 und 43 für Ungarn sowie 0,2 und 38 für Jugoslawien.[449] Der Jahresverbrauch in Ungarn betrug weniger als 6 % des deutschen Glühlampenmarktes, also des Anteils, der Tungsram zufiel.

Tungsram wurde schließlich doch zu der zweiten Verhandlungsrunde hinzugezogen, weil das Unternehmen den europäischen Markt durch Preiskampf und Außenseiterunterstützung hätte stören können.[450] Tungsrams finanzielle Stabilität wurde nicht einmal während der Weltwirtschaftskrise erschüttert, zum Teil weil dank des Poolvertrags der rückläufige Glühlampenabsatz dennoch Profit brachte.[451] Tungsram konnte darüber hinaus bei

---

446 MNL Z609_107_83 Dir. V. R[osenfeld], Tungsram, an Dir. J. Liebel, Kremenezky Wien. 29.10.1931, Kremenezky an Tungsram. Wien, 21.10.1931; ähnlich MNL Z604_51_65 Osram an Újpest, 26.09.1933 »Phoeb V Tschechoslowakei – Gemeinsame Verteilungslager«.
447 LAB Osram A Rep. 231 Nr. 67 Auszug, Niederschrift, D[ienst]-Besprechung, Berlin, 9.11.1934.
448 LAB Osram A Rep. 231 Nr. 67 Auszug, Niederschrift, D[ienst]-Besprechung, Berlin, 1.11.1934.
449 MNL Z601_26_187 Merkblatt über die Prop[osition] von Lampen mit abgekürzter Lebenszeit. Újpest, 11.12.1931.
450 LAB Osram A Rep. 231 Nr. 67 Auszug, Niederschrift, D[ienst]-Besprechung, Berlin, 19.06.1934.
451 LAB Osram A Rep 231 Nr. 67 Betrachtungen, Pool-Abrechnung, 8. Vertragsjahr 1932/33 Berlin, 20.03.1935.

der Wiederauflage des Pools in Abstimmungskoalitionen nützlich sein. Nicht nur galten die Verwaltungskosten des Pools als zu hoch,[452] auch an der Umsetzung des Vertrags fanden die Teilnehmer viel auszusetzen. Trotzdem hielten sie an der engen Zusammenarbeit fest,[453] was Tungsram gewisse Verhandlungsspielräume eröffnete.

Für Osram war es nach eigenem Bekunden von Vorteil, Tungsram in den neuen Poolvertrag als Stütze gegen den niederländischen Konkurrenten und gegen Außenseiter einzubeziehen.[454] Das Verhältnis zu Philips und den amerikanischen Partnern war für Osram jedoch eindeutig wichtiger. In einem Viererblock konnte Tungsrams Stimme auch für General Electric nützlich sein, um deren wichtigste Forderungen durchzusetzen, nämlich Trennung des Gemeinschaftsgebiets und Ausbau gemeinsamer Verkaufsorganisationen in Übersee. Beide Vorschläge wurden besonders von Osram missbilligt.[455]

Die Neuregelung diente insofern Philips' Interessen, als die Poolverträge nun jeweils nur für das kommende Geschäftsjahr abgeschlossen wurden. Tungsram hätte in Anbetracht der Stagnation auf dem eigenen Absatzmarkt gern längere Laufzeiten gesehen.[456] Die Bezugspflicht wurde auf Tungsrams Wunsch in abgeschwächter Form in den neuen Vertrag aufgenommen,[457] die Überschreitungsstrafen wurden aber deutlich reduziert. Auch der Forderung der Amerikaner wurde entsprochen, die Gemeinschaftsgebiete zu trennen. Immer häufiger wurden Markenbindung und gemeinsamer Verkauf praktiziert.

Obwohl Tungsram weiterhin zu den führenden Unternehmen des Kartells zählte, blieb die unvorteilhafte Marktaufteilung bestehen, und Tungs-

---

452 MNL Z604_51_65 Pool Circular letter, Phoebus SA an Tungsram. Genf, 16.09.1933.
453 LAB Osram A Rep. 231 Nr. 65 Dir. Jensen, Zum Poolvertrag. Berlin, 29.07.1932.
454 LAB Osram A Rep. 231 Nr. 67 Auszug, Niederschrift, D[ienst]-Besprechung, Berlin, 1.11.1934.
455 LAB Osram A Rep. 231 Nr. 67 Auszug, Niederschrift, D[ienst]-Besprechung, Berlin, 22.01.35, Betrachtungen zur Pool-Abrechnung für das 8. Vertragsjahr 1932/33 Berlin, 20.03.1935.
456 LAB Osram A Rep. 231 Nr. 67 Dir. L.[eo] Fischmann, Tungsram an Dir. Jensen, Osram. Újpest, 2.02.1935; Tungsram an Dir. Gaarenstroom, Philips, Eindhoven. Újpest, 5.01.1934 »Pool Agreement«; LAB Osram A Rep. 231 Nr. 67 Dir. Gaarenstroom, Philips, an Dir. Chr. Jensen, Berlin. Eindhoven, 9.04.1935.
457 LAB Osram A Rep. 231 Nr. 67 Leo Fischmann, Tungsram an Dir. Jensen, Osram, Berlin. Újpest, 2.02.1935, Auszug, Niederschrift über D[ienst]-Besprechung, Berlin, 22.01.1935.

rams Umsatz konnte mit dem Zuwachs des Glühlampenmarktes insgesamt nicht Schritt halten. Eine Ursache für diese Anomalie wird daran erkennbar, dass Tungsram es nicht verstand, nach dem Rückzug von Osram und Philips aus Jugoslawien und Rumänien »das Geschäft an sich zu ziehen«,[458] so dass Kartell und Pool durch nachrückende Außenseiter Schaden nahmen. Das war nicht zuletzt auf die Spannungen im Donauraum sowie auf die Wirtschaftsstruktur der Region zurückzuführen. Das Außenhandelsamt legte 1934 Tungsram, Ganz & Co. und den Manfréd-Weiss-Werken nahe, auf eine Aufforderung aus Bukarest hin ihre Anteile an einer öffentlichen Investitionsanleihe von je 200.000 auf je eine Millionen Lei zu erhöhen, da sie ansonsten Schwierigkeiten bei der Erteilung von Exportlaubnissen haben könnten.[459] Tungsram stand entsprechend der Poolvereinbarung 1935 eine höhere Quote zu, als der ungarisch-rumänische Handelsvertrag den Export von Glühlampen nach Rumänien erlaubte. Allerdings hätte der Überschuss auf ziemlich komplizierte Weise mit einem Verlust von 35 % nach Rumänien exportiert werden müssen, wenn Tungsram Bukarest nicht zu »landesüblichen« Methoden greifen, im Klartext: Bestechungsgelder zahlen und die nachträgliche Kürzung des normalen Exportquantums riskieren wollte.[460] Das Ziel des Pools, durch Neuverteilung der Quoten den Teilnehmern zu ermöglichen, sich auf die wirtschaftlich und politisch günstigsten Märkte zu konzentrieren,[461] konnte offenbar nur von den großen Partnern erreicht werden.

Damit Tungsram sein Kontingent erfüllen konnte, schlug Osram den übrigen Poolpartnern vor, Richtlinien zu Verkaufshilfen auszuarbeiten.[462] Gelegentlich nahmen die beiden Firmen auch einen Tausch ihrer Kontingente vor, bei klarer finanzieller und geographischer Abgrenzung und des öfteren verbunden mit Zugeständnissen von Tungsram in anderen Streitfragen.[463]

---

458 LAB Osram A Rep. 231 Nr. 67 Auszug, Niederschrift, D[ienst]-Besprechung, Berlin, 26.07.1933, 1.11.1934.
459 MNL Z604_1 Exportdirektor Rosenfeld, Telefonbericht. Újpest, 12.12.1934.
460 MNL Z601_24_173 David Aschner, Tungsram, an L. Aschner, z.Zt. in Karlsbad. Bukarest, 21.06.1935.
461 MNL Z609_107_83 Sitzungen d. vom Sales-Committee in Berlin am 17.04.1931 ernannten Sub-Committees zur Verminderung d. Verkaufsunkosten, München, 12–13.06.1931, 27–28.08.1931 mit Osram, Tungsram, Philips.
462 LAB Osram A Rep. 231 Nr. 67 Auszug, Niederschrift, D[ienst]-Besprechung, Berlin 19.06.1934, 22.01.1935.
463 LAB Osram A Rep. 231 Nr. 67 Auszug, Niederschrift, D[ienst]-Besprechung, Berlin, 13.07.1934, Osram, Berlin an Tungsram. Entwurf. München, 3.07.1934.

Das System der Außenseiterbekämpfung

Der von den Kartellmitgliedern selbst gebrauchte Begriff der »Außenseiterbekämpfung« war martialisch und traf ziemlich genau die Praxis der sich oft am Rande der Legalität bewegenden Maßnahmen von Phoebus. Dieser Kampf wurde solange mit Preisnachlässen, Händlerrabatten, Intervention bei den wichtigsten Kunden oder den kontoführenden Banken geführt, bis der Außenseiter Konkurs anmeldete oder bereit war, sich dem Kartell anzuschließen. Eines der ersten dieser Manöver war der Kauf der Just-Fabrik 1924 in Ungarn, deren Ausschaltung Tungsram als Voraussetzung für den Anschluss an Phoebus formulierte und der Forderung des Kartells nach höchstmöglicher Konzentration der Produktion in den einzelnen Ländern entgegenkam. Nicht zufällig wurde 1931 die erste umfassende Aussprache zur Außenseiterbekämpfung getroffen: Die Gründe, aus denen der erste Pool organisiert wurde, ließen auch das Bedürfnis wachsen, sich der lästigen Konkurrenz vollends zu entledigen. Im Visier befanden sich nicht die kleineren Hersteller, die sich ohnehin gegenseitig ausschalteten, sondern finanziell und technisch gut ausgestattete Unternehmen.[464]

Systemcharakter erhielt die Außenseiterbekämpfung durch die immer einheitlicheren Regeln folgende vertragliche Anbindung von Konkurrenten an das Kartell, wie im Falle von ELIN, und durch die Nutzung eines Teils der von besonders betroffenen Phoebus-Mitgliedern angekauften Fabriken als Billigwarenhersteller. Da die Funktionsweise dieses System in der Forschung hinreichend behandelt wurde,[465] sollen hier nur seine Grundcharakteristika zusammengefasst und die besonderen Interessen von Tungsram vorgestellt werden.

Die »vertraglich an das Kartell gebundenen Unternehmen« wurden zur Begrenzung von Produktion und Kundenkreis verpflichtet.[466] Exporte waren ihnen in der Regel nicht erlaubt,[467] und wenn doch, dann nur ohne große Gewinnmargen und Verluste für die Phoebus-Mitglieder. Hohe Konventio-

---

464 MNL Z601_27_187 [Dir. Leo Fischmann?, Tungsram] Vorschläge für Bekämpfung der Outsider. Golf & Sport-Hotel, Orans/Sierre, 27.12.31.
465 *Luxbacher, Massenproduktion; Reich, General Electric.*
466 So durfte die polnische Tantris-Fabrik die Großindustrie und die Behörden nicht mehr beliefern. LAB Osram A Rep. 231 Nr. 348 Aktennotiz Osram, Berlin, 3.03.1931.
467 LAB Osram A Rep. 231 Nr. 99 Auszug, Protokoll, Exekutivkomitee, Sitzung Nr. 56. Paris, 29–30.09.1936 § 2. Vertrag mit Tatra Glühlampen- und Neonleuchtröhrenfabrik J. V. Stach.

nalstrafen von 75% des Verkaufspreises stellten eine an die Vorgaben des Kartells gebundene Preispolitik sicher.[468] Patente der Mitgliedsfirmen durften die Kontrahenten nicht anfechten und keine Zwangslizenz einfordern, d.h. bei Regierungen und Patentbehörden durften sie keine Lobbyarbeit betreiben.[469] Die assoziierten Firmen mussten sich meist auch an die Vorgaben für die Lebensdauer der Lampen halten. Allein diese Verpflichtung von ELIN soll nach Berechnungen der Kremenezky-Gesellschaft den österreichischen Markt um ein Fünftel erweitert haben.[470] Als Gegenleistung stellte das Kartell den Preiskampf ein und vergab Lizenzen, freilich gegen hohe Gebühren. Auch erhielten die assoziierten Unternehmen gesicherte Marktanteile. Wenn ein Außenseiter dem Kartell trotz allem gefährlich zu werden drohte, wurden ihm bessere Bedingungen gewährt, wie am Beispiel des ELIN-Konzerns gezeigt. Am Vorabend des Zweiten Weltkriegs wurde die Neuregelung der Vertragskonditionen auf die Agenda gesetzt. Tungsram stimmte in den entsprechenden Komitees stets gegen die Bereitstellung von Schlüsselbestandteilen der modernsten Glühlampen oder Produktionsmaschinen an die angebundenen Firmen. Da Tungsram neben den Radioröhren noch kein neues konkurrenzfähiges Massenprodukt hatte, hütete die Gesellschaft ihren Wettbewerbsvorteil besonders sorgfältig.

Die wichtigste koordinierte Maßnahme im Kampf um das Marktsegment der Billigprodukte sowie der langlebigen Lampen stellte die Einrichtung der Hydra-Fabriken für die Herstellung von »Kampflampen« dar. Während der Weltwirtschaftskrise wurden Stimmen der von den hohen Kartellpreisen betroffenen Endverbraucher und verarbeitenden Branchen gegen die Übermacht der Kartelle und für deren staatliche Kontrolle immer lauter.[471] Um dieser Kritik nicht durch Ausschaltung der Konkurrenz weitere Nahrung zu geben, wurde die Übernahme von Konkurrenzunternehmen möglichst verschleiert. So hielt Tungsram nach dem Kauf der Kremenezky-Gesellschaft 1931 deren Budapester Fabrik weiter in Betrieb, obwohl die erhofften Ein-

---

468 LAB Osram A Rep. 231 Nr. 99 Heads of Agreement GEC, London/BTH, London/ Aurora Lamps Ltd., Old Kilpatrick, Scotland.
469 LAB Osram A Rep. 231 Nr. 82 Vertrag zw. Polska Zarowka Osram S.A., Polskie Zaklady Philips S.A, Zjednoczona Fabryka Zarowek S.A. (Tungsram), alle in Warschau, und Cornoslaska Fabryka Zarowek Helios Sp.Z.o.o., Katowice (Helios), Siemianowicka Huta skla Sp.Z.o.o., Siemianowice (Glashütte). o. D.
470 MNL Z609_91_66 Pro Memoria, Besprechung mit General Manager Phoebus S.A. und Vertretern für Elix Allgemeine Glühlampenfabrik (ELIX), Osram und Tungsram. Wien, 20.10.1936.
471 Eine Sammlung solcher Artikel in: LAB A Rep. 231 Nr. 325.

sparungen ausblieben.[472] Üblicherweise traten auch nicht alle beteiligten Unternehmen als Käufer auf, sondern nur eins, beispielsweise Tungsram im Falle der österreichischen GEFA und der Lux-AG in Mährisch-Ostrau und Osram beim Kauf der Birka AG in Schweden sowie der polnischen Tantris-Fabrik.[473]

Mitte der 1930er wurden die mit den angekauften Unternehmen bzw. den Billiglampen geführten Kampfmaßnahmen dem sogenannten Hydra-Komitee unterstellt.[474] Rohstoffe und Lampenbestandteile wurden den Hydra-Fabriken von den Kartellmitgliedern geliefert, so dass diese stets mitverdienten. Für die operative Leitung war der Verkaufsdirektor von Phoebus verantwortlich.[475] Die Kosten für Dumpingverkäufe trugen in Europa alle Phoebus-Mitglieder, die in den jeweiligen Landesversammlungen für diese regional begrenzten Aktionen gestimmt hatten.[476] Ein Leitprinzip Aschners, seit 1936 Vorsitzender des Hydra-Komitees, war Kostensenkung durch Rationalisierung, sprich Fabrikschließungen.[477] Er wollte auch der Neugründung von Fabriken entgegentreten, die durch hohe Verkaufspreise, sinkende Markteintrittsbarrieren bei Auslauf der Schlüsselpatente und Entschädigungszahlungen für aufgegebene Betriebe motiviert waren. So mahnte Aschner Osram, den Hauptinteressenten an der Birka AG, die Gewinne der schwedischen Firma durch Bildung latenter Reserven kleiner erscheinen zu lassen.[478]

Die 1938 vorgenommene Aufteilung der Außenseiterbekämpfung sollte das Interesse der Mitglieder daran erhöhen und den jeweiligen Verhältnissen Rechnung tragen.[479] Die britischen Firmen waren für Großbritannien

---

472 MNL Z42_20 Ernst Egger, VEAG, an L. Aschner. Wien, 23.10.1933.
473 LAB A Rep. 231 Nr. 348 Niederschrift, Besprechung mit der Direktion der Tantris, Warschau, 3.11.1930.
474 SCA 03290 General Business and Development Agreement. (Übersetzung) Vertrag v. 20.12.1924, Stand 1.10.1935 Phoebus Exe-Comm. Decision adopted by 51-EC-9.
475 LAB Osram A Rep. 231 Nr. 100 Sitzungsprotokoll ad-hoc Sub-Committee, Zusammenarbeit mit den angeschlossenen Firmen. Beschränkung und Kontrolle des Aussenseiter-Lampengeschäftes. Berlin, 16.06.1938.
476 DTMB 03290 General Business and Development Agreement, Rules for the Hydra Committee, decision adopted by 51-EC-10; *Luxbacher*, Massenproduktion, S. 390.
477 MNL Z609_144_91 Dir. Rothweiler [Osram], Dir. Fischmann [Tungsram, Újpest], An die Mrs. Moir und Spicer z. Zt. Schlosshotel Karlsruhe, 28.08.1936.
478 MNL Z608_34_6 L. Aschner an die Direktion, Osram, Berlin. Újpest, 7.12.1931.
479 LAB Osram A Rep. 231 Nr. 100 Minutes of the Meeting of the Ad hoc Sub-Committee, »Cooperation with firms under contract with Phoebus Curtailment and control of outsider lamp business – Curtailment and control of outsider lamp business«. Düsseldorf, 24.11.1938, Protokollauszug erstellt in Berlin, am 28.11.1938.

und seine Kolonien zuständig, Overseas/BTH für das überseeische Gemeinschaftsgebiet und Brasilien, Philips für die Niederlande samt Kolonien sowie Belgien, Polen, Portugal und Ägypten. Osram hatte sich um Skandinavien, das Baltikum, die Tschechoslowakei und die Schweiz sowie um Griechenland zu kümmern, Tungsram um Ungarn und die Balkanstaaten.[480]

Marktzugang und Kartellmitgliedschaft: Länderbeispiele

Die einzelnen Länderbeispiele zeigen, wie die Kartellmitgliedschaft Tungsram den Weg zu Absatzmärkten ebnete und gegenüber Außenseitern stärkte; sie verdeutlichen die Potentiale und Grenzen von Tungsrams mittlerer Position.

Italien
Italien war eines der etablierten Absatzgebiete der ungarischen Elektroindustrie. Wie Ganz & Co., richtete auch Tungsram dort eine der ersten ausländischen Verkaufsorganisationen ein. 1927 nahm Tungsram die während des Kriegs eingestellte Glühlampenproduktion in Mailand wieder auf, um gegen eventuelle protektionistische Maßnahmen gewappnet zu sein.[481] Die Marktanteile der an Italien interessierten Kartellmitglieder wurden folgendmaßen ausgehandelt:

»Von der Società Edison Clerici (SEC) in Mailand besitzt die I.G.E. [International General Electric] 88,36%, Philips 11,64%. Die Amerikaner haben am italienischen Geschäft keine Freude, während die O.K. [Osram] sich seit langem bemüht, den italienischen Markt zu gewinnen. Die deshalb mit den Amerikanern geführten Auseinandersetzungen sind der Ausgangspunkt für diese jetzigen Verträge gewesen. Die Amerikaner waren erst bereit, der O.K. jetzt die Majorität zu überlassen, hatten aber verlangt, dass die O.K. die Firma Aschner in Budapest [Tungsram] als Part-

---

480 LAB Osram A Rep. 231 Nr. 100 Protokoll der Sitzung des ad-hoc Sub-Committee »Zusammenarbeit mit den angeschlossenen Firmen. Beschränkung und Kontrolle des Aussenseiter-Lampengeschäftes«. Berlin, 16.06.1938 (Übersetzung).
481 Petri; MNL Z42_20 L. Aschner an Ing. Ernst Egger, Direktor, VEAG, Wien, 15.03.1932; LAB Osram A Rep. 231 Nr. 366 Italien Agreement SEC-Osram, Berlin, 10.11.1928 (Ergänzung zur Vereinbarung v. 26.07.1926) Auszug, Niederschrift, Direktions-Besprechung, Berlin, 9.11.1928.

ner aufnehmen solle. Die O.K. war auch erst bereit, sich mit 60% zu begnügen, Aschner verlangte alles oder nichts. Daher sind die Verhandlungen gescheitert. Die Amerikaner verkaufen die Gesellschaft an die O.K., die 88,36% der italienischen Gesellschaft und den entsprechenden Anteil ihrer Obligationen erhält. Dadurch wird Italien zum ausschließlichen Gebiet der O.K.«[482]

Aschner überschätzte offenbar die Bereitschaft der General Electric, Tungsram möglicherweise als Teil eines Manövers zur Schwächung von Philips am italienischen Geschäft zu beteiligen. Letztlich musste sich Tungsram mit einem sehr bescheidenen Marktanteil begnügen.[483] Philips trat 1931 den Anteil an der SEC im Rahmen einer umfassenden Vereinbarung der beiden kontinentaleuropäischen Marktführer an Osram ab.[484] Osram blieb der einzige bedeutende Phoebus-Lieferant auf dem italienischen Markt. Die IGEC griff 1937 erneut in den italienischen Markt ein, indem sie eine Einigung über die von Tungsram an Osram zu zahlende Lizenzgebühr für Italien moderierte.

Jugoslawien und Rumänien

Die beiden Nachbarländer gehörten zu den Kernmärkten von Tungsram, in denen die Kartellmitgliedschaft bei der Überwindung wirtschaftnationalistischer Zugangsbarrieren half. Bei der Neuverteilung der Märkte unter den Pool-Partnern zogen sich Philips und Osram Mitte der 1930er Jahre aus diesen Ländern zugunsten von Tungsram zurück, doch hatte Tungsram Schwierigkeiten, an ihre Stelle zu treten.[485] Um die niedrigen Einfuhrquoten für ungarische Waren zu umgehen, kämpfte das Unternehmen jahrelang für eine Erlaubnis zur Gründung von Fabriken in diesen Ländern.

Tungsram argumentierte dabei, dass die Firma kein ungarisches, sondern amerikanisches und westeuropäisches Kapital repräsentiere.[486] In Jugosla-

---

482 SCA 10329 Osram-IGEC (Újpest) Aktennotiz: Besprechung bei Osram über die mit der IGEC abzuschliessenden Verträge mit Vertretern für Siemens, AEG, Osram. Berlin, 29.06.1929
483 SCA 10295 E.A. Baldwin, Vice-President, IGEC, an Geheimrat Schlüpmann, Osram. Paris, 16.04.1937.
484 DTMB Telefunken I.2.060 C 6206/8150 Mantelvertrag Osram-Philips. Berlin/Eindhoven, 15/17.03.1931.
485 MNL Z601_221_894 Interner Kontingentierungs-Vertrag. Újpest, 24.11.1928.
486 MNL Z601_247_973 Dir. David Aschner an L. Aschner. Bukarest, 3.12.1935 und [Tungsram, Bukarest], Antrag an das Handelsministerium. Bukarest [März 1936].

wien musste Tungsram auch die militärisch wichtigere Produktion von Radios und Röhren in Aussicht stellen, um Glühlampen produzieren zu dürfen. Zum Export wurden konkrete Vorschläge gemacht: Aus Jugoslawien sollten die Erzeugnisse der neuen Niederlassung nach Albanien gehen, aus Rumänien in die Türkei.[487] Weil Tungsram bekanntermaßen Mitglied von Phoebus war, waren diese Argumente durchaus überzeugend. Die Mitgliedschaft am Glühlampenkartell bot also argumentative Unterstützung für Tungsram. Die Újpester Firma durfte selbst nicht als Gründer auftreten und seine Kartellmitgliedschaft in den Anträgen nicht erwähnen. Außerdem gelang es Tungsram mit der finanziellen Unterstützung von Osram und Philips, das quasi nationale Kartell der drei jugoslawischen Glühlampenproduzenten zu brechen und zwei von ihnen (Tesla AG und Jugosijalica D.S.O.J.) zu kaufen.[488] Dank dieser Marktbereinigung[489] erhöhte Tungsram die Preise mehrere Male, führte unter den veränderten Marktbedingungen die Kryptonlampen ein und steigerte beträchtlich die Lieferung von Lampenbestandteilen an die übernommenen Fabriken.

Großbritannien

Die in der ELMA organisierten britischen Hersteller erwirkten einen Schutzzoll, ohne Tungsrams Forderung zu berücksichtigen, dessen Höhe und Geltung auf die meist aus Japan stammenden Billigwaren, nicht aber die in Großbritannien nicht produzierenden Phoebus-Mitglieder abzustimmen.[490] Tungsrams Initiative scheiterte daran, dass das in Großbritannien ebenfalls nicht produzierende Unternehmen Philips es vorzog, den Absatz seines Verkaufskontingents durch die Einrichtung einer lokalen Fertigungsstätte zu

---

487 MNL Z601_221_891 DF/J., Jugoslawien. Notiz für L. Aschner. Újpest, 20.05.1940; MNL Z601_18_150 D. Gold, Tungsram an L. Aschner. Újpest, 21.04.1937, Aufzeichnung: Besprechung L. Aschner und Dir. Neményi mit Hüsameddin T. Ülsel [Istanbul], 8.05.1937. Újpest, 10.05.1937
488 MNL Z601_221_891 Generaldirektion, Tungsram, an MNB. Újpest, 24.11.1938; Generaldirektion, Tungsram, Pro Memoria. Újpest, 2.11.1940.
489 Im Namen der Tesla AG kaufte Tungsram 1940 noch die *Fabrika eelktricnih Sijalicca D.D.* (FES), Zagreb. MNL Z601_221_891 Dr. Neményi, Aufzeichnung. Újpest, 6.11.1940.
490 MNL Z604_5_4 Dir. R.[ichard] Mayer, Tungsram, London, an Leopold Aschner. Paris, 22.04.1931; Exportabteilung Tungsram an Dir. Liebel, Wien. Újpest, 21.07.1931; MNL Z601_296_1065 [Dir. Richard Mayer, Tungsram, London] an J.Y. Fletcher, Chairman of the British Local Meeting, Magnet House. London, 2.10.1931 *Blanken*, S. 207–211

sichern.⁴⁹¹ Tungsram drohte damit, gleichfalls eine eigene Produktion in Großbritannien einzurichten oder Klage vor dem Phoebus-Schiedsgericht einzureichen,⁴⁹² hoffte aber darauf, dass die Lohnkostendifferenz zwischen Ungarn und England trotz Glühlampenzoll genug finanziellen Spielraum lassen würde.⁴⁹³

Schließlich bot die britische Gruppe Tungsram eine Entschädigung für das nicht verkaufte Kontingent an. Mit einem Kontingenttausch wurde vorläufig der Frieden wiederhergestellt.⁴⁹⁴ Im Juni 1932 zog sich Tungsram aus Großbritannien zurück.⁴⁹⁵ 1934 verpachtete die Firma ihr britisches Kontingent für eine Million USD Kredit durch ihre Tochtergesellschaft, Minora Sarl Paris, den Tungsram für den abschließenden Ankauf des Kremenezky-Aktienpakets verwendete.⁴⁹⁶ Tungsram-Lampen wurden danach in Großbritannien nur noch in geringer Stückzahl verkauft, um überhaupt noch Markenpräsenz zu zeigen.

Argentinien

Argentinien, Brasilien und Uruguay waren in den 1930er Jahren für die ungarische Industrie noch zu erschließende Märkte. Argentinien diente aufgrund seines großen Bevölkerungsanteils an europäischen Immigranten und seines relativ hohen Lebensstandards als Sprungbrett. Ungarn fehlten aber Handelsverträge, Zahlungsvereinbarungen und Steuerabkommen mit den meisten südamerikanischen Ländern. Die niedrige Quotierung der bestehenden Handelsverträge brachte die ungarischen Exporteure untereinander in scharfe Konkurrenz. Die Südamerikaner waren nur gegen Erhöhung des Direktimports ihrer Waren bereit, die Quoten anzuheben.⁴⁹⁷

---

491 *Blanken*, S. 207–211
492 MNL Z604_5_4 L. Aschner an Dir. Liebel, Joh.Kremenezky AG, Wien und Richard Mayer, Tungsram London. Újpest, 24.11.1931
493 MNL Z604_5_4 AD/BA [David Aschner], Tungsram, Újpest, 9.10.1931
494 MNL Z604_5_4 Exportabt., Tungsram, an Sir Hugo Hirst [BTH], London. 18.11.1931
495 Die Britische Gruppe zahlte für die Tungsram-Quote 120 % der ersten Phoebus-mäßigen »penalty rate«. MNL Z609_161_103 Heads of Agreement: The British Group of the G. P. A./Tungsram. [London], 30.06.1932. Tungsram tauchte entsprechend in der *Buy British lamps*-Kampagne nicht auf. Bspw. *Illuminating Engineer* 24 (Januar 1932), in MNL Z604_5_4
496 MNL Z601_296_1063 IGEC an Tungsram. 16.08.1934 MNL Z604_5_4 Exportabteilung Tungsram, an Dir. Liebel, Joh. Kremenezky AG, Wien, z. Z. in London. Újpest, 21.07.1931; MNL Z609_161_103 Heads of Agreement 30.06.1932 The British Group of the G. P. A. and Újpest
497 Bspw. *Veszélyben van délamerikai (sic!) ipari exportunk*.

Die seit 1935 zunehmenden Lieferungen von Ganz-Jendrassik-Triebwagen nach Argentinien gefährdeten daher Tungsrams Präsenz auf dem südamerikanischen Markt. Das war besonders problematisch, weil der Großteil der Glühlampenlieferungen in Lateinamerika auf Argentinien und Uruguay konzentriert war. So verfügte Tungsram 1932/33 in Argentinien über einen Anteil von 36% vom Gesamtverkauf von Osram, Philips, Tungsram und Overseas/BTH (Tab. 15).[498] Auch führte Tungsram am Ende des Jahrzehnts in Lateinamerika nur in diesen beiden Ländern die Kryptonlampen ein, wenn auch mit mäßigem Erfolg.[499]

In dem 1937 geschlossenen neuen Lizenzvertrag zwischen Tungsram und Osram verpflichtete sich Osram, Tungsram in Argentinien aus der eigenen Fabrik zu gleichen Preisen wie die IGEC zu beliefern.[500] Tungsram sah im Herbst 1937 eine Chance, die Präsenz in Argentinien anderweitig zu sichern: Der erneuerte Lizenzvertrag mit General Electric verpflichtete Tungsram, in den Ländern der westlichen Hemisphäre, in denen erstere eine Glühlampenfabrik besaß oder noch zu gründen beabsichtigte, keine eigene Fabrik zu haben; der Präsident der IGEC erteilte jedoch Tungsram »vertraulich die Erlaubnis für die Fabrikgründung« in Argentinien.[501] Das ging auf eine Vereinbarung zwischen IGEC und Osram von 1929 zurück: Osram hatte damals Desinteresse an Brasilien, die IGEC an Argentinien erklärt.[502] Mit der Tungsram-Fabrik beabsichtigte die IGEC diese Verpflichtung zu umgehen, indem die IGEC sie quasi als eigene Produktionsstätte einsetzen konnte.

---

498 LAB Osram A Rep. 231 Nr. 67 Pool-Vertrag, Quoten für closed countries, Overseas. Beschlüsse der Sitzung v. 14.09.1932. Ohne Sonderregelungen; MNL Z609_161 Kontingentpräliminare des Újpest-Konzerns für die III. Vertragsperiode /a. Juli 1936–30.07.1937.
499 MNL Z604_7_9 R[eisz], Exportabteilung, Tungsram, Jelentés a tengerentúli kryptonlámpa-üzlet tárgyában [Bericht über das überseeische Kryptongeschäft]. Újpest, 1.04.1940.
500 SCA 10329 Aktennotiz: Besprechung bei Osram über die mit IGEC abzuschliessenden Verträge am 29.06.1929 mit Vertretern für Osram, Siemens und AEG.
501 MNL Z601_42_197 Telegrammentwurf L. Aschner an Dir. Henderson, IGEC, London, 26.06.1940; MNL Z601_296_1065 Dr. N.[eményi Bertalan], Tungsram, Újpest. Feljegyzés 19.08.1938 az IGE által az 1937. nov. 17-én Párisban parafált licenc-szerződés szövegével szemben most [Baldwin által – MH] kívánt módosításokról [Über die [von Mr. Baldwin] gewünschten Änderungen zum Wortlaut des mit IGE vereinbarten Vertrags, paraphiert in Paris, am 17.11.1937].
502 SCA 10298 Osram/IGEC-Lizenzvertrag vom 1.07.1929 Vertragskarte No. 366.

Diese Beispiele unterstreichen, dass internationale Kartelle ihre eigenen Methoden entwickelten, um staatliche Handelsbarrieren zu umgehen. Ein gut organisiertes nationales Kartell konnte wiederum den eigenen Markt sogar vor internationalen Kartellen schützen.[503] So musste sich Tungsram im britischen Fall damit abfinden, dass »nationale Interessen« Vorrang vor Interessen der »Kartell-Familie« hatten.[504] Ob ein internationales Kartell einem Unternehmen bei der Etablierung oder Aufrechterhaltung von Präsenz auf Exportmärkten helfen konnte, hing von seiner Macht im Kartell und seiner Fähigkeit ab, den Heimatmarkt nationaler Kartelle zu attackieren und von den Interessenkonflikten der Kartellmitglieder zu profitieren.

Bis zum Ausbruch des Zweiten Weltkriegs war Tungsram trotz Weltwirtschaftskrise und stagnierenden Heimatmarkts ein wichtiges mittelgroßes Mitglied des Glühlampenkartells geworden: Samt des Anteils der Kremenezky-Gesellschaft, des zur Kartellgründung festgelegten Kodizills und Lieferungen zweitklassiger Marken verfügte Tungsram im Sommer 1938 über 10,13 Prozent des Kartellumsatzes. Mit Blick darauf, dass Phoebus die USA und Kanada nicht einschloss, machte das etwa 5 % des weltweiten Verbrauchs aus.[505] Tungsrams Anteil auf dem Kernmarkt fiel natürlich deutlich höher aus: Die Firma besaß das Monopol in Ungarn, war einer der Hauptlieferanten in Österreich (48,8 % des Kartellumsatzes), Rumänien (90 %), Jugoslawien (77 %), lieferte fast 20 % für das europäische Gemeinschaftsgebiet und war zudem einer der Hauptlieferanten von Phoebus für Argentinien und Ägypten. Die Probleme der Zukunft ließen sich jedoch schon erkennen, da bestimmte Handelsschranken auf diplomatischem Wege nicht abgebaut oder mithilfe privatwirtschaftlicher Transaktionen nur zeitweilig umgangen werden konnten. Zudem gefährdeten US-amerikanische Außenseiter und neue lokale Produzenten Tungsrams Export immer mehr.[506] (Tab. 15)

---

503 Vgl. *Survey of international cartels and internal cartels.* S. XXXVII.
504 MNL Z604_5_4 Telegrammvorlage, L. Aschner an Dir. Hugo Hirst, London. [Nov. 1931].
505 MNL Z601_21_167a Megjegyzések a »Törvényjavaslat a honvédelemről« c. tervezet »Találmányok, szabadalmak« c. fej.-hez [Bemerkungen zum Gesetzentwurf über Landwehr Abschnitt »Erfindungen und Patente«].
506 MNL Z604_7 HJ/KI, Exportabteilung, Tungsram, Aktennotiz. Újpest, 30.09.1938.

3.5.4.3 Das Radioröhrenkartell

Änderungen des Marktzugangs

Nach dem Abschluss des Kartellvertrags mit Telefunken und Philips änderten sich die Bedingungen des Marktzugangs für Tungsram substantiell. Tungsram war nicht länger Außenseiter, konnte sich also auch nicht mehr als David gerieren, der gegen den Goliath Philips-Telefunken kämpfte. Bis dahin nutzte Tungsram den Unmut lokaler Zwischenhändler und Apparatebauer, die sich durch ihre Lizenz- oder Importverträge von den Marktführern Philips und Telefunken geknebelt fühlten: Diese hätten nämlich, so die Presse, die Informationsasymmetrie bei Patentgesetzen und Technologie genutzt, um die Kontrahenten zu exklusiven Verträgen mit hohen Lizenzgebühren selbst für wertlose Patente zu drängen. Tungsram konnte sich daher als Schützer der kleinen Apparatebauer und Zwischenhändler, ja gar der nationalen Industrien profilieren, zumal Tungsram selbst kein Konkurrent für die Apparatebauer war.[507]

Wichtige Absatzgebiete Tungsrams wie Großbritannien, Frankreich und Spanien wurden nicht in das Röhrenkartell eingeschlossen. Für die andere Hälfte der Lieferungen ermöglichte das Röhrenkartell einen geregelten Marktzugang. Dabei waren die für China, Brasilien, »Rest-Afrika« und »Rest-Asien« vereinbarten Marktanteile von Tungsram wenig lukrative Splitterkontingente. Für die ungarische Gesellschaft blieb, abgesehen von Argentinien, Europa der wichtigste Markt. Die Kontingentierung verdeutlicht, dass die Marktführer im Kartell Tungsram vor allem für Südosteuropa und die Außenseiterbekämpfung vorsahen.[508] Im Vergleich zum Geschäftsjahr 1933/34 gab es auf dem österreichischen Markt infolge des Anschlusses von 1938 einen Rückgang des Gesamtquantums, ansonsten blieben die ausgehandelten Anteile 1933/34–1937/38 konstant (Tab. 16).

Das Röhrenkartell schloss wie Phoebus Patentübereinkommen, gemeinsame Preispolitik und Kontingentierung ein. Der Aufteilungs- und Verrechnungsmodus war weitgehend mit demjenigen des Glühlampenkartells identisch. Das Phoebus-Schiedsgericht in Genf überwachte die Einhaltung des

---

507 Eine Sammlung von Presseattacken gegen ausländisches Kapital wie GE und Philips in: MNL Z602_2_16; MNL Z604_4_4 Andor Raab, Zjednoczona Fabryka Zarowek S. A., Warschau an Tungsram, Újpest, [Audion-Exportabteilung], 4.07.1934.
508 MNL Z609_161_102 Kontingentpräliminare des Újpest-Konzerns für die III. Vertragsperiode /a. 1.07.1936–30.06.1937/ Radioröhren. Tungsram, 4.05.1937.

Vertrags; es wurden also nicht nur einzelne Vorschriften, sondern auch die Praxis des Phoebus-Managements auf die Kartellierung eines anderen Produktes übertragen. Die beteiligten Unternehmen konnten sich auch auf die eingespielten Beziehungen zu den Kartellpartnern stützen.[509] Strenge Kontrollen und aufwendige Bürokratie zur Kontrolle des Vertragswerks wurden erneut in Kauf genommen.[510]

Die Parteien vereinbarten gleiche Bruttopreise, Rabattklassen und Bedingungen für äquivalente Röhrentypen für jedes Land, wobei das Übergewicht von Philips und Telefunken immer erhalten blieb. Niedrigere Preise und Rabatte waren nur ausnahmsweise erlaubt, um Verkaufskontingente abzusetzen. In der Praxis waren Tungsram-Röhren maximal 10 % preiswerter als die von Philips und Telefunken. Auch sollten die Hilfs- und Nebenmarken von Tungsram zu denselben Bedingungen wie die Hauptmarken verkauft werden, Kontingentunterschreitungen konnten also nicht mit Billigröhren ausgeglichen werden.

Detaillierte Verkaufsklauseln dienten dazu, die Kräfteverhältnisse innerhalb des Kartells und die Marktposition gegenüber Außenseitern aufrechtzuerhalten. Entsprechend waren die Marktanteile nach dem Phoebus-Muster mit Konventionalstrafen versehen; bis zu achtzigprozentige Entschädigungen für die ersten nicht abgesetzten zehn Prozent des Kontingents halfen wiederum, Umsatzrückgänge kurzfristig zu kompensieren. Analog zur Glühlampe hätten diese verkaufsbeschränkenden Klauseln mit der Alterung der Radioröhre Marktgewinne der Außenseiter begünstigt; zu dieser Zeit konnten aber Philips und Telefunken noch damit rechnen, die erwartungsgemäß von Tungsram nicht ausgeschöpften Kontingente zu übernehmen.

Der Vertrieb blieb den Partnern selbst überlassen. Allerdings trat Tungsram in Belgien, Dänemark, Norwegen, Polen, Schweden, der Tschechoslowakei und der Schweiz die Röhrenlieferung an Apparatebauer zugunsten von Philips und Telefunken ab. Tungsram selbst verkaufte den Rest des eigenen Kontingents an Wiederverkäufer. 1936 übernahm Philips die

---

509 Für Telefunken wurde die Kooperation durch ihre Verbindung zu Osram (beide gemeinsame Tochtergesellschaften von AEG und S&H) und das mit Philips 1931 abgeschlossene Röhren- und Apparateabkommen (Wevag) erleichtert. Telefunken diente dem Apparate- und Stationenbau, bis zur schrittweisen Übernahme der Röhrenentwicklung und -herstellung von Osram in den 1930ern. *Luxbacher,* Massenproduktion, S. 423–439.
510 DTMB Telefunken I.2.060 C 7506/18011 F. Trede Iravco Kontrollstelle an Telefunken, Abteilung Wevag, Berlin 22.09.1936.

Vertretung der Tungsram-Erstbestückungsröhren in der Tschechoslowakei und in Schweden, Telefunken in der Schweiz und in Norwegen.[511]

Der Vertrieb der eigenen Röhren durch Philips oder Telefunken bedeutete für Tungsram zunächst keinen Nachteil, da der Profit bei Nachbestückung von Apparaten mit Ersatzröhren oft höher war als bei der Erstbestückung.[512] Auch stand es Tungsram auf diesen Märkten frei, Röhren in eigenen Apparaten zu verkaufen. Der Ruf der Tungsram-Röhren wurde deshalb durch den Fremdvertrieb im Prinzip nicht beeinträchtigt. Allerdings lieferten die größeren Kartellpartner Tungsram-Röhren meist kleineren Konstrukteuren, zudem oft weit unter Philips-Telefunken-Preisen und ohne Qualitätsprüfung.[513] Dieses Verfahren führte dazu, dass Tungsrams Kontingent zwar erfüllt wurde, aber die Marke entweder gar nicht wahrgenommen wurde oder als zweitklassig galt; außerdem verschwanden die kleineren Apparatebauer rasch vom Markt.[514] Wo ausschließlich oder größtenteils Ersatzröhren geliefert werden durften, bestand also wenig Hoffnung, Tungsram-Produkte als mit Philips und Telefunken gleichwertige europäische Radioröhrenmarke zu etablieren. Tungsram scheint dennoch keine adäquaten Gegenmaßnahmen ergriffen zu haben: So wurde mit Blick auf die hohen Nachbestückungspreise der schwedischen Verkaufsorganisation Svenska Orion eine doppelt so hohe Provision im Nachbestückungsgeschäft gezahlt wie nach Umsätzen mit Apparatekonstrukteuren.[515] Auch wurde nicht geklärt, warum nach Újpest wegen Reklamationen zurückgesandte Röhren einwandfrei funktionierten, andernorts dagegen nicht.[516]

Nach Gründung des Kartells stellten Philips und Telefunken die offene Bekämpfung von Tungsram-Erzeugnissen ein.[517] Allerdings bedeutete das

---

511 DTMB AEG 4820 Kontingentmässige Behandlung von Tungsram-Akquisitionsröhren im Wevag-Verhältnis [Ulm, Juni 1956].
512 MNL Z604_5_4 Röhrengeschäft Schweden. Tungsram, [Újpest], 25.03.1939; [Exportdirektor Rosenfeld], Tungsram, Schweden – Acquisitionsabkommen. Újpest, 13.06.1936.
513 MNL Z604_5_4 Besprechungen mit den Herren Young und Haga. Tungsram, [Oslo], 20.05.1936.
514 MNL Z604_5 Andor Raab, Exportabt., Tungsram, Összefoglaló jelentés lengyelországi utamról. [Zusammenfassender Bericht über meine Studienreise nach Polen] Újpest, 20.07.1935.
515 MNL Z604_5_4 [Dir. Rosenfeld], Audion, an Kremenezky, Budapest. Újpest, 21.08.1935.
516 MNL Z604_5_4 Besprechungen mit den H. Young und Haga. Tungsram, [Oslo], 20.05.1936.
517 Tungsram trat als Röhrenlieferant der WGEI bei. MNL Z601_236_950 PMKB an Tungsram. Budapest, 10.11.1944.

keine sofortige Verbesserung der Lage. Denn die Qualitätsmängel einiger früherer Tungsram-Röhren waren noch in unguter Erinnerung. Die Heimwerker und andere Endabnehmer hatten keinen Anlass, dasselbe Geld für eine Tungsram- anstelle einer Telefunken- oder Philips-Röhre auszugeben, zumal wenn der Apparat laut Gebrauchsanweisung nur mit letzteren einwandfrei funktionierte. So hatten auch die Einzelhändler kein Interesse daran, sich eine dritte Marke auf Lager zu legen. Bei Tungsram-Röhren schienen die kleinsten Qualitätsmängel Kundenbeschwerden zu provozieren, weil das Vertrauen in die Marke fehlte. Auch das steigerte nicht die Bereitschaft der Händler, die Marke anzubieten. Der Verkauf lohnte sich für sie nur, wenn sie wesentlich mehr daran verdienten als an Telefunken- oder Philips-Röhren. Und überhaupt hatte der Verkauf ausländischer Waren im nationalsozialistischen Deutschland einen schweren Stand.[518]

Interessenverteidigung innerhalb des Kartells

Gegen die mächtigeren Partner konnte Tungsram eigene Interessen schwerer verteidigen als im Glühlampenkartell, in dem die große Zahl der Unternehmen flexible Interessenkoalitionen ermöglichte. Standen aber wichtige materielle Interessen von Philips oder Telefunken selbst auf dem Spiel, konnte Tungsram immerhin mit einem der beiden Unternehmen ad-hoc-Koalitionen bilden. Telefunken konnte technologisch und im Umsatz immer weniger mit Philips mithalten und war daher öfter auf einen Verbündeten angewiesen. Beispielsweise intervenierten Tungsram und Telefunken 1936 gemeinsam bei Philips gegen den Ausverkauf alter Radios in Norwegen, durch den dort die Preise verfielen.[519] Telefunken erstritt das Recht, Tungsram-Röhren in Ländern zu kaufen, in denen Philips, aber nicht Telefunken selbst produzierte oder in denen der Röhrenimport aus Deutschland quotiert war.[520]

Kundenservice war der Schlüssel, um nicht in die Zweitklassigkeit abzusinken. Tungsram gab z. B. eine sechsmonatige Garantie auf die eige-

---

518 MNL Z604_4_4 Andor Raab an Exportabteilung, Tungsram. Berlin, 8.11.1934.
519 DTMB Telefunken I.2.060C 7506/18011 Sverre Young Radio AB an Philips Oslo. Oslo, 19.09.1936 Mitteilung v. Dir. Holmwang, Oslo. Berlin, 26.09.1936, Telefunken an Philips. Berlin, 10.10.1936.
520 DTMB Telefunken I.2.060 C 2102/7089 Kauf von Telefunken-Röhren bei Tungsram. Interne Aufzeichnung, Telefunken, Berlin, 18.04.1935.

nen Röhren, noch bevor Philips und Telefunken auf die Idee kamen.[521] Am wirksamsten gegen Übergriffe der Marktführer war die Drohung, das Kartell zu verlassen und die Produktion ganz auf amerikanische Röhren umzustellen. Allerdings häuften sich gerade hier wegen der kurzen Personaldecke beim Kundendienst, der Forschung und der Werbung die Probleme bei Tungsram.

Das Röhrenkartell war zumindest ein Ausgangspunkt, von dem aus Tungsram durchaus Profite erzielen konnte, eine geschickte Geschäftsstrategie vorausgesetzt. Auf sogenannten »freien Märkten«, also in nicht zum Kartellgebiet gehörenden Ländern, musste sich Tungsram nicht an die Regeln halten, so in Frankreich oder Großbritannien. Tungsram konnte jedoch die eigenen Ziele nur dann erreichen, wenn das Bedrohungsszenario weiterbestand, das die Kartellbildung erzwungen hatte.

Zum einen durfte Tungsram die selbständige Entwicklung nicht zurückfahren, sondern musste unbedingt amerikanische und europäische Röhren gleichzeitig mit der Konkurrenz auf den Markt bringen. Dazu waren die Kontakte in die USA entscheidend: Nur wenn die Partner annehmen mussten, dass Tungsram mit amerikanischem Know-how Europa mit amerikanischen Röhren beliefern konnte, sahen sie sich gezwungen, die Kartellregeln einzuhalten. Zum anderen mussten die Hindernisse für ungarische Industrieexporte aus dem Weg geräumt, mehr ausländische Produktionsstätten aufgebaut und das Vertrauen der US-Investoren aufrechterhalten werden. So konnte das Röhrenkartell auch eine Plattform der Zusammenarbeit der kontinentaleuropäischen Röhrenproduzenten werden.

Tatsächlich arbeiteten die Kartellunternehmen gelegentlich auch außerhalb des Vertragsgebiets zusammen. Philips, Telefunken und Tungsram dehnten ihre Kooperation sowohl innerhalb als auch außerhalb des Gebiets auf das Apparategeschäft aus.[522] Philips und Tungsram trafen etwa im Geschäftsjahr 1936/37 eine Preisvereinbarung für Frankreich, an die sich im nächsten Jahr die beiden großen französischen Konstrukteure Mazda und Vissaux anschlossen.[523] Für Ungarn wurde 1936 eine mit hohen Überschrei-

---

521 MNL Z604_4_4 [Ing. Fehér], Audion, Reisebericht: Öst. Geschäft in Sende- und Grosskraftverstärkerröhren. Marktanalyse in Wien, 4–8.22.1937. Újpest, 23.02.1937; MNL Z604_5_4 Rücksprache mit Dir. Pollak [Philips-Vertretung – M.H.] und Dir. Holmwang [Sverre Young], Oslo, Febr. 1935. Aktennotiz, Tungsram, 21.02.1935.
522 DTMB Telefunken I.2.060 C 3398/3111 Telefunken an Dr. jur. Ivan Kresl, Telefunken/Philips/Kresl-Poolmanager in der Tschechoslowakei. Berlin, 30.11.1934.
523 MNL Z604_4_4 Reisebericht Frankreich o. A. [Ing. Fehér, Ende 1937].

tungsabgaben geschützte Marktaufteilung inklusive Regelung des Verkaufs von Radios zwischen Philips und Telefunken sowie Orion (Tungsram) und der Ungarischen Standard vereinbart.[524] Doch blieb auch für Philips und Telefunken der Zweck vorrangig, das Röhrengeschäft zu regeln.[525] Zweck des Röhrenkartells war darüber hinaus, die technologische Entwicklung zu dominieren und sich so die europäischen Röhren- und Apparatebauer unterzuordnen. Daher entschied sich auch die amerikanische Radiogruppe für eine Vereinbarung zwischen Philips (bzw. EMI und Marelli) und Tungsram.[526] Der Wevag-Vertrag (Philips-Telefunken) und der Ardenner Vertrag mit Tungsram regelten den Radioröhren- und zum Teil den Apparatemarkt für den Großteil des Globus. Die Vereinbarungen der amerikanischen Radiogruppe regelten ihrerseits weltweit die Beziehungen zu den größten Herstellern wie Philips und Telefunken, woran Tungsrams Lizenzverträge mit RCA bzw. IGEC geknüpft waren. Die Laufzeit der drei Vereinbarungsgruppen wurde einheitlich bis zum Geschäftsjahr 1945/46 festgelegt, was ihre starke Interdependenz zeigt.

3.5.5 Die elektrotechnische Industrie im ungarischen Außenhandel

Die Bedeutung des elektrotechnischen Exports bewies sich in seiner Krisenresistenz Anfang der 1930er Jahre und im Zuwachs an Tungsrams Lieferungen in Länder mit konvertibler Währung. Gegenläufig war die Tendenz bei den Starkstromapparaten und -anlagen, die kaum mehr in nennenswerter Größenordnung auf »entwickelten Märkten« abgesetzt wurden. Der Export an Telefon- und Telegrafenapparaten aus Tungsrams mechanischer Abteilung, dann der Ungarischen Standard AG, schrumpfte in den 1930ern nach Menge und Reichweite.

Der Anteil Ungarns an der weltweiten Ausfuhr von Elektrogütern erreichte ausgerechnet während der Weltwirtschaftskrise Rekordhöhen: 1929 0,7 %, 1933 2,2 %, 1937 1,7 %). Ungarn zählte 1931–1937 in neun importieren-

---

524 DTMB Telefunken I.2.060 C 3412/147 Orion-Standard/Philips-Telefunken Ung. Apparatekontingent 24/29.02,/29.4/9.06.1936 Konditionskartell. Budapester Protokoll 26.01.1939; Philips an Telefunken. Eindhoven, 24.02.1936.
525 DTMB Telefunken I.2.060 C 7653/23016 Klage Telefunken contra Philips [1937].
526 DTMB Telefunken I.2.060 C 2533/1142 Telefunken/Philips/IGE/RCA/Westinghouse und sg. Orgler-Verträge 22.07.1925, 8.06.1934, 11.05.1937, Memorandum of Agreement between Philips, IGEC/RCA/Westinghouse, 8.06.1934, Philips an RCA. Eindhoven, 26.06.1934 (S. 55–57).

den Ländern zu den acht größten Herkunftsländern wie in Frankreich 1937 Platz 7, Italien 1931-1937 Platz 5-7, Österreich 1931-1937 Platz 5-2). Die gute Platzierung in Deutschland, wie 1936 und 1937 Platz 2, war auf Tungsrams Kartellvereinbarungen und darauf zurückzuführen, dass die deutsche Industrie die Billigwarenproduzenten erfolgreich abwehrte. Ungarische Exporte nach Rumänien (1931-1937 Platz 3 oder 4) und Jugoslawien (ebenfalls Platz 3 oder 4) stiegen infolge der Poolverträge im Glühlampenkartell, aber auch bei Radioröhren und -geräten zählten diese Länder und Bulgarien zu Tungsrams Kernmärkten. Ganz & Co. trug zur positiven Bilanz vor allem mit Lieferungen von Wechselstromzählern auf die wiederbelebten alten Märkte in Italien (1936 Platz 5, 1937 Platz 7) und der Türkei (1937 Platz 5) bei.[527]

Im Verhältnis zur Bestandsaufnahme von 1898 behauptete sich die ungarische elektrotechnische Industrie in den folgenden Jahrzehnten erfolgreich auf dem Weltmarkt. In der Zwischenkriegszeit fand aber eine komplette Verschiebung der Exporte von Stark- zu Schwachstromartikeln, von Investitions- zu Konsumgütern und von Spezialwaren zu Massenartikeln statt.

3.5.6 Britisch-ungarische Kooperation bei der Vermarktung der Ganz-Jendrassik-Dieseltriebwagen

3.5.6.1 Die Dieseltechnologie

Obwohl Dieselmotoren bereits vor 1914 auf Bahnnebenlinien eingesetzt worden waren, verzögerten Konstruktionsprobleme ihre allgemeine Durchsetzung. Erst die 1930er Jahre brachten den endgültigen Durchbruch des Dieselbetriebs. Nach dem Erfolg des »Fliegenden Hamburgers« richtete die deutsche Reichsbahn seit 1933 zwischen Großstädten Verbindungen mit Dieseltriebwagen ein. Trotz einer großen Werbekampagne scheiterte deren weitere Verbreitung vorerst am Mangel eigener deutscher Ölreserven wie auch an fortbestehenden technischen Problemen.[528] Vor diesem Hintergrund ist zu klären, wieso trotz Liquiditätsproblemen der Firma und trotz fehlender ungarischer Ölvorkommen Ganz & Co. zu einem der Vorreiter der Dieseltechnologie im Bahnbetrieb werden konnte.

---

527 *Wirtschaftsgruppe Elektroindustrie*, S. 8-65.
528 *Dietz u. Jauch*, S. 20-24; *Gottwaldt*.

Die passive Handelsbilanz und die politischen Spannungen im Donauraum veranlassten Ungarn, Energieautarkie anzustreben. Die effizienteste stationäre Energieform war nach technischem Stand der 1920er Jahre die Elektrizität, für den nichtstationären Gebrauch der Verbrennungsmotor.[529] Da die Bahnen ein Fünftel der in Ungarn verbrauchten Kohle verfeuerten, war ihre Effizienz eine Schlüsselfrage der Energiewirtschaft.[530] Geringere Investitionskosten verschafften dem Dieselantrieb für Bahnen und Landwirtschaft Unterstützer und rechtfertigten sogar den Rohölimport. Außerdem wurden reiche Ölfelder in Ungarn vermutet, und die Revision der Trianon-Grenzen sollte bereits bekannte siebenbürgische Ölfelder an Ungarn zurückbringen.[531] Ungarn wurde von 1941 an tatsächlich Erdölexporteur.[532]

Die verkehrstechnische Erschließung innerer Randgebiete des Landes, die ihre primären Absatz- oder Beschaffungsmärkte durch die neuen Grenzen verloren hatten, war eine Voraussetzung für ihre wirtschaftliche Entwicklung. Der nur sporadische Personenverkehr verursachte gerade auf diesen Strecken besonders hohe Kosten. Straßenverkehrsentwicklung kam wegen der schwachen Kaufkraft und der Haushaltslimits nicht in Frage. Dagegen bot der Dieselbetrieb die kosteneffizienteste Lösung für das energiewirtschaftliche und verkehrstechnische Doppelproblem.

Ganz & Co. schuf in den 1920ern die Voraussetzungen für die Serienfertigung von Dieselmotoren[533] und ging mit den Ungarischen Staatsbahnen (MÁV) eine Partnerschaft zur Entwicklung von Dieseltriebwagen ein, gestützt auf die positiven Erfahrungen mit den leichten Schienenbussen, die von der privaten Donau-Sawe-Adria-Bahn genutzt wurden.[534] Die Triebwagen hatten selbst ein Passagierabteil und konnten weitere Wagen ziehen; sie verursachten auf den spärlich befahrenen Nebenstrecken nur einen Bruchteil der Betriebskosten des Dampfbetriebs. Sie konnten auch schlechtgewartete Gleise befahren, benötigten nur einen Fahrer, der zusätzlich Tickets

---

529 *Haidegger*, Energiewirtschaft Mitteleuropa, S. 38–39.
530 Die Ungarischen Staatsbahnen (MÁV) betrieben über 90 % des Schienennetzwerks. 1938 machte ihr Anteil am Gesamtkohleverbrauch des Landes bereits weniger als 17 % aus, die Privatbahnen verbrauchten weitere 0,41 %. *Márkus*, S. 141, *Hubert*, S. 99.
531 *Haidegger u. Sólyom*; *Haidegger*, Energiagazdálkodásunk; *Haidegger*, Energiewirtschaft Mitteleuropa.
532 *Magyar Iparügyi Minisztérium Iparpolitikai Osztálya*, S. 10.
533 *Gombás*, S. 148–149.
534 *Baránszky-Jób Imre u. Szondy*, S. 73.

verkaufte und die täglichen Kontrollen und Reparaturen ausführte. Die Beschaffungskosten amortisierten sich daher rasch.[535]

Die MÁV unterstützten die Entwicklung der Dieseltriebwagen durch Anforderung neuer Wagentypen für Personentransport, Post, gemischte Zwecke sowie regelmäßige Bestellung bewährter Typen. Die MÁV richteten vom Geschäftsjahr 1934/35 an zwischen Budapest und Wien Ostbahnhof (heute Südbahnhof) eine Non-Stop-Verbindung mit den Árpád-Dieseltriebwagen ein, die im regelmäßigen Betrieb die Entfernung in knapp drei Stunden zurücklegten.[536] Der Wartungs- und Reparaturdienst der MÁV, die auch die Fahrerausbildung übernahmen, wurde auch von ausländischen Bahngesellschaften studiert, selbst wenn beispielsweise die italienischen und französischen Bahngesellschaften ihren Bedarf bei den einheimischen Unternehmen Fiat und Renault deckten (Karte 4).[537] Durch wachsende Einnahmen aus dem Triebwagenexport gewann Ganz auch die Unterstützung der Politik. So wurden die Handelsabkommen zwischen Ungarn und den südamerikanischen Ländern neu verhandelt, und der Präsident der Ungarischen Notenbank intervenierte beim Präsidenten der Bank of England zur Vorfinanzierung der Triebwagenexporte auf dem Londoner Kapitalmarkt.[538]

Die Entwicklung der Dieseltechnologie bedeutete eine erfolgreiche technologische und organisatorische Anpassung an die territorialen und wirtschaftlichen Verhältnisse Ungarns und trug dazu bei, dass Ungarn 1936 nur noch 12% seines Energiebedarfs importieren musste, im Vergleich zu 40% im Jahr 1928.[539]

---

535 MNL Z425_33_118 Expozé a közlekedés problémája tárgyában [[An die jug. Regierung gerichtetes] Exposé zum Verkehrsproblem] [1937]; *Baránszky-Jób*.
536 *Gittinger*, S. 402.
537 *Zámor*, S. 343.
538 Aktengruppe MNL K69_623 Wirtschaftspolitische Abteilung, Außenministerium, Budapest; Bank of England Central Archive (BECA), OV 33/22 919/1 L. Baranyai, Ungarische Nationalbank an O. E. Niemeyer, Bank of England. Budapest, 20.06.1939 Ich danke Ágnes Pogány dafür, mir diese Dokumente zur Verfügung gestellt zu haben.
539 *Márkus*, S. 142–143; *Magyar Iparügyi Minisztérium Iparpolitikai Osztálya*, S. 5; *Haidegger*, Magyar energiagazdálkodás, S. 12–14, 24.

Karte 4: Der Dieseltriebwagenservice der Ungarischen Staatsbahnen 1934

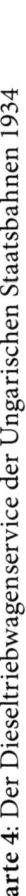

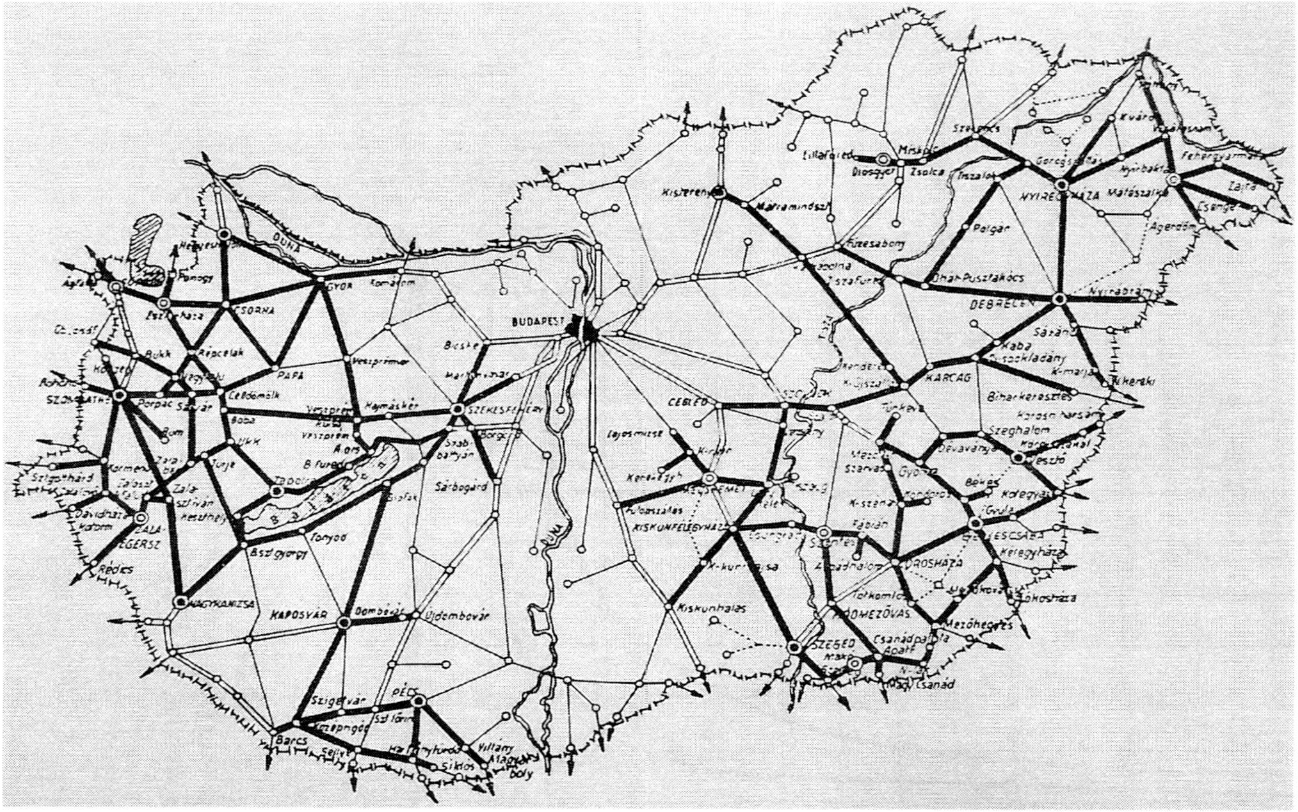

Quelle: *Baránszky-Jób u. a.*, S. 14. Auf den fett markierten Linien waren Ganz-Dieseltriebwagen in Betrieb. Größere Kreise kennzeichnen die Ortschaften mit Triebwagenzentren und -reparaturwerkstätten.

3.5.6.2 Britische Kooperation

Ganz brachte die Triebwagen zügig auf den Markt. Renommierte Firmen beispielsweise in Polen, Spanien, Österreich und Belgien bauten Ganz-Jendrassik-Motoren oder Triebwagen in Lizenz, wobei Ganz davon ausging, die technisch anspruchsvolleren Bauteile zu liefern. Damit die Ganz-Triebwagen vor der Konkurrenz Fuß fassen konnten, waren neben Qualität und zuverlässiger Lieferung gute Auslandsorganisation, politische Kontakte und Kapital zur Vorfinanzierung von Großprojekten erforderlich. Oft waren private britische Gesellschaften Eigentümer von Eisenbahnnetzen; daher initiierte Ganz Kooperationen gerade mit britischen Maschinenbauunternehmen, von denen man sich Unterstützung bei der Durchsetzung der Patentrechte und bei Produktionsverfahren erwartete.[540]

Das Abkommen mit den Maschinenbauern Metropolitan Vickers Electrial Co. Ltd. Manchester (Metrovick) und Metropolitan Camel Carriage and Wagon Co. Ltd. Birmingham (Metrocam) vom 30. April 1935 war eine Mischung aus Lizenz- und Kartellabsprachen.[541] Die britischen Partner durften überwiegend innerhalb des Empire und in den britisch dominierten Regionen sowie bei den britischen Eisenbahngesellschaften in mehreren Ländern Triebwagen auf Ganz-Jendrassik-Lizenz liefern (insg. 116.600 km von 1.360.000 km Streckenlänge der Welt). Ganz behielt die wichtigsten Märkte im Großteil von Kontinentaleuropa, im Nahen Osten sowie in den USA, Kanada und Japan und deren Kolonien, Dominien, Protektoraten und Mandatsgebieten (insg. 845.200 km Länge).[542] Der Rest der Welt, darunter Australien, Südafrika, Ägypten, Indien, Mittel- und Südamerika, die Türkei, Griechenland, Portugal, die Sowjetunion und China war Gemeinschaftsgebiet, in dem die Aufträge im Verhältnis 30:70 zugunsten der Briten aufzuteilen waren (ca. 282.200 km).[543] Die Lizenzgebühr betrug 5 % für den Motor und 4 % für die mechanische Kraftübertragung. Diese Partnerschaft kam gelegentlich anderen Sparten von Ganz zugute, um politische Ressentiments zu umschiffen. Z. B. machte Ganz aus politischen Rücksich-

---

540 MNL Z425_73_189 Vertrag »Metrovick«/»Metrocam«/Ganz & Co., 30.04.1935; MNL Z427_1_3 Ganz & Co., Patentabteilung, Memorandum zum Martinka-Patent 1923.
541 *Survey of international cartels and internal cartels*, S. 30.
542 MNL Z425_73_189 Megjegyzések [Bemerkungen], Ganz & Co., 19.10.1938; MNL Z425_33_118 Expozé a közlekedés problémája tárgyában [[An die jugoslawische Regierung gerichtete] Exposé betreffs Verkehr] [1937].
543 MNL Z425_73_189 Verteilung der Bahnlängen in km, [Budapest], 23.04.1935 [Agreement Self-Propelled Rail-Cars, Metrovick/Metrocam and Ganz & Co., 23.04.1935].

ten ein Angebot für die rumänische Bahnelektrifizierung gemeinsam mit den Briten.[544]

Die britischen Firmen verzögerten jedoch die Aufnahme der Triebwagenproduktion, obwohl Ganz sie 1937 bei allen Vorbereitungen unterstützte.[545] Erst Ganz' hohe Kontingentsüberschreitungen auf dem südamerikanischen Markt überzeugten die Partner von der Profitabilität des Geschäfts: Von 1935 bis Sommer 1939 lieferte Ganz in diese Region 204 Stück im Wert von 48 Millionen Pengő; Argentiniens Anteil im ungarischen Schnelltriebwagenexport stieg 1937–1938 von 48,6 auf 94,4 %.[546] Etwa zwei Drittel der im Sommer 1939 in Argentinien fahrenden Triebwagen stammten von Ganz & Co.[547] Die britischen Partner setzten 1938 durch, ein Kooperationsbüro in London einzurichten, in das sie Ganz' Triebwagen-Experten jederzeit einbestellen konnten.[548]

Ganz wollte verhindern, dass das lukrative Triebwagengeschäft weiter von der argentinischen Vertretung der General Electric betrieben wurde.[549] Ursprünglich hatte die Beteiligung der General Electric an Ganz den Weg auf diesen Markt gebahnt. Diese Form der Vermarktung war aber langfristig kaum haltbar, weil die Amerikaner bei elektrischen und mechanischen Eisenbahnwagen mit Ganz konkurrierten.[550] Um das Wohlwollen der General Electric aufrechtzuerhalten, schloss sich Ganz der neuen argentinischen Triebwagenvertretung der britischen Partner an, die nicht an General Electric gebunden waren.[551] Unterdessen streckte GESA die Kosten für die Wartung der Triebwagen in Argentinien und Uruguay für Metroganz vor, bis Ganz & Co. mit den britischen Partnern eine Vereinbarung zur Kos-

---

544 MNL Z420_1_1 Protokoll, Vorstandssitzungen Ganz & Co., Budapest, 4.02.1935 und 18.09.1936. Ohne den erhofften französischen Kredit an Rumänien verlief der Plan im Sand.
545 MNL Z425_23_75 Ganz & Co. an Dir. Lusk [Metrovick]. Budapest, 2.01.1937.
546 MSÉ UF 1938, S. 157; *Ladislaus*.
547 MNL Z425_66_73 Memorandum. Buenos Aires, 9.08.1939; *Zámor*, S. 27.
548 MNL Z425_73_189 Metrocam an Ganz & Co., London, 26.05.1938.
549 MNL Z425_66_73 Ferenc Klein an Percy S. Turner, Metrovick Export Co. Ltd., London. Buenos Aires, 16.01.1939, C.C. Batchelder, GESA an Ferenc Klein, Ganz & Co. Buenos Aires, 3.01.1939.
550 MNL Z425_66_73 Ferenc Klein an Pál Prager. Buenos Aires, 18.12.1938; MNL 426_6_47 Korrespondenz Ganz/IGEC India Ltd., Bombay. Vertretung v. Jendrassik-Motoren, 1931–1933.
551 Metrovick vereinbarte mit Westinghouse 1922 Patenttausch und Marktaufteilung. *Schröter*, Außenpolitik und Wirtschaftsinteresse, S. 524. GE habe »clandestinely aquired« Mehrheitsbesitz in Metrovick. *Hausman, Hertner u. Wilkins*, S. 170.

tenverteilung getroffen hatte.⁵⁵² General Electric standen von Ganz' Triebwagenlieferungen in Südamerika weiterhin 0,5 % des Werts zu, solange General Electric nicht eigene Triebwagen auf den Markt brachte.⁵⁵³

3.5.6.3 Motorisierung der argentinischen Bahnen

Während einer Studienreise durch Argentinien an der Jahreswende 1938/39 wurde sich der stellvertretende technische Generaldirektor von Ganz, Ferenc Klein klar darüber, dass das Triebwagengeschäft seiner Firma eine neue Wachstumsperspektive eröffnete.⁵⁵⁴ Die Eisenbahnen in Südamerika befanden sich in der Zwischenkriegszeit noch überwiegend in britischem Besitz. In Argentinien waren das 1939 24.000 von 42.000 km Gleisnetz, nur 18.000 km wurden von den Argentinischen Staatsbahnen (ASR) oder von französischen Gesellschaften betrieben.⁵⁵⁵ Die ausländischen Unternehmen bekamen jedoch zu verstehen, dass sie zu hohe Preise verlangten und keinen ausreichenden Service boten. Auch deswegen brachte Argentinien die Nationalisierung der Privatbahnen auf die Tagesordnung. Zudem verlangten die ASR von den Privatbahnen, bestimmte Strecken öfter zu befahren, oder sie leiteten den Verkehr durch günstigere Preise und kürzere Fahrtzeiten auf die eigenen Linien um.

Vor diesem Hintergrund erhielt das Triebwagengeschäft politische Bedeutung. Denn es ermöglichte den ASR, besseren Service zu bieten und sich auf die Seite der Fahrgäste zu stellen. Die ASR konnten auf der Strecke Buenos Aires–Rosario den Fahrpreis der privaten Central Argentine Railway (Carly) um die Hälfte unterbieten und mit den Ganz-Triebwagen immer noch Profit erwirtschaften, weil die Kosten im Vergleich zum Dampfbetrieb auf ein Fünftel sanken. Die Fahrtzeit reduzierte sich um fast die Hälfte.

---

552 MNL Z425_66_73 Ferenc Klein an Pál Prager, Ganz & Co. Buenos Aires, 12.07.1939.
553 MNL Z425_66_73 Ferenc Klein an Pál Prager. Buenos Aires, 18.12.1938 u. 11.06.1939, GESA an Ferenc Klein, Buenos Aires, 3.01.1939; MNL Z426_6_37 Feljegyzés a Metropolitain Railcars /Ganz Patents/ Ltd. alapításáról, [Aufzeichnung über die Gründung von Metropolitan Railcars /Ganz Patents/ Ltd] [Dir. Viktor] Hammersberg, Ganz & Co., Budapest, 31.05.1939. Für Uruguay zahlte Ganz an GE 5 %, aber keinen Anteil aus den Einnahmen aus dem Wartungsdienst. MNL Z426_7_57 Metroganz an Ganz & Co., Budapest. Buenos Aires, 7.05.1940.
554 MNL Z425_66_73 Ferenc Klein an Pál Prager. Buenos Aires, 9.01.1939.
555 MNL Z425_66_73 Ferenc Klein an Pál Prager. Telegramm, Buenos Aires, 13.05.1939.

Dieser Konkurrenzdruck zwang die ausländischen Bahnbetreiber, ihren Service zu verbessern und selbst Triebwagen zu kaufen.[556]

Ferenc Kleins Aufgabe bestand darin zu sondieren, wie seine Firma die Schranken umgehen könne, die sich aus der passiven Handelsbilanz Argentiniens ergaben: Buenos Aires forderte die Erhöhung des Direktimports und damit die völlige Neuorientierung des ungarischen Außenhandels, um die Einfuhrquoten für die Triebwagen zu erhöhen. Der von Klein gemeinsam mit dem Direktor der argentischen Vertretung der General Electric Beckwith ausgearbeitete Plan für die argentinische Bahnmotorisierung sah die schrittweise Einführung der Triebwagen im Nah- und Fernverkehr vor.[557]

Eine kleine argentinische Gesellschaft sollte die Wagen von Ganz & Co, Metrovick und Metrocam kaufen und sie den Bahnen vermieten oder per Ratenzahlung weiterverkaufen. Der Preis sollte durch lokale Produktion gedrückt werden.[558] Da kompliziertere Bauteile weiterhin aus Budapest kommen sollten, würde die ungarische Regierung dem Geschäft kein Hindernis entgegensetzen, zumal damit Devisen erwirtschaftet werden konnten. Die lokale Produktion der Wagen versprach mehr Beschäftigung für die ASR-Werke und stand im Einklang mit den Industrialisierungsplänen von Buenos Aires. Die Produktion im Land sollte sicherstellen, dass Argentinien selbst bei einem neuerlichen Weltkrieg die Motorisierung würde fortsetzen können.

Die Bedeutung des südamerikanischen Marktes für die Londoner City und die britisch-deutsche Konkurrenz[559] machten Hoffnung, weitere britische Investoren zu finden und ihnen günstige Exportkredite aufgrund des *Trade Facilities Act* zu beschaffen.[560] Nach Kriegsausbruch bestand die Erwartung, das Interesse der britischen Investoren an der Liquidierung ausländischer Beteiligungen mit den Nationalisierungsplänen der argentinischen Regierung in Einklang bringen zu können. Kapitalflucht aus Europa und der Bedarf der Kriegsparteien an Lebensmitteln und Rohstoffen

---

556 *Summerhill*; MNL Z425_66_73 Ferenc Klein an Pál Prager. Bariloche, 31.12.1938.
557 MNL Z425_66_73 Ferenc Klein, an Pál Prager, Ganz & Co., Buenos Aires, 5.05.1939.
558 MNL Z425_66_73 Ferenc Klein an Pál Prager, 23.08.1939 u. an Dir. Gaud, 23.08.1939 MNL Z425_73_189 Andor Stein an Metrovick, Trafford Park, Manchester. Budapest, 2.02.1937; MNL Z425_23_80 Korrespondenz von Dir. Andor Stein 1929–1943; *Haber*, S. 537–573.
559 Vgl. *Ebi; Wüstenhagen*, S. 87; MNL Z425_66_73 Ferenc Klein an Pál Prager, Ganz & Co. Buenos Aires, 18. u. 22.12.1938. Die ASR erteilte die Bestellung auf Rangierlokomotiven in der Tat an deutsche Produzenten. GE konkurrierte dabei gegen Ganz.
560 MNL Z425_66_73 Ferenc Klein an Pál Prager, Buenos Aires, 21.06. und 14.04.1939.

beschleunigte die Kapitalbildung in Argentinien.⁵⁶¹ Die zu erwartende Attacke durch das internationale Waggonkartell (AICMR) wollte Ganz dadurch abwehren, dass das Unternehmen das Kartell nur in Lieferungen der für den Fernverkehr herzustellenden Triebwagen einbezog, weil es in diesem Marktsegment noch keine Festpreise gab.⁵⁶²

An kreativen Ideen herrschte offensichtlich kein Mangel, wie Ganz & Co. die Kriegslage zu eigenen Gunsten nutzen konnte, um in Argentinien ins Geschäft zu kommen. Es ist der Frage nachzugehen, ob diese Ideen nur wegen des Kriegseintritts Ungarns nicht umgesetzt wurden oder ob ungelöste interne Probleme ihren Erfolg gefährdeten.

3.5.6.4 Experimentierfeld für die Vermarktung komplexer Produkte

Mit dem Dieseltriebwagen besaß Ganz & Co. ein Produkt, das dem Unternehmen anfangs Wettbewerbsvorteile verschaffte und für dessen Weiterentwicklung und Vermarktung Lateinamerika große Standortvorteile bot.⁵⁶³ Zu den ersteren zählten die verlässlichen Jendrassik-Motoren sowie die Erfahrungen der Triebwagenexperten von Ganz & Co. auf Märkten mit einer wenig entwickelten Infrastruktur wie beispielsweise Jugoslawien. Zu den letzteren zählten vor allem das Interesse der Argentinischen Staatsbahnen, ihren Fuhrpark zu motorisieren sowie die Möglichkeit, die Qualität und Effizienz des Triebwagenservice unter schwierigen klimatischen und geographischen Bedingungen unter Beweis zu stellen.

Gestützt auch auf Erfahrungen mit dem Vorstadtverkehr, die Ganz im Ballungsraum von Buenos Aires sammeln konnte,⁵⁶⁴ versuchte das Unternehmen, sich zum technischen Berater der ASR zu machen.⁵⁶⁵ Seine Vertreter vor Ort erstellten für die ASR wie auch private Gesellschaften Studien über bestimmten Bahnlinien. Die ASR unterstützten Ganz, indem sie Wagen für unterschiedliche Zwecke bestellten und bei Neuentwicklun-

---

561 MNL Z425_66_73 Ferenc Klein an Pál Prager, Ganz & Co. Buenos Aires, 4.12.1939.
562 *Survey of international cartels and internal cartels.*, S. 23–25; MNL Z425_66_73 [Die AICMR-Angelegenheit] Ferenc Klein an Pál Prager, Buenos Aires, 21.07.1939; MNL K69_602_1030 [Ganz und der deutsche Export] Ganz & Co. an Außenministerium, Wirtschaftspolitische Abteilung. 15.04.1939.
563 *Dunning, Eclectic paradigm*, S. 2–5.
564 MNL Z425_66_73 Ferenc Klein an Pál Prager, Ganz & Co. Montevideo, 28.03.1939 u. aus Bariloche, 31.12.1938.
565 Vgl. Mutz.

gen großzügige Lieferfristen gewährten. Argentinien wurde auf diese Weise zum Experimentierfeld für Ganz & Co., um Lösungen für die organisatorischen, technischen und politischen Schwierigkeiten bei der Einführung eines komplexen Produktes zu finden. Ganz & Co. konnte diesen Lernprozess vor Kriegseintritt Ungarns nicht beenden. Die Firma musste die Wagen an Klima und Geographie anpassen und Reparatur, Ersatzteillagerung und Personalschulung organisieren. Für diese komplexen Aufgaben hatte Ganz jedoch vor Ort zu wenig Personal.

Nach Kriegsausbruch war die Kommunikation zwischen Budapest und Buenos Aires erschwert. Hinzu traten Kompetenzstreitigkeiten zwischen Ferenc Klein und dem Konstruktionsbüro in Budapest, zunehmend auch zwischen Klein und György Jendrassik persönlich.[566] Beides zusammen führte zu strategischen Fehlentscheidungen. Ein Beispiel dafür war die Verbesserung der Klimaanlage. Klein wusste, wie wichtig eine leistungsfähige Klimaanlage im argentinischen Sommer war, und wollte die Entwicklungsleitung in Budapest übernehmen. Die Arbeit ging jedoch nur langsam voran, weil die Ingenieure durch vermeintlich wichtigere Fragen in Anspruch genommen wurden.[567] Damit setzte Ganz das Verhältnis zu den ASR aufs Spiel, und die Chance auf Bestellungen der Ägyptischen Staatsbahnen wurde wegen unzureichender Klimatisierung völlig verspielt.[568]

Klein erkannte ganz richtig das diesem Vorgang zugrundeliegende, aber nie korrigierte Problem von Ganz & Co. mit der globalen Vermarktung: Anscheinend marginale, aus Kundensicht jedoch zentrale Fragen wie die Klimaanlage wurden von Ganz sträflich vernachlässigt und kosteten die Firma Vertrauen.[569] Das spielte der US-amerikanischen Konkurrenz in die Hände, die sich nach Kriegsbeginn allmählich den südamerikanischen Triebwagenmarkt sicherte.

---

566 MNL Z425_66_73 Ferenc Klein an Pál Prager, Ganz & Co.. Montevideo, 14.03.1939.
567 MNL Z425_66_73 Ferenc Klein an Pál Prager, Buenos Aires, 18.01.1940.
568 MNL Z425_66_73 F. Klein an Pál Prager, Buenos Aires, 18.08.1938, Ferenc Klein an H. V. Gaud, Metrocam, London, Buenos Aires, 18.08.1938 und an Mr. Bissell [Metrovick], Buenos Aires, 19.08.1938, F. Klein an Pál Prager, Buenos Aires, 2[6].08.1939 u. 15.03.1940, S. 27.
569 MNL Z425_19_68 Ákos Perczel, Metroganz, an György Jendrassik, Ganz & Co., Buenos Aires, 15.12.1939; MNL Z425_66_73 F. Klein an Pál Prager, Ganz & Co. Buenos Aires, 30.12.1939, 4., 19. u. 22.03.1940.

4. Der Zweite Weltkrieg und die Übergangszeit

4.1 1938-1939: Ungarn und Deutschlands »Drang nach Osten«

Zwischen den Kriegen erstrebte die ungarische Außenpolitik die »Revision« der Trianon-Grenzen. So ergriff die ungarische Führung die vom deutschen »Drang nach Osten« eröffnete Chance, sich mit dem Ersten Wiener Schiedsspruch vom 2. November 1938 Gebietsteile der Slowakei zusprechen zu lassen, nachdem das Deutsche Reich sich bereits in den Besitz des sogenannten Sudetenlandes gebracht hatte. Der Wiener Schiedsspruch wurde von den Alliierten nicht anerkannt und verstärkte die Orientierung der ungarischen Außenpolitik auf Deutschland. Proportional zu der daraus erwachsenden politischen Abhängigkeit konnte sich Ungarn den zunehmenden deutschen Forderungen auf wirtschaftlichem Gebiet immer schwerer entziehen.

4.1.1 Internationale Kartelle als Schutz für den Heimatmarkt?

Eine von Siemens' Wirtschaftspolitischer Abteilung 1938 verfasste Studie über den südosteuropäischen Markt verdeutlicht die heikle Position der ungarischen elektrotechnischen Industrie am Vorabend des Krieges.[1] Diese vergleichsweise gut entwickelte Branche, die sechs Prozent der Industrieproduktion Ungarns erwirtschaftete und über innovative Unternehmen mit technologischer Unterstützung aus den USA verfügte, wurde von Siemens durchaus als Hürde bei dem Versuch gesehen, eine beherrschende Position in Ungarn zu gewinnen. In Rumänien, Bulgarien und Jugoslawien war es wesentlich einfacher, die deutsche »Großraumwirtschaft« vor dem und während des Zweiten Weltkriegs durchzusetzen. Unter diesem Schlagwort machte die deutsche Politik diese Länder ebenso wie Ungarn zum südosteuropäischen »Ergänzungsraum« des Deutschen Reiches, der Nahrungsmittel und industrielle Rohstoffe ins Reich zu liefern hatte.[2]

---

1 SCA 9345 B Nr. 2831 WpA [Wirtschaftspolitische Abteilung] [Studie über den südosteuropäischen Markt. Teil I.] Ungarn. Berlin-Siemensstadt, 8.08.1938.
2 *Sachse,* Planungsraum.

In den 1930er Jahren musste Ungarn zunehmend seinen Agrarexport nach Deutschland, in geringerem Umfang nach Italien richten. Im Rahmen der Clearingverrechnungen lagen Ungarns Erlöse zwar geringfügig über den Weltmarktpreisen, doch schmolz dieser Vorteil wegen der deutschen Devisenpolitik dahin, die die Clearingpartner zwang, nachteilige Währungskurse zu akzeptieren.[3] Zudem legte es die deutsche Politik darauf an, konvertible Devisenreserven zur Beschaffung strategischer Rohstoffe anzuhäufen und die deutschen Exportmärkte zu sichern. Da Ungarn Deutschland zum Abbau der Clearingschulden bewegen wollte, waren die Experten von Siemens zuversichtlich, bei den Verhandlungen mit dem ungarischen Industriellenbund weitreichende Zugeständnisse für die deutschen elektrotechnischen Unternehmen zu erreichen.

Der Industriellenbund versuchte zwar, die deutschen Exporte nach Ungarn mit der ungarischen Industriestruktur in Einklang zu bringen, d.h. Präzisions- und Werkzeugmaschinen zu erhalten und die unter Überkapazitäten leidenden Branchen wie den Maschinenbau zu schützen.[4] Die nicht zuletzt durch ihre Exportorientierung angreifbare Lage der Elektrobranche wird dadurch noch deutlicher, dass der deutsche Anteil am Import elektrotechnischer Waren 1938 bereits bei 73,8 Prozent lag, während Siemens allerdings bereits mit 90 Prozent rechnete; 1933 hatte er noch bei 43,9 Prozent gelegen, 1934 bei 26,5 %.[5]

Die Sondervereinbarungen über Glühlampen und Radioröhren waren eine Ausnahme in dieser deutsch-ungarischen Asymmetrie: Die Regulierung des bilateralen Handels wurde in diesen Bereichen stets den betreffenden internationalen Kartellen überlassen. Diese ermöglichten Tungsram, seine Monopolstellung auf dem Binnenmarkt zu halten.[6] Die dahinter stehenden Motive der deutschen Leitunternehmen wurden bereits ausführlich erläutert.

Nach dem »Anschluss« Österreichs wurden Tempo und Ausmaß der Übernahme von Marktanteilen österreichischer Konkurrenten durch deut-

---

3 *Pogány*, Deviza- és árfolyampolitika.
4 MNL K69_691 Protokoll, gemeinsame Tagung des Ungarischen und des Deutschen Regierungsausschusses, Berlin, 27.01.–4.02.1938, ähnlich 1936, 1937.
5 SCA 9345 Siemens, Wirtschaftspolitische Abteilung: Ungarn [Berlin, 1938], S. 26, 28; *Wirtschaftsgruppe Elektroindustrie*, S. 54–55; *Magyarország 1934. évi külkereskedelmi forgalma*, S. 325–326.
6 MNL K69_691 Protokoll, gemeinsame Tagung des Ung. und des Dt. Regierungsausschusses, Berlin 27.01.–4.02.1938, Berlin, ähnlich 1936 und 1937.

sche Firmen aus politischen Rücksichten etwas gedrosselt.[7] Internationale Kartelle gewährten dabei österreichischen Firmen einen gewissen Schutz, etwa indem sie diesen ermöglichten, die Übernahme zu verzögern und ihre Bedingungen auszuhandeln. Dennoch lief die Eingliederung Österreichs in den deutschen Binnenmarkt darauf hinaus, Osrams Marktanteil im Rahmen von Phoebus von 51 auf 77 % wachsen zu lassen. Man setzte sich dabei über Tungsrams Wunsch hinweg, den österreichischen Marktanteil am Gesamtverbrauch des Reiches entsprechend der Relation der beiden Länder in der Basisperiode oder während der ganzen Phoebus-Dauer festzuschreiben oder aufgrund der Umsatzentwicklung in den letzten Monaten vor dem Anschluss in Österreich bei 7,1 % festzulegen.[8] Osram wollte 5,4 % erreichen.[9] Der Kompromiss lag bei 5,75 %.[10] Dadurch verhinderte Osram, dass Tungsram gemäß dem eigenen Marktanteil in Österreich (48,62 %, in Deutschland nur 6,71 %)[11] eine substantielle Umsatzentwicklung auf dem großdeutschen Markt garantiert wurde. Gleichwohl bedeutete diese Vereinbarung, dass Tungsram seinen Anteil in Österreich behaupten konnte.

Dagegen war Tungsrams Position auf dem österreichischen Rundfunkapparatemarkt schwächer. Während die »Arisierung« des Vorstands der Johann Kremenezky (Watt) AG Wien wie auch ihrer Muttergesellschaft Tungsram verhinderte, dass die Firma von der deutschen Verwaltung als jüdisches Eigentum übernommen wurde, arbeitete Kremenezky bereitwillig mit Telefunken bei der Reorganisation der österreichischen Radioindustrie nach deutschen Wünschen zusammen. Philips mit drei kleineren Werken in Österreich löste größere Besorgnisse aus, wenn wir den Telefunken-Berichten folgen.[12]

---

7 LAB A Rep. 231 Nr. 82 o. A., Original an Geheimrat Schlüpmann. Informationen, die der Autor in der Beirats-Sitzung der Wirtschaftsgruppe Elektroindustrie beiläufig über Verhandlungen der österreichischen und deutschen Radioindustrie mitbekam. [Berlin], 4.04.1938.
8 MNL Z609_19_28 Dr. N[eményi], 64-Exe.Com.-9: Austria-Germany-Combining of, Újpest, 25.04.1938 [vorbereitende Dokumentation für die Verhandlung im Phoebus Exe.-Com.].
9 MNL Z609_144_91 Vereinigung Österreichs mit Deutschland, Osram an [Kartellabteilung], Tungsram. Berlin, 26.10.1938; LAB A Rep. 231 Nr. 82 Arbeitskreis Osram-Pintsch Blatt 3: Marktsituation in Österreich.
10 MNL Z609_19_28 Calculation of the new quotas of the individual parties for Germany (incl. Austria) valid from 1.07.1938 (25th Phoebus General Meeting Agenda, Lucerne, 21.06.1939)
11 MNL Z609_144_91 Kartellabteilung, Tungsram an Osram. Újpest, 11.04.1938.
12 LAB A Rep. 231 Nr. 82 Arbeitskreis: Osram-Pintsch, Blatt 3: Marktsituation in Österreich.

Die unterschiedliche Verhaltensweise von Philips und Tungsram-Kremenezky auf dem österreichischen Radiomarkt war auf zwei Faktoren zurückzuführen. Erstens waren Tungsrams Exporte im Gegensatz zu Philips' viel stärker auf Europa konzentriert, und alle Produktionsstätten befanden sich im Machtbereich der Wehrmacht; nur die britische Filiale war deren Zugriff entzogen. Zweitens wurde Tungsram dadurch immer angreifbarer, dass die ungarische Regierung dem deutschen Beispiel folgte und die jüdische Bevölkerung gesetzlich immer stärker repressierte. Obwohl die Vorstände von Tungsram Újpest und Kremenezky Wien nur noch aus »Ariern« bestanden, blieb es ein offenes Geheimnis, dass das Unternehmen jüdische Aktionäre hatte und jüdische Manager beschäftigte. 34,5% der insgesamt 589 technischen und kommerziellen Angestellten von Tungsram Újpest hatten 1935 zur jüdischen Glaubensgemeinschaft gehört, ferner neun der vierzehn Direktoren und Betriebsleiter.[13] Diese Umstände stellten für Osram sicher, dass die Aktien von Kremenezky Wien nicht an Tungsrams westliche Partner verkauft werden würden, es sei denn über die österreichische Kontrollbank für Industrie und Handel.[14] Tungsram musste einwilligen, dass die aus der Kremenezky-Fabrik auf Tungsrams Röhrenquote nach Deutschland für Erstbestückung durch Telefunken vertrieben wurden.[15]

4.1.2 Folgen der ungarischen Diskriminierungsgesetze

Tungsram richtete auf zwei Wegen eine Petition an das ungarische Parlament, nämlich im eigenen Namen und über Vermittlung des Industriellenbundes, um zu verhindern, dass die diskriminierenden Gesetze in Kraft traten, die u. a. den Anteil jüdischer Mitarbeiter in den Unternehmen zunächst auf zwölf, dann auf sechs Prozent herabsetzten.[16] Tungsram betonte dabei die Bedeutung persönlicher Verbindungen und Erfahrungen im Umgang mit der komplizierten Materie, wie sie für internationale Kar-

---

13 MNL Z42_20 L. Aschner an Philipp Weiss, Präsident, PMKB, 30.11.1935.
14 LAB A Rep. 231 Nr. 82 Aktennotiz. Kremenezky, Wien an Geheimrat Schlüpmann, Dr. Mey, Waaser und Brocke. Berlin, 11.11.1938.
15 Aufgrund der Philips-Telefunken-Vereinbarung vom 27.01.1939 und des Telefunken-Tungsram-Vertrags vom 15.08.1939. DTMB Telefunken I.2.060 C 7263/18172 Abmachung zwischen Telefunken, Philips und Tungsram, 14.11.1940.
16 MNL Z601_23_167 [L. Aschner] an Parlamentsabgeordneten Dr. János Makkai, 11.03.1939; [L. Aschner] an MGYOSZ, 4.01.1939.

telle charakteristisch sei. Diese seien das wichtigste Mittel für den Zugang zu Exportmärkten und die Erwirtschaftung von Devisen. Die Petition hatte keinen Erfolg; lediglich die Umsetzungsfrist wurde verlängert. Allerdings tolerierte die Regierung weithin die Umgehung des Gesetzes. So erhielt Tungsrams nichtjüdisches Leitungspersonal höhere Gehälter, um jüdische Mitarbeiter halten zu können, und Vorstandsmitglieder wurden zwischen den Tochterfirmen versetzt, um sicherzustellen, dass der Anteil von Juden auf die vorgeschriebenen zwölf Prozent sank. Ähnlich wurde das Problem bei Ganz & Co. gehandhabt.

Ganz & Co. kämpfte selbst rückwirkend mit den Folgen der ungarischen und österreichischen Diskriminierungsgesetze. Die an amerikanische Kreditgeber verkaufte Österreichische Ganz GmbH wurde auf Wunsch der Gläubiger unter gleichem Firmennamen weitergeführt, um vom Ruf der Ganz-Gesellschaft zu profitieren. Dass jedoch die Firma trotz der Verschärfung der Diskriminierungsgesetze weiterhin von drei Budapester Direktoren geleitet wurde, darunter zwei jüdischen, muss zum Teil dem geringen Wert der österreichischen Ganz für Goldmann Sachs, Leiter des Kreditkonsortiums, geschuldet gewesen sein. Immerhin brachte Ganz' juristische Abteilung 1938 viele Stunden dafür auf zu beweisen, dass die Österreichische Ganz GmbH seit Januar 1936 in amerikanischem Besitz war, damit die Firma nicht die finanziellen Konsequenzen der Diskriminierungsgesetze tragen musste.[17]

Eine andere Folge der ungarischen antijüdischen Gesetzgebung war, dass entlassene jüdische Ingenieure bei randständigen Unternehmen Anstellung fanden, was die oligopolistische Aufteilung des ungarischen Radiomarktes zwischen Tungsram, Philips, Standard und Telefunken durcheinanderzubringen drohte. In der Befürchtung, dass Tungsram im Röhrenkartell bei weiteren Turbulenzen auf dem Binnenmarkt noch stärker unter Druck geraten würde, intervenierte Tungsram mithilfe des renommierten Professor Bay, Leiter des Forschungslabors und Sohn eines protestantischen Pfarrers, bei der Regierung, die Geschäftsaktivitäten dieser kleinen Unternehmen einzuschränken. Sogar ein gemeinsamer Vorstoß mit Philips wurde in Erwägung gezogen, um die Regierung dazu zu bringen, die Radioindustrie für geschlossen zu erklären, d. h. keine weiteren Unternehmensgründungen

---

17 MNL Z432_7_40 Aktengruppe Ganz & Co. Devisenabteilung, Das Kredit von Goldmann, Sachs & Co; MNL Z426_8_60 Ganz & Co., Hauptabteilung, Aufzeichnung, an Kux, Bloch und Co. in Liquidation, Wien. Budapest, 10.01.1941.

zuzulassen.¹⁸ Die Zugehörigkeit zu internationalen Kartellen führte also dazu, dass gleichzeitig zwei offenkundig entgegengesetzte Wege beschritten wurden, um Einfluss auf die antijüdische Gesetzgebung zu nehmen.

Nach eigenem Bekunden sah sich Tungsram als nach ungarischem Recht »jüdische« Firma verstärkt dem Konkurrenzdruck von Osram und Telefunken in den von Deutschland besetzten und mit Deutschland befreundeten Ländern ausgesetzt. Darüber hinaus sprach Osram bei Kartellverhandlungen unverhohlene Drohungen gegen leitende Angestellte von Tungsram aus.¹⁹ Nur die Arisierung schien einen gewissen Schutz zu bieten: So durfte Tungsram Berlin Mitglied der »Wirtschaftsgruppe Elektroindustrie« (WGEI) bleiben und die Tätigkeit fortsetzen, weil bis zum Oktober 1938 diese Filiale formal in das Eigentum der Tungsram-Tochter Glasfabrik Tokod in Ungarn überführt worden war.²⁰

4.1.3 Kriegsvorbereitungen

Kriegsvorbereitungen stützten sich auf die im Ersten Weltkrieg gewonnenen Erfahrungen. So gründete die Ungarische Allgemeine Kreditbank eine kleine Gesellschaft in der Schweiz, die Miles AG, Zürich, um Einnahmen aus Exporten zu deponieren und konvertierbare Fremdwährung zu verstecken.²¹ Abgesehen von Triebwagen und Elektroexport war Ganz & Co. in der Zwischenkriegszeit jedoch derartig abhängig vom Binnenmarkt geworden, und Rüstungslieferungen im Umsatz des Unternehmens waren so schnell gewachsen, dass die Geschäftsleitung ihre Interessenwahrung auf ausländischen Märkten im wesentlichen darauf reduzierte, ein Grundgerüst für die Rückkehr zur Normalität nach dem Krieg aufrechtzuerhalten.²² Als die Auslands-

---

18 MNL Z603_44_97 Feljegyzés (Vezérig. úrnak.) [Aufzeichnung (an Gen.-Dir. [Aschner]): Besprechung von Prof. Bay mit Dir. Fodor]. [Tungsram, Újpest, Herbst 1939]
19 DTMB Telefunken I.2.060 C 7310/18218 Arbeitsnotizen zur Philips-Replik: 2. Ergänzung zu Ziffer 2. NS-Herrschaftstheorie, S. 2.
20 MNL Z601_236_946 Tungsram an die Ungarische Nationalbank. Újpest, [Ende Oktober 1938], Ebd Tungsram an die PMKB. Újpest, 10.11.1944.
21 MNL Z425_33_126 Vertrauliche Aufzeichnung über direkte Zahlungen, ausgeführt durch Pierson & Co., Niederlande. Dir. Károly Odescalchi an Sekretariat, Ganz & Co., Budapest, 10.05.1940. Vgl. *Pogány,* Business partner, S. 24.
22 MNL Z426_9 Hauptabt., Ganz & Co. an Präsident Urbanic, Kroatische Allg. Creditbank, Zagreb. Budapest, 15.08.1942; Jug. Ganz AG an Ganz Budapest. Beograd, 10.10.1923 und 2.09.1942.

filialen immer weniger von Budapest beliefert wurden und mit wachsendem Verlust arbeiteten, wurde ihre Liquidation eingeleitet.[23]

Die Tungsram-Geschäftsführung sah in der niederländischen Neutralität im Weltkrieg den Grund dafür, dass sich Philips dem Club der elektrotechnischen Weltmarktführer hatte anschließen können. Philips übernahm zum Großteil die Absatzmärkte europäischer Hersteller in Übersee. Von einer Position außerhalb kriegswirtschaftlicher Zwänge war Philips auch in der Lage, Kapital und Personal für die Investition in die Entwicklung der Radiotechnologie für den zivilen Gebrauch abzustellen.[24] Aschners Einsatz für Forschungsinvestitionen verschaffte Tungsram das größte industrielle Forschungslabor im Ungarn der Zwischenkriegszeit; er war sich also im Klaren darüber, worin die Voraussetzungen für Philips' Markterfolg bestanden. Solange Ungarn nach dem deutschen Einmarsch in die Niederlande 1940 neutral blieb, erhoffte Tungsram mit der kurz zuvor erfolgten Markteinführung der Kryptonlampe eine einzigartige Expansionschance nach dem Vorbild von Philips, vorausgesetzt, Tungsrams Produktionskapazität blieb erhalten, Lieferwege blieben offen, und es gab keine lokalen Produzenten, die die Marktlücke besetzen konnten.

Tungrams Vorbereitungen auf den Krieg konzentrierten sich darauf, den Zugang zu den Absatzmärkten zu sichern und auf der Höhe der Technik zu bleiben. Zu diesem Zweck sicherte sich Tungsram das Wohlwollen der IGEC, indem man Anfang 1939 die Lizenzgebühren einschließlich Zinsen für den gesamten Zeitraum des erneuerten Lizenzvertrags entrichtete, also bis Juni 1955.[25] Tatsächlich ging auch nach Kriegsbeginn der Technologieaustausch zwischen New York und Újpest in begrenztem Umfang und auf Umwegen weiter. Allerdings galt dies nicht für den militärisch sensiblen Bereich der Radiotechnik, bei der der Austausch schon vor der ungarischen Kriegserklärung an die Vereinigten Staaten am 11. Dezember 1941 zurückgefahren wurde.[26]

Mit Blick auf die angespannte internationale Lage hielt Tungsram 1938 Anteile von den Exporteinnahmen mittels Gründung ausländischer Tochtergesellschaften zurück oder bildete durch Erhöhung des Stammkapitals

---

23 MNL Z426_14 Ganz-képviseletek adatai. [Daten über Ganz-Vertretungen] Budapest, 18.04.1942.
24 Erker, S. 247.
25 MNL Z601_42_196 IGEC an L. Aschner, Tungsram. Paris, 7.03.1939.
26 Siehe etwa die Verlängerung des Patents und der Lizenzvereinbarung mit Telefunken. MNL Z603_9_30 Ld/E. Audionabteilung, Tungsram, an Mr. W. C. Duncan, IGEC, New York. Újpest, 18.10.1941.

Rücklagen in Westeuropa.²⁷ Um der Sequestrierung und Verstaatlichung von »Feindeigentum« wie während und nach dem Ersten Weltkrieg zu entgehen, veranlasste Aschner, das Eigentum an den meisten Tungsram-Tochtergesellschaften in Europa 1938 einer Schweizer Holding, der *S. A. Participations industrielles et valeurs* Glarus (SAPIV) zu überschreiben.²⁸ 1939 führten Gerüchte über eine bevorstehende deutsche Invasion der Schweiz dazu, dass die SAPIV weiter an eine mit Hilfe von General Electric in London gegründete Holding überschrieben wurde. Zwei Amerikaner von der IGEC und ein Brite von English Electric Ltd. bildeten den Vorstand dieses neuen Unternehmens, das unter dem Namen *International and Electrical Engineering Trust Ltd.* firmierte.²⁹

Während des Krieges wurden alle Anträge auf Patenterteilung und -verlängerung namens Tungsram Zürich eingereicht, um die Rückverfolgung des Eigentums an der Britischen Tungsram-Tochter zu erschweren.³⁰ Einer weiteren schweizerischen Tarngesellschaft, der Neufina AG, wurde 1937 die Verwaltung der fünfzigprozentigen Beteiligung von Tungsram Zürich an der Tungsram GmbH Berlin anvertraut. Bei Kriegsende befanden sich die Aktien der Tungsram-Töchter erneut im Besitz der SAPIV.³¹ Eine dritte kleine Gesellschaft, die Beveral AG Glarus, war namentlich Lizenzgeber für die Glühlampenfabrik in Tilburg sowie für Tungsram Bukarest und Bratislava.³²

Darüber hinaus deponierte Tungsram vermutlich noch vor 1938 ein Aktienpaket im Namen von Tungsram Zürich bei der Schweizerischen Bankgesellschaft als Treuhänder. Dieses Aktienpaket setzte sich aus den 42.000 Aktien zusammen, die bei der Kremenezky-Transaktion 1931 emittiert worden waren, weiters aus den 35.106 Stück, die Tungsram von der Niederöster-

---

27 MNL Z601_138_690 MNB an Tungsram. Budapest, 1939.
28 MNL Z601_301_1076 Dir. L[azar] Grod, Tungsram Zürich, an L. Aschner, Genf. Zürich, 24.09.1945.
29 Vertreter der PMKB halfen die Modalitäten der Treuhand-Konstruktion auszuarbeiten. MNL Z601_42_196 L. Aschner an Clark H. Minor, President, IGEC, New York. Újpest, 1.03.1940; PIL 274_12_98 [Ferenc] Tarján, Híradástechnikai Igazgatóság, Feljegyzés az Egyesült Izzó külföldi fiókhálózatának helyzetéről. [Aufzeichnung über die Situation des auländischen Filialennetzwerks von Tungsram]. Budapest, 2.05.1948.
30 MNL Z601_260_1020 Dr. N[eményi], Tungsram, an [Dir.] Ing. L.[azar] Grod, Zürich. Újpest, 9.09.1941.
31 MNL Z601_301_1076 Dir. L[azar] Grod, Tungsram Zürich, an L[eopold] Aschner, Genf. Zürich, 24.09.1945 MNL Z601_260_301 [Dir. Neményi], Tungsram an Dir. Max Deimel, Dir. Tungsram Zürich, Újpest, 20.06.1941.
32 MNL Z601_236_946 Dir. Erich Überlmeyer, Tungsram Berlin, an Dir. Leo Fischmann, Tungsram. Berlin, 24.09.1938.

reichischen Escompte zurückgekauft hatte und sich zuvor mehrheitlich im Besitz der VEAG befunden hatten. Dieses Paket entsprach etwa 38 % des Aktienkapitals von Tungsram.[33] Die Befürchtungen wegen der in schweizerischer Verwaltung befindlichen Aktien waren durchaus berechtigt; denn Osram sicherte sich ein Kaufrecht an diesen Tungsram-Aktien sowie an den im Besitz von Tungsram Zürich befindlichen, ebenfalls bei der Schweizerischen Bankgesellschaft deponierten weiteren 3.000 Tungsram-Aktien.[34]

Dass sind nur einige der Maßnahmen, die ungarische Unternehmen im In- und Ausland trafen, um die Folgen der Gesetzgebung ihrer Regierung für jüdischen Besitz und Einkommen abzufedern; sie ähnelten denen deutscher Unternehmen.[35] Doch noch zur Zeit von Ungarns Neutralität wurde die Abwicklung von Geschäften mit den Gegnern der Achsenmächte immer schwieriger.

4.2 Ungarns prekäre Neutralität 1939-1941

4.2.1 Eine ephemere Chance für den ungarischen Export

Bis zur Kriegserklärung an die Sowjetunion am 26. Juni 1941 blieb Ungarn formal neutral. Dennoch setzte bereits in diesem Zeitraum Budapest in zwei Fällen militärische Mittel ein. Schon im März 1939 okkupierten ungarische Truppen das gesamte Karpatenland, also einen größeren Teil von einst zu Ungarn gehörenden Territorien, als ihm im Zweiten Wiener Schiedsspruch zugesprochen worden waren. Damit ging Ungarn über die Forderung hinaus, mehrheitlich von Magyaren bewohnte Gebiete rückzugliedern. Im April 1941 machte Ungarn im Kielwasser des deutschen Angriffs ebenfalls militärisch Gebietsansprüche gegenüber Jugoslawien geltend.[36]

Solange Ungarn neutral blieb, bot der Krieg Ganz und Tungsram die Chance, in die Lücke vorzustoßen, die die nicht mehr lieferfähigen Konkurrenzunternehmen hinterlassen hatten. Sie konnten davon jedoch nur profitieren, wenn sie ihre Kapazitäten möglichst für den Zivilbedarf nutzten.

---

33 MNL Z601_260_1020 Gen.-Dir. D. Jankovich an Dir. L. Grod, Tungsram, Zürich. Újpest, 3.05.1946.
34 SCA 8414 Siemens, Wernerwerk an H. Jessen und Dir. von Buol, S&H. Berlin, 21.04.1942.
35 Kobrak u. Wüstenhagen.
36 Ungváry, S. 37–38.

Da der Gebietskonflikt zwischen Ungarn und Rumänien durch den Zweiten Wiener Schiedspruch nicht gelöst worden war, lancierte die ungarische Regierung 1938 ein Wiederbewaffnungsprogramm in Höhe von einer Milliarde Pengő. Die Dimensionen dieses Rüstungsprogramms werden im Vergleich zur Gesamtproduktion der Industrie von 2,95 Milliarden Pengő im Jahre 1937 deutlich.[37] 40 % der für das Programm aufgebrachten Summe wurde in die Entwicklung der Verkehrsinfrastruktur und die Energieversorgung investiert. Ganz Elektro erhielt daher den größten Einzelauftrag während des Kriegs, die Errichtung des Großkraftwerks in der Matraregion (Nordungarn). Das in zwei Jahren durchgeführte Programm reichte allerdings bei weitem nicht aus, die gewaltigen Ausstattungsdefizite der ungarischen Armee zu beheben, etwa genügend Fahrzeuge für den modernen Bewegungskrieg bereitzustellen, zumal Ungarn keine eigene Kfz-Produktion besaß und 1938 gerade einmal über 3800 Lkws verfügte.

Durch die Rüstungsinvestitionen schnellte die Industrieproduktion von 1938 bis Jahresmitte 1940 um 33 % nach oben; in Erwartung eines raschen Kriegsendes fuhr die Regierung dann allerdings ihre Bestellungen für das Militär zurück.[38] Kommissionsaufträge der deutschen Wehrmacht konnten die beginnende Stagnation teilweise abwenden.[39] Andere Einsatzmöglichkeiten für die ungarischen Überkapazitäten bot die Wiederaufnahme von Handelsbeziehungen mit der Sowjetunion. Die UdSSR versuchte, Ungarn vom Eintritt in den Krieg auf deutscher Seite mit dem Angebot abzuhalten, die Handelsbeziehungen wieder herzustellen. Ungarn hätte den sowjetischen Markt mit Gütern beliefern können, die zuvor von den baltischen Staaten zur Verfügung gestellt worden waren.[40] Das Horthy-Regime hatte vor allem aus ideologischen Gründen keine Beziehungen mit der UdSSR unterhalten. Jetzt konnte es jedoch diese Politik nicht mehr fortsetzen, weil die Sowjetunion über kriegswichtige Rohstoffe verfügte und auch als Exportmarkt attraktiv war. Ungarische Industrielle hatten seit den frühen 1920er Jahren für diese Option geworben und kamen jetzt zum Zuge: Koordiniert von der Kreditbank und der PMKB, wurden rasch Verhand-

---

37 *Magyar statisztikai évkönyv 1938*, S. 137.
38 MNL Z58_7_6 [Bericht über das Ergebnis der Enquête-artigen Studie zur Umstellung der ungarischen Wirtschaft auf die Friedensproduktion] Wirtschaftspol. Abt., kgl. Ung. Ministerpräsidialamt an Tihamér Fabinyi, Minister und Präsident-Generaldirektor MÁH. Budapest, 5.01.1940.
39 *Dombrády*, S. 7–15.
40 MNL Z604_7_9 Dr. Walder, Exportabteilung, Tungsram: Jegyzet oroszországi exportunkról. [Notiz über unseren Export nach Russland.] Újpest, 7.02.1941.

lungen über große Ex und Importaufträge aufgenommen, wobei Tungsram sowie Ganz & Co. unter den ersten Firmen waren, die bis Anfang 1941 umfassende Angebote an die Sowjetunion richteten. Abgesehen von einigen wenigen Lieferungen wie etwa einer Anzahl von Ganz-Kleinmotoren[41] wurde jedoch von den hochfliegenden Plänen nichts umgesetzt, weil sich Ungarn im Juni 1941 aufgrund einer persönlichen Entscheidung Horthys, also ohne parlamentarische Zustimmung, dem deutschen Überfall auf die Sowjetunion anschloss.

Anfang des Krieges schien also eine ausreichende Produktionskapazität zur Verfügung zu stehen, um Exportmärkte besser zu bedienen. Nicht nur der zeitweilige Rückgang öffentlicher Aufträge, sondern auch die Notwendigkeit, Rohstoff- und Währungsreserven zu bilden, eröffnete für ungarische Exporteure eine Chance, in den ersten Kriegsjahren ihre Absatzmärkte zu erweitern. Mit der Intensivierung der zentralen Koordination des Außenhandels und der Währungskontrolle, die bereits in Reaktion auf die Weltwirtschaftskrise eingeführt worden waren, begann jedoch der Aufbau von Ungarns Kriegswirtschaft noch vor Kriegsbeginn: Bereits Anfang 1939 ließ sich die Regierung befugen, zu diesem Zweck kriegswichtige Fabriken unter Militärverwaltung zu stellen. Am 1. September 1939 befand sich Ganz & Co. unter den ersten Unternehmen, auf die diese Vollmacht angewendet wurde.

4.2.2 Internationale Kartelle: Business as usual?

Wie das internationale Waggonkartell[42] oder das Glühlampenkartell demonstrieren, wollten die Leitunternehmen nicht von vornherein die Kartellierung aufgeben, da sie ein Interesse daran hatten, die transatlantischen Geschäftskontakte und die Spielregeln der Marktbearbeitung und -kontrolle aufrechtzuerhalten. Erst als sich der Krieg in die Länge zog und die Profitchancen auf einem ungeregelten Markt wachsen ließ, lösten sich die Vorkriegskartelle auf.

So erklärten charakteristischerweise Tungsram und Telefunken noch Ende 1939, die Radioröhren-Vereinbarung von 1934 sei durch den Krieg nur in den Überseemärkten und möglicherweise in der Türkei und den balti-

---

41 MNL Z58_45_159 und Z58_46_159 [Buchungsabteilung, Ganz & Co.], Külföldről beérkezett megrendelések [Bestellungen an Ganz & Co. vom Ausland] Budapest, 1939–1944.
42 *Survey of international cartels and internal cartels*, S. 26–27.

schen Staaten in Frage gestellt.[43] Die Kontakte in die USA wurden in der Tat nicht abgebrochen. Die Fortsetzung der Baulizenzen der ungarischen Telefunken-Lizenznehmer wie Kremenezky Budapest (Tungsram) ging auf die Vereinbarung zwischen Telefunken und der ISEC vom Januar 1941 zurück, ihre Marktabsprachen bis zum 31. Juli 1941 zu verlängern.[44] Osrams Lieferquoten im Glühlampenkartell nach Übersee konnten nur durch die dortigen General-Electric-Fabriken erfüllt werden, welche die Osram-Tochterunternehmen in Brasilien, Mexico und China über die Jahresmitte 1940 hinaus belieferten. Die Erhöhung der Phoebus-Quote von General Electric um 400.000 Einheiten ermöglichte außerdem die Belieferung von Osram-Kunden in Argentinien.[45]

Gleichwohl stand Anfang 1940 die Teilung des internationalen Glühlampenkartells entlang der politischen Demarkationslinien unmittelbar bevor. Gemeinsam mit Firmen in Übersee und neutralen Ländern bildeten die französischen und britischen Mitglieder eine separate Gruppe. Die wichtigsten Unternehmen des geplanten kontinentaleuropäischen Kartells waren Osram, Philips und Tungsram, kleinere Firmen wie Radium und Pintsch (Deutschland), Skandia (Schweden) sowie die Licht AG (Schweiz) sollten europäische Reichweite demonstrieren.[46] Beide Verträge folgten dem Vorbild des alten Phoebus-Abkommens und sahen vor, die Zusammenarbeit bei Rationalisierung, Produktentwicklung und Absatz fortzusetzen. Die Aufsicht über das kontinentaleuropäische Kartell sollte weiter von Genf aus geführt werden; für die Unternehmen sollte sich praktisch nichts ändern. Der einzige wesentliche Unterschied bestand in der Neuaufteilung der Märkte;[47] zudem sah die europäische Gruppe einen deutlich geringeren Technologieaustausch vor. Bezeichnenderweise betraute noch die Übergangsregelung vom 4. Mai 1940, ganze sechs Tage vor der deutschen Inva-

---

43 DTMB Telefunken I.2.060 C 18172. Blatt 84, Korrespondenz mit Rechtsanwalt Dr. Martin Luther. Aktennotiz: Besprechung am 22.11.1939 – Röhrenfragen Loewe, Tekade, Philips, Tungsram 24.11.1939.
44 DTMB Telefunken I.2.060 C 3160 Standard/Telefunken Vertrag: Ungarn und Jugoslawien (Lizenzaktion); Nichtangriffspakt vom 20.07.1939. und [Dir.] Schumacher und A. Jordan, Telefunken, an die Standard Elektrizitäts AG, Budapest. Berlin, 29.01.1941 Lizenzaktion Ungarn/Jugoslawien.
45 SCA 10279 Niederschrift über Dienstbesprechung, Osram, Berlin, 5.06.1940.
46 SCA 10320 Osram (Dr. Klein und Waaser) an S&H (Dr. v. Buol), AEG (Geh.rat Dr. Bücher) und ELK (Dr. Brünig). Berlin, 8.02.1940 sowie S&H Wernerwerk Z, Berlin Siemensstadt, 1.03.1940.
47 SCA 10279 Protokoll, Besprechung, Osram-AEG-Siemens, Berlin, 17.11.1939.

sion der Niederlande, ein Spezialkomitee aus Osram, Philips, Tungsram und den übrigen Mitgliedern mit der Leitung des europäischen Kartells; erstaunlicherweise sollte auch die Overseas-Gruppe im Komitee repräsentiert sein. Nach der Besatzung der Niederlande verstärkte Osram den einseitigen Zugriff auf die europäische Gruppe.[48]

Die IGEC und Tungsram hofften anfangs noch, die ungarische Neutralität werde Tungsram die Teilnahme an der westlichen Gruppe ermöglichen, in der die IGEC Tungsram zu vertreten plante. Nach den Berechnungen für die beiden Gruppen hätte Tungsram insgesamt 10,22 bzw. 10,23 % erhalten, also genau das Sollkontingent vor Kriegsausbruch.[49] Osram bestand ausdrücklich darauf, dass Philips und Tungsram den britischen Partnern keinen Anteil am skandinavischen Markt einräumen durften. Das bedeutete allerdings auch umgekehrt, dass weiterhin Verbindungen zwischen den beiden Gruppierungen bestehen würden.[50] Doch zerschlugen sich alle diese Erwartungen infolge des Kriegsverlaufs. Nach dem deutschen Einfall in den Niederlanden und Belgien und dem Zusammenbruch Frankreichs wurde das Phoebus-Kartell nicht mehr nur zeitweilig ausgesetzt, sondern vollständig aufgelöst.[51]

Von den Leitmitgliedern des kontinentaleuropäischen Glühlampenkartells beharrte Mitte 1941 nur noch Tungsram darauf, die Aufhebung der Kartellvereinbarung aufzuschieben.[52] Aus praktischen Erwägungen belieferten die Mitglieder des kontinentaleuropäischen Kartells ihre Tochterfirmen weiterhin gegenseitig.[53] So stellte Osram noch Ende März 1944 der rumänischen Tungsramfabrik Kolben zur Verfügung, wofür Osram Prag von der slowakischen Glasfabrik von Tungsram (Utekač) Kolben bekam; nach der deutschen Invasion Ungarns Mitte März 1944 waren allerdings

---

48 DTMB Telefunken I.2.060 C 7676/23038 Bemerkung zum Phoebus-Vertrag [Dezember 1953]; Ebd: 7484/18349 Vertrag. Genf, 4.05.1940 [Übergangsregelung].
49 MNL Z609_144 Deutscher Vertrag/Englischer Vertrag. Újpest, 14.10.1939; MNL Z601_42_196 [Dir.] R[ichard].G. Henderson, IGEC, New York, an L. Aschner. London, 25.06.1940.
50 SCA 10320 Osram (Dr. Klien and Waaser) an S&H (Dr. v. Buol), AEG (Geh.rat Dr. Bücher) und ELK (Dr. Brünig). Berlin, Siemensstadt, 8.02.1940 »Phoebus-Umbildung«.
51 SCA 10230 Einfluss d. Krieges auf d. Phoebus-Vertrag. Phoebus, S&H, intern an Dir. Jensen. Berlin, 12.02.1941.
52 SCA 10279 Niederschrift über [interne] Besprechung, Berlin, 23.06.1941.
53 DTMB Telefunken I.2.060 C 7598/18094 Dir. H.Maier an Dir. Abraham, [intern], Berlin, 19.08.1956; Philips/Telefunken: Tungsram-Acquisition. Vorbereitung d. Termins v. 21/22.03.1957. Notizen Nr. 7, 7a.

die Konditionen solcher Kompensationsgeschäfte bereits sehr nachteilig für Tungsram.[54]

Von Oktober 1940 bis April 1941 wurde eine regelmäßige Qualitätskontrolle der Glühbirnen von Osram, Philips und Tungsram eingerichtet, welche die vergleichende Qualitätskontrolle innerhalb des Kartells ersetzte.[55] Die Rationalisierung durch Verbesserung von Produktionsverfahren und Reduzierung unterschiedlicher Lampentypen wurde fortgesetzt.[56] Auch noch Mitte 1943 erhielt Tungsram automatische Maschinen für die Produktion von Zwerglampen, bekam diese Lieferung allerdings mit fünfjähriger Verspätung.[57] So wurde etwas mehr als der bloße Anschein gewahrt, die technologische Zusammenarbeit der Phoebus-Gemeinschaft fortzuführen.

4.2.3 Hürden auf dem Weg zur Markterweiterung

Tungsrams Kriegsvorbereitungen waren weder im September 1939 noch bei Ungarns Kriegseintritt abgeschlossen. Viele Juden in Ungarn teilten die Hoffnung Aschners und des Tungsram-Managements, dass die ungarische Regierung liberale Grundprinzipien nicht aufgeben und keine der deutschen ähnliche Repression der jüdischen Bevölkerung einleiten würde.[58] Möglicherweise betrieb deshalb Tungsram die allfällige Produktionsumschichtung nicht so energisch wie Philips. Daher befand sich Tungsram in einer schwierigen Lage, als die deutschen Konkurrenten einen Angriff auf die Exportmärkte der Firma unternahmen.

Die deutschen Leitunternehmen ließen in den Kartellen ihre politische Übermacht immer mehr spüren. Das weiterbestehende Minimum an Technologieaustausch diente vorrangig Osrams Interessen: Die Reduzierung der

---

54 MNL Z604_51_65 Tungsram an Osram, Berlin. Újpest, 25.02.1944 u. 29.03.1944.
55 Die Qualität der bei Philips Eindhoven hergestellten Glühbirnen lag regelmäßig um 0,2–2,5 % über derjenigen v. Osram und Tungsram; die Qualität der letzteren war etwa gleich. MNL Z603_44_97 SH/1020 Bericht: Test von Osram- und Philips-Lampen. Újpest, 29.11.1941; SH/919 Protokoll, Besprechung im Laboratorium, Tungsram am 22.03.1941. Újpest, 24.03.1941 und am 6.06.1943 (Protokoll SH/1177 8.06.1943).
56 MNL Z601_42_96 Dir. Rothweiler, Osram, an Dir. Fischmann, Tungsram. Berlin, 23.03.1942.
57 MNL Z603_44_97 Protokoll über Besprechung im Forschungslaboratorium am 6.06. 1943. Újpest, 8.06.1943; Z604_51_65 Tungsram an Osram, Berlin. Újpest, 3.05.1941.
58 MNL Z42_ 20 Jakob Goldschmidt an L.Aschner. Normandie, 14.06.1938.

Glühlampentypen machte es möglich, die wegen der wachsenden Zahl ungelernter Arbeitskräfte aufkommenden Produktionsprobleme teilweise aufzufangen. Darüber hinaus schufen die Glühlampentests Voraussetzungen für die Entwicklungskontrolle in Kontinentaleuropa, ein in seiner Bedeutung nicht zu unterschätzender Umstand. Denn wegen des Kriegs würden voraussichtlich deutsche Lieferungen ausfallen und damit lokale Produzenten, Außenseiter und gegebenenfalls Importe aus dem Westen begünstigt; so wurden Veränderungen der Produktmerkmale wahrscheinlich. Die deutschen Produzenten hatten aber ein essenzielles Interesse daran, die technologische Pfadabhängigkeit aufrechtzuerhalten.[59] Ein ähnliches Interesse veranlasste die IGEC, noch im Mai 1941 Tungsram davon überzeugen zu wollen, das amerikanische Produktionsverfahren für Leuchtstoffröhren einzuführen.[60] Ein Minimum an Fairness war deshalb langfristig vorteilhafter für Osram und Telefunken, um Tungsrams Kooperationsbereitschaft zu erhalten, als sich rücksichtslos über die Interessen des ungarischen Unternehmens hinwegzusetzen.

Wenig überraschend, wurde schon im Frühjahr 1940 die Marktordnung im »Großdeutschen Reich« nach von den deutschen Behörden vorgegebenen, aber auf Osram zugeschnittenen Richtlinien neu geordnet und die Produktion von Berlin aus zentral koordiniert.[61] Die WGEI hielt fest, dass nach der Besetzung Frankreichs die Marktanteile von Philips und Tungsram beschnitten werden sollten.[62] Schon nach dem Einmarsch in die Niederlande hatte sich Siemens eine Option für die Aktienanteile von Feindstaaten im Besitz niederländischer Konkurrenzunternehmen gesichert, was offenbar auch auf die Anteile von Philips an der Splendor-Lampenfabrik zielte.[63]

Philips Eindhoven wurde in die deutsche Kriegswirtschaft eingegliedert, womit Tungsram den einzigen möglichen Verbündeten verlor. Nach Auffassung von Telefunken schonten die deutschen Behörden das niederländische Unternehmen in der Hoffnung, Philips »durch entsprechende Behandlung für die deutsche Rüstungsindustrie« zu interessieren, d.h. über den Nach-

---

59 S. Bestrebungen der deutschen Phoebus-Mitglieder um die Aufrechterhaltung des Kartells in der Schweiz 1940. MNL Z601_260_1020 Korrespondenz Tungsram Zürich/Újpest, Juni 1940.
60 MNL Z601_42_196 Telegramme von L. Aschner an Clark H. Minor, IGEC, New York, 27. u. 30.05.1941.
61 SCA 10277 Dr. Klein u. Dir. Waaser, Osram, an AEG, S&H, IGE, ELK. Berlin, 14.03.1940.
62 *Eichholtz*, S. 357–358.
63 SAM 10295 [Direktoren] Frenzel und Flir, S&H, an Osram Berlin. Berlin, 6.11.1940.

bau von Telefunkenröhren für die Wehrmacht hinaus[64] in die Rüstungsforschung einzubeziehen. Die Hoffnung, sich nach dem Krieg Leitungspositionen bei Philips zu sichern, hielt Entscheider in den deutschen Behörden sowie bei Telefunken und Osram von der rücksichtslosen Plünderung des Unternehmens ab.[65]

Die deutsche Okkupation Jugoslawiens und die Errichtung des faschistischen Ustaša-Regimes in Kroatien bereiteten den Weg für die Übernahme der nationalisierten Tungsram-Fabriken durch Osram.[66] Aus Tungsrams Sicht bestand die Ironie darin, dass die ungarische Armee bei diesem ihrem ersten Kriegseinsatz auf deutscher Seite mitgewirkt hatte. Als zudem Rumänien, nicht zuletzt motiviert durch den Territorialkonflikt mit Ungarn, auf deutscher Seite in den Krieg eintrat, versetzte das Osram in die Lage, eigene Produktionsstätten auch in Rumänien zu lancieren, wo nach den internen Vereinbarungen die deutsche Kartellquote eigentlich von der dortigen Tungsram-Tochter erfüllt werden sollte. Ohne den Bruch dieser Vereinbarung nach außen sichtbar werden zu lassen, hätten Osrams Muttergesellschaften AEG und Siemens damit eine Lieferalternative erhalten, falls der Plan hätte verwirklicht werden können.[67] Der Fall Kroatiens und Rumäniens zeigt, dass Osram und Telefunken den Krieg nutzten, um Tungsram auf dem Balkan zurückzudrängen und selbst auf den Stammmärkten des ungarischen Partners Anteile zu gewinnen. Gerüchte über den Ankauf von Tungsram-Aktien in der Schweiz ließen die Geschäftsleitung in Újpest annehmen, dass Osram und Telefunken von einer direkten Einflussnahme absahen, nur um den Anschein von Vertragstreue zu wahren.

Telefunken und Osram rechneten damit, unabhängig vom Ergebnis des Krieges im technologischen Wettbewerb zurückzufallen. Philips' Leitung hatte die Verlagerung des Firmensitzes auf die Niederländischen Antillen sorgfältig geplant, und ihre vorbehaltlose Unterstützung für die amerikanische Kriegsanstrengung ließ keinen Zweifel, dass Philips umgekehrt aus dem Krieg gestärkt hervorgehen würde. Die Niederländer waren auf den Überseemärkten gut etabliert, hatten große Rücklagen, besaßen einen technologischen Vorsprung gegenüber der deutschen Konkurrenz und standen

---

64 DTMB Telefunken I.2.060 C 18276 Vertrag zw. Telefunken, Lizenzgeber/Philips Eindhoven, Lizenznehmer. Eindhoven/Berlin 16/25.06.1942.
65 DTMB Telefunken I.2.060 C 7310/18218 Arbeitsnotiz zur Philips-Replik [1953] S. 71, 73.
66 SCA 10279 Niederschrift, Dienstbesprechung [Osram], Berlin, 23.06.1941.
67 SAM 10279 Niederschrift, Dienstbesprechung, [Osram], Berlin, 20.11.1941.

auf der Seite der Alliierten. Diese Vorteile würden sich nach dem Krieg nur noch vergrößern und Philips' Marktanteile voraussichtlich auch in Europa steigen lassen.[68]

Umso mehr legte es Telefunken darauf an, weiter mit Philips Eindhoven zusammenzuarbeiten. Nur unter der Voraussetzung, die Wevag-Vereinbarung von 1931 wieder aufzunehmen, hätte Telefunken seine Bedeutung in der Radioindustrie zurückgewinnen und Philips unter Kontrolle halten können.[69] Eine ähnliches langfristiges Interesse, nämlich die Kooperation mit den US-amerikanischen Leitunternehmen, veranlasste Siemens, AEG, Telefunken und Osram, die mit General Electric, Westinghouse und RCA verbündeten Elektrohersteller im besetzten Frankreich nicht zu übernehmen oder komplett zu plündern.[70] Ähnliche Gründe hielten Telefunken davon ab, im Widerspruch zu Philips in Italien die Umstellung auf europäische Röhren zu forcieren.[71]

Dagegen wollte Telefunken gegenüber Tungsram nicht durch eine Kartellvereinbarung gebunden sein, die finanzielle Ausgleiche für verlorene Marktanteile einschloss.[72] Tungsram war bereit, auf solche Ausgleichszahlungen in der Hoffnung zu verzichten, dass die Firma ihre Marktanteile in den neutralen Staaten würde ausbauen und Vereinbarungen mit Philips und Telefunken treffen können, die technologische und kommerzielle Fragen abdeckten und den Schutz der Kernmärkte gewährleisteten. Mitte November 1940 wurde das Radiokartell an die politische Situation angepasst, wobei die Vertreter von Philips Eindhoven dem Druck von Telefunken erlegen sein sollen: Die Fortsetzung der Zusammenarbeit wurde rückwirkend vom 1. Juli 1939 gültig, Umsatzmeldungen mussten aber erst vom 1. Juli 1940 an erfolgen. Verkaufsberichte bezogen sich fortan nur noch auf Gebiete un-

---

68 SAM 10293 Philips-Osram-Arbeitsausschuss: Osram an Reichswirtschaftsministerium. Berlin, 29.01.1941, Anlage 2) Auszug aus einem Briefe des H. Roesler, Buenos Aires, 26.11.1940.
69 DTMB Telefunken I.2.060 C 1136 AEG Protokoll, Sitzung des Vertriebsausschusses am 24.07.1935. Berlin, 25.07.1935.
70 *Homburg*, S. 198–201.
71 DTMB Telefunken I.2.060 C 7089/2102 Besprechung Telefunken/Marelli, Rom, 9.05.1941, Minutes of meeting Philips Eindhoven, Philips Mailand, Telefunken Berlin, Siemens Mailand, Osram Berlin, Osram Mailand, Mailand, 14–15.01.1938, Aktennotiz: Belieferung der Comp. Gen. Telefunken mit F.I.V.R.E.- Röhren, Berlin, 7.08.1941, Notiz an Dr. Engels Telefunken, Berlin, 8.01.1944, Aktennotiz, Berlin, 30.06.1942.
72 DTMB Telefunken I.2.060 C 7263/18172 Besprechung Philips/Telefunken, Berlin, 28.08.1940.

ter Kontrolle der Wehrmacht sowie auf die Schweiz und Liechtenstein. Für Quotenüberschreitungen musste keine Strafgebühr gezahlt werden, womit der Expansion der deutschen Unternehmen Tür und Tor geöffnet waren. Die Buchführung durfte nur noch auf ausdrücklichen Wunsch eines Partners überprüft werden, womit sich die deutschen Unternehmen jederzeit über die Interessen der kleineren Partner hinwegsetzen konnten.[73] Obwohl Jahresabschlüsse, Quotenverrechnungen und größere Transaktionen tatsächlich mehrfach überprüft wurden, sollte nicht übersehen werden, dass die mächtigen Kartellmitglieder jederzeit die Bestimmungen übergehen konnten, wenn es in ihrem Interesse war.

Internationale Kartellvereinbarungen dienten während des Kriegs dazu, kleinere Kartellmitglieder und vertraglich angeschlossene Firmen weiterhin an Bestimmungen über Produktspezifikationen, neue Erzeugnisse oder Belieferung bestimmter Abnehmergruppen zu binden. Telefunken war an der weiteren Zusammenarbeit mit Tungsram interessiert, weil die Ungarn nur so an der Einführung neuer Röhrentypen gehindert und in Telefunkens europäische Expansionspläne einbezogen werden konnten.[74] Dazu musste Telefunken zumindest die Vereinbarungen zu Preispolitik und Kernmärkten respektieren. Mit der Einrichtung einer eigenen Röhrenfabrik in Budapest reizte Telefunken 1941 bis zum äußersten aus, was Tungsram noch hinnehmen gezwungen werden konnte. Philips Eindhoven und Telefunken trafen außerdem weiterhin zuerst untereinander Absprachen über die Marktbearbeitung im »Großdeutschen Reich«; dazu gehörten Preisnachlässe und für verschiedene Radiotypen, die Abgabe von Radiogeräten nur gegen Barzahlung, die Beschränkung von Werbeausgaben und die Lieferung nur an zertifizierte Verkäufer.[75]

Vor diesem Hintergrund ist schwer nachzuvollziehen, wieso Tungsram sich wiederholt weigerte, die Kartellabsprachen der Zwischenkriegszeit für beendet zu erklären.[76] Ungarns Neutralität samt der bei Kriegsbeginn noch

---

73 DTMB Telefunken I.2.060 C 7598/18094 Abmachung Telefunken/Philips/Tungsram. Berlin, 14.11.1940.
74 DTMB Telefunken I.2.060 C 7089/2102 Notiz, D. Engels Telefunken. Berlin, 8.01.1944 Fivre-Röhren.
75 DTMB Telefunken I.2.060 C 3495/3224 Kartellvereinbarung zwischen Telefunken, Krakau/Tungsram und Warschau/Philips über Warschau/Generalgouvernement vom 30.04.1941.
76 DTMB Telefunken I.2.060 C 7676/23038 Protokoll, Phoebus-Sitzung, Genf, 27– 28.05.1941, mit Vertretern für Osram, Pintsch, Philips Eindhoven, Tungsram, Licht AG, Skandia. British Group und Overseas Group haben ihre Erklärung vorher an die

intakten Beziehung zu den amerikanischen Anteilseignern[77] bot Tungsram theoretisch die Möglichkeit zur Expansion besonders in Übersee, wo Osram die Quoten nicht erfüllen konnte.[78] Zugleich nützte es Tungsram, dass die Produktion der Konkurrenz früher auf den Militärbedarf ausgerichtet wurde und viele Lieferrouten ausfielen. So verschwand die japanische und sowjetische Billigkonkurrenz weitgehend aus Europa.[79]

Tungsrams Kooperationsbereitschaft erklärt sich überwiegend mit dem Versäumnis, Produktion und Entwicklung rechtzeitig dem deutschen Einflussbereich entzogen zu haben. Als Italien in den Krieg eintrat, waren die Lieferwege zu den Überseemärkten endgültig abgeschnitten. Die Quellenlage erlaubt nicht festzustellen, wieviele von Tungsrams Glühlampen und Radioröhren auf Ausweichmärkten abgesetzt wurden. Direktlieferungen aus Újpest sind für das Geschäftsjahr 1940/41 nur nach Argentinien, Brasilien, Ägypten, Palästina und Britisch Indien ausgewiesen, 1941/42 nur noch Kleinstmengen nach Ägypten und Palästina. Ohnehin hielt es Tungsram für wichtiger, den europäischen Marktanteil zu erhalten, als den teuren Transport auf die Überseemärkte zu riskieren. Für Europa bestand zudem das gemeinsame Interesse mit Telefunken, keine nationalen Produzenten aufkommen zu lassen. Daher trafen Philips Eindhoven, Telefunken und Tungsram im November 1940 die Absprache, die Genossenschaftsfabrik Svenska Elektron nicht mit Know-how zu unterstützen.[80]

Phoebus-Zentrale gegeben. Ebd: Phoebus S. A. an Osram, Berlin. Genf, 10.11.1941; DTMB Telefunken I.2.060 C 18172 O.M.E. Loupart, Philips an Dir. H. Engels, Telefunken, Berlin. Eindhoven, 3.01.1940, Dir. Engels, Telefunken an Tungsram, Újpest. Berlin, 8.01.1940.
77 U. a. MNL Z601_24_174 L. Aschner an Howard K. Travers, American Legation, Budapest, 16.12.1940
78 SAM 10279 Niederschrift, Besprechung Osram/ Siemens/ AEG. Berlin, 17.11.1939.
79 Osram übernahm auf dem Balkan dieses Marktsegment. SAM 10279 Niederschrift, Besprechung [Osram], Berlin 5.06.1940.
80 DTMB Telefunken I.2.060 C 7263/18172 Anhang zur Vereinbarung Philips/Telefunken – Tungsram. o. O.,14.11.1940 Anhang: Schweden, Svenska Orion.

4.3 Wasch mir den Pelz, aber mach mich nicht nass: Unterstützung für die deutsche Kriegsführung und Kontakte mit dem Westen 1941-1944

Nach Ungarns Kriegserklärung 1941 versuchten Privatunternehmen, die völlige Umstellung auf Kriegswirtschaft zu verhindern, weil damit hohe Risiken für die Produktions- und Entwicklungsplanung verbunden waren. Daher versuchte Ganz & Co., die Umstellung möglichst von der Regierung finanzieren zu lassen oder zumindest langfristige Auftragsgarantien zu erhalten, so im Falle der Eisenbahnwaggonfabrik, die in der Zwischenkriegszeit sehr wenig ausgelastet gewesen war.[81] An zweiter Stelle stand die Frage, wie die Unternehmen auf ausländischen Märkten präsent bleiben sollten, obwohl der Export fast unmöglich, direkte Beziehungen zu Firmen aus Feindstaaten verboten waren und sich die wichtigsten kontinentaleuropäischen Absatzmärkte unter deutscher Besatzung befanden.

4.3.1 Kriegsproduktion in deutschen Diensten

Die Beteiligung Ungarns an den Kriegsanstrengungen der Achsenmächte fiel nicht ganz unbedeutend aus, allerdings weniger wegen seiner militärischen und wirtschaftlichen Mobilisierung, die im Verhältnis zur Übermacht der Alliierten kaum ins Gewicht fiel.[82] Doch wurden Ungarns Ressourcen an der Ostfront eingesetzt, wo das Deutsche Reich einen ökonomisch vergleichbaren Gegner bekämpfte. Die ungarischen Streitkräfte stellten 1941–1944 25 % der Truppen an der Ostfront und trugen wesentlich dazu bei, dass die Wehrmacht das Karpatenbecken monatelang gegen die Rote Armee halten konnte. Die in der Hauptsache erst nach 1941 aufgebaute ungarische Rüstungsindustrie spielte für die Wehrmacht als Lieferant von Flugzeugmotoren, Gewehren und Pistolen, Munition, bestimmten Präzisionsinstrumenten wie einem elektromechanischen Radar und vor allem von Halbfertigprodukten und Maschinenteilen eine beachtliche Rolle. Darüber hinaus diente Ungarn als verlängerte Werkbank deutscher Unternehmen. Die größte Bedeutung hatten jedoch die Bauxit-, Mangan- und Ölförderung sowie die

---

81 MNL Z425_20 Gy. Jendrassik, Ganz & Co., an Regierungsrat István Horthy, Präsident, MÁV. Budapest, 24.06.1941.
82 Vgl. *Harrison*, S. 19–27.

Kunstbenzingewinnung; nach Rumäniens Seitenwechsel verblieb Ungarn als der einzige Öllieferant der Wehrmacht.[83] Die nach Kriegseintritt in die Höhe schießenden Rüstungskosten, zu einem großen Teil verursacht durch Lieferungen an Deutschland, wurden durch Anleihen auf dem Binnenmarkt und letztlich mit der Geldpresse finanziert. Nach der deutschen Besetzung Ungarns im letzten Kriegsjahr trug die Ausplünderung der jüdischen Bevölkerung nicht unwesentlich dazu bei, die Kriegskosten und bestimmte sozialpolitische Maßnahmen zu tragen.[84]

Die rasante Umorientierung des ungarischen Außenhandels zeigt, wie die ungarische Wirtschaft auf den deutschen Kriegsbedarf abgestellt wurde. Bereits 1937 war Deutschland mit 24 % der größte Markt für die ungarischen Exporte, während weitere 26,7 % an Österreich, die Tschechoslowakei, Rumänien und Jugoslawien gingen. Die Vergleichszahlen beim Import zeigen noch eindeutiger die andauernde Bedeutung der Nachfolgestaaten der Habsburgermonarchie, da zwar bereits 25,92 % aus Deutschland, aber immer noch 39,02 % aus den vier Nachfolgestaaten stammten.[85] 1941 dominierte Deutschland bereits mit etwa 60 % sowohl im ungarischen Import wie Export, Italien rückte mit 21 bzw. 14 % zum zweitgrößten Partner auf, und die Schweiz spielte mit etwa 8 % der Exporte noch eine nennenswerte Rolle.[86] Auf der anderen Seite stand ein schon seit 1934 wachsendes Handelsdefizit: Zwischen 1941 und 1944 stiegen die Schulden auf 4,765 Milliarden Pengő oder etwa eine Milliarde Reichsmark, ein deutliches Symptom dafür, dass Deutschland den kleineren Partner zur Finanzierung seiner Kriegsausgaben ausbeutete.[87]

Die Umorientierung des Außenhandels und das Wegbrechen der Überseemärkte wird auf der Mikroebene dadurch veranschaulicht, welche Bedeutung der deutsche Markt für den Export von Ganz & Co. gewann. Argentinien war 1939 aufgrund des Triebwagengeschäfts Ganz' mit Abstand wichtigster Exportmarkt, während der Export nach Rumänien, Jugoslawien, Bulgarien, in die Türkei und nach Ägypten zusammengenommen dem argentinischen entsprach. Die Ganz-Lieferungen nach Deutschland stiegen 1939/40 von 208.265 auf 3.575.770 Pengő, d. h. auf das Siebzehnfache. Auch die Lieferungen von Schiffen und Schiffsbauteilen an Italien waren be-

---

83 *Ungváry*, S. 38–41
84 *Pogány*, Wirtschaftsnationalismus, S. 64–70; *Kádár u. Vági*, S. 305–313.
85 *Magyar statisztikai évkönyv 1938*, MSÉ 1938, S. 156–161.
86 Aufgrund Daten von 1940. *Dombrády*, S. 94.
87 *Pogány*, Elszámolási egyezmények, S. 1325.

trächtlich. Sie sollten die italienische Tonnage erweitern, die wiederum entscheidend für die Triebwagenlieferungen nach Südamerika war. Zu dieser Zeit importierten Südamerika, Indien, der Irak und die Türkei noch erhebliche Warenmengen von Ganz. 1941 dagegen gingen 42 % der Gesamtmenge der Ganz-Exporte (5,56 von 13,24 Millionen Pengő) allein in das Deutsche Reich. Abgesehen von kleinen Mengen für die skandinavischen Länder und die Schweiz, gingen 1943 fast alle Exportgüter in die besetzten europäischen Gebiete und an Deutschlands Alliierte.[88]

Inwieweit Tungsram in die Rüstungsproduktion direkt einbezogen wurde, lässt sich nicht ganz genau feststellen. Bereits Ende August 1939 informierte sich die Wehrmacht über die Produktionskapazität in Újpest. Tungsram machte offenbar keinen Versuch, die eigene Leistungsfähigkeit zu verstecken, doch wurden dem Besucher nur die marktreifen Entwicklungen des Radioröhrenlabors vorgeführt; man ließ also eine gewisse Vorsicht gegenüber dem ungleichen Partner walten.[89] Nach internen Aufzeichnungen lieferte Újpest 1942 die ersten 88.000 Radioröhren im militärischen Auftrag nach Deutschland.[90] Die von der Ungarischen Standard AG an die ungarische Armee gelieferten Radioapparate waren mit Tungsram-Röhren bestückt (Lieferumfang 1943 173.000 Stück).[91] Die beiden Unternehmen kooperierten seit 1942 im Auftrag der Regierung an der Entwicklung eines Radiolokators zum Schutz des ungarischen Luftraumes, an der eine vierzigköpfige Gruppe unter Professor Bay arbeitete. Die Standard baute ab Sommer 1943 die ersten Anlagen, 1944 wurden einige davon erstmals vom Militär eingesetzt.[92]

Da die WGEI Telefunken verbot, statistische Ergebnisse zu veröffentlichen, sind Tungsrams und Philips' Lieferungen an das Militär schwer

---

88 Export-Kalkulationsblätter Ganz & Co. 1939–1943. MNL Z58_45_159, MNL Z58_46_159
89 MNL Z603_37_91Prof. B[ay] Laboratorium Tungsram, an L. Aschner. Újpest, 31.08.1939.
90 MNL Z601_260_1020, Audionabteilung, Egyesült Izzó rádiócsőeladásai [Tungsram-Radioröhrenabsatz in einigen Relationen] Újpest, 17.06.1943.
91 Für Erstbestückung lieferte Tungsram 1943 den ungarischen Philips-Werken 100.000, Telefunken 36.000, Standard 10.000 und der Kremenezky Budapest, also zur Herstellung der Orion-Radioapparate 270.000 Stück, insgesamt 416.000 Stück. Die restlichen 1.466.000 Stück von der Gesamtröhrenproduktion im Jahre 1943 dienten der Nachbestückung und dem Export, über deren Verteilung aber keine verlässlichen Informationen zur Verfügung stehen. *Koroknai, Tungsram Rt.*, S. 59.
92 *Bay, Az élet erősebb*, S. 19.

nachzuvollziehen.[93] Die geographische und konzerninterne Verteilung der Lieferungen weist darauf hin, dass Tungsram die Lampen- und Röhrenlieferungen von Újpest ins alte Reichsgebiet im Vergleich zu 1938 zurückfahren konnte, dafür aber die Produktion von Kremenezky Wien sämtlich dorthin orientiert wurde.[94] 1942/43 konnte Tungsram etwa ein Fünftel der Produktion in Richtung der neutralen Länder orientieren: Röhrenexport nach Schweden und Portugal, in die Türkei und die Schweiz 7,86 % 1939/40, 22,65 % 1942/43, Glühlampen 4 bzw. 11,08 % (Tab. 17, 18).

Philips stellte 1953 während des Prozesses gegen Osram und Telefunken den Umsatzzuwachs von Tungsram im Protektorat und in der Slowakei in Frage, da Tungsram dort vor dem Krieg nur ein sehr kleines Quantum habe absetzen können; dagegen sprach zumindest die hohe Profitabilität des Radiogeschäfts von Tungsram in Prag und Bratislava 1941/1942.[95] Offenbar unterschied Philips dabei nicht zwischen Lieferungen für Militär und Zivilbedarf sowie für deutsche Behörden, die nur indirekt am Kriegseinsatz beteiligt waren. Zudem hatte Philips ein Interesse daran, Tungsrams Marktanteil so klein wie möglich erscheinen zu lassen, um den Zwangseinsatz von Philips Eindhoven für die deutsche Rüstung herauszustellen und Telefunken eine Überschreitung der deutschen Lieferquote nachzuweisen, die Philips' Entschädigungsforderungen gegen Telefunken unterstützte. Insiderinformationen wie Telefunkens Monatsberichte über die Röhrenhersteller im besetzten Frankreich, wo Tungsram nur als Produzent von Röhren für den Rundfunkbedarf in Erscheinung trat, sind selten.[96] Dennoch besteht kein Zweifel daran, in welchem Umfang Tungsram nach der Besetzung von Ungarn im Herbst 1944 für die deutsche Rüstungsanstrengung herangezogen wurde.

---

93 DTMB Telefunken I.2.060 C 18275 WGEI an Telefunken. Berlin, 4.04.1941, Telefunken an Friedrich Trede, Wevag-Kontrollstelle, Berlin-Steglitz. Berlin, 3.05.1941.
94 MNL Z604_51_65 Osram an Tungsram. Berlin, 7.01.1944.
95 DTMB Telefunken I.2.060 C 18094 Schiedsgericht Philips/Telefunken. Anlagen zur Telefunken-Eingabe v. 30.05.1958: Tschechoslowakei (CSR) Abrechnung Vertragsjahre 1940/41 u. 1941/42, MNL Z601_138_690 Külföldi leányvállalatok pénzügyi helyzete [Finanzielle Lage der ausländischen Tochtergesellschaften] [Juli?, 1942].
96 DTMB Telefunken I.2.060 C 6226/11047 Telefunken: Frankreich – Röhrenfabriken während des [Zweiten Welt-]Kriegs.

4.3.2 Ganz & Co.: Wieder in ungarischem Besitz und schuldenfrei

Berlin konnte nicht daran gelegen sein, die Bereitschaft der ungarischen Regierung zu beeinträchtigen, zum Nachteil des eigenen Landes nach Deutschland zu exportieren. So wurde ein Teil des deutschen Handelsdefizits dadurch beglichen, dass ungarische Staatsangehörige Aktien ungarischer Unternehmen zurückkaufen konnten. Nach dem Anschluss Österreichs und der Teilung der Tschechoslowakei, die den deutschen Eigentumsanteil in alarmierender Weise erhöhten, wurde es für Ungarn wichtig, den direkten deutschen Einfluss auf die ungarische Industrie zu reduzieren.

AEG zahlte 1931–1936 insgesamt 8,1 Mio. RM für die Beteiligung an Ganz & Co., bezog aber keine Dividenden, weil Ganz hohe Schulden aus den zwanziger Jahren zurückzahlen musste. AEG ließ sich die Gelegenheit nicht entgehen, als Berlin großzügige Steuervorteile beim Rückkauf von Aktien ungarischer Unternehmen gewährte.[97] 1939 wurden die Aktien von Ganz & Co. zwecks Schuldenabbau zusammengelegt, wodurch die Beteiligung der AEG bereits auf 16,76 % zurückging. Ihr Anteil schrumpfte bis 1943 weiter auf etwa 10 %. Zur Abschreibung der Schulden erhöhte die Kreditbank ihren Anteil bei Ganz, diese Kapitalerhöhungen brachten also kein frisches Geld. Die Kreditbank kaufte auch die im Besitz der AEG befindlichen Ganz-Aktien 1943 zurück. Damit ging Ganz & Co. vollständig in ungarisches Eigentum über, und die Kreditbank wurde Hauptanteilseigner.[98]

Trotz dieser Abgabe von Anteilen an der ungarischen Industrie sah Deutschland seine wirtschaftliche Hegemonie für die Nachkriegszeit offenbar nicht gefährdet, weil es davon ausging, dass die Innovationsnachfrage alte Eigentumsverhältnisse wieder herstellen würde. Der in Verlängerung des alten Abkommens geschlossene Ganz-AEG-Vertrag von 1943 zeigte das deutlich: Ganz & Co. wurde unverbindlich versichert, die Zusammenarbeit mit Ungarn bei der Hochspannungstechnologie fortzusetzen; Ganz behielt aber nur ein Konsultationsrecht, wenn die AEG Budapest ihre Produktion erweiterte.[99] Die AEG konnte also trotz Verkauf der Ganz-Aktien sicher

---

97 DTMB Telefunken I.2.060 C 18275 Reichswirtschaftsministerium an AEG, Berlin, 15.09.1943; DTMB AEG 0162/0162 Dr. ST/Kn, AEG, Notiz. Berlin, 22.10.1941, Flugblatt: Kassa der Auslandskredite, Bekanntmachung an die Besitzer von Aktien ungarischer Gesellschaften. Budapest, Juni 1941.
98 MNL Z419_1 Ganz & Co., Protokoll, außerord. Gen.-Versammlung, Budapest, 27.09.1942 und Protokoll, ord. Gen.-Versammlung, Budapest, 27.10.1943.
99 DTMB AEG I.2.060 A 0.615 AEG an Ganz & Co., Berlin, 29.08.1943.

sein, ihre Ziele erreichen zu können, nämlich Ganz auf dem Heimatmarkt zu schwächen und als Konkurrenten auf den südosteuropäischen Märkten auszuschalten.

4.3.3 Ungarische Industrie und deutsche Kriegswirtschaft

Von 1938 bis 1944 erhöhte sich die ungarische Industrieproduktion um 37,5 %. Das war zwar ein respektables Wachstum, aber doch wenig im Vergleich zum Boom der sechs Großmächte.[100] Die Effizienz der ungarischen Industrie blieb aus einer Reihe von Gründen hinter den Erwartungen zurück. Weil Ungarn von seinem Materialnachschub aus Übersee und auch von vielen europäischen Lieferanten abgeschnitten war, wurden immer mehr Rohstoffe durch geringwertige Surrogate ersetzt, was immer weitere Produktionsengpässe nach sich zog. Als Mitglied des Komitees für Rohstoffversorgung konnte z. B. Generaldirektor Jendrassik von Ganz & Co. diese Probleme zwar abschwächen, aber nicht aus der Welt schaffen.[101] Deutschland war außerdem nur für umfangreiche Rohstofflieferungen als Gegenleistung bereit, einen Teil der Maschinen oder Rohstoffe zu liefern, was zu Engpässen in anderen Bereichen führte.[102] Die mangelnde Kooperationsbereitschaft verteuerte nicht nur die ungarische Rüstungsproduktion, weil hohe Gebühren auch für veraltete Waffentypen an deutsche Lizenzgeber zu entrichten waren, sondern verzögerte auch Innovationsprozesse.

Obwohl Ingenieure und Arbeiter aus der kriegswichtigen Produktion möglichst nicht zum Kriegsdienst eingezogen wurden, verursachte der Arbeitskräftemangel weitere Probleme. Die Diskriminierung der Juden mit Mitteln der Gesetzgebung, ihre Einberufung zum »Arbeitsdienst« für die Armee, schließlich die Deportation der landsässigen Juden 1944 trugen gleichfalls zum Mangel an Fachkräften in Technik und Handel bei. Das wirkte sich umso nachteiliger aus, als in Abwesenheit einer eigenen leistungsfähigen ungarischen Rüstungsindustrie und Fahzeugproduktion nicht einfach die Kapazitäten vorhandener Produktionseinrichtungen erhöht werden konnten, sondern neue Branchen überhaupt erst aufgebaut werden mussten. Die Zusammenarbeit bei der Produktentwicklung, z. B. die der wichtigsten

---

100 Harrison, S. 10.
101 MNL Z45_20 Kgl. ung. Industrieminister an Gen.-Dir. Jendrassik, Ganz & Co., 16.06.1942.
102 Zamagni, S. 183–188.

Maschinenbauer bei der Entwicklung von Transportfahrzeugen für die Armee oder die von Tungsram und der Ungarischen Standard AG bei den Radiolokatoren, war für die ungarische Industrie neu. Positive externe Effekte von Zulieferern, die an der Spitze der Produktionskette zusammen mit der Firma lernten, brauchten Zeit zur Umsetzung. Insgesamt führten diese Faktoren zu wachsenden Auftragsrückständen, etwa bei Ganz & Co. Ende 1943 in der Höhe von 460 Millionen Pengő.[103]

Diese Umstände illustrieren, warum Deutschland schließlich viel weniger Nutzen aus seinem südosteuropäischen »Ergänzungsraum« und den besetzten Ländern im Osten zog als aus denjenigen im Westen.[104] Letztere befanden sich bei Kriegseintritt auf einem höheren industriellen Entwicklungsniveau, und ihre Ressourcen wurden während des Kriegs sorgfältiger bewirtschaftet. Ungarn baute zwar Kapazitäten auf, die den eigenen, öfter veränderten Kriegszielen entsprachen, diese Kapazitäten befriedigten aber bei weitem nicht die deutschen Anforderungen. Die unproduktiven, weil nur für die Kriegswirtschaft bestimmten Investitionen brachten Wirtschaft und Gesellschaft an den Rand ihrer Leistungsfähigkeit.[105]

4.3.4 Auf der Suche nach neuem technischem Know-how

Mit der ungarischen Kriegserklärung an die USA war es mit dem Technologietransfer von General Electric aus New York natürlich vorbei. Schon vor dem Krieg hatte Tungsram solches Know-how großteils nicht von General Electric direkt bezogen, sondern von Osram. Osram sorgte nun dafür, dass Informationen zunehmend nur in einer Richtung flossen, aber auch Tungsram verstand es, Informationen nicht zu früh preiszugeben.[106] Auf der anderen Seite nahmen die deutschen Unternehmen weiter Lizenzgebühren für überholte Technik. Dafür war das Telefunken-Huth-Lizenzabkommen mit der Ungarischen Wolframlampenfabrik AG, der »Orion«-Radios herstellenden Tungsram-Tochter, über Produktion und Verkauf von Rundfunkempfängern in Ungarn ein gutes Beispiel. Dieser Vertrag wurde 1940 und 1943 zu modifizierten Bedingungen verlängert, als Telefunken nicht mehr für die ISEC-Schutzrechte Gebühren fordern konnte. Orion musste für die

---

103 *Dombrády*, S. 339.
104 *Liberman*, S. 36–68; *Abelshauser*, Germany, S. 143.
105 *Dombrády*, S. 473.
106 MNL Z604_51_65 Tungsram an Osram, Berlin. Úpest, 9.06.1942.

Telefunken-Huth-Patente eine jährliche Pauschale zahlen. Zwar wollte sich Tungsram dadurch einen Umsatzzuwachs ohne Lizenzzahlung erzielen, Telefunken und Philips profitierten aber durch Vorauszahlung und Rückgang der Zivilkonsumption nach 1942 stärker von der Vereinbarung.[107]

Tungsram versuchte, auf zwei Wegen einen halbwegs brauchbaren Ersatz für die amerikanischen Verbindungen zu finden. Zum einen sollten die Tochterfirmen in neutralen Ländern Informationen beschaffen.[108] Zum andern unternahm Führungspersonal aus Technik und Verwaltung 1943 eine Reise in die Schweiz, um einen Technologieaustausch mit Brown Boveri zu vereinbaren.[109] Besonders wertvoll war die Hochfrequenz-Sendetechnik, die von »höchster Bedeutung für den technologischen Wandel nach dem Krieg« sei.[110] Die Verbindungen zur Brown Boveri gingen auf BB&Cs Beteiligung an der VEAG vom Beginn des Jahrhunderts zurück und ebneten wahrscheinlich diesen Verhandlungen während des Zweiten Weltkriegs den Weg.

4.3.5 Friedensvorbereitungen

4.3.5.1 Nachkriegspläne von Tungsram und Ganz

Die ungarische Kriegserklärung schwächte die Position ungarischer Unternehmen in den Kartellen. Staaten sahen sich veranlasst, höhere Steuern auf den Umsatz von ungarischen Tochtergesellschaften zu erheben und damit den Steuervorteil gegenüber der deutschen Konkurrenz aufzuheben.[111] Viel einschneidender war aber, wenn Firmen auf die schwarze Liste gesetzt oder

---

107 DTMB Telefunken I.2.060 C 3411/3166 Akten zur Verlängerung d. Telefunken/ Huth – Tungsram Lizenzvereinbarung (Bauerlaubnis v. 14.11.1940), Aktennotizen angefertigt bei Telefunken im Aug. 1943, Korrespondenz Philips/Telefunken, Okt. 1943–Jan. 1944.
108 MNL Z601_42_96 Prof. Bay an L.[azar] Grod, Direktor, Tungsram Zürich. Budapest, 20.10.1943.
109 MNL Z601_42_96 Prof. Bay an Präsident Dr. Walter E. Boveri, Brown-Boveri Werke, Baden bei Zürich. Újpest, 9.10.1943.
110 MNL Z601_24_59 Tungsram an den Kgl. ung. Industrieminister. Újpest, 8.04.1943 Antrag zur Hilfestellung bei der Botschaft des Deutschen Reiches um Durchreisevisa für L. Aschner, Prof. Bay und Ing. László Heller in die Schweiz.
111 MNL Z601_1383_690 Külföldi leányvállalatok pénzügyi helyzete [Finanzielle Situation der Tochtergesellschaften im Ausland] und Fiókvállalatok helyzete [Situation der Filialen im Ausland]. Tungsram, [Újpest, 1942].

beschlagnahmt wurden, so 1942 im Falle von British Tungsram und Tungsrams *International Electrical and Engineering Trust* in London.[112] Daher wurden andere Marktakteure vorsichtiger im geschäftlichen Umgang mit Tungsrams Tochtergesellschaften.

Was mit den Tochterfirmen geschah, hing stark von den jeweiligen Umständen und dem persönlichen Engagement ihrer Leiter ab. Beispielsweise wurde Tungsram Barcelona gleich zu Kriegsbeginn von den Westmächten auf die schwarze Liste gesetzt, bekam die Herstellung von Radios untersagt, Firmenkonten wurden eingefroren, sogar Regeln zur Rohstoffzuteilung sollen zum Nachteil der Tungsram-Filiale umgangen worden sein. Nach Auffassung von Újpest hätten diese Probleme vermieden werden können, wäre die Firma rechtzeitig in ein spanisches Unternehmen umgewandelt worden, wie es die Konkurrenz mit ihren Filialen getan hatte.[113] Tungsram Barcelona nutzte allerdings die Nachfrage nach preiswerten Radios, um seine Lagerbestände für die Reparatur solcher Geräte heranzuziehen. Als nach dem Spanischen Bürgerkrieg reguläre Lieferungen aus Újpest wieder möglich wurden, baute man die Radioproduktion aus und erzielte bis Kriegsende einen steten Gewinnanstieg, bis die Verbindung zu Tungsram Újpest endgültig abbrach. Die Filialfabriken Tilburg, Paris und Zürich ersetzten Lieferungen von Lampen- und Röhrenbestandteilen aus Újpest graduell durch wechselseitige Belieferungen.

Weil Tungsram vorausschauend vor Kriegsausbruch Rohstoffe eingelagert hatte und nur wenig auf ausländische Rohstoffe angewiesen war, konnte die Firma zunächst Versorgungsprobleme vermeiden. Die Eigenproduktion der meisten Filialfabriken konnte im besetzten West- und Osteuropa gleichermaßen hochgefahren werden: Ihre Gesamtproduktion erhöhte sich von 5.437.158 Stück Glühlampen i.J. 1939/49 auf 6.229.019 Stück i.J. 1942/1943, oder von 13 auf 15,8 Prozent der Gesamtproduktion des Konzerns, diejenige der Radioröhren von 42.221 auf 561.305 Stück, oder von 1,11 auf 16,48 % der Gesamtproduktion des Konzerns.[114] Das hing zweifelsohne mit erhöhten Lieferungen von Lampen- und Röhrenbestandteilen aus der Konzernzentrale zusammen. Die finanziellen Reserven waren mit

---

112 MOL Z601_294_1053 Dr. L. H. Popper, [Svenska Orion bzw. deren Tochtergesellschaft AS Juturna], an Leopold Aschner, z. Zt. Genf. Nockeby (Norway), 3.10.1945.
113 MNL Z604_7_9 Tungsram Radio an L. Aschner. Barcelona, 17.02.1948.
114 Verteilung der Glühlampenlieferungen und Verteilung der Radioröhrenlieferungen des Tungsram-Konzerns. Jeweils zusammenfassende Tabellen, Tungsram, elszámolási osztály [Verrechnungsabteilung]. Újpest, 11.06.1941, 25.08.1942, 22.06.1943.

12,2 Millionen Pengő 1940 ebenfalls beachtlich.[115] Die Produktion war stärker dadurch beeinträchtigt, dass Ingenieure und Facharbeiter zum Militär oder Arbeitsdienst eingezogen wurden.[116]

Auf Anfrage des Handelsministeriums legte Aschner 1942 einen Plan für die Marktbearbeitung nach dem Krieg vor. In der Annahme, dass sich die Staaten weiter protektionistisch verhalten würden, sah Aschner direkte Auslandsinvestitionen vor: Bereits seit 1937 waren Verhandlungen geführt worden, um Produktionsstätten in Argentinien, der Türkei, Ägypten, Palästina, Spanien, Belgien, Norwegen, Großbritannien und Indien auszubauen oder neu einzurichten, d. h. dort, wo eine unterentwickelte Produktion oder die Kartell- und Patentbestimmungen Tungsram Expansionschancen boten. Eigene Körperschaften wurden 1937 und 1941 in Argentinien, 1943 in der Schweiz und 1944 in der Türkei gegründet.[117] Um dafür die Erlaubnis aus Budapest zu erhalten, musste Tungsram darlegen, dass die Verlagerung der Produktion oder der Zusammenbau von Lampen dem Export von technisch anspruchsvolleren Lampensorten oder -bestandteilen den Weg ebnete. Es war eine offene Strategie, in diese Märkte vorzudringen, um nach dem Krieg die eigene Kartellquote zu vergrößern. Die jeweiligen Regierungen wurden dadurch umworben, dass man eine militärisch wichtige Produktion von Radioröhren und -bestandteilen plante.[118]

Aschner bestand darauf, keine Röhrenproduktion ohne Erlaubnis für Glühlampenfertigung aufzunehmen, womit er in Kauf nahm, den Marktzugang für Tungsram eventuell zu erschweren. An der Schweiz lassen sich die Konsequenzen dieser Haltung veranschaulichen. Zwar wurde die Röhrenherstellung 1943 von Bern erlaubt, doch entschied Aschner, davon keinen Gebrauch zu machen, um auf »realistischere Vorschläge« der Schweizer Regierung zu warten, welche die Lampenproduktion von Tungsram Zürich

---

115 MNL Z604_7_9 [Tungsram] üzleti jelentése [Bericht über das Geschäftsjahr 1939/49, vorgelesen an der XLIV. ordentlichen Generalversammlung am 27.08.1940].
116 MNL Z601_260_1020 Jegyzet a Tungsram összeszerelő üzeméről. [Aufzeichnung über die Montagewerkstatt von Tungsram] Újpest, 15.06.1943.
117 *Gáspár*, S. 85; MNL Z601_22_150 Dir. V[ilmos] R[osenfeld] an Osram, Berlin. Újpest, 30.12.1937 Türkei – Errichtung einer Glühlampenfabrik; Ebd: Hüssameddin bey an L. Aschner. Istanbul, z. Zt. Lübeck, 14.06.1937, Tungsram an MNB Bankosztálya, 15.06.1944: Törökországban létesítendő izzólámpa üzem. [Antrag an die Bankabteilung der Ungarischen Nationalbank. In der Türkei zu errichtende Glühlampenfabrik].
118 MNL Z601_260_1020 Tungsram Zürich an Kriegs-Industrie-&Arbeitsamt, Bern, 16.09.1943.

auszuweiten erlaubten. Diese Erlaubnis wurde erst im März 1945 erteilt und die Produktion 1946 in Carouge aufgenommen. Zu diesem Zeitpunkt war jedoch der Schweizer Markt bereits mit hochwertigen und preiswerten US-Röhren gesättigt, mit denen Tungsram nicht konkurrieren konnte.

Aschners Plan ging auf eine Strategie aus den späten 1930er Jahren zurück und wurde während des Kriegs nicht weiter modifiziert. Dennoch handelte es sich um eine von wenigen langfristigen und realistischen Planungen in Ungarn für die Übergangsperiode nach dem Krieg.[119] Die vermehrten Glühlampen- und Röhrenlieferungen in neutrale Länder und die erweiterte Produktion der Filialfabriken in Frankreich, in den Niederlanden und im östlichen Europa weckten bei Tungsram berechtigte Hoffnungen, nach dem Krieg günstigere Verhandlungspositionen in den Kartellen zu haben.[120] Wie im Ersten Weltkrieg investierte Tungsram mit dem Kauf einer Glasfabrik in Nordsiebenbürgen, einer weiteren in Südwestungarn und einer Handelsgesellschaft für Glasprodukte in Budapest auch in die Rückwärtsintegration.[121] Das war auch deshalb wichtig, weil Tungsram aus Kohlenmangel bereits Ende 1942 die Herstellung der Glasröhren in Újpest vorübergehend einstellen musste. Die Versorgung wurde aus Utekač in der Slowakei sowie aus anderen kleinen Glasfabriken im vergrößerten Ungarn und mittels gelegentlicher Lieferungen von Osram gesichert.[122]

Bei Ganz & Co. lassen sich dagegen kaum Vorkehrungen für die Rückkehr zur Friedenswirtschaft erkennen. Zumindest die türkische Ganz-Filiale machte einen beachtenswerten Vorschlag. Infolge ihrer Diskriminierung in der Türkei wanderten viele Juden und Armenier in den Nahen Osten aus. Viele bauten sich dort eine neue Existenz auf, indem sie Export-Import-Geschäfte mit der Türkei betrieben. Ganz Türk beauftragte einen jüdischen Mitarbeiter, über die Marktlage in seiner neuen Heimat zu berichten, und legte Budapest auf dieser Grundlage den Ausbau des Stromzähler- und Dieselmotorgeschäfts im Nahen Osten nahe.[123]

---

119 MNL Z601_17_128 Gyártásfejlesztési tervezet [Plan für Produktionsentwicklung] Újpest, 20.05.1943.
120 MNL Z601_260_1020 Az Egyesült Izzó rádiócsőeladásai [Tungsram-Radioröhrenabsatz]. Újpest, 17.06.1943.
121 *Koroknai*, Tungsram *Rt.*, S. 61.
122 S. diesbezügliche Korrespondenz MNL Z604_51_65 Exportabteilung, Tungsram an Dir. Fischmann, Tungsram. Újpest, 26.11.1943, VkTS V/R Osram an Tungsram, Berlin, 23.10.1943.
123 MNL Z426_14 Ganz Türk an Gen.-Dir. Odescalchi, Ganz & Co., Budapest. Istanbul, 6.09.1943.

Bei Ganz Budapest scheint hingegen die einzige zukunftsweisende Entwicklung die Gasturbine gewesen zu sein. Die von der Regierung mitfinanzierten Experimente Georg Jendrassiks ermöglichten, sich an die Spitze dieser Technologie zu setzen.[124] Doch schlossen die kriegswirtschaftlichen Verhältnisse aus, die Gasturbine zur Marktreife zu bringen. Jendrassik perfektionierte seine Entwicklung in den späten 1940er Jahren in der Emigration; die Gasturbine kam nach Kriegsende hauptsächlich in der Luftfahrt in Einsatz.

4.3.5.2 Pläne für die Integration der ungarischen Wirtschaft in die Nachkriegsordnung

Auf der Makroebene gab es nur Pläne zur Reintegration vormaliger ungarischer Gebiete, die durch die Wiener Schiedssprüche wiedergewonnen worden waren, beispielsweise mithilfe öffentlicher Holdings Siebenbürgen zu elektrifizieren. Darüber hinaus äußerten Wirtschaftspolitiker die Hoffnung, dass Ungarn sich als Juniorpartner Deutschlands auf dem Balkan und in der Sowjetunion würde besser präsentieren können.[125] Die Kontakte zu den Balkanländern sollten intensiviert werden. Dazu zählte, repräsentative Unternehmen wie Tungsram mit staatlicher Förderung an regionalen Messen und Ausstellungen teilnehmen zu lassen oder regionsspezifische Forschung im Ungarischen Außenpolitischen Institut (*Magyar Külügyi Társaság*) in Auftrag zu geben.[126]

Die Regierung hoffte, die Kriegsanstrengungen entgegen den Forderungen des Militärs zurückfahren zu können. In diesem Geiste verlangte das Finanzministerium im Januar 1942 vom Verteidigungsressort eine Einschätzung, wie die neuen industriellen Kapazitäten nach Kriegsende in die ungarische Wirtschaft integriert werden könnten. Trotzdem erfüllte Ungarn die wachsenden deutschen Forderungen, weil Budapest nicht riskieren wollte, dass Deutschland eine Grenzrevision zugunsten Rumäniens unterstützte. Diese Politik führte zu weiteren schweren wirtschaftlichen Einbußen und zur Vernichtung der Zweiten Ungarischen Armee in der

---

124 MNL Z425_19_68 Prof. Dr. Ing. F. Sass, Direktor des germanischen Lloyd an stellvertr. Gen.-Dir. Jendrassik, Ganz & Co., Budapest, 12.04.1939; Ebd: Publikation zum Andenken von István Horthy. Entwurf zur Antwort von Jendrassik an Magyar Közlekedéstudományi Társaság, Rundbrief, 30.09.1942.
125 *Ungváry*, S. 38.
126 MNL Z602_12 Korrespondenz zur Teilnahme von Tungsram an den Messen in Plovdiv (Bulgarien) und in Izmir (Türkei) i.J. 1943; *Drucker u. Eckhardt*.

Sowjetunion. Dadurch schwand das ungarische Militärpotential derart, dass das Land selbst bei einem begrenzten Territorialkonflikt mit Rumänien hätte unterliegen müssen.[127]

Bei ihren Auseinandersetzungen mit der deutschen Industrie gewannen die Ungarn den Eindruck, ihr Land solle zu einem bloßen Rohstofflieferanten heruntergestuft werden.[128] Während sich Ungarns Rolle in den deutschen »Lebensraum«-Planungen immer deutlicher abzeichnete, erschienen in der den faschistischen Pfeilkreuzlern nahestehenden Presse 1942/43 Entwürfe für die Zukunft der ungarischen Industrie im »neuen Europa«. Einerseits war darin von der Ausdehnung des Absatzmarktes auf ganz Osteuropa bis hin zum Kaukasus die Rede; andererseits musste nachdenklich stimmen, dass nur bei hergebrachten Exportartikeln wie Landwirtschaftsmaschinen, Motoren, Schienenfahrzeugen und Lebensmitteln Umsatzsteigerungen in Aussicht gestellt wurden.[129] Generell war die organisierte Industrie gegenüber den deutschen Neuordnungsvorstellungen zurückhaltend. Leopold Aschner und andere Mitglieder der Direktion des Verbands Ungarischer Eisenwerke und Maschinenbauunternehmen hatten daher wenig Mühe, den Vorschlag ad acta zu legen, Details zur Integration der Verbandsunternehmen in den deutschen »Lebensraum« auszuarbeiten.[130]

Führende Mitglieder des Industriellenbundes wie Tungsram traten 1941 gegen die Neuverhandlung des Industrieförderungsgesetzes ein, weil sie verhindern wollten, dass die kriegsbedingte Staatsintervention in die Privatwirtschaft zur Dauereinrichtung wurde.[131] Für die Nachkriegszeit verbanden sie das mit dem Schutz der ungarischen Industrie gegen eine hegemoniale Übermacht Deutschlands: Wenn nach dem Sieg NS-Deutschlands die Abrüstung der Industrien in den Mitläuferstaaten auf die Tagesordnung komme, habe Ungarn größere Chancen, bestimmte Fabriken oder ganze Branchen zu erhalten, wenn diese auf dem neuesten Stand seien.[132]

---

127 *Dombrády*, S. 100–112.
128 *Berend u. Ránki*, Deutsche wirtschaftliche Expansion, S. 318; vgl. *Ristović*, S. 227–228.
129 Bspw. *Martsekényi*.
130 MNL Z58_7_6 Dunkel, Károly, Magyar Acél- és Fémművek, an Gen.-Dir. dr. István Perényi, MÁH. Budapest, 15.07.1941. Die ein halbes Jahr früher vorgelegten Pläne stammten nicht von den wichtigsten Repräsentanten der Industrie und gingen nicht über die Formulierung von Wünschen hinaus.
131 MNL Z Z213_3_17 MGYOSZ an den Kgl. ung. [Industrie]minister. [Budapest, April 1941], L. Aschner an MGYOSZ, Budapest. Újpest, 6.12.1940 und 10.12.1940.
132 *Dombrády*, S. 102.

Aufgrund der Erfahrungen nach dem Ersten Weltkrieg wurde eine Regierungsstelle mit der Aufgabe eingerichtet, die Umstellung auf die Friedenswirtschaft zu koordinieren.[133] Bei diesen Planungen spielte politisches Wunschdenken eine nicht unerhebliche Rolle: Noch nach dem Jahreswechsel 1943/44 hoffte die politische Führung, dass Briten und Amerikaner zur Stelle sein würden, wenn sich Ungarn gegen Deutschland wenden sollte. Eine viel wahrscheinlichere sowjetische Intervention wurde nicht einmal in Rechnung gestellt.[134] Erst im April 1945 erstellte die Industrieabteilung der Kreditbank ein Memorandum über die Folgen einer längeren sowjetischen Okkupation.[135] Mit der Eröffnung der Zweiten Front weit weg in der Normandie waren Spekulationen über einen Seitenwechsel mit angloamerikanischer Unterstützung endgültig vom Tisch. Als Admiral Horthy im Oktober 1944 Ungarns Allianzwechsel verkündete, bewahrheiteten sich alle Befürchtungen, die sein Regime solange von diesem Schritt abgehalten hatten.

4.4 Deutsche Invasion und Pläne zur Verlagerung der ungarischen Industrie nach Deutschland 1944–1945

Die deutsche Besetzung Ungarns am 19. März 1944 setzte der bereits stark beschnittenen Autonomie des privaten Unternehmertums endgültig ein Ende. Ein direkter Angriff auf die Wirtschaftselite Ungarns folgte: Himmler legte eine Liste mit etwa 300 ungarischen Politikern und Unternehmern vor, die nach Auschwitz oder Mauthausen deportiert werden sollten. Einige konnten entkommen, darunter die eng untereinander verwandten Familien Weiss, Chorin und Mauthner, Eigentümer des größten Maschinenbau- und Montanindustriekomplexes in Ungarn.[136] Leopold Aschner wurde in das Konzentrationslager Mauthausen deportiert. An seiner Stelle übernahmen Zoltán Bay als technischer Generaldirektor sowie Dénes Graf Jankovich, einer der leitenden nichtjüdischen Angestellten, als kommerzieller General-

---

133 MNL Z213_3_11 Átmenetgazdasági kérdések [Fragen zur Übergangswirtschaft]. Ganz & Co. an MGYOSZ. Budapest, 2.11.1943
134 *Dombrády*, S. 131.
135 MNL Z58_9_9 Industrieabteilung, MÁH, Aufzeichnung, Budapest, 4.10.1943, Aufzeichnung o.T. »A nihilizmus forradalmának nevezte ...«, Budapest, April 1945.
136 *Strasserné u. Bán*, S. 44–47.

direktor die Führung von Tungsram. Jankovich handelte ein Lösegeld von 200.000 US-Dollar für Aschner aus.[137] Dieser kam nach mehreren Monaten tatsächlich frei und lebte anschließend bis Anfang 1948 in Genf. 400 von den jüdischen Mitarbeitern, die bis dahin vor dem Arbeitsdienst hatten geschützt werden können, wurden ebenfalls deportiert. Nur zwölf Ingenieure konnten mit weiteren Zahlungen und mit dem Argument gerettet werden, dass ohne sie die Lieferung von Röhren für die Wehrmacht und die Weiterentwicklung des Lokators unmöglich seien.[138]

Die vollständige Umstellung der ungarischen Rüstungsproduktion unter deutscher Besatzung verursachte weitere Effizienzverluste bei der Ressourcennutzung. So wurde für ganze Warengruppen ein Produktionsstopp verhängt, während geordnete Erzeugnisse vollständig den deutschen Spezifikationen entsprechen mussten. So waren umfangreiche private und öffentliche Investitionen – auch bei Ganz & Co. – in die Entwicklung von Panzerwagen und Sturmgeschützen vergeudet, weil die Wehrmacht sie nicht brauchte und die nun der Wehrmachtsführung direkt unterstellten ungarischen Streitkräfte ihren Munitions- und Waffennachschub aus Deutschland bekamen. Umgekehrt musste die Produktion von Last- und Zugwagen bei äußerstem Mangel an allen Produktionsmitteln hochgefahren werden.[139]

Tungsram wurde unter deutsche Militärverwaltung gestellt und die Produktion nach Telefunkens Spezifikationen ganz auf den Bedarf der Wehrmacht abgestellt. Exporte in neutrale Länder kamen zum Erliegen; nur noch nach Schweden konnten gelegentlich auf dem Kompensationswege kleinere Mengen geliefert werden.[140] Die Kooperation mit Osram und Telefunken wurde endgültig zur Farce. Bis Ende 1943 wurden Preisänderungen noch in altbewährter Weise im wechselseitigen Einvernehmen vorgenommen: Tungsram stimmte Osrams Ansinnen zu, die Glühlampenpreise in der Türkei zu erhöhen, und durfte als Gegenleistung die Preise in Bulgarien anheben. Im zweiten Halbjahr 1944 informierte Osram Újpest nicht einmal mehr über die in Skandinavien durchgeführten Preis- und Ra-

---

137 Das Lösegeld soll auf einem Bankkonto in der Schweiz gefunden und von den Amerikanern beschlagnahmt worden sein. MNL Z601_23_172 Zeitungsabschnitt *PT* 14.01.1948, S. 3.
138 *Koroknai*, Tungsram *Rt.*, S. 64.
139 *Dombrády*, S. 173–186.
140 MNL Z604_5 Svenska Orion an Tungsram, Újpest. Stockholm, 26.05. und 21.06.1944; Postajelentés [Postbericht], Tungsram intern. Újpest, 22.06.1944; *Koroknai*, Tungsram Rt., S. 63–64.

battänderungen.¹⁴¹ Auch stellte Telefunken keine Informationen mehr zur Verfügung, welche die Produktionsumstellungen bei Tungsram hätten erleichtern können.

Als Teil des letzten Aufbäumens der NS-Führung und der Pfeilkreuzler gegen die Niederlage ordnete das ungarische Verteidigungsministerium die Verlagerung von Produktion und Arbeitskräften ins Reich und die Vernichtung der restlichen Kapazitäten an.¹⁴² Tungsram gelang es, diese Pläne zu unterlaufen; auch Ganz & Co. musste nur einen Teil der Maschinen abgeben.¹⁴³ Industrieministerium, Betriebsmitarbeiter und ungarisches Militär halfen dabei, Maschinen auf Bauernhöfen oder in Berghöhlen zu verstecken oder ganze Anlagen temporär außer Betrieb zu setzen; manchmal zogen Mitarbeiter mitsamt Familien in die Fabriken ein.¹⁴⁴

Für Tungsram bedeutete die Forschung an Ultrakurzwellen und Radar sowie Bays Entdeckung von lunar reflektierten Radiowellen einen letzten Hoffnungsschimmer für die Zeit nach dem Krieg.¹⁴⁵

4.5 Zusammenbruch und Pläne für die Reintegration in die Weltwirtschaft

4.5.1 Zweiter Neuanfang im 20. Jahrhundert

Am Ende des Zweiten Weltkriegs war ein Zehntel der Bevölkerung Ungarns in den Grenzen von 1938–1941 nicht mehr am Leben.¹⁴⁶ 40% des Nationalvermögens waren vernichtet. Die Verkehrsinfrastruktur lag in großen Teilen darnieder; 90% des Waggonparks waren zerstört oder von Wehrmacht oder Roter Armee beschlagnahmt.

Nach dem Krieg stand das Land unter alliierter Verwaltung; die UdSSR übernahm den Vorsitz im Alliierten Kontrollkomitee. Ungarn musste

---

141 MNL Z604_51_65 Osram an Tungsram. Berlin, 7.10.1942, Tungsram an Osram. Újpest, 16.08.1943 u. 6.12.1944 Philips Eindhoven wurde in die Entscheidungsfindung über Bulgarien und die Türkei nicht einbezogen.
142 *Berend u. Ránki,* Deutsche wirtschaftliche Expansion, S. 357.
143 MNL Z58_16_16 Aufzeichnungen über Kriegsschäden der Konzernunternehmen, Kreditbank v. Ende 1945 u. 1946.
144 *Magyar Iparügyi Minisztérium,* Ipartelepek, Ganz & Co.(Anlage 7, 17), Tungsram (Anlage 9).
145 *Bay,* Reflection; *Mészáros.*
146 *Borhi,* S. 60; *Stark.*

300 Millionen US-Dollar an Reparationen an die Sowjetunion, die Tschechoslowakei und Jugoslawien zahlen; dazu zählten Lieferung von Rohstoffen und Demontagen. Die sehr nachteiligen Lieferbedingungen ließen diesen Nominalwert noch weiter steigen. Bis zur Unterzeichnung des Friedensvertrags war Ungarn politisch und wirtschaftlich isoliert. Im Jahr 1945 betrug sein Außenhandel gerade einmal 3,7 Millionen US-Dollar. In Anbetracht der Alt- und Kriegsschulden und der galoppierenden Inflation war eine Genesung der Wirtschaft in naher Zukunft unwahrscheinlich.[147]

Bis Anfang 1948 war unklar, inwiefern sich die ungarische Wirtschaft in die neue Weltwirtschaftsordnung würde eingliedern können, zumal nicht feststand, wie lange und in welchem Umfang sie von der Sowjetunion dominiert werden würde. Obwohl Ungarn wie ganz Ostmitteleuropa bei den Konferenzen von Jalta und Potsdam 1945 von den Westalliierten der sowjetischen Interessensphäre überlassen worden war, bedeutete die Verschiebung endgültiger Entscheidungen über das Schicksal der Region auf die Friedensverhandlungen, dass die vollständige politische, ideologische und ökonomische Reorientierung des östlichen Europas noch keineswegs endgültig schien.[148] Zahlreiche privatwirtschaftliche Organisationen und wissenschaftliche Vereine versuchten, erneut Kontakte zum Westen aufzunehmen. Manager von Tungsram und Ganz & Co. bekleideten darin zu diesem Zweck hochrangige Positionen; so Bay in der Naturwissenschaftlichen Sektion der Ungarisch-Englischen Gesellschaft[149] und der Ungarisch-Belgischen Gesellschaft, Jankovich in der Ungarisch-Spanisch-Amerikanischen Handelskammer und der Ungarisch-Australischen Wirtschaftskammer.[150] Außerdem hatten sie weiterhin leitende Positionen in den

---

147 *Pető u. Szakács*, S. 17–24.
148 So wurden noch Anfang 1947 Hoffnungen für die Gründung einer Keramikbausteinfabrik (Radioapparate) in britisch-schweizerisch-ungarischer Kooperation gehegt. MNL Z601_24_174 Dir. Pál Aschner, Papierfabrik Neményi Brüder, an L. Aschner, Budapest, 18.03.1947.
149 MNL Z603_42_96 Prof. Bay an die Ungarisch-Englische Gesellschaft. Újpest, 28.01.1947, Ungarisch-Belgische Gesellschaft an Prof. Zoltán Bay. Budapest, 14.03.1947 und Prof. Bay an den Ungarischen Elektrotechnischen Verein (Magyar Elektrotechnikai Egyesület (MEE). Újpest, 16.05.1947.
150 MNL Z601_63_240 Korrespondenz des kommerziellen Generaldirektors Graf Dénes Jankovich, Tungsram, mit mehreren Organisationen wie *Preparatory Committee of the Hungarian-Australian Economic Chamber* an Jankovich, Budapest, 16.11.1946 und Ungarisch-spanisch-amerikanische Wirtschaftskammer an Graf Dénes Jankovich, Gen.-Dir., Tungsram. Budapest, 2.08.1946.

Lobbyverbänden ihrer Industrie inne; Jankovich wurde wieder zum Vizepräsidenten des Verbandes Ungarischer Eisenwerke und Maschinenbauunternehmen gewählt.[151]

Ungarn gehörte zur »mittleren Sphäre« des von der Sowjetunion geplanten *cordon sanitaire*, was eine schrittweise Machtübernahme durch die Kommunisten ermöglichte.[152] Tatsächlich waren in der Provisorischen Regierung wie auch in der nach den ersten allgemeinen Wahlen vom November 1945 gebildeten Regierung prowestliche Parteien in der Mehrheit. Die Partei der Kleinlandwirte (*Magyar Kisgazdapárt*) gewann bei diesen Wahlen 57 %, indem sie verschiedene westlich orientierte Milieus der Mittelschichten zusammenbrachte. Jedoch machte sich der Einfluss der Ungarischen Kommunistischen Partei (*Magyar Kommunista Párt*, MKP), auf die nur 17 % der Stimmen entfallen waren, wegen der sowjetischen Präsenz von Anfang an deutlich bemerkbar: Die vier zu den Wahlen antretenden Parteien bildeten zusammen eine Koalitionsregierung; die MKP übernahm das Innenministerium und damit den Schlüssel zur Macht auf allen Verwaltungsebenen. Über den Hohen Wirtschaftsrat (*Gazdasági Főtanács*), der am 24. November 1945 zur Koordinierung des Wiederaufbaus eingerichtet wurde, gewann die MKP auch immer mehr Kontrolle über die Wirtschaftspolitik.

Alle Parteien bekannten sich zu radikalen sozialen Veränderungen. Sogar der Industriellenbund sah sich genötigt, höhere Sozialkosten zugunsten der Belegschaften, die Ausweitung von Arbeiterrechten und staatliche Eingriffe in die Privatwirtschaft in Kauf zu nehmen.[153] Die Ende 1946 erfolgende Verstaatlichung der größten Stromversorger[154] und von fünf strategischen Unternehmen, darunter Ganz & Co., hatte selbst in Westeuropa Entsprechungen. Die kapitalistische Wirtschaftsordnung wurde allerdings dort nicht prinzipiell in Frage gestellt.[155] Auch in Ungarn wurden diese ersten Nationa-

---

151 MNL Z601_63_233 MGYOSZ an Graf Dénes Jankovich, Gen.-Dir., Tungsram. Budapest, 27.09.1945.
152 *Lundestad*, S. 435–450.
153 MNL Z601_63_233 GYOSZ 1945. évi beszáMNLója [Jahresbericht des Industriellenbundes 1945], Manuskript. [Budapest], 26.10.1945.
154 Tatsächlich machten es in Ungarn systematische Investitionen in das Stromversorgungsnetzwerk von den späten 1940ern an möglich, den Entwicklungsrückstand zu Westeuropa zu verringern, indem auch strukturschwache Regionen an das Stromnetz angeschlossen wurden, und das bei niedrigeren Preisen und einer höheren Effizienz der Stromerzeugung. *Szalay*.
155 *Abelshauser*, Westeuropa.

lisierungen angeblich nur zum Zweck des Wiederaufbaus und ohne das private Eigentumsrecht anzutasten durchgeführt.[156]

Ungarn brauchte dringend Lebensmittel, Treib- und Rohstoffe sowie Exportmärkte. Da jedoch die Westmächte zögerten, sich mit Ungarn einzulassen, und die USA ein Handelsabkommen vor dem Friedensvertrag ablehnten, konnte sich der sowjetische Einfluss ungehindert geltend machen.[157]

4.5.2 Pläne für den Neuanfang

Mit unbegründetem Optimismus ging der Industriellenbund 1945 davon aus, dass Ungarn die durch die Wiener Schiedssprüche zuerkannten Gebiete würde behalten können.[158] Eine in Vorbereitung auf die Friedenskonferenz verfasste Studie des Handelsministeriums betonte die Bedeutung der ungarischen Industrie für die Reparationsleistungen und den europäischen Wiederaufbau, besonders im Hinblick auf den Morgenthau-Plan. In der Hoffnung auf Schonung der verbliebenen Produktionskapazitäten schrieb sie der Elektrobranche eine besonders wichtige Rolle zu. Befreit von der »ungesunden Konkurrenz der deutschen Industrie«, werde sie ihre Kräfte entfalten und die Wiederherstellung der Zahlungsfähigkeit durch erneuerten Export unterstützen können.[159] Der Friedensvertrag von 1947 sollte keine dieser Hoffnungen erfüllen: Er gewährte keinen Zugang zu den Rohstoffen in den 1920 abgetrennten Gebieten und verkleinerte Ungarns Territorium sogar noch um drei Dörfer. Er erkannte die gegenüber Deutschland angehäuften Forderungen von 279 Millionen Dollar (über eine Milliarde Reichsmark) nicht an, und er traf keine Regelung zur Rückzahlung von Ungarns Aus-

---

156 MNL XIX_F_1_u_3 Feljegyzés a f. hó 4-én (…) az Iparügyi Minisztériumban a Magyar Philips Művek rt. Hollandiába kiküldött megbízottjával folytatott megbeszélésről. [Notiz: Besprechung mit dem in die Niederlande entsandten Beauftragten der Ungarischen Philips Werke im Industrieministerium, 4.06.1948] Budapest, 16.06.1948, Sándor Hollay, [Ganz Stromzählerfabrik], Jelentés az Accord de Paris f. évi okt. 21–24 között Cannes-ban megtartott kongreszusáról. Budapest, 30.11.1948 [Bericht: Kongress des *Accord de Paris*, Cannes, 21–24.10.1948].
157 Borhi 2005, S. 33.
158 MNL Z601_63_233 A GYOSZ 1945. évi beszámolója [Jahresbericht des Industriellenbundes 1945], Manuskript, [Budapest, Januar 1946]..
159 *Magyar Iparügyi Minisztérium Iparpolitikai Osztálya*, S. 38–39.

landschulden, noch zur Rückgabe der verschleppten Produktionsgüter und Werte. Auch die Reparationen wurden nicht reduziert.[160]

Die Ungarische Allgemeine Kreditbank benannte die Voraussetzungen, damit Ungarn den Export in Länder mit konvertibler Währung wieder aufnehmen könne. Die noch vorhandenen Produktionskapazitäten mussten intakt bleiben. Die Banken mussten den Wiederaufbau koordinieren können; so sollte die eigene Industrieabteilung kleineren Betriebe ihres Industriekonzerns Unterstützung bei Marktforschung, Buchhaltung und Produktionsorganisation bieten. Das verbliebene Personal war nicht nur ausreichend mit Lebensmitteln zu versorgen, sondern sollte vor allem in seiner persönlichen Sicherheit ungefährdet sein. Diese Liste war eine versteckte Kritik an der drohenden Nationalisierung der Banken, den Demontagen, den willkürlichen Verschleppungen zum Arbeitsdienst in der UdSSR und dem Vorrang der Versorgung der Roten Armee. Außerdem mussten die von den Sowjets geraubten Geldreserven zurückgegeben werden.[161] Keine dieser Voraussetzungen wurde erfüllt. Ebenso scheiterten Pläne der Kreditbank, den konvertiblen Export mit traditionellen Gütern wie Stromzählern, Waggons, Elektro- und Dampfturbinen aus der Produktion von Ganz & Co. und einigen anderen Firmen durch Aktienverkauf an westliche Investoren zu steigern.[162]

Wegen der geschwundenen Kaufkraft Ungarns hielt die PMKB es ebenfalls für nötig, den Exportanteil am Bruttosozialprodukt zu erhöhen.[163] Die Banken stimmten darin überein, Rationalisierung und Verfahrensverbesserungen dafür einzusetzen, den Industrieexport nicht mehr wie so oft vor dem Krieg zu Dumpingpreisen betreiben zu müssen. Zwei Vorschläge der PMKB sind besonders zu nennen: Zum einen sollte eine Art legale Wirtschaftsspionage die Erkundung von Exportmärkten ergänzen. Zum andern sollte Ungarn Deutschland als wichtigste Quelle für Know-how durch engeren Kontakt zu anderen Ländern ersetzen; im Sinn hatte die PMKB hier sicher die Angloamerikaner.

---

160 *Pető u. Szakács*, S. 33–35.
161 MNL Z58_7 Plan der Kreditbank über die Rolle der Industrie im Wiederaufbau (o. T.). Budapest, 10.03.1945.
162 MNL Z58_9_9 Industrieabteilung, MÁH, Aufzeichnungen von 30.04.1945 und 17.06.1946.
163 MNL Z1515_4_11 A magyar ipar világgazdasági szervezési problémái [Organisatorische Probleme der Wiedereingliederung der ungarischen Industrie in die Weltwirtschaft] Budapest, 8.09.1946.

Die Unternehmer stimmten offenbar in der Absicht überein, die Industrie auf hochwertige Güter auszurichten, für die Ungarn selbst die Rohstoffe bereitstellen konnte. Traditionelle Exportbranchen wie die Elektrotechnik wurden in diese Pläne ebenso einbezogen[164] wie erst noch aufzubauende Produktionszweige, etwa der Werkzeugmaschinen- und Präzisionsinstrumentenbau.[165] Ähnliche Einschätzungen hatte es zwar schon nach dem Ersten Weltkrieg gegeben, aber erst nach 1945 erkannte die ungarische Führung darin die einzige wirkliche Option. Privatwirtschaft und selbst Kommunisten waren sich in dem Ziel einig, Ungarn zum Lieferanten von Investitionsgütern für industrielle Nachzügler zu machen. Dafür brauchte es keine Massenwaren, sondern Nischenprodukte, zu entwickeln von findigen Ingenieuren, die bei magerem Forschungsbudget innovativ zu denken verstanden.[166] Um nicht weiter hinter den Westen zurückzufallen, war es ebenfalls von strategischer Bedeutung, das technische Know-how Ungarns zu poolen. Die Pläne der beiden Banken gingen allerdings von privatwirtschaftlichen Verhältnissen aus; das widersprach naturgemäß der zentralen Kommandowirtschaft und der Zwangsbewirtschaftung ökonomischer Ressourcen, wie sie die MKP etablieren wollte.[167]

Diese einander ausschließenden Vorstellungen gingen auch darauf zurück, dass der Wiederaufbau einerseits zentrale Koordination erforderte, andererseits allen die negativen Begleiterscheinungen der Bürokratisierung in der Zwischenkriegszeit vor Augen standen. Die Denkart vieler Akteure, die bis 1945 mit der staatlich koordinierten Wirtschaft sozialisiert worden waren, war vielfach noch von eingefahrenen Routinen beherrscht. So spie-

---

164 MNL Z58_9_9 Az ország újjáépítésének módja... [Die Art und Weise der Rekonstruktion von Ungarn ...] [Vorstudie zum Rekonstruktionsplan, Industrieabteilung, Kreditbank Ende 1945]; MNL Z601_63_233 GYOSZ 1945. évi beszámolója [Jahresbericht des Industriellenbundes über 1945] Manuskript, [Budapest, Januar 1946]
165 MNL Z58_7_6 Industrieabteilung, MÁH, Memorandum a szerszámexport ipari megszervezése tárgyában. [Memorandum über die Organisation des Werkzeugmaschinenexports]. Budapest, 14.10.1946.
166 MNL Z425_33_ 122 dr. Hornung, Andor, Ganz & Co., A magyar ipar fejlesztésére vonatkozó megjegyzések [Bemerkungen zur Förderung der ungarischen Industrie], Budapest, 3.01.1947; MNL Z425_33_124 Tanulmány. A kutatómunka jelentősége az iparban [Studie. Die Bedeutung der industriellen Forschung]. [Ganz & Co., Budapest, 1946].
167 MNL Z58_9_9 Industrieabteilung, MÁH, Aufzeichnung. Budapest, 6.08.1945 und Aufzeichnung o.T., Budapest, 6.05.1946 [Bemerkungen zum Plan über die Poolung des Know-how privater und verstaatlichter Unternehmen].

gelte der von der Kreditbank im Januar 1946 vorgelegte Plan für den Ausbau der Außenhandelsorganisation den schwierigen Versuch wider, Flexibilität und Engagement privaten Unternehmertums mit Prestige und Wirkungsmacht einer Staatsbehörde zu vereinen.[168]

Tungsram sowie Ganz & Co. exemplifizierten die Chancen, Ungarn als Hersteller von Nischengütern für industrielle Nachzügler zu etablieren; Chancen, die sich jedoch in einer Zeit der radikalen Umstrukturierung der Weltwirtschaft und der sich auftuenden Kluft zwischen Ost und West als kaum nutzbar erwiesen.

4.6 Wiederaufbau transnationaler Netzwerke

4.6.1 Ganz & Co.: Nationale Kontrolle

Die Fabriken von Ganz & Co. wurden während der Bombardierung von Budapest schwer getroffen: Auf den Pengő-Wert von 1938 umgerechnet, lagen die Schäden der Ganz-Fabriken bei über 126 Millionen Pengő; dies war die zweithöchste Schadenssumme bei den 450 mit der Kreditbank in Verbindung stehenden Unternehmen. Das elektrotechnische Werk war am schwersten beeinträchtigt.[169] Die bis Spätherbst 1945 wieder aufgenommene Produktion der Ganz-Fabriken wurde größtenteils aus Betriebsreserven finanziert; die Notenbank stellte außerdem Kredite vor allem zur Herstellung von Reparationsgütern bereit. Die Leistungsfähigkeit im Bereich Maschinenbau lag aber selbst noch Ende September 1949 nur bei einem Viertel seiner Kriegskapazitäten.

Die Firma wurde Anfang 1946 unter Staatsverwaltung gestellt, die laufenden Geschäfte aber weiterhin vom alten Management geleitet. Staatliche Kontrolle mit dem Versuch unter einen Hut zu bringen, an die alten transnationalen Vereinbarungen anzuknüpfen und sich internationalen Kartellen anzuschließen, kam einer Quadratur des Kreises gleich. Für die Geschäfts-

---

168 MNL Z58_3_3 Industrieabteilung, MÁH, Feljegyzés külkereskedelmi szervezetünk kiépítésére [Aufzeichnung zum Ausbau unserer Außenhandelsorganisation] Budapest, Jan. 1946.
169 MNL Z58_16_16 Industrieabteilung, MÁH, Vállalatainkat ért bombakárok kimutatása [Durch Bombardierung erlittene Schäden unserer Konzernunternehmen] Budapest, 16.05.1944 und 19.09.1944, Tabelle über die Schäden der Konzernunternehmen infolge der militärischen Auseinandersetzungen o.T., Budapest, 17.06.1946.

leitung hatte Priorität, die Partnerschaft mit den britischen Maschinenbauunternehmen Metrovick und Metrocam zu erneuern. Um die Dieseltriebwagen wieder auf den Markt zu bringen, bevor die Bahnverwaltungen sich für andere Systeme entschieden, wurden im Sommer 1946 die Lizenz- und Kartellvereinbarung zwischen Ganz & Co. und den britischen Partnern erneuert. Allerdings fungierte nur Metroganz als Vertragspartner, während Metrovick und Metrocam durch den Vertrag nicht gebunden waren.[170] Als neuer Partner wurde eine dritte britische Firma hinzugezogen, Sentinel in Shrewsbury, da die Firma Metrovick, die Dieselmotoren und Kraftübertragung hätte liefern sollen, sich auf den Bau von elektrischen Maschinen konzentrieren wollte.[171] Sentinel sollte von Ganz & Co. technisch unterstützt werden, um Triebwagen für die britischen Partner zu bauen, aber auch für spezifische Märkte von Ganz & Co. Darüber hinaus erhoffte sich Ganz Zugang zu neuen Produktionstechniken.[172]

Ganz & Co. versprach sich von der britischen Partnerschaft vielfältige Unterstützung beim Wiederaufbau. Die Briten stellten sich als Vermittler zur Verfügung, um den deutschen Lizenzgeber für spezielle Schmelzöfen durch einen britischen zu ersetzen. Sie sprachen auch in London in Sachen des Wiederaufbaus in Ungarn vor, um dortigen Unternehmen Langzeitkredite für den Ankauf von Werkzeugmaschinen aus der britischen Kriegsindustrie zu verschaffen. Ebenso legten die britischen Unternehmen ein gutes Wort für Ganz & Co. bei der *European Agency for the Reconstruction of Infrastructure* ein, um ihrem Partner einen Auftrag zur Reparatur von rollendem Material zu verschaffen, das in Nachkriegseuropa ganz besonders fehlte.[173] Sobald Ganz & Co. Kapazitäten freibekommen würde (näm-

---

170 PIL 274_12_257 gez. von Jendrassik, Stein, in der Präsenz von H. V. Gaud, Memorandum a [Metroganz] és a Ganz és Társa rt között, a részvénytársaság meghatalmazottai, Jendrassik és Stein urak útján létesített megállapodási pontozatokról [Memorandum über Vereinbarung Metroganz/Ganz & Co.].[London], 18.07.1946.
171 PIL 274_12_257 A [Metroganz] és a Sentinel Ltd. Shrewsbery (…) közötti megállapodás pontozatai [Die einzelnen Punkte der Vereinbarung zwischen Metroganz und Sentinel] o. D.
172 MNL 425_71 Jendrassik György Ganz-gyári vezérigazgató és Stein Andor Ganz-gyári ügyvezető igazgató angliai tárgyalásai. [In England geführte Verhandlungen von Generaldirektor György Jendrassik und geschäftsführender Direktor Andor Stein, Ganz Fabrik]; Budapest, 26.07.1946.
173 MNL Z425_71 Emlékeztető a külföldi waggonok javítása ügyében. [Pro Memoria zur Angelegenheit der Reparatur ausländischer Waggons] Budapest, 26.07.1946.

lich nach Abzahlung der ungarischen Reparationen), sollte Sentinel einige Bestandteile bei Ganz in Auftrag geben, was Serienfertigung und damit Kostenersparnisse in Budapest ermöglicht hätte.[174]

Die US-Hersteller waren während des Kriegs zu den wichtigsten Konkurrenten im südamerikanischen Dieseltriebwagengeschäft geworden. Ganz & Co. wollte erneut Argentinien zum Sprungbrett für die weltweite Einführung der Dieseltriebwagen machen. Die Geschäftsleitung hoffte, von staatlicher Industrieförderung und Peróns populistischem Nationalismus zu profitieren, zumal sich dieser gerade gegen die ökonomische US-Übermacht stellte.[175] Um sich gegen die Konkurrenz durchzusetzen, hatte Ganz allerdings noch einige aus der Vorkriegszeit mitgeschleppte technische Probleme zu bewältigen. Der erneuerte Lizenz- und Kartellvertrag umfasste Regelungen, die für Ganz & Co. nicht vorteilhaft waren, trotzdem hatte die britische Partnerschaft das Potential, die Dieseltriebwagen zu höheren Preisen zu vermarkten und Ganz & Co. bei der Etablierung als Nischenhersteller zu unterstützen.

Im Januar 1948 eröffnete jedoch das ungarische Ministerium für Schwerindustrie eine Untersuchung gegen Generaldirektor György Jendrassik. Er wurde bezichtigt, einen für Ungarn nachteiligen Vertrag abgeschlossen zu haben. Gestützt auf Meldungen vom Leiter des Betriebsausschusses der Arbeiter des Unternehmens,[176] eines in jedem Betrieb eingerichteten Kontrollorgans, entdeckten das Ministerium und die Kommunistische Partei vier besonders verdächtige Punkte in dem Vertrag. Zum ersten war der Zeitpunkt des Vertragsabschlusses kurz vor Verstaatlichung von Ganz & Co. ein Problem. Der Generaldirektor habe dies voraussehen können und sei deshalb nicht mehr befugt gewesen, wichtige Verträge abzuschließen. Zweitens veräußerte der Vertrag einen der wenigen international relevanten ungarischen Baupläne für einen vergleichsweise geringen Preis.[177] Drittens gestattete die neue Marktaufteilung den britischen Geschäftspartnern, auf zuvor ganz dem ungarischen Partner vorbehaltenen Märkten eben-

---

174 PIL 274_12_257 Ganz & Co. Feljegyzés angliai Jendrassik motorlicencia szerződéseinkről. [Aufzeichnung über unsere Jendrassik-Motor-Lizenzverträge mit englischen Unternehmen] Budapest, 24.01.1948.
175 *Rock,* War and postwar, S. 18, 34.
176 Bspw. PIL 274_12_257 Pongrácz, Károly, Ganz & Co. an Ernő Gerő, Verkehrsministerium. Budapest, 22.04.1948.
177 PIL 274_12_257 dr. Svéd, András, Feljegyzés: Ganz-Jendrassik-ügy. [Aufzeichnung: Ganz-Jendrassik-Angelegenheit] Budapest, 23.12.1948.

falls Fuß zu fassen, darunter in der Sowjetunion, Polen und der Schweiz.[178] Schließlich erlaubte der Vertrag die Produktion in Großbritannien, so dass die ungarische Industrie einer Möglichkeit beraubt sei, Waren gegen konvertierbare Währung zu verkaufen; das vernichte bei noch ungenutzten Kapazitäten Arbeitsplätze. Jendrassik habe davon ausgehen können, dass spätestens 1947 Produktionskapazitäten frei sein würden, als die Sowjetunion die Befristung der Reparationsleistungen von fünf auf acht Jahre verlängerte.[179] Darüber hinaus wurde ihm die Unterschlagung von 1,8 Millionen Peseta vorgeworfen, die auf einem Konto von Metroganz in London hätten sein sollen.[180]

Abgesehen davon, dass Jendrassik mit den meisten dieser Insinuationen geradezu übermenschliche Fähigkeiten an Vorausschau und Gedankenleserei abverlangt wurden, stammten die bald auf Sabotage und Spionage ausgedehnten Vorwürfe aus dem Arsenal der politischen Schauprozesse der Zeit um 1950.[181] Diese Prozesse wurden geführt, um Unternehmen ohne Entschädigung ausländischer Besitzer in Nationaleigentum zu übernehmen; dieselbe Strategie war 1945/46 gegen das Ungarisch-Amerikanische Ölunternehmen (MAORT) angewandt worden.[182] Jendrassiks Marktsondierungen wurden als Verschwörung ausgelegt, was exemplifiziert, mit welchen Methoden die Planwirtschaft sowjetischen Typs in Ungarn eingeführt wurde. Die gegen Jendrassik angestrengte Untersuchung gehörte zu den politischen Prozessen der Rákosi-Ära, bei denen vermeintliche Wirtschaftsvergehen den Vorwand bildeten und die der Durchsetzung der kommunistischen Herrschaft auch in der Wirtschaft dienten.

Als nationalisiertes Unternehmen hatte Ganz & Co. seine betrieblichen Zwecke höheren nationalen Interessen unterzuordnen. Wie diese definiert wurden, zeigen die Versuche, auf den jugoslawischen Markt zurückzukeh-

---

178 PIL 274_12_257 [dr. Svéd, András], Feljegyzés: A Jendrassik és Stein igazgatóknak a Ganz és Tsa. nevében Londonban kötött megállapodásáról [Aufzeichnung über die Vereinbarung geschlossen in London von Direktoren Jendrassik und Stein im Namen von Ganz & Co.] o. D.
179 PIL 274_12_257 A Ganz gyár angliai megállapodása a Jendrassik motorok licencia és kooperációiról és a motorok Argentinába szállításáról szóló iratok. Feljegyzés [Unterlagen z. Kooperation der Ganz-Fabrik betr. Lizenz für Jendrassik-Motoren an britische Hersteller und Motorexport nach Argentinien] Budapest, 10.11.1946.
180 PIL 274_12_256 Soltész, Pál [Leiter der Mission der ungarischen Regierung] an Robi (?), Parteifunktionär in der Ung. Kommunistischen Partei, Budapest). Buenos Aires, 31.03.1948.
181 *Borhi*, S. 187–207.
182 *Srágli*.

ren. Ganz & Co. war bereit, die Preise zu akzeptieren, welche die jugoslawische Regierung 1948 für Elektromotoren und Transformatoren anbot, und dabei einen geringen Verlust in Kauf zu nehmen; andere ungarische Hersteller hätten wegen höherer Kosten noch größere Verluste erlitten. Das Ungarische Zentrale Handelsbüro (*Külkereskedelmi Hivatal*) war bereit, die Verluste zu akzeptieren. Aber ein kleiner ungarischer Hersteller, der aufgrund des Potsdamer Abkommens in sowjetischen Besitz übergegangen war, durfte keine Verluste machen. Deshalb mussten alle ungarischen Produzenten ihre Preise so kalkulieren, dass zumindest die Produktionskosten des sowjetischen Unternehmens gedeckt waren. Ganz & Co. konnte nur argumentieren, wie wichtig es sei, noch vor dem Wiederaufbau der deutschen Industrie den jugoslawischen Markt zu besetzen. Außerdem werde die Firma unter friedenswirtschaftlichen Bedingungen gezwungen sein, ihre Preise auf Weltmarktniveau zu senken, wenn sie dann überhaupt noch für Großaufträge in Frage komme.[183] Diese Warnungen blieben vergeblich; es sollte sich bald erweisen, wie begründet sie waren.

4.6.2 Tungsram: Exportmärkte und Kalter Krieg

Tungsram liefert ein Beispiel für eine andere Art von Problemen, denen sich Unternehmen in den von der Roten bzw. Sowjetischen Armee besetzten Ländern ausgesetzt sahen, dem Versuch der Sowjets und der MKP, Einfluss auf die Firmenleitungen und damit Zugang zu Know-how aus den USA zu gewinnen.

Dem Hauptwerk in Újpest, das erstaunlicherweise kaum Kriegsschäden erlitten hatte, drohte im Frühjahr 1945 die Demontage. Bay und Jankovich versuchten, dies zu verhindern, indem sie mittels einer Anfrage bei der Schweizerischen Bankgesellschaft nachwiesen, dass sich über 60 % der Tungsram-Aktien im Besitz von Personen aus UN-Mitgliedsstaaten befänden. Das hätte der Firma nach den Bestimmungen des Waffenstillstands einigen Schutz verschafft. Da die Bankgesellschaft nicht berechtigt war, sich über die niederländischen Anteile, d.h. diejenigen von Philips zu äußern,

---

[183] MNL XIX_F_1_f_4_9 Feljegyzés a magyar-jug. 5 éves egyezményben exportálandó elektromotorok és transzformátorok árának megállapításához. [Aufzeichnung zur Preisbildung von Elektromotoren und Transformatoren, die im Rahmen des 5-jährigen ungarisch-jugoslawischen Handelsabkommens nach Jugoslawien exportiert werden sollen.] Budapest, 20.04.1948.

konnte sie die gewünschte Erklärung nicht abgeben. Osram hatte während des Kriegs seinen Anteil von knapp 11 auf über 12 % vergrößert.[184] Das Potsdamer Abkommen befugte die Sowjetunion, alle deutschen Anteile an ungarischem Besitz zu beschlagnahmen. Osrams relativ kleiner Anteil wurde von den neuen sowjetischen Besitzern mit einer simplen Handhabe verdoppelt: Mit der Behauptung, die Originalaktien seien verlorengegangen, forderte die sowjetische Verwaltung von Tungsram Ersatz an. Dort wagte niemand, Widerspruch einzulegen, als die sowjetischen Vertreter schließlich sowohl mit den alten als auch den neuen Aktien, insgesamt also etwa 25 %, abstimmten. Technisch war dies möglich, weil viele Kleinaktionäre nicht auf der Generalversammlung vertreten waren; trotzdem war der Betrug für alle zu erkennen.[185] Zwar konnte man sich nicht einfach über die Wünsche der Sowjets hinwegsetzen, aber solange die amerikanischen Anteilsinhaber und die Firmenleitung in Újpest, deren Anteile bei der Schweizerischen Bankgesellschaft deponiert waren, am gleichen Strang zogen, bot sich dem Management noch ein gewisser Entscheidungsspielraum.

Das Hauptwerk wurde im Frühjahr 1945 vollständig demontiert; Maschinen, Rohstoffe, Fertigprodukte und die Forschungsbibliothek wurden fortgeschafft, selbst die Elektrokabel aus den Wänden gerissen.[186] Was nicht in die UdSSR verbracht werden konnte, war der Zerstörung preisgegeben, wie die Glas und die Kryptonfabrik in Ajka, aus der das wertvolle Kryptongas einfach verblasen wurde. Die Kryptonfabrik konnte wegen Kapitalmangels nicht mehr wiederhergestellt werden, so dass auch noch 1948 von unverkauften Glühlampen zurückgewonnenes, zum Teil bei Air Liquide, Paris gesäubertes Gas verwendet wurde.[187] Der Schaden betrug etwa zwölf Millionen US-Dollar. Wie ähnliche Verluste anderer Firmen konnte er nicht von der Reparationssumme abgezogen werden, die Ungarn der Sowjetunion schuldete.[188] Charakteristischerweise bot der amerikanische Botschafter der Geschäftsleitung von Tungsram zur Verteidigung des amerikanischen

---

184 Osram kaufte 3000 Tungsram-Aktien. SCA 10279 Niederschrift über Besprechung, Berlin, 23.06.1941, S. 8.
185 *Bay, Az élet erősebb*, S. 176. In den späteren Dokumenten tauchen die Sowjets wieder mit etwa 12 % Anteil auf.
186 *Gáspár*, S. 19.
187 MNL_Z601_301_1075 Interner Rundbrief der Lampenbetriebsleitung (*Lámpa Üzemvezetőség*), Tungsram, vom Frühling 1948, Berichte der neuen Abteilung für Gassäuberung (*Gáztisztító Osztály*), Tungsram, wie vom 6.08.1948.
188 *Borhi*, S. 159–160.

Besitzanteils an Tungsram nur die Weiterleitung einiger Briefe an den Präsidenten von General Electric New York an.[189]

Die Produktion wurde mit den Maschinen wiederaufgenommen, die während des letzten Kriegsjahrs versteckt worden waren, sowie mit für die argentinische Fabrik vorgesehenen Maschinen, die 1946 aus Portugal zurückgeschickt wurden. Der Neustart gestaltete sich schwierig, da die Produktion wegen Kohlemangel immer wieder unterbrochen werden musste. Újpest musste noch 1948 die Tochterfirma in Jugoslawien bitten, Lampen- und Röhrenbauteile in Form von Nahrungsmitteln für die Arbeiter zu begleichen. Und für die Verfehlung der Qualitätsstandards der Vorkriegszeit brachte Újpest die denkbar absurdeste Entschuldigung vor: schlechte Beleuchtung.[190]

Tungsram und selbst Ganz waren zumindest theoretisch in einer besseren Situation als die meisten Unternehmen, weil Ganz Reparationsgüter lieferte und beide Unternehmen auf Kapitaleinlagen und Zahlungseingänge ausländischer Tochtergesellschaften zurückgreifen konnten.[191] Allerdings machten es gerade die Nationalisierung von Ganz & Co. sowie die Beschlagnahmung von British Tungsram und das laufende Verfahren gegen den International and Electrical Engineering Trust Ltd. London beiden Unternehmen unmöglich, an dieses Kapital zu gelangen.[192]

Die IGEC hatte 1942 die Bindung ihrer Tungsram-Aktien nach dem Syndikatsvertrag mit Úpest und Osram von 1932 nicht gekündigt.[193] Daher bestand in Úpest Hoffnung, dass General Electric immer noch soweit an Tungsram interessiert sei, um dem ungarischen Partnerunternehmen Kre-

---

189 Bay, Az élet erősebb, S. 134–135.
190 MNL Z601_301_1075 Jelentés az 1947/48 üzletévről [Geschäftsbericht 1947/48], Tungsram, Újpest.
191 Bspw. MNL Z601_63_240 Gen.-Dir. D. Jankovich, Tungsram, an dr. Károly Kádas, Staatssekretär, Industrieministerium. Újpest, 26.03.1941. Ganz & Co. lieferte hauptsächlich Eisenbahnwagen, elektrische Anlagen, Schiffe und schwimmende Kräne. Letztere wurden zur Rekonstruktion der Donaubrücken entwickelt.
192 MNL Z601_260 Gen.-Dir. Jankovich an Dir. L[azar] Grod, Tungsram AG, Zürich. [Újpest], 3.05.1946; PIL 274_12_94 Beszámoló a PMKB holdingjainak, a Tungsram Sapiv nevű holdingjában, valamint a Hungaria Vegyi- és Kohóművek r.t. ügyében folytatott tárgyalásokról [Bericht: Verhandlungen über die Angelegenheiten der Holdinggesellschaften der PMKB und von Tungsram (Sapiv), sowie der Hungaria Vegyi- és Kohóművek r.t.]; PIL 274_12_98 [Ferenc] Tarján, Híradástechnikai Igazgatóság [Direktion für Telekommunikation], Feljegyzés az Egyesült Izzó külföldi fiókhálózatának helyzetéről. [Aufzeichnung über die Situation des ausländischen Tungsram-Filialennetzwerks] Budapest, 2.05.1948.
193 MNL Z42_20 Dezső Grynaeus, Direktion PMKB, an L. Aschner, Tungsram. Budapest, [30.12.1942] Antwort auf Tungsram an PMKB. Újpest, 29.12.1942.

dite und Kapitalerhöhung zu gewähren.[194] Doch im Oktober 1946 informierte der noch in Genf lebende Aschner Újpest, GE-Präsident Herod sehe die Zeit nicht dafür gekommen, größere Beträge an Tungsram zu verleihen oder in die Firma zu investieren, denn dafür seien Friedensvertrag und Abzug der Roten Armee Voraussetzung. Wegen der laufenden Antitrustverfahren gegen General Electric war es nur vernünftig, dass die Amerikaner sich in Ungarn nicht zusätzlich finanziell engagieren wollten.[195]

Da die Wehrmacht die Gold- und Währungsreserven der Ungarischen Nationalbank verschleppt hatte, blieb ohne aus- und inländisches Kapital nur noch, die Gelddruckmaschine anzuwerfen. Die Hyperinflation machte die als Startkapital vergebenen und ohnedies unzulänglichen Kredite im Handumdrehen zunichte.[196] Das 1946 verabschiedete Programm zur Währungsstabilisierung führte schärfere Kreditkontrollen ein, so dass Unternehmen lediglich die Mittel für Gehälter und laufende Kosten erhielten. Investitionskredite wurden dagegen nur in den dringendsten Fällen vergeben, z. B. um die Produktion für die Reparationen oder konvertible Exporte vorzufinanzieren.[197]

Der Kapitalmangel wurde dadurch noch verschärft, dass nach den Bestimmungen des Waffenstillstandsabkommens Ungarn die Rote Armee auf eigene Kosten versorgen musste. Diese Lasten hatten größtenteils die Lieferanten zu tragen, weil der Staat dafür nicht aufkommen konnte.[198] Das Betriebskapital der Unternehmen verringerte sich zusätzlich durch die Strafen, die sie für verspätete Reparationslieferungen zahlen mussten. Verspätungen waren jedoch durch Mangel an Treib- und Rohstoffen, Lebensmitteln und Maschinen sowie durch Inventuren für die Rote Armee an der Tagesordnung. Die Tungsram-Ingenieure waren im Frühjahr 1945 ebenfalls wochenlang mit solchen Bestandsaufnahmen beschäftigt; damit bereiteten sie die Demontage der eigenen Fabrik vor.

---

194 MNL Z601_24_174 L. Aschner an seine Frau, Jolán Czettler. Genf, 20.06.1945.
195 MNL Z601_203_167 Vertrauliche Notizen über Besprechung von L. Aschner, Lazar Grod und Dr. Palágyi, Jr., Bern, 3.10.1946, zur Information an Gen.-Dir. Jankovich, Tungsram, Újpest.
196 MNL Z58_9 Industrieabteilung, MÁH, Feljegyzés [Aufzeichnung] Budapest, 21.12.1945.
197 MNL 431_1_1 Exportabteilung, Ganz & Co., an die Außenhandelsabteilung, NIK. Budapest, 24.10.1946.
198 MNL Z58_9_9 Reparationsabt., Industrieministerium, [Kurze Erinnerung (Rundbrief)] Budapest, 23.05.1945.

4.6.3 Übernahme deutscher Exportmärkte?

Bay und Jankovich hofften, aus dem erneuerten Export die Rohstoffbeschaffung zu finanzieren. Das schien der einzige Ausweg aus den Produktionsengpässen, während selbst bevorzugt belieferte Staatsunternehmen wie Ganz Aufträge wegen Materialknappheit ablehnen mussten.[199] In der Tat wurden 1947 bereits knapp 7.580.000 Glühlampen und gut 580.000 Radioröhren exportiert, wobei nur je ein Drittel in die »Plan-Staaten« gingen; in die Sowjetunion wurden keine normalen Exportlieferungen geschickt. Die wichtigsten Absatzmärkte außerhalb der sowjetischen Einflusssphäre waren die skandinavischen Länder, vor allem Schweden und Dänemark. Außerdem wurden größere Mengen in andere traditionelle Tungsram-Märkte geliefert, Glühlampen nach Ägypten und in die Türkei, Radioröhren nach Frankreich und Belgien. Die ungarische Handelsstatistik von 1946 zeigt die eminente Bedeutung der Elektrotechnik für den Export: Diese machte nur 4,13 % des Gesamtexports aus, bildete aber die zweitgrößte industrielle Warengruppe. Außerdem ging dieser Export größtenteils in Länder mit konvertibler Währung; elektrotechnische Waren bildeten in manchen dieser Relationen die größte Industriewarengruppe.[200] Das war mit Blick auf die Umorientierung des Außenhandels auf die UdSSR und der Mitgliedsstaaten des späteren Rats für Gegenseitige Wirtschaftshilfe (RGW) bedeutsam: Der Anteil der Sowjetunion am ungarischen Gesamtexport erreichte ohne Reparationen 1947 bereits 15,03, derjenige der RGW-Gruppe 36,31 Prozent.[201]

Da für den Wiederaufbau Devisen gebraucht wurden, erwartete die Geschäftsleitung von Tungsram Regierungsunterstützung für die Ausweitung von Produktion und Export. Geeignete Mittel wären etwa Exportprämien und weniger Bürokratie gewesen. Darüber hätte Ungarn seiner friedensvertraglichen Verpflichtung zur Entschädigung von Entente-Eigentümern billiger nachkommen können, indem es die Produktionskapazität wiederherstellte, anstatt Zahlungen in Fremdwährung zu leisten.[202] Diese Argumente stießen im Handelsministerium jedoch auf taube Ohren.

---

199 MNL XIX_F_1_u_4 [Jelentés] 7. Értékesítés, Híradástechnikai Ipari Központ, Erősáramú Berendezési Központ [Bericht] 7. Vertrieb: Industriezentrum für Telekommunikation, Starkstrominstallationszentrum] [Oktober 1948].
200 MSZ 1947, S. 147–161.
201 Pető u. Szakács, S. 94.
202 MNL Z601_20_159 Dir. Rosenfeld, Tungsram, an den Industrieminister. Újpest, 15.06.1945, Tungsram: Tungsram an das Industrieministerium. Újpest, 9.11.1945 und

Ein Memorandum der PMKB zur Zentralisierung des ungarischen Außenhandels, wie sie vom Obersten Wirtschaftsrat geplant wurde, warnte nachdrücklich davor, den bereits aus den dreißiger Jahren bekannten Staatsinterventionismus fortzusetzen, da eine bürokratisch überfrachtete Volkswirtschaft in einer fortan freihändlerischen Weltwirtschaft nicht überleben könne.[203] Bei einem Treffen von Repräsentanten der größten ungarischen Unternehmen und der Politik im November 1946 unterstrich Tungsram, dass bei niedriger Produktivität und hohen Produktionskosten die einzige Chance auf ausländischen Märkten sei, wenn Exporteure von der temporär gestiegenen Nachfrage profitieren konnten, denn der Preiswettbewerb würde sich erst später wieder geltend machen. Allerdings werde man diese Chance verpassen, wenn die Bürokratie Wochen brauche, selbst über eine zweiprozentige Exportprämie zu entscheiden. Andererseits kalkulierten die Unternehmen fest mit solchen Prämien,[204] ohne die auch Tungsrams Export meistens Verluste brachte, zumal 1946 bereits in die Herstellungskosten von Glühlampen und Radioröhren gut 52 % bzw. 58 % Steuern einkalkuliert werden mussten.[205]

Unterdessen versuchte Aschner, aus der Schweiz den Wiederaufbau von Tungsrams Filialnetz zu koordinieren und dabei seine Kontakte zu den amerikanischen Anteilseignern ins Spiel zu bringen. Allerdings ging es ihm auch darum, die Geschäftsführung wieder an sich zu ziehen; so konspirierte er gegen Jankovich, obwohl doch gerade dieser das Lösegeld für Aschner mit der SS ausgehandelt und nach Deutschland gebracht hatte.[206] Aschner reaktivierte seine Pläne von 1942, neue Produktionsstätten in Schweden,[207] in der Schweiz und der Türkei einzurichten und bestehende in Frankreich und Italien zu erweitern.[208] Diese Aktivitäten weckten bei der ungarischen Re-

---

24.05.1946: Tájékoztató 1946. és 1947. évi exportprogramunkról [Auskunft über unser Exportprogramm für 1946 und 1947].
203 MNL Z1515_4_11 Magyarország külkereskedelmi tevékenységének egységesítése a háború után /tanulmány/ [Vereinheitlichung des ungarischen Außenhandels /Studie/] Industrieabteilung, PMKB, Budapest, o. D.
204 *Bay*, Az élet erősebb, S. 169–170.
205 MNL Z601_63_233 Gen.-Dir. Dénes Jankovich, Tungsram, an MGYOSZ, Budapest. Újpest, 3.10.1946 und MNL Z601_63_240 Gen.-Dir. Dénes Jankovich, Tungsram, an MGYOSZ, Budapest. Újpest, 23.11.1946.
206 Die letzten Akten dieser »Konspiration« s. *Bay*, Az élet erősebb, S. 210–231.
207 Dr. L. H. Popper, Svenska Orion, an L. Aschner, Genf. Stockholm, 12.10.1945.
208 Zur geplanten Erweiterung der Tungsram-Fabrik in Genevilliers (Paris) mit Beteiligung der Elektrobank, Zürich s. MNL Z601_260_1076 Korrespondenz Dir. L. Grod, Tungram Zürich/L. Aschner, 1946/1947, MNL Z601_294_1034 L. Aschner an Dir. Codray, Tungsram SA Paris. Genf, 16.09.1946.

gierung den Verdacht, Aschner wolle das Firmenzentrum nach Westeuropa verlegen und Újpest von den Vermögenswerten abschneiden, die in den formal dem britischen Trust gehörigen westeuropäischen Filialen eingefroren waren. Bay und Jankovich taten alles, um diesen Eindruck zu zerstreuen. Dennoch verschlechterte sich Aschners Verhältnis zur Geschäftsleitung in Újpest so sehr, dass diese meinte, auf Aschners gute Kontakte zu General Electric verzichten und die Beziehungen nach New York alleine wiederherstellen zu können.[209]

Tungsram konnte infolge der fortbestehenden Einschränkungen des Kapital- und Güterverkehrs tatsächlich nur überleben, wenn die Firma eigene Montagewerkstätten im Ausland unterhielt, also ein Konzept aus der Vorkriegszeit wieder aufgegriff. Nur so hätten sich zeitweilige Nachkriegsgewinne auf westeuropäischen Märkten in langfristige Marktanteilerhöhungen umsetzen lassen.[210] Das war auch wichtig, um Produktmängel zu beheben, zu welchem Zweck provisorische Montagewerkstätten in Filialfabriken umgewandelt werden mussten.[211] Bay und Jankovich ließen entsprechende Pläne vorbereiten.[212] Die zunehmende Lieferung von Lampen- und Röhrenbestandteilen an die Filialfabriken sah die kommunistische Führung jedoch als Beweis, das Tungsram Waren schmuggelte und der Hauptfabrik Arbeit wegnahm.[213] Es kostete mehrere Verhandlungsrunden mit den Behörden, um die Firma zumindest einstweilig von solchen Anschuldigungen zu entlasten.[214] Wie die Hemmnisse im Kapitalverkehr, verzögerte auch die Staatsbürokratie bei der Erlaubnis zur Produktionsverlagerung ins Ausland die Einrichtung der Filialen. Vor der Nationalisierung konnte Tungsram zumindest die Fabrik im französischen Genevilliers[215]

---

209 MNL Z601_260_1030 Gen. Dir. Jankovich an Dir. Lazar Grod, Tungsram, Zürich. Újpest, 3.05.1946.
210 MNL Z601_294_1053 Evaluation de la production annuèlle, Tungsram SA Paris, ventes totales du 1.01.1945 au 31.10.1945, arrivée à Aschner, Genf, 27.01.1946 und handschriftliche Aufzeichnung dazu 2.02.1946.
211 MNL Z601_294_1054 Lazar Grod, Tungsram Zürich an Tungsram SA, Paris. Zürich, 6.02.1946 Kopie an Leopold Aschner, Genf.
212 MNL Z603_44_97 LE/Ha, Forschungslaboratorium, Tungsram, Pro Memoria. Pläne für die Errichtung von Produktionskapazitäten für Bestandteile. Újpest, 14.01.1946.
213 MNL Z601_294_1054 L. Aschner an Tungsram SA Paris. Genf, 28.03.1946.
214 Bay, Az élet erősebb, S. 188–199.
215 MNL Z601_294_1054 Akten-Notiz über die Besprechungen vom 18., 19. und 20. Juni zwischen den Herren Aschner, Codray und Grod. [Genf], 21.06.1946; MNL Z601_294_1034 Diverse Tabellen über die Produktionskosten, -menge und -zusammensetzung von Anfang 1946. Tungsram, Újpest.

erweitern sowie weitere im schweizerischen Carouge[216] und in Södertalje bei Stockholm aufbauen.

4.6.4 Transatlantische Kooperation und Kalter Krieg

Der Friedensvertrag ermöglichte Anfang 1947 Bay, Jankovich und Neményi, Tungsrams Chefprokuristen, das neue Lizenzabkommen mit der IGEC abzuschließen, dessen Konditionen den Spielraum zeigt, den Tungsram durch die Machtverschiebung zwischen den europäischen Herstellern besaß.[217] Weil Philips während des Kriegs zu einem gleichrangigen Konkurrenten von General Electric aufgestiegen und Osrams Zukunft ungewiss war, beabsichtigte General Electric, Tungsram mit Know-how und Maschinen zu unterstützen, um einen Verbündeten gegen Philips zu gewinnen.

General Electric war jedoch zu der Zeit in nicht weniger als fünf Antitrustverfahren verwickelt, in denen das Lizenzabkommen mit Tungsram als Beweis verwendet wurde, dass das Unternehmen ein Weltmonopol aufbaue und US-Exporte beeinträchtige. Darum musste in dem neuen Vertrag der Eindruck vermieden werden, er beeinträchtige den Export von US-Unternehmen und begründe die Zusammenarbeit mit einer Firma aus einem Land mit zweifelhafter politischer Orientierung.[218] So versicherte zwar General Electric Tungsram den Willen zur Kooperation, aber für einen Kredit gab es keine feste Zusage. Der Lizenzvertrag verschleierte die Probleme, indem er die Quarz-Jod-Lampen als neueste Entwicklung ausklammerte und die US-amerikanische GE-Tochter Sylvana als Lizenzgeber nannte. Produktionsmaschinen sollten von verschiedenen Fabriken über Vermittlung von Unternehmen aus dem GE-Netzwerk geliefert werden.[219] RCA riet Tungsram, möglichst geringe Stückzahlen der modernsten Radioröhren anzufordern, und war bereit, die eigene Herstellung von Tungsram-Ingenieuren ganz nach Wunsch begutachten zu lassen.

---

216 MNL Z601_260_301 Eidgenössisches Volkswirtschaftsdepartement an Tungsram, Zürich. Bern, 17.12.1945; Mitteilung über Verlegung des Sitz der Tungsram-Filiale von Zürich nach Carouge (Handelsamtblatt Schweiz Nr. 260 5.11.1948).
217 MNL Z601_59_212 Gen.-Dir. Jankovich, an Dir. Dr. Rosenfeld, Tungsram, Újpest. New York, 16.03.1947.
218 *Flaningam.*
219 MNL Z601_59_212 Gen.-Dir. Jankovich an Dir. Dr. Rosenfeld, Tungsram, Újpest. New York, 20.03.1947.

Der Informationsaustausch zwischen den beiden Unternehmen wurde mittels eines Umwegs gleichfalls verschleiert. Tungsram erneuerte sein Abkommen von 1937 mit British Thompson Houston, einem Unternehmen des GE-Netzwerks. Der vereinbarte Technologieaustausch sollte die Zusammenarbeit über das Lampenkartell hinaus erweitern, das Tungsram zu erneuern hoffte. BTH lieferte in erster Linie Rohstoffe und Bestandteile für das Labor. Darüber hinaus begann mit BTH und der GEC London ein Austausch über die Fluoreszenzlampen.[220]

Die GE-Vereinbarung eröffnete Tungsram die Chance, den produktionstechnischen Rückstand gegenüber dem Westen zu schließen, der sich während des Kriegs vergrößert hatte. Ende November 1945 gaben die Filialen in der Schweiz und in Skandinavien zu verstehen, dass die Tungsramröhren höchstens noch in der Wintersaison 1945/46 mit den größtenteils von Ericsson gebauten amerikanischen Röhren würden konkurrieren können.[221] Andererseits hatte Tungsram immer noch die Chance, gerade mit veralteter Technik spätindustrialisierende Länder zu beliefern, deren Kapitalausstattung, Know-how, Marktgröße und Kaufkraft nicht mit der allerneusten Technik Schritt hielten. General Electric bat Tungsram bei den Lizenzverhandlungen, überholte Maschinen an die chinesische Tochterfabrik zu schicken, wodurch das Tungsram-Management auf dieses Nischengeschäft aufmerksam wurde. RCA signalisierte ähnliches Interesse. Nach Einschätzung der Tungsram-Manager waren 95 % des eigenen Maschinenparks hoffnungslos veraltet.[222] Zurück in Újpest, machten sich Bay und seine Kollegen umgehend daran, die Herstellung von Lampen- und Röhrenproduktionsmaschinen für industrialisierende Länder aufzubauen. Bereits im Geschäftsjahr 1947/48 konnte die Kapazität der Maschinenbauabteilung auf 110 % der Vorkriegsleistung gesteigert werden.[223]

---

220 MNL Z601_296_1065 Letters Agreement to the interchange of information & co. with regard to electric lamps. Sept. & Oct. 1937 United Inc. Lamps and Electrical Co. Ltd. Újpest/British Thomson-Houston Co. Ltd.; MNL Z603_9_30 Dir. G. Chelioti, Osram-GEC, an J[ános] Lévai, Tungsram. London, 4.09.1947; J[ános] Lévai, Tungsram, an Dir. G. Chelioti, General Manager, Osram-GEC, London. Újpest, 29.01.1948 und 6.02.1948.
221 MNL Z601_301_1076 Aufzeichnungen: Besprechung anlässlich d. Vortrags d. Dir. Fischmann, 18.11.1945.
222 MNL Z601_59_212 Gen.-Dir. Jankovich an Dir. Dr. Rosenfeld, Tungsram. New York, 20.03.1947.
223 MNL Z601_301_1075 Jelentés az 1947/48. üzletévről [Bericht über das Geschäftsjahr 1947/48]. Tungsram, Újpest, 1948.

General Electrics Interesse an der Erneuerung der Zusammenarbeit lag aus Tungsrams Sicht darin, dass sich die Amerikaner Zugriff auf neue Wachstumsmärkte erhofften. Die ungarische Firma sollte dabei die Produktion zusammen mit lokalen Anteilseignern aufbauen, ohne dass das wegen der Antitrustverfahren gebundene New Yorker Unternehmen dabei in Erscheinung treten musste.[224] IT&T bekundete Interesse daran, das Konzernvermögen in Ostmitteleuropa zu retten und die dortige Marktpräsenz zu sichern: IT&T-Präsident Sothenes Behn hoffte, die Ungarische Standard Elektrizitäts-AG zum Hauptproduzenten von IT&T in Ostmittel- und Südosteuropa zu machen und Philips' Eindringen in diesen Markt einzudämmen. Deshalb erklärte er sich bereit, General Electrics Wunsch zu unterstützen, die Anteile an Tungsram zuungunsten von IT&T (ISEC) zu erweitern.[225]

Mit dem erzwungenen Rücktritt von Ministerpräsident Imre Nagy machte jedoch Ungarn einen weiteren Schritt zur Integration in den sich formierenden sowjetischen Wirtschaftsblock.[226] General Electric und RCA unterstützten 1947 und 1948 Tungsram mit Musterlampen und -röhren, Publikationen und gelegentlicher Hilfe bei der Beschaffung von Material und Maschinen von nordamerikanischen Herstellern, doch wurde die Genehmigung der Lizenzvereinbarungen immer weiter aufgeschoben und schließlich ganz verweigert.[227] Diese Entwicklung ist nicht ohne ihren außenpolitischen Kontext zu verstehen.

4.6.5 Tungsrams verschleierte Verstaatlichung

Das US-amerikanische *Advisory Committee on Post-War Foreign Policy* entwickelte für die Donauregion ein Nachkriegskonzept umfassender Föderalisierung und Demokratisierung, das Korrekturen an den Trianon-Grenzen und einen Grad an politischer, wirtschaftlicher und kultureller Autonomie für die nationalen Minderheiten vorsah. Da jedoch die USA kein eigenes strategisches Interesse an der Region hatten, blieb diese bei der Konferenz von Jalta und schließlich den Friedensverhandlungen mit Ungarn

---

224 MNL Z601_59_212 Gen.-Dir. Jankovich an Dir. Dr. Rosenfeld, Tungsram. New York, 6.03.1947.
225 MNL Z601_59_212 Gen.-Dir. D. Jankovich an Exportdir. V. Rosenfeld, Tungsram. New York, 20.03.1947.
226 Eine deutschsprachige Zusammenfassung der politischen Entwicklung: *Rainer*.
227 Bspw. Aktengruppe MNL Z604_25_17 Tungsram Exportabteilung.

der UdSSR überlassen.[228] Eine Konsequenz daraus war, dass die anstehenden eigentumsrechtlichen Veränderungen ungeregelt blieben und die UdSSR einen weit größeren Anteil an ungarischen Vermögenswerte übernehmen konnte, als die Deutschen je besessen hatten. Ebensowenig konnte unter diesen Umständen ein amerikanisch-ungarisches Handelsabkommen zustandekommen.

Die sowjetische Ungarnstrategie orientierte sich wiederum an dem übergeordneten Ziel, die Kriegsverluste der UdSSR wettzumachen und einen *cordon sanitaire* zu errichten. Der Unterhalt der Besatzungstruppen, die Reparationsleistungen, der Rohstoff- und Produkttransfer durch Unternehmen mit sowjetischer Beteiligung führten das kriegszerstörte Land an den Rand der wirtschaftlichen Katastrophe. Das Anfang 1946 in Kraft getretene Handels- und Wirtschaftsabkommen mit der Sowjetunion, über das Ungarn temporäre Hilfe wie z. B. Saatgut erhielt, ermöglichte die Besetzung von Schlüsselpositionen in der Wirtschaftspolitik mit moskautreuen Funktionären. Die Reparationslieferungen führten zur Umstellung der Industrie auf die Bedürfnisse eines weniger entwickelten Marktes, die erneut veraltete Produktionsstrukturen konservierte, wie schon einmal nach dem Ersten Weltkrieg geschehen. Zudem brachte sie alle Gefahren einer asymmetrischen Orientierung mit sich.[229]

Im Sommer 1946 gelangten die Vereinigten Staaten zu der Überzeugung, dass die in Erwägung gezogenen Kredite Ungarns politische und wirtschaftliche Anbindung an den Westen letztendlich nicht aufrechterhalten würden. Der Industriellenbund erfuhr in kurzer Zeit, dass keine Hoffnung mehr auf finanzielle Unterstützung seitens der USA bestand.[230] Ähnliche Hoffnungen auf den britischen Kapitalmarkt zerschlugen sich ebenfalls.[231]

---

228 *Romsics*, Amerikai béketervek, S. 258.
229 MNL Z601_63_233 Gen.-Dir. Dénes Jankovich, Tungsram, an MGYOSZ. Újpest, 3.10.1946; MNL XIX_F_1_f_4 Üzemgazdasági osztály, Iparügyi Minisztérium an President Bojar, Technoimport, Moscow. Budapest, 15.10.1948 Orion Telecommunication Testing Equipment to be shipped under the miscellaneous quota of the Soviet-Hungarian Trade-Agreement.
230 MNL Z601_63_233 Handschriftliche Notizen von Graf Jankovich über die Sitzung des Industriellenbundes, inclusive die Berichterstattung von Bankier Pál Fellner über seine Reise nach New York [Tungsram, Újpest, 1946].
231 MNL Z58_7_9 Industrieabteilung, MÁH, Tájékoztató a £ 500 000 összegű nyersanyagimport-hitelre vonatkozóan. [Informationen über den Rohstoffimportkredit in Höhe von 500 000 BGP] Budapest, Mai 1947.

Die Umsetzung des Marshallplans brachte die Sowjetunion endgültig auf Konfrontationskurs zu den Westmächten. Die außenpolitische Richtungsänderung Moskaus setzte allen Hoffnungen endgültig ein Ende, Ungarn würde seine privatwirtschaftlichen Westkontakte weiter pflegen können. Am Jahreswechsel 1948/49 war Budapest bereit, den Bruch der diplomatischen Beziehungen zu den USA zu riskieren, als klar war, dass Ungarn am Marshall-Plan nicht würde teilnehmen dürfen.[232] Die MKP wollte die politische Reorientierung des Landes unter Beweis stellen, indem sie Strafverfahren gegen Unternehmen mit westlichen Besitzanteilen wie die IT&T-Tochter Ungarische Standard einleitete. Solange die ungarische Wirtschaftspolitik die Möglichkeit gesehen hatte, über IT&T an wahrscheinlich auch an die Sowjets weiterzugebende Technik zur Modernisierung des Telefonnetzes zu kommen, wurde die Ungarische Standard nicht verstaatlicht. Nachdem jedoch IT&T gemäß Verordnung der amerikanischen Regierung 1949 den Technologietransfer eingestellt hatte, wurden die Geschäftsleiter der Standard angeklagt, Wiederaufbau und Reparationen zu sabotieren. Tatsächlich jedoch konnte die Standard ihren Verpflichtungen nicht nachkommen, weil ihre Kapazitäten der Größenordnung der Aufträge bei zugleich ausbleibenden Lieferungen nationalisierter Zulieferer einfach nicht gewachsen waren.[233]

Die verdeckte Nationalisierung von Tungsram vollzog diese Kehrtwendungen der internationalen Politik nach und hatte Ähnlichkeiten mit der Standard. Solange Ungarn noch westliche Technik und Zugriff auf Tungsrams westliche Vermögenswerte erwarten konnte, wurde die politische Kontrolle über die Unternehmensleitung noch relativ behutsam ausgeweitet. Die Regeln für Preisbildung und Wechselkurse wurden so festgelegt, dass Tungsram sich immer stärker beim Staat verschuldete. 1946 wurde dann Tungsrams E-Werk in Ajka vom Staat zur Tilgung eines Teils dieser Schulden übernommen. Diese Strategie war juristisch unanfechtbar, weil die zentrale Preisbindung für Grundnahrungsmittel, Baumaterial, Brennstoffe etc. im Dienst des Wiederaufbaus stand, das Wirtschaftskomitee aber ihren Geltungsbereich auf Tausende andere Güter ausdehnte. Die Einwände, welche die USA und westeuropäische Länder gegen die Entwertung ihrer Unternehmenseinlagen erhoben, zeitigten keinerlei Folgen: Bürokratische

---
232 Szörényi.
233 MNL XIX_F_1_f_3 Feljegyzés: A Standard rt. elkésett postai szállításai. [Aufzeichnung: Verspätete Lieferungen der Standard an die ungarische Post.] Budapest, 2.05.1948.

Repressionen gegen Firmen in westlichem Besitz waren Bestandteil des von der MKP systematisch umgesetzten Plans, westliches Kapital in der ungarischen Wirtschaft zu eliminieren.[234] Kurz vor der Verstaatlichung der Kreditinstitute im Frühjahr 1948 übernahm die PMKB die Tungsram-Aktien, die bei der Schweizerischen Bankgesellschaft hinterlegt waren, zur Deckung von Schulden, wurde also Besitzer von 41 % des Aktienkapitals. In der Rolle des Mehrheitseigners betrieb die PMKB die verschleierte Verstaatlichung von Tungsram, indem sie die zentrale Aufsicht über die Unternehmensführung erweiterte, aber dieser zum Schein noch Entscheidungskompetenzen beließ. Diese Vorgehensweise nahm absurde Dimensionen an: Trotz des PMKB-Manövers wurde Tungsram im Mai 1948 zum nationalisierten Unternehmen erklärt,[235] im August desselben Jahres aber in eine Aktiengesellschaft zurückverwandelt, und die Direktion wurde unter Vorsitz von Leopold Aschner einberufen.[236] Durch die Verschleierung der Nationalisierung wollte die MKP vermeiden, dass ausländischen Tochterfirmen als ungarisches Staatseigentum beschlagnahmt wurden.[237]

---

234 PIL 274_12_98 Feljegyzés a Standard és az Egyesült Izzó ügyében. Budapest, 13.05.1948; PIL 274_12_194 Összeállítás azon vállalatokról, melyeknél az Egyesült Nemzetek részvényérdekeltsége jelentősebb és melyek részére beruházási célokra az IMI részéről 1938-tól békepengő kölcsön, továbbá bombakár kártalanítási előleg, iparindítási előleg és iparindítási hitel folyósítása történt. [Zusammenstellung über Unternehmen, in denen die [juristischen Personen aus den] Vereinten Nationen einen bedeutenden Anteil am Stammkapital besitzen und seit 1938 ungarische Staatskredite erhalten haben] Budapest, 1946.
235 PIL 274_12_98 Feljegyzés a Standard és az Egyesült Izzó ügyében. [Aufzeichnung über die Angelegenheit der Standard und der Tungsram] Budapest, 13.05.1948. Die PMKB forderte die ausländischen Kleinaktionäre auf, ihre Tungsram-Aktien bei den ungarischen Auslandsdelegationen zu deponieren, so MNL Z604_25_17 PMKB an Depot Nancy Susan David Woodward, Cleveland c/c Tungsram, Újpest. Budapest, 1.06.1948.
236 Bay, Az élet erősebb, S. 214–225; MNL XIX_F_1_f_4 Gen.-Dir. [dr. Rezső] Tarján, Direktion f. elektrotechn. und Massenwaren, Industrieministerium, Feljegyzés az Egyesült Izzó Igazgatóságának kiegészítése tárgyában. [Aufzeichnung über die Ergänzung der Direktion von Tungsram. Budapest, 12.08.1948.
237 MNL Z601_260 Gen.-Dir. Jankovich an Dir. L[azar] Grod, Tungsram AG, Zürich. [Újpest], 3.05.1946; PIL 274_12_94 Beszámoló a PMKB holdingjainak, a Tungsram Sapiv nevű holdingjában, valamint a Hungaria Vegyi- és Kohóművek r.t. ügyében folytatott tárgyalásokról; PIL 274_12_98 [Ferenc] Tarján, Híradástechnikai Igazgatóság, Feljegyzés az Egyesült Izzó külföldi fiókhálózatának helyzetéről. [Aufzeichnung über die Situation des ausländischen Tungsram-Filialennetzwerks] Budapest, 2.05.1948.

Das Verbot der ungarischen Teilnahme an der Marshallplanhilfe und der Prager Coup vom Februar 1948 machten klar, dass die endgültige Einverleibung Ungarns in den Sowjetblock nur eine Frage der Zeit war. Veröffentlichungen über angebliche Produktionssabotage und Kapitaltransfer ins Ausland bei Tungsram sowie die Verhaftung von Jankovich und Verhöre von Bay mussten letzte Zweifel daran verfliegen lassen, dass die MKP die Firma vollständig unter Kontrolle hatte. Nachdem Jankovich freigelassen worden war, verließen er und Bay Ungarn, womit sie wahrscheinlich dem Schicksal der Manager der Ungarischen Standard AG entgingen, nämlich langjährige Verfolgung oder Tod. Die Leitung von Tungsram ging formell an Leopold Aschner als Vizepräsidenten über, während der Vorstand einen Parteifunktionär zum Geschäftsführer wählte.

4.6.6 Internationale Kartelle: Mit alten Instrumenten in die neue Zeit?

Das Ende der Kartelle zeigte den Beginn einer neuen Ära in der Weltwirtschaft an. Nachdem sie zwischen den Kriegen ein goldenes Zeitalter erlebt hatten, wurden sie nunmehr schrittweise aufgrund des wachsenden Einflusses der US-amerikanischen Wettbewerbspolitik für illegal erklärt. Diese Entwicklung stand in engem Zusammenhang mit dem vieldiskutierten Missbrauch von Kartellen durch NS-Deutschland.[238] Deshalb konnten die Leitunternehmen der US-amerikanischen Industrie der Antitrustpolitik nicht mit dem Argument entgegentreten, dass ihre Wettbewerbsfähigkeit nicht durch ein Verbot der Teilnahme an transnationalen Marktregulierungen gefährdet werden solle.[239]

Allerdings vollzog Westeuropa diese Verschiebung zur Antitrust-Gesetzgebung nach amerikanischem Vorbild nur allmählich nach, weil die Rekonstruktion der späten 1940er und frühen 1950er Jahre nach Regulierung und Kooperation verlangte. In Westdeutschland wurde nach dem Krieg die in Kartellen organisierte Kooperation für illegal erklärt; dennoch bedurfte es auch dort geraumer Zeit für den Paradigmenwechsel in Politik wie Wirtschaft. Neue Wirtschaftsstrukturen und Organisationsprinzipien bedurften nämlich auch der Veränderung der zugrundeliegenden Werthaltungen und

---

238 *Hexner; Schröter,* Cartelization and decartelization, S. 142–143.
239 *Flaningam.*

Mentalitäten.²⁴⁰ Kleinere europäische Industrieländer sahen keinen Grund, von den alten Strategien Abstand zu nehmen: Jahrzehntelang waren Kartelle nützlich gewesen, um auf den Heimatmarkt orientierte Unternehmen zu unterstützen, ohne Restriktionen im internationalen Handel und Exportchancen zu riskieren. Internationale Kartelle boten zudem nationalen Marktführern auf dem Weltmarkt größere Wettbewerbschancen. So vollzog sich der Übergang vom kooperativen zum Wettbewerbskapitalismus in diesen Ländern langsam, und erst in den 1960er Jahren kam es auch dort zu radikalen Veränderungen.²⁴¹

In Ungarn sahen kommunistische Wirtschaftspolitiker Kartelle als Einrichtungen, die den Interessen von Monopolisten dienten und die Exportmöglichkeiten ungarischer Unternehmen beschnitten.²⁴² Deshalb lehnten sie die Versuche von Unternehmensführungen ab, die Kartelle der Zwischenkriegszeit wiederzubeleben. An ihre Stelle sollten auf nationaler Ebene sogenannte Industriezentren als sektorale Organisations-, Kontroll- und Lenkungseinheiten treten, die bei Beibehaltung betrieblicher Autonomie Rationalisierung von Produktion, Beschaffung und Vermarktung (will sagen deren Zentralisierung) sowie Spezialisierung der Produktion durchführten.²⁴³ Die Industriezentren hätten also auch bestimmte Aufgaben der Kartelle erfüllen sollen, allerdings bei viel weitergehender Beschneidung der unternehmerischen Autonomie.²⁴⁴

4.6.6.1 Veränderte Kräfteverhältnisse unter den europäischen Weltmarktführern

Sowohl Tungsram als auch Ganz & Co. versuchten, auch über die Kartelle wieder Anschluss an den Weltmarkt zu gewinnen. Die veränderten politischen und Marktverhältnisse stellten jedoch der Zusammenarbeit nach altem Muster große Hindernisse entgegen. 1947–1948 wurde der Glüh-

---

240 *Berghahn*; *Schröter*, Americanization; *Kipping*, S. 348–352; *Resch*, Phases of competition policy, S. 15–18; *Gillingham*, S. 100.
241 *Schröter*, Small European nations, S. 198–201.
242 *Varga*.
243 MNL XIX_F_1_u_4 Feljegyzés Karczag Imre államtitkár által az Ipari Központok és Ipari Igazgatóságok vezetősége részére f. hó 4-én 9 órakor tartott értekezletről. [Aufzeichnung: Sitzung für Leiter der Industriezentren und -Direktionen, geleitet v. Staatssekretär Imre Karczag] [Budapest, 4.09.1948].
244 *Bud*, Kartellwesen, auf Ungarisch in erweiterter Fassung: *Bud, János*, Kartellpolitika, 43–122.

lampenmarkt auf nationaler Ebene in mehreren Ländern unter maßgeblicher Mitwirkung von Philips neu aufgeteilt.[245] Entscheidend für Tungsram war, die Konkurrenzpartnerschaft mit Philips und Osram/Telefunken neu aufleben zu lassen und durch den neuen Lizenzvertrag mit General Electric die eigene Verhandlungsposition bei der Neugründung der Kartelle zu verbessern.

Die Erneuerung des Radioröhrenkartells von Philips, Telefunken und Tungsram war darum praktisch unmöglich, weil die Alliierten Telefunken kontrollierten und Philips keine Restriktion seiner Geschäftsaktivitäten durch Tungsram wünschte. Die Alliierten bezogen zwar die Elektrokonzerne nicht in die der deutschen Industrie auferlegte Dekonzentration ein,[246] doch waren sie wegen Kriegszerstörungen, Demontagen und Enteignung ihrer Auslandsvermögen geschwächt. Zudem hatten Reparationen und Versorgungsaufträge der alliierten Kontrollorgane für die ungarischen und deutschen Unternehmen Priorität; daher unterlag der Außenhandel empfindlichen Restriktionen.[247]

Philips hatte Bedenken, Tungsram Paris dieselbe technische Unterstützung zukommen zu lassen wie den übrigen, in einem Syndikat namens *Radio-électrique* zusammengeschlossenen französischen Röhrenherstellern, die gemeinsam bei der RCA eine Bestellung auf Produktionsmaschinen aufgegeben hatten.[248] Wegen der scharfen alliierten Kontrollen von Kartellen und wirtschaftlichen Machtkonzentrationen im besetzten Deutschland hielten sich Philips und andere große holländische Unternehmen 1945–1946 mit größeren Investitionen in die alten Kartellstrukturen in Deutschland zurück.[249] Philips war zudem nicht daran interessiert, den einstigen Partner dabei zu unterstützen, seine zeitweiligen Lieferschwierigkeiten zu überwinden, die durch die Demontage des Hauptwerks in Újpest entstanden waren.

---

245 Bspw. MNL XIX_F_1_u_3 Feljegyzés. Elektromos ipar. Újabb izzólámpakartell [Aufzeichnung. Elektrotechnische Industrie. Neues Glühlampenkartell] [Okt. 1948].
246 *Feldenkirchen*, Business groups, S. 155.
247 MNL Z601_236_954 Dir. Leo Fischmann, Tungsram, an Dir. Erich Übelmeyer, Tungsram Berlin. Újpest, 16.09.1946; Dir. Rosenfeld, Tungsram, an Dir. Übelmeyer, Tungsram Berlin. Újpest, 20.12.1946; Tungsram, Berlin, an die »Farbenfabrik Wolfen«, Bitterfeld. Berlin, 12.11.1948.
248 MNL Z601_294_1054 Besprechungen am 18., 19., 20.06. zw. Aschner, Codray & Grod. [Genf], 21.06.1946.
249 *Wubs*, S. 26–27.

Die Zusammenarbeit der drei wichtigsten kontinentaleuropäischen Mitglieder des Phoebus-Kartells konnte aus ähnlichen Gründen nicht mehr im vollen Umfang erneuert werden. Da Philips eine europäische Monopolstellung zu gewinnen suchte, während Osram wegen der Demontage der Hauptwerke in der sowjetischen Besatzungszone[250] diesen Markt nicht bedienen konnte, verweigerte beispielsweise Philips Oslo die Zusammenarbeit mit der norwegischen Tungsram-Tochter zu den Bedingungen der Zwischenkriegszeit. Die Anzeichen mehrten sich, dass Philips die größeren Außenseiter an ein neues Kartell nach dem Vorbild von Phoebus zu binden suchte. Lediglich eine Kooperation der westeuropäischen Lampenhersteller mit Tungsram bei der Standardisierung schien möglich, weil diese unmittelbare Kostenvorteile bot.[251] Das Phoebus-Kartell dagegen wurde wegen der veränderten regulativen Rahmenbedingungen nicht erneuert.

4.6.6.2 Hindernisse im Außenhandel

Darüber hinaus fehlten noch die völkerrechtlichen Voraussetzungen. Verständlicherweise hoffte Tungsram mit Blick auf Osrams missliche Lage, den eigenen Anteil an den Märkten der Berliner Konkurrenz zu vergrößern. In Újpest war bekannt, dass der schnelle Wiederaufbau der Berliner Osram-Werke dafür nur ein schmales Zeitfenster ließ: Der Ausstoß der Elektroindustrie in Berlin erreichte schon 1946 15–20 % des Stands von 1936.[252] Daher setzten die Demontagen in Újpest Tungsram unter enormen Zeitdruck. Umso wichtiger waren geregelte Außenhandelsbeziehungen.

Doch selbst nach Abschluss von Handelsabkommen bestanden Importbeschränkungen und andere Hemmnisse fort. So erhielt Tungsram zwar für 1946 Bestellungen aus Schweden, der Schweiz, Rumänien, Dänemark, Bulgarien, Jugoslawien und der Tschechoslowakei, aber im Mai desselben Jahres stellte sich heraus, dass nur die ersten drei dieser Länder beliefert werden durften.[253] Beschränkte Exportquoten machten Bemühungen um den Erhalt

---

250 MNL Z601_138_690 Tungsram Berlin, an Dir. Lazar Grod, Tungsram, Zürich. Berlin, 28.11.1946; *Bähr*, Substanzverluste.
251 MNL Z603_42_94 Dir. Lévai, unleserliche Unterschrift, »Izzólámpa [Glühlampe]«. Újpest, 6.06.1947.
252 *Bähr*, Industrie im geteilten Berlin, S. 86.
253 MNL Z601_20_159 Tájékoztató 1946. és 1947. évi exportprogramunkról. [Informationen über unser Exportprogramm für 1946 und 1947] Újpest, 24.05.1946.

der im Krieg vergrößerten Marktanteile in Skandinavien zunichte.[254] Nach Deutschland war der Export von Glühlampen und Radioröhren aus Ungarn faktisch verboten, selbst als bereits mit den einzelnen Besatzungszonen Handelsabkommen bestanden, weil der Warenimport von den alliierten Handelsorganisationen nur dann erlaubt wurde, wenn er sozialen Unruhen oder Epidemien vorbeugte. Zudem waren die Besatzungsmächte in Deutschland wie auch die ungarische Regierung darauf bedacht, Kompensationslieferungen auf Rohstoffe zu beschränken.[255] Während diese Exportbeschränkungen 1948 größtenteils aufgehoben wurden, verloren Osram und Telefunken, aber auch Tungsram ihre Patentrechte in vielen früheren Feindstaaten, wodurch die Erneuerung von Abkommen zur wechselseitigen Belieferung der Tochterfirmen mit Erzeugnissen aus Fabriken vor Ort weiterhin behindert war.

4.7 Ungarn als Techniklieferant für industrielle Nachzügler

4.7.1 Eine neue Wachstumsperspektive?

Die Umstellung der ungarischen Nachkriegsindustrie auf Rohstoffautarkie und Nischenmärkte hing vom Anschluss an das technologische Niveau des Westens ab. Daher war Tungsram der Boden unter den Füßen entzogen, als das neue Lizenzabkommen mit General Electric platzte. Generaldirektor Zoltán Bay zweifelte nicht, dass Tungsram zwar einen Beitrag zur technischen Entwicklung leisten, aber mit Grundlagenforschung und Produktentwicklung der Branchenführer schlicht nicht mithalten konnte.[256] Dafür reichte ein Blick auf die Personalstärken: Während Tungsram in seinem Labor Mitte 1946 gerade einmal 42 Ingenieure und Techniker sowie 38 Arbeiter und im April 1947 immer noch nicht mehr als 123 Personen beschäftigte, arbeiteten bei Philips und General Electric je um die eintausend Angestellte in der Forschung.[257] Bay machte sich keine Illusionen über Tungsrams langfristige Wettbewerbsfähigkeit.

---

254 MNL Z601_301_1075 Exportabteilung Tungsam, [Aufzeichnung: Besprechung mit Sekretären dr. Rába und dr. Viczián im Handelsministerium über schwedisches Exportkontingent für 1948–1949. Újpest, 17.08.1948.
255 MNL Z601_236_954 Tungsram Újpest, an Tungsram Berlin, 9.06.1948, 6. u. 17.02.1948
256 *Bay,* Az élet erősebb, S. 198–199.
257 MNL Z601_59_213 Havi jelentés [Monatsbericht] Ende Juli 1946 und Ende April 1947; MNL Z601_301_1075 Übersetzung eines Artikels über Philips in einer englischsprachigen Zeitschrift, Tungsram, 3.11.1947.

Tungsram baute 1947 zügig die neue Sparte von Produktionsmaschinen für Industrialisierungsnachzügler aus. Im Einklang mit Vorschlägen der Kreditbank gedachte die MKP dieselbe Strategie auf die ungarische Industrie insgesamt anzuwenden.[258] Das Schwerindustriezentrum wollte anfangs Know-how nicht abfließen lassen und förderte daher nur den Export von Maschinen. Da jedoch in ganz Ostmitteleuropa eine forcierte Industrialisierung begann und vor allem die deutsche Industrie bereit war, Know-How bereitzustellen, lenkte das Schwerindustriezentrum um und erlaubte die Lieferung von ganzen Fabrikaggregaten.[259] In einem fünfjährigen Wirtschaftsabkommen mit Jugoslawien verpflichtete sich Ungarn, vollständige Fabrikeinrichtungen zu liefern; damit warb Budapest um analoge Aufträge bei der Umstellung der rumänischen Industrie auf Friedensproduktion.[260] Ganz & Co. hatte Know-how für den Ausbau der Stromversorgungssysteme in Südosteuropa in der Erwartung bereitzustellen, als Gegenleistung preiswerte Energie oder Halbfertigprodukte aus der Region geliefert zu bekommen.[261]

Privatwirtschaft und Partei waren sich einig darüber, die knappen Ressourcen an Personal und Kapital zu bündeln, obwohl sehr verschiedene Vorstellungen über die Umsetzung bestanden. Tungsram war als zentraler Forschungskoordinator für Werkzeugmaschinen vorgesehen,[262] die Ungarische Standard Elektrizitäts-AG für die Telekommunikation, Ganz & Co. für den Starkstrombereich; doch diese Unternehmen waren mit ihren neuen Rolle nicht sehr glücklich. Das lag nur teilweise daran, dass sie einen beträchtlichen Teil ihres Forschungspersonals im Krieg verloren[263] und keinen Zugang

---

258 MNL XIX_F_1_u_4 Ing. György Szabó, Besprechung mit Tungsram i.A. des Forschungsausschusses für elektrische Werkzeugtechnologie (*Villamos Müszertechnikai Kutatási Bizottság*). Budapest, 30.07.1949, Das Potential der Werkzeugmaschinenindustrie [Budapest, 1949]; MNL Z58_7 Memorandum a szerszámexport ipari megszervezése tárgyában. [Memorandum über die industrielle Organisation des Werkzeugmaschinenexports] Budapest, 14.10.1946.
259 MNL XIX_F_1_f_4 Jugoszláv kilátások [Geschäftschancen in Jugoslawien]. Budapest, 11.10.1948.
260 MNL XIX_F_1_f_4 Gyárberendezések Románia részére [Fabrikeinrichtungen für Rumänien] an Min.rat György Kolozs. Budapest, [Anfang 1948].
261 PIL 274_12_194 Ferenc Pikler, [Aufzeichnung über die Stromversorgungskooperation in Südosteuropa, gefertigt für Genosse Andor Brei]. Budapest, 12.01.1948.
262 MNL XIX_F_1_u_4 Ing. Gy. Szabó, [Besprechung mit Tungsram im Auftrag des Forschungsausschusses für elektrische Anlagentechnologie (*Villamos Müszertechnikai Kutatási Bizottság*)]. Budapest, 30.07.1949.
263 Gáspár, S. 6.

zur internationalen Forschung mehr hatten. Vielmehr waren die Unternehmen wenig geneigt, Insiderwissen abzugeben, da sie damit auch die Chance aufs Spiel gesetzt hätten, erneut Zugang zu den transnationalen Netzwerken ihrer Branche zu erhalten.[264] Forschung und Produktivität der Unternehmen wurden dadurch noch weiter beschnitten, dass sie Ingenieure und Wissenschaftler an nationale Forschungseinrichtungen wie das Zentrale Physikalische Forschungsinstitut (*Központi Fizikai Kutatóintézet*, KFKI) abgeben mussten.[265] Das verschlechterte ebenfalls ihre Chancen auf die Wiederherstellung ihrer transnationalen Netzwerke, weil ihre Forschungskapazitäten weiter schrumpften. Die mageren Resultate, welche die Zusammenfassung von Forschung und Entwicklung 1945–1949 in Ungarn erbrachte, waren also nicht zuletzt auf die wenig produktive Art der Zentralisierung zurückzuführen.

Ein Beispiel für die Schwierigkeiten, transnational vernetzte privatwirtschaftliche Forschung für die Zentralplanwirtschaft nutzbar zu machen, bietet die Mitgliedschaft von Ganz & Co. in dem nach Kriegsende erneuerten Stromzählerkartell *Accord de Paris*. Ganz wurde als Staatsunternehmen vom Schwerindustriezentrum aufgefordert, über dieses Kartell vermittelte technische und kommerzielle Informationen an randständige Produzenten in Ungarn weiterzugeben. So konnte das Schwerindustriezentrum Preise für ungarische Zähler auf Exportmärkten unter Kartellpreisen festsetzen. Unter diesen Bedingungen konnte Ganz selbstverständlich nicht im Kartell bleiben; die Zusammenarbeit von Unternehmen aus kapitalistischen und planwirtschaftlichen Ländern erwies sich als ein Ding der Unmöglichkeit.[266]

Die zentrale Koordinierung des Außenhandels verschlimmerte die Lage noch weiter. Da zur Kompensation von Exporten Rohstoffe importiert werden mussten, war die Abwicklung des Außenhandels umständlich und zeitraubend.[267] Wie grotesk der Begriff des nationalem Interesses war, zeigte

---

264 MNL XIX_F_1_u_4 Protokoll, Sitzung der Leiter der Industriezentren und Industriedirektionen, geleitet von Staatssekretär Karczag. [Budapest, 4.10.1948].
265 MNL XIX_F_1_u_4 Ing. Gy. Szabó, [Besprechung mit Tungsram im Auftrag des Forschungsausschusses für elektr. Anlagentechnik (*Villamos Műszertechnikai Kutatási Bizottság*)]. Budapest, 30.07.1949; Palló, Az ötvenes évek.
266 MNL Z425_2_20 Le Président dans l'exercice, Comité de l'accord de Paris à Ganz & Co. Budapest. Négociation avec la M.M.A. Paris, 23.09.1948; MNL XIX_F_1_u_3 Protokoll, Sitzung, Angelegenheit der Stromzähler. Budapest, 2.03.1949.
267 Bspw. MNL XIX_F_1_u_4 Auszug aus Protokoll Nr. 148., Sitzung des interministeriellen Komitee für Außenhandel, 31.03.1938. Kopie für die Handelsabteilung,

sich in dem Eingeständnis, dass Tungsram zwar bestimmte Spezialgüter kostengünstig importierte und Exporte von Landeskenntnissen und etablierten Kontakten der leitenden Mitarbeiter abhingen, gleichwohl Lieferungen von und für Tungsram über die Zentrale laufen mussten. Eine neue Schwachstromabteilung im zentralen Außenhandelsbüro für den Maschinenbau (Ferunion) hatte sich um Tungsrams Außenhandel zu kümmern.[268] Wie unterkomplex und naiv die Staatsbürokratie agierte, zeigte sich etwa darin, dass die Ferunion die Westkorrespondenz für Tungsram auf Tungsram-Vordrucken führen, für die Korrespondenz mit sozialistischen Ländern dagegen Papier mit eigenem Logo benutzen sollte. Beschränkungen des Rohstoffimports hatten unerwartete und kostspielige Konsequenzen. Als beispielsweise Tungsram die Pottasche aus Kanada durch geringerwertige sowjetische Pottasche ersetzen musste, vergeudete das Labor hunderte von Stunden auf den erfolglosen Versuch, Bestandteile herauszufiltern, die Glühbirnen eintrübten und gelb werden ließen.[269]

Die Planwirtschaft ließ früh negative Konsequenzen für die Produktivität erkennen. Zerschlagene Unternehmensstrukturen und die für die Reparationen notwendigen Produktumstellungen ließen die Rentabilität sinken; so häufte die kurz zuvor verstaatliche Orion bereits vor Beginn des Ersten Fünfjahresplans im Januar 1949 alarmierende Verluste an.[270] Auf die Dauer wurden die Betriebe von der wuchernden Bürokratie und Zentralisierung viel stärker belastet, als Stückzahlerhöhungen oder sozialistische Wettbewerbe ausgleichen konnten. Vielfach wurden Verwaltungsstrukturen verdoppelt, und Unternehmen verloren ihre Entscheidungsautonomie, etwa durch die Verfügung, die Qualitätsüberwachung an eine neue nationale Kontrollbehörde zu übergeben.[271]

Direktion für elektrotechn. und Massenwaren, Industrieministerium. Budapest, 15.05.1948.
268 MNL XIX_F_1_u_3 Protokoll, Sitzung bei Ministerialrat György Kolozs. Budapest, 29.10.1948.
269 MNL XIX_F_1_u_3 [Dir. Lévai], Betriebsleitung, Tungsram an die Direktion für elektrotechnische und Massenwaren, Industrieministerium, Újpest, 29.09.1948.
270 MNL XIX_F_1_u_4 Híradástechnikai ipari központ 1948. nov. 19-i osztályvezetői értekezlet jegyzőkönyve. [Protokoll, Sitzung der Abteilungsleiter im Zentrum für Telekommunikationsindustrie, Budapest, 19.11.1948].
271 MNL Z601_301_1075 Abt. für Vermarktung im Inland, Tungsram, Központi Minőségellenőrző Szerv létesítése és ennek munkájába való bekapcsolódásunk. [Errichtung eines zentralen Organs für Qualitätskontrolle und unsere Integration in dessen Tätigkeit], 17.05.1949.

Diese Maßnahmen und das Versiegen des Technologietransfers verzögerten also den durch Demontagen, Reparationen und Pauperisierung ohnehin belasteten Wiederaufbau und die Normalisierung der Handelsbeziehungen. Sie setzten auch Produktivitätssteigerung, technischem Fortschritt und unternehmensstrategischer Flexibilität enge Grenzen. Deswegen war die ungarische Industrie meist nicht mehr wettbewerbsfähig und kam sogar zu spät, um sich mit Nischentechnologie für Industrialisierungsnachzügler zu etablieren. So stellte 1948 die PMKB kaum überraschend fest, dass die ungarische Industrie ihre Chance zur Übernahme deutscher Exportmärkte bereits verpasst habe.[272]

4.7.2 Ostmitteleuropa

In Ostmitteleuropa startete Tungsram mit einem schweren Rückschlag: Dort wurden seine Filialen verstaatlicht und in die nationalen Lampen- und Radioindustrien integriert.[273] Zudem war Philips der Újpester Konkurrenz zuvorgekommen: Mit Blick auf die Industrialisierungsanstrengungen in Ostmitteleuropa und die wachsende politische Unsicherheit entschieden sich die Niederländer dafür, Produktionslizenzen zu vergeben und nicht direkt im Ostblock zu investieren. Ein Beispiel war das Abkommen zwischen der polnischen Behörde für Telekommunikationsindustrie und dem früheren Philips-Werk in Warschau von Anfang 1948.[274] Dieses Geschäft hatte Tungsram insbesondere aufgrund bürokratischer Hürden um einige Monate verpasst.[275] Bei der Modernisierung der polnischen Energieversorgung

---

272 Vergleich Außenhandelsstatistiken Jan.-Apr. 1947 u. 1948: MNL Z601_301_1075, [Außenhandel. Bericht, Wirtschaftsforschungsinstitut (*Gazdaságkutató Iroda)*] Budapest, 18.05.1948.
273 MNL Z601_294_1053 Tungsram Zjednoczona Fabryka an L. Aschner, Genf. Warschau, Sept. 1945; MNL Z601_260_1029 Übersetzung: Das Präsidium der Volksregierung Serbiens an die Direktion der Firma Tungsram Zagreb. Belgrad, 29.03.1946; MNL Z601_138_690 Tungsram Zagreb an Tungsram Zürich, 23.12.1946; MNL_Z601_301_1076 Lazar Grod, Tungsram Zürich, an L.Aschner, Genf. Zürich, 1.11.1946.
274 MNL_Z601_301_1075 Sándor Simics, Délégation de la Direction du Commerce extérieur Hongrois a Varsovie, an Tungsram, Budapest. Warschau, 4.06.1948.
275 MNL Z604_44_55 Ing. Cazrnicki, an Tungsram, Újpest. Warschau, 25.05.1948 [Röhrenherstellung in Polen]; MNL XIX_F_1_u_3 Exportabt., Tungsram, Aufzeichnung für geschäftsführ. Dir. Beer, 11.02.1949 [Unser Radiosenderöhrenexport nach Polen 1938, 1948]; MNL XIX_F_1_u_3 Tungsram an Dir. Rezső Tarján, Magyar Híradástechnikai Igazgatóság, [Direktion für die Telekommunikationsindustrie] 7.06.1948.

wurde nicht Ganz & Co., sondern deutsche Ingenieure als Berater tätig.[276] Jugoslawien verlangsamte die Lieferung von Kraftwerken; ähnliches geschah in vielen anderen Branchen.[277]

Innerhalb des RGW war die Zusammenarbeit bei Forschung und Entwicklung völlig neu aufzubauen. Daran waren meist dieselben Unternehmen beteiligt wie zuvor an den internationalen Kartellen, doch hatten sich die Rahmenbedingungen völlig verändert. Ingenieure des Tungsram-Labors reagierten mit Misstrauen gegenüber ihren Kollegen aus der SBZ, früheren Osram-Mitarbeitern, als diese bei einem Werksaufenthalt in Újpest nach detaillierten Plänen fragten.[278] Die Spannungen, die vor dem Krieg zwischen den ostmitteleuropäischen Staaten bestanden hatten, wurden durch sozialistische Solidarität keineswegs wundersam aus der Welt geschafft.

So versuchten Ganz & Co. sowie der größte tschechoslowakische Zählerhersteller, die Firma Křižík, im *Accord de Paris* die altbewährte Taktik kleinerer Mitglieder anzuwenden: Die Kooperation von italienischen, tschechischen und ungarischen Unternehmen sollte ihre Position gegenüber den größeren westeuropäischen Firmen stärken.[279] Im Januar 1949 wurde dieser Plan in einen Vorschlag für ein tschechisch-ungarisches Duopol in Ostmitteleuropa umgewandelt,[280] der sich in eine Reihe von ähnlichen Versuchen zur ökonomischen Kooperation in der Region einordnete.[281] Demnach hätten die von Ganz & Co. sowie Křižík angeführten ungarischen und tschechoslowakischen Hersteller sich über Technologie ausgetauscht und bei der Normierung neuer Zählertypen zusammengearbeitet. Sie hätten gemeinsam verhindert, dass andere osteuropäische Länder ihre eigenen Stromzähler hätten herstellen können; ausgenommen davon war selbstverständlich die UdSSR. Sie hätten ein Monopol in der Tschechoslowakei, Ungarn, Rumänien, Bulgarien und Albanien gehabt, abgesehen von den einfachsten

---

276 MNL XIX_F_1_u_4 Jugoszláv üzleti helyzet és kilátásaink. [Geschäftslage in Jugoslawien und unsere Geschäftschancen] Budapest, 11.10.1948.
277 MNL XIX_F_1_u_4A Sebestyén, János, Vezérigazgatóság, Feljegyzés a jugoszláv 5 éves gazdasági egyezményben történt legújabb változásokról. [Notiz über die neuesten Veränderungen am jugoslawischen 5 Jahre-Wirtschaftsabkommen] Budapest, 25.06.1948.
278 DTMB Telefunken I.2.060 C 11118 British Tungsram Radio Works, London. Besprechung mit Mr. Szilasi und Mr. Antscherl, 12.09.1951.
279 MNL XIX_F_1_u_3 Hollay, Sándor, [Ganz Stromzählerfabrik], Bericht: Kongress des *Accord de Paris, Cannes, 21–24.10.1948.* Budapest, 30.11.1948.
280 MNL XIX_F_1_u_3 Sitzungsprotokoll [Ganz]. Budapest, 5.01.1949.
281 Überblick über Kooperationspläne, dabei Ungarns geplante Rolle: *Gyarmati*

Zählermodellen auch in Polen, und sie hätten einen größtmöglichen Teil des sowjetischen Marktes übernommen. Obwohl hinter diesem Vorhaben natürlich auch politische und wirtschaftliche Interessen standen, müssen sie doch im Lichte von Vorgängen auf der unteren Ebene betrachtet werden. Im Stromzählerkartell wollten die ungarischen Entscheidungsträger die tschechischen Partner übervorteilen, indem nur Ganz & Co. dem Duopol angehören sollte, während die übrigen ungarischen Produzenten freie Hand hätten.[282] Damit bereiteten sie dem Plan ein vorzeitiges Ende. Das hatte seine Gründe letzlich in der Logik der Zentralkommandowirtschaft und dem Interesse der Sowjetunion, zwar die ostmitteleuropäischen Staaten enger an sich zu binden, aber unter ihnen keine zu engen Beziehungen zuzulassen, wobei die UdSSR von der hergebrachten Feindseligkeit zwischen den Staaten Ostmitteleuropas profitierte. Bezeichnend war der Versuch des tschechoslowakischen Ministeriums für Handel und Genossenschaften im August 1948, Ungarn durch die Weigerung der vertraglichen Lieferung von Glühlampenballons aus der nationalisierten Tungsram-Glasfabrik in der Slowakei zu zwingen, das tschechoslowakische Exportkontingent an anderen Glastypen zu erhöhen.[283]

Als der Eiserne Vorhang niederging, war der Transfer von Produktionslizenzen blockiert. Ironischerweise bekam Ungarn dadurch eine zweite Chance. Wer von den alten Managern noch etwas zu sagen hatte, versuchte Ungarns regionale Führungsrolle durch selektiven Technologietransfer zu erhalten. Dadurch kam es zu Meinungsunterschieden zwischen Leopold Aschner und dem Industrieministerium: Aschner warnte davor, Tungsrams mageren Wettbewerbsvorsprung durch Technologietransfer in die sozialistischen Länder gänzlich zunichtezumachen.[284] Der Partei waren die Vermarktungsschwierigkeiten zwar bekannt, doch hielt sie die Parole der sozialistischen Solidarität hoch; daher gab es keine Restriktionen bei der Weitergabe von Produktionsknowhow und Maschinen.[285] Sozialistische

---

282 MNL XIX_F_1_u_3 Hollay, Sándor, [Ganz Stromzählerfabrik], Jelentés a csehszlovákiai Křižík áramszámlálógyárral a prágai kereskedelmi tárgyalásokkal párhuzamosan folytatott tárgyalásokról. [Bericht: die mit Křižík parallel zu den Handelsverhandlungen geführten Besprechungen] Budapest, 29.11.1948.
283 MNL XIX_F_1_u_3 Abteilung für Materialbeschaffung, Tungsram an Dir. Lévai, intern. Újpest, 19.08.1948.
284 MNL Z601_301_1075 Exportabt., Tungsram, an Dir. Lévai, [Aufzeichnung über Radioröhrenherstellung in Rumänien] Újpest, 20.05.1949.
285 MNL XIX_f_1_u_3 Határozat [Enscheid] Nr. 42 Teletechnika u. [Dir.] Tarján, Aufzeichnung, Budapest, 11.02.1949; MNL XIX_F_1_u_4 Értékesítés [Vermarktung] o. A.

Aufbauhilfe fiel stärker ins Gewicht; demgegenüber war unternehmerische Freiheit längst zur Farce geworden.

4.7.3 Argentinien

»Die politische Bedeutung der argentinischen und brasilianischen Handelsabkommen [mit Ungarn] kann kaum überschätzt werden, und sie kann als Sieg Osteuropas gesehen werden, besonders nach der erfolglosen Konferenz in Bogotá«, berichtete im Mai 1949 der Chef der ungarischen Handelsdelegation aus Buenos Aires.[286] Bei letztgenannter Konferenz lehnte die US-Regierung endgültig ab, Lateinamerika Hilfen in Größenordnung des Marshallplans zu gewähren.[287] Das Abkommen mit Argentinien setzte die Rahmenbedingungen des bilateralen Handels für viereinhalb Jahre im Gesamtumfang von 180 Millionen USD fest. Es stellte Ungarn die Lieferung von wissensintensiven Gütern wie die Ganz-Jendrassik-Dieseltriebwagen oder Tungsram-Radioröhren in Aussicht, wovon zwei Drittel in konvertibler Währung oder in umsetzbaren Rohstoffen wie Baumwolle beglichen werden sollten. Das Kompensationsabkommen mit Brasilien galt trotz seines geringeren Umfangs als politisch noch wichtiger. Denn Ungarn gelang es als erstem Land aus Ostmitteleuropa, ein Wirtschaftsabkommen mit einem politischen Verbündeten der USA zu erzielen. Diese Propaganda sah daher Ungarn bereits als Vorreiter des Sozialismus bei den Wirtschaftsbeziehungen zu Südamerika; die Versorgung ostmitteleuropäischer »Bruderländer« mit brasilianischer Baumwolle wäre zudem Ungarns Position im Ostblock sehr zuträglich gewesen.[288]

Die zitierte Äußerung zeigt, dass Ungarn sich in seinen Außenhandelsbeziehungen von der sozialistischen Ideologie leiten ließ und für sich nach einer Nische im Ostblock suchte, noch bevor durch die Verfassungsänderung von 1949 die Volksrepublik offiziell verkündet und der RGW gegründet war. Da die wirtschaftliche Neuausrichtung Ungarns 1949 praktisch abgeschlossen war, bestätigte die Äußerung nur einen *fait accompli*. Überraschender war, was der Gewährsmann über Ungarns hohen industriellen Entwicklungsstand und Platz im Ostblock zu sagen hatte. Diese Ansprüche

---

286 PIL 274_12_256 [Akten zur von Pál Soltész geleiteten Mission in Argentinien], S. 57.
287 *Rock,* War and postwar, S. 33–35; *Thorp,* S. 52.
288 PIL 274_12_256 Aufzeichnungen von Pál Soltész aus Buenos Aires, Mai 1948.

stützten sich wesentlich auf die Kapazitäten einer geringen Zahl von Unternehmen, die von ihren alten Kontakten ins Ausland abhingen.[289] Genau das wurde aber mehrfach unterlaufen.

Zum einen kam die Wiederherstellung der Lieferkapazitäten von Schlüsselunternehmen für den Export nach Argentinien im Vergleich zur deutschen Konkurrenz nur langsam voran. Zum andern erschwerten die politischen Unsicherheiten und Risiken Kontakte auf den Hauptmärkten und die Wiederaufnahme ungarischer Unternehmen in die Netzwerke der Leitunternehmen, die sich erneut global zu koordinieren suchten.

Tungsram war es nicht gelungen, vor Ungarns Kriegseintritt die Produktion in Argentinien aufzunehmen; die nach Portugal gebrachten Maschinen wurden vor deren Verschiffung nach Buenos Aires beschlagnahmt. Seit 1941 war Tungsram Argentina von der Muttergesellschaft abgeschnitten. 1947 versuchte der Vertretungsleiter in Buenos Aires, bei wachsender Konkurrenz lokaler Hersteller die Marke in Erinnerung zu bringen, und orderte Lampen von der niederländischen Tungsram-Tochter in Tilburg. Diese waren wegen kriegsbedingter Qualitätseinbußen jedoch so schlecht, dass sich ihr Import als kontraproduktiv erwies.[290] Während die laufenden Antitrustverfahren in den USA General Electric von Direktinvestitionen in Argentinien abhielten, richtete Philips eine Glühlampen- und Radioröhrenfabrik in Argentinien ein, die 1948 die Produktion aufnahm. Der Leiter von Tungsram Argentina war deswegen überzeugt, dass Újpest sich auf dem argentinischen Markt nur mit einem eigenen Werk und unter der Voraussetzung behaupten könne, im Qualitätsstandard mit Philips gleichzuziehen.

Eine Lizenzierung durch General Electric und Produktion für GE und Tungsram selbst wäre überhaupt nur dann möglich gewesen, wenn General Electric Grund gehabt hätte, den eigenen Geländegewinn auf dem argentinischen Markt zu verschleiern. Die prekäre Lage von Osram Berlin und die Nationalisierung der argentinischen Osram-Fabrik machten das nun genauso überflüssig wie die Beendung des Antitrustverfahrens in den Vereinigten Staaten. Ohnehin hatte die Sabotage des GE-Tungsram-Abkommens diesem Plan den Boden entzogen; General Electric schob die nordamerikanische Sylvana-Fabrik vor. Als General Electric um die Jahresmitte 1948 die Produktionsstätte in Argentinien aufzubauen begann, waren

---

289 PIL 274_12_256 [Akten zur von Pál Soltész geleiteten Mission in Argentinien], S. 57.
290 MNL XIX_F_1_u_3 Dir. Veszprémi, TASA, an Tungsram. Buenos Aires, 15.05.1948, Tungsram an das Schwerindustrieministerium. Újpest, 11.09.1948.

Ericsson aus Schweden und der größte argentinische Outsider, Telux, bereits mit den in Argentinien besonders beliebten Leuchtstofflampen präsent. Die Herstellung dieser Lampen eignete sich aber bei Tungsram nicht zur Massenproduktion. Zu der Zeit war bereits absehbar, dass die neuen lokalen Produktionsstätten von Philips, RCA und ISEC mindestens den argentinischen Bedarf an Radioröhren vollständig decken würden.[291]

Selbst jetzt gab sich der Leiter von Tungsram Argentina nicht geschlagen und unterbreitete Mitte 1948 einen neuen Plan. Ein örtlicher Geschäftsmann namens Rodrigo kündigte die Errichtung einer Glühlampenfabrik an, die der nationalisierten Osram-Fabrik Konkurrenz machen würde, und wurde daraufhin zu deren Leiter ernannt. Für die Modernisierung brauchte Rodrigo allerdings Know-how, doch waren weder General Electric noch Philips bereit, ihre Marktposition zu schwächen. Daher wandte sich Rodrigo an Tungsram und stellte als Gegenleistung Produktionsmaschinen für die künftige Tungsram-Fabrik in Aussicht.[292] Die geographischen Grenzen der GE- und RCA-Lizenzen spielten nun für Tungsram keine Rolle mehr. Újpest war sich jedoch völlig im Klaren über Tungsrams Entwicklungsrückstand bei bestimmten Lampenbestandteilen und den Radioröhren;[293] daher verzichte Tungsram darauf, die Anträge bei den ungarischen und argentinischen Behörden einzureichen.[294]

Tungsram konnte also nach Kriegsende weder als lokaler Hersteller noch als bedeutender Exporteur auf den argentinischen Markt zurückkehren. Das war hauptsächlich darauf zurückzuführen, dass Tungsram in den entscheidenden Jahren nach Kriegsende den Anschluss an den technologischen

---

291 MNL XIX_F_1_u_3 Dir. Károly Veszprémi, TASA, an die Ungarische Handelsdelegation in Buenos Aires. Buenos Aires, 15.05.1948 (signiert in Budapest von Dir. Tarján).

292 MNL Z604_30_19 Tungsram an Mr. Ignacio Rodrigo, Buenos Aires. Újpest, 10.06. 1948, Tungsram an H. Muchall, Buenos Aires. Újpest, 1.07.1948; MNL XIX_F_1_u_3 [Dir. Károly Veszprémi], TASA an Dir. Rosenfeld, Tungsram. Buenos Aires, 8.05.1948; MNL XIX_F_1_u_4 Dir. Veszprémi und dr. Palágyi, TASA, an Vizepräs. L. Aschner, Tungsram. Buenos Aires, 8.06.1948,[Dir. Veszprémi], an Tungsram. Buenos Aires, 5.06.1948.

293 MNL XIX_F_1_u_3 Híradástechnikai Ipari Igazgatóság, Bericht v. Exportdir. Rosenfeld, Tungsram, über das Potential von Glühlampen- & Röhrenexport nach Argentinien. Budapest, 24.07.1948; Ebd: Dir. Veszprémi, TASA, an Tungsram, Újpest. Buenos Aires, 15.05.1948.

294 MNL XIX_F_1_u_3 Bericht v. V. Rosenfeld, Exportdirektor, Tungsram, im Industrieministerium über TASA. Budapest, 10.08.1948; MNL XIX_F_1_u_4 Interne Aufzeichnung, Budapest, 4.10.1948 und János Lévai, Tungsram, an Dir. Rezső Tarján, Direktion für elektrotechnische und Massenwaren, Industrieministerium. Újpest, 4.10.1948.

Stand verpasste. Die Umstellung der Leuchtstoffröhrentechnik von Tungsram auf Massenproduktion wurde durch die Blockierung des GE-Abkommens verzögert. Bay war außerdem seit Ende 1947 von diversen behördlichen Beschuldigungen in Beschlag genommen.[295] Als Bay an die Spitze eines zentralen militärischen Forschungslabors hätte wechseln sollen, floh er in die USA, wo er seine wissenschaftliche Tätigkeit wieder aufnahm. Das Tungsram-Labor wurde zur zentralen Einheit des nationalen Instituts für Telekommunikationsforschung (*Távközlési Kutató Intézet*).[296] Der ebenfalls emigrierte Jankovich übernahm die Leitung der europäischen Tungsram-Tochter im Auftrag des *International Electrical and Engineering Trust*.[297]

Ganz & Co. stieß bei der Rückkehr nach Argentinien auf ähnliche Schwierigkeiten. Das Untersuchungsverfahren gegen Jendrassik wegen des Verkaufs von Triebwagenpatenten an die Briten hinderte das Unternehmen daran, die Wagenproduktion wieder aufzunehmen, als durch die Streckung der Reparationen Kapazitäten frei wurden. Ganz' Produktion war wegen Kriegszerstörungen, Kapitalmangel und Außenhandelsbeschränkungen hoffnungslos veraltet, ebenso wie diejenige der Zulieferer. Die Reparationen an die Sowjetunion motivierten die Lieferanten wenig zu Innovationen, ganz abgesehen davon, dass die Lieferkonditionen dazu keinen finanziellen Spielraum ließen. In der Konsequenz waren die Dieseltriebwagen nicht mehr konkurrenzfähig.

Jendrassik floh 1947 aus Ungarn; nach einem kurzen Aufenthalt in Argentinien ließ er sich in Großbritannien nieder, wo er Anstellung bei Metropolitan Vickers fand. Damit war auch bei Ganz & Co. der komplette Austausch der Unternehmensleitung vollzogen, der mit den Diskriminierungsgesetzen gegen die jüdische Bevölkerung angefangen hatte, nach Kriegsende mit der Entnazifizierung fortgesetzt wurde und mit der Übernahme der Führungsposten durch Parteifunktionäre zum Abschluss kam.[298]

Trotz derartiger Kalamitäten erhielt Ganz & Co. bei den Verhandlungen der ungarischen Handelsdelegation Anfang 1949 in Buenos Aires ohne Ausschreibung einen Auftrag über 26 Triebwagen. In Anbetracht des Stopps der tschechisch-argentinischen Handelsbeziehungen war es jedoch klar, das verspätete oder mangelhafte Lieferungen, die zu dieser Zeit Ganz & Co.

---

295 *Bay, Az élet erősebb*, S. 201.
296 *Gergely*.
297 *Bay, Az élet erősebb*, S. 228–230.
298 1937–1947 wurde in Ungarn über drei Viertel der Wirtschaftselite ausgetauscht. *Lengyel, Vállalkozók*, S. 140.

öfter unterliefen, auch dem ungarischen Handel mit Argentinien ein rasches Ende bereiten würden, der sich zunächst so vielversprechend ausgenommen hatte. Nur wenige Jahre später waren ungarische Triebwagen aus Lateinamerika praktisch verschwunden.[299]

Die hochfliegenden Vorstellungen, die Ungarn bereits als Führungsland des Ostblocks in Südamerika und als Technologielieferanten in Osteuropa sahen, scheiterten kläglich. Denn die Branchen und Unternehmen konnten ihre Wettbewerbsfähigkeit nicht wieder herstellen. Dafür gab es eine Reihe von Gründen. Die Reparationen konservierten veraltete Produktionsstrukturen. Die politische Isolation Ungarns trug zum ineffizienten Einsatz von Produktionskräften bei, weil mangels Kapitalzufuhr und ohne Technologietransfer der Wiederaufbau der Industrie nicht von Modernisierungsmaßnahmen begleitet war. Infolge des Auseinanderdriftens der politischen Blöcke konnten transnationale korporative Strukturen nicht wieder hergestellt werden. Versuche, durch die Ressourcenkonzentration die angewandte Forschung effizienter zu machen, schlugen fehl.

---

299 MNL Z425_71 Másolat. Gez. Haussen und Ardó, *Magyar Nehézipari Külkereskedelmi rt.* an Ganz Waggon- és Gépgyár N. V. kft. Budapest, 24.05.1949.

5. Fazit

Diese Fallstudie zu den Strategien der Leitunternehmen der ungarischen elektrotechnischen Industrie im Rahmen intraregionaler und globaler Verflechtungen setzt sich zum Ziel, mehr über die Internationalisierung von Unternehmen einer technologieintensiven Branche aus einer spät industrialisierenden, kleinen und offenen Volkswirtschaft zu erfahren. Sie lotet den Spielraum mittelgroßer Teilnehmer an transnationalen Unternehmenskooperationen aus und verdeutlicht den bisher wenig beachteten Anteil mittelgroßer Akteure an der Globalisierung.

5.1 Chancen und Hindernisse auf dem Weg zum multinationalen Unternehmen

Der unternehmensgeschichtliche Gewinn liegt darin, bestimmte Faktoren zu identifizieren, die für die Entwicklung von Unternehmen aus nachholend industrialisierenden, kleineren und ärmeren Ländern besonders wichtig waren, um im Hochtechnologiesektor zu multinationalen Unternehmen aufzusteigen.

Besonders wichtig war der Zeitpunkt für den Einstieg in die Konkurrenz. In der Frühphase der Entwicklung eines Hochtechnologiesektors und von neuen Produktsegmenten, d.h. vor der Patentierung der wichtigsten Produktionsverfahren, der Produktstandardisierung und der Herausbildung oligopolistischer Wettbewerbsstrukturen waren unter bestimmten Voraussetzungen auch spät industrialisierende Länder ein geeigneter Standort, um zur internationalen Konkurrenz aufzuschließen. Entscheidend für die Weiterentwicklung eines Unternehmens zum multinationalen Akteur war die anschließende Marktaufteilung und -konsolidierung. In dieser Phase müssen Unternehmen, gegebenenfalls mit politischer Unterstützung, diejenigen transnationalen organisatorischen Strukturen ausbilden, die Absatzmärkte erschließen und ermöglichen, die technologische Entwicklung mitzubestimmen.

Doch stand dieser Entwicklung vielfach im Wege, dass die Chancen ungenutzt blieben, die wirtschaftliche Kooperation in der Region für Unternehmens- und Wirtschaftswachstum geboten hätten. In der Zwischenkriegszeit erhöhten wirtschaftsnationalistische Barrieren für ungarische Unternehmen nicht nur die Kosten der Marktbearbeitung im benachbarten Ausland, sondern machten es oft schwer bis unmöglich, ihre regional eingeschränkten Lizenzrechte zu nutzen oder Marktkontrolle in Südosteuropa auszuüben. Das wiederum brachte ihre Position innerhalb multinationaler Konzernstrukturen, in internationalen Kartellen und letztlich auch auf ihren Kernmärkten in Gefahr. Intraregionale politische Spannungen machten zudem unmöglich, großregionale Infrastrukturen aufzubauen, wodurch natürliche und finanzielle Ressourcen ineffizient eingesetzt wurden und der Aufstieg regionaler Großproduzenten vor und nach dem Ersten Weltkrieg erschwert wurde.[1]

Um derartige Barrieren zu überwinden, hatten Unternehmen die Wahl zwischen verschiedenen Entwicklungspfaden, von denen diese Studie zwei genauer in den Blick nimmt. Tungsram etablierte sich in der Konsumgüterindustrie als Massenproduzent, indem das Unternehmen sich in den transnationalen Produktions-, Vermarktungs- und Wissensnetzwerken der Leitunternehmen als technisch innovativer Partner, Produzent für Südosteuropa und Verbündeter zur Aufrechterhaltung der Marktordnung in dieser Region bewies. Die Kontrolle des südosteuropäischen Marktes diente aber nur als Ausgangspunkt und Verhandlungsgrundlage für die Sicherung von Marktanteilen in anderen Regionen; auf keinen Fall reichte sie allein aus, um Tungsram langfristig vor Konkurrenzdruck zu bewahren.

Wollte Tungsram überleben, so musste das Unternehmen geschickt zwischen den Weltmarktführern manövrieren. Die Integration in deren Netzwerke ermöglichte es der Firma, in einem klar umrissenen Produktsegment mit der produktionstechnischen Entwicklung Schritt zu halten, sich in neue Produktsegmente hineinzuarbeiten und die Spielregeln auf ihren Hauptmärkten mitzugestalten.

Gerade durch die Integration in diese transnationalen Netzwerke konnte Tungsram Ressourcen für Forschung und Entwicklung fokussieren und Mittel zur Finanzierung des Lehrstuhls für Atomphysik an der Technischen Universität in Budapest freibekommen. Die Geschäftsleitung hoffte, mit Hilfe von dessen Grundlagenforschung auch langfristig in der Telekom-

---

1 Zur Bedeutung der Kooperation der baltischen Staaten für die Entwicklung der elektrotechnischen Produzenten Ericsson und Nokia *Dalum, Fagerberg u. Jørgensen*; *Lemola u. Lovio*; *Freeman*, Technology gaps.

munikation mithalten zu können. Tungsrams wachsendes ungarisches Zuliefererernetz profitierte ebenfalls von der transnationalen Wissenszirkulation. Typischerweise war dies bei kleineren Staaten ein Zeichen dafür, dass es einigen Großunternehmen gelang, Wirtschaft und Wissenschaft ihres Landes an die globale Zirkulation anzuschließen.

Ganz & Co. hingegen gelangte am weitesten auf dem Weg zum weltweit präsenten Unternehmen, als die Firma sich als Spezialhersteller von Produktionsgütern zu etablieren versuchte. Dazu war es notwendig, zügig den Marktwert von vielversprechenden Erfindungen zu erkunden und den Heimatmarkt als Lern- und Experimentierfeld für innovative Produkte nutzen zu können. Im Vergleich zur dualistischen Ära (1867–1918) waren die Marktbedingungen in der Zwischenkriegszeit jedoch nicht nur infolge des verlangsamten Wachstums weniger günstig. Durch die Spannungen zwischen den Staaten erschwerte Bedingungen für Kapitalimport sowie Nachfragestruktur und Wirtschaftskultur Ungarns fielen gleichermaßen ins Gewicht. Ausländische Industrieprodukte besaßen beim ungarischen Konsumenten weiterhin höheres Prestige, was die Etablierung von einheimischen Qualitätsproduzenten erschwerte. Andererseits konnte mit Blick auf die Krise des Maschinenbaus die Industrielobby leichter durchsetzen, dass inländische Produzenten bei öffentlichen Lieferungen bevorzugt wurden.

Der Zugang zum Industrie- und Finanzzentrum Wien und dem höher entwickelten Markt der österreichischen Reichshälfte war für den Aufstieg beider Unternehmen entscheidend, denn die dortige Marktpräsenz zwang sie zur Erprobung neuer Managementtechniken und Marktbearbeitungsmethoden, ermöglichte günstigeren Kapitalimport und begründete ihren Ruf als Qualitätsproduzenten. Ganz & Co. suchte darüber hinaus Italien und Argentinien als Sprungbrett zur Bearbeitung globaler Märkte zu nutzen. Die Industrialisierung dieser Länder befand sich auf einem dem ungarischen ähnlichen Stand, was den Markteintritt für Ganz erleichterte; zudem veranlassten Engpässe an natürlichen und finanziellen Ressourcen die dortigen Regierungen dazu, mit innovativen technischen Lösungen zu experimentieren.

Es war keineswegs selbstverständlich, das Potential eines Wettbewerbsvorsprungs zu erkennen und zu nutzen, den die Bedienung ausländischer Märkte in der Entwicklungsphase neuer Technologien für ein Unternehmen bot. Um nach dem *double* oder *multiple diamond*-Modell Wachstumsbarrieren des Heimatmarkts zu überwinden, bedarf es allerdings:

(1) der strategischen Entscheidung für diese Art von Produktinnovation und Marktbearbeitung;

(2) Reformen der Unternehmensorganisation und der Unternehmenskultur wie der Integration von Erfahrungen im Auslandsbetrieb in die Produktentwicklung, der Überwachung von Lizenz- und Kartellverträgen und eines dauerhaften Einsatzes von Personal im Ausland;

(3) der Ausarbeitung tragfähiger Finanzierungsmodelle, die den unterschiedlichen Interessen von Entscheidungsträgern auf dem ausländischen Absatzmarkt entsprechen;

(4) der Etablierung transnationaler Netzwerke, die Vertrauensbildung durch Referenzaufträge nicht zuletzt auch auf dem Heimatmarkt ermöglichen sowie Markteintrittsbarrieren und politische Risiken bei der Erfüllung der Lieferaufträge reduzieren.

Die Entwicklung von Ganz & Co. verdeutlicht also, dass die Diamantmodelle als Entwicklungspfade für multinationale Unternehmen aus kleineren Ländern den Schwierigkeiten des Lernprozesses beim Aufbau transnationaler organisatorischer Strukturen mehr Aufmerksamkeit schenken müssen.

Die Grundlage der Wettbewerbsfähigkeit beider Unternehmen war folglich die Integration in die transnationalen Wissens- und Verteilungsnetzwerke ihrer Branchen. Diese vom Profitdrang vorangetriebene Integration stellte einen von staatlichen Kontrollbestrebungen und Machtübergriffen hegemonialer Geschäftspartner gekennzeichneten Prozess dar. Deswegen erforderte die Integration in und die Interessendurchsetzung innerhalb dieser Netzwerke einen geschickten *jeu d'échelles*: Der taktische Umgang mit staatlichen und privatwirtschaftlichen Akteuren auf der lokalen, nationalen und transnationalen Ebene konnte die Gefahren der asymmetrischen Beziehung zu den Weltmarktführern abfedern.

5.2 Infrastrukturbildung: Potential für Wirtschaftswachstum

Die Zusammenschau der Entwicklung beider Unternehmen innerhalb der österreich-ungarischen Monarchie und der Zwischenkriegszeit verdeutlicht die Verantwortung des Staates für den koordinierten Einsatz knapper Ressourcen, damit Infrastrukturbildung ihr Potential für Wirtschaftswachstum voll entfalten kann. Das bedeutet nicht die Unterdrückung von Wettbewerb, doch zumindest die Festlegung einheitlicher technischer Parameter für solche Netzwerke und notfalls auch, die Betreiber zur Zusammenarbeit zu zwingen. Standardisierung kann nämlich intern den Markt für die Lieferanten erweitern, was im Falle von kapitalarmen oder kleineren Ländern unentbehrlich ist, um wirtschaftliche Produktionsgrößen zu erreichen. Deswegen kann Standardisierung Industrieförderung unterstützen und die dafür notwendigen Investitionen reduzieren. Standardisierung und staatliche Überwachung von Versorgungsverträgen zwischen Kommunen und Betreibergesellschaften ermöglichen zudem reduzierte Verbraucherpreise, die ihrerseits Unternehmens- und Wirtschaftswachstum fördern können. Der Ausbau des Dieseltriebwagenservice der Ungarischen Staatsbahnen in den 1930er Jahren bot eine verkehrstechnische Lösung für die veränderte Wirtschaftsgeographie des Landes und förderte auch zu Zeiten leerer Staatskassen das Innovationspotential inländischer Unternehmen. Die Entwicklung der Dieseltechnologie für den Bahnbetrieb exemplifiziert deswegen den Spielraum, über den auch kleinere und ärmere Länder zu Zeiten eines erstarkenden Protektionismus und von Einschränkungen für grenzüberschreitende Kapitalflüsse verfügten.

5.3 Mittelgroße Mitgliedsunternehmen internationaler Kartelle

Die Teilnahme an internationalen Kartellen als zentralen Koordinations- und Kontrollinstitutionen der Weltwirtschaft bedeutete für das jeweilige Unternehmen eine Wettbewerbsstrategie, kein Ende des Wettbewerbs. Denn die Konkurrenz der Mitgliedsfirmen untereinander hörte nicht auf, sondern wurde lediglich in neue Bahnen gelenkt. Tungsram setzte dabei weniger auf die Zusammenarbeit mit gleichstarken Mitgliedern als vielmehr auf die Auslotung und taktische Ausnutzung der Interessenkonflikte unter den Leitmitgliedern, gestützt auf eine Kombination von Lizenz- und Beteiligungsverträgen sowie politischer Flankierung.

Mittelgroße Teilnehmer spielten eine Schlüsselrolle in der Durchsetzung von Marktkontrolle. Denn sie setzten auf den von hauptsächlich durch sie bedienten Märkten ihre lokalen Netzwerke ein, um die im Kartell vereinbarten technischen und kommerziellen Standards als national gültige Vorschriften verankern zu lassen. Daher eigneten sich mittelgroße Mitgliedsfirmen als Verbündete der Leitunternehmen bei der Durchsetzung von Marktkontrolle, weil sie am meisten von diesen Zusammenschlüssen profitierten und über hinreichende Mittel verfügten, die Leitunternehmen bei der Außenseiterbekämpfung zu unterstützen. Gut organisierte internationale Kartelle boten eine Vielzahl von Vorteilen, wie beispielsweise gemeinsame Verkaufsstellen und Warenlager, einheitliche Vorschriften für die Bedienung bestimmter Kundengruppen, Bonitätsprüfung von Kunden, Bindung der Lieferanten von Schlüsselmaterialien oder gemeinsame Finanzierung der Produktentwicklung, die sich für ihre mittelgroßen Teilnehmer in einem relativ größeren finanziellen Vorteil niederschlugen. Denn da ihr Markt geographisch enger war, hätten für kleinere Mitgliedsfirmen die vergemeinschafteten Kosten in einem ungünstigeren Verhältnis zum Gewinn gestanden.

Internationale Kartelle untergruben einerseits den Wirtschaftsnationalismus, indem sie immer neue Methoden zur Überwindung von Markteintrittsbarrieren entwickelten, beispielsweise durch wechselseitige Belieferung und finanzielle Unterstützung beim Ankauf lokaler Produzenten. Andererseits aber verstärkten sie wirtschaftsnationalistische Maßnahmen, gerade weil sie sich dem Protektionismus der Zwischenkriegszeit besonders gut anpassten. Beispielsweise konnten auf der nationalen Ebene gut organisierte Mitgliedsunternehmen solchen Einfluss auf die Gestaltung von Zollbarrieren nehmen, dass diese nur Außenseiter fernhielten.

Indem Kartelle den Mitgliedsunternehmen durch Marktaufteilung Planungshorizonte boten, hatten sie das Potential, Mittel für Forschung und Entwicklung freizusetzen und Mitgliedsunternehmen zu entsprechenden Investitionen zu veranlassen. Die Position mittlerer Unternehmen schärft den Blick auf die Chancen und Gefahren koordinierter Markteinführung neuer Produkte, zumal die weiterhin bestehende Konkurrenz die Produktentwicklung in die den Leitunternehmen genehmen Bahnen lenkte.

Die analytische Perspektive auf mittelgroße Mitglieder offenbart auch die unterschiedliche Reichweite, die Kartellstrukturen den Mitgliedsfirmen bei der Krisenbewältigung ermöglichten. Die Erkenntnisse von Harm G. Schröter über die von dem Internationalen Stickstoffkartell gewählte Bewältigungsstrategie in der Weltwirtschaftskrise[2] traf auch auf den sogenannten Pool der Leitmitglieder des Glühlampenkartells zu. Durch Verlegung der geographischen Schwerpunkte der Marktbearbeitung, Reduzierung der Konkurrenz der Leitmitglieder um bestimmte Kundengruppen und strafere Koordinierung der Marktbearbeitung half die Struktur allen Teilnehmern, den Nachfrageeinbruch durch Einsparungen zu kompensieren. Die den kleineren Mitgliedern auferlegten Einschränkungen beim Ausweichen

---

2 Schröter, Krisenbewältigung, S. 175–179.

auf Märkte mit höheren Preisen und ohne politische Hindernisse konnten andererseits jedoch langfristig auch die Strategien ihrer Produktentwicklung negativ beeinflussen.

Internationale Kartelle gewährleisteten für mittelgroße Teilnehmer einen gewissen Schutz vor hegemonialen Einflüssen.[3] Sie halfen auch im Falle solcher asymmetrischer Beziehungen wie denjenigen zwischen Osram/Telefunken und Tungsram während des Zweiten Weltkriegs, ein Minimum an Kooperation aufrechtzuerhalten. Dafür gab es zwei Gründe: Erstens wurde der Drang deutscher Unternehmen, die Marktanteile kleinerer Mitglieder zu übernehmen, durch die Hoffnung auf die Wiederherstellung der Kartelle nach dem Krieg etwas gezügelt. Zweitens diente ein Minimum an Fairness gegenüber Unternehmen aus neutralen und Mitläuferstaaten dazu, die Marktführerschaft der deutschen Industrie in Europa aufrechtzuerhalten. Handelsbeschränkungen, Konsumentenboykotts gegen deutsche Waren und begrenzte Lieferkapazitäten deutscher Unternehmen für die Versorgung der Zivilbevölkerung hätten es nämlich diesen Konkurrenten einfacher gemacht, deutsche Exportmärkte zu übernehmen. Strategisch ebenso wichtig war die Möglichkeit, die technischen Parameter der Produkte zu ändern. Es war deswegen ratsam, die potentiell gefährlichen Konkurrenten daran zu interessieren, sich weiterhin an die Zusammenarbeit bei der Typenreduzierung und -normierung zu halten.

Zusammenfassend lässt sich also festhalten, dass gerade weil mittelgroße Teilnehmer am stärksten auf Kartelle angewiesen waren, sie willige Helfer bei der Durchsetzung der kartellierten Marktordnung wurden. Sie sahen sich auch eher gezwungen, Marktkontrolle effizienter und kostengünstiger zu gestalten, als Kartelle von innen zu erneuern.

5.4 Gleichzeitigkeit des Ungleichzeitigen: Konzepte für Ungarns weltwirtschaftliche Integration

Im behandelten Zeitraum war die ungarische Wirtschaftselite konstant bestrebt, eine weltwirtschaftliche Position zu erlangen, welche die moderne Weltsystemtheorie als semiperipher bezeichnet. Die Mikroperspektive der Leitunternehmen der elektrotechnischen Industrie auf die weltwirtschaft-

---

3 *Jakubec*, S. 337.

liche Integration Ungarns beleuchtet diese Bestrebungen neu. Das folgende Schema fasst die Ergebnisse systematisch zusammen.

Tabelle B: Ungarn in der Weltwirtschaft 1867–1949

politische Zäsuren	Hegemoniale Einbindung	wirtschaftspolitische Bestrebungen	Ungarn in der Weltwirtschaft: Weltsystemtheorie	Globalisierungswellen
1867–1914	österreichungarische-Monarchie	»ungarischer Orient« (Balkanländer und Naher Osten): industrieller Export und zivilisatorischer Anspruch	Anlauf zur semiperipheren Position (Berend-Ránki)	ca. 1880–1929 (Jones)
1914–1918 Erster Weltkrieg	an der Seite des Deutschen Kaiserreichs	»ungarischer Orient« (+ wirtschaftliche Integration polnischer Gebiete)	Teil der europäischen Peripherie (Aldcroft)	Deglobalisierung 1914–1945 (Osterhammel/ Petersson)
1918–1939	Königreich Ungarn	Scharnier zwischen Ost (= hauptsächlich Balkan) und West		1929–1980 Desintegration der Weltwirtschaft (Jones)
1939–1945 Zweiter Weltkrieg	Satellitenstaat, 1944 Besetzung durch das Deutsche Reich	Revision der Trianon-Grenzen		
1945–1949	Republik Ungarn, Besetzung durch die Sowjetunion	Scharnier zwischen der »zweiten« und der »dritten Welt«	Verfestigung der peripheren Position (Berend)	»Geteilte«/ »halbierte« Globalisierung

Auch aus der Perspektive der beiden Unternehmen stellten die Weltkriege Zäsuren dar, insbesondere weil sich in Ungarn die Marktbedingungen nach beiden Kriegen von Grund auf änderten. Da beide Unternehmen erst von der Mitte der 1920er bzw. Mitte der 1930er Jahre an tragfähige Lösungen für die territorialen Veränderungen im Donauraum entwickelten, die Weltwirtschaftskrise auch langfristig ihren Handlungsspielraum begrenzte und der in den 1930er Jahren erstarkende Protektionismus im Welthandel neue Methoden der Marktbearbeitung erforderte, behält die von Geoffrey Jones vorgeschlagene Periodisierung der Globalisierung aus der Sicht von multinationalen Unternehmen auch im Falle der ungarischen Leitunternehmen der elektrotechnischen Industrie eine gewisse Gültigkeit. Beide Firmen trugen zu Ungarns Anlauf zur Etablierung einer semiperipheren Position in der Weltwirtschaft vor dem Ersten Weltkrieg bei. Die seit der Jahrhundertwende sinkende Wettbewerbsfähigkeit von Ganz & Co. deutete bereits auf die Schwierigkeiten dieser Entwicklung hin. In der Zwischenkriegszeit gelang es nur Tungsram, eine Antwort auf die fortbestehenden oder neuen Strukturprobleme der ungarischen Wirtschaft zu entwickeln. Die Integration des Landes in den Ostblock und eine divergierende Weltwirtschaft führten letztlich dazu, dass nach dem Zweiten Weltkrieg Firmenstrategien zum Ausbruch aus der Peripherie nicht verwirklicht werden konnten.

Der Lernprozess, den Tungsram und Ganz & Co. durchliefen, um auf Märkten mit sehr unterschiedlichen sozioökonomischen Entwicklungsniveaus erfolgreich zu agieren, bedeutete für sie einen praktischen Imperativ dessen, was Christophe Charle auf der theoretischen Ebene als »Gleichzeitigkeit des Ungleichzeitigen« formulierte.[4] Außerdem mussten sie Antworten auf Transformationskrisen finden, die aus den politischen Zäsuren und den technischen und ökonomischen Paradigmenwechseln rührten. Die Herausforderung bestand darin, Strategien für Märkte mit unterschiedlicher Kaufkraft und unterschiedlichen Kundenpräferenzen sowie unterschiedlich entwickelten Industrien und Spielarten von Wirtschaftsnationalismus zu entwickeln und diese den lokalen politischen und wirtschaftlichen Veränderungen genauso anzupassen wie denjenigen, die sich aus der technologischen Entwicklung und aus den Kräfteverschiebungen zwischen den Weltmarktführern ihrer Branche ergaben. Für die Ausbildung solcher Kompetenzen boten die ausgeprägten Entwicklungsdifferenzen innerhalb der österreichisch-ungarischen Monarchie und in Ungarn selbst ein gutes Lernfeld.

Die Wettbewerbsposition der beiden Leitunternehmen beeinflusste ihre Raumkonstruktionen, die denjenigen der ungarischen Wirtschaftselite insgesamt nahekamen. So zeichnete die räumliche Gewichtung ihrer ausländischen Marktpräsenz vor 1914 und auch in den 1930er Jahren die erhoffte Reichweite des ungarischen Industrieexports (Südamerika) und den geogra-

---

4 *Charle.*

phischen Schwerpunkt der Exportförderung (Balkanländer) vor. Staatliche Industrieförderung diente nicht nur der im Gegensatz zu unterschiedlichen hegemonialen Einflüssen definierten wirtschaftlichen Autonomie des Landes. Sie sollte auch den Entwicklungsvorsprung eines »Kulturlandes« gegenüber den Balkanländern bewahren, das gerade in einem Hochtechnologiesektor international konkurrenzfähige Unternehmen und technologische Innovationen vorweisen konnte, die Ungarn für diese Länder zu einem Lieferanten hochwertiger Güter machten. Letztere Errungenschaften entsprachen und unterstützten zugleich das von der Reformära vor 1848 bis zum Ende des Zweiten Weltkriegs geltende Leitbild der weltwirtschaftlichen Integration Ungarns als Bindeglied zwischen Ost und West: Ungarn und besonders Budapest sollten als Produktionsstandort westlicher Unternehmen für den »ungarischen Orient«, d. h. die Balkanländer und den Nahen Osten dienen, die Produkte dieser Länder verarbeiten und nach Westeuropa weitervermitteln. Dieses Konzept verhehlte nicht den zivilisatorischen Anspruch, dass Ungarn als Exporteur von Kapital und Produktionsgütern die Industrialisierung der Balkanländer vorantreiben sollte.

Der Industrielobby gelang es, Kartelle als Instrumente der wirtschaftlichen Autonomie zu stilisieren, wobei Autonomiebestrebungen vor dem Ersten Weltkrieg gegenüber Österreich, in der Zwischenkriegszeit gegenüber den Ententeländern und den Nachbarstaaten formuliert wurden. Die auch von den Exportunternehmen mitbestimmte Form staatlicher Kontrolle über Kartelle in Ungarn war nicht zuletzt auf deren Argumentation zurückzuführen, dass die Teilnahme an internationalen Kartellen ihnen während des Zusammenbruchs des Welthandelssystems Zugang zu Exportmärkten eröffnet und ihren Beitrag zur Scharnierfunktion Ungarns in der Weltwirtschaft zu erbringen ermöglicht habe.

Eine tragfähige Antwort auf diese Herausforderungen fanden beide Unternehmen, indem sie ihre Marktpräsenz deutlich über den »ungarischen Orient« hinaus erweiterten, sich aber zumindest in den südlichen Nachbarländern als Hauptlieferanten oder gar Monopolisten etablierten. Der Entwicklungsgrad der ungarischen Wirtschaft bot ungarischen Produzenten gegenüber den transatlantischen Konkurrenten Wettbewerbsvorteile bei den Lohnkosten, gegenüber den südlichen Nachbarländern bessere Finanz- und Kommunikationsinfrastrukturen und höhere Kaufkraft. Infolge ihrer Größenordnung konnten diese Unterschiede aber erst dann langfristig in Wettbewerbsvorteile übersetzt werden, wenn sie nicht für Billigwarenherstellung, sondern für das Qualitätswarensegment genutzt wurden. Im Falle von Ganz & Co. boten innovative Lösungen für zeitig erkannte Nachfrage eine Möglichkeit, Marktnischen zu besetzen, bevor Konkurrenz von Billigwarenherstellern und Qualitätsproduzenten aufkommen konnte.

Nach dem Zweiten Weltkrieg herrschte in den Firmenleitungen von Tungsram und Ganz & Co. die gemeinsame Erkenntnis, dass ihre Chance darin bestand, Marktnischen zu besetzen, für die sich die Weltmarktführer nicht interessierten, und ihre Erfahrung bei der Bedienung kapitalarmer Märkte in einem frühen Industrialisierungsstadium zu nutzen, um Wettbewerbsvorteile auszubauen. Diese Einsicht befand sich im Einklang mit Konzeptionen der leitenden Handelsbanken und des Industrieministeriums. Das Konzept Ungarns als West-Ost-Scharnier wurde jedoch zur Zeit der Blockbildung umgedeutet: Als Lieferant von Produktionsgütern sollte das Land zur Industrialisierung und Modernisierung der Stromversorgungs- und Verkehrsinfrastruktur in Ostmitteleuropa und in der »dritten Welt« beitragen, um damit seine eigene Position im Ostblock zu stärken. Doch zugleich wurden die Grundpfeiler dieses Konzepts zum Einsturz gebracht. Ungarn musste seine transatlantischen Wirtschaftskontakte kappen, wodurch seinen Leitunternehmen der technologische Anschluss nicht länger möglich war. Intraregionale politische Spannungen hatten bereits in der Zwischenkriegszeit den Aufstieg ungarischer Unternehmen zu regionalen Produzenten erschwert. Das Interesse der UdSSR an der Herstellung bilateraler Abhängigkeiten der ostmitteleuropäischen Länder von Moskau war binnenregionalen Kooperationen ebensowenig förderlich. Die forcierte Etablierung der Planwirtschaft und die Integration von Ungarn in den Rat für gegenseitige Wirtschaftshilfe entzogen diesen Plänen schließlich jede Grundlage, damit auch der von der ungarischen Wirtschaftselite gegebenen kapitalistischen Antwort auf die sich halbierende Weltwirtschaft. Meine Fallstudien stützen damit Barry Eichengreens These, dass das im Vergleich zu Westeuropa und Japan geringere Wachstum im Ostmitteleuropa der Nachkriegszeit eine Konsequenz der dortigen institutionellen Rahmenbedingungen war, die es nicht gestatteten, Wachstum im Vorfeld der Dritten Industriellen Revolution zu schaffen.[5] Ostmitteleuropäische Unternehmen mussten neue Strategien für die Spielregeln der »geteilten« oder »halbierten Globalisierung«[6] der zweiten Hälfte des 20. Jahrhunderts entwickeln. Das ist aber schon eine andere Geschichte.

---

5 *Eichengreen*, S. 8–71.
6 *Eckert u. Shalini*; *Osterhammel u. Petersson*, S. 86–105.

Anhang

Tabellen

Tabelle 1: Durchschnittliche jährliche Wachstumsrate der ungarischen Wirtschaft innerhalb der heutigen Grenzen (%)

	GDP	Bevölkerung	GDP/Kopf
1890-1913	2,30	0,75	1,55
1914-1948	0,78	0,46	0,32
1949-1967	4,73	0,57	4,16
1968-1988	1,84	0,10	1,74
1989-2008	1,26	-0,26	1,52

Quelle: Maddison, S. 474–479.

Tabelle 2: Produktion und Absatz der ungarischen elektrotechnischen Industrie 1898

	Starkstrom		Schwachstrom		Insgesamt	
	Kronen	%	Kronen	%	Kronen	%
Produktion	7.952 784	87,45	1.142 200	12,55	9.094 984	100,00
Absatz im Inland	2.074 118	67,29	1.009 400	32,71	3.086 818	33,95
Absatz im Ausland	5.875 366	98,19	118.000	1,81	5.993 366	65,89
auf Lager			14.800		14.800	0,16

Quelle: Szterényi, Villamossági ipar. 1898, S. 32.

Tabelle 3: Geographische Verteilung verschiedener Warengruppen im elektrotechnischen Außenhandel Ungarns 1906–1909

		Import			Export		
		Land	Kronen	%	Land	Kronen	%
		*Dynamomaschinen, Elektromotoren, drehende Transformatoren und ihre Bestandteile*					
1906		insgesamt	5.807 925	100,00	insgesamt	3.227 950	100,00
1909		Österreich	5.969 885	82,17	Österreich	1.372 055	64,80
		Deutschland	1.160 030	15,96	Deutschland	340.405	16,07
		Großbritannien	40.785	0,56	Italien	141.590	6,69
		USA	26.682	0,37	Bosnien-Herzegowina	64.800	3,06
		insgesamt	7.264.930	100,00	insgesamt	2.117 400	100,00
		stehende Transformatoren und ihre Bestandteile					
1906		insgesamt	142.440	100,00	insgesamt	1.458 645	100,00
1909		Österreich	411.565	94,3	Italien	608.820	73,68
		Deutschland	24.775	5,67	Österreich	209.760	25,38
		insgesamt	436.340	100,00	Russland	4.230	5,11
					Insgesamt	826.260	100,00
		Telefone, Mikrofone und Bestandteile, Telefonzentralen					
1906		insgesamt	473.550	100,00	insgesamt	273.675	100,00
1909		Österreich	417.900	78,34	Russland	140.700	38,76
		Deutschland	99.750	18,70	Österreich	122.550	33,76
		Schweden	12.600	2,36	Italien	40.950	11,28
		insgesamt	533.400	100,00	Rumänien	18.900	5,20
					insgesamt	363.000	100,00
		Eisenbahnsicherungsanlagen und Bestandteile					
1906		insgesamt	167.600	100,00	insgesamt	32.800	100,00
1909		Österreich	204.050	94,03	Bulgarien	21.000	43,74
		Deutschland	9.100	4,19	Österreich	14.000	29,16
		USA	3.850	1,78	Bosnien	3.850	8,01
		insgesamt	217.000	100,00	insgesamt	48.010	100,00

	Import			Export		
	Land	Kronen	%	Land	Kronen	%
	Glühlampen (und Röntgenanlagen)					
1906	insgesamt	593.650	100,00	insgesamt	1.098 105	100,00
1909	Österreich	1.166 634	64,50	Russland	1.142 100	38,10
	Deutschland	624.348	34,52	Österreich	740.250	24,70
	Frankreich	9.306	0,52	Deutschland	396.774	13,23
	Niederlande	4.230	0,23	Italien	319.788	10,67
	insgesamt	1.808 748	100,00	insgesamt	2.997 633	100,00

Quelle: A magyar szent korona országainak 1909. évi külkereskedelmi forgalma/Auswärtiger Handel der Länder der heiligen ungarischen Krone im Jahre 1909, S. 754–765 und eigene Berechnungen.

Tabelle 4: Eckdaten zur Entwicklung von Ganz & Co.

Jahr	Stamm-kapital	Obligationen	Reserven	Umsatz	Reingewinn (mit Gewinnvortrag v. Vorjahr)	Dividende (%)
1869 Forint	2.500.000					
1874	2.500.000		22.944	1.770 392 Budapest + 442.250 Ratibor	12.136	10.000 Ft
1876	1.920.000					4,00
1879	1.920.000		39.530		290.487	7,50
1884			600.020 (+ 249.000)	10.130.924	561.037	16,25
1889	1.920.000		1.200.204 (+ 284.000)	3.123.148	774.730	17,50
1894 Forint*	1.920.000		1.920 000 (+ 1.134.000)	4.684.225	932.551	21,25
1896	2.400.000					

Jahr	Stamm-kapital	Obligationen	Reserven	Umsatz	Reingewinn (mit Gewinnvortrag v. Vorjahr)	Dividende (%)
1898 Kronen	2.400.000	6.000.000				
1899 Forint	2.400.000	2.905.000	2.400 000 (+ 4.585 121)	5.559.340	930.586	25,00
1904 Kronen	4.800.000	4.716.000	4.800 000 (+ 11.114424)	10.036.856	1.176.836	16,25
1909	4.800.000	3.354.000	4.800 000 (+ 10.737 395)	10.058.072	2.021.604	22,50
1913	8.640.000	2.026.000	8.640 000 (+ 14.047 643)	29.814.103	2.244. 405	18,75
1917	14.400.000	442.000	28.828 000 (+ 19.464 243)	76.000.000	3.929.019	20,00
1926 Pengő	11.699.450		15.553 886 (+ 341.661)	11.413.435	252.145	
1929	12.250.000		21.244 072 (+ 2.567 178) + 1.875 712	8.979.553	2.464.005	16,00
1933	17.150.000		2.804 299 (+ 10.314 291)	12.789.902	-6.792.925	0,00
1937	8.575.000			21.114.771	-6.206.461	0,00

Quelle: unterschiedliche Jahrgänge von Magyar Compass sowie verstreute Unterlagen aus dem Firmenarchiv.

*Wahrungswechsel in den konsultierten Compass-Ausgaben uneinheitlich aufgefuhrt, hier die Zahlen der Übersicht halber identisch wiedergegeben.

Tabelle 5: Eckdaten zur Entwicklung der Ganz'schen Elektrizitäts-AG

Jahr	Stamm-kapital	Kreditoren	Reserven (+ latente Reserven)	Umsatz	Reingewinn (inkl. Gewinnvortrag v. Vorjahr)	Dividende %
1906 Kronen	8.000.00					5,00
1909	8.000.00	4.994.345	150.000 (+ 870.000)	4.157.273	590.760	5,00
1913	12.000.000	11.208.134	875.000 (+ 1.970 000)	8.280.642	985.722	6,00
1917	24.000.000		3.120.000 (+ 4.100 000)	11.534.139	2.208.353	8,00
1920	24.000.000		6.170.000 (+ 5.724 195)	46.237.921	5.522.282	12,00
1926 Pengő	6.300.00		6.300.000 (+ 6.031 200)	7.051.624	543.533	8,00

Quelle: unterschiedliche Jahrgänge von Magyar Compass (s. Quelle zur Tab. 4) sowie Unterlagen aus dem Firmenarchiv.

Tabelle 6: Entwicklung der Umsatzstruktur von Ganz & Co. in den 1930ern (in Pengő)

Jahr	Inland			Ausland		
	Mechanische Abteilung	Elektrotechnische Abteilung	*gesamt*	Mechanische Abteilung	Elektrotechnische Abteilung	*gesamt*
1933	8.284.000	4.308.000	*12.592.000*	1.444.000	1.529.000	*2.973.000*
1934	14.686.000	10.541.000	*25.227.000*	3.853.000	2.181.000	*6.034.000*
1935	7.755.160	6.314.780	*14.069.940*	6.471.895	2.305.334	*8.777.230*
1936	11.823.881	6.089.060	*17.912.941*	15.986.525	2.849.092	*18.835.617*
1937	12.782.954	6.170.831	*18.953.785*	19.037.560	2.308.315	*21.345.875*

Quelle: MNL Z58_47_160 Bilanz des Konzerns von Ganz & Co. per 31.12.1934 und 31.12.1935.

Tabelle 7: Eckdaten zur Entwicklung von Tungsram*

Jahr	Stamm-kapital	Reserven (latente)	Umsatz	Investitionen	Reingewinn publiziert	Dividender (%)
1889 Forint	400.000					
1896	2.000.000					10,0
1899 Kronen	1.000.000	WM 193.727	945.081	100.727	436.517	12,5
1902/03	3.000.000				420.878	8,0
1904/05	3.000.000	KP 138.819 WM 844.375	917.803		281.929	5,0
1912/13	6.500.000	KP 2.095.784# WM 3.767.469# (+875.000)			MA 1.245.122	10,5
1916/17	8.000.000	KP 12.580.000		Munitionsfabrik 600.000, GLA 10.000.000, *Aktienkauf*: Ung. Kremenezky 350.000, Hydroxigen AG 100.000 MGYOSZ 15.000	1.849.762	15,0
1920/21	20.000.000	KP 3.030.000 WM 4.640.000		Investitionen 3.550.000 Kapitalerhöhung Watt AG Wien 4.000.000 Kauf Glasfabrik Tokod 14.000.000 VEAG 54.750.000 öst Kr.	7.264.506	25,0

Jahr	Stamm-kapital	Reserven (latente)	Umsatz	Investitionen	Reingewinn publiziert	Dividenden (%)
1926/27 engő	16.500.000	KP 8.500.000 WM 10.900.000 (+ 1.000.000) = 20.400.000		Kauf der Just Glühlampen-fabrik AG	1.943.341 intern: 3.065.654	10,0
1928/29	16.500.000	KP 8.500.000 + 500.000 WM 12.001.056 = 21.001.056		GLA 256.000 Labor 240.000	3.010.322	5,6
1930/31	16.500.000	RF 1.850.000 WM 13.520.128 (+ 6.728.094) = 22.098.222		Produktion 820.000 Kulturgebäude Kanalisation Bahngleise Röhrenlabor 1.690.000	3.991.099	16,0
1933/34	21.000.000	KP 8.500.000 RF 9.600.000 WM 17.080.794 = 35.180.794			1.380.684	5,0
1938/39	21.000.000	KP 7.345.574 RF 11.050.000 WM 25.087.428 = 43.433.002	37.311.407		2.393.771	5,0

Quelle: MNL Z600_1 und Z600_2, Protokolle der Direktionssitzungen; diverse Jahrgänge von Magyar Compass (s. Quelle zur Tab. 4).
* 1889 Villanyos izzólámpagyár, 1896 Egyesült Villamossági Rt.
# 1911
MA: Mechanische Abteilung, GLA: Glühlampenabteilung
Reserven: Aktueller Stand, nicht die neu zugeführte Summe; KP Kapitalreserven, WM Wertminderungsreserven, RF Reservefond
Dauer des Geschäftsjahrs: vom 1.06. bis zum 31.05. des Folgejahres, nach der Jahrhundertwende 1.05.–30.04., nach der Gründung von Phoebus jeweils vom 1.07.–30.06.; entsprechend 1899: Stand vom 30.06.1900

Tabelle 8: GDP/Kopf in Ungarn im Vergleich zu Westeuropa und Österreich (1990er Geary-Khamis internationaler USD)

	1890	1913	1920	1929	1938	1950
Ungarn	1.473	2.098	1.709	2.476	2.655	2.480
Westeuropa*	2.535	3.474	3.247	4.336	4.667	5.467
Ung./WE	58,1	60,4	52,6	57,1	56,9	45,4
Ung./Österreich	60,3	60,5	70,9	66,9	74,6	66,9

Quelle: Tomka, Gazdasági növekedés, S. 62.
*Westeuropa: Großbritannien, Frankreich, Niederlande, Belgien, Irland, Deutschland, Österreich, Schweiz, Schweden, Dänemark, Norwegen, Finnland, Italien

Tabelle 9: Motorisierung und Verbreitung des Rundfunks in Ungarn im internationalen Vergleich

	Ungarn	Rumänien	Österreich	Tschechoslowakei	Deutschland	USA
1934						
Personenwagen	11.350	26.950	23.987	82.985	607.482	21.507.046
Kraftwagen	3.600	6.500	15.184	28.933	168.712	3.244.598
insg. ohne Motorräder	14.950	33.450	39.171	111.918	776.194	24.751.644
Einwohner pro Fahrzeug	588	58	172	133	84	5
1938						
Personenwagen	18.896	19.000		54.688**	1.416.000#	25.264.260
Kraftwagen	3.803	4.700		16.397**	325.000#	4.427.412
andere Fahrzeuge	1.509	3.400		2.083**	75.200#	161.237
insg. ohne Motorräder	24.208	27.100		73.168**	1.816.200#	29.852.910
Einwohner pro Fahrzeug	375	721		134	42#	4,3
1934						
Rundfunkabonnenten*	328.179	100.000	507.479	573.109	5.052.607	18.925.000

	Ungarn	Rumänien	Österreich	Tschecho-slowakei	Deutsch-land	USA
pro 1000 Einwohner	31,0	5,6	78,0	47,1	92,8	162,2
			1938			
Rundfunk-abonnenten	383.505	215.808	619.623	1.044.382	9.087.454	26.411.000
pro 1000 Einwohner	42,0	11,0	92	69,9	134	204

Quelle: MSZ 1936, S. 229; MSZ 1937, S. 305; MSZ XIV, 1947, S. 176; MSÉ ÚF XLVI. 1938, 1939, S. 434.
* *jeweils am 1.01.*
** *innerhalb der Grenzen von 1938*
\# *inkl. Österreich*

Tabelle 10: Verkaufsfilialen und Tochtergesellschaften von Tungsram

Land	Name der Gesellschaft Gründungsjahr	Zuordnung im Konzern	Stammkapital	1948
Tschechoslowakei	Tungsram Electricitäts-GmbH, Prag (1913)	Tungsram Wien	CZK 500.000	
	Tungsram Elektricitäts-GmbH, Filiale Bratislava (1921)		CZK 40.000	+
	Klara Glashüttenwerke AG, Utekac			
Belgien	Tungsram S. A. d'Electri-cité, Brüssel (1924)	Tungsram Zürich, 1939: eigene AG	BEF 500.000	
Niederlande	N. V. Tungsram Electrici-tets-Maatschappij, Zürich, Filiael voor Nederland, Den Haag (1930)			+
Frankreich	Minora SARL, Paris (1926)		FRS 100.000	+
Schweiz	Tungsram Elektricitäts-AG, Zürich (1919)		CHF 100.000	+
Großbritannien	Tungsram Electric Lamp Works Ltd., London		GBP 100*	+

Land	Name der Gesellschaft Gründungsjahr	Zuordnung im Konzern	Stammkapital	1948
	Record Radio Ltd., London		GBP 100	
Jugoslawien	Tungsram S. A. d'Electricité, Zürich, Filialen Zagreb und Belgrad (1921)	Tungsram Zürich	–	+
Dänemark	Tungsram Elekctricitets Aktiebolaget, Kopenhagen (1926)		DKR 150.000	+
Ägypten	Tungsram S. A. d'Electricité, Kairo (1922)	Tungsram Zürich	–	+
Deutschland	Tungsram GmbH, Berlin (1930)	Tungsram Zürich und Glasfabrik Tokod (Rumänien)	RM 80.000/ eingezahlt: RM 56.000/	+
	Sator Radio-Vertriebs-GmbH			
Spanien	Tungsram Soc. Lim., Barcelona			+
	Tungsram Soc. Lim., Madrid*		ESP 17.669	+
Rumänien	Tungsram S. A. de Electricitate, Timişoara (1923)		–**	+
	Tungsram S. A. de Electricitate Sucursală Cluj (1921)			+
Schweden	Svenska Orion, Stockholm			
Finnland	Tungsram Elektricitets AB, Helsingfors			

Quelle: MOL Z601_138_687 Verzeichnis sämtlicher Filialen und Vertretungen. Újpest, 1929, Vertretungen in der ganzen Welt bspw. Radioapparatevertretung Sverre Youngs Radioaksjeselskap, Oslo, Liste über unsere Radioapparatevertretungen. Ungarische Wolfram Kremenezky AG, Budapest, 5.04.1939, Filialen. Tungsram, Újpest, 25.07.1934 und Dr. Ádám, Fiókok alaptőkéi. Tungsram, Újpest, 4.09.1939.
* *Vergleiche*: Stammkapital von British Tungsram Radio Works Ltd., London GBP 10.000
** *Vergleiche*: Stammkapital von Tungsram S. A. de Electricitate, Bukarest: 5 Millionen Lei, Fabrica Românească de Becuri Tungsram, Bukarest 15 Millionen Lei

Tabelle 11: Vertretungen und Beteiligungen von Ganz & Co.

Name	1913 Vertretungen Ganz Elektro	1927 Vertretungen	1937 Beteiligungen	1942 Beteiligungen	1947 Beteiligungen
Budai lakás-építő rt. (Budapest)			+	–	
Hazai gépkereskedelmi rt. (Budapest)			+	+	
Magyar építő rt. (Budapest)			+	+	
Ganz AG, Bratislava		Mährisch Ostrau	+	–	
Bulgarische Ganz AG, Sofia		–	+	+	
Ganz & Co. Filiale per l'Italia, Mailand	Büros* in Genua, Venedig, Neapel, Rom und Florenz	Nach Sequestration 1921 Neugründung Soc. Ital. Ganz di Elettricità Ancona, Bologna, Catania, Florenz, Genova, Neapel, Padua, Palermo, Rom, Turin, Trient	+	+	
Ganz S. A. Belge d'Electricité, Brüssel		+	+	+	als gemeinsame Vertretung der NIK-Firmen
Ganz S. A. Espagnola, Madrid		Madrid, Bilbao	Ganz Iberica S. A. Esp., Madrid	–	

Name	1913 Vertretungen Ganz Elektro	1927 Vertretungen	1937 Beteiligungen	1942 Beteiligungen	1947 Beteiligungen
Ganz Zaktady Elektryczno-Mechaniczne w. Polsce Sp. Akc., Warschau	Büro Warschau	Krakau, Lemberg, Warschau, Posen	+	–	
Intreprinderile Ganz S. A. România, Bukarest, Cluj		+	+	+ (ohne Cluj)	
Jugoslavische Ganz AG, Belgrad, Zagreb		+	+	+ (ohne Belgrad)	Jug. Ganz AG für Maschinenhandel & techn. Vertretungen, Belgrad
Leobersdorfer Maschinenfabrik AG, Loebersdorf		+	+		
N. V. Nederlandsche Ganz Electriciteits Maatschappij, Amsterdam		+			
N. V. Nederland-sche Maatschappij voor Ondernemingen in de Machine Industrie, Amsterdam					

Name	1913 Vertretungen Ganz Elektro	1927 Vertretungen	1937 Beteiligungen	1942 Beteiligungen	1947 Beteiligungen
Österreichische Ganz'sche Elektricitäts-GmbH, Wien	Büros in Klagenfurt, Mährisch Ostrau, Teplitz, Triest, Lemberg	Feldbach, Klagenfurt, Wien			
S. A. Ganz Hellenique, Athen		+			
Ägypten	Büro Kairo	Alexandria, Kairo	Ganz S. A. Egyptienne, Kairo		
Türkei	Büro Konstantinopel	–		Ganz Türk Ltd., Istanbul	
Argentinien		Buenos Aires			
Brasilien		São Paolo			
Uruguay		Montevideo			
Britisch-Indien		Ahmedabad, Bombay, Bangalore			
Großbritannien		London			
Portugal		Lissabon			
Zypern		Nikosia			
Australien	Büro Melbourne				
Russland	Büro Moskau				

Quelle: Aktengruppe MNL Z439_2_24; MNL Z439_2 Die elektrischen Anlagen der Stadt Rom. Ganz & Co., Budapest, 1927; MNL Z58_16_16 Industrieabteilung MÁH, Részvényérdekeltségünk per 936. XI.30 [Unsere Beteiligung an Aktiengesellschaften am 30.11.1936], A MÁH érdekkörébe tartozó vállalatok és azok érdekeltségei [Unternehmen im Interessenkreis der Kreditbank und ihre Beteiligungen]. Budapest, Sept. 1935 und Febr. 1947, Érdekeltségi vállalatok érdekeltségei [Beteiligungen der Unternehmen, an denen die Kreditbank beteiligt ist]. Budapest, 25.04.1947.
*Büro durchgehend = Ingenieurbüro
+ jeweilige Gesellschaft besteht zum genannten Zeitpunkt

Anhang

Tabelle 12: Ausländische Produktionsstätten des Tungsram-Konzerns 1938

Standort Aufnahme der Produktion	Name der Gesellschaft Gründungsjahr	Glühlampen Stück (Schätzungswerte)	Radioröhren Stück (Schätzungswerte)
Újpest	Vereinigte Glühlampenfabrik- und Elektrizitäts- AG	30.000.000	2.500.000
Budapest	Ungarische Wolframlampen-AG	1.200.000	–
Wien	Johann Kremenezky AG	5.000.000	200.000
Tilburg (NL) 1938	Radium Gloeilampenfabriek AG	500.000	100.000
Warschau 1921/1938	Zjednoczona Fabryka Żarówek, Spółka Akcyjna	2.500.000	200.000
Mailand 1910	Tungsram Fabbrica di Lampade ad Incandescenza ed Impese Elettrica 1910, Tungsram S. A. Elettrica 1919, Tungsram Elettrica Italiana S.A, 1930	2.000.000	–
Bukarest 1937	Fabrica Românească de Becuri »TUNGSRAM« SAR**	1.800.000	–
Bratislava 1937	Tungsram Společnost pre Výrobu Elektrických Žiarovek SPO, Továreň	1.500.000	200.000
London 1932	British Tungsram Radio Works	–	700.000
Paris 1939/1937	Tungsram S. A.	500.000*	600.000
Zagreb 1938	T. E. Z. Glühlampenfabrik***	500.000**	
Insgesamt		*45.500.000*	*4.500.000*

Quelle: MNL Z601_138_687 Generaldirektion, Tungsram, Újpest, Voraussichtliche Produktion unserer Konzernfabriken 1938/39 [Frühjahr 1938], Aufzeichnung 15.07.1939 und Liste der ausländischen Filialen und Vertretungen, 29.09.1938; MNL Z601_138_680 Generaldirektion, Tungsram, Aufzeichnung: Polen. Újpest, 22.05.1940.
* »falls die Produktion plangemäß aufgenommen wird«
** aufgrund einer Zusammenstellung vom 6.04.1948; ferner Eterna Glühlampenfabrik, Klausenburg [Cluj] MNL Z601_138_687
*** ferner Tesla Glühlampenfabrik AG, Pancovo
Während des Zweiten Weltkriegs wurde die Produktion in Prag aufgenommen, bis 1948 wurden Produktionsstätten in Schweden und in der Schweiz eingerichtet.

Tabelle 13: Lizenziaten von Ganz-Jendrassik-Dieselmotoren, Stand April 1935

Lizenziat	Lizenzrecht	Vertragsschluss	Ablauf des Vertrags
Maschinenfabrik Gebr. Stork & Co. N. V., Hengelo (Niederlande)	exklusives Recht: Niederlande und Kolonien; nicht-exklusives Recht: Belgien und Frankreich	13.05.1932	31.12.1937, Optionsrecht von Stork auf Verlängerung bis 31.12.1942
Société d'Electricité et de Mécanique SA, Procédé Thomson-Houston Carel, (SEM), Brüssel u. Gand (Belgien)	*alle Motorentypen:* exklusives Recht: Belgien und Kolonien, Luxemburg; nicht-exklusives Recht: franz. Kolonien und Mandatsgebiete, Norwegen, Schweden, Dänemark, Portugal und Kolonien, Russland, Rumänien, China, Japan, Südamerika (ohne Brasilien), Mexiko und Zentralamerika *Motoren für stationären Betrieb, Marine und Triebwagen:* nicht-exklusives Recht: Spanien und Kolonien *Motoren für Fahrzeuge (Straßenverkehr):* nicht-exklusives Recht in Frankreich + Recht auf Vermarktung von Motoren mit insg. je 2000 PS in allen Ländern, ausgenommen Ungarn und Balkanstaaten, wo Ganz sich oder anderen Lizenziaten Rechte vorbehielt	4.10.1932	4.10.1946
Hispano Suiza S. A., Barcelona	*Motoren für Fahrzeuge (Straßenverkehr):* exklusives Recht in Spanien und Kolonien	20.10.1933	31.12.1941
ALSTHOM, Paris	*Motoren für stationären Betrieb und Marine:* exklusives Recht: Frankreich, Kolonien, Protektorats- und Mandatsgebiete	2.10.1933	23.10.1943
	Motoren für Triebwagen mit elektrischer oder mechanischer Kraftübertragung und Lokomotive: nicht-exklusives Recht: Frankreich, Kolonien, Protektorats- und Mandatsgebiete	1.09.1934	1.09.1944
Malaxa AG, Bukarest	*Motoren für Triebwagen:* nicht-exklusives Recht für Lieferungen an die rumänische Staatliche Eisenbahnbehörde	15.06.1934	15.06.1944

Quelle: MNL Z425_73_189 Sekretariat, Ganz & Co., First Schedule [Budapest, 1935].

Tabelle 14: Geographische Orientierung unterschiedlicher Warengruppen im elektrotechnischen Export (Hauptmärkte in % des Gesamtexports)

	1925	1930	1934	1939	1947**
			Glühlampen		
Land 1.	Deutschland	Deutschland	Deutschland	Deutschland#	Schweden
Anteil in %	17,08	21,76	26,33	47,67	20,71
Land 2.	Österreich	Tschechosl.	Rumänien	Schweden	Dänemark
Anteil in %	15,24	7,06	10,22	5,08	ca. 15
Land 3.	Frankreich	Brasilien	Brit. Indien	Belgien	Ägypten
Anteil in %	9,66	6,47	6,72	3,30	ca. 10
Land 4.	Rumänien	Italien	Tschechosl.	Schweiz	Norwegen
Anteil in %	8,18	6,17	5,52	3,23	ca. 10
Land 5.	Belgien	Rumänien	Dänemark	Polen	Türkei
Anteil in %	6,55	5,74	5,20	2,94	ca. 10
insgesamt Nominalwert in Pengő	7.087.000	12.783.200	10.738.200	10.431.700	7.579.498 Stück (!)
			Radioröhren*		
Land 1.		Großbrit.	Frankreich	Deutschland#	Schweden
Anteil in %		70,25	31,97	20,70	ca. 30
Land 2.		Niederlande	Großbrit.	Dänemark	Dänemark
Anteil in %		13,57	23,77	20,62	
Land 3.		Belgien	Dänemark	Schweden	Schweiz
Anteil in %		4,32	5,44	7,62	
Land 4.		Frankreich	Schweden	Frankreich	Belgien
Anteil in %		3,54	52,93	6,32	
Land 5.		Rumänien	Tschechosl.	Großbrit.	Frankreich
Anteil in %		2,47	4,90	6,46	
Land 6.		Tschechosl.	Schweiz	Rumänien	Polen
Anteil in %		1,11	4,58	5,96	ca. 17
Land 7.			Rumänien	Protektorat	Rumänien
Anteil in %			3,63	4,90	ca. 10
insgesamt Nominalwert in Pengő	–	2.955.310	17.180.572	4.967.292	581.457 Stück (!)

	1925	1930	1934	1939	1947**
		Stromzähler			
Land 1.	Belgien	Spanien	Türkei	Italien	
Anteil in %	44,18	21,98	28,90	17,40	
Land 2.	Polen	Belgien	Brit. Indien	Türkei	
Anteil in %	18,95	16,21	15,08	16,21	
Land 3.	Niederlande	Rumänien	Argentinien	Jugoslawien	
Anteil in %	17,27	15,43	7,97	12,92	
Land 4.	Jugoslawien	Polen	China	Spanien	
Anteil in %	8,90	13,28	7,16	10,79	
Land 5.	Rumänien	Schweden	Italien	Brit. Indien	
Anteil in %	8,58	6,59	5,79	9,76	
insgesamt Nominalwert in Pengő	1.088.700	2.431.800	901.802	853.485	
	Dynamomaschinen, Transformatoren u. Bestandteile				
Land 1.	Italien	Jugoslawien	Rumänien	Rumänien	
Anteil in %	34,11	37,52	24,92	41,75	
Land 2.	Österreich	Italien	Brit. Indien	Jugoslawien	
Anteil in %	14,22	17,82	17,96	28,79	
Land 3.	Belgien	Ägypten	Jugoslawien	Türkei	
Anteil in %	11,31	9,57	16,48	6,44	
Land 4.	Polen	Österreich	Türkei	Deutschland#	
Anteil in %	8,95	7,46	8,20	5,55	
Land 5.	Rumänien	Rumänien	Italien	Brit. Indien	
Anteil in %	8,93	6,22	7,17	3,15	

	1925	1930	1934	1939	1947**
insgesamt Nominalwert in Pengő	5.385.457	2.597.641	794.610	1.342.360	
Telefone, Telegraphen u. Bestandteile					
Land 1.	Rumänien	Rumänien	Rumänien	Rumänien	
Anteil in %	65,48	58,36	44,27	48,46	
Land 2.	Jugoslawien	Jugoslawien	Polen	Bulgarien	
Anteil in %	13,60	34,41	30,13	26,22	
Land 3.	Polen	Schweden	Türkei	Türkei	
Anteil in %	6,65	4,46	19,47	24,28	
Land 4.	Italien	Bulgarien			
Anteil in %	4,60	0,95			
Land 5.	Argentinien				
Anteil in %	4,48				
insgesamt Nominalwert in Pengő	1.532.460	970.240	530.403	1.188.065	
Radioapparate					
Land 1.		Rumänien	Rumänien	Schweden	
Anteil in %		36,17	23,43	26,71	
Land 2.		Tschechosl.	Schweden	Deutschland#	
Anteil in %		20,39	18,36	16,22	
Land 3.		Jugoslawien	Jugoslawien	Frankreich	
Anteil in %		18,80	16,94	8,06	
Land 4.		Schweden	Tschechosl.	Rumänien	
Anteil in %		4,83	12,10	7,64	
Land 5.		Schweiz	Großbrit.	Norwegen	
Anteil in %		4,73	7,84	7,29	

	1925	1930	1934	1939	1947**
insgesamt Nominalwert in Pengő	–	2.466.730	3.262.981	3.457.085	
		Elektr. Maschinen und Anlagen			
Land 1.			Frankreich	Deutschland[#]	
Anteil in %			16,61	29,51	
Land 2.			Großbrit.	Rumänien	
Anteil in %			13,07	10,07	
Land 3.			Deutschland	Schweden	
Anteil in %			10,16	8,04	
Land 4.			Rumänien	Dänemark	
Anteil in %			9,12	5,44	
Land 5.			Tschechosl.	Jugoslawien	
Anteil in %			5,51	3,97	
Insgesamt Nominalwert in Pengő		26.152.641	33.921.339	23.027.776	

Quelle: Magyarország 1925. és 1926. évi külkereskedelmi forgalma/Commerce extérieur de la Hongrie en 1925 et 1926, S. 963–979; weitere Jahrgänge 1934, S. 360–368 und 1939, S. 247–254 und eigene Berechnungen.
1925: elektrotechnischer Export in den Statistiken gemeinsam mit dem Maschinenbau aufgeführt
* Empfänger- und Senderöhren
** Tungsram-Exportdaten nach Gáspár, S. 63; demnach gingen sowohl bei den Radioröhren als auch bei den Glühlampen etwa 70 % der Exporte in die »nicht-Plan-Staaten«
[#] inkl. Österreich

Tabelle 15: Tungsram-Hauptmärkte: Marktaufteilung im Glühlampenkartell Phoebus

	1927/1928	1927/1928	1937
	Újpest + Watt = Tungsram (Lampe)	Anteil am Gesamtumsatz von Tungsram (%)	Anteil Tungsram am Phoebus-Umsatz im Land (%)
Heimatländer	*7.657.896*	*47,67*	
Ungarn	1.684.707	10,48	97,09
Italien	1.302.406	8,11	10,46
Deutschland	1.300.151	8,09	6,70
Österreich	1.125.702	7,00	48,80
Großbritannien	1.114.757	6,94	
Brasilien	426.443	2,65	
Spanien	231.810	1,44	n. d.
Belgien	208.712	1,30	10,18
Frankreich			4,02
China			6,29
Brit. Kolonien	569.368	3,54	A 5,98 B 18,52
Südafrika	305.778	1,9	
Indien	140.112	0,87	
Gemeinschaftsgebiet Europa	5.558.516 + Cyrkon 497.023 6.055.539	*37,70*	*19,73*
Polen	1.350.831 Cyrkon 497.023	11,50	
Rumänien	1.193.221	7,43	
Tschechoslowakei	910.871	5,67	
Jugoslawien	627.383	3,90	
Russland	318.217	1,98	
Schweiz	299.328	1,86	

	1927/1928	1927/1928	1937
	Újpest + Watt = Tungsram (Lampe)	Anteil am Gesamtumsatz von Tungsram (%)	Anteil Tungsram am Phoebus-Umsatz im Land (%)
Gemeinschaftsgebiet Übersee	1.780.946	11,08	16,44
Argentinien	352.908	2,20	
Mexiko	330.527	2,06	
Ägypten	233.616	1,45	
Kuba	146.344	0,91	
Uruguay	141.015	0,88	
insgesamt	16.063.767		10,13

Quelle: MNL Z609_144_91 [Phoebus-Abrechnung] Basic Periode 1929. február hó 9-én érvényes számok [am 9.02.1929 gültige Zahlen], Újpest, 9.02.1929; Osram an Philips und Tungsram. Berlin, 15.08.1939 Interne Kontingentierung CTE/Phoeb; MNL Z600_3, Gegenüberstellung des Weltumsatzes aller Phoebus-Partner in den Monaten Juli-März in den Jahren 1936 und 1937, Újpest, 4.05.1937.
*VE: Phoebus-Verrechnungseinheit

Tabelle 16: Die größten Absatzmärkte der Tungsram-Röhren 1937/38

Land	Tungsram L.P.P. in %	Tungsrams Umsatz in Stück 1.07.1937–30.04.1938	Gesamtumsatz des Kartells	Umsatzentwicklung insgesamt 1937–1938 in %
Argentinien	44,85	112.783	671.720	+114,16
Belgien (inkl. Kolonien und Luxemburg)	14,56	163.523	961.359	−6,53
Dänemark	28,34	129.258	499.065	+3,15
Deutschland	3,89	194.633	10.029.480	+37,79
Österreich	27,96	111.067	447.286	−17,82
Polen und Danzig	27,25	171.538	835.890	−1,76
Schweden	20,23	110.561	806.495	+12,06
Tschechien	19,60	166.966	902.460	−3,10
Ungarn	61,48	144.538	218.023	−3,75
Jugoslawien	44,77	49.435	152.607	+7,03
Rumänien	40,75	98.476	307.875	+46,43
Andere Länder		286.908	4.353.961	
IRAVCO-Gebiet insg.	*12,00*	*1.739.686*	*20.186.221*	*+22,93*
Frankreich	14,26	961.436	5.183.361	−12,91
Spanien		22.280		
Großbritannien (nur Újpest Werk)*		751.991		
Insgesamt		*3.475.343*		

Quelle: MNL Z604_7_9 Auszug aus einer internen Notiz über die größten Absatzmärkte der Tungsram-Radioröhren im Geschäftsjahr 1937/38. Exportabteilung, Tungsram, Újpest, 24.05.1938.
*D. h. ohne die Produktion der British Tungsram Works, also nur nach Großbritannien exportierte Röhren.
L. P. P.: Anteil des Partners am Phoebus-Markt des jeweiligen Landes (»Landesanteil«)

Tabelle 17: Verteilung der Glühlampenlieferungen des Tungsram-Konzerns 1939–1943 (ausgewählte Territorien)

	Lieferant	1939/40	1940/41	1941/42	1942/43
Ungarn	Újpest	4.356.934	5.719.197	6.279.162	6.315.717
	Wolfram	935.548	946.061	1.446.001	1.418.372
Österreich	Watt	5.718.610	4.948.005	5.690.756	-
Deutsches Reich	Újpest	9.747.666	7.183.253	10.453.956	8.603.607
	Watt	651.373	494.780	6.070.311	5.681.664
Tschechien	Újpest	482.512	721.035	1.105.865	1.290.507
	Wolfram	34.977	3.156		
	EP	950.395	992.166	1.097.554	1.509.286
Slowakei	Újpest	87.763	168.174	214.969	308.617
	Watt	-	100	-	-
	EP	627.753	473.550	538.282	735.779
Polen	Újpest	203.141	276.239	126.262	252.556
	EP	367.476	32.465	583.985	1.182.408
Niederlande	Újpest	234.911	76.327	116.327	189.924
	Watt	1.528	-	-	-
	Tilburg	133.480	72.572	192.292	191.055
Belgien	Újpest	822.875	538.052	663.328	-
Dänemark	Újpest	1.257.685	448.642	613.192	924.002
	Wolfram	420.275	190.370	113.605	219.331
Rumänien	Újpest	458.747	436.083	168.174	184.414
	Wolfram	1.095	100	-	-
	EP	1.871.362	1.534.836	1.232.216	1.350.817
Serbien	Újpest			150.053	311.364
Kroatien	Újpest			630.069	354.659
Jugoslawien	Újpest	1.071.462	1.443.841		
Italien	Újpest	865.205	661.893	855.666	811.968
	EP	1.592.626	1.500.409	2.116.627	566.864
Türkei	Újpest	616.045	916.130	1.106.092	1.178.777

	Lieferant	1939/40	1940/41	1941/42	1942/43
Schweden*	Wolfram	340	350	380	910
	Újpest	1.032.955	836.673	1.254.677	1.512.701
	Watt	-	13.335	-	-
Schweiz	Wolfram	-	-	15	-
	Újpest	859.137*	943.138*	927.379	986.163
Portugal	Wolfram	25	-	128	-
	Újpest	118.284	148.387	440.994	689.106
Frankreich	Wolfram	275	-	1.000	550
	EP	-		1.132.494	883.865
	EP + Újpest	1.063.613	1.389.098		
England	Újpest	502	327	-	-
Übersee					
Argentinien	Újpest	754.026	-	-	-
	Tilburg	382.285	57.225	-	-
Uruguay	Újpest	573.122	-	-	-
Ägypten	Újpest	416.160	128.553	-	-
Südafrika	Újpest	518.982	-	-	-
	Watt	8.065	-	-	-
Br. Indien	Újpest	354.404	50.442	-	-
insgesamt		*41.678.429*	*34.297.763*	*41.159.077*	*39.422.282*

Quelle: MNL Z604_7_9 Elszámolási osztály [Verrechnungsabteilung], Tungsram. Újpest, 22.06.1943, 25.08.1942, 11.06.1941; die Zahlen in den Verrechnungen unterschiedlicher Datierung stimmen bis auf die mit * markierten Stellen überein, im Gegensatz zur Darstellung der Röhrenlieferungen (s. unten).
EP = Eigenproduktion der Filialfabrik
Watt: Watt elektrische Glühlampenfabrik Joh. Kremenezky AG Wien
Wolfram: Ungarische Wolframlampen-AG (Kremenezky Budapest)
* *für Schweden in einer anderen internen Zusammenstellung folgende Daten*: 1938 1.050.000, 1939.993.000, 1940.912.000, 1941.949.000, 1942 1.490.000, präliminierter Umsatz in Schweden 1.500.000 Stück, die Restrukturierung der Lampenlieferungen von Tungsram nahm nach dieser Unterlage etwas mehr Zeit in Anspruch; ferner ein deutlich geringerer Glühlampenumsatz in den markierten Jahren, 681.000 Stück für 1938 und 702.000 Stück für 1939; MNL Z601_260_1020 Egyesült Izzó lámpaeladásai [Glühlampenabsatz von Tungsram] Újpest, 17.06.1943.

Tabelle 18: Verteilung der Radioröhrenlieferungen des Tungsram-Konzerns 1939–1943: Ausgewählte Länder

	Lieferant	1939/40	1940/41	1941/42	1942/43
Ungarn	Újpest	216.596	520.547	713.603	
	Wolfram	112.076	139.530	149.846	
Österreich	Kremenezky	273.144	331.808	209.717	-
Deutsches Reich	Újpest	352.819	249.277	247.967	147.637
	Kremenezky	22.697	57.331	443.289	538.965
	Wolfram	129	12	32	5
Tschechien	Újpest	135.740	207.537	157.991	139.190
	Kremenezky	1.321	706	190	7
	Wolfram	770			
Slowakei	Újpest	30.340	37.980	26.666	
	Wolfram	79	667	114	
Polen	Újpest	16.446	14.515	549	729
	EP	41.729	4.004	3.878	20.708
Niederlande	Kremenezky	333	750	54	-
	Tilburg	76.056	86.129	203.977	164.489
Belgien	Újpest	80.533	75.300	65.086	18.336
Dänemark	Újpest	306.776	115.702	166.761	124.916
Rumänien	Újpest	46.089	39.181	841	4.124
	Wolfram	4.308	2.730	599	-
	Kremenezky	2.118	17	285	-
Serbien	Újpest	...	...	537	1.133
	Wolfram	...	...	209	55
Kroatien	Újpest	...	...	19.556	4.506
	Wolfram	...	...	1.346	195
Jugoslawien	Újpest	41.777	64.170	19.556#	
				537°	
	Wolfram	4.356	17.705	1.346#	
				209°	

	Lieferant	1939/40	1940/41	1941/42	1942/43
	Kremenezky	515	1.151	-	
Italien	Újpest	...	34.885	27.205	17.558
	EP		136	-	-
Türkei	Újpest	7.929	32.386	31.467	46.299
	Wolfram	1.147	11.648	12.630	18.399
Schweden	Újpest	144.440	240.515	279.237	295.751
	Kremenezky	540	338	200	-
	Wolfram	52.310	42.984	45.359	40.035
Schweiz	Újpest	86.847	260.609	286.844	308.649
	Wolfram	1.732	3.484	3.708	2.402
	Kremenezky	1.898	90	-22	-
Portugal	Újpest	3.803	4.392	25.973	52.514
	Wolfram	765	2.915	2.869	7.472
Frankreich	EP	...	-	577.853	540.597
	EP + Újpest	554.997	496.470	-	-
England	Újpest + EP	696.799	49.161	-	-
	Wolfram	-	10	-	-
Übersee					
Argentinien	Újpest	250.558	62.106	-	-
	Kremenezky	10	759	-	-
Brasilien	Újpest	41.113	400	-	-
	Wolfram	13	-	-	-
Ägypten	Wolfram	3.745	1.489	135	-
	Újpest	6.178	3.313	-	
Palästina	Wolfram	2.426	1.997	557	-
	Újpest	5.750	1.875	-	
insgesamt		*3.800.972*	*3.321.200*	*3.439.142*	*3.405.986*

Quelle: MNL Z604_7_9 Tungsram, elszámolási osztály [Verrechnungsabteilung]. Újpest, 22.06.1943, 25.08.1942, 11.06.1941. Die am Jahresende erfolgten Berechnungen stimmen mit den im darauffolgenden Jahr durchgeführten Verrechnungen im Falle der höher ausfallenden nachträglichen Zahlen bei Újpest und Kremenezky Wien nicht überein. Der Unterschied ist im Falle von 1940/41 am gravierendsten: Anstatt insgesamt 2.802.160 Röhren erscheinen in der Verrechnung in einem Jahr 3.321.200 Röhren, wobei der Unterschied bei Újpest (+373.477 Stück) und Kremenezky (+145.763 Stück) verbucht wurde. In den Quellen wurde keine befriedigende Erklärung dafür gefunden. Die Größenordnungen und die regionale Verteilung sind trotzdem informativ. In den Tabellen sind jeweils Angaben zu den früheren Daten aufgeführt.

Kremenezky: Joh. Kremenezky AG, Wien, *Wolfram*: Ungarische Wolframlampen-AG (Kremenezky Budapest)

EP = Eigenproduktion der Filialfabrik

Zagreb

° Belgrad

Abkürzungsverzeichnis

AEG	Allgemeine Elektrizitäts-AG, Berlin
AETAS	Történettudományi folyóirat [Geschichtswissenschaftliches Magazin]
AH	Acta Historica Academiae Scientiarum Hungaricae
Asko	Asko Patentverwertungsgesellschaft
ASR	Ferrocariles del Estado/Argentine State Railways
BTH	British Thomson-Houston Co. Ltd.
C. d. L.	Compagnie des Lampes, Paris
Comparativ	Comparativ. Zeitschrift für Globalgeschichte und vergleichende Gesellschaftsforschung
Creditanstalt	k.k. privilegierte Österreichische Credit-Anstalt für Handel und Gewerbe
DTMB	Deutsches Technikmuseum Berlin
Electrobel	Compagnie Générale d'Entreprises Électriques et Industrielles
Elektrobank	Bank für elektrische Unternehmungen
ELIN	ELIN AG für elektrische Industrie, Wien
FI	Az 1927. évi január hó 25-ére összehívott Országgyűlés Felsőházának irományai [Unterlagen des Oberhauses des Parlaments, eröffnet am 25. Januar 1927]
FN	Az 1927. évi január hó 25-ére hirdetett Országgyűlés Felsőházának naplója [Tagebuch des Oberhauses des Parlaments, eröffnet am 25. Januar 1927]
FSZ	Fizikai Szemle
GE	General Electric Corporation, New York
GEC	General Electric Company, London
GESA	General Electric S. A., Buenos Aires
Gesfürel	Gesellschaft für elektrische Unternehmungen, Berlin
G. P. B. D. A/G. P. A.	General business and development agreement
CIBEE/Italo-Belge	Compagnie Italo-Belge pour Entreprises d'Électricité et d'Utilité Publique
GYOK	Gyáriparosok Országos Központja [Landeszentrale der Fabrikindustriellen]
GYOSZ, MGYOSZ	(Magyar) Gyáriparosok Országos Szövetsége [Landesverband der (Ungarischen) Fabrikindustriellen]
Helios	Helios Electrizitäts AG, Berlin
Hungaria	Hungária Villamossági Rt. [Hungaria Elektrizitäts-AG]
IGEC	International General Electric Company, New York
IMI	Ipari Munkaszervező Intézet [Institut für Arbeitsbeschaffung in der Industrie]
IRAVCO	International Radio Valve Cooperation
ISEC	International Standard Electric Company
IT&T	International Telephone & Telegraph Corporation, New York

KI	Az 1927. január hó 25-ére összehívott Országgyűlés Képviselőházának irományai [Unterlagen des Abgeordnetenhauses des Parlaments, eröffnet am 25. Januar 1927]
KJK	Közgazdasági és Jogi Könyvkiadó [Verlag für Wirtschafts- und Rechtswissenschaften]
KKSZ	Közgazdasági es Közigazgatási Szemle [Volkswirtschaftliche und Verwaltungswissenschaftliche Rundschau]
KN	Az 1927. január hó 25-ére összehívott Országgyűlés Képviselőházának naplója [Tagebuch des Abgeordnetenhauses des Parlaments, eröffnet am 25. Januar 1927]
Közlemények	Közlemények. A Magyar Gyáriparosok Országos Szövetségének hivatalos közlönye. [Mitteilungen. Offizielle Bekanntmachungen des Ungarischen Industriellenbundes]
Kremenezky	Johann Kremenezky Fabrik für elektrische Glühlampen und Elektro-Apparate, Wien, von 1931 an Johan Kremenezky AG
KSH	(Magyar Királyi) Központi Statisztikai Hivatal [(Königlich Ungarisches) Statistisches Zentralamt], Budapest
KSZ	Közgazdasági Szemle [Volkswirtschaftliche Rundschau]
LAB	Landesarchiv Berlin
MÁH/Kreditbank	Magyar Általános Hitelbank [Ungarische Allgemeine Kreditbank], Budapest
MAK	Magyar Általános Kőszénbánya Rt. [Ungarische Allgemeine Kohlenbergbau-AG]
MAV	Magyar Államvasutak [Ungarische Staatseisenbahnen]
MEE	Magyar Elektrotechnikai Egyesület [Ungarischer Elektrotechnischer Verein], Budapest
Metrocam	Metropolitan Cammell Carriage and Wagon Co. Ltd., Birmingham
Metrovick	Metropolitan Vickers Electrical Co. Ltd., London und Manchester
MGY	Magyar Gyáripar [Ungarische Fabrikindustrie]
MKT	Magyar Közgazdasági Társaság [Ungarische Volkswirtschaftliche Gesellschaft]
MNL	Magyar Országos Levéltár [Ungarisches Nationalarchiv]
MSÉ	Magyar statisztikai évkönyv. Új Folyam [Ungarisches Statistisches Jahrbuch. Neue Folge]
MSZ	Magyar Statisztikai Zsebkönyv [Ungarisches Statistisches Taschenbuch]
MT	Magyar Tudomány
MTA	Magyar Tudományos Akadémia [Ungarische Akademie der Wissenschaften], Budapest
MVGOE	Magyar Vasművek és Gépgyárak Országos Egyesülete [Landesverband der ungarischen Eisenwerke und Maschinenfabrikanten], Budapest
MVM	Magyar Villamos Művek Országos Szövetsége [Landesverband Ungarischer Elektrizitätswerke], Budapest
NSZ	Nemzetgazdasági Szemle. Évnegyedes folyóirat a nemzetgazdaság, pénzügy és statisztika köréből [Volkswirtschaftliche Rund-

	schau. Quartalsschrift für Volkswirtschaft, Finanzen und Statistik]
Orion	eingetragene Marke der Ungarischen Wolframlampenfabrik AG, Budapest
Osram	Osram GmbH KG, OK, Asko, Berlin
OSZK	Országos Széchenyi Könytár [Széchenyi- Nationalbibliothek]
Philips	Philips & Co., Eindhoven, dann N. V. Philips Gloeilampenfabrieken, Eindhoven
PIL	Politikatörténeti és Szakszervezeti Levéltár [Archiv für Politikgeschichte und Gewerkschaften]
PMKB/Commerzialbank	Pesti Magyar Kereskedelmi Bank [Pester Ungarische Commerzialbank], Budapest
PT	Pesti Tőzsde [Pester Börse]
Rima	Rimamurány-Salgótarjáni Vasmű Rt. [Rimamurány-Salgó-Tarjáner Eisenwerke-AG]
RWM	Reichswirtschaftsministerium, Berlin
S&H	Siemens & Halske AG, Berlin
Salgó	Salgótarjáni Kőszénbánya Rt. [Salgótarjáner Steinkohlen-Bergbau-AG]
SCA	Siemens Archiv München, jetzt Siemens Corporate Archives
Sécheron	Société des Ateliers de Sécheron, Genf
SEM	Société d'Electricité & de Mécanique S. A., Procédé Houston-Thompson Carel
Sviluppo	Società per lo Sviluppo delle Imprese Elettriche in Italia
TASA	Tungsram Soc. An. Argentina, Buenos Aires
Telefunken	Telefunken Gesellschaft für Drahtlose Telegraphie m.b.H., Berlin
USSW	Ungarische Siemens-Schuckert-Werke, Budapest
UWJB	Ungarisches Wirtschaftsjahrbuch
VVG	Verkaufsstelle Vereinigter Glühlampenfabriken, Berlin
Watt	Watt Elektrische Glühlampenfabrik AG, Wien
Western Electric	Western Electric Corporation, Chicago
Westinghouse	Westinghouse Electric Corporation, New York
Wevag	Philips-Telefunken-Radioröhren- und Apparateabkommen
WGEI	Wirtschaftsgruppe Elektroindustrie
ZDEI	Zentralverband der deutschen elektrotechnischen Industrie, Berlin
ZUG	Zeitschrift für Unternehmensgeschichte

Abbildungsverzeichnis

Diagramme

Diagramm 1. Stromproduktion in Ostmitteleuropa im internationalen
    Vergleich 1919–1938 (kWh/Kopf)   S. 139
Diagramm 2. Besitzstruktur der Vereinigten Glühlampen- und
    Elektrizitäts-AG (Tungsram) 1931   S. 162
Diagramm 3. Besitzstruktur der Vereinigten Elektrizitäts- und
    Glühlampenfabrik AG (Tungsram) 1933   S. 163

Karten

Karte 1. Ungarns Kohlereviers, Bahnlinien, Industriedistrikte und
    Kraftzentren 1920   S. 130
Karte 2. Die Entwicklung der Stromversorgung in Ungarn 1920–1929:
    Mit Strom versorgte Ortschaften   S. 142
Karte 3. Kraftwerke und Stromleitungen in Ungarn 1936   S. 143
Karte 4. Der Dieseltriebwagenservice der Ungarischen Staatsbahnen 1934   S. 252

Quellen- und Literaturverzeichnis

Quellen

DTMB Deutsches Technikmuseum Berlin

Aus dem Bestand der AEG
I.2.060 A 0162/0162, 0615, 00323, 02083, 02083, 4820

Aus dem Bestand der Telefunken GmbH
I.2.060 C 2102/7089, 2533/1142, 2540/1138, 2542/1136, 3364/3143, 3398/3111, 3408/3110, 3411/3166, 3412/147, 3495/3224, 6206/8150, 6223/11040, 6226/11047, 7089/2102, 7263/18172, 7310/18218, 7484/18349, 7506/18011, 7598/18094, 7653/23016, 7660/23023, 7676/23038
I.2.060 C 1136, 3160, 7155, 11118, 18094, 18172, 18275, 18276

LAB Landesarchiv Berlin

Osram A Rep. 231 Nr. 49, 56, 65, 67, 82, 99, 100, 128, 325, 348

MNL Magyar Nemzeti Levéltár [Ungarisches Nationalarchiv], Budapest

K69_602, 623, 691	Külügyminisztérium, Gazdaságpolitikai Osztály [Außenministerium, Wirtschaftspolitische Abteilung]
Z600–609	Tungsram
Z12_105_712	Hungarian Delegation – League of Nations
Z40_20–26, Z42	PMKB Elektrotechnische Industrie, Korrespondenz der Direktion
Z50–61	MÁH
Z195_545	Private Korrespondenz von Leopold Aschner
Z213	MGYOSZ
Z248_4, 88	Salgótarjáni Kőszénbánya Rt., Dokumente von dr. Ferenc Chorin
Z419–440	Ganz & Co., Ganz Elektro
Z1515	PMKB nach 1945 entstandene Dokumente
XIX_F_1_f	Iparügyi Minisztérium Üzemgazdasági Főosztály [Industrieministerium, Betriebswirtschaftliche Abteilung]
XIX_F_1_u	Iparügyi Minisztérium Villamos és Tömegcikkipari Igazgatóság [Industrieministerium, Direktion für elektrotechnische und Massenwaren]

PIL Politikatörténeti és Szakszervezeti Levéltár [Archiv für Politikgeschichte und Gewerkschaften], Budapest

MKPKV Magyar Kommunista Párt Központi Vezetősége [Zentralleitung der Ungarischen Kommunistischen Partei] 274_12_94, 98, 194, 256, 257

SCA Siemens Corporate Archives, München

3267, 5248-1, 5313-2, 5315-2, 5343, 5446, 5460-1, 5460-2, 5506, 8414, 9345, 03290, 10277, 10279, 10295, 10298, 10230, 10320, 10322, 10329, Lb 780, Lh 813, Li 888

Literatur

Allgemeine Elektricitäts-Gesellschaft, 50 Jahre AEG. Berlin 1956.
A Balkán után Lengyelországban és Iránban érzi meg legerősebben a magyar gépipar az egyre erősödő német versenyt. [Nach dem Balkan gefährdet die wachsende deutsche Konkurrenz in Polen und im Iran am meisten die Interessen der ungarischen Maschinenbauindustrie], in: PT 17 (1936) 17, 6.
A főváros javaslatot tett a kormánynak a tranzitókereskedelem érdekében. [Die Hauptstadt hat der Regierung einen Vorschlag zur Förderung des Transithandels unterbreitet], in: PT 6 (1925) 6, 27.
A Ganz holland társaságot alapít szabadalmainak kihasználására. [Ganz & Co. gründet eine Patentverwertungsgesellschaft in den Niederlanden], in: PT 5 (1925) 1, 1.
A kartell-bizottság ülése. [Sitzung des Kartellausschusses], in: Közlemények 5 (1906) 25, 66-72.
A kereskedelemügyi miniszternek 1896. évi működéséről a törvényhozás elé terjesztett jelentése. [Der dem Parlament vorgelegte Tätigkeitsbericht des Handelsministers über das Jahr 1896], in: KSZ 22 (1898) 1, 32-38.
A Kereskedelmi Bank közgyűlésén a részvényesek a súlyos közterhek ellen panaszkodtak. Részletes beszámoló a Kereskedelmi Bank vállalatainak helyzetéről. [Auf der Generalversammlung der PMKB beklagten die Aktionäre die hohen Steuern und Gebühren. Detaillierter Bericht über die Situation der Industrieunternehmen im Interessenkreis der PMKB], in: PT 10 (1929) 6, 4.
A kiegyezés előkészítése. [Vorbereitung des Ausgleichs], in: MGY 4 (1914) 4, 4-6.
A magyar békeszerződés. GYOSZ nagyválasztmányi ülés. [Der ungarische Friedensvertrag. Großdelegiertensitzung des Industriellenbundes], in: MGY 10 (1920) 3-4, 3-13.
A Magyar Gyáriparosok Országos Szövetségének 1903. december 13-án tartott első évi közgyűlése. [Die erste Generalversammlung des Industriellenbundes am 13.12.1903], in: Közlemények 2 (1903) 9, 1-33.
A Magyar Vasművek és Gépgyárak Országos Egyesülete a magyar gépipar helyzetéről. [Der MVGOE über die Lage des ungarischen Maschinenbaus], in: PT 11 (1930) 16-17, 30.
A magyar-bosnyák gazdasági viszony. A MGyOSz 1910. április 7-én tartott nagyválasztmányi ülésének naplója. [Die ungarisch-bosnischen Wirtschaftsbeziehungen. Protokoll der Sitzung des Großdelegiertenrats des Ungarischen Industriellenbundes vom 7.04.1910], in: Közlemények 9 (1910) 53, 60-114.

A minisztertanács elvben már elfogadta a gyáripar ajánlatát az államvasutak reorganizálásának finanszírozására. [Im Prinzip hat der Ministerrat das Angebot der Industrie für die Finanzierung der Reorganisation der Staatsbahnen akzeptiert], in: PT 10 (1929) 8, 5.

A MKT igazgató-választmányának 1899. évi jelentése. [Bericht des Delegiertenausschusses der Ungarischen Gesellschaft für Volkswirtschaft], in: KSZ 24 (1900) 3, 250–253.

A nehézipar életkérdése az orosz szerződés! [Der [Handels]vertrag mit Russland ist eine Lebensfrage für die Schwerindustrie!], in: PT 5 (1924) 41, 27.

A nyugati nehézipar az Angol-Magyar Bankon keresztül megy a Balkánra. [Die westliche Schwerindustrie bearbeitet die Balkanmärkte über Vermittlung der Englisch-Ungarischen Bank], in: MGY 15 (1924) 40, 2.

Abdelal, R., Nationalism and international political economy in Eurasia, in: E. Helleiner u. A. Pickel (Hrsg.), Economic nationalism in a globalizing world. Ithaca/London 2005, 21–43.

Abelshauser, W., Westeuropa vor dem Marshall-Plan, in: O. N. Haberl u. L. Niethammer (Hrsg.), Der Marschall-Plan und die europäische Linke. Entwicklungsmöglichkeiten und Wirtschaftsordnung in Großbritannien, Frankreich, Westdeutschland und Italien 1945–1950. Frankfurt am Main 1986, 99–130.

Ders., »Mitteleuropa« und die deutsche Außenwirtschaftspolitik, in: C. Buchheim, M. Hutter u. H. James (Hrsg.), Zerrissene Zwischenkriegszeit. Baden-Baden 1994, 263–286.

Ders., Germany. Guns, butter and economic miracles, in: M. Harrison (Hrsg.), The economics of World War II. Guns, butter, and economic miracles. Cambridge 2000, 122–176.

Ders., Von der Industriellen Revolution zur neuen Wirtschaft. Der Paradigmenwechsel im wirtschaftlichen Weltbild der Gegenwart, in: Geschichte und Gesellschaft. Sonderheft 22 (2006), 201–218.

Abramovitz, M., Catching up, forging ahead, and falling behind, in: JEH 46 (1986) 2, 385–406.

Aldcroft, D., Europe's third world. The European periphery in the interwar years. Aldershot 2006.

Allen, R. C., Global economic history. A very short introduction. Oxford 2011.

Anderson, B., Imagined communities. Reflections on the origin and spread of nationalism. Revised and extended version. London/New York 1991.

Antal, I., A magyarországi villamosipar 1918-ig. [Die Elektroindustrie in Ungarn bis 1918]. Budapest 2004.

Argentina I.–II. [Argentinien I–II.], in: MGY 4 (1914) 9, 10, 19.

Árkövy, R., A kartellek és trustök kérdése. [Die Problematik von Kartellen und Trusts.] Budapest 1905.

Aschner, L., Die ungarische elektrotechnische Industrie und die Annäherung, in: Wirtschaftszeitung der Zentralmächte 29 (1916).

Az 1927. évi január hó 25-ére összehívott Országgyűlés Felsőházának irományai [Unterlagen des Oberhauses des Parlaments, eröffnet am 25. Januar 1927]. Budapest, mehrere Jahrgänge.

Az 1927. évi január hó 25-ére hirdetett Országgyűlés Felsőházának naplója [Tagebuch des Oberhauses des Parlaments, eröffnet am 25. Januar 1927]. Budapest, mehrere Jahrgänge.

Az 1927. január hó 25-ére összehívott Országgyűlés Képviselőházának irományai [Unterlagen des Abgeordnetenhauses des Parlaments, eröffnet am 25. Januar 1927] Budapest, mehrere Jahrgänge.

Az 1927. január hó 25-ére összehívott Országgyűlés Képviselőházának naplója [Tagebuch des Abgeordnetenhauses des Parlaments, eröffnet am 25. Januar 1927] Budapest, mehrere Jahrgänge.

Az államvasutak rekonstrukciója és az export problémái. Választmányi ülés. [Rekonstruktion der Staatsbahnen und Exportprobleme. Delegationssitzung des Industriellenbundes], in: MGY 19 (1929) 3, 1–10.

Az iparfejlesztési törvény végrehajtási utasítása és a közszállítások rendezése. [Ausführungsverordnung zum Industrieförderungsgesetz und die Regelung der öffentlichen Lieferungen], in: Közlemények 6 (1907) 31, 3–62.

Az iparvállalatok finanszírozzák az államvasutak rekonstrukcióját. [Die Industrieunternehmen finanzieren die Rekonstruktion der Staatsbahnen], in: PT 10 (1929) 6, 7.

Az oroszok pontosan fizetnek a magyar gépekért. [Die Russen bezahlen pünktlich die ungarischen Maschinen], in: PT 6 (1925) 5, 19.

Bähr, J., Substanzverluste, Wiederaufbau und Strukturveränderungen in der deutschen Elektroindustrie 1945–1955, in: H. A. Wessel (Hrsg.), Demontage, Enteignung, Wiederaufbau. Berlin/Offenbach 1996, 61–82.

Ders., Industrie im geteilten Berlin (1945–1990). Die elektrotechnische Industrie und der Maschinenbau im Ost-West-Vergleich: Branchenentwicklung, Technologien und Handlungsstrukturen. München 2001.

Balderston, T., Industrial mobilization and war economies, in: J. Horne (Hrsg.), A companion to World War I. Malden/MA u. a. 2010, 217–233.

Bánó, J., Úti képek Amerikából. [Reiseimpressionen aus Amerika]. Budapest 1890.

Baránszky-Jób, I. e. a., A magyar motorkocsi- és motorgyártás múltja és jövője. [Vergangenheit und Zukunft der ungarischen Motoren- und Triebwagenproduktion]. Budapest 1976.

Ders. u. Gy. Szondy, A magyar vagongyártás rövid története. [Kurze Geschichte der ungarischen Eisenbahnwagenproduktion], in: Járművek, Mezőgazdasági Gépek 6 (1959) 3, 65–78.

Barcza, I., Közgazdasági irodalmunk 1886–1900 I–III. [Unsere volkswirtschaftliche Literatur 1886–1900 I–III.], in: KSZ 24 (1900) 1, 2, 3, 80–86, 172–176, 246–249.

Ders., A középeurópai vámunió kérdésének irodalma. Bibliographie der mitteleuropäischen Zollunionsfrage. [Literatur zur Angelegenheit der Mitteleuropäischen Zollunion]. Budapest 1917.

Barjot, D., Introduction, in: ders. (Hrsg.), International cartels revisited (1880–1980). Relating to the history of business development and international economic order/= Vues nouvelles sur les cartels internationaux: leur place dans l'histoire du développement des affaires et de l'ordre économique international. Caen 1994, 39–70.

Barth, B. u. J. Osterhammel (Hrsg.), Zivilisierungsmissionen. Imperiale Weltverbesserung seit dem 18. Jahrhundert. Konstanz 2005.

Bátonyi, G., Britain and Central Europe, 1918–1933. Oxford/New York 1999.

Baumgarten, F. u. A. Meszlény (Hrsg.), Kartelle und Trusts. Ihre Stellung im Rechtssystem der wichtigsten Kulturstaaten. Berlin 1906.

Baumgarten, N., Az ipari jogvédelem huszonöt esztendeje. A Magyar Gyáriparosok Országos Szövetsége Választmányának XXV. évi jelentése az 1927. évi rendes közgyűléshez. [Jahresbericht des Ungarischen Industriellenbundes an die ordentliche Generalversammlung 1927 über das 25. Geschäftsjahr]. Budapest 1927, 104–110.

Ders.. u. A. Meszlény, A védvám befolyása a kartellekre és trustökre. [Der Einfluss des Zollschutzes auf Kartelle und Trusts], in: KSZ 30 (1906) 2, 307–317.

Bay, Z., Reflection of microwaves from the Moon, in: Hungarica Acta Physica 1 (1947) 1, 1–22 (auch in Publications of the Tungsram Research Laboratory).

Ders., Az élet erősebb. [Das Leben ist stärker]. Debrecen/Budapest 1990.

Bayly, C. A., The birth of the modern world 1780–1914. Oxford 2004.

Békeelőterjesztéseink. [Unsere Vorschläge zum Friedensvertrag], in: MGY 10 (1920) 1-2, 6-8.
Bekker, Zs., Kossuth gazdasági írásai. [Publikationen von Kossuth über Wirtschaftsthemen]. Budapest 2002.
Dies., Reformkor, in: dies. (Hrsg.), Magyar közgazdasági gondolkodás. A közgazdasági irodalom kezdeteitől a II. világháborúig. [Das ungarische volkswirtschaftliche Gedankengut (vom Anfang der wirtschaftswissenschaftlichen Literatur bis zum Zweiten Weltkrieg)]. Budapest 2002, 141-157.
Belföldi közületek megrendelései nélkül elsenyved a százéves Ganz. [Mangels einheimischer öffentlicher Aufträge siecht das hundert Jahre alte Unternehmen Ganz dahin], in: PT 17 (1936) 40, 6.
Benedek, P., Vízierőink tervszerű kihasználásának energiagazdasági vonatkozásai. [Energiewirtschaftliche Aspekte der systematischen Ausnutzung unseres Wasserkraftreservoirs] in: G. Feyér (Hrsg.), A magyar gazdasági élet műszaki teendői. [Technische Aufgaben vor Ungarns Wirtschaft. Vortragsreihe anlässlich des 75-jährigen Jubiläums des ungarischen Ingenieur- und Architektenvereins]. Budapest 1942, 203-212.
Berend, I. T., Economic nationalism. The historical roots, in: H. Schultz u. E. Kůbu (Hrsg.), History and culture of economic nationalism in East Central Europe. Berlin 2006, 29-38.
Ders. u. Gy. Ránki, Die deutsche wirtschaftliche Expansion und das ungarische Wirtschaftsleben zur Zeit des Zweiten Weltkrieges, in: AH 5 (1958) 3-4, 313-359.
Dies., Hungary. A century of economic development. Newton Abbot 1974.
Dies., Magyarország gazdasága az első világháború után 1919-1929. [Ungarns Wirtschaft nach dem Ersten Weltkrieg 1919 1929.] Budapest 1966.
Dies., Magyarország gyáripara a második világháború előtt és a háború időszakában (1933-1944). [Die ungarische Industrie vor und während des Zweiten Weltkriegs (1933-1944)]. Budapest 1958.
Dies., The European periphery and industrialization, 1780-1914. Budapest 1982.
Berghahn, V., The Americanisation of West-German industry 1945-1973. Cambridge 1986.
Berlász, J., A Ganz-gyár első félszázada 1845-1895. [Das erste Halbjahrhundert der Ganz-Fabrik 1845-1895], in: Tanulmányok Budapest múltjából (1957) 12, 349-458.
Bernát, I., Észak-Amerika: közgazdasági és társadalmi vázlatok. [Nordamerika. Skizzen über Wirtschaft und Gesellschaft]. Budapest 1886.
Ders., A keletindiai búza versenye. [Die Konkurruenz des Weizens aus Ost-Indien], in: NSZ 11 (1887) 3, 205-210.
Ders., A magyar malomipar állása a világpiaczon, különös tekintettel az amerikai viszonyokra. [Die Stellung der ungarischen Mühlenindustrie auf dem Weltmarkt, insbesondere mit Blick auf Nordamerika], in: NSZ 12 (1888) 1-3, 1-15.
Bethlen, I., A magyarság helyzete a Dunamedencében, in: I. T. Berend u. É. Ring (Hrsg.), Helyünk Európában. [Unser Platz in Europa. Standpunkte und Konzepte im Ungarn des 20. Jahrhunderts]. Budapest 1986, 257-277.
Blaich, F., Kartell- und Monopolpolitik im kaiserlichen Deutschland. Das Problem der Marktmacht im deutschen Reichstag zwischen 1879 und 1914. Düsseldorf 1973.
Ders., Robert Liefmann und das Problem der staatlichen Kartellpolitik, in: Jahrbuch für Sozialwissenschaft 25 (1974) 1, 138-157.
Blanken, I. J., The history of Philips Electronics N. V. Bd. 4. Under German rule. Zaltbommel 1999.
Board of Trade, Survey of international cartels and internal cartels. Bd. 1. International cartels. London 1944.

Bokor, G., A németországi vegyi ipar és annak érdekképviselete. [Die deutsche chemische Industrie und ihre Interessenvertretung], in: HI 1 (1905) 1, 2–4.

Bordo, M.D., A.M. Taylor u. J.G. Williamson (Hrsg.), Globalization in historical perspective. Chicago/London 2003.

Borhi, L., Magyarország a hidegháborúban. A Szovjetunió és az Egyesült Államok között, 1945–1956. [Ungarn im Kalten Krieg. Zwischen der Sowjetunion und den Vereinigten Staaten 1945–1956]. Budapest 2005.

Boross, E. A., Inflation and industry in Hungary 1918–1929. Berlin 1994.

Botos, J., A Pesti Magyar Kereskedelmi Bank története. [Geschichte der Pester Ungarischen Commerzialbank]. Budapest 1991.

Bowers, B. u.a., Three-phase railway-electrification. A product of Hungarian-Italian co-operation. IET Conference Publications No. 554 CP (2009). (http://digital-library.theiet.org/content/conferences/10.1049/cp.2009.1241).

British Electrical Allied Manufacturers' Association, Combines and trusts in the electrical industry. The position in Europe in 1927. London 1927.

Dies., The electrical industry of Great Britain. Organization, efficiency in production and world competition. London 1929.

Broadberry, S. u. M. Harrison, The economics of World War I. An overview, in: Dies. (Hrsg.), The economics of World War I. Cambridge 2005, 3–40.

Brousek, K.M., Die Großindustrie Böhmens: 1848–1918. München 1987.

Bud, J., Das Kartellwesen, in: UWJB 1938, 154–168.

Ders., A beruházások és a pénz kérdései. A kartellpolitika. [Fragen zu Investitionen und Geld. Die Kartellpolitik]. Budapest 1943.

Budapest Székesfőváros Elektromos Művei, Budapest áramellátása. [Die Stromversorgung von Budapest]. Budapest 1938.

Budapesti Kereskedelmi és Iparkamara, A Budapesti Kereskedelmi és Iparkamarának a kereskedelemügyi m. Kir. Miniszterhez intézett jelentése az 1925. évről. [Handel und Industrie i.J. 1925. Bericht der Budapester Industrie- und Handelskammer an den kgl. ung. Handelsminister]. Budapest 1926.

Bumiller, H., Die besondere Eignung Europas für eine weitgehende Elektrifizierung. Nürnberg 1933.

Bussière, E., La SDN, les cartels et l'organisation économique de l'Europe durant l'entre-deux-guerres, in: D. Barjot (Hrsg.), International cartels revisited (1880–1980). Relating to the history of business development and international economic order. Caen 1994, 273–283.

Buzás, J., A szovjet-magyar kereskedelmi kapcsolatok történetéhez 1919–1938. [Zur Geschichte der sowjetisch-ungarischen Handelsbeziehungen 1919–1938], in: Századok 89 (1955) 4–5, 588–633.

Capie, F., The international depression and trade protection in the 1930s, in: H. James (Hrsg.), The interwar depression in an international context. München 2002, 123–138.

Cassis, Y., Big business. The European experience in the twentieth century. Oxford 1999.

Casson, M.C., Networks. A new paradigm in international business history?, in: R. Sinkovics u. M. Yamin (Hrsg.), Anxieties and management responses in international business. Basingstoke 2007, 11–26.

Casson, M.C., Networks in economic and business history: A theoretical perspective, in: German Historical Institute London Bulletin Supplement (2011) 2, 17–49.

Cerretano, V., European cartels, European multinationals and economic de-globalisation. Insights from the rayon-industry, c. 1900–1939, in: BH 54 (2012) 4, 594–622.

Chandler, A. D., Strategy and structure: Chapters in the history of the industrial enterprise. Cambridge, MA/London 1962.
Ders., The visible hand. The managerial revolution in American business. Cambridge, MA 1977.
Ders., Scale and scope. The dynamics of industrial capitalism. Cambridge, MA/London 1990.
Ders. u. T. Hikino, The large industrial enterprise and the dynamics of modern economic growth, in: A. D. Chandler, F. Amatori u. T. Hikino (Hrsg.), Big business and the wealth of nations. Cambridge 1997, 24–57.
Ders. u. B. Mazlish (Hrsg.), Leviathans. Multinational corporations and the new global history. Cambridge 2005.
Charle, C., Discordance des temps. Une brève histoire de modernité. Paris 2012.
Chase-Dunn, C. u. T. D. Hall (Hrsg.), Rise and demise. Comparing world-systems. Boulder, CO 1997.
China gazdasági fejlődése és az osztrák ipar. [Die Wirtschaftsentwicklung in China und die österreichische Industrie], in: KSZ 38 (1914) 6, 420–425.
Chorin, F., A békekötés gazdasági szempontjai. [Wirtschaftliche Faktoren beim Friedensschluss], in: MGY 9 (1919) 10, 2–4.
Ders., A magyar békeszerződésről. [Über den ungarischen Friedensvertrag], in: MGY 10 (1920) 1–2, 1–2.
Compass Leonhardt. Finanzielles Jahrbuch. Ungarn 1933, Jg. 66. Wien 1933.
Conrad, S., Globalisierung und Nation im deutschen Kaiserreich. München 2006.
Crämer, G., Orion Radio. Chronik eines Radioherstellers. Nürnberg 2007.
D'Alessandro, M., Between governments and private actors. League of Nations' attempts at stabilizing world markets 1925–1929. Unveröffentlicher Vortrag an der Tagung »Power, Institutions and Global Markets. Actors, Mechanisms and Foundations of World-Wide Economic Integration, 1850–1930«, Konstanz 2008.
Dalum, B., J. Fagerberg, u. U. Jørgensen, Small open economies in the world market for electronics. The case of the Nordic countries, in: C. Freeman u. B.-Å. Lundvall (Hrsg.), Small countries facing the technological revolution. London/New York 1988, 113–138.
Dániel, A., A középeurópai vámunió és a magyar közgazdaság, in: I. T. Berend u. É. Ring (Hrsg.), Helyünk Európában. Nézetek és koncepciók a 20. századi Magyarországon. [Unser Platz in Europa. Standpunkte und Konzepte im Ungarn des 20. Jahrhunderts]. Budapest 1986, 55–62.
David, T., Nationalism économique et industrialisation. L'expérience des pays de l'Est (1789–1939). Genf 2009.
de Jong, H. u. J.-P. Smits, Changing patterns of competitiveness in Dutch manufacturing during the twentieth century: Factor or technology driven? in: M. Müller u. T. Myllintaus (Hrsg.), Pathbreakers. Small European countries responding to globalisation and deglobalisation. Bern 2008, 89–112.
Deák, G., The economy and polity in early twentieth century Hungary. The role of the National Association of Industrialists. Boulder, CO/New York 1990.
Deutsches nationales Komitee der Weltkraftkonferenz, Gesamtbericht: II. Weltkraftkonferenz in Berlin 1930. Bd. I. Elektrizitätsverwendung. Berlin 1931.
Dietz, G. u. P. Jauch (Hrsg.), Deutsche Schnelltriebwagen. Vom »Fliegenden Hamburger« zum ET 403 der DB. Freiburg im Breisgau 2003.
Dobrovics, K., Das ungarische Kartellgesetz in Praxis, in: UWJB 1938, 169–172.
Dombrády, L., A magyar hadigazdaság a második világháború idején. [Die ungarische Kriegswirtschaft während des Zweiten Weltkriegs]. Budapest 2003.

Draskóczi, I. u. J. Honvári (Hrsg.), Magyarország gazdaságtörténete a honfoglalástól a 20. század közepéig. [Ungarns Wirtschaftsgeschichte von der Landnahme bis zur ersten Hälfte des 20. Jahrhunderts]. Budapest 1996.

Drucker, G., A hitelvédelem problémái. [Probleme des Gläubigerschutzes]. Budapest 1928.

Duffy, M. C., Electric railways 1880–1990. London 2003.

Dunning, J. H. u. C. N. Pitelis, The political economy of globalization – Revisiting Stephen Hymer 50 years on (November 13, 2009) MPRA Paper No. 23184 (http://mpra.ub.uni-muenchen.de/23184/).

Ders., Trade, location of economic activity, and the MNE. A search for an eclectic approach, in: B. Ohlin, P. Hesselborn u. P. Wijkman (Hrsg.), The international allocation of economic activity. London/Basingstoke 1977.

Ders., The eclectic paradigm of international production. A restatement and some possible extensions, in: Journal of International Business Studies 19 (1988) 1, 1–31.

Duquesne de la Vinelle, L., Study of the efficiency of a small nation. Belgium, in: E. A. G. Robinson (Hrsg.), Economic consequences of the size of nations. London 1960, 78–92.

Éber, A., A magyar nemzeti tőke alakulása 1924-től 1928-ig. [Das ungarische Nationalvermögen 1924–1928], in: KSZ 53 (1929) 3–4, 177–223.

Ebi, M., Export um jeden Preis. Die deutsche Exportförderung von 1932–1938. Stuttgart 2004.

Eckert, A. u. R. Shalini, Geteilte Globalisierung, in: Dies. (Hrsg.), Vom Imperialismus zum Empire. Nicht-westliche Perspektiven auf die Globalisierung. Frankfurt am Main 2009, 9–33.

Edquist, C., Systems of innovation approaches, in: ders. (Hrsg.), Systems of innovation approaches. Their emergence and characteristics. London 1997, 1–35.

Egger, Gy., A gazdasági közeledés Németországhoz. [Die wirtschaftliche Annäherung an Deutschland], in: MGY 6 (1916) 4,

Egyetemes szakülés. [Fachsitzung (des Ungarischen Architekten- und Ingenieurvereins)], in: MMEEK 50 (1916) 34, 78.

Eichengreen, B., Institutions and economic growth. Europe after World War II, in: N. Crafts u. G. Toniolo (Hrsg.), Economic growth in Europe after 1945. Cambridge 1996, 38–71.

Eichholtz, D., Geschichte der deutschen Kriegswirtschaft 1939–1945, Bd I. Berlin (1969).

Eichler, M., Explaining postcommunist transformations. Economic nationalism in Ukraine and Russia, in: E. Helleiner u. A. Pickel (Hrsg.), Economic nationalism in a globalizing world. Ithaca/London 2005, 69–87.

Engel, U. u. M. Middell, Bruchzonen der Globalisierung, globale Krisen und Territorialitätsregimes. Kategorien der Globalgeschichtsschreibung, in: Comparativ 15 (2005) 5–6, 5–38.

Epple, A., Das Unternehmen Stollwerk. Eine Mikrogeschichte der Globalisierung. Frankfurt am Main/New York 2010.

Dies. u. Wierling, D. (Hrsg.), Globale Waren. Themenheft von WerkstattGeschichte 45. Essen 2007.

Ereky, K., Az állam és a társadalom gazdasági tevékenysége Magyarországon. [Staatliche und private Wirtschaftstätigkeit in Ungarn], in: KSZ 32 (1908) 2, 97–108.

Erker, P., The choice between competition and cooperation. Research and development in the electrical industry in Germany and the Netherlands, 1920–1936, in: F. Caron, P. Erker u. W. Fischer (Hrsg.) Innovations in the European economy between the wars. Berlin/New York 1995, 231–253.

Farkasfalvy, S., A statisztika a villamosítási tervek szolgálatában. (La statistique au service des projets d'électrification), in: SSZ 5 (1927) 4, 334–337.

Fäßler, P. E., Globale Netzwerkbildung in Zeiten der Deglobalisierung. Das internationale Kartell der Graphitelektrodenhersteller (1929–1939), in: W. Rolf (Hrsg.), Geschichte der Globalisierung. Stuttgart 2011, 233–251.

Fear, J., Cartels, in: G. Jones u. J. Zeitlin (Hrsg.), The Oxford handbook of business history. Oxford 2009, 268–292.

Feis, H., Europe, the world's banker, 1870–1914. An account of European foreign investment and the connection of world finance with diplomacy before the war. New Haven 1930.

Fekete, I., Szabadalmi jogunk reformja. [Reform unseres Patentrechts], in: NSZ 8 (1884) 1, 46–75.

Felber, U., »La fée électricité«. Visionen einer Technik, in: K. Plitzner (Hrsg.), Elektrizität in der Geistesgeschichte. Bassum 1998, 105–121.

Feldenkirchen, W., Business groups in the German electrical industry, in: T. Shiba u. M. Shimotani (Hrsg.), Beyond the firm. Business groups in international and historical perspective. Oxford 1997, 135–166.

Ders., Competition and cooperation in the German electrical industry in the home and world markets, in: H. Pohl (Hrsg.), Competition and cooperation of enterprises on national and international markets (19–20th century). Stuttgart 1997, 13–34.

Ders., Siemens: Von der Werkstatt zum Weltunternehmen. München 1997.

Fenyő, M. u. H. Fellner (Hrsg.), A kartelljavaslat. A Magyar Gyáriparosok Országos Szövetségének előterjesztése az országgyűlés tagjaihoz. [Der Kartellgesetzentwurf. Memorandum des Ungarischen Industriellenbundes an die Parlamentsabgeordneten]. Budapest 1931.

Ferber, K., A controversy on the indebtedness of Hungary at the end of the 1920s, in: AH 32 (1986) 1–2, 113–125.

Field, A. J., The most technologically progressive decade of the century, in: American Economic Review 93 (2009) 4, 1399–1414.

Findlay, R. u. K. H. O'Rourke (Hrsg.), Power and plenty. Trade, war and the world economy in the second millenium. Princeton/Oxford 2007.

Fischer, G., Visszapillantások Ganz villamossági gyárának multjára. [Rückblicke auf die Geschichte der elektrotechnischen Fabrik von Ganz & Co.]. Budapest (o. D.).

Fischer, W., Expansion – Integration – Globalisierung. Studien zur Geschichte der Weltwirtschaft. Göttingen 1998.

Fishlow, A., Lessons from the past. Capital markets during the 19th century and the interwar period, in: International Organization 39 (1985) 3, 383–439.

Flaningam, M. L., International co-operation and control in the electrical industry. The General Electric Company and Germany, 1919–1944, in: American Journal of Economics and Sociology 5 (1945) 1, 7–25.

Fohlin, C., The rise of interlocking directorates in imperial Germany, in: EHR 52 (1999) 2, 307–333.

Fojtán, I., Kandó-mozdonyok. Kandó Kálmán élete és munkássága. [Kandó-Lokomotiven. Leben und Werk Kálmán Kandós]. Budapest 1998.

Fox, R. u. A. Guagnini, Laboratories, workshops, and sites. Concepts and practices of research in industrial Europe, 1800–1914. Berkely 1999.

Frank, A. G., Abhängige Akkumulation und Unterentwicklung. Frankfurt am Main 1980.

Frank, T., Nation, national minorities, and nationalism in twentieth-century Hungary, in: ders. (Hrsg.), Ethnicity, propaganda, myth-making. Budapest 1999, 158–190.

Ders., Cohorting, networking, bonding: Michael Polanyi in exile, in: Polanyiana 10 (2001) 1–2, 108–126.

Ders., Polányi Mihály Berlinben. [Michael Polanyi in Berlin], in: Polanyiana 11 (2002) 1-2, 117-133.
Ders., Anglophiles. The Hungarian Quarterly (2006) 181, 60-72.
Frecskay, J., A találmányok szabadalmazásának önállósítása. [Autonomie bei der Patentierung von Erfindungen], in: NSZ 10 (1886) 4, 293-305.
Freeman, C., Introduction, in: ders. u. B.-Å. Lundvall (Hrsg.), Small countries facing the technological revolution. London/New York 1988, 1-6.
Ders., Technology gaps, international trade and the problems of smaller and less-developed economies, in: ders. u. B.-Å. Lundvall (Hrsg.), Small countries facing the technological revolution. London/New York 1988, 67-84.
Fridlund, M. u. H. Maier, The second battle of the currents. A comparative study of engineering nationalism in German and Swedish electric power, 1921-1961, in: TRITA-HAST Working paper (1996) 2.
Füstöss, L., A modern fizika érkezése. [Die Ankunft der modernen Physik], in: FSZ 41 (1991) 11, 381-401.
Ders., Elméleti emberek gyakorlati érzékkel. Az Izzó Kutatólaboratóriumának első negyedszázada. [Theoretiker mit Sinn für das Machbare. Das Tungsram-Forschungslabor im ersten Jahrhundertviertel], in: FSZ 46 (1996) 9, 316-323.
Gál, I. (Hrsg.), Magyarország és a Balkán. A magyar tudomány feladatai Délkeleteurópában. [Ungarn und der Balkan. Die Aufgaben der ungarischen Wissenschaft in Südosteuropa]. Budapest 1942.
Galántai, J., Magyarország az első világháborúban. [Ungarn im Ersten Weltkrieg]. Budapest 2001.
Gall, A., Atlantropa. A technological vision of a united Europe, in: E. Van der Vleuten u. A. Kaijser (Hrsg.), Networking Europe: Transnational infrastructures and the shaping of Europe. Sagamor Beach 2006, 99-128.
Galvez-Behar, G., Technical networks at Schneider, in: BEH online 2 (2004), 1-24.
Ganz & Co., Villamos erőátvitel Resica és Anina között. [Elektrische Kraftübertragung zwischen Resica und Anina]. Budapest 1925.
Gáspár, F., A Tungsram rt. története 2., 1945-1948. [Geschichte der Tungsram AG Bd. 2. 1945-1948]. Budapest (o. D.).
Gazdasági összeköttetésünk Oroszországgal. [Unsere Wirtschaftsbeziehungen zu Russland], in: MGY 14 (1924) 3, 7-8.
Gelléri, M., A brüsszeli kereskedelmi muzeum, különös tekintettel egy Budapesten létesitendő keleti kiviteli muzeumra. [Das Handelsmuseum in Brüssel, besonders mit Blick auf ein zu errichtendes Handelsmuseum für den Orient in Budapest], in: NSZ 7 (1883) 10, 52-66.
Ders., A kiállításokról hajdan és most I-II. [Über die Ausstellungen einst und heute], in: NSZ 8 (1884) 9, 10, 721.
Gellner, E., Nationalismus und Moderne. Berlin 1991.
Ders., Nationalismus in Osteuropa. Wien 1996.
Gépkísérleti intézet Németalföldön. [Forschungsanstalt für Maschinenbau in den Niederlanden], in: Közlemények 4 (1905) 19, 51.
Gerber, D. J., Law and competition in twentieth century Europe. Protecting Prometheus. Oxford 1998.
Gergely, G., Budincsevits Andor (1905-1995), in: FSZ 44 (1995) 8, 277.
Gerschenkron, A., Economic backwardness in historical perspective. A book of essays. Cambridge, MA 1962.
Gerster, M., Műszaki vizsgáló és kisérletező intézet. [Technische Forschungsanstalt], in: Közlemények 8 (1909) 48, 78-82.

Ders., Országos ipari kisérletező intézet és a hazai iparfejlesztés. [Staatliche industrielle Forschungsanstalt und die heimische Industrieförderung], in: Közlemények 9 (1910) 53, 3–17.

Geyer, M. u. C. Bright, World history in a global age, in: B. Mazlish u. A. Iriye (Hrsg.), The global history reader. New York 2005, 21–29.

Gianetti, R., Cartels and innovation capabilities. A case from the Italian electrotechnical industry (1925–1935), in: D. Barjot (Hrsg.), International cartels revisited (1880–1980). Relating to the history of business development and international economic order. Caen 1994, 177–186.

Gillingham, J., Coal and steel diplomacy in interwar Europe, in: C. A. Wurm (Hrsg.), Internationale Kartelle und Außenpolitik. Beiträge zur Zwischenkriegszeit. Stuttgart 1989, 83–101.

Gittinger, T., A magyar vasutak nemzetközi menetrendi együttműködésének története és jelentősebb eredményei az I. világháború után. [Geschichte und Errungenschaften der Mitwirkung der Ungarischen Staatsbahnen an der internationalen Koordination der Fahrpläne.], in: Magyar vasúttörténet 1915-től 1944-ig. [Geschichte der Eisenbahn in Ungarn. Bd. 5, 1915–1944]. Budapest 1997, 400–404.

Glimstedt, H., Between national and international governance. Geopolitics, strategizing actors, and sector coordination in electrical engineering in the interwar era, in: G. Morgan, P. H. Kristensen u. R. Whitley (Hrsg.), The multinational firm. Organizing across institutional and national divides. Oxford/New York 2001, 125–152.

Gombás, T., Jendrassik, György, in: B. Szőke (Hrsg.), Műszaki nagyjaink I. [Unsere technischen Größen Bd. I]. Budapest 1983, 141–209.

Good, D. F., Der wirtschaftliche Aufstieg des Habsburgerreiches 1750–1914. Wien 1986.

Görgey, S. v., Die Kartellfrage in Ungarn, in: UWJB 1929, 122–124.

Gottwaldt, A. B., Der Schienenzeppelin. Franz Kruckenberg und die Reichsbahn-Schnelltriebwagen der Vorkriegszeit 1929–1939. Freiburg im Breisgau 2006.

Gratz, G., Németországhoz való gazdasági viszonyunk. [Unsere Wirtschaftsbeziehungen zu Deutschland], in: MGY 5 (1915) 23.

Gratz, G., Das Wirtschaftsprogramm der ungarischen Regierung, in: UWJB 1929, 11–26.

Gratz, G. u. V. Paál (Hrsg.), Magyarország a két háború között. [Ungarn zwischen den beiden Kriegen]. Budapest 2001.

Gratz, G. u. R. Schüller (Hrsg.), Die äussere Wirtschaftspolitik Österreich-Ungarns. Wien/New Haven 1925.

Griset, P., Innovation and radio industry in Europe during the interwar period, in: F. Caron, P. Erker u. W. Fischer (Hrsg.), Innovations in the European economy between the wars. Berlin/New York 1995, 37–63.

Gulati, R., N. Nohria u. A. Zaheer, Strategic networks, in: Strategic Management Journal 21 (2000) 3, 203–215.

Günther, J. u. Jajeśniak-Quast, D. (Hrsg.), Willkommene Investoren oder nationaler Ausverkauf? Ausländische Direktinvestitionen in Ostmitteleuropa im 20. Jahrhundert. Berlin 2006.

Gyarmati, G., Conceptual changes on Central European integration in Hungarian political thinking, 1920–1948, in: B. K. Király u. I. Romsics (Hrsg.), Geopolitics in the Danubian region. Budapest 1998, 201–226.

Gyáros, V., A vasúti vontatás a turini nemzetközi elektrotechnikai kongresszuson. [Die Traktionsfrage auf dem elektrotechnischen Kongress in Turin], in: MMEEK 46 (1912) 31, 533–536.

Haber, S., The political economy of industrialization, in: V. Bulmer-Tohmas (Hrsg.), The Cambridge economic history of Latin America. Cambridge 2006, 537–584.

Hadler, F. u. M. Middell, Auf dem Weg zu einer transnationalen Geschichte Ostmitteleuropas, in: Comparativ 20 (2010) 1-2, 8-29.
Haidegger, E., A MÁV vonalainak villamosítása. [Elektrifizierung der Linien der Ungarischen Staatsbahnen], in: Bányászati és Kohászati Lapok 52 (1919) 3-4, 31-34.
Ders., Energiagazdálkodásunk aktuális kérdéseiről I-II. [Aktuelle Themen im Energiemanagement I-II.], in: Bányászati és Kohászati Lapok 59 (1926) 17-18, 324-327, 342-347.
Ders., Középeurópa energiagazdasága. [Die Energiewirtschaft von Mitteleuropa]. Budapest 1930.
Ders., Die systematische Untersuchung der Energiewirtschaft Ungarns. München 1932.
Ders., A magyar energiagazdálkodás racionalizálása. [Rationalisierung der ungarischen Energiewirtschaft]. Budapest 1938.
Ders. u. S. Nagy, Staatliche Förderung der allgemeinen Energieversorgung in Ungarn, in: Deutsches nationales Komitee der Weltkraftkonferenz. Gesamtbericht: Weltkraftkonferenz Teiltagung Wien 1938. Bericht Nr. 112. Berlin 1939, 224-231.
Ders. u. B. Zoltán Sólyom, A szenek berginizálása. Különlenyomat a Magyar Mérnök- és Építészegyesület Közlönye 1924. év 17-20. számából. [Kohlenhydrierung. Abdruck v. MMEEK 1924 Heft 17-20]. Budapest 1924.
Hajdu, L., Kelet-India mezőgazdasága. [Die Landwirtschaft Ostindiens], in: KSZ 20 (1896) 11, 833.
Hajdú, Z., A magyarországi vízi energia hasznosításának száz éve. Csernahévíztől a BNV-ig 1878-1977. [Hundert Jahre ungarische Wasserkraftnutzung. Von Csernahévíz bis zum Wasserkraftwerk Bős-Nagymaros 1878-1977], in: MT 30 (1999) 9, 945-961.
Hallon, L., Die Konzeption einer systematischen Elektrifizierung in Deutschland und in der Tschechoslowakei in den Jahren 1918-1938, in: B. Barth (Hrsg.), Konkurrenzpartnerschaft. Die deutsche und die tschechoslowakische Wirtschaft in der Zwischenkriegszeit. Essen 1999, 58-74.
Hanebrink, P., »Christian Europe« and national identity in interwar Hungary, in: P. M. Judson u. M. L. Rozenblit (Hrsg.), Constructing nationalities in East Central Europe. New York/Oxford 2005, 192-202.
Hantos, E., Die Zukunft des Geldes. Stuttgart 1921.
Ders., Die Handelspolitik in Mitteleuropa. Jena 1925.
Ders., Denkschrift über die wirtschaftlichen Probleme Mitteleuropas. Im Auftrage der Mitteleuropäischen Wirtschaftstagung für die Weltwirtschaftskonferenz des Völkerbundes. Wien 1927.
Ders., Die Weltwirtschaftskonferenz. Probleme und Ergebnisse. Leipzig 1928.
Ders., Europäischer Zollverein und Mitteleuropäische Wirtschaftsgemeinschaft. Berlin 1928.
Ders., Mitteleuropäische Eisenbahnpolitik. Zusammenschlüsse der Eisenbahnsysteme von Deutschland, Österreich, Ungarn, Tschechoslowakei, Polen, Rumänien und Jugoslawien. Wien/Leipzig 1929.
Ders., Die Kooperation der Notenbanken. Tübingen 1931.
Ders., Die Neuordnung des Donauraumes. Berlin/Wien 1935.
Harrison, M., The economics of World War II. An overview, in: ders. (Hrsg.), The economics of World War II. Six great powers in international comparison. Cambridge 2000, 1-42.
Hausman, W. J., P. Hertner u. M. Wilkins, Global electrification. Multinational enterprise and international finance in the history of light and power, 1878-2007. Cambridge/New York 2008.
Headrick, D. R., The invisible weapon. Telecommunications and international politics, 1851-1945. New York 1991.

Heerding, A., The history of N. V. Philips' Gloeilampenfabrieken. Bd. 2. A company of many parts. Cambridge/New York 1986.
Hegedüs, L., A magyarság jövője a háború után. Politikai tanulmány. [Die Zukunft der Ungarn nach dem Krieg. Politische Studie]. Budapest 1916.
Hegedüs, L., Ausztria és Magyarország a történelem mérlegén. [Österreich und Ungarn in der Bilanz der Geschichte]. Budapest 1936.
Hegedüs, L. u. G. Mandelló, A szerkesztők beköszöntője. [Vorrede der Redakteure], in: KSZ 24 (1900) 1, 1–3.
Hegedüs, S., A párisi szabadalmi kongressus és hazánk. [Der Patentkongress in Paris und unser Vaterland], in: NSZ 4 (1880) 2, 189–197.
Hegyeshalmy, L., A St-Louis i kiállitás némely tanulságai. [Lehren aus der Ausstellung in St. Louis], in: KSZ 29 (1905) 4, 241–258.
Heinemeyer, H. C., M.-S. Schulze u. N. Wolf, Endogenous borders? Exploring a natural experiment on border effects. CEPR Discussion papers No. 6909 (2008). (http://www.cepr.org/active/publications/discussion_papers/dp.php?dpno=6909).
Helleiner, E. u. A. Pickel (Hrsg.), Economic nationalism in a globalizing world. Ithaca/London 2005.
Heltai, F., Az állami beavatkozás határai az iparfejlesztés körül. [Die Grenzen der Staatsintervention bei der Industrieförderung], in: NSZ 13 (1889) 11, 853–871.
Herrmann, M., Szénellátásunk problémái. [Probleme unserer Kohlenversorgung]. Budapest 1923.
Herrmann Miksa kereskedelmi miniszter a villamosításról, a villamosítási törvényről és az Ausztriával való villamosenergia kicserélésről, in: PT 10 (1929) 20, 1.
Hertner, H., Die wirtschaftliche Annäherung zwischen dem Deutschen Reiche und seinen Verbündeten. München/Leipzig 1916.
Ders., Banken und Kapitalbildung in der Giolitti-Ära, in: Deutsches Historisches Institut in Rom, Quellen und Forschungen aus italienischen Archiven und Bibliotheken. Tübingen 1978, 466–565.
Ders., Financial strategies and adaptation to foreign markets. The German electro-technical industry and its multinational activities: 1892 to 1939, in: A. Teichova, M. Lévy-Leboyer u. H. Nussbaum (Hrsg.), Multinational enterprise in historical perspective. Cambridge/Paris 1986, 145–159.
Ders., The German electrotechnical industry in the Italian market before the Second World War, in: G. Jones u. H. G. Schröter (Hrsg.), The rise of multinationals in continental Europe. Aldershot 1993, 155–173.
Ders., Export or direct investment. The German electro-technical industry in Italy, Spain and France from the 1890s until the First World War, in: H. Pohl (Hrsg.), Transnational investment from the 19th century to the present. Stuttgart 1994, 103–115.
Ders. u. H. V. Nelles, Contrasting styles of foreign investment. A comparison of the entrepreneurship, technology and finance of German and Canadian enterprises in Barcelona electrification, in: Revue économique 58 (2007) 1, 191–214.
Hexner, E., International cartels in the postwar world, in: Southern Economic Journal 10 (1943) 2, 114–135.
Heyden, W., Neue elektrische Güterzuglokomotive, in: ETZ 31 (1910) 28, 703–705.
Hidvégi, M. u. T. Vonyó, Haza és lemaradás. A nemzeti iparfejlesztés kudarca. [Nationalismus und Rückständigkeit: Der Fehlschlag nationaler Industrialisierung], in: Korunk 3 (2012) 11, 56–65.
Hofbauer, R., Österreichs Stellung in der Energiewirtschaft Mitteleuropas, in: Die Elektrifizierung Österreichs/Austria Electrified. Wien 1930^2, 13–28.

Hogenbirk, A., J. Hagedoorn u. H. von Kranenburg, Globalization in the Netherlands, in: D. van den Bulcke, A. Verbeke u. W. Yuan (Hrsg.), Handbook on small nations in the global economy. Cheltenham/Northhampton, MA 2009, 12–29.

Holec, R., Die ungarische Wirtschafts- und Industriepolitik aus slowakischer Sicht, in: U. Müller (Hrsg.), Ausgebeutet oder alimentiert? Regionale Wirtschaftspolitik und nationale Minderheiten in Ostmitteleuropa (1867–1939). Berlin 2006, 119–140.

Homburg, H., Wirtschaftliche Dimensionen der deutschen Besatzungsherrschaft in Frankreich 1940–1944, in: W. Abelshauser, J.-O. Hesse u. W. Plumpe (Hrsg.), Wirtschaftsordnung, Staat und Unternehmen. Neue Forschungen zur Wirtschaftsgeschichte des Nationalsozialismus. Festschrift für Dietmar Petzina zum 65. Geburtstag. Essen 2003, 181–204.

Homola, V., A vízierők ipari kihasználása és közgazdasági jelentősége Magyarországon. [Die Nutzung der Wasserkräfte für die Industrie und ihre volkswirtschaftliche Bedeutung in Ungarn], in: MMEEK 50 (1916) 32, 33, 216–217, 219–222.

Honigmann, E., Die österreichisch-ungarische Elektro-Industrie und das Wirtschaftsbündnis der Mittelmächte. Berlin 1917.

Hopkins, A.G., Globalization in world history. London 2002.

Hubert, E., Die Kohlenwirtschaft, in: UWJB 1930, 95–109.

Hughes, T., Networks of power. Electrification of Western society, 1880–1930. London/Baltimore 1983.

Hugill, P.J., Global communications since 1844. Geopolitics and technology. Baltimore/London 1999.

Hymer, S., The international operations of national firms. A study of direct foreign investment. Cambridge, MA 1976.

Illyefalvi, I.L. (Hrsg.), Budapest főváros statisztikai évkönyve 1938. [Statistisches Jahrbuch der Haupt- und Residenzstadt Budapest 1938]. Budapest 1938.

Irinyi, K., A Naumann-féle »Mitteleuropa«-tervezet és a magyar politikai közvélemény. [Der Naumann'sche Mitteleuropa-Plan und die ungarische politische Öffentlichkeit]. Budapest 1963.

Iriye, A. u. P.-Y. Saunier (Hrsg.), The Palgrave dictionary of transnational history. From the mid-19th century to the present day. Basingstoke 2009.

Jakobovits, D., A villamos energia törvényjavaslat-tervezetről. [Über den Entwurf zum Elektrifizierungsgesetz], in: KSZ 54 (1930) 6–7, 472–485.

Jakubec, I., Czechoslovak industry 1918–1938/1939, in: M. Müller u. T. Myllintaus (Hrsg.), Pathbreakers. Small European countries responding to globalisation and deglobalisation. Bern 2008, 325–345.

James, H., The end of globalization. Lessons from the Great Depression. Cambridge, MA/London 2001.

Ders., Introduction. Interpreting the Great Depression, in: ders. (Hrsg.), The interwar depression in international context. München 2002, VII–XV.

Jankó, J., Érdekeink Észak-Afrikában. [Unsere Interessen in Nordafrika], in: NSZ 12 (1888) 1–3, 107–126.

Jeney, K. u. F. Gáspár (Hrsg.), The history of Tungsram 1896–1945. Budapest 1990.

Jeszenszky, S., Auer von Welsbach und die Metallfadenlampe. Vortrag an der Tagung »Forschung und Industrie in Zentraleuropa um 1900«. Wien 2007.

Jones, G., Multinationals and global capitalism. From the nineteenth to the twenty-first century. Oxford/New York 2005.

Ders., The end of nationality? Global firms and ›borderless worlds‹, in: ZUG 51 (2006) 2, 149–166.

Ders. u. H. G. Schröter, Continental European multinationals, in: dies. (Hrsg.), The rise of multinationals in continental Europe. Aldershot 1993, 3-27.

Ders., u. H. G. Schröter (Hrsg.), The rise of multinationals in continental Europe. Aldershot 1993.

K. [Kovács] P. [Pál], Keletázsia I-II. [Ostasien I-II.], in: KSZ 28 (1904) 4-5, 271.

Kádár, G. u. Z. Vági (Hrsg.), Hullarablás. A magyar zsidók gazdasági megsemmisítése. [Leichenfledderei. Die wirtschaftliche Vernichtung der ungarischen Juden]. Budapest 2005.

Kammerhofer, L., Das Konsularwesen der Habsburgermonarchie (1752-1918). Ein Überblick mit Schwerpunkt auf Südosteuropa, in: Heppner, H. (Hrsg.), Der Weg führt über Österreich. Zur Geschichte des Verkehrs- und Nachrichtenwesens von und nach Südosteuropa (18. Jahrhundert bis zur Gegenwart). Wien 1996, 7-15.

Kandó, K., Über Drehstrombahnen, in: ETZ 31 (1910) 28, 705-706.

Kaposi, Z., Der Staat, die wirtschaftliche Entwicklung und die Nationalitäten, in: U. Müller (Hrsg.), Ausgebeutet oder alimentiert? Regionale Wirtschaftspolitik und nationale Minderheiten in Ostmitteleuropa (1867-1939). Berlin 2006, 101-118.

Kartellek és trösztök. [Kartelle und Trusts], in: NSZ 15 (1891) 5, 352-353.

Katus, L., Transport revolution and economic growth, in: J. Komlos (Hrsg.), Essays on the Habsburg economy. New York 1983, 183-204.

Ders., Hungary in the Dual Monarchy, 1867-1914. Boulder, CO 2008.

Katzenstein, P. J., Small states in world markets. Industrial policy in Europe. New York 1985.

Kelemen, G., Közgazdasági képek Nyugat-Európából. [Impressionen über die westeuropäische Wirtschaft]. Budapest 1900.

Kelemen, S., Kartellrechtliche Probleme im Lichte des internationalen Rechtes. Eine kritische Studie über die Kartellbeschlüsse des Warschauer Kongresses der International Law Association und des Salzberger Deutschen Juristentages vom Jahre 1928. Pécs 1929.

Keleti, K., Programmvázlatok. [Programmentwürfe], in: NSZ 13 (1889) 1-2, 3-17.

Keller, W. u. L. W. Pauly, Globalization at bay, in: B. Mazlish u. A. Iriye (Hrsg.), The global history reader. New York 2005, 70-78.

Kemény, G., Felsőoktatásunk a dualizmus időszakában. [Unser Hochschulwesen zur Zeit des Dualismus], in: Századok 118 (1984) 1, 64-93.

Kende Tódor a német nehéziparnak Romániával létrejött 1,25 milliós áruhitelüzletéről. [Tódor Kende über das 1,25-Millionen-Warenkreditgeschäft der deutschen Schwerindustrie in Rumanien], in: PT 10 (1929) 16, 28.

Kenessey, K., Néhány szó a rajnai hajózásról. [Über die Schifffahrt am Rhein]. Budapest 1890.

Kenyeres, Á., Magyar életrajzi lexikon: 1978-1991. [Ungarisches biographisches Lexikon: 1987-1991.] Budapest 1994.

Kerényi, Ö. A., Villamosenergia-ipari visszatekintő statisztikai adatok, 1925-1994. [Statistische Daten zur Elektroindustrie 1925-1994]. Budapest 1996.

Khan, Z. B., »Economic history of patents and patent institutions,« in: Whaples, R. (Hrsg.), EH.Net Encyclopedia, 2006. (https://eh.net/encyclopedia/an-economic-history-of-patent-institutions/).

Kipping, M., Zwischen Kartellen und Konkurrenz. Der Schumann-Plan und die Ursprünge der europäischen Einigung 1944-1952. Berlin 1996.

Kittler, W., Der internationale elektrische Energieverkehr in Europa. München 1933.

Kladiwa, P., Die Elektrifizierung der Munizipalitäten in Mähren und Österreichisch Schlesien bis zum I. Weltkrieg, in: PWSM 10 (2009), 33-51.

Kleinschmidt, C., Der produktive Blick. Wahrnehmung amerikanischer und japanischer Management- und Produktionsmethoden durch deutsche Unternehmer 1950-1985. Berlin 2002.

Kleinwächter, F., Die Kartelle. Ein Beitrag zur Frage der Organisation der Volkswirthschaft. Innsbruck 1883.

Kobrak, C. u. J. Wüstenhagen, International investment and Nazi politics. The cloaking of German assets abroad, 1936–1945, in: BH 48 (2006) 3, 399–427.

Kocka, J. u, H. Siegrist, Die hundert größten deutschen Industrieunternehmen im späten 19. und frühen 20. Jahrhundert. Expansion, Diversifikation und Integration im internationalen Vergleich, in: N. Horn u. J. Kocka (Hrsg.), Recht und Entwicklung der Großunternehmen im 19. und frühen 20. Jahrhundert. Wirtschafts-, sozial- und rechtshistorische Untersuchungen zur Industrialisierung in Deutschland, Frankreich, England und den USA. Göttingen 1979, 55–122.

Kofman, J., R. Stemplovszky u. H. Szlajfer (Hrsg.), Essays on economic nationalism in East-Central Europe and South America: 1918–1939. Warschau 1987.

Kohányi, Z., Nemzeti tengerhajózási politikánk feladatai. Felolvastatott a MKT 1910. november 25-i ülésén. [Aufgaben unserer Seeschifffahrtspolitik. Vorgetragen auf der Sitzung der MKT am 25. November 1910], in: KSZ 34 (1910) 5, 741–774.

Kolosváry, L., Kereskedelmünk a Balkán-félszigettel. [Unser Handel mit der Balkanhalbinsel], in: NSZ 10 (1886) 4, 273–292.

Komlos, J., The Habsburg Monarchy as a customs union. Economic development in Austria-Hungary in the nineteenth century. Princeton, NJ 1983.

Ders., Die Habsburgermonarchie als Zollunion. Die Wirtschaftsentwicklung Österreich-Ungarns im 19. Jahrhundert. Wien 1986.

König, W. u. W. Wolfhard, Netzwerke, Stahl und Strom: 1840 bis 1914. Berlin 1990.

Ders., Technikgeschichte. Eine Einführung in ihre Konzepte und Forschungsergebnisse. Stuttgart 2009.

Ders., Volkswagen, Volksempfänger, Volksgemeinschaft. »Volksprodukte« im Dritten Reich. Vom Scheitern einer nationalsozialistischen Konsumgesellschaft. Paderborn 2004.

Kormos, G., Magyar pénzügyi compass 1923–1924. A nyilvános számadásra kötelezett vállalatok összes adatait tartalmazó évkönyv 1. [Ungarischer Finanzkompass 1923–1924. Jahrbuch mit allen Daten der zur Veröffentlichung ihrer Daten verpflichteten Unternehmen]. Budapest 1923.

Koroknai, Á., A Tungsram Rt. története, 1896–1996. [Die Geschichte der Tungsram AG, 1896–1996]. Budapest 2004.

Kovács, É., A gyáriparosok sajtója, »melynek olvasóközönsége a magyar közgazdasági élet elitje«, 1900–1944. [Die Presse der Industriellen und deren Leser – die Elite des ungarischen Wirtschaftslebens, 1900–1944], in: Társadalomkutatás 7 (1989) 1, 106–119.

Kovács, P., Amerikai tanulmányutam. [Meine amerikanische Studienreise]. Budapest 1895.

Kövér, Gy., Iparosodás agrárországban. Magyarország gazdaságtörténete 1848–1914. [Industrialisierung im Agrarland. Ungarns Wirtschaftsgeschichte 1848–1914]. Budapest 1982.

Ders., A brit tőkepiac és Magyarország. Az Angol-Magyar Bank (1868–1879). [Der britische Kapitalmarkt und Ungarn: Die Anglo-Ungarische Bank (1868–1879)], in: Századok 118 (1984) 2–3, 486–513.

Ders., The London stock market and the credit of Austria-Hungary, in: AH 13 (1988) 2–3, 159–170.

Ders., The Austro-Hungarian banking system, in: R. Cameron u. V. I. Bovykin (Hrsg.), International banking 1870–1914. Oxford/New York 1991, 319–344.

Ders., Az Osztrák-Magyar Bank, in: T. Bácskai (Hrsg.), A Magyar Nemzeti Bank története I. [Die Geschichte der Ungarischen Nationalbank I. Von der Österreichischen Nationalbank bis zur Ungarischen Nationalbank 1816–1924]. Budapest 1993, 259–341.

Ders., Bank és ipar Magyarországon 1914 előtt, in: ders. (Hrsg.), A felhalmozás íve. [Die Akkumulationskurve. Sozial- und wirtschaftsgeschichtliche Forschungen]. Budapest 2002, 309–320.

Ders., Osztrák credit – magyar hitel. Az Osztrák Creditanstalt és a Magyar Általános Hitelbank kartellje (1871–1900). [Österreichischer Credit – ungarischer Kredit. Das Kartell der Österreichischen Creditanstalt und der Ungarischen Allgemeinen Kreditbank (1871–1900)], in: Századok 139 (2005) 5, 1261–1284.

Ders., Ötven óriás. Iparvállalati toplisták Magyarországon a 20. század első felében [Fünfzig Riesen. Toplisten von Industrieunternehmen in Ungarn in der ersten Hälfte des 20. Jahrhunderts], in: Múltunk 12 (2000) 3, 86–122.

Közgazdaságunk 1899-ben. [Die ungarische Volkswirtschaft 1899], [= Rezension über Deutsch, A., Rückblicke auf die Entwicklung der ungarischen Volkswirtschaft im Jahre 1899. Pester Lloyd, Budapest 1900], in: KSZ 24 (1900) 5, 397–398.

Kraus, H. G., Weisse Kohle für Österreichs Bahnen. Wien 1992.

Krecke, C., Die Energiewirtschaft der Welt. Ergebnisse der dritten Weltkraftkonferenz Washington 1936 in deutscher Betrachtung. Berlin 1937.

Kühschelm, O., F. X. Eder u. H. Siegrist (Hrsg.), Konsum und Nation. Zur Geschichte nationalisierender Inszenierungen in der Produktkommunikation. Bielefeld 2012.

Külföldi propaganda Magyarország iparosodásának előmozdítására. [Propaganda im Ausland für die Förderung der ungarischen Industrialisierung], in: PT 10 (1929) 33, 5.

Kümmel, G., Transnationale Wirtschaftskooperation und der Nationalstaat. Deutschamerikanische Unternehmensbeziehungen in den dreissiger Jahren. Stuttgart 1995.

Kuznets, S., Economic growth of small nations, in: E. A. G. Robinson (Hrsg.), Economic consequences of the size of nations. London 1960, 14–32.

Lagendijk, V., Electrifying Europe. The power of Europe in the construction of electricity networks. Amsterdam 2008.

Landau, Z., Poland and America. The economic connection 1918–1939, in: Polish American Studies 32 (1975) 2, 38–50.

Láng, L., A nemzetközi vámpolitika jövője. Elnöki megnyitó a Közgazdasági Társaság 1898. április 23-án tartott közgyűlésén. [Die Zukunft der internationalen Zollpolitik. Eröffnungsrede des Präsidenten zur Hauptversammlung des Wirtschaftsverbandes am 23. April 1898], in: NSZ 22 (1898) 5, 297–317.

Lanthier, P., Entwicklung der Technik und der Unternehmen der Elektrizitätsindustrie in Frankreich, in: H. Kiesewetter u. M. Hau (Hrsg.), Der Wandel von Industrie, Wissenschaft und Technik in Deutschland und Frankreich im 20. Jahrhundert. Würzburg 2002, 185–204.

Ders., L'IGEC et l'organisation mondiale de l'industrie électrotechnique dans l'entre-deux-guerres, in: D. Barjot (Hrsg.), International cartels revisited (1880–1980). Relating to the history of business development and international economic order. Caen 1994, 165–174.

Legát, T., Közlekedik a főváros. [Der Verkehr in der Hauptstadt]. Budapest 2008.

Lemola, T. u. R. Lovio, Possibilities for a small country in high-technology production. The electronics industry in Finland, in: C. Freeman u. B.-Å. Lundvall (Hrsg.), Small countries facing the technological revolution. London/New York 1988, 139–155.

Lengyel, G., Lengyelország gazdasági viszonyai. [Polens wirtschaftliche Verhältnisse], in: KSZ 42 (1918) Bd. 60, 414–458.

Lengyel, Gy., Vállalkozók, bankárok, kereskedők. A magyar gazdasági elit a 19. században és a 20. század első felében. [Unternehmer, Bankiers, Händler: Die ungarische Wirtschaftselite im 19. und in der ersten Hälfte des 20. Jahrhunderts]. Budapest 1989.

Ders., A multipozícionális gazdasági elit a két világháború között. Fejezetek egy történetszociológiai kutatásból. [Die multipositionale Elite in der Zwischenkriegszeit: Kapitel einer wirtschaftssoziologischen Untersuchung]. Budapest 1993.

Leonhardt, G., Compass. Finanzielles Jahrbuch 1934. Band Österreich. Staatsschuld Österreich-Ungarns (Liquidation). Wien 1934.

Levenstein, M. C. u. V. Y. Suslow, Studies of cartel stability. A comparison of methodological approaches, in: P. Z. Grossmann (Hrsg.), How cartels endure and how they fail. Studies of industrial collusion. Cheltenham/Northampton, MA 2004, 9–52.

Lewis, J. u. E. R. Severnini (Hrsg.), The value of rural electricity. Evidence from the rollout of the U. S. power grid. Pittsburgh 2015.

Liberman, P., Does conquest pay? The exploitation of occupied industrial societies. Princeton, NJ 1996.

Liefmann, R., Kartelle, Konzerne und Trusts. Stuttgart 1927[7].

Lindgren, H., Introduction. The research agenda and its intellectual setting, in: P. L. Cottrell, H. Lindgren u. A. Teichova (Hrsg.), European industry and banking between the wars. A review of bank-industry relations. Leicester 1992, 1–14.

Ders., The comparative advantages of business groups. Some Swedish Evidence, in: M. Dritsas u. T. Gourvish (Hrsg.), European enterprise. Strategies of adaptation and renewal in the twentieth century. Athens 1997, 69–83.

Löhr, I., Die Globalisierung geistiger Eigentumsrechte. Neue Strukturen internationaler Zusammenarbeit 1886–1952. Göttingen 2010.

Loy, C., Die Entwicklung des amerikanischen Antitrustrechts. Ein kurzer Überblick, in: H. Pohl (Hrsg.), Kartelle und Kartellgesetzgebung in Praxis und Rechtssprechung vom 19. Jahrhundert bis zur Gegenwart. Stuttgart 1985, 318–326.

Lundestad, G., The American non-policy towards Eastern Europe 1943–1947. Universalism in an area not of essential interest to the United States. Tromsö u. a. 1978.

Luxbacher, G., Massenproduktion im globalen Kartell. Glühlampen, Radioröhren und die Rationalisierung der Elektroindustrie bis 1945. Berlin 2003[2].

Ders., Die 1000-Stunden-Frage. Die andere Seite der Massenproduktion: Reparatur, Austauschbau, Lebensdauer und die Anfänge der Gebrauchswertforschung technischer Konsumgüter, in: L. Bluma, K. Pichol u. W. Weber (Hrsg.), Technikvermittlung und Technikpopularisierung. Münster 2004, 103–120.

Maddison, A., The world economy, Bd. 2: Historical statistics. Paris 2006.

Magyar Compass: Mihók, S. (Hrsg.), Magyar compass: A magyar állami területen található pénzhitel-, biztosító-intézetek, segély-egyletek, iparos-részvény-társulatok, közlekedési és egyéb vállalatok, a múlt … évi … kimerítő mérlegek és tisztek kimutatása. Budapest 1874–1894; Galánthai Nagy, S. (Hrsg.), Mihók-féle magyar compass: Pénzügyi évkönyv. Budapest 1895–1912; Nagy magyar compass: Pénzügyi és kereskedelmi évkönyv. Budapest 1912–1944.

Magyar Iparügyi Minisztérium, A magyar ipartelepek 1944 őszén elrendelt felrobbantása, illetőleg megbénítása ellen végrehajtott akció. [Aktion gegen die Sprengung oder Lähmung ungarischer Industrieunternehmen, verordnet im Herbst 1944]. Budapest 1945.

Magyar Iparügyi Minisztérium, A magyar gyáripar. A Magyar Iparügyi Minisztérium által a második világháború utáni béketárgyalások számára készített dokumentum. [Die ungarische Industrie. Vom ungarischen Industrieministerium für die Friedensverhandlungen nach dem Zweiten Weltkrieg vorbereitetes Dokument]. Budapest 1946.

Magyar Iparügyi Minisztérium Iparpolitikai Osztálya, A magyar ipar és a békekötés. [Die ungarische Industrie und der Friedensschluss]. Budapest 1946.

Magyar statisztikai évkönyv [Ungarisches statistisches Jahrbuch]. Hrsg. v. Központi Statisztikai Hivatal (KSH), Budapest, diverse Jahrgänge.

Magyar statisztikai zsebkönyv 1947. [Ungarisches statistisches Taschenbuch 1947]. Hrsg. v. Mike, Gy./KSH, Budapest 1947.

Magyar-görög kereskedelempolitikai tárgyalások. [Ungarisch-griechische Handelsverhandlungen], in: MGY 27 (1936) 3, 15.

A magyar szent korona országainak 1909. évi külkereskedelmi forgalma./Auswärtiger Handel der Länder der heiligen ungarischen Krone im Jahre 1909. Hrsg. v. Magyar Kir. Központi Statisztikai Hivatal, Budapest 1911.

Magyarország 1934. évi külkereskedelmi forgalma/Commerce extérieur de la Hongrie en 1934. Hrsg. v. Központi Statisztikai Hivatal (KSH), Budapest 1935 (und weitere Jahrgänge).

Magyarország a bukaresti kiállításon. [Ungarn auf der Bukarester Ausstellung], in: Közlemények 5 (1906) 23, 3–16.

Magyarország gazdasági szerepe a Kelet és Nyugat között. dr. Stein Emil, a Kereskedelmi Bank ügyvezető igazgatójának előadása a Cobden-Szövetségben. [Die wirtschaftliche Rolle Ungarns zwischen Ost und West. Vortrag des Generaldirektors Dr. Emil Stein, PMKB, im Cobden-Verein], in: PT 10 (1929) 6, 10.

Magyary, Z., A magyar tudománypolitika alapvetése. [Grundzüge der ungarischen Wissenschaftspolitik]. Budapest 1927.

Mandelló, Gy., Az ipari kartellekről. [Über die Industriekartelle]. Budapest 1891.

Márkus, G., Ungarns Kohlen- und Energiewirtschaft im Jahre 1938, in: UWJB 1939, 139–152.

Martinovich, I., A nagyvasúti villamos vontatás áramellátása Magyarországon. [Die Stromversorgung für die elektrische Traktion in Ungarn.], in: Magyar vasúttörténet 1915-től 1944-ig 5. kt. [Geschichte der Eisenbahn in Ungarn. Bd. 5, 1915–1944]. Budapest 1997, 314–365.

Martsekényi, E., Die Zukunft der ungarischen Industrie im neuen Europa, in: Ungarischer Volkswirt 11 (1942) 2, 2–3.

Marung, S., Die wandernde Grenze. Die EU, Polen und der Wandel politischer Räume, 1990–2010. Göttingen 2013.

Dies. u. M. Middell (Hrsg.), Transnational actors – crossing borders. Transnational history studies. Leipzig 2015.

Dies. u. K. Naumann (Hrsg.), Vergessene Vielfalt. Territorialität und Internationalisierung in Ostmitteleuropa seit der Mitte des 19. Jahrhunderts. Göttingen/Bristol, CT 2014.

Mathis, F., Big business in Österreich. Österreichische Großunternehmen in Kurzdarstellungen. Bd. I. Wien 1987.

Matis, H., Österreichs Wirtschaft 1848–1913. Konjunkturelle Dynamik und gesellschaftlicher Wandel im Zeitalter Franz Josephs I. Berlin 1972.

Ders., Disintegration and multi-national enterprises in Central Europe during the post-war years (1918–1923), in: A. Teichova u. P. L. Cottrell (Hrsg.), International business and Central Europe 1918–1939. Leicester/New York 1983, 73–96.

Ders., Guidelines of Austrian economic policy 1848–1918, in: ders. (Hrsg.), The economic development of Austria since 1870. Aldershot 1994, 19–47.

Matlekovits, S., A kikészítési eljárás és a védvám. [Veredelungsverkehr und Schutzzoll], in: NSZ 1 (1877) 3, 1–18.

Ders., A vámok hatásáról. [Über die Auswirkung von Zöllen], in: NSZ 14 (1890) 7, 563–593.

Ders., Die Zollpolitik Österreich-Ungarns. Leipzig 1891.

Ders., A vámpolitika új korszaka I-II. [Die neue zollpolitische Ära I-II.], in: KSZ 30 (1906) 5, 6, 289.
Meinhardt, W., Kartellfragen. Gesammelte Reden und Aufsätze. Berlin 1929.
Ders., Entwicklung und Aufbau der Glühlampenindustrie. Berlin 1932.
Mészáros, S., A Hold válaszolt. Bay Zoltán radarvisszhang-kísérlete. [Der Mond antwortete. Zoltán Bays Mondecho-Experiment], in: Természet Világa 127 (1996) 2, 66-68.
Meszlény, A., Die rechtliche Regelung der Kartelle, in: UWJB 1929, 117-122.
MGYOSZ, Emlékirat a Magyarország és Ausztria közötti kiegyezésről. [Memorandum über den Wirtschaftsausgleich zwischen Ungarn und Österreich]. Budapest 1915.
MGYOSZ, A Magyar Gyáriparosok Országos Szövetsége Választmányának XXV. évi jelentése az 1927. évi rendes közgyűléshez [Jahresbericht des Delegationsausschusses des Industriellenbundes an die ordentliche Generalversammlung 1927 über das 25. Geschäftsjahr]. Budapest, 1927
Michelsen, K.-E. u. M. Kuisma, Nationalism and industrial development in Finland, in: BEH 21 (1992), 343-353.
Middell, M. u. L.R. y Aulinas (Hrsg.), Transnational challenges to national history Writing. Houndmills/New York 2013.
Milliárdos veszteségek a rádiórendelet késedelmezése miatt. [Verluste in Milliardenhöhe wegen der aufgeschobenen Rundfunkverordnung], in: PT 6 (1925) 3, 1.
Mintakiállítás Rio de Janeiroban. [Warenmusterausstellung in Rio de Janeiro], in: MGY 1 (1911) 11, 12-13.
Mitől várjuk a helyzet jobbra fordulását? Fenyő Miksa nyilatkozata. [Wovon erwarten wir eine Verbesserung der Situation? Stellungnahme von Miksa Fenyő], in: PT 10 (1929) 34, 2.
Mokyr, J. u. H.-J. Voth, Understanding growth in Europe, 1700-1870, in: S. Broadberry u. K.H. O'Rourke (Hrsg.), The Cambridge economic history of modern Europe. Bd. 1. Theory and evidence. Cambridge 2010, 7-42.
Mudrony, P., Egy amerikai mezőgazdasági és iparegyetem. [Eine amerikanische Universität für Landwirtschaft und Industrie], in: NSZ 9 (1885) 1, 28-37.
Mutz, M., Ein unendlich weites Gebiet für die Ausdehnung unseres Geschäfts. Marketingstrategien des Siemens-Konzerns auf dem chinesischen Markt (1904-1937), in: ZUG 51 (2006), 1, 93-115.
Müller, M., Introduction, in: dies. u. T. Myllintaus (Hrsg.), Pathbreakers. Small European countries responding to globalisation and deglobalisation. Bern 2008, 11-35.
Müller, N., Die Wirtschaft als »Brücke der Politik«, Elemér Hantos' wirtschaftspolitisches Programm in den 1920er und 1930er Jahren, in: C. Sachse (Hrsg.), »Mitteleuropa« und »Südosteuropa« als Planungsraum. Göttingen 2010, 87-114.
Müller, U., (Hrsg.) Ausgebeutet oder alimentiert? Regionale Wirtschaftspolitik und nationale Minderheiten in Ostmitteleuropa (1867-1939). Berlin 2006.
Murmann, J.P., Knowledge and competitive advantage. The coevolution of firms, technology, and national institutions. Cambridge 2003.
Myllintaus, T., The transfer of electrical technology to Finland, 1870-1930, in: Technology and Culture 32 (1991) 2, 293-317.
Naumann, F., Mitteleuropa. Berlin 1916.
Németh, J., Közgazdasági helyzetünk a Balkánon a háború előtt és után. [Unsere Wirtschaftslage auf dem Balkan vor und nach dem Krieg], in: NSZ 37 (1913) 6, 438-461.
Németh, K. u. B. Lázár, Az államosítás előtt működött villamosenergia-ipari és áramszolgáltató vállalatok repertóriuma. [Register der elektrotechnischen Produzenten und Stromversorgungsunternehmen vor der Nationalisierung]. Budapest 2005.

Neumann, K., A kereskedelmi törvény revisiója. [Die Revision des Handelsgesetzes], in: KSZ 24 (1900) 2, 137–140.

Nötel, R., International credit and finance, in: M. C. Kaser u. E. A. Radice (Hrsg.), The economic history of Eastern Europe 1919–1975. Oxford 1986, 170–295.

Oesterreichisches Wasserkraft- und Elektrizitäts-Wirtschaftsamt, Die Banken und der Ausbau der Wasserkräfte/The banks and the development of water-power, in: Die Elektrifizierung Österreichs/Austria Electrified. Wien 1925, 20–22.

Optimizmus – pesszimizmus. Báró Szterényi József nyilatkozata. [Optimismus – Pessimismus. Stellungnahme von Baron József Szterényi], in: PT 10 (1929) 48, 1.

Ormos, M., Az 1924. évi magyar államkölcsön megszerzése. [Die Erwirkung der ungarischen Staatsanleihe von 1924]. Budapest 1964.

Dies., Hungary in the age of the two world wars 1914–1945. Boulder, CO 2007.

Dies. u. I. Majoros (Hrsg.), Európa a nemzetközi küzdőtéren. Felemelkedés és hanyatlás 1814–1945. [Europa in der internationalen Arena. Aufstieg und Niedergang 1814–1945]. Budapest 2003.

O'Rourke, K., The European grain invasion, 1870–1913, in: JEH 57 (1997) 4, 775–801.

Osterhammel, J., Approaches to global history and the question of the »civilizing mission«. Osaka University Nakanoshima Center, Working and discussion papers series Nr. 3., Osaka 2007.

Ders., Die Verwandlung der Welt. Eine Geschichte des 19. Jahrhunderts. München 2010.

Ders. u. N. P. Petersson (Hrsg.), Geschichte der Globalisierung. Dimensionen, Epoche, Prozesse. München 2003.

Österreichisches Jahrbuch 1927. Wien 1928.

Palló, G., Az ötvenes évek fizikája II. [Die Physik der 1950er Jahre II.], in: FSZ 42 (1992) 11, 433.

Ders., Polányi Mihály és a kryptonlámpa. [Mihály Polányi und die Kryptonlampe], in: FSZ 46 (1996) 9, 311–316.

Palotás, E., Machtpolitik und Wirtschaftsinteressen. Der Balkan und Russland in der österreichisch-ungarischen Aussenpolitik 1878–1895. Budapest 1995.

Pap, L., Der Aussenhandel im Jahre 1938/1939, in: UWJb 1939, 200–233.

Pasvolsky, L., Economic nationalism of the Danubian states. New York/London 1928.

Paulinyi, Á., Die Industriepolitik in Ungarn und in Österreich und das Problem der ökonomischen Integration (1880–1914), in: Zeitschrift für Wirtschafts-und Sozialwissenschaften 97 (1977) 2, 131–166.

Penninger, A., A tengerhajózási mozgalmak és azok hatása. [Die Entwicklungstrends der Seeschifffahrt und deren Folgen], in: KSZ 28 (1904) 10, 748–761.

Perez, C., New technologies and development, in: C. Freeman u. B.-Å. Lundvall (Hrsg.), Small countries facing the technological revolution. London/New York 1988, 85–97.

Péteri, Gy., Effects of World War I. War communism in Hungary. New York 1984.

Ders., Financial change at the sectoral level. The interrrelationships between banking and industry in Hungary during the 1920s, in: P. L. Cottrell, H. Lindgren u. A. Teichova (Hrsg.), European industry and banking between the wars. Leicester/London/New York 1992, 31–42.

Ders., Global monetary regime and national central banking. The case of Hungary, 1921–29. Boulder, CO 2002.

Petersson, N. P., Das Kaiserreich in Prozessen ökonomischer Globalisierung, in: S. Conrad u. J. Osterhammel (Hrsg.), Das Kaiserreich transnational. Göttingen 2006, 49–67.

Ders., Anarchie und Weltrecht. Das Deutsche Reich und die Institutionen der Weltwirtschaft, ca. 1890–1930. Göttingen 2009.

Pető, I. u. S. Szakács (Hrsg.), A hazai gazdaság négy évtizedének története 1945-1985. 1. Az újjáépítés és a tervutasításos irányítás időszaka 1945-1968. [Geschichte von vier Jahrzehnten der einheimischen Wirtschaft 1945-1985. Bd. 1. Wiederaufbau und Planwirtschaft 1945-1968]. Budapest 1985.

Petri, R., Von der Autarkie zum Wirtschaftswunder. Wirtschaftspolitik und industrieller Wandel in Italien 1935-1963. Tübingen 2001.

Pforr, P., Werdegang des elektrischen Zugbetriebes bei der vormals Preußisch-Hessischen Eisenbahn und bei der Reichsbahn, in: Elektrische Bahnen 11 (1935) 11, 310-314.

Pickel, A., Explaining, and explaining with, economic nationalism, in: Nations and Nationalism 9 (2003) 1, 105-127.

Pinto, L. T., The problems of Portuguese economic development, in: E. A. G. Robinson (Hrsg.), Economic consequences of the size of nations. London 1960, 182-189.

Pogány, Á., Finanzgebarung, Kriegskosten und Kriegsschulden, in: H. Rumpler u. A. Schmied-Kowarzik (Hrsg.), Die Habsburgermonarchie 1848-1918. XI/Die Habsburgermonarchie und der Erste Weltkrieg. Wien (in Vorbereitung).

Dies., The industrial clientele of the Hungarian General Credit Bank, in: A. Teichova, T. Gourvish u. Á. Pogány (Hrsg.), Universal banking in twentieth century Europe. Aldershot 1994, 215-229.

Dies., Bankárok és üzletfelek. A Magyar Általános Hitelbank és vállalati ügyfelei a két világháború között. [Bankiers und Kunden. Die Ungarische Allgemeine Kreditbank und ihre Industrieklienten in der Zwischenkriegszeit], in: Replika Társadalomtudományi Folyóirat 25 (1997) 3, 55-67.

Dies., Magyar-német elszámolási egyezmények, in: P. Sípos u. I. Ravasz (Hrsg.), Magyarország a második világháborúban. Budapest (in Vorbereitung).

Dies., The Hungarian sugar industry, 1890-1938, in: M. Dritsas u. T. Gourvish (Hrsg.), European enterprise in the twentieth century: Strategies of adaptation and renewal. Athens 1997, 157-186.

Dies., Válságok és választások. Pénzügyi politika Magyarországon és Ausztriában, 1931-1936. [Krisen und Wahlen. Finanzpolitik in Ungarn und in Österreich, 1931-1936], in: Aetas 16 (2000) 4, 32-49.

Dies., Kormányzati gazdaságpolitika a két világháború közötti Magyarországon, in: L. Püski u. T. Valuch (Hrsg.), Mérlegen a XX. századi magyar történelem. Értelmezések és értékelések. [Eine Bestandsaufnahme des 20. Jahrhunderts in der ungarischen Geschichte. Interpretationen und Bewertungen]. Debrecen 2002, 49-58.

Dies., Magyarország deviza- és árfolyampolitikája a német »Új gazdasági rendben« 1935-1945. [Ungarns Wechselkurs und Devisenpolitik und die deutsche »Neue ökonomische Ordnung« 1935-1945], in: Századok 138 (2004) 6, 1305-1326.

Dies., Kartellek és menedzserek. Vállalatközi együttműködés a vas- és acéliparban (1886-1931). [Kartelle und Manager. Unternehmenskooperationen in der Eisen- und Stahlindustrie (1886-1931)], in: Aetas 20 (2005) 1-2, 144-159.

Dies., Wirtschaftsnationalismus in Ungarn im 19. und 20. Jahrhundert, in: dies., E. Kubů u. J. Kofman (Hrsg.), Für eine nationale Wirtschaft. Berlin 2006, 11-71.

Dies., Bankválság és bankkonszolidáció a két világháború között. A Magyar Általános Hitelbank esete, in: A. Dévényi u. V. Rab (Hrsg.), Receptek válságra. Pénz és gazdaság a 20. század első felében. [Rezepte gegen die Krise. Geld und Wirtschaft in der ersten Hälfte des 20. Jahrhunderts]. Pécs 2007, 115-134.

Dies., A Jacobsson-jelentés, avagy a fuldokló úszóleckéje. Magyarország állampénzügyei a gazdasági válság küszöbén. [Der Jacobsson-Bericht oder Schwimmkurs für den Ertrinkenden. Ungarns Staatsfinanzen am Vorabend der Weltwirtschaftskrise], in: K. Halmos,

J. Klement, Á. Pogány u. B. Tomka (Hrsg.), A felhalmozás míve. Történeti tanulmányok Kövér György tiszteletére. [Das Werk der Akkumulation. Historische Studien zu Ehren von György Kövér]. Budapest 2009, 411–421.

Dies., A business partner in Budapest. The relations of the Hungarian General Credit Bank with the Rothschild banks, 1914–1938. Unveröffentlichter Vortrag, Budapest 2013.

Dies., Zwischen Szentháromság tér und Herrengasse. Sándor Popovics und die Finanzierung des Ersten Weltkrieges, in: R. Fiziker u. Cs. Szabó (Hrsg.), Der Erste Weltkrieg aus ungarischer Sicht. Wien 2015, 125–148.

Pohl, H., Einleitung, in: H. Pohl (Hrsg.), Kartelle und Kartellgesetzgebung in Praxis und Rechtssprechung vom 19. Jahrhundert bis zur Gegenwart. Stuttgart 1985, 11–14.

Pohl, M., Emil Rathenau und die AEG. Mainz 1988.

Pollard, Sydney (Hrsg.), Region und Industrialisierung. Studien zur Rolle der Region in der Wirtschaftsgeschichte der letzten zwei Jahrhunderte. Göttingen 1980.

Porter, M.C., Nationale Wettbewerbsvorteile: Erfolgreich konkurrieren auf dem Weltmarkt. Wien 1993.

Rádió közgazdasági szempontból. [Der Rundfunk aus volkswirtschaftlicher Perspektive], in: PT 6 (1925) 23, 16.

Rainer, J.M., Der Weg der ungarischen Volksdemokratie. Das Mehrparteiensystem und seine Beseitigung 1944–1949, in: S. Creuzberger u. M. Görtemaker (Hrsg.), Gleichschaltung unter Stalin? Die Entwicklung der Parteien im östlichen Europa 1944–1949. Paderborn 2002, 319–352.

Ránki, Gy., Hitel vagy piac. Fordulópontok a nagyhatalmak küzdelmében a délkeleteurópai gazdasági hegemóniáért. [Kredit oder Markt. Wendepunkte im Kampf der Großmächte um die wirtschaftliche Hegemonie in Südosteuropa], in: ders. (Hrsg.), Mozgásterek és kényszerpályák. Válogatott tanulmányok. [Spielräume und erzwungene Bahnen. Ausgewählte Studien]. Budapest 1983, 341–382.

Ders., The Hungarian General Credit Bank in the 1920s, in: A. Teichova u. P.L. Cottrell (Hrsg.), International business and Central Europe 1918–1939. Leicester/New York 1983, 355–374.

Ders., Electric energy in Hungary, in: F. Cardot (Hrsg.), Un siècle d'électricité dans le monde 1880–1980. Paris 1987, 151–164.

Ders., The great powers and the economic reorganization of the Danube valley after World War I, in: AH 27 (1983) 1–2, 63–97.

Rasmussen, A., Science and technology, in: J. Horne (Hrsg.), A companion to World War I. Malden, MA u.a. 2010, 307–322.

Reich, L.S., Research, patents, and the struggle to control radio. A study of big business and the uses of industrial research, in: BHR 51 (1977) 2, 208–235.

Ders., General Electric and the world cartelization of electric lamps, in: A. Kudō u. T. Hara (Hrsg.), International cartels in business history. Proceedings of the 18th International Fuji Conference on Business History. Tokyo 1992, 213–228.

Ders., Lighting the path to profit. GE's control of the electric lamp industry, 1892–1941, in: BHR 66 (1992) 2, 305–334.

Ders., The making of American industrial research. Science and business at GE and Bell, 1876–1926. Cambridge 2002.

Resch, A., Industriekartelle in Österreich vor dem Ersten Weltkrieg. Marktstrukturen, Organisationstendenzen und Wirtschaftsentwicklung von 1900 bis 1913. Berlin 2002.

Ders., Phases of competition policy in Europe. UC Berkeley Institute of European Studies, Working paper Nr. 050401 (2005).

Respondek, E., Verlauf und Ergebnis der Internationalen Wirtschaftskonferenz des Völkerbundes zu Genf (vom 4. bis 23. Mai 1927). Berlin 1927.

Revel, J., Micro-analyse et construction du social, in: ders. (Hrsg.), Jeux d'échelles. Paris 1996, 15-36.
Ristović, M., Weder Souveränität noch Industrialisierung. Die südosteuropäischen Länder in der »neuen Ordnung« - jugoslawische und deutsche Perspektiven (1940-1944), in: Sachse, C. (Hrsg.), »Mitteleuropa« und »Südosteuropa« als Planungsraum. Wirtschafts- und kulturpolitische Expertisen im Zeitalter der Weltkriege. Göttingen 2010, 219-237.
Ritschl, A. u. T. Straumann, Business cycles and economic policy, 1914-1945, in: S. Broadberry u. K. H. O'Rourke (Hrsg.), The Cambridge economic history of modern Europe. Bd. 2. Cambridge 2010, 156-180.
Robinson, E[dward] A. G., Economic consequences of the size of nations. Proceedings of a conference held by the International Economic Association. London 1960.
Rock, D., War and postwar intersections. Latin America and the United States, in: ders. (Hrsg.), Latin America in the 1940s. War and postwar transitions. Berkeley/Los Angeles/Oxford 1994, 15-40.
Rojkó, A., Aki a korát megelőzte. Aschner Lipót élete. [Wer seiner Zeit voraus war. Das Leben Leopold Aschners]. Budapest 2011.
Romsics, I., Amerikai béketervek a háború utáni Magyarországról. Az Egyesült Államok Külügyminisztériumának titkos iratai 1942-1944. [Amerikanische Pläne für Nachkriegsungarn. Geheimdokumente des State Department 1942-1944]. Gödöllő 1992.
Ders., István Bethlen. A great conservative statesman of Hungary, 1874-1946. New York 1995.
Ders., A Horthy-rendszer jellege. Historiográfiai áttekintés. [Der Charakter des Horthy-Regimes. Historiographische Bewertung], in: Korunk 3 (2012) 11, 3-12.
Rosenberg, N., Perspectives on technology. Cambridge/New York 1976.
Ders., Inside the black box. Technology and economics. Cambridge/New York 1982.
Rothschild, J., East Central Europe between the two World Wars. Seattle 1974.
Rothschild K. W., Size and viability. The lesson of Austria, in: E. A. G. Robinson (Hrsg.), Economic consequences of the size of nations. London 1960, 168-181.
Rudolph, R. L., Banking and industrialization in Austria-Hungary. Cambridge 1976.
Rugman, A., J. van Den Broeck u. A. Verbeke, The generalized double diamond approach to international competitiveness, in: A. Rugman, J. van Den Broeck u. A. Verbeke (Hrsg.), Beyond the diamond. Greenwich, CT 1995, 97-114.
Sabel, C. u. J. Zeitlin, Historical alternatives to mass production. Politics, markets and technology in nineteenth-century industrialization, in: Past & Present 108 (1985) 1, 133-176.
Sachse, C., Einführung, in: dies. (Hrsg.) »Mitteleuropa« und »Südosteuropa« als Planungsraum. Wirtschafts- und kulturpolitische Expertisen im Zeitalter der Weltkriege. Göttingen 2010, 13-45.
Dies. (Hrsg.), »Mitteleuropa« und »Südosteuropa« als Planungsraum. Wirtschafts- und kulturpolitische Expertisen im Zeitalter der Weltkriege. Göttingen 2010.
Said, E. W., Orientalismus. Frankfurt am Main 1981.
Sandgruber, R., The electrical century. The beginnings of electrical supply in Austria, in: M. Teich u. R. Porter (Hrsg.), Fin de siècle and its legacy. Cambridge 1993, 42-53.
Sándor, V., Nagyipari fejlődés Magyarországon: 1867-1900. [Die Entwicklung der Großindustrie in Ungarn 1867-1900]. Budapest 1954.
Sassen, S., Globalization or denationalization? in: Review of International Political Economy 10 (2003) 1, 1-22.
Sassi, N. L., A magyar-török-balkán gazdasági összeköttetés. [Die Wirtschaftsbeziehungen zwischen Ungarn, der Türkei und dem Balkan], in: KSZ 33 (1909) 4, 667-678.
Sasvári, Á., Az ipar Szerbiában. [Die Industrie in Serbien], in: NSZ 11 (1887) 11, 823-840.

Scheiber, E., A kartellek ellen való hajszáról. [Über die Verfolgung der Kartelle], in: MGY 1 (1911) 1, 6.
Schiller, O., A kartelkérdés és a magyar textilipar. [Die Kartellfrage und die ungarische Textilindustrie], in: PT 10 (1929) 22, 15.
Ders., A tranzitókereskedelem és a vámszemlék. A Magyar Textilgyárosok Egyesületének sajtó alatt lévő évi jelentéséből. [Der Transithandel und Beratungen zur Zollpolitik. Aus dem demnächst erscheinenden Jahresbericht des Verbandes der Ungarischen Textilindustriellen], in: PT 11 (1930) 23, 16.
Schramm, M. (Hrsg.), Vergleich und Transfer in der Konsumgeschichte, in: Comparativ 19 (2010) 6.
Schröter, H.G., Außenpolitik und Wirtschaftsinteresse. Skandinavien im außenwirtschaftlichen Kalkül Deutschlands und Großbritanniens 1918–1939. Frankfurt am Main/Bern/New York 1983.
Ders., A typical factor of German international market strategy. Agreements between the US and German electro-technical industries up to 1939, in: A. Teichova, M. Lévy-Leboyer u. H. Nussbaum (Hrsg.), Multinational enterprise in historical perspective. Cambridge/Paris 1986, 160–170.
Ders., Risk and control in multinational enterprise. German businesses in Scandinavia, 1918–1939, in: BHR 62 (1988) 3, 420–433.
Ders., Aufstieg der Kleinen. Multinationale Unternehmen aus fünf kleinen Staaten vor 1914. Berlin 1993.
Ders., Wirtschaftlicher Wettbewerb und Kartellierung als Indikatoren für die »Arbeitsweise der praktischen Vernunft« in Skandinavien 1918–1939, in: M. North (Hrsg.), Nordwesteuropa in der Weltwirtschaft 1750–1950. Stuttgart 1993, 95–127.
Ders., Cartelization and decartelization in Europe, 1870–1995. Rise and decline of an economic institution, in: JEEH 25 (1996) 1, 129–153.
Ders., Small European nations and co-operative capitalism in the twentieth century, in: A.D. Chandler, F. Amatori u. T. Hikino (Hrsg.), Big business and the wealth of nations. Cambridge 1997, 176–204.
Ders., The Americanization of the European economy. A compact survey of American economic influence in Europe since the 1880s. Doordrecht 2005.
Schröter, V., Die deutsche Industrie auf dem Weltmarkt 1929 bis 1933. Außenwirtschaftliche Strategien unter dem Druck der Weltwirtschaftskrise. Frankfurt am Main/Bern/New York 1984.
Schultz, H., Wirtschaftsnationalismus als Entwicklungsstrategie ostmitteleuropäischer Eliten. Die böhmischen Länder und die Tschechoslowakei in vergleichender Perspektive. Prag/Berlin 2004.
Dies., Introduction, in: dies. u. E. Kůbu (Hrsg.), History and culture of economic nationalism in East Central Europe. The double edged sword of economic nationalism. Berlin 2006, 9–25.
Schulze, M.-S., Engineering and economic growth. The development of Austria-Hungary's machine building industry in the late nineteenth century. Frankfurt am Main/New York 1996.
Ders., Patterns of growth and stagnation in the late nineteenth century Habsburg economy, in: EREH 4 (2000) 3, 311–340.
Ders., Austria-Hungary's economy in World War I, in: S. Broadberry u. M. Harrison (Hrsg.), The economics of World War I. Cambridge 2005, 77–111.
Ders., Origins of catch-up failure. Comparative productivity growth in the Habsburg Empire, 1870–1910, in: EREH 11 (2007) 2, 189–218.

Scott, M. E., The terms and patterns of Hungarian foreign trade, 1882-1913, in: JEH 37 (1977) 2, 329-358.

Scranton, P., Endless novelty. Specialty production and American industrialization, 1865-1925. Princeton, NJ 1997.

Seckelmann, M., Industrialisierung, Internationalisierung und Patentrecht im Deutschen Reich 1871-1914. Frankfurt am Main 2006.

Sell, S., Intellectual property and public policy in historical perspective. Contestation and Settlement, in: Loyola of Los Angeles Law Review 38 (2004), 267-322.

Seres, A., Szovjet diplomaták Magyarországon, 1924-1941. Sorsok, életutak és karrierek a szovjet külügyi szolgálat történetéből. [Sowjetische Diplomaten in Ungarn 1924-1941. Schicksale, Lebenswege und Karrieren in der Geschichte des sowjetischen Außendienstes], in: Múltunk 51 (2006) 3, 35-70.

Shulman, S., Nationalist sources of international economic integration, in: International Studies Quarterly 44 (2000) 3, 365-390.

Siegel, G., Die Elektrizitätsgesetzgebung der Kulturländer der Erde. Bd. III. Berlin 1930.

Sluyterman, K. E., Dutch enterprise in the 20th century. Business strategies in a small open country. London/New York 2005.

Söpkéz, S., Észrevételek a villamos-energia törvényjavaslathoz. [Anmerkungen zum Entwurf des Elektrifizierungsgesetz], in: KSZ 54 (1930) 6-7, 486-506.

Spigler, I., Public finance, in: M. C. Kaser u. E. A. Radice (Hrsg.), The economic history of Eastern Europe 1919-1975. Oxford 1986, 117-169.

Srágli, L., MAORT. Olaj, gazdaság, politika. [Öl, Wirtschaft, Politik]. Budapest 1998.

Stark, L., A Ganz-villamossági gyár 50 éves története [50 Jahre Ganz'sche Elektrizitäts-AG]. Budapest o. D.

Stark, T., Magyarország háborús embervesztesége. [Ungarns Verluste an Menschenleben im Zweiten Weltkrieg], in: Rubicon 11 (2000) 9, 44-48.

Steen, J., Die »fée électricité« trifft Prometheus. Die Internationale Elektrotechnische Ausstellung 1891 und die »Neue Zeit«, in: R. Spilker (Hrsg.), Unbedingt modern sein. Elektrizität und Zeitgeist um 1900. Bramsche 2001, 34-49.

Stein, E., The economic position of Hungary between East and West. Budapest 1929.

Steiner, K. J. L., Ortsempfänger, Volksfernseher und Optaphon. Die Entwicklung der deutschen Radio- und Fernsehindustrie und das Unternehmen Loewe, 1923-1962. Essen 2005.

Stiefel, D., Die österreichischen Banken am Höhepunkt von Macht und Einfluss. System und Problematik des österreichischen Finanzkapitals von den neunziger Jahren des 19. Jahrhunderts bis zur Weltwirtschaftskrise, in: Bankhistorisches Archiv 7 (1981) 1, 18-34.

Ders., The reconstruction of the Credit-Anstalt, in: A. Teichova u. P. L. Cottrell (Hrsg.), International business and Central Europe 1918-1939. Leicester/New York 1983, 415-430.

Ders., Die große Krise in einem kleinen Land. Österreichische Finanz- und Wirtschaftspolitik 1929-1938. Wien 1988.

Stocking, G. W. u. M. W. Watkins (Hrsg.), Cartels in action. Case studies in international business diplomacy. New York 1946.

Dies. (Hrsg.), Cartels or competition? The economics of international controls by business and government. New York 1948.

Strasserné, C. D. u. D. A. Bán, Az Andrássy úttól a Park Avenue-ig. Fejezetek Chorin Ferenc életéből 1879-1964. [Von der Andrássy-Straße zur Park Avenue. Kapitel aus dem Leben des Ferenc Chorin 1879-1964]. Budapest 1999.

Strausz, A., Keleti kereskedelmünk és egy magyar kereskedelmi muzeum. [Unser Orienthandel und ein ungarisches Handelsmuseum], in: NSZ 9 (1883) 4, 234-267.

Sugár, O., Felhívás a magyar társadalomhoz. [Aufruf an die ungarische Gesellschaft], in: HI 1 (1905) 1, 5-9.
Summerhill, W. R., The development of infrastructure, in: V. Bulmer-Tohmas (Hrsg.), The Cambridge economic history of Latin America. Cambridge 2006, 293-326.
Svennilson, I., Growth and stagnation in the European economy. Genf 1954.
Szalay, S., A községek villannyal való ellátottsága. [Die Stromversorgung kleinerer Ortschaften], in: SSZ 29 (1951) 5, 451-457.
Szarka, E., Iparjogvédelem Magyarországon. 100 éves a Magyar Szabadalmi Hivatal. [Gewerbliche Schutzrechte in Ungarn. Einhundert Jahre Ungarisches Patentamt], in: MT 101 (1996) 2, 207-227.
Szegh, D., Gazdasági viszonyunk Bosznia-Hercegovinához. Jegyzetek a bosnyák kérdéshez. [Unsere Wirtschaftskontakte zu Bosnien-Herzegovina. Notizen zur bosnischen Frage], in: KSZ 33 (1909) 6, 827-844.
Ders., Gazdasági feladataink Albániában. [Unsere wirtschaftlichen Aufgaben in Albanien], in: KSZ 36 (1913) 6, 779-792.
Székely, M., Kiviteli törekvéseink és a gyarmatok. [Unsere Exportbestrebungen und die Kolonien], in: KSZ 22 (1898) 11, 741-760.
Szekeres, J., Az újpesti hajóépítés története II. (1912-1944). [Die Geschichte des Schiffbaus in Újpest], in: Tanulmányok Budapest múltjából (1963) 15, 637-693.
Ders. u. Á. Tóth, A Klement Gottwald (Ganz) Villamossági Gyár története. [Die Geschichte des Klement-Gottwald-(Ganz-)Elektrizitätswerks]. Budapest 1962.
Szemle. [Rundschau], in: MGY 9 (1919) 1, 1-3.
Szilágyi, G., Jugoszlávia. A magyar-jugoszláv kereskedelmi forgalom. [Jugoslawien. Der ungarisch-jugoslawische Handelsverkehr], in: PT 1 (1924), 32-33.
Szilas, O., Die Elektrizität erzeugende Industrie, in: UWJB 1929, 110-116.
Szőnyi, G., Magyarország külkereskedelmi forgalma az 1882-1913. években. [Ungarns Außenhandelsumsätze in den Jahren 1882-1913], in: SSZ 1 (1923) 1-2, 38-42.
Szörényi, A., A Standard-per előzményei és előkészítése. Dissertation. [Die Vorgeschichte und Vorbereitung des Gerichtsprozesses gegen die Standard-AG]. Dissertation Piliscsaba 2012.
Szövetségünk közgyűlése. [Generalversammlung des Industriellenbundes], in: MGY 17 (1926) 7, 1-10.
Szövetségünk új elnöksége - rendkívüli közgyűlés. Fellner Henrik elnöki székfoglalója. [Das neue Präsidium des Industriellenbundes. Antrittsrede des Präsidenten Henrik Fellner], in: MGY 16 (1926) 11-12, 1-2.
Szterényi, J., Volkswirtschaftliche Mitteilungen aus Ungarn. Wien 1899-1915.
Ders. (Hrsg.) A magyar korona országainak gyáripara az 1898. évben. VI. Villamossági ipar. [Die Fabrikindustrie der Länder der ungarischen Krone i.J. 1898. Bd. VI. Elektrotechnische Industrie]. Budapest 1901.
Ders., Die Industrieförderung Ungarns. Wien 1912.
Ders., Magyarország iparfejlesztése. [Die Industrieförderung Ungarns], in: KSZ 36 (1912) 2, 73-91.
Ders., Ungarn und Deutschland. Jena 1917.
Ders. u. J. Ladányi (Hrsg.), A magyar ipar a világháborúban. [Die ungarische Industrie im Weltkrieg]. Budapest 1933.
Ders. u. Á. Sasvári (Hrsg.), A magyar korona országainak gyáripara az 1898. évben. V. Gépgyártás és közlekedési eszközök gyártása. [Die Fabrikindustrie der Länder der ungarischen Krone 1898. Bd. V. Maschinen und Fahrzeugbau]. Budapest 1901.
Tallós, G., A Magyar Általános Hitelbank (1867-1948). [Die Ungarische Allgemeine Kreditbank (1867-1948)]. Budapest 1995.

Tar, D., Selényi Pál és a xerográfia. [Pál Selényi und die Xerographie], in: FSZ 47 (1997) 1, 5-9.
Teleszky, J., A magyar állam pénzügyei a háború alatt. [Die ungarischen Staatsfinanzen im Krieg]. Budapest 1927.
Thorp, R., The Latin American economies in the 1940s, in: D. Rock (Hrsg.), Latin America in the 1940s. War and postwar transitions. Berkeley/Los Angeles/Oxford 1994, 41-58.
Tilly, R. H., German banking, 1850-1914: Development assistance for the strong, in: JEEH 15 (1986) 1, 113-152.
Több százezer dollár értékű villamossági cikket szállítunk Oroszországnak. [Lieferung von elektrotechnischen Erzeugnissen im Wert von mehreren Hunderttausend Dollar an Russland], in: PT 5 (1924) 43, 15.
Todorova, M., The Balkans. From discovery to invention, in: Slavic Review 53 (1994) 2, 453-482.
Tomka, B., Gazdasági növekedés, fogyasztás és életminőség. Magyarország nemzetközi összehasonlításban 1918-tól napjainkig. [Wirtschaftswachstum, Konsumption und Lebensstandard: Ungarn im internationalen Vergleich von 1918 bis zur Gegenwart]. Budapest 2011.
Ders., Interlocking directorates between banks and industrial companies in Hungary at the beginning of the twentieth century, in: BH 43 (2001) 1, 25-42.
Ders., Német tőke Magyarországon az első világháború előtti évtizedekben. [Deutsches Kapital in Ungarn in den Jahrzehnten vor dem Ersten Weltkrieg], in: Századok 135 (2001) 5, 1055-1073.
Tóvárosi Fischer, G., A Budapesti Helyiérdekű Vasutak villamosítása és azok nagyfeszültségű berendezése. Különlenyomat a Magyar Mérnök- és Èpitészegylet Közlönye 1912. év 32-33. számából. [Die Elektrifizierung der Lokalbahnen von Budapest und ihre Hochspannungsanlagen. Abdruck v. MMEEK 1912 Heft 32-33]. Budapest 1912.
Tyrell, I., Transnational nation. United States history in global perspective. Basingstoke 2007.
Unfried, B., J. Mittag u. M. van den Linden (Hrsg.), Transnationale Netzwerke im 20. Jahrhundert. Historische Erkundungen zu Ideen und Praktiken, Individuen und Organisationen. Wien 2008.
Ungarisches Wirtschaftsjahrbuch (UWJb). Hrsg. v. G. Gratz u. a. Budapest/Berlin/Wien, diverse Jahrgänge 1925-1944.
Ungváry, K., Magyarország II. világháborús szerepvállalása. [Die Rolle Ungarns im Zweiten Weltkrieg], in: Korunk 3 (2012) 11, 37-45.
Report of the Federal Trade Commission on international electrical equipment cartels. Hrsg. v. United States Printing Office, Washington 1948.
Vahabi, M., A critical survey of J. K. Arrow's theory of knowledge. MPRA Paper No. 3788 (1997). https://mpra.ub.uni-muenchen.de/id/eprint/37888 (auch (Cahiers d'Economie Politique 29 (1997) 1, 35-65).
Vámos, É. K. u. O. Gábor, A magyar elektromosipar a múlt század iparkiállításain. [Die ungarische Elektroindustrie und die Industrieausstellungen des letzten Jahrhunderts], in: Technikatörténeti Szemle 13 (1982), 57-67.
Varga, J., A magyar kartellek. Közgazdasági, szociális és politikai szerepük vázlata. [Die ungarischen Kartelle. Eine Skizze ihrer volkswirtschaftlichen, sozialen und politischen Rolle]. Budapest 1956².
Varga, L., Az állami ipartámogatás a dualizmus időszakában a századforduló után. [Die staatliche Unterstützung für die Industrie während des Dualismus nach der Jahrhundertwende], in: Századok 112 (1978) 4, 662-703.

Varga, L., Állami ipartámogatás a dualizmus korában (1880-1900). [Die staatliche Unterstützung für die Industrie während des Dualismus (1880-1900)], in: Történelmi Szemle 23 (1983) 2, 196-226.
Vári, A., Fenyegetések földje. Amerika a 19. század második felében – magyar szemmel. [Das Land der Bedrohungen. Amerika in der zweiten Hälfte des 19. Jahrhunderts – aus ungarischer Perspektive], in: Korall 7 (2006) 26, 153-184.
Verebély, L., Energiagazdaságunk villamosítása, különös tekintettel a szénkérdésre. [Elektrifizierung unserer Energiewirtschaft, mit besonderer Berücksichtigung der Kohlenfrage]. Budapest 1923.
Ders., Die Elektrisierung der Linie Budapest-Hegyeshalom, in: Elektrische Bahnen 8 (1932) 2, 1-4.
Ders., Tanulmány Csonkamagyarország villamosításának tervszerű fejlesztésére. [Studie zur geplanten Entwicklung der Elektrifizierung in Rumpfungarn]. Budapest 1935.
Ders., General survey of Hungary's power resources and their future development, with special reference to electrification, in: The transactions of the First World Power Conference London, June 30th to July 12th 1924. Bd. II. Power resources of the world. London 1924, 919-942.
Veszélyben van délamerikai (sic!) ipari exportunk. [Unser industrieller Export nach Südamerika ist in Gefahr], in: PT 17 (1936) 29, 6.
Vezéri portrék. Aschner Lipót. [Portraits von Führungskräften der Wirtschaft. Leopold Aschner], in: Közgazdasági Élet 1 (1938) 1, 13.
Vleuten, E. v. d., Infrastructures and societal change. A view from the large technical systems field, in: Technology Analysis & Strategic Management 16 (2004) 3, 395-414.
Ders., Toward a transnational history of technology. Meanings, promises, pitfalls, in: Technology and Culture 49 (2008) 4, 974-994.
Wallerstein, I., The capitalist world economy. New York/London 1979.
Walsh, V., Technology and competitiveness of small countries. A review, in: C. Freeman u. B.-Å. Lundvall (Hrsg.), Small countries facing the technological revolution. London/New York 1988, 37-66.
Weiss, B., Magyarország hivatása a Keleten. [Ungarns Mission im Orient]. Budapest 1888.
Weisz (Földes), B., Eszmék a magyar ipar kérdéséhez. [Gedanken zur Frage der ungarischen Industrie], in: NSZ 3 (1879) 3, 380-400.
Wekerle, S., A kereskedelem iparfejlesztő hatása. [Die industriefördernde Rolle des Außenhandels], in: KSZ 28 (1914) 4, 251-270.
Welskopp, T., Unternehmenskulturen im internationalen Vergleich – oder integrale Unternehmensgeschichte in typisierender Absicht?, in: H. Berghoff u. J. Vogel (Hrsg.), Wirtschaftsgeschichte als Kulturgeschichte. Dimensionen eines Perspektivenwechsels. Frankfurt am Main/New York 2004, 265-294.
Wengenroth, U., Die Entwicklung der Kartellbewegung bis 1914, in: H. Pohl (Hrsg.), Kartelle und Kartellgesetzgebung in Praxis und Rechtssprechung vom 19. Jahrhundert bis zur Gegenwart. Stuttgart 1985, 15-24.
Ders., Krisen in der deutschen Stahlindustrie im Kaiserreich und in der Zwischenkriegszeit, in: F.-W. Henning (Hrsg.) Krisen und Krisenbewältigung vom 19. Jahrhundert bis heute. Frankfurt am Main 1998, 70-91.
Wessels, J.-W., Economic policy and microeconomic performance in inter-war Europe. The case of Austria, 1918-1938. Stuttgart 2007.
Wilkins, M., The emergence of multinational enterprise. American business abroad from the colonial era to 1914. Cambridge, MA 1970.

Dies., European and North American multinationals 1870–1914. Comparisons and contrasts, in: BH 30 (1988) 1, 8–45.

Williamson, J. G., Globalization and the poor periphery before 1950. Cambridge, MA/London 2006.

Williamson, O. E., Markets and hierarchies, analysis and antitrust implications. A study in the economics of internal organization. New York 1975.

Windisch, A., Elektromos vontatás az olasz államvasutak fővonalain. [Elektrotraktion der Hauptlinien der italienischen Staatsbahnen], in: Elektrotechnika 2 (1909) 23, 24, 307–311, 326–330.

Windolf, P., Corporate networks in Europe and the United States. Oxford 2002.

Wirtschaftsgruppe Elektroindustrie, Statistischer Bericht für die Elektroindustrie. International[e Ausgabe]. Berlin 1938.

Wolf, N., Europe's Great Depression. Coordination failure after the First World War, in: Oxford Review of Economic Policy 26 (2010) 3, 339–369.

Wubs, B., A Dutch multinational's miracle in post-war Germany, in: JbW/EHY 53 (2012) 1, 15–58.

Wurm, C. A., Handelsdiplomatie in der Weltwirtschaftskrise. Internationale Kartelle, Stahl und Baumwolltextilien in der Aussenpolitik Grossbritanniens 1924–1939, in: Ders. (Hrsg.), Internationale Kartelle und Außenpolitik. Beiträge zur Zwischenkriegszeit. Stuttgart 1989, 103–150.

Wurm, C. A., Politik und Wirtschaft in internationalen Beziehungen. Einführung, in: Ders. (Hrsg.), Internationale Kartelle und Außenpolitik. Beiträge zur Zwischenkriegszeit. Stuttgart 1989, 1–32.

Wüstenhagen, J., German pharmaceutical companies in South-America. The case of Schering AG in Argentina, in: C. Kobrak u. P. Hansen, (Hrsg.), European business, dictatorship, and political risk, 1920–1945. New York 2004, 81–102.

Zamagni, V., How to lose the war and win the peace?, in: M. Harrison (Hrsg.), The economics of World War II. Cambridge 2000, 177–223.

Zámor, F., A Ganz-gyár motorkocsi-gyártmányai II. [Die Triebwagen-Konstruktionen der Ganz-Fabrik II.], in: Járművek, Mezőgazdasági Gépek 2 (1955) 11, 342–350.

Ders., A Ganz-gyár motorkocsi-gyártmányai IV. [Die Triebwagen-Konstruktionen der Ganz-Fabrik IV.], in: Járművek, Mezőgazdasági Gépek 3 (1956) 1, 26–33.

Zeidler, M., Közvélemény és propaganda. Irredenta kultusz Magyarországon a két világháború között. [Öffentliche Meinung und Propaganda. Die Irredentakultur in Ungarn in der Zwischenkriegszeit], in: Rubicon 12 (2001) 8–9, 78–87.

Zieasak, A.-K., Am Vorabend des elektrischen Säkulum. Die Zeit der Ausstellungen 1882–1891, in: Spilker, R. (Hrsg.), Unbedingt modern sein. Elektrizität und Zeitgeist um 1900. Bramsche 2001, 26–33.

Zipernovszky, F., Az átmeneti gazdaság az elektrotechnikában, különös tekintettel villamos műveinkre. [Die Übergangswirtschaft in der Elektrotechnik, insbesondere in der Stromversorgung]. Budapest 1917.

Ders., Vidéki elektromos műveink kedvezőtlen helyzetének okai és a háború utáni teendők. [Ursachen der ungünstigen Lage unserer Provinzkraftwerke und die Aufgaben nach Kriegsende]. Budapest 1917.

Personenverzeichnis

ASCHNER, Lipót (Leopold) (1872–1952), geboren in einfachen Verhältnissen in einer jüdischen Familie in Nordungarn. Kaufmännische Ausbildung. 1892 kaufmännischer Angestellter, 1908 kommerzieller Direktor, Generaldirektor von Tungsram 1921–1944, Vizepräsident 1948–1952. 1944 Deportation nach Mauthausen. Lebte nach seiner Befreiung in Genf, Rückkehr nach Ungarn 1948. Direktionsmitglied der PMKB, Präsident von MVGOE, »Ministerrat«, Mitgründer, Präsident 1921–1934 und größter Mäzen des Fußballclubs von Újpest (UTE).

BAY, Zoltán, Dr. (1900 Gyulavári–1992 Chevy Chase, Maryland, USA). Physiker, Mitarbeiter an der Physikalischen Reichsanstalt, dann am Physikalisch-Chemischen Institut der Universität Berlin, Universitätsprofessor (Universität Szeged, Lehrstuhl für theoretische Physik 1930–1936, Technische Universität Budapest, Lehrstuhl für Atomphysik, 1936–1948), 1936–1948 Leiter des Tungsram-Forschungslabor, technischer Generaldirektor von Tungsram 1944–1948. Forschungsergebnisse: Coulometer (Radarastronomie), Photomultiplier.

BEHN, Sosthenes (1882–1957). Colonel der US-Army, Zuckermakler, Präsident der 1920 in Puerto Rico gegründeten IT&T.

BETHLEN, István Graf, Dr. (1874 Gernyeszeg, Siebenbürgen–1946? Moskau), Ministerpräsident von Ungarn 1921–1931; anschließend als Parlamentsabgeordneter Ratgeber des Reichsverwesers Horthy und informeller Leiter der konservativ-liberalen Opposition, Kritiker der zunehmenden Orientierung der Regierung auf Berlin. Bis 1944 einflussreicher Politiker, wurde von der Roten Armee 1945 nach Moskau verschleppt, wo er starb.

BLÁTHY, Ottó Titusz (1860–1939), Maschinenbauingenieur. Studium des Maschinenbaus an der Technischen Universität Wien. 1881–1883 Mitarbeiter der Maschinenfabrik von MÁV, 1883 Mitarbeiter, später Leiter der elektrotechn. Abteilung und Direktionsmitglied von Ganz & Co, Ehrenmitglied des MEE (1903), der Technischen Universität Budapest und Wien (1917) und der MTA (1927), Präsident des Ungarischen Schachverbands u.v.m. Herausragende Produktentwicklungen: Leistungssteigerung von Gleichstrommotoren (1883), Einphasen-Wechselstrom-Motoren (1890/91) und Dampfturbinen (nach 1903), D-B-Z Wechselstromsystem, Stromzähler, automatischer Drehzahlregler für Wasserturbinen, Vervollkommnung des Phasenkonverters elektrischer Lokomotiven.

BRÓDY, Imre, Dr. (1891–1944). 1909–1913 Studium der Mathematik und Physik an der Pázmány-Péter-Universität, 1912 Mitarbeit mit Tódor Kármán an der Theorie der Dynamik von Atomkristallen (Born-Kármán-Theorie), 1918 PhD an der Technischen Universität Budapest am Lehrstuhl für angewandte Physik, 1920 Assistent von Max Bohr an der Universität Göttingen. 1923–1944 leitender Mitarbeiter des Forschungslabors von Tungsram. Als seine Frau und Tochter 1944 deportiert wurden, gab er den von Tungsram gewährleisteten Schutz auf und ließ sich selbst mitdeportieren.

BUD, János, Dr. (1880-1950). Jurist, 1901 Mitarbeiter der KSH, wo er sich mit Sozial- und Handelspolitik beschäftigte. Beamter in der Zollabteilung des Handelsministeriums, Mitwirkung am Memorandum der Regierung über die wirtschaftliche Annäherung an Deutschland. Im Ersten Weltkrieg Minister für Volksernährung, Präsident der Preiskontrollkommission. 1911 Habilitation im Fach Statistik an der Budapester Universität, seit 1931 Professor für Wirtschaftspolitik an der Technischen Universität. 1922 Präsident des Landesrates für Volksernährung, 1924-1928 Finanz-, 1928-1931 Wirtschafts-, seit 1929 auch Handelsminister.

CHORIN Ferenc (Franz), sen., (1842 Arad-1925 Budapest). Jurist, Parlamentsabgeordneter mit kleineren Unterbrechungen seit 1867, nach 1903 lebenslanges Mitglied des Magnatenhauses, von diesem in die Delegation für die gemeinsamen Angelegenheiten der österreichischen und ungarischen Reichshälften entsandt. Gründer und Präsident (1903-1925) der Salgótarjáner Kohlebergbau-AG; Gründer (gemeinsam mit Sándor Hatvany-Deutsch, Zuckerfabrikant) und Präsident des Industriellenbundes.

CHORIN, Ferenc (Franz), jun., (1879 Budapest-1964 New York). 1903 Mitarbeiter, 1919 geschäftsführender Direktor, 1925 Präsident der Salgótarjáner Kohlebergbau-AG, Präsident der Hungaria Elektrizitäts-AG, 1928-1942 Präsident des Industriellenbundes, von 1928 Mitglied des Oberhauses und von dessem einflussreichen Komitee Nr. 33 (Wirtschaftspolitisches Komitee). Durch Ehe mit der Tochter von Manfréd Weiss Direktionsmitglied der PMKB und einer der einflussreichsten Wirtschaftsakteure des Landes. Emigration der Familie nach der deutschen Besetzung im Oktober 1944. Einer der führenden Köpfe der ungarischen Emigration in den USA.

DÉRI, Miksa (1854-1938), Maschinenbauingenieur. Studium an der Technischen Universität Budapest und an der Technischen Universität Wien, 1878-1882 Beamter in der Abteilung für Wasserregulierung des Ministeriums für Verkehrswesen, seit 1882 Mitarbeiter der elektrotechnischen Abteilung von Ganz & Co., 1883 Leiter von Ganz & Co. Wien, 1889-1896 geschäftsführender Direktor der Internationalen Elektrizitäts-AG Wien. D-B-Z Wechselstromsystem, 1903 einphasiger Repulsionsmotor.

EGGER, Béla Bernát (Bernhard) (1838-1910). Schlosser, Elektrotechniker, Pionier der österreichischen und ungarischen elektrotechnischen Industrie, Gründer mehrerer elektrotechnischer Unternehmen, u. a. der VEAG Wien und von Tungsram.

EGGER, Ernst, Ingenieur. Geschäftsführender Direktor der VEAG Wien, Direktionsmitglied von Tungsram, der VEAG Budapest, der NÖEG sowie der Österreichischen Industriekredit-AG.

EGGER, Gyula (Julius). Neffe des Unternehmensgründers Bernát Egger, kommerzieller Direktor von Tungsram seit 1887, in den 1910ern Rückzug aus der Geschäftsleitung, *administrateur délégué* bis 1918.

GÁBOR, Dénes (Dennis) (1900-1979), Physiker. Studium an der Technischen Universität Budapest, Technischen Hochschule Berlin-Charlottenburg, Universität Berlin (Physikalisches Colloquium von Albert Einstein). 1927-1932 Forschungsabteilung Siemens & Halske Berlin, 1933 bei Tungsram Újpest, 1934-1948 bei British-Thomson-Houston in Rugby, England. 1971 Nobelpreis für die Erfindung des Hologramms. Ab 1958 Professor für angewandte Elektrophysik am Imperial College, London, währenddessen Forschung bei Columbia Broadcasting System u. a. an der Flachbild-TV-Röhre.

GANZ, Ábrahám (Abraham) (1814 Unter-Embrach, Schweiz–1867 Ofen/Buda). Eisengießer, während seiner Wanderjahre 1841 Ankunft in Ofen, dort Gründung der Eisengießerei, des Kernbetriebs von Ganz & Co.

GÖMBÖS, Gyula (1836 Murga–1936 München). Ungarischer General, rechtsradikaler Politiker, Ministerpräsident 1932–1936.

GRATZ, Gusztáv (Gustav) (1875–1946), Dr. Jur., Historiker. 1912–1917 geschäftsführender Direktor des Industriellenbundes, Juli-Oktober 1917 Finanzminister, Vertreter der ungarischen Regierung bei den Friedensverhandlungen in Brest-Litovsk und Bukarest, 1919–1921 Botschafter in Wien, 1921 Außenminister, Mitgründer des Ungarländischen Deutschen Volksbildungs-Vereins. 1925 Gründer und Hauptredakteur des Ungarischen Wirtschaftsjahrbuchs, korrespondierendes Mitglied der MTA (1941).

HANTOS, Elemér (1881–1942), Dr. Jur., Ökonom. Wirtschaftspolitiker. Redakteur der finanzwissenschaftlichen Fachzeitschriften *Pénzintézeti Szemle* und *Pénzügyi Szemle*, Professor für Finanzwissenschaften an der Universität Budapest (ELTE). Vertreter Ungarns als Finanzsachverständiger für Wirtschaftsfragen beim Völkerbund in Genf. Als Staatssekretär im Handelsministerium 1917 Teilnahme an den Verhandlungen über die deutsch-österreichisch-ungarische Zollunion. Vertreter des Paneuropa-Gedankens und Mitgründer der Mitteleuropäischen Wirtschaftstagung.

HEGEDÜS, Lóránt (1872–1943), Wirtschaftspolitiker, Schriftsteller, Parlamentsabgeordneter nach 1898. Geschäftsführender Direktor des Industriellenbunds 1904–1912, danach Vizepräsident, nach 1913 geschäftsführender Direktor der PMKB, Privatexperte der ungarischen Delegation bei den Friedensverhandlungen. Nachdem sein Versuch für die Stabilisierung der Krone allein aus einheimischen Quellen fehlgeschlagen war, trat er von seinem Amt als Finanzminister (1920–1921) zurück. Umfangreiche Publikationstätigkeit im Bereich Wirtschaftspolitik, Mitglied der MTA.

HERRMANN, Miksa (1868–1944), Maschinenbauingenieur. 1899–1911 außerordentlicher, nach 1900 ordentlicher Professor an der Montanakademie in Schemnitz/Banská Štiavnica, ab 1912 Professor an der Technischen Universität Budapest, 1933–1934 Rektor ebendort. 1926–1929 Handelsminister. Präsident des Talbot-Kraftwerks in Bánhida.

HORTHY, Miklós (1868–1957), Marineoffizier, Politiker. Absolvent der Marineakademie in Fiume, Admiral der österreichisch-ungarischen Marine, 1920–1944 als »Reichsverweser« Staatsoberhaupt von Ungarn, nach der Einmarsch der deutschen Armee Internierung in Bayern, 1945 von der US-Armee befreit, von 1948 bis zu seinem Tod Exil in Portugal.

JANKOVICH, Dénes Graf, *1904. 1938–1948 Mitarbeiter von Tungsram, ab Dezember 1938 Vertreter des Glühlampenkartells gegenüber den ungarischen Behörden, 1944–1948 kaufmännischer Generaldirektor von Tungsram, floh im Dezember 1948 aus Ungarn, daraufhin Kündigung durch Tungsram.

JENDRASSIK, György (Georg) (1898-1951), Maschinenbauingenieur. Studium an den Technischen Universitäten Budapest und Berlin-Charlottenburg. 1922-1948 Angestellter bei Ganz & Co., Direktor 1936, stellvertretender Generaldirektor 1939, Direktionsmitglied 1942, technischer Generaldirektor 1942-1948. 1943 zum korrespondierenden Mitglied der MTA gewählt. Von 1947 bis zu seinem Tod in England, Direktor von Metrovick und Gründer von Jendrassik Developments Ltd. Bedeutendste Produktentwicklungen: Dieselmotoren, Gasturbine.

KANDÓ, Kálmán (1869-1931), Maschinenbauingenieur. Elektrifizierung der Valtellina-Bahn in Oberitalien nach seinen Plänen. 1904-1915 Direktor der Soc. Ital. Westinghouse, 1915-1918 Leiter des Kohlenzentrums (Kriegsministerium), 1917-1924 technischer Direktor, anschließend Generaldirektor von Ganz & Co. Elektrifizierung der Budapest-Hegyeshalom-Bahnlinie nach seinen Plänen. 1927 Mitglied des Oberhauses als Vertreter der Budapester Ingenieurkammer 1927, korrespondierendes Mitglied der MTA.

KLEBELSBERG, Kuno Dr. (1875-1932). Studium in Berlin, München und Paris, Beamter im Ministerpräsidialamt, ab 1914 Staatssekretär im Ministerium für Religion und Bildung, 1921-1922 Innenminister, 1922-1931 Minister für Religion und Bildung, Mitglied der MTA (Direktionsmitglied 1924). Präsident des Ungarischen Historischer Vereins und mehrerer wissenschaftlicher Organisationen.

KLEIN, Ferenc (*1894), Ingenieur. 1918-1943 Mitarbeiter von Ganz & Co., seit Mitte der 1920er Jahre technischer Generaldirektor, 1938-1942 Leiter des Triebwagengeschäfts in Südamerika, kehrte wahrscheinlich nicht nach Ungarn zurück.

KREMENEZKY, Johann (1848 Odessa-1934 Wien), Pionier der österreichischen Elektroindustrie. Studium an der Technischen Hochschule Berlin, Arbeit bei der Russischen Südwestbahn und S&H Berlin. Gemeinsam mit Béla Bernhard Egger Gründung der Ersten österreichisch-ungarischen Fabrik für elektrische Beleuchtung und Kraftübertragung, Egger, Kremenezky & Co. (1882), Gründung mehrerer Unternehmen mit wechselnden Partnern, 1899 Übernahme der Glühlampenfabrik der Österreichischen Schuckert-Werke, der späteren Johann Kremenezky AG.

LÁNCZY, Leó (1852-1921). Zwei Jahre Studium an der Handelsakademie, 1868-1873 Mitarbeiter der Anglo-Ungarischen Bank, Generaldirektor der Ungarischen Allgemeinen Bodencredit-AG, Initiator ihrer Fusion mit der PMKB, ab 1881 geschäftsführender Direktor, dann Präsident der PMKB. Von 1893 Präsident der Budapester Industrie und Handelskammer, 1893-1901 Abgeordneter des ungarischen Reichstags, seit 1905 Mitglied des Magnatenhauses.

LEVY, Walter J. (*1883 Berlin), Dr. Jur. 1906 Deutsche Glasglühlicht AG (Auer-Gesellschaft), Fabrikleiter und Betreuer der Auslandswerke von Osram, 1924 Wechsel zur Phoebus S. A. Genf, erster Geschäftsführer des Glühlampenkartells.

MATLEKOVITS, Sándor (Alexander) (1842-1925), Jurist. 1865 Privatdozent für Volkswirtschaftslehre und Finanzwissenschaften an der Universität Pest. 1867 Beamter im Ministerium für Landwirtschaft, Industrie und Verkehr (Vortragender für die Zollpolitik), 1880-1889 Staatssekretär. 1881 Parlamentsabgeordneter, 1905 Mitglied des Oberhauses, 1907 Vorsitzende des Landesindustrievereins. Autor wirtschaftsgeschichtlicher und volkswirtschaftlicher Studien (Schwerpunkt: Zoll- und Industriepolitik), ab 1925 Direktionsmitglied der MTA.

MECHWART, Andreas (1834 Schweinfurt, Bayern–1907 Budapest), Maschinenbauingenieur. Graduierte 1855 am Politechnikum in Augsburg. Mitarbeiter der Waggonfabrik in Nürnberg, von 1859 an bei Ganz & Co., leitender Ingenieur und Geschäftsleiter, 1874–1899 Generaldirektor, bis zu seinem Tod als Berater.

MEINHARDT, Wilhelm (William) (1872–1955), Vorstandsvorsitzender der Auer Gesellschaft Deutsche Gasglühlicht AG, 1919 Vorsitzender des Direktoriums der Osram GmbH, Vorsitzender des Verwaltungsrates des Glühlampenkartells Phoebus, 1933 Emigration nach London.

MINOR, Clark H., 1922–1945 Präsident der IGEC.

NEMÉNYI, Bertalan, Dr. Jur. 1902–1905 Generaldirektor des Industriellenbundes. Mit seinem Bruder Ambrus Besitzer einer Papierfabrik, 1917 Verkauf an Tungsram; Eintritt in die Geschäftsleitung von Tungsram, Direktionsmitglied und Leiter der juristischen Abteilung in der Zwischenkriegszeit.

PFEIFER, Ignác (Ignatz), Dr. (1867–1941) Chemiker. Sieben Jahre im chemischen Labor der MÁV, seit 1900 Privatdozent an der Technischen Universität Budapest, 1912–1922 Professor für Chemie an der ELTE. 1920–1921 angestellt beim Gaswerk Bamberg, Hamburg. 1921–1936 Leiter des Forschungslabors bei Tungsram, seit 1926 geschäftsführender Präsident des Ungarischen Chemikervereins, als dessen Vertrter Mitglied der ungarischen Delegation bei der dritten Weltkraftkonferenz (1936). Parlamentsmitglied von 1930 (Opposition).

PINTÉR, József (Josef), Chemiker, technischer Direktor von Tungsram 1883–ca. 1920.

POLANYI, Mihály (Michael) (1891–1976), Physiker. Studium der Chemie in Budapest und an der Technischen Hochschule Karlsruhe, 1926 Professor für Chemie am Kaiser-Wilhelm-Institut in Berlin, 1933 Forschungslabor Tungsram, 1933 Professor für Chemie, dann für Sozialwissenschaften an der Universität Manchester.

STEIN, Emil (1874–1945), Dr. Jur. Studium an der Handelsakademie in Pressburg (heute Bratislava), 1890er Jahre Angestellter der Kreditbank, 1914 Direktor der Anglo-Österreichischen Bank, 1915–1929 geschäftsführender Direktor, 1930–1938 Generaldirektor der PMKB, Erweiterung der industriellen Beteiligungen der Bank.

SZABÓ, Jenő, Dr. (1843–1921), Jurist. Seit 1868 Beamter im Ministerium für Verkehrswesen, 1874 Abteilungschef für Eisenbahnen (1887 Ministerrat), 1893 Ruhestand, 1896 Mitglied des Magnatenhauses.

SZTERÉNYI, József, Baron (1861–1941), Dr. Jur., Journalist. Seit 1890 Beamter im Handelsministerium, Studienreisen nach Osteuropa und Kleinasien, Leitung der Reform der staatlichen Exportförderung (Memorandum 1904) und Vorbereitung des vierten Industrieförderungsgesetzes u. v. m. 1905 administrativer, 1906 politischer Staatssekretär, 1918 Handelsminister, 1920 Parlamentsabgeordneter, 1927 Mitglied des Oberhauses,

Vertreter von Ungarn bei den Verhandlungen über die finanziellen Fragen des Friedensvertrags 1926 und bei diversen internationalen Organisationen, breite Publikationstätigkeit.

TISZA, István Graf (1861–1918), Sohn von Kálmán Tisza, Mitglied der Liberalen Partei (*Szabadelvű Párt*), ab 1910 der Nationalen Partei der Arbeit (*Nemzeti Munkapárt*), Ministerpräsident 1903–1905 und 1913–1917, ermordet am 31.10.1918.

TISZA, Kálmán (1830–1902), führender Politiker der dualistischen Ära. In den 1860er Jahren Verfechter der ungarischen Autonomie, 1875 Gründung der Liberalen Partei, 1875–1890 Ministerpräsident, anschließend verschiedene Ministerposten.

VEREBÉLY, László (1883–1959), Maschinenbau- und Elektroingenieur. Universitätsdozent an der Technischen Universität Budapest seit 1929, seit 1945 Rektor der Universität, seit 1937 Mitglied der MTA. 1911–1913 Mitarbeiter bei Ganz Elektro, 1913–1914 Oberingenieur der Soc. Ital. Westinghouse. Leiter der Elektrifizierungsabteilung der Kgl. Ungarischen Staatsbahnen, Federführung bei der Planung des ungarischen Stromversorgungssystems.

WEISS, Manfréd Baron (1857–1922). Absolvent der Handelsakademie in Budapest. Gemeinsam mit seinem Bruder Gründung des größten Schwerindustriekomplex Ungarns.

WEISS, Fülöp (Philipp) (1859–1942). 1889 Direktor, 1921–1938 bis zum Erlass des ersten Judengesetzes Präsident der PMKB, Präsident oder Direktionsmitglied von Banken und Industrieunternehmen im Interessenkreis der PMKB, auch bei Tungsram, Mitglied des Oberhauses, Präsident des Landesverbands der Ungarischen Textilindustriellen, Mitglied im Exekutivkomitee des Industriellenbundes, Oberrat der Ungarischen Nationalbank.

WEKERLE, Sándor (1848–1921), Dr. Jur. 1870 Beamter im Finanzministerium, 1892–1895 Verkehrsminister, 1892–1895 erster nichtadeliger Ministerpräsident Ungarns, 1906–1910 und 1917–1918 erneut Ministerpräsident, dazwischen und danach verschiedene Ministerposten

Personenregister

Kursiv gesetzte Zahlen beziehen sich auf Anmerkungen.

Abraham (Telefunken) 271
Altmann, Hans 226
Ardó (Magyar Nehézipari Külkereskedelmi rt.) *331*
Aschner, Dávid 233, *238, 240*
Aschner, Lipót (Leopold) *17*, 38, 86 f., 90 f., *100*, 105–*107*, 119, 124, 145, 160–*163*, 172–178, 181–183, 185 f., *189*, *191 f.*, *194 f.*, *200–205*, 208 f., *212 f.*, *218 f.*, 225–227, 229 f., *236–242, 262 f.*, *265 f.*, *271–273, 277, 280, 285–288*, 290–292, *294, 305 f.*, 308 f., 315 f., *318*, *324*, 326, *329*
Aschner, Pál *294*
Antscherl (British Tungsram Radio Works) *325*

Baldwin, Arthur, E. *157 f.*, *238, 241*
Baranyai, Lipót *251*
Bárdos, Ferenc 217
Bauer, Roland 226
Baumann, Frigyes 181–183
Bay, Zoltán 177 f., 182, *202*, 263, 280, 285, 291, 293 f., 303, 307, 309–311, 316, 320, 330
Behn, Sosthenes 213, 312
Belányi, László 177
Berthold, Kármán 57
Bethlen, István 148
Bláthy, Ottó Titusz 53 f., 59 f., 65, 76–78, 176 f.
Blum, Moru 70
Boveri, Walter E. 285
Brocke (Osram) 229, 262
Bródy, Imre 193 f.
Brünig (ELK) 270 f.
Bud, János 168, 215
Buday, Dezső 217
Buol, Heinrich von 195, 198, 201, 267, *270 f.*
Bücher, Hermann 153 f., 156–158, 229, *270 f.*

Chelioti, George *311*
Chorin Ferenc (Franz), sen., 40, 291
Chorin, Ferenc (Franz), jun., *146*, 291
Codray (Tungsram Paris) 308 f., *318*
Colombo, Arno 59
Czarnicki (Tungsram Warschau) *324*
Czettler, Jolán 306
Czukor, Károly 202

Dallos, György *185 f.*
Deimel, Max *86 f.*, 90
Déri, Miksa 50, 53 f., *59*, 77
Deutsch, Felix 66
Duncan, W. C. (IGEC) 182, 265
Dunkel, Károly 290

Egger, Béla Bernát (Bernhard) 84
Egger, Ernst 72, *106 f.*, 124, *172*, *175*, *208 f.*, *229*, *236 f.*
Egger, Gyula 82, 123 f.
Eisenstuck, Rudolf 194
Engels, H. (Telefunken) 277

Fabinyi, Tihamér 268
Fehér (Tungsram) 247
Felbinger, Franz Ritter von 58
Fellner, Frigyes 123
Fellner, Pál 313
Fenyő, Miksa 168
Ferrini, [Rinaldo] 59
Fischmann, Leo *182 f.*, 229, 232, 234, 236, 266, *272*, 288, *311, 318*
Flir, [Desiderius] (S&H) *181, 200*, 273
Fletcher, J. Y. 239
Frenzel, Theodor *201*, 273
Friedeberg, Max 225, 230

Gaarenstroom, J. H. (Philips) 232
Gábor, Dénes (Dennis) 178
Gallia, Adolf 56, 59
Ganz, Ábrahám (Abraham) 49
Gaud, Harold Vernon 300

Personenregister

Gelléri, Mór 13-15
Gélyi, A. (Ganz & Co.) 70
Gerő, Ernő 301
Geyer, Wilhelm 111
Goldschmidt, Jakob 156, 272
Gömbös, Gyula 206
Gratz, Gusztáv (Gustav) 124, 131, 168
Grod, Lazar 266f., 285, 305f., 308, 315, 318f., 324
Grynaeus, Dezső 305

Haga (Tungsram Oslo) 245
Haller, Max 230
Halmos, János 73
Hantos, Elemér 214
Haussen (Magyar Nehézipari Külkereskedelmi rt.) 331
Hegedüs, Lóránt 129, 167f.
Heller, László 285
Henderson, Richard G. 241, 271
Herrmann, Miksa 148
Hirst, Hugo 194, 240, 242
Hochenegg (S&H Wien) 56, 58
Hollós, Ödön 174, 176
Hollay, Sándor 296, 326
Holmwang (Sverre Young) 246
Hornung, Andor 176, 298
Horthy, István 278, 289
Horthy, Miklós 128, 132, 268f., 291
Hüssamadein, T. Ülsel 239, 287

Jacobi, Oliver 145
Jankovich, Graf Dénes 267, 291 f., 294f., 303, 305-313, 315f., 330
Jendrassik, György (Georg) 37, 159, 171, 177, 206, 211, 241, 249, 253f., 257f., 278, 283, 289, 300-302, 327, 330, 359
Jensen, Chr.[istian] P. 229, 232, 271
Jessen, [Fritz] (S&H) 267
Joel (Banca Commerciale) 70
Jordan, A. (Telefunken) 270

Kádas, Károly 305
Kandó, Kálmán 62-65, 78, 125, 127, 140, 144, 147-150, 171, 176f.
Karczag, Imre 317, 322
Klebelsberg, Kuno 205
Klein, Ferenc 37, 159, 254-258
Klein, Gyula 156

Kögler, Gusztáv 65
Kolozs, György 321, 323
Kornfeld, Sigmund 66, 70
Krassny, Maxime von 160f., 177
Kremenezky, Alexander 163
Kremenezky, Johann 61, 84, 104, 119, 121
Kresl, Ivan 185, 247

Lánczy, Leó 72f.
Langmuir, Irving 90, 183
Lendvai, Dezső 181f., 186f., 200
Lévai, János 181, 192, 311, 319, 323, 326, 329
Levy, Walter J. 189, 225f.
Liebel, J. (Joh. Kremenezky AG) 226f., 231, 239f.
Lusk, William C. 191, 194, 254
Luther, Martin 187, 225, 270

Maier, H. (Telefunken) 271
Makkai, János 262
Matlekovits, Sándor (Alexander) 122
Mayer, Richard 239f.
Mechwart, Andreas 50, 55f., 58, 76, 91
Meinhardt, Wilhelm (William) 194
Mey, [Karl] (Osram) 262
Millner, Tivadar 192, 194
Minor, Clark H. 153f., 156, 162, 198, 266, 273, 310

Needham, H. (IGEC) 192
Neményi, Bertalan (Berthold) 162, 174, 186, 195, 218, 226, 239, 261, 266, 310
Nordmann (S&H) 57

Odescalchi, Károly 159, 208, 264, 288

Palágyi, Ferenc 306, 329
Perczel, Ákos 258
Perényi, István 290
Pfeifer, Ignác 174, 176-178, 183, 192
Philips, Anton Frederik 194
Pintér, József 107, 119, 177
Polanyi, Mihály (Michael) 178, 193f.
Pongrácz, Károly 301
Popper, L. H. (Svenska Orion) 286, 308
Prager, Pál 37, 154, 156, 158, 254-258

Raab, Andor 243, 246
Rába (Handelsministerium) 320

Ratkovszky, Ferenc 184
Rodrigo, Ignacio 329
Rosenfeld, Vilmos 196, 223, 233, 245, 307, 310–312, 318, 329
Rothweiler, Carl Otto 226, 236, 272
Rubini (Siemens Mailand) 57

Sass, F. (Germanischer Lloyd) 289
Saurel, Maurice 194
Schimanek, Emil 210
Schlüpmann, Heinrich 162f., 198, 230, 238, 261f.
Schumacher (Telefunken) 270
Sebestyén, János 325
Selényi, Pál 176, 182, 200
Soltész, Pál 302, 327f.
Stanley, William 60
Stark, Béla 72
Stein, Andor 256, 300, 302
Stein, Emil 167–169
Strommayer, Sándor 182
Svéd, András 301f.
Swope, Gerard 182
Szabó, Gusztáv 210
Szabó, György 321f.
Szabó, Jenő 80
Székely (Telefonfabrik AG) 160
Szigeti, György 181, 186
Szilasi (British Tungsram Radio Works) 325
Szterényi, József 98, 100, 126, 131, 165, 215f.

Tarján, Ferenc 266, 305, 315, 324, 326, 329
Tisza, István 48
Travers, Howard K. 277
Trede, Friedrich 281
Turner, Percy C. 254

Übelmeyer, Erich 266, 318
Urbanic (Kroatische Allg. Creditbank) 264

Young (Tungsram Oslo) 245

Vas, Ferenc 73, 91
Verebély, László 140
Veszprémi, Károly 328f.
Viczián (Handelsministerium) 320
Vida, Jenő 140

Walder, György 268
Waaser (Osram) 199, 225, 262, 270f., 273
Weiss, Manfréd 233, 291
Weiss, Fülöp (Philipp) 160f., 175, 185f., 205, 213, 227, 262
Wekerle, Sándor 96, 126
Woodward, Jesse Marion 230

Zipernowsky, Károly (Karl) 50, 69, 77f.
Zipernowsky, Ferenc (Franz) 126, 140
Zsitvay, Tibor 216, 220
Zworykin, Vladimir Kosma 183, 202